マオとミカド

日中関係史の中の「天皇」

城山英巳

白水社

マオとミカド——日中関係史の中の「天皇」

装幀＝コバヤシタケシ
組版＝鈴木さゆみ

マオとミカド＊目次

第五章　蔣介石の戦犯リスト　251

第八章　元軍人訪中団と毛沢東外交の戦略性

序章　日中関係史の中で「天皇」が持つ意味

本書の問題意識

昭和初期、日本軍部・政府の中国進出は、侵略行為に発展し、中国に対して甚大な被害を与えたが、大日本帝国憲法下で統治権の総攬《そうらん》者とされ、陸海軍を統帥した最高指揮官「大元帥」であった昭和天皇は、中国から見れば「戦犯」であった。二〇一四年九月九日、昭和天皇の誕生から崩御までの八十九年間の公式記録である『昭和天皇実録』（宮内庁編纂、全六十巻）が公刊され、その中で、天皇の中国問題への関心とともに、中国問題で暴走する軍部への疑念、抵抗、失望が記述され、中国戦局の拡大を「やむを得ない」と黙認してしまう天皇の姿が描かれた。現実問題として統帥権を「武器」として使った軍部の暴走に「ノー」を突き付けることができたのは天皇だけだったが、無力な姿が『昭和天皇実録』を通じて浮き彫りになった。一九四五年の日本敗戦を転換点に、昭和天皇は戦争の最高責任者として中国に対する加害行為に反省の気持ちを強く持ち、中国に対して自身の反省や遺憾、「おわび」の気持ちを何とか伝えようとし、中国に行きたいという希望を持った。しかし日本政府は天皇への戦争責任論が高まること、政治に深く関わらない「象徴天皇」と憲法上位置づけられた制約、天皇の「謝罪」に猛反対する右翼の存在などのため、天皇は戦争に対する反省の発露や、対中国発言・行動が制限された。

これに対して、中国は戦後、天皇の存在を極めて重視するようになった。この場合の「中国」とは、中国政権の最高指導者を指し、具体的には蔣介石、毛沢東・周恩来、鄧小平を意味しているが、日本敗戦前後のある時期、蔣介石率いる国民党も、毛沢東の共産党も昭和天皇を「戦犯」と位置づけた。国民党は日本敗戦直前の戦犯リストにおいて、共産党は一九四九年の中華人民共和国成立直後にソ連極東で行われた戦犯裁判でそうみなした。しかしその後、天皇が「戦犯」であるとの認識は改められ、天皇に対する複雑な意識を継続させながら、中国の主席と対等とみなす「元首」としてとらえるようになり、「象徴」以上の権力を天皇に見出すようになった。

いわば戦後日中関係において日本は天皇を「象徴」と過小視し、中国は「元首」と過大視した。本書ではそのギャップが持つ意味を検証した上で、日中外交・日中関係にどう影響を及ぼしたか論じたい。結局、中国は昭和時代後期から平成時代初期にかけて、過去の戦争の歴史に対する「お言葉」が期待される天皇の訪中にこだわったが、それを実現させるための日中外交交渉は、戦争責任を有するとみなした天皇を通じた歴史清算や戦後処理、対日和解のプロセスであったと言えるのではないだろうか。

果たして中国指導者は、戦前・戦中に「敵」として戦った相手の最高指揮官である天皇の中国に対する本心を知って、戦後の天皇政策を展開したのだろうか。中国指導者が天皇制と天皇の戦争責任をどうとらえたかという問題について考えてみたい。中国近現代史を複雑にするのは、国民党と共産党という二つの政党がせめぎ合い日本敗戦を受けて内戦に発展し、一九四九年を境に、基本的に米国の支援を受けた国民党から、ソ連一辺倒の共産党に中国支配者が代わる構図があるからだ。天皇制や天皇の戦争責任をどう認識したかについて、特に毛沢東は蔣介石の対日政策を意識した。両者とも最終的には日本接近のため天皇問題に対しては融和的な政策を取ったが、そもそものアプローチは同じでなかった。

蔣介石は日本留学経験者であり、明治維新による日本の近代化を評価し、日本社会において天皇の持つ意味と重みを理解した。その上で天皇制と天皇の戦争責任を区別し、前者は一九四三年のカイロ会談の段階でルーズベルト米大統領に対して天皇制存続の必要性を強く示唆した。戦前・戦中の「大日本帝国」において天皇制とは絶対的な権威を持つ専制的宗教的色彩の濃いものだが、日本軍国主義の徹底排除を主張した蔣介石が残そうとした天皇制とは、軍国主義と切り離され、専制的な要素を取り除いた民主的な日本の国体を指している。一方で、蔣介石は天皇の戦争責任を問う姿勢を見せたものの、占領後の日本の混乱と共産主義化の回避のため天皇の存在を利用する戦略に傾いた連合国の大国・米国の意向に追随せざるを得ず、戦犯リストから天皇を除外するのだ。[1]

一方、蔣介石や周恩来と違って日本留学経験のない毛沢東は、抗日戦争の中で日本や天皇を理解した。つまり共産党支配地域で捕虜となった日本人軍人がどれだけ天皇を崇拝しているか体感するのだが、日本敗戦まで延安で日本人捕虜の教育に当たった日本共産党幹部・野坂参三[2]が持ち続けた日本共産党では異質の天皇観、つまり「天皇制打倒スローガン反対」に共感した。日本人を取り込むためには天皇制や天皇の批判を避けるべきだと認識したのだ。しかしソ連が主導して一九四九年末に極東ハバロフスクで行われた戦犯裁判は、極東国際軍事裁判（東京裁判）で免責された天皇を第一の戦犯と位置づけたが、ソ連一辺倒の中で中国共産党はこれに同調した。さらなる転換点は、五四年頃からの平和攻勢外交の展開の中で起こり、毛沢東は主要敵と位置づけた米国を孤立させるため日本を抱き込む対日戦略を加速させた。五六年には訪中した複数の日本人に「天皇陛下によろしく」と敬称を付けてメッセージを送った。もともと天皇と日本人の関係を抗日戦争で体感している毛沢東は、日本の体制に干渉せず、日本で自らと対等である「元首」は天皇であるという認識をアピールすることに抵抗感を感じなかった。[3]

しかし米国との関係に配慮せざるを得ない日本政府は、岸信介、池田勇人、佐藤栄作政権時代、対中政策に対する濃淡があった。いずれにしても台湾問題などがネックになり、国交正常化を実現するのは「天皇陛下によろしく」発言から十六年後の一九七二年であった。鄧小平は七八年、中華人民共和国成立後初の国家指導者として訪日を実現させ、昭和天皇と会見した。過去の戦争を念頭に「不幸な出来事がありました」と、予定された原稿から外れた発言を行った天皇に対して鄧は「非常感動（大変感動いたしました）」と興奮して反応した。(4) こうした史実を踏まえて考えれば、蔣介石や毛沢東と違って鄧小平は直接昭和天皇と接して天皇の気持ちを理解した初めての中国指導者と言える。歴史への反省を言葉にする天皇の姿に感銘を受け、中国政府として翌年から中国指導者が訪日する度に天皇訪中を要請する。かつての「戦犯」を好意的にとらえて中国に招待するという「矛盾した政策」の背景には、昭和天皇は平和主義者であるという真の姿を知ったことがあった。

戦後日中関係の中で中国が、日本との和解を構築する上で、最も大きな障害となり、今もそうであり続けるのは「戦争」という歴史問題であり、戦争の記憶を克服することの難しさが露呈している。その中で隠れた焦点の一つは、天皇をどう扱うかであった。毛沢東も蔣介石も戦中から戦後に至るまで、日本の「軍国主義者」と「国民」を区別し、前者を徹底的に排除して後者も戦争の被害者と位置づけ、日中友好を正当化する理論づくりを行った。日本国民を引き付ける存在である天皇を後者に組み込んだ、というのが筆者の見方である。特に毛沢東は、戦中の日本人捕虜だけでなく、戦後に会見した進歩的な日中友好人士まで天皇制や天皇を支持する姿を見て天皇制や天皇に融和的な姿勢を示した。

歴史問題が焦点であり続けている日中関係において、中国側が戦争と深く関わった天皇をどう認識するかという問題は、日本側から見れば天皇の戦争責任の問題と直結し、自民党タカ派や右翼の反発を考えれば、表に出したくない敏感性を有した。日本政府が中国側に対して中国指導者が天皇に訪中招請した事実の非公表を求め続けたのはこのためだ。一方、中国側からすれば、戦争加害国・日本に対する戦後処理という側面もあるわけだが、日本社会における天皇の重みに着目し、天皇を取り込むことで、右翼など日本国内の反中勢力を抑え込み、日本人の対中友好感情を増進させる意味も大きかった。いわば中国の伝統的な対外戦略「統一戦線」の思考である。また中国にとって日本の首相（総理）のカウンターパートはあくまで中国総理であり、日本の「元首」を天皇であるとみなしている。天皇が訪中して初めて、中国の元首（国家主席）とようやく対等な関係を築けると考えた。まさに対日和解プロセスに向けた目標であると同時に、そこから元首同士が日中関係をつくる第一歩が踏み出せると認識した。

日本敗戦の一九四五年、国共の運命が決定的になった一九四九年、さらに日本が中華民国（台湾）を捨て共産党の中華人民共和国（中国）を選択した一九七二年という日中関係の節目に注目し、「連続」・「断絶」・「変化」の視点から日中両国の関係性を考えてみたい。戦前・戦中に中国問題に関与した政治家・官僚や軍人は戦後も中国問題に関心を持ち続ける連続性があると同時に、戦前・戦中の中国認識として指摘される日本人が対中優越意識が戦後になって消えたとは言いがたい。一方で日中戦争で加害者となったという贖罪意識によって一転して戦後の日中友好運動を発展させたという歴史的経緯もある。ここに中国認識の「連続」と「変化」が見えるが、日本側の贖罪意識をより強くしたのは、中国側の対応であった。一九四九年まで中国大陸を支配した蔣介石は加害国・日本に対する寛容的な「以徳報怨《いとくほうえん》」（徳をもって怨みに報いる）政策を取ったし、国共内戦に勝利した中国共産党においても、軍国主義者だった元軍人さえも中国に招待し厚遇した毛沢東や周恩来は当初「過去は水に流す」という戦略的な対日政策をアピールした。戦争時の憎しみや恨みは「断絶」あるいは「変化」したかのように見えるが、その背景には対立した「二つの中国」が「日本」を取り込もうとお互いにせめぎ合った複雑な構造があることも忘れてはならない。中国の民間（大衆）の感情として戦争で生まれた日本への憎しみや恨みは実は「連続」したが、日中国交正常化を受けて政治によって「断絶」させられ、「日中友好」という上からの政治スローガンの中で「変化」させられたのではなかっただろうか。

明治期後半から太平洋戦争敗戦までの近代日本外交史の中で、日本政府・軍の首脳部にとって、中国問題は常に最も重要な関心事項の一つであり、天皇・宮中側近も例外なく中国問題への関心を高めた。新聞・雑誌を見ても対中政策や中国情勢がトップ記事を飾る日が多かった。満州権益を獲得した日露戦争後、日本政府が中国大陸への膨脹政策を加速させる中、陸軍、特に中国侵略政策を主導した支那通軍人らは最高指揮官である天皇の意向を無視する傾向を強めた。戦前・戦中の日中関係史は、中国政策をめぐり協調を欲した天皇と、暴走を続ける軍部の対峙の歴史であり、天皇は葛藤と失望を深め続けた。

昭和天皇は戦前から戦後も一貫して中国に関心を寄せたが、特に象徴天皇となった戦後、日本国憲法の規定により国事行為には内閣の助言と承認が必要であると縛られ、政治的発言を公式に発することはなかなかできなかった。近年まで表に出なかった事実であるが、一九七一年に国連の中国代表権問題が大きな転換点を迎える中、天皇が佐藤栄作首相に対し、日本政府がしっかり蔣介石を支持するよう促したことは、「以徳報怨」政策で天皇制を守ってくれた蔣介石への感謝の表明であった。[5] 七二年に中国と国交正常化すると今度は、駐中国大使の信任状捧呈という外交舞台で中国指導者に「過去の不幸な戦争」への「遺憾」の思いを伝えている。[6] いずれも水面下であるが、政治的にきわどい政治発言と言える。天皇の戦前の中国問題への関心は戦後、「反省」の念に重点を変えながら連続性を見ることができよう。

戦後、戦争責任の問題に苦悩した昭和天皇は、何とか中国側に自分の気持ちを伝えようと、「象徴」としての制約の下、そのアプローチを工夫した。前述したように駐中国大使の信任状捧呈の際に中国指導者に直接、遺憾の意を託したり、首相からの内奏の際に自身の中国認識を伝えたり、来日した鄧小平には予定外の言葉を述べたり、その後日本で会見した中国指導者にこっそり訪中の希望を述べたりと、日本国内で公式にならないよう、あるいは報道されないよう中国側にメッセージを投げ続けた。こうした事実から、「外交主体」としての天皇という視点も不可欠である。昭和天皇は戦争で中国に甚大な被害を与えたことに贖罪意識を持ち、反省や遺憾の意を伝え続けたが、それは平成になっても受け継がれ、明仁天皇（現上皇陛下）も同様に中国訪問に前向きだった。[7]

戦前・戦中における天皇の中国に対する戦争責任への深刻な思いが、戦後になっても心の中の深い気がかりとして残った。本書ではそういう視点から「戦争」から「和解」に向かう連続性を重視したいと考えた。明仁天皇は在位中の二〇〇九年十一月の即位二十年に合わせて行われた記者会見で昭和時代について次のように述べた。

「私がむしろ心配なのは、次第に過去の歴史が忘れられていくのではないかということです。昭和の時代は、非常に厳しい状況の下で始まりました。昭和三年、一九二八年昭和天皇の即位の礼が行われる前に起こったのが、張作霖爆殺事件でしたし、三年後には満州事変が起こり、先の大戦に至るまでの道のりが始まりました。第一次世界大戦のベルダンの古戦場を訪れ、戦場の悲惨な光景に接して平和の大切さを肝に銘じられた昭和天皇にとって誠に不本意な歴史であったのではないかと察しております。昭和の六十有余年は私どもにさまざまな教訓を与えてくれます。過去の歴史的事実を十分に知って未来に備えることが大切と思います[8]」。

ここで明仁天皇は、歴史問題の起点として張作霖爆殺事件を挙げ、それが満州事変につながり、第二次大戦に発展したこと、昭和を「誠に不本意な歴史」の時代と認識した昭和天皇の「平和の大切さ」という気持ちを引き継ぐ決意を明確に示している。昭和天皇の即位の礼が京都で行われたのは昭和三年だが、この年から日本政府・軍部は中国大陸進出を本格化させ、第二次山東出兵に伴い日中両軍が五月に衝突した済南事件、六月には張作霖爆殺事件が起きる。済南事件は蔣介石にとって屈辱の出来事であり、張作霖爆殺事件と満州事変は関東軍の一部将校による「謀略」である。一九二八～三一年は日中が敵対関係に向かう転換点である。天皇は、戦前・戦中、中国を侵略した軍部と対峙する中、隣国・中国を「善隣・協力」の相手とみなしたが、戦後は軍部を統率した戦争責任の観点から、中国を「反省・友好」の相手とみなした。その気持ちが結実したのが、平成に時代が変わって間もなく実現した天皇訪中であった。

日本政府は戦争の時代だった昭和が終わり、新たな平成時代に入ったことで、天皇への戦争責任が希薄になったと理解した。ようやく中国側の要請を受けて天皇訪中計画を本格化させるが、中国への反省と遺憾の意を持ち続けた昭和天皇の対中感情は、明仁天皇に引き継がれ、天皇訪中は九二年に実現するのだ。

明仁天皇は天皇訪中で「この両国の関係の永きにわたる歴史において、我が国が中国国民に対し多大の苦難を与えた不幸な一時期がありました。これは私の深く悲しみとするところであります」と「お言葉」を述べ、中国側からも高く評価された。これで歴史問題に区切りを付けたいと考えた日本外務省の中国通外交官らの期待に反し、この数年後に歴史問題はより大きな問題としてのしかかることになる。

中国共産党・政府は現在、国家関係上または外交上、天皇を「元首」とみなすが、ちょうど中国の抗日戦勝七十年を迎えた二〇一五年、国営通信社・新華社は論評で、「裕仁天皇は亡くなるまで日本に侵略された被害国と人民に謝罪の意を表明したことがなかった。その皇位継承者は、謝罪をもって雪解けさせ、悔悟をもって信頼を得なければならない」と主張した。(9) 天皇陛下に謝罪を求めた論評は、昭和から平成に至るまで、また訪中時も、天皇がいかに過去の戦争を深く反省し、中国との関係を重視してきたか歴史的事実を知らなかったか、あるいは知っていても無視した結果とみなされるが、新華社の論評にもかかわらず、共産党機関紙・人民日報は掲載せず、中国国内で広がりを見せなかった。また中国の専門家の間からは近年、東京裁判には「欠陥」があり、天皇の戦争責任追及が当時不十分だったと指摘する論調や主張も登場している。[10]天皇が中国で「お言葉」を述べても、現実には歴史問題は続いている。中国の対日強硬派の間で「天皇の謝罪」や「天皇の責任追及」を対日圧力の道具にする風潮は消えておらず、和解プロセスの難しさが露呈している。

本書の構成と特色

筆者は二十一世紀に入り、二回計十年間にわたり北京で通信社特派員を務め、日中関係を取材したが、うち八年間は関係悪化期であった。二〇〇二年の赴任直後から小泉純一郎首相の靖国神社参拝問題が続き、二回目赴任直後の一二年には尖閣諸島国有化、さらに安倍晋三首相の靖国参拝と続き、「日中関係は国交正常化後最悪」と言われた。〇五年と一二年の二回の大規模反日デモも間近で見た。日中戦争時の旧日本軍の残虐行為などを宣伝する国営テレビやSNS（ソーシャル・ネットワーキング・サービス）を舞台に情報戦も展開された二〇一二～一四年は、「戦後最悪期」と感じるほど激しい反日感情も経験した。

筆者は十年も北京に駐在しながら戦前、戦中の中国で日本軍・政府、ジャーナリズムがどういう中国認識を持ち、事実として何を行ったかについて検証したことがなく、事実を知りたい衝動に駆られた。二〇〇九年にジャーナリズムの視点から『中国共産党「天皇工作」秘録』（文春新書）を出版し、一一年の修士論文[11]でも中国の天皇政策をテーマにしたが、まだまだ研究として不十分であると自覚していた。

本書は、早稲田大学大学院社会科学研究科に在籍してから九年の時間をかけて完成・提出した「日中関係史の中の「天皇」――一九二八―九二年、戦争と和解の考察」について戦後期を中心に再構成したものである。この論文は、明仁天皇の歴史認識を踏襲し、昭和期に入って済南事件や張作霖爆殺事件など日本軍が中国大陸・満州権益への野心をむき出しにした一九二八年を起点とし、天皇訪中が実現した九二年を終着点とした。六十四年間の日中関係を天皇から論ずることで、戦前・戦中からの「負の遺産」を処理しようとした戦後象徴天皇の在り方も見えてくると考えたが、博士論文は千百八十頁を超える大部となったため、書籍化するに当たり大幅に縮小せざるを得なかった。

博士論文では戦前・戦中の「支那通軍人」、戦後の「中国通外交官」がどういう中国認識を持ったかを検証することも大きな目的とした。その理由としては、軍部の下克上・謀略体質への不信を強めた昭和天皇の中国認識と比較研究することで、支那通の認識との間でどんなズレや対立があったかを確認するとともに、一九四五年を境に東京裁判などで刑死を逃れた支那通軍人らの中国認識にどういう「連続」・「断絶」・「変化」があったのかを研究してみたいと考えたからである。また中国側作成の日本人戦犯リストを通じて中国の指導者・政府が、昭和天皇や皇族、日本の政治家、軍人、外交官らに対する戦争責任をどう判断したか検証した。

本書の構成について紹介したい。第一章では、中国共産党指導者で昭和天皇と初めて会見した鄧小平に対して天皇が語った言葉などを通じて昭和天皇の戦後中国認識とともに、日中国交正常化に至る過程で「橋本恕《ひろし》[12]」という特異な中国通外交官に焦点を当て、橋本がつくり出した「日本の中国通外交官」・「親中派大物政治家」・「中国の日本通指導者」という〈トライアングル構造〉で展開された日中外交の特徴を検証する。トライアングル構造の中で、日中両政府は両国間の重大問題を前進させたり、「火種」を適切に処理したりするのだが、それが最も機能したのは天皇訪中時であった。第二章は、天皇訪中に至る政治交渉がどう進んだか論じる。

第三章は毛沢東の天皇観について考察する。もともと毛沢東・共産党は日本敗戦を見越し、国共合作していたはずの蔣介石・国民党を最大の敵と位置づけ、裏で日本との連携を模索していたほか、毛沢東の天皇観形成には延安で活動した野坂参三の影響がある、という論を展開する。第四章では日本敗戦を受けた野坂の軌跡を追う。延安からモスクワ、東京に渡る過程で米国、ソ連、連合国軍最高司令官総司令部（ＧＨＱ）と接触し、天皇制維持をはじめ日本戦後計画に関する自身の主張を展開し、それが、ＧＨＱの起草した憲法制定作業に反映されたという視点を論じる。

第五章は、蔣介石が主導して作成された戦犯リストを通じて、戦前・戦中の中国最高指導者が天皇制、天皇の戦争責任に対してどういう認識を持っていたかを探ると同時に、なぜ昭和天皇が戦犯リストから除外されたか考察した。第六章は、日本敗戦直後に本来なら戦犯として厳罰に処されても不思議でなかった、支那通であったり、中国で暗躍したりした軍人三人（田中隆吉《りゅうきち》(13)、辻政信(14)、岡村寧次《やすじ》(15)）を焦点に、「敗戦」の中で米国・中国はじめ連合国の「協力者」として生き延びたという異質な時代について取り上げた。

第七章は中華人民共和国成立後の共産党の天皇認識の変化を取り上げる。日本敗戦前後には天皇制の存続に柔軟な姿勢を示した毛沢東は、後ろ盾となったソ連が主導したハバロフスク戦犯裁判で昭和天皇を第一の戦犯として追及するが、スターリン死去、朝鮮戦争休戦を受けて平和攻勢外交に転換すると、日本に接近した。五六年、毛沢東は日本要人に対して「天皇陛下によろしく」とメッセージを投げたり、天皇制支持を示唆したりし、天皇を自らと対等の「元首」として位置づける変化が見られた。第八章では中国外交文書を用いて毛沢東が、中国侵略に関与した元軍人を中国に招待し、敵だったはずの元軍国主義者をなぜ厚遇したか、戦争清算をにらんだ毛沢東外交の戦略性、大胆性、現実性を実証する。

本書は徹底した実証研究を実行するため、一次史料を多用した。外交文書については筆者が北京に長期駐在した利点を生かし、中国外交部檔案館に通うなどして多くの中国外交文書を入手できた。これは、元軍人訪中団など一九五〇年代の中国の対日政策を検証する上で役立った。日本敗戦以前の北京（当時は北平）の史料の一部は北京市檔案館で閲覧できた。日本の外務省外交史料館の外交記録や台湾に所蔵される国民政府の外交文書も利用したほか、渡米して「蔣介石日記」も閲覧した。特に蔣介石・国民政府の天皇・軍国主義者認識を検証するために活用した戦犯リストは、台湾の歴史研究機関・国史館にまとまった現物が所蔵されており、発掘できた。

もう一つの特徴は、一次史料のほかにも新聞と雑誌に目を通し、当時のジャーナリズムがどう伝えたか検証することで、時代の空気を読み取ろうとした点である。戦前・戦中期、新聞・雑誌にとって中国との戦争は部数拡大につながる特大ニュースだが、言論機関がナショナリズムを煽った結果、過熱したナショナリズムによって言論機関が縛られる構図が顕著であり、軍部による言論統制も厳しくなる中、メディアが権力を監視する役割を果たせなくなり、戦争は泥沼化した。戦争を支持する感情的な大衆世論を前に、昭和天皇も軍部の暴走を黙認せざるを得ない現実があった。戦後期も日本のジャーナリズムにとって、「二つの中国」をどう報道するか、特に毛沢東がつくった共産党政府をどう伝えるか、贖罪意識もからみ大きなテーマとなった。一方、中国共産党にとっては国交のない日本との関係正常化に向け、日本メディアをどう取り込むか苦心した。特に第七章では、新中国建国から五年後の一九五四年に共産党政府が招待した日本メディア訪中団を取り上げた。中国の外交文書に記録された「工作方針」と、実際に新中国を見た日本人記者の報道ぶりを比較しながら、日本メディアの中国認識という問題を検証した。[16]

さらに一次史料でつかみきれないテーマについては、関係者へのインタビューで補った。本書のクライマックスである九二年の天皇訪中に至る日中外交交渉については、中国側外交当局者の回顧録などで中国政府の政策や戦略はある程度明らかになっているが、[17]日中両国の外交文書公開が進んでおらず、政府の政策決定過程は見えていない。そのため当時第一線で活躍した元外交官らに対するインタビューを行うことで、官僚の視点で天皇訪中決定までの政治決定プロセスを検証した。特に日中国交正常化時に外務省中国課長、天皇訪中時に駐中国大使としてそれぞれ実現の立役者となった橋本恕から、天皇訪中に向けた日本国内の政治判断や中国共産党・政府の戦略や思惑などについて長時間インタビューできたことで、独自性を持たせることができたと考えている。

凡例

一　「中国」の表記について

一九四九年の中台分断以降、中国大陸の共産党政府と台湾の国民党政府（国民政府）が共に「中国」を主張した。本書では一九七二年の日中国交正常化までは中華人民共和国について「中国共産党政府」または「中国」と表記した。台湾に逃れた国民政府は原則として「国府」と表記した。ただ引用の場合には「中共」・「台湾」という表記も用いた。七二年以降は原則としてそれぞれ「中国」・「台湾」とした。

日本で戦前・戦中に中国を表した「支那」という呼称には侮蔑の意味が込められているという見方があるが、当時の日本人の中国観を反映する意味もあり、主に日本側の一次史料で使われている「支那」をそのまま表記した。日本の中国専門家の表記は、戦前・戦中は「支那通」、戦後は「中国通」とした。

二　「北京」の表記について

「北京」は、国民政府が一九二八年に中国を統一した際に「北平」と改称され、中華人民共和国の成立により首都として「北京」に名称が戻ったが、本書ではこの間の呼称については史料に応じて「北京」・「北平」の両方用いた。

三　軍人略歴について

註釈に掲げた日本元軍人の略歴については秦郁彦編『日本陸海軍総合事典』（東京大学出版会、一九九一年）を参照、引用した。略歴は中国関係の勤務を中心に並べた。（　）内は、陸軍は陸軍士官学校卒業期、海軍は海軍兵学校卒業期（「海兵〇期」と記載）。

四　原文の表記について

日本語の外交文書、日記・回顧録などを引用する際、旧字体、旧仮名であっても原文をそのまま引用した。現在では不適切な表現や使われない表記も見られるが、歴史史料としての特性上、誤記がはっきりしている場合や読みにくい一部を除き原則として原文をそのまま用いることとした。

五　引用文中の表記

著者による引用文中の註釈には〔　〕を用いる。

第一章　国交正常化と「中国通」外交官の役割

　日本と中華人民共和国が国交正常化を果たすのは、一九七二年九月二十九日である。田中角栄首相と大平正芳外相が同月二十五日に北京入りし、周恩来総理らと交渉し、日中共同声明に調印した。それから六年後の七八年八月十二日、北京で園田直外相と黄華外交部長は日中平和友好条約に調印した。同条約は「両国間の平和友好関係を強固にし、発展させる」と締結の目的を明記した。条約発効のための批准書交換で同年十月下旬に東京に来たのが、当時副総理だった鄧小平である。一九四九年の中華人民共和国建国後、国家指導者の来日は初めてだった。

　本書は、日中関係史の中での「天皇」の存在と役割を検証するものであり、来日した鄧小平が七八年十月二十三日、昭和天皇と会見した事実、そしてその内容、その後の日中関係に与えた影響などは大きな論点となる。[1]そして中国共産党指導部が、天皇訪中を検討し始めたのは、鄧小平が昭和天皇と会見した後からだった。天皇七十七歳、鄧小平七十四歳。戦後、中国首脳による初の訪日となった鄧小平に対し、天皇は、「貴国とは伝統的な歴史関係があります。その上にこの度の条約が結ばれました。これは確かに重要な意味を持つものであると思います。一時不幸な出来事がありましたが、それを過去のこととして、この度の条約により、これからは是非種々な関係で新しい親善が進み平和が保たれることを心から願っています」と述べた。これに対して鄧小平は「陛下のただ今のお言葉に大変感動いたしました。中日両国人民は、二〇〇〇年有余の友好関係の歴史を持っています。一時問題はありましたが、それは既に過ぎ去りました。今後われわれは前向きの態度で両国の平和友好関係を築き上げて行きたいと思います」と応えた(2)。

天皇・鄧小平会見の通訳を担当した当時の外務省中国課長・田島高志は筆者のインタビューに対し、天皇が過去の戦争の歴史を念頭に「一時不幸な出来事がありました」と切り出すと、鄧小平が確かに「非常感動(大変感動しました)」と興奮して応じたのを聞いたと証言した。田島は「鄧小平は、陛下から先に言われることを予想していなかったのだろう」と回想した(3)。

日本の外務省は、外交記録の中で「鄧副総理は天皇陛下の諸種お言葉に強い感銘を受けたもようであった。陛下の謁見は、日中両国国民に対し、日中間の過去が名実ともに終止符を打たれ、日中関係が新たな時代と段階にあることを象徴づける効果があつたものと思われる」と分析した(4)。天皇の存在が、歴史問題を抱える日中関係の中で持つ大きな意味と、過去の問題への天皇の前向きな言葉が両国関係を前向きに変える期待があったことを、この外交文書は示している。

以降、天皇訪中に対して前のめりだったのは中国政府の方であり、七九年四月に訪日した故周総理夫人・鄧穎超全国人民代表大会(全人代)常務副委員長が昭和天皇と会見して「陛下の都合の良い時期に中国を訪れ、ご覧になることを希望します」と発言して以降、国家指導者が天皇と会見するたびに、訪中を要請するようになった。しかし日本政府は、「訪中要請」に関して中国側に発表しないよう求めた(5)。右翼による反発や、天皇の戦争責任への反応など、「天皇訪中」のやり取りが公開されることによって想定される事態に日本側が過敏になったためである。

「拝謁記」に見る戦争への反省

一九七八年十月の昭和天皇・鄧小平会見で、天皇は自ら「一時不幸な出来事もありましたが」と切り出したことは既に触れた。天皇・鄧小平会見の詳細は後で検証するが、戦後昭和天皇は、侵略した中国に対してどういう認識を持ったのか。

例えば、一九三七年十二月十三日に発生した南京虐殺事件。同日の『昭和天皇実録』にはこう記述されている。

「去る十二月四日以来、中支那方面軍隷下部隊は敵首都南京を包囲し、九日、司令官松井石根《いわね》(6)は敵軍に対して南京開城を勧告するも応答なきため、十日午後一時より攻撃実行を命じる。昨十二日夜より南京城内の敵兵が退却し、この日我が軍が南京を陥落させる。午後十一時二十分、大本営陸軍部より、本日夕刻に南京を攻略した旨が発表される。これより先の一昨十一日、満洲国皇帝溥儀より南京方面における戦捷を祝する電報が到達につき、この日答電を御発送になる」。天皇は翌十四日、閑院宮参謀総長から、南京陥落の状況について奏上を受け、閑院宮と伏見宮軍令部総長を呼び、南京陥落を受けて「〔前略〕速ニ首都南京ヲ陥レタルコトハ深ク満足ニ思フ此旨将兵ニ申伝ヘヨ」と御言葉を与えた(7)。

天皇はこの時点で、日本軍の虐殺行為について報告は受けていない。その後も正式な形でどれだけひどい虐殺が行われたかについて軍や政府から詳細な報告は受けなかった。

二〇一九年八月、日本敗戦後の初代宮内庁長官を務めた田島道治が、一九四九年二月から五三年十二月の退官まで、昭和天皇とのやり取りを記した手帳やノート計十八冊の内容をＮＨＫが報道した(8)。手帳は「拝謁記」と名付けられていたが、天皇は、田島に対して南京虐殺事件も回顧した。五二年二月二十日の拝謁で

「私ハ反省といふものは私ニも沢山あるといへばある」と述べ、太平洋戦争開戦での米英に宣戦布告した際の詔勅の文言への悔いを言及した上で南京虐殺事件に触れた。「支那事変で南京でひどい事が行ハれてるといふ事をひくい其筋《そのすじ》でないものからウス〱《うすうす》聞いてゐたが別ニ表だつて誰もいはず従つて私は此事《このこと》を注意もしなかつたが、市ケ谷裁判で公ニなつた事を見れば実ニひどい。私の届かぬ事であるが軍も政府も国民もすべて下克上とか軍部の専横を見逃すとか皆反省すればわるい事があるからそれらを皆反省して繰返したくないものだ」と述べた。(9)

天皇は南京虐殺事件について「うすうす」聞いていたが、真相を全面的に知ったのは事件から九年後の東京裁判ということを漏らし、「繰り返したくないものだ」と「反省」の強い気持ちを率直に表した。

「拝謁記」の内容は、昭和天皇が敗戦後、どれだけ戦争に対する自責の念に苦しんでいたか分かるものだ。例えば天皇は、サンフランシスコ講和条約発効と憲法施行五周年を祝う一九五二年五月三日の式典で国民向けに声明を出すことを望み、同年一月十一日に拝謁した田島道治に対して「私は例の声明メッセージには反省するという文句ハ入れた方がよいと思ふ/此前《このまえ》長官は反省するといふと政治上の責任が私にあるやうにいいがかれるといけないといつたが私ハどうしても反省といふ字をどうしても入れねばと思ふ」と求めた。「反省」の文言については宮内庁内部の検討を受けて反対され、天皇は田島から伝えられたが、「矢張り過去の反省と将来自戒の個所が何とか字句をかへて入れて欲しい」(同年二月二十六日)と訴えた。その結果、天皇の意向を踏まえたお言葉案がつくられたが、当時の吉田茂首相は戦争を悔恨する一節をすべて削除するよう求める手紙を出し、天皇も最終的には受け入れた。(10)

昭和天皇は五一年六月八日、拝謁した田島に対して張作霖爆殺事件に言及し、「張作霖事件の処罰を曖昧ニした事が後年陸軍の紀綱のゆるむ始めニなつた。張作霖事件のさばき方が不徹底であつた事が今日《こんにち》の敗戦ニ至る禍根の抑々《そもそも》の発端」と述べた。五二年五月三十日の拝謁でも張作霖事件に触れ、「考へれば下克上を早く根絶しなかつたからだ。田中内閣の時ニ張作霖爆死を厳罰ニすればよかつたのだ。あの時ハ軍でも大して反対せず断じてやればきいたらうと思ふ」と改めて後悔した。[11]軍部の下克上風潮の始まりとして張作霖爆殺事件を繰り返し挙げて、首謀者の関東軍高級参謀・河本大作[12]らの処分を曖昧にしたことを悔やんだ。

張群に伝えた「反省」と「感謝」

昭和天皇が戦後、最初に中国要人に対して戦争への思いを伝えた相手が、一九五二年九月十八日に会見した中華民国・国民政府（国府）の日本通で蔣介石側近の張群だ。当時日本政府は台湾に逃れた国府を承認し、五二年四月二十五日に日華平和条約を締結した。同条約は同年七月三十一日、国府の立法院で批准され、蔣介石は側近の張群を総統特使として日本に派遣したのだ。

八月二日からの来日の模様は、張群の回顧録『我與日本七十年』（邦訳『日華・風雲の七十年』）に詳しい。張は、同年十月から副総理・官房長官に就く緒方竹虎、吉田茂首相らと会談し、九月に入り天皇と十八日に会見するという通知を受けた。『昭和天皇実録』は会見の事実だけを記し、会談内容には踏みこんでいない。[13]

張群は回顧録で「九月十八日というのは、いわゆる九・一八事変（満州事変）の起きた日で、われわれにとっては、あまりいい思い出の日とはいえない。日本がとくにこの日を選んだのは、故意なのか、私には推しはかるすべはなかったが、それを理由に拒絶するわけにはいかなかった」[14]と振り返り、日本の意図をいぶかっている。張が自己紹介すると天皇は、ずっと昔、駐中華民国大使・有吉明から、張が「日華親善に力を尽くしていると聞いた」と答えた。続いて天皇は表情に反省の色を浮かべてこう話したという。

「閣下の長い努力にもかかわらず、両国はついに兵戈《へいか》を交してしまった。まことに遺憾であり、閣下には会わす顔もないと深く感じている」。張はこの言葉を聞いて「深く感動した」と回顧した。天皇はさらに「蔣介石総統は、終戦時、以徳報怨〔徳をもって怨みに報いる〕の声明を発表されたが、その寛大なる精神に、人々はいまなお感激している。今回、平和条約が締結できたのも、蔣総統のこの精神によるものである」と続け、日本敗戦時の蔣介石の寛大な対応に感謝した。[15]

蔣介石は、日本が敗戦した一九四五年八月十五日、「日記」に「今朝、敵国の無条件降伏に関する正式文章に接し、上帝〔神、蔣介石はキリスト教徒〕が私に与えた恩典と知恵の偉大なことにただ深く感じ入った」と記した。[16] 十時に重慶放送局に向かい、内外に向け、終戦に当たっての対日本方針を明確にした。「もし敵がこれまでに行ってきた暴行に対して暴行をもって答え、また彼らのこれまでの誤った優越感に対して奴隷的屈辱でもって答えるならば、憎しみが憎しみを呼び、永遠に終わることはありません」。[17] この演説は、後に「以徳報怨」演説として知られるようになるが、終戦に伴う対日戦後処理は「以徳報怨」に基づき進められることになる。

張群は、会見した昭和天皇に対し「以徳報怨」声明について「声明を発表したあと、貴国人民から熱烈に感謝されたが、いままた、陛下の口から親しく感謝の言葉をいただいた。私はすぐに蔣総統に報告するが、総統も必ず喜ばれることと思う」と応じた上で、「このたびの戦争の責任については、蔣総統は一部の軍人のなせる業であり、陛下の意思、人民の願いとは食い違っていたことをよく知っている。だからこそ、カイロ会談の際には、連合国は日本の皇室を尊重しなくてはならないと強調したのである」と強調した。

後で詳しく触れるが、蔣介石は、一九四三年十一月二十三日、米国のルーズベルト大統領と対日処理問題について協議したカイロ会談で、「天皇制の存廃は日本の政治形態の問題と関連しており、したがって、性急のあまり国際関係に千載の禍根を残すような過ちを犯さないためにも、戦後、日本国民が自ら決定するよう彼らに任せるべきである」と表明し、[18]天皇制存続を強く示唆した。

天皇は張の話を聞き、息をのむようにして「蔣総統のご厚意には、まことに感謝にたえない」と述べた。会見時間は当初の三十分の予定が二十分も超過した。張群の回想によると、付き添った宮内庁の職員は、張辞去の際、「陛下が外国のお客様にお目にかかって、今日ほど楽しそうにすごされたのは、いままでなかったことです」と語ったという。[19]

昭和天皇・張群会見は、張の回想に基づくものであるが、これを読む限り、中国との戦争で被害を与えてしまったことに対する天皇の反省の念が強調された内容になっている。拝謁した田島道治・宮内庁長官に対して天皇が南京虐殺事件について言及したのは同年二月であることを考えれば、不自然さはない。むしろ天皇が張群に「会わす顔もない」と語ったのは本当の気持ちの表れだろう。さらに昭和天皇は、敗戦時に「以徳報怨」演説を行い、天皇制存続の方針を一貫させた蔣介石への感謝の気持ちも伝えた。宮内庁職員が天皇の様子を「今日ほど楽しそうにすごされたのは、いままでなかった」と言い表したが、天皇からすれば、今まで心の中でもやもやしていた、対中戦争への反省の念を中国政府の代表に直接伝えることができ、心の重荷が少しでも下りたのではないか、と想起させるものだ。

ちなみに張群が来日した翌一九五三年十一月、米副大統領のリチャード・ニクソン（後の大統領）が来日し、昭和天皇は同月十六日、会見した。外国賓客のうち王族以外で、夫人同伴で公式に参内したのは初めてだった。[20]ニクソンはこの時の様子を「私が会った天皇は、蔣に好意的だった」と回顧した。その上で蔣介石による本土復興に否定的であり、「もはや将来はない」と断言した吉田茂首相について「はっきり天皇と意見を異にしていた」と振り返った。[21]ニクソンは、蔣介石に対して好印象を持った天皇と、否定的に見ていた吉田との違いが印象に残ったようである。

国連中国代表権、天皇の心配

昭和天皇の戦後中国認識を表す貴重なものとして、蔣介石率いる国府が国連代表権を失う直前のものがある。具体的内容に入る前に戦後の国連での中国代表権問題について説明しておきたい。

国連が一九四五年十月に設立された際、中国代表の地位にいたのは国府だったが、国共内戦に勝利した毛沢東率いる共産党が四九年十月に中華人民共和国（中国）を建国し、その直後の同年十一月十八日に外交部長・周恩来の名義で、台湾に敗走した国府の代表権無効を通告する電報を総会議長と事務総長に送付した。中国政府の意向を受けたソ連は五〇年一月以降、国府代表を排斥する決議案を国連安保理に提出し続けたが、朝鮮戦争で中ソと対立した米国は拒否した。(22)

後述するが、日本外務省アジア局では一九五五年、五六年秋の国連総会で中国の国連代表権が認められると予測し、日本としても中国を中国本土の正式政府として承認し、国交正常化を図ることを検討した。その際、国府承認はそのままとし、中国も承認する「二国並存」が「唯一の実現性のある措置」と考えた。その後の中ソの深刻な対立を受け、六三年からはソ連に代わり中国の友好国アルバニアが国連に中国代表権問題を提起し、七一年十月の国連総会でついに中国の代表権を認めるアルバニア決議案が可決され、国府は代表権を失った。だが時の日本の首相・佐藤栄作は、台湾の国際的地位確保に強く固執し、米国とともに中国の代表権獲得を認めつつ、国連での台湾の議席を残す「国連における二つの中国」を推進した。「北京（中国）」か「台湾（国府）」かをめぐって自民党も二分され、田中角栄派の系譜や大平正芳率いる「宏池会」は親中派、元首相の岸信介、佐藤栄作らは親台湾派と大きく色分けされ、中国問題が自民党派閥形成の主要な論点となった。日中国交正常化翌年の七三年には派閥横断的に渡辺美智雄、石原慎太郎らがタカ派若手政治家のグループ「青嵐会」を結成し、国府支持を鮮明にし、日中国交正常化に反対した。

国府が国連中国代表権を失う直前の一九七一年六月二日夕、佐藤栄作首相は首相官邸でマイヤー米駐日大使と約一時間半にわたり会談した。翌三日付新聞では「沖縄返還問題などについて協議した」となっている[23]が、日本側の会談記録によると、佐藤はこう語った。

「自分が一番心配しているのは中国問題であり、実は先刻陛下に御報告の際、通常陛下は政治問題には直接関与されないことになっているが、特にこの問題については心配しておられた。日本政府としては蔣介石に対する信義の問題ということもあり、本問題については慎重検討中である。この際自分が最も重要であると考えるのは、日米間に完全な意思の疎通が保たれ、緊密に協議を行なうことである。中国問題については、外務当局において各種の情報を蒐めて検討を進めており、おそらく貴方においても同様と考えるが、まだ最終的結論には達していない。国連総会も近づき、これから国連の内外において日米は相互に協力して打つべき手を打って行かなくてはならない」。

さらに佐藤はこう続けた。「日本の場合困難なのは御承知のとおり日華平和条約の存在であり、また日本と台湾との関係に国際信義の要素が含まれていることは先刻述べたとおりである。わが方の基本的な立場は何とかして台湾を国連にとどめる必要があるということであり、その場合台湾が安保理常任理事国として残ることとなればなお更結構であるが、いずれにせよまず台湾の国連における議席を確保する要があるということである」[24]。

「実は先刻陛下に御報告」とあるが、佐藤はマイヤーとの会談直前に昭和天皇に拝謁している。『佐藤栄作日記』を見ると、「二時から参内、一時間半沖縄返還問題、中国台湾問題、円のきり上げや国内公害、環境庁諸問題を奏上する」[25]と書かれている。同日の『昭和天皇実録』にも同様の記述がある。ただ「中国台湾問題」というのは「中華人民共和国と中華民国の問題」に置き換わっている[26]。

つまり夕方に首相官邸でマイヤーと会談した佐藤は、直前まで天皇と会い、「内奏」と言われる口頭の報告を行い、意見交換していた。そこで天皇は佐藤に対して、国連総会を控え、国府が国連代表権を失いそうな問題について「心配」の意を伝えた、ということは間違いない。その理由として蔣介石に対しては信義の問題があり、佐藤はマイヤーに対して日本政府も慎重に検討していると伝えると同時に、国府の国連での議席確保を優先させるべきだという日本の方針を実現させるため米国と協力したい意向を示したのだ。

日本側外交記録には「通常陛下は政治問題には直接関与されないことになつている」と記されており、「無期限極秘」指定した上で十三部しか作成しなかった外務省中国課も、佐藤の内奏に対する昭和天皇の発言が極めて政治的であり、敏感なものであると認識していた。日本国憲法は、第四条で「天皇は、この憲法の定める国事に関する行為のみを行い、国政に関する権能を有しない」と明記しているが、昭和天皇は戦後になっても立憲君主意識を持ち続け、外交問題に関して首相に「御下問」を通じて意見表明し、首相も天皇の発言を重く受け止めてきた。特に佐藤は戦後歴代首相の中でも、天皇への畏敬の念を抱いていたとされる。[27]

佐藤首相に「蔣介石支持を」

佐藤栄作の日記によると、佐藤はその約五カ月前の一九七一年一月十八日にも午後一時半から約二時間にわたり天皇に内奏した。日記には「陛下の御心配は台湾の処遇にある様子で、只今の処何等変化のない事を話し、その他外交、内政全般に亙る。陛下もポツリポツリと御尋ねがある」[28]との記載がある。同日の『昭和天皇実録』にはさらに明確に、佐藤の拝謁で「中華人民共和国と国交を回復した場合の中華民国との国交についての説明をお受けになる」[29]と記され、国府が国連代表権を失った結果、日本政府が国府との国交を断絶すると想定される事態について佐藤から内奏を受け、天皇が心配していると読み取れる。

昭和天皇は一月十八日に続き六月二日にも佐藤に国府の処遇への「心配」を伝えたというわけだ。さらに米国務省の公電を見ると、天皇は六月二日、佐藤に対して心配だけではなく、日本政府に対する要望も伝えていたことが分かる。佐藤は会談したマイヤーに対し、「天皇は建前上、政治問題に関心を持たないのだが、〔蔣介石〕総統が過去において日本のために多くのことをやってくれたと述べた」とした上で、「日本政府がしっかりと蔣介石を支持するよう促した[30]」と、天皇の発言内容を伝えていたのだ。米外交記録は日本の外交記録より具体的であり、天皇は佐藤に対して、国連代表権を失うという窮地に立たされている蔣介石を支援するよう要望を伝えたのだ。

「総統が過去において日本のために多くのことをやってくれた」という天皇の発言は、日本側記録にある、蔣介石への「信義」と同じ意味であり、天皇が五二年九月に蔣介石特使として来日した張群と会談した際に感謝の意を表した「以徳報怨」声明に基づく寛大な対日政策を指している。カイロ会談に基づく天皇制の尊重や敗戦時の日本人軍民引き揚げ、対日賠償請求権の放棄などである。

「国府（台湾）か中共（北京）か」、「蔣介石か毛沢東か」という、対中政策における日本政府の重大な岐路にあり、天皇は「国府・蔣介石」の肩を持っており、首相の佐藤栄作も天皇の意向を重視せざるを得なかったのだ。先行研究を行った井上正也は、「蔣介石の行く末を案じていた天皇の意向は、佐藤の決定に少なからず影響を与えたのではないだろうか[31]」と分析している。

七一年七月十六日には、キッシンジャー米大統領補佐官（国家安全保障担当）の極秘訪中と、七二年五月までのニクソン大統領の北京訪問という衝撃的な発表があった。佐藤は当日の日記に、ロジャーズ国務長官から牛場信彦駐米大使に対し、発表のわずか二時間前に通報があったと記し、「何れにしても中共の態度も柔軟になって来た証拠か。すなほに慶賀すべき事だが、これから台湾の処遇が問題で、一層むつかしくなる」

と続けた。[32]「ニクソンショック」にあっても佐藤の頭にあるのは「台湾の処遇」であり、天皇からの要望が影響していると思わせるものだ。九月四日には福田赳夫外相とともに天皇に中国問題を説明した後、[33]福田や自民党三役らと中国問題を議論し、日記にはこう記した。

「中共の加盟と国府の存置は一つの中国の姿勢に抵触せず、二つともを国連に併存さすとの意見の一致を見た。然し取り扱ひ方については意見の一致を見ないまゝ今日の処は別れる。結局独断せざるを得ないか」[34]。佐藤が結局、天皇に拝謁して国連中国代表権問題について報告するのは九月二十三日で、「中華人民共和国の招請と中華民国の議席維持の方針」について言上した。[35]しかし十月二十五日の国連総会で国府は国連の議席を失うことになるのだ。

「過去の不幸な戦争」に遺憾

一九七二年九月二十九日、日中国交正常化が実現し、田中角栄首相は同日午後、北京から上海に到着した。田中は国交正常化を成し遂げ、一時間でも早く帰国したかった。東京でやるべきプランが出来上がっていたからだ。だが周恩来は田中らに上海に一晩立ち寄ってほしかった。韓叙外交部礼賓司（局）長が、随行した外務省中国課長・橋本恕のもとに来て「周総理が泣かんばかりだ」と頭を下げた。[36]結局、周恩来が同行し、しかも田中の希望で周の専用機で上海に行くことになった。だが田中は機内でいびきをかいて寝てしまった。[37]田中らは同日夜、「四人組」の一人、張春橋・上海市革命委員会主任の歓迎宴会に出席したが、「四人組」の本拠である上海に行ってもらうことで、周恩来は四人組に配慮したかったのだろうと橋本は観察した。[38]

翌三十日午前、帰国の途に就く際、周恩来総理は特別機のタラップの下で田中の手を握っていつまでも離さなかった。そして別れ際に周はこう話した。

「お帰りになったら天皇陛下によろしくお伝えください」。この様子は、田中の秘書・早坂茂三の回顧録に記載されている。田中は周恩来の日本に対する心情にこみ上げてくる激情を抑えることができず、「必ず伝えます。本当にありがとう……」と最後は言葉にならなかった。[39] 橋本は周恩来が「陛下によろしく」と伝えたのは「天皇が国家元首であり、それは日本国民が選んだことだからだ」と認識したからだと考えた。[40]

国交正常化を果たし、中国政府にとって天皇・皇室との交流をどう扱うかは、政府間交渉の中で議論するのが自然の流れのはずだった。とはいえ、周恩来が「天皇陛下によろしく」と田中角栄に伝えた国交正常化の前後で、中国政府の天皇観にはまだ厳しいものがあった。国交正常化以前から日中問題に熱心に取り組んでいた衆院議員・田川誠一は、日中国交回復を促進するため、中国側は天皇の批判を止めるべきだと考えていた。一九七一年八月、自身が仕えた親中派大物国会議員・松村謙三元文相が死去し、葬儀に参列するため王国権中日友好協会副会長が来日したが、田川は王に対して松村周辺の人物の提言として「天皇への批判が時々中国首脳の口から出るが、これは日本の国民感情から見て、まことに困る。現在の天皇は戦前と違って、単に国民の象徴に過ぎない」と中国側の反省を促したほどだった。[41]

さらに日中国交正常化が実現しても、あまり共産党の天皇観は変わらなかった。周恩来は一九七三年一月十八日未明、約三時間、木村武雄・自民党代議士と会談した際、こう語った。木村は、中国側からも「元帥」と呼ばれ、当時から自民党の若手議員を引き連れて訪中し、[42] 中国側から重視された。

「昨秋田中総理に対し、天皇陛下によろしくといったが、これは何も天皇制をそのまま認めるということではないので一言申し上げておく」。[43]

しかしその後、中国側ではなく、昭和天皇から積極的かつ前向きな動きがあった。七三年三月三十一日、初代駐中国大使として北京に着任した小川平四郎[44]は四月三日、董必武国家副主席・主席代理に信任状を捧呈した。小川は董の滞在する広州に行ったのだが、これに合わせ一時間ほど会談した。八十七歳と高齢の董は厳寒の北京を避けて南方に滞在していた。中国で国家元首に当たる国家主席は一九五四年憲法で設けられ、毛沢東と劉少奇が務めたが、文化大革命で六六年に失脚した劉少奇が六八年に解任され、空白になった。七五年憲法で国家主席が廃止されるまで董必武が国家主席の職務を代行していた。

筆者は、小川が董必武に信任状を捧呈した際の会談記録の開示を日本の外務省に請求し、開示された。[45] その会談記録によると、小川は昭和天皇のお言葉として次のように伝えた。

「日中両国間に過去に不幸な戦争があつたことを遺かんに思つている。今後日中両国は互いに手をたずさえてアジアの平和のためこうけんすることを心からよろこんでいる。昨年両国間に国交が正常化したことを希望する」。会談記録によれば、董必武は天皇からの言葉に対して「謝意を表した」という。さらに董はこう述べた。

「中日両国は世界で最もふるくから友好関係にあり、中国にとつては朝せん、ヴイエトナムとともに日本の関係が最も良い。この間中国から侵略したことは元の時代を除いてはなく、これもモウコ人によるものでカン民族自体モウコ人に占領されていた。歴史を全体としてみると、友好の時期が長い。昨年のタナカ首相、オウヒラ外相訪中により両国間に新局面が開かれたが、これを大切にしそん重して行きたい。大使は一〇〇年二〇〇〇年の友好の礎をきずくと言われた由でなるも、もつと長い友好関係を考えねばならない」。

「中日両国は海をへだてており国境の問題はない。タイワンの問題はある。またチヨウギヨしま（釣魚島）の問題もあるが、これは今後道理をもつて話し合つて行けば解決出来ると思う」。

「タナカ首相オウヒラ外相の訪中時に毛主席との会談で過去の問題は水に流そうということとなつた。両氏の訪中で日中間には国交がじゆ立されたがこれは米国よりも早く、日中関係は米中関係よりもしん密である。国交正常化につき日本が米国を追いぬいたということは立派である。タナカ、オウヒラ両氏がタイワンとの関係断絶を宣告されたゆう断にけい服する」[46]。

董必武の発言が少し長くなったが、話を天皇の言葉に戻すと、昭和天皇は五年後に来日する鄧小平にも、「一時不幸な出来事がありました」と述べているが、七三年と七八年の二つのお言葉は昭和天皇の対中歴史認識を表している。「過去の不幸な戦争」に対する「遺憾」の意表明は、七八年の鄧小平に対する発言よりも踏み込んだものであることが分かる。

天皇「お言葉」入念準備

昭和天皇の侍従、侍従長を長く務めた入江相政の日記『入江相政日記』には、小川の着任と信任状捧呈に合わせて昭和天皇による中国側への「お言葉」をどうするか、入念に準備していた様子が伺える。

「庁舎に帰り、背広にきかへて一寸したらお召といふので、又宮殿。中国へ行く小川大使、中国から来る大使へのお言葉の件。」（一九七三年三月十二日）[47]。

入江は同日午前八時の迎えで出勤し、すぐモーニングに着替えて宮殿に行った。九時前に奥野誠亮文相が参内し、天皇は九時から四十分間、認証官任命についての内奏を聴いた。その後同五十五分からは名古屋高裁長官の認証官任命式に臨んだ。入江は庁舎に帰り、背広に着替えてしばらくしたら天皇からお呼びがかかり、再び宮殿に向かった[48]。そこで天皇は、中国に着任する小川大使が信任状捧呈に臨む際に託する「お言葉」と、中国から着任する初代中華人民共和国特命全権大使・陳楚から信任状を受けた際に返す「お言葉」について、自身の考えを入江に伝えたとみられる。

それから一週間後の三月十九日午前、『入江日記』はこう記載している。「小川駐中大使、千草の間に挨拶に行く。十時から拝謁。一寸特別なお言葉がある」[49]。入江は出勤して参殿者の休所である「千草の間」に待機している小川に挨拶に行った。小川の天皇への拝謁は午前十時からで、そこで天皇から小川に「一寸特別なお言葉」が託された。この日の『昭和天皇実録』には「午前、正殿松の間において、近く赴任の中華人民共和国駐箚特命全権大使小川平四郎の拝謁をお受けになる」としか記していない[50]。

『入江日記』では天皇からの「一寸特別なお言葉」と表現しているが、日本の外交記録により「日中両国間に過去に不幸な戦争があつたことを遺かんに思つている」という言葉であることが確認できた。

中国政府は、小川からの信任状捧呈で昭和天皇の過去の戦争に対する歴史認識を知ったはずだが、日中政府間で天皇・皇室との交流は動かなかった。実際に動き出すのは、五年後の鄧小平訪日ということになる。

一方、『昭和天皇実録』によると、中国の駐日大使・陳楚の信任状捧呈式は、小川が信任状を捧呈した二日後の四月五日午後だった[51]。入江の日記によれば、それに先立つ三月三十一日、入江は宇佐美毅宮内庁長官室で陳楚による信任状捧呈の際の「お言葉ぶり協議」を行ったほか、四月二日の日記には「中国の信任状捧呈の時のお言葉ぶりにつき申上げる」と記されている。同五日の日記には、陳楚の信任状捧呈の際に随員が五人いたことは記されたが、天皇からどういうお言葉があったかは記されておらず、分からないままだ[52]。

二　「天皇訪中」めぐる日中攻防

昭和天皇・鄧小平会談の真実

一九七八年十月、日中平和友好条約の批准書交換のため公式訪問した中国副総理・鄧小平に対し、日本政府は副総理というポスト以上の意味を見出した。初の中国共産党・国家指導者の来日であったほか、文化大革命が終わり、度重なる失脚から蘇り、改革・開放路線へと舵を切った大物指導者の訪日を最大限重視した。

本章で紹介した、昭和天皇の鄧小平に対する「一時不幸な出来事がありました」という発言は「ハプニング」だった。会見に同席した入江相政侍従長は『入江相政日記』でこう記している。「竹の間で「不幸な時代もありましたが」と御発言。鄧氏は「今のお言葉には感動致しました」と。これは一種のハプニング」（一九七八年十月二十三日）[53]。

なぜ「ハプニング」なのか。通訳を務めた田島高志によると、会見に先立ち、天皇は事前に決められた発言要領に沿って発言することになっていたが、「不幸な出来事がありました」という言葉はそこにはなかった[54]。つまり天皇は原稿から離れて自分の述べたいことに言及したのだ。田島は『外交証言録』で、鄧小平による御引見でも、「事前に宮内庁からの依頼により佐藤正二大使が陛下への直接のご進講に参上し、さらに外務省の作成した「お言葉振り」も宮内庁から差し上げてあった筈である」と指摘し、「当日の陛下は、それらをご参考にされながらも、ご自身のお言葉をかなり加えてご発言されたと言えるようである」と回顧した[55]。同時に鄧小平の「非常感動」という反応も、入江にとって「ハプニング」だったのだろう。

日中政府間では天皇と鄧小平の詳細な発言については外部に公表しないと申し合わせていたが[56]、会見に同席した宮内庁の湯川盛夫式部官長は日本の報道各社に「不幸な出来事」発言まで紹介した。あまりにも重要な発言だったため公表したとみられるが、公表には天皇の意思も働いていると見るのが自然だ。

会見直後の十月二十三日新聞夕刊の記事を読んで田島は、会談内容はお互いに非公表扱いにするとの了解を日本側が破ってしまったこと、記事で報道された会談内容は正確とは言えないこと、という「二重の不測の事態」に全く驚いたと回想している[57]。

申し合わせに反した日本側からの報道に驚いた中国側は、符浩駐日大使が日本外務省に問い合わせてきた。

田島は上司の中江要介アジア局長とも相談し、中国側にも報道を認めるしかなかった[58]。そして国営通信・新華社や共産党機関紙・人民日報の記事になった。

一方、前述したように日本の新聞の会見報道は不正確だった。つまり日本の報道ではまず、鄧小平が「過ぎ去ったことは過去のものとして、今後は前向きに両国の友好関係を建設し、進めて行きたいと思います」と述べると、これにこたえて天皇が「両国の間には非常に長い歴史があり、その間には一時、不幸な出来事もありましたけれども鄧副首相のお話のように過去のこととしてこれからは長く両国の親善の歴史が進むことを期待しています」と応じ、これに対して鄧小平も「まったく陛下のおっしゃる通りです」と同感の意を表したことになっている[59]。しかし中国の報道は発言が逆で、天皇が先に「日中両国にはとても長い友好の歴史があり、一時不幸な出来事があったけれども、過去のものとなりました」と持ち掛けたと伝えた[60]。それを質しに行った記者に湯川式部官長は、「両国の親善のためなら、どちらが先でもいいじゃないか」と答えるのみだったという[61]。

真相はどちらなのか。一九九一年に刊行された『入江相政日記』によると、天皇の発言を受けて鄧小平が「今のお言葉には感動致しました」となっているほか、通訳をした田島も「陛下のお言葉が先だった」と証言した[62]。

田島は『外交証言録』で、「陛下が過去の問題に触れたご発言を鄧小平副総理よりも先になされたということが、もしそのまま新聞で報じられた場合には、日本国の「象徴」である陛下が、政治問題には触れないというお立場を超えられたとの疑問あるいは誤解を国内に与える恐れがある、と湯川式部官長がご心配されたのかとも思われる」と分析している[63]。天皇の歴史問題に関する発言は、天皇の戦争責任に直結する「敏感」な問題である。日本政府としては、「不幸な出来事がありました」という天皇発言を公表しながらも、鄧小平の言葉を受けた形にして天皇発言の「自発性」を弱めたかった意図がうかがえる。

周恩来夫人から最初の訪中招請

鄧小平は、昭和天皇との会見の際、陛下を中国に招きたい意向を直接伝えていたという日本の報道もある[64]が、それは間違いであり、鄧小平は天皇との会見で、天皇の中国招請までは言及していない。[65]前述したように中国指導部が最初に天皇に対して、直接打診したのは七九年四月、故周恩来夫人である鄧穎超全人代常務副委員長だった。[66]

北京を訪問して国交正常化を実現した田中角栄は、上海から帰国する際、見送りの空港で周恩来に対して「ぜひ一度日本にいらして下さい。私が琵琶湖までお供しますから」と訪日を招請した。日本に留学した周恩来は一九一九年、帰国の際、東京から神戸に向かい、そこから船で帰途に就いたが、途中で見た琵琶湖の美しさが心に残っており、このエピソードを中国の人たちによく話したが、田中はそのことを知っていたのだ。[67]田中は七三年三月、周恩来の訪日について「現在迎賓館を建築中であるので、これが完成したら第一回の賓客として招待したい[68]」と語った。七三年四月八日、初代駐中国大使・小川平四郎は、周恩来と会見した際も、日本に招待したいという田中首相の意向を伝えた。それに対して周は「私としては是非再び行ってみたい。ただ、今は時間が見つかるかどうか。前回日本を去った時は桜はすでに散っていた」と話した。[69]しかし周恩来は、田中らとの国交正常化交渉四カ月前の一九七二年五月十八日、膀胱がんを患ったことが確認されており、[70]訪日を果たせなかった。

こうした経緯もあり日本政府は周恩来未亡人の訪中を重視した。外務省は一九七九年三月二十日、「鄧穎超全人大会常務委副委員長の天皇陛下謁見」という文書を作成し、鄧穎超の陛下謁見を実現させようと手配した。その理由として①日中友好の中国側シンボルである周恩来の未亡人、鄧穎超氏は訪中日本人とたびたび会見するなど周の遺志を受け継ぎ、日中友好増進に努めており、陛下への謁見は日中両国民に好ましい影響を与える、②日本の迎賓館に迎える中国最初の賓客は周総理としたい空気も存在し、受け入れの衆参両院でも鄧穎超訪日は周恩来訪日に代わるものであるとの認識が強い、③日本のジャーナリズムでも鄧訪日を周恩来と結び付けて報道することが予想され、陛下への謁見はむしろ自然と受け取る向きが多い―ことを挙げた。全人代常務委員長ならまだしも、副委員長が天皇と会見するのは異例だが、外務省では「今後訪日が予想される他の全人大会常務委員会副委員長について今回の措置が前例とはなり得ないものと判断される」と指摘し、鄧穎超のケースは特別とみなした。(71)

会見は四月九日午後に実現した。日本側記録によると、昭和天皇は鄧穎超に対して「両国間において念願であつた日中平和友好条約が昨年締結され、また鄧小平副総理閣下のわが国御訪問によつて、両国の友好関係が一段と深められたことは喜びにたえません」、「夫君の故周恩来総理閣下には、一九七二年の日中国交正常化の実現のために、多大の貢献をされたことに深く敬意を表します」と述べた。(72)『昭和天皇実録』によれば、鄧穎超は天皇に「周恩来個人ではなく日中両国民の願いが正常化を実現させたと思う」旨を述べ、周恩来の日本留学中のことを話題にし、周が美しい日本の風物や豊かな人情について生前よく話をしていたと言及した。(73)

しかし、中国側の記録によると、日本側記録にはない天皇の発言が記載されている。これは後の駐日大使・楊振亜(74)の回顧録『出使東瀛』に掲載されたものだが、天皇は鄧穎超に対して「中日間の過去の一時期に不幸な歴史がありました」と述べると、鄧は「陛下の都合の良い時期に中国を訪れ、ご覧になることを希望します」と訪中を持ち掛けた。これに対して天皇は「もし機会があれば嬉しく思います。これは日本政府が決めなければならないことです」と述べた。楊振亜は回顧録で天皇の「過去の一時期に不幸な歴史があった」との発言について「おわびを間接的に述べた」ものと解釈した。[75]

田中清玄の「皇太子訪中」提案

鄧小平来日からわずか半年間しか経っていない七九年四月以降、来日した中国指導者は天皇に対して訪中を招請する政策に転換したのだ。ここには最高実力者の一人にのし上がった鄧小平の天皇観の変化があった。田島高志も『外交証言録』で、「一時不幸な出来事がありました」と述べた天皇の言葉に感動した鄧小平は、「陛下の誠実なお人柄と誠意あるお言葉に胸を打たれた」と指摘し、「天皇陛下に対する中国側の新たな印象と好意的な受け止め方が、後年中国側が天皇陛下の訪中を熱望し、その実現に繋がって行ったのではないか」という見方を示している。[76]

ちょうど一九八〇年四月に日本の「政財界の黒幕」と言われた田中清玄[77]が北京を訪れ、鄧小平と会談した。田中が七八年の天皇との会見について尋ねると、鄧は「電気にかけられたようだった」と回顧した。[78] 田中は「昭和天皇が平和主義者であられたことは、中国側にも十分伝わっておりました」と述べているが、[79] 鄧小平の「衝撃」がその後の天皇訪中招請につながったとみられる。

ちなみに、この会見で田中清玄は鄧小平に対し、皇太子（現・明仁上皇）の訪中を持ち掛けている。鄧は「ぜひやりましょう」と即答し、「昭和天皇のご訪中も歓迎いたします」と付け加えた。[80] 田中は「自民党の反対」などを理由に天皇訪中は厳しい現実の中で皇太子の訪中を優先させようとの考えだった。

「皇太子さんがお出でになって、非常に歓迎されたら、陛下がいらっしゃってもいいじゃないかと、自民党や右翼の連中に言わせるための布石でもあったんです[81]」。

田中のこうした発言は、天皇・皇室の訪中に関する当時の日本国内の政治状況を表している。当時の日本の外務省幹部は「日本政府は天皇訪中招請が出れば、右翼が騒ぐことを最も恐れていた」と明かす。[82]だから日本政府は中国側に「宮内庁の意見に基づき、天皇訪中招請に関して発表しないでほしい」と求めた。[83] 楊振亜は「昭和天皇が中国指導者と会見した際、中国側はたびたび天皇が訪中されることを望んでいると感じることがあった。しかし日本政府はこれに慎重で、毎回、中国側に公開しないよう求めた」と証言した。[84]

田中角栄への秘密打診

一九八〇年代に入ると、中国政府はより積極的に天皇訪中を招請するようになった。八〇年代前半、鄧小平の下で、総書記として改革・開放路線を推進したのが胡耀邦だった。胡耀邦は日本をモデルとして日本との経済協力を強化した。胡耀邦の主導で三千人の日本青年が同時に中国に招待された一九八四年は戦後日中関係において最高の「蜜月」期と言われている。

同年、駐日公使参事官だった丁民[85]は、田中角栄の秘書・早坂茂三と秘密裏に面会した。[86] そしてこう持ち掛けた。

「天皇陛下の訪中は可能だろうか。あなたから田中先生に話してくれませんか」。

丁民は中国政府から天皇の訪中に関して「「試探」〔探り〕を入れろ」と指示を受けていた。早坂はこう答えた。「そんな大事な話だったら、自分で行き、オヤジに直接話した方が良いでしょう」。田中は一九七六年七月にロッキード事件で逮捕され、自民党を離党しても最大派閥の田中派を率いて絶大な影響力を誇っていた。

丁民は約束を取り付けて東京・目白にある田中邸に行った。田中とは何度も会ったことはあったが、一対一での対面は初めてだった。「天皇の訪中を実現させたいと思っています」と持ち掛けた。これに対して田中は「よし分かった。中曽根に言ってやろう」と応じた。中曽根は、胡耀邦共産党総書記との間で個人的な信頼関係を構築しており、中国政府の昭和天皇訪中計画もこうした日中「蜜月」の中で計画されたものだった。しばらくして東京・元麻布の中国大使館まで返答を持って来たのは早坂だった。田中は中曽根に電話して考えを尋ねた。しかし中曽根は宮内庁とも相談した結果として天皇訪中は時期尚早と判断した。

中曽根は理由として六つほど挙げた。そのうちの一つが、昭和天皇が沖縄に行っていなかったこと。また日本政府内には中国より韓国訪問を優先させるという方針があった。さらに訪中に反対する右翼への対策も挙げた。丁民はインタビューに、沖縄に行っていなかったという理由には「説得力があった」と感じたと振り返った。(87)

入江相政侍従長の『入江相政日記』の一九八四年四月二十日にこういう記述がある。「総理は十一時から十二時二十分迄。そして下りがけに「中国へはもし行けたら」といふ思召もうかゞつたが、沖縄がまだの時中国へおいでになるのもどうか。全大統領(88)への御答礼の関係もあるしと、つまりこの間の会議の時予が言つたのと同じことを云つて下つていかれる(89)」。

昭和天皇から「中国へはもし行けたら」というお考えを聞かされた中曽根は、「沖縄」・「韓国」という持論を述べたのであり、中曽根が田中角栄に話した内容と合致している。沖縄訪問のほか、全斗煥韓国大統領の来日も控え、天皇の中国訪問に難色を示す中曽根の考え方がにじみ出ている。天皇の発言や中曽根の対応から見れば、八四年四月時点で昭和天皇の訪中が政府内で話し合われたことが分かる。丁民が田中に要請したことを受けたやり取りと見るのが自然だろう。

中曽根は二〇〇七年六月、筆者とのインタビューで、八四年に田中角栄を通じて中国政府側から昭和天皇訪中に関する打診があったかどうかについて「昭和天皇に関しては歴史的な問題で、正確なものでないからまだ発言できない」と述べた。[90] しかし中曽根は二〇〇九〜一一年、七人の政治史・外交史研究者が行った計二十九回・五十六時間にわたる聞き取りの中で、[91] 田中邸を訪れた中国政府関係者を「大使じゃないかね。それか、中日友好協会会長をした親日家の孫平化か」と振り返った。さらに中曽根によると、中国側が天皇陛下を招待したい考えは、田中清玄によって中曽根に伝えられたほか、その他の筋からもいくつか、中曽根のもとに中国側が天皇訪中を強く希望しているという話がもたらされた。しかし中曽根は時期尚早だと判断した。一つの理由は中国側の内部情勢が、天皇を歓迎するほどには円熟していない点にあったと回想した。[92]

また中曽根は、「私は、日本にとって天皇訪中は大きな問題であり、軽々に応諾すべきものではないと考えました。日本国民の側も中国に対しては複雑な感情があります。もちろん、宮内庁の意見も聞いて判断しましたが、天皇自身はいずれ訪中したいという気持ちはあったようです。私が天皇陛下の考えを直接聞いた事はないですが、そういうお気持ちが天皇にあるということは、風の便りで私のところへ聞こえて来ていたね。〔中略〕天皇の側近とか出入りしている連中が、天皇にはそういう気持ちもあるんだというようなことを、私のところへ伝えてきた」とも述べた。[93]

中曽根は天皇の訪中より訪韓を優先させるべきという持論を持っていた。「国家間、国民間の親密度合いは、韓国とが濃厚です。また、過去に植民地にしていたという経緯から考えて、礼儀の上からも韓国を先にすると思っていました」という理由であった。[94]

消えた天皇訪中

中曽根康弘は首相として一九八四年三月と八六年十一月に訪中している。日本政府はその訪中に合わせ、中国の国家元首である李先念国家主席が中曽根と会談した際、天皇訪中を招請しかねないので、「その話は出さないでほしい」と中国側に非公式に要請していた。[95]中国政府は、田中角栄を通じた非公式ルートだけでなく、首脳間でも昭和天皇訪中を打診しかねない状況だったが、日本政府としては中曽根が反対していたほか、やはり訪中要請が表面化して右翼が問題視することを強く懸念していた。

一方、日本政府は、中曽根が首相だった八〇年代半ば、李先念国家主席の訪日の可能性を打診し、具体的に日程まで提示した。しかし楊振亜は回顧録で「日本の中国侵略の歴史に鑑み、もし日本の天皇が先に訪中せず、またあの歴史に対して説明しないならば、中国の国家主席が先に訪日するのは好ましくない」と遠回しに断り、依然として天皇の訪中を希望すると表明した。[96]

つまり天皇を「元首」としてとらえる中国政府が、天皇訪中を熱望する背景には、天皇が先に訪中して歴史問題で区切りをつけない限り中国国家主席の訪日は不可能という原則があり、日本側にこの原則を突き付けていた。一方、天皇訪中に消極的だった中曽根はこの頃、皇太子ご夫妻の訪韓を本格検討し、八六年秋頃には日韓政府間で内定していた。[97]それに先立つ同年三月三日、読売新聞は一面トップで「中国も皇室招待打診 戦後にけじめ」と伝えた。中国政府の意向は、韓国政府からの皇太子ご夫妻の訪韓要請とは関係なく、在京中国大使館などを通じて日本側に伝えられた。中国側は、天皇か天皇の名代としての皇太子ご夫妻の訪中を強く望んでいるといわれるが、日本政府が具体的に検討する場合には、高齢の天皇に代わり皇太子ご夫妻の訪中の可能性が高い、と読売は報じている。[98]

こうした報道を受け、中曽根は同年三月十二日の参院予算委員会で、皇太子の訪韓に関連して浮上している皇太子の訪中に関して「中国については白紙。しかし（訪韓に続く）次の段階で、中国にご招待の意思があれば、将来の課題として登場する可能性もある」と答えた。[99]

日本政府は、皇太子訪中で中国側は満足すると楽観視していた。読売の先の記事は、「天皇のご名代として皇太子が訪中され、中国国民と間近に接触されることによって、名実ともに「戦後」にけじめをつけ、二十一世紀に向けた友好関係発展の基盤づくりができるのではないか、との強い期待からだ」と意義づけている。[100]

一方、「皇太子訪中の可能性」を定例記者会見で聞かれた中国外交部報道官は三月十九日、「すでに七五年、天皇陛下自身が公開の場で訪中の機会があれば大変うれしいと表明されたが、日本側の原因で実現しなかった」と指摘した。さらに「今後時機が熟すれば、日本政府が皇室メンバーの訪中問題について明解な解決方法を見いだすと信じている」と表明した。[101]

七五年の昭和天皇発言とは、訪米を前にした米タイム誌のインタビューを指しているが、外交部報道官の表明は、中国政府の失望感を表していた。中国政府は七九年以降、天皇の訪中をたびたび打診してきたが、中曽根は消極的で、韓国を優先していたからだ。

しかも中国側に対して日本政府幹部は実際にひそかにこう探りを入れてきた。「昭和天皇は高齢であり、皇太子招請を天皇訪中の代わりにすることはできないか」。[102]読売新聞が報道した通りの展開だった。

実際に中曽根は、訪中する予定の公明党の矢野絢也書記長に電話し、「天皇陛下の名代として皇太子訪中」の考えを伝えた。矢野は八六年三月二十三日、北京で会談した胡耀邦総書記に「皇太子殿下のご訪中を実現させたい」という中曽根の意向を伝え、時期にまで触れた。しかし安倍晋太郎外相は「外務省はいっさい関知していないことだ」と、首相主導に不快感を示した。[103]

一方、歴史問題に区切りを付けようとする中国政府の本音は、皇太子ではなく、抗日戦争に関与した昭和天皇の訪中だった。鄧小平はこの年（八六年）十月、日中友好代表団（団長・宇都宮徳馬日中友好協会会長）と会見した。席上、鄧小平は皇太子の訪中に関して「中国側には問題はない」としつつも、さらに鄧の方から天皇の訪中に言及し、「日本政府が決めることだが、いつでも歓迎する」と述べた。[104]日本政府は、まず国家元首の李先念国家主席の訪中を打診したが、中国側はその前提としてまずは元首ととらえる天皇が訪中し、歴史問題に区切りを付ける必要があるという原則にこだわった。しかし戦争責任に関わる天皇の訪中に一貫して否定的な日本側は皇太子の訪中まで持ち出したが、中国側が真に望んだのは天皇の訪中であり、天皇訪中構想はいったん消えたのである。

三　橋本恕という中国通外交官

その外交スタイル

外務省で現役チャイナスクール外交官から「橋本の前に橋本なく、橋本の後に橋本なし[105]」と評される伝説の中国通外交官がいる。一九七二年九月、外務省中国課長として日中国交正常化を成し遂げ、二十年後の九二年十月に駐中国大使として天皇訪中を実現させた橋本恕だ。「中国通」というのは「チャイナスクール」と同義語として受け止められる向きもあるが、国交正常化や天皇訪中など日中外交史に残る大仕事を行った橋本は「チャイナスクール」と分類されないし、中国語も話せない。このため本書では「中国通」と記載する。なぜなら「チャイナスクール」とは外務省入省時に中国語を研修語として選択し、中国（当初は台湾・香港、日中国交正常化後は中国）に研修に行き、中国語を操る外交官だと定義されるが、戦後中国語研修が始まったのは一九五六年入省からである。橋本の入省は五三年であり、その時は「チャイナスクール」そのものが存在しなかったからである。橋本はあえて言えば英語スクールだ。

しかし橋本は一九六八年四月に外務省中国課長への辞令が出されたが、国交正常化を経て七三年に在中国大使館に赴任するまで中国課長を長く勤めたこともあり、[106] 中国問題に関して多くの政治家などに信頼された。条約課長として中国課長の橋本と二人三脚で日中国交正常化を成し遂げた栗山尚一[107]（後の外務事務次官）は「橋本さんは中国課が長いし、私が知る限り、日中国交正常化が日本にとって必要不可欠という信念を持っていたし、実現するために何とかしたいという情熱は人一倍持っておられた」と筆者のインタビューに語った。[108]

本章ではまず日中国交正常化に至る橋本の外交スタイルに絞って詳述したい。橋本の外交スタイルは、「中国問題への情熱とぶれのなさ」、「官僚的でない型破りさ」、「政治家と中国政府から得た信頼」の三点に集約できよう。

橋本は筆者のインタビューに自身の外交スタイルを語っている。

「俺と角栄さん、俺と大平さんしか知らない。角栄さん、大平さんが知っていて俺を直接使った。雑音が入らなかったからできた。重要な決定は、極秘裏に動くものだ。手の内をさらけ出したら大きな外交交渉はできない。外交交渉というのは、どれだけ相手に譲れるかであり、国内への説得でも手の内をさらけ出してはいけない」。

「角栄さん、大平さん、俺は国交正常化という既成事実を作り上げ、押し付けるしかないと考えた。議論しても平行線と分かっている。外務省内の誰が反対しようとも、持って帰って既成事実を押し付け、中央突破しかないと思っていた」。[109]

田中角栄・大平正芳との関係

橋本恕の回想によると、田中角栄が佐藤内閣で自民党幹事長だった時、田中の秘書の早坂茂三と麓邦明から「是非ともウチのオヤジに勉強させてやってくれ」と頼まれ、何度も田中のもとに行き、田中は橋本と二人だけで中国問題を勉強していた。(110) 一九七一年七月、早坂と麓は橋本と会い、日中復交を田中に実現させる見取り図の作成を依頼した。「橋本レポート」は七二年一月に完成し、橋本から受け取った早坂は、田中と総参謀の愛知揆一（元外相）のもとに届けた。その後田中は橋本と三時間にわたる徹底的な議論を交わし、台湾との関係を断絶し、日米安保体制を堅持しながら日中国交正常化を実現できると確信した。(111)

岳父・大平の外相秘書官などを長く務めた森田一のインタビューをまとめた『心の一燈』によると、橋本は、田中より早く大平と接触したとされる。森田はその時期を橋本が一九六八年に中国課長になった頃ではないかと指摘し、橋本は日中問題にずっと関心を持ち続けた大平を頼りになると意識していたと回顧した。(112) 橋本によると、「［大平は佐藤内閣後半］当時は党内野党というか冷や飯組だったでしょう。割合ヒマがあったし、もともと中国問題をずっと考えていた人だから、たびたび私が話しに行ったり、大平さんのほうからよく電話がかかったりしていた」という。(113)

大平が中国問題を考える契機になった歴史は戦前まで遡る。大蔵官僚だった大平は一九三九年六月、興亜院蒙疆連絡部経済課主任となり、関東軍の影響の強い蒙古連合自治政府（蒙疆政権）の首府・張家口に派遣された。森田は「大平は、張家口の嫌な思い出があるものですから」と明かしている。(114) 大平は権力を笠に着た軍人の顰蹙を買うような振る舞いに強い嫌悪の念を覚えた。(115)

また大平は当時、アヘンに関する仕事に関与しており、戦後に「それが本当に嫌だった」と漏らすことがあった。大平首相時代に外務省中国課長を務めた谷野作太郎(116)（後の駐中国大使）は、こうした経験が、大平の戦後中国に対する「贖罪意識」につながったと証言している。(117) 実際に大平は一九六三年二月十二日の参院外務委員会で、池田内閣の外相として「中国とは昔からのおつき合いがございましたし、また、この戦争〔日中戦争〕を通じて一つの罪悪意識というものを持っておるわけでございまして〔後略〕」[118]と述べ、中国への贖罪意識を明らかにしている。

大平は張家口から逃れるため口実があれば、北京や上海に出張した。北京の興亜院華北連絡部には、大来佐武郎（逓信省）、愛知揆一（大蔵省）、佐々木義武（満鉄）が派遣され、上海の同華中連絡部には伊東正義（農水省）がいた。これら興亜院に派遣された若手官僚は「七賢会」（後に「九賢会」）として交流を深め[119]、大平は七九年十一月の第二次大平内閣で外相に大来を、通産相に佐々木を、官房長官に伊東をそれぞれ登用した。

一方、田中角栄は一九三八年四月、郷里柏崎で徴兵検査を受け、三九年三月末に盛岡騎兵第三旅団二十四連隊第一中隊の一員として広島に集められ、貨物船で満州に向かった。朝鮮半島の羅津港で上陸し、汽車で佳木斯《チャムス》まで運ばれ、さらにトラックでソ連国境近くの駐屯地・富錦に着いた。朝日新聞政治部記者として田中の番記者を長く務めた早野透は、「わたしはのちの角栄に接して、その口から「日の丸」の話も「君が代」の話も聞いたことがなかった」と回顧するほど皇軍の誇りも感じなかった。古参兵から殴られるしごきは受けたが、除隊まで戦闘や殺戮を経験することはなく、早野は後に日中国交正常化交渉でも「気後れしなかったことだろう」との見方を示した。田中は四〇年十一月、クルップス肺炎で倒れ、右乾性胸膜炎併発で後方の病院に送られた後、内地送還となった[120]。

田中は一九七二年三月二十三日、衆院予算委員会で通商産業相として川崎秀二の質疑に答弁し、三九～四〇年まで満ソ国境に兵隊として勤務した経験に言及し、「私は人を傷つけたり殺傷することがなかったことは、それなりに心の底でかすかに喜んでおるわけでございますが、しかし私は、中国大陸に対してはやはり大きな迷惑をかけたという表現を絶えずしております。〔中略〕迷惑をかけたことは事実である。やはり日中国交正常化の第一番目に、たいへん御迷惑をかけました、心からおわびしますという気持ち、やはりこれが大前提になければならないという気持ちは、いまも将来も変わらないと思います」と述べた。[121] 田中もやはり、中国への贖罪意識を強く持っていた。

ただ森田一は、田中角栄が日中国交正常化に取り組んだ理由について、日中問題への関心というより、自民党総裁選で勝利するためには、三木武夫（後の首相）を引き込む必要性があったからだと指摘している。そのためには三木が強い関心を持つ日中国交正常化で引き込むしかないと考えた。三木を引っ張り込んだら中曽根康弘も付いてくるという判断があったという。[122]

田中は七二年七月五日の自民党臨時党大会で総裁に選出され、同七日、第一次田中内閣が成立した。同日、大平が外務省に初登庁して中国課長の橋本のもとには外相秘書官から「橋本課長、大臣がお呼びです」と、すぐに来るようにと連絡が来た。橋本は「何ごとか」と大臣室に行ったら、大平は人を遠ざけて「夕べ、赤坂の千代新（料亭）で角さんといろいろ政権構想を話した。党・政府の人事と政策だ。そこで田中と二人で是非とも日中国交正常化をやろうと決めた。〔中略〕ただちに正常化のいろんな準備が必要なんだ。キミは極秘裡に、早急に準備を始めてくれ」と命じた。同時に「このことは事務次官にも話をするな」と付け加えた。これに対して橋本は一瞬、「困った」と思ったが、もともと日中国交正常化をめぐって省内で孤立していたことから、「分かりました」と腹をくくった。[123] 実際のところ大平が外相に就任すると、大平と橋本が部屋にこもり二人だけで協議し、アジア局長も審議官も次官も来ないという状況が続いた。[124]

栗山条約課長の日米基軸論

こうした橋本の証言から、橋本は、中国との国交正常化を目指した政治家との信頼を基に対中外交を推し進めたことが分かる。さらに国交正常化当時、自民党内には親台湾派の影響力が大きく、台湾との断交に反対する勢力をどう抑えるかという大きな壁がたちはだかった。しかし橋本にとってもう一つの「敵」・「雑音」は外務省内、さらにチャイナスクール（中国通）外交官にあった。大平外相は秘密主義を徹底させ、橋本も、自身の苦手なテクニカルな部分は条約課長・栗山尚一に宿題を与え、栗山は上司である高島益郎条約局長に了解・決裁をもらって事を進めた。その結果、栗山は「外務省アジア局ではすっ飛ばしがかなりあって、局長があまり知らされていないことがあった」と述べ、アジア局長に詳細な報告を行っていなかった事実を証言した。[125]

当時のアジア局長は一九七二年一月から吉田健三（七九〜八一年に駐中国大使）で、戦前北京に留学した戦前チャイナスクールの一人だった。日中国交正常化に向けた交渉がオープンになった一九七二年七〜九月、外務省ＯＢらを招き、正常化に関して意見を聴くという会合があり、戦前チャイナスクールも集まった。栗山は戦前チャイナスクールの議論を聞き、こう感じた。

「全くあまりにも中国にのめり込んでいるという感じがしてならなかった。当時チャイナスクールの方が言っていたのは、端的に言うと、中国政府が掲げていた「復交三原則」[126]を全部のんでしまえ、ということ。日華平和条約も無効だと主張する。そこで僕なんかは、戦後にサンフランシスコ講和条約が成立し、そこから台湾との国交ができてから二十年ですが、二十年間やってきたことは全部帳消しになるという話になってしまい、台湾との関係もめちゃくちゃになってしまう。一番困るのは米国との関係が成り立たなくなることだが、米国がそんなことを容認するはずがない。［チャイナスクールの主張は］机上の空論だった。私なんかは正直、「ああいう人たちの意見を聞いても参考にならない」と思っていた。橋本さんも日華平和条約まで無効という話は「のむ訳にはいかない」ということだった[127]」。

会合で、アジア局長などを無視した橋本はチャイナスクール側から批判されたが、橋本はチャイナスクールの意見にどう反応したのだろうか。栗山は、「橋本さんの頭の中で理屈の問題として米中関係、米台関係、日米関係というトライアングルの中で、台湾をどうするか、ということを理論的に理解するのは苦手だった。しかし「それはダメだ」と直感的な理解力がある。日華平和条約が帳消しという話は、橋本さんも「のむ訳にはいかない」ということだった[128]」。

栗山は後の回顧で、橋本と二人三脚のように取り組み、日中共同声明の起草作業については橋本から「君に任せる」と一任されたと回想した上で、「我々事務レベルの者にとって何よりも幸せであったのは、早い段階から、中国との交渉に当たって日本が維持すべき二つの原則的立場について、政治レベル（総理、外相）との間に基本的コンセンサスが形成され、そのことが双方の相互信頼につながったことである」と解説している。二つの原則的立場とはつまり、①日中国交正常化と安保体制の両立、②正常化後の日台間の経済関係を含む非政府的交流の存続の必要性―だ[129]。

栗山にインタビューした服部龍二は、「日本側からすれば、サンフランシスコ体制の存続が日中国交正常化の前提であり、日中共同声明によって対米基軸や日米安保体制を変えてはいなかった」と分析し、確かに対中政策は転換したものの、サンフランシスコ体制が日中関係に優先することは田中、大平、外務省の共通認識だったと結論づけている。日米関係より日中関係を重視する「北京派」は政策過程から排除された。田中は日中国交正常化と同時に日米安保に触らず、台湾との実務関係を残すことを目指した[130]。

しかしながら橋本は、日中国交正常化のためには「一つの中国」を前提にすべきだと考えていた。当時の外務省の中では、国府とは外交関係を切るべきではないという意見が圧倒的だったが、橋本は田中と大平に対し、国民政府との外交関係を絶つ覚悟、つまり「一つの中国」でないと中国は絶対に正常化に応じないと伝えた。[131] 橋本らへのインタビューや外交文書に基づき日中国交正常化について検証した井上正也の研究では、「橋本は、北京と台北の双方が、「中国は一つでありたい」という明確な願望を表明しているにもかかわらず、日米が「二つの中国」を押しつけることは「内政干渉」であると考えていた。それゆえ、中国課長に就任した当初から、「二つの中国」による日中国交正常化は、実現不可能であり、台湾との外交断絶の必要があると考えていた」と分析した。[132]

「伝説」の外交官

なぜ官邸や外務省で「日中関係に橋本あり」と評されるまでになったのか。それは、橋本の中国問題への情熱だけでなく、目的を徹底的に実現させるためには政治家から信頼を得る必要があるという外交官としての信条や人間性などに関わる部分も多い。

一九六七〜七〇年、外務省中国課に在籍し、橋本の部下だったチャイナスクール外交官・池田維《ただし》[133]（後のアジア局長）は「橋本さんで感心するのは、行動力と政治的な勘だった。毀誉褒貶があって敵も多かったが、特に国内政治における勘に優れた。中国関係をやるのは〔外務省で〕主流派ではなかったが、長く中国関係をやっていてあの人〔橋本〕にとって中国との国交回復は一つの執念になっていた」と振り返った。[134]

栗山尚一は、「〔橋本は〕別に政治家におべっかを使うのではなく、役人として政治家にどう接するか、ということをきちんととらえて、政治家の信用を得て、自分の意見を聞いてもらえる関係をつくる。官僚としては非常に必要なことだが、橋本さんはそういうところに優れていた」と語る。[135]

橋本は六六年から異例の長期間にわたり中国課に在籍する中で、「外務省に橋本あり」とまで言われた。「中国との関係をやる時には橋本しかいない」という評判を獲得し、田中角栄や大平正芳ら政治家との太い人脈を築いた。[136]

チャイナスクール外交官で橋本の後輩、浅井基文[137]（元中国課長）は「橋本さんは戦略眼があった。「ビシっ」と方向性を見定め、それに基づき物事を判断してぶれなかった」と評価する。[138]同様に後輩の槙田邦彦[139]（後のアジア局長）は「橋本さんは特定の政治家に取り入るというのではなく、むしろ政治家の方が「こいつを使わないと」となる。発言の内容が非常に分かりやすく、「ズバ、ズバ、ズバ」という感じだ。政治家に臆せず話し、短いセンテンスでポイントをつかんで説明した」と語る。[140]

同様の証言をするのが、橋本より外務省では一年後輩となる蓮見義博[141]（後の上海総領事）だ。蓮見は一九五八年九月、香港から本省中国課に戻ると、橋本もその約一カ月前に在パキスタン大使館から同課勤務となった。橋本は総務班で、蓮見は調査班。「橋本さんは中国語もできないし、中国問題もやったことはなかったが、中国や日中国交正常化に対して並々ならぬ強い意欲があった。中国問題をやりたいという強い気持ちと、抜群に優れた能力を持っていた。文章を書くのは早く内容も的確だし、情勢判断も速かった。少し話しただけで十くらいを知っているようになる。度胸も据わっていた[142]」。

政治家に信頼される橋本の人望は、東京大学在学中、学生のアルバイトを分配する「アルバイト委員会」委員長を務めて他学生の支持を集めた頃から既に培われていた。槙田は二〇一四年四月の橋本死去後に記した悼む記で「外務省の中にさえ、彼〔橋本〕を冷ややかに異端視し、変人視し、傍観し、反対し続けた人たちが少なからずいた」、「絹のハンカチを胸ポケットに挟んで華やかに社交する〝スマートな〟外交官ではなかった。野武士のように荒々しい型破りの外交官で、中国語はむろん一言も喋れず、英語さえも怪しいが、シャイで不器用でありながら胆が据わっていた。ゴマすりを最も苦手とした」と振り返った。その一方、「外務省内でも、部下に対するその厳しい叱咤が伝説的になる一方、鋭い眼光で人を射すくめた次の瞬間にニコッと破顔一笑、暖かい眼差しで人を包む、その人間的魅力が橋本ファンを増やした。それは俗に橋本学校と呼ばれるようになった」と記した。[143]

さらに橋本が対中外交で「野心」を見せた要因として彼の経歴という側面も忘れてはいけない。同期より年を取って二十七歳で入省し、直後にワシントンで勤務したことはあるが、外務省の欧米主流派からはほど遠い経歴を歩んだ。槙田は「彼〔橋本〕は外務省の中で厚遇されているわけでなく、むしろ異色の外交官。出世して次官になれるわけでもなかったし、〔それに対して〕一種の不満というものがないわけでもなかった。しかし何年も連続して中国課をやり続けると、彼の世界は「中国」で動く。その中で彼への評判は定まった」と指摘する。[144]

橋本の特異なキャラクター、先輩のチャイナスクール外交官らを無視する一方で後輩からは慕われる人間関係、幅広く太い政治家との人脈、という評判が、彼を「伝説」の中国通外交官という地位に高めた。その一方で、特に橋本の「激しい性格」に起因して、チャイナスクール外交官と摩擦を起こした事実も触れないといけないだろう。日中国交正常化時にアジア局長だった吉田健三らを頭越しにして交渉を進めた件は触れたが、北京の大使館参事官時代には小川平四郎大使、戦後初代チャイナスクールの藤田公郎元アジア局長らとの関係も険悪だった。[145]

四　正常化前の第三国秘密交渉

スイスで中国武官に接近

橋本恕はなぜ中国問題に情熱を注いだのか。もともと中国語が専門のチャイナスクールではなく、入省後、パキスタン駐在や中国課課長補佐などの任務に就いた。実はスイスで二等書記官を務めていた一九六四年に橋本が行った「極秘交渉」は、その四年後に外務省中国課長に就いて以降、日中国交正常化に執念を見せる橋本の外交スタイルの「原型」と言えるものだ。

「報日駐瑞使館二秘同丁武官等談話情況」（日本の在スイス大使館二等秘書官と丁武官らとの談話状況に関する報告）と題した電報を、中国の在スイス大使館が本国の外交部に打電したのは一九六四年八月二十八日だった。(146)

電報によると、同年八月二十一日夜、スイスのルーマニア大使館でレセプションが開かれ、日本大使館二等書記官の橋本が、丁という姓の武官と商務専門員の馬清標に話し掛けてきた。橋本は「日本は中国と友好を保つべきで、両国関係を正常化しなければならない。毛沢東が言ったように、中日両国には既に二千年にわたる歴史があり、中国人、日本人は多くの似た所、顔色、文字などがある」と語った。

中国側が「経済・文化関係の発展と政治関係は切り離すことはできない。政治関係が正常化すれば経済・文化関係はもっと良く発展できる」と指摘すると、橋本は「完全に同意する」とした上で「日本人民はみんなそう思っている」と応じた。橋本は、当時の日本政府の指導者が「〔政経〕分離できる」と言っていることには「不可能だ」との認識を示し、両国の関係が早期に正常化することを望んだ。さらに橋本は、日本が中国を侵略し、非常に多くの中国人を殺したことに「おわび」を表明した。中国大使館はこうした橋本の態度を「友好」的と評価した。

橋本はまた、「かつてパキスタンで仕事をしたことがある。夫婦でスイスに来て二年余りで、日本大使館には六人おり、私は内政・政治事務を担当している。きょうは知り合いになれて非常に嬉しい。今後も交流したい」とも述べた。

一九六四年当時、池田勇人政権は、国府との外交関係を続け、中国を国家として承認せず、民間貿易など経済関係だけを拡大する「政経分離」の対中政策を打ち出していたが、中国政府はこれを認められないとして「政経不可分」を主張し、池田政権を批判していた。日本国内では日中の民間貿易拡大に懸念を示す国府や、その意向を受けた自民党の親台湾派議員が強い影響力を持っていた。その結果、日中両国政府とも外交官ら政府間同士の接触を厳しく制限していた。

第三国のスイスで、中国の武官と接触し、日中国交正常化の実現を提案し、歴史問題を謝罪した橋本の言動は、政府の公式見解から見てかなり踏み込んだものだ。外務省の了解をもらったかどうかは不明だ。

橋本はさらなる行動に出た。「日本二秘邀丁武官吃飯事」（日本の二等秘書官が丁武官を食事に招待した件）と題し、スイス大使館から中国外交部に宛てた電報によると、六四年十月十三日、橋本は丁武官夫妻と馬清標を自宅に招き、夕食を共にしたいと、中国大使館に電話した。大使館側は招待に応じていいか外交部に伺いを立てたのだが、[147] 外交部は同月十六日、「外交官間の身分や職務を考え、丁武官は口実を付けて断り、馬専門員は私人の接触として出席していい」と返電した。さらに馬清標の接触に関して次のような指示を出している。同十六日、中国は初の核実験に成功しているが、「外電〔外国メディア〕が中国の核実験問題を推測していることに関して日本側が探りを入れてくれば、〔訓令に基づき〕態度表明する」よう求めた。[148]

橋本は丁武官らへの自己紹介で、中国の友好国パキスタンで勤務したことがあると紹介したが、中国大使館の電報を見る限り、外務省中国課の課長補佐をしていたとは紹介していない。しかし中国大使館は、橋本が中国課課長補佐に就いており、スイス赴任の目的が中ソ情報の収集であるとの情報を得ていた。[149] 中国問題で「特別任務」を帯びていた可能性が高いと分析していた可能性があり、中国の電報からは、第三国で日本の中国通外交官からの「誘い」と接触に対する強い警戒感が見えてくる。

歴史への贖罪意識

橋本恕のスイスでの極秘接触は、橋本の対中観と中国問題への情熱を表していることは間違いない。彼を中国問題に駆り立てたものは何だったのか。橋本は筆者のインタビューに「戦前、戦後、未来も、日中が戦えば、両方が不幸になる。アジアが不幸になる。戦ってはならない。仲良くするしかない」と語っている。[150]また、橋本はスイスで、中国の武官に対して戦争中の日本の行為に謝罪していることを考えれば、日中国交正常化を目指すに当たり、日中戦争が大問題になるという強い意識があったと見ていいだろう。

筆者のインタビューに応じた「中国通」、「チャイナスクール」外交官の中には、過去の戦争での行為に対する「贖罪意識」が、対中外交推進の根本にあったという回顧があった。「贖罪意識」という言い方が適切かどうかは別にして多くの中国通外交官は過去の歴史問題の重要性を認識していたのは事実だ。チャイナスクール外交官の谷野作太郎は筆者のインタビューに「私には贖罪意識がある。薄れていくのはやむを得ないが、「過去にそういうことがあった」という基本的知識は必要。謝罪ではなく、メモリーをきちんと伝えていくことが大切であり、中国政府が問題にしているのは〔日本側の〕歴史に対する開き直りだ」[151]と考えている。

橋本と二人三脚で日中国交正常化を成し遂げた栗山尚一は、「日本が戦前、中国に相当ひどいことをした。日本はそれについて負い目があるということを橋本さんは理解していたと思うが、いわゆる贖罪意識で判断が変わったと、橋本さんからは聞いたことがない」と述べた。[152]筆者が橋本と一緒に仕事をした当時の外交官をインタビューした範囲で、橋本から「贖罪意識」という言葉を聞いた元外交官はいない。橋本は海軍兵学校の在学中に終戦を迎えている。その経歴がどういう影響を与えたかは不明だが、長く橋本に仕えた槙田邦彦は「〔私には〕贖罪意識があった」と口にする外交官の一人だ。その上で「橋本さんはセンチメンタルなことをあまり口にしない。「〔日本が〕悪いことをした」という表現は彼の口から聞いたことはない。「贖罪意識」という表現がどういうものかにもよるが、「日本が侵略し、中国の多数の人民に多大の損害を与え、殺した」という認識はきちんと持っていた。それをきちんとわきまえないと対中外交はできない」と指摘する。[153]

橋本は口には出さずとも、日本の侵略戦争に対する歴史認識を持ち、中国課長になる前のスイス勤務で既に日中国交正常化に向けて極秘交渉を展開したのだ。

三木武夫のポーランド訪問

中国通外交官の「独自性」をより明らかにするため、別の中国通外交官の行動を紹介したい。本書では、さらに二人を取り上げるが、本省から指示があるかは別にして、あるいは日本政府の公式見解とは異なっても、日中国交正常化に向けて国交のない中国側と直接交渉が可能な第三国で事態を打開しようとする中国通外交官の執念が存在した。

中国通外交官・岡田晃[154]（後の香港総領事）は一九四二年、外務省に入省した。戦前、上海の東亜同文書院で学び、入省後すぐに南京国民政府の首都に派遣され、三年間にわたり中国語を勉強した。戦後、外交官の世界で「チャイナスクール」と一体化する中国語の在外研修が始まるのは前述した通り、一九五六年だ。一九四五〜五六年の空白期を除き、チャイナスクールは「戦前・戦中組」と「戦後組」に分けられる。岡田のほか、橋本が中国課長時代のアジア局長・吉田健三は戦前北京に留学し、一九七二年の日中国交正常化後、初代駐中国大使を務めた小川平四郎も三九年、外務省の在外研究員として二年九カ月間北京に留学しており、[155]「戦前チャイナスクール」に分類される。

岡田はその特異な外交官としての活躍を回想録『水鳥外交秘話』[156]に書き残した。ただ岡田の回想録に書かれていない岡田の中国通としての本領を発揮した極秘交渉が、中国外交部檔案館に所蔵される外交文書で判明した。

日中が国交正常化する前の一九五八年五月の長崎国旗事件[157]で日中関係は悪化し、断絶状態に陥った。中国外交部檔案館に「日駐波使館一秘欲約見我参讃事」(日本の在ポーランド大使館一等書記官が我が大使館参事官に面会を求めている件)と題した電報[158]が所蔵されている。それによると、六月十七日、日本の在ポーランド大使館から電話があり、同月二十二日に非公式に中国大使館の参事官に会いたいと言う。参事官は不在で答えられないと応じると、何度も「いつになったら返答が得られるか」と催促があった。中国大使館は、来訪には二つの可能性があると推測し、本国外交部にどう対応すべきか見解を求めた。▽「自民党反主流派」である三木武夫(当時運輸相や経済企画庁長官を歴任)が九月にポーランドを訪問するが、訪欧期間中に中国代表との接触を希望し、三木と中国側の接触・協議について話し合いたい、▽日本大使館は中国大使館との間で非公式の往来関係の構築を望んでいる—と推測した。

これに対して中国外交部は二十三日、在ポーランド大使館に返電した。それによると、外交部は、「その一等書記官は外務省中国課長を務めた岡田晃だろう」と指摘、さらに岡田の目的として▽中日関係に関して中国側に探りを入れる、▽中米交渉[159]の状況を把握して日本政府として中日問題を検討する参考にする狙い—と分析した。

その上で外交部は「一等書記官の接触要求は岸信介〔首相〕の二面手法の一部分であり、相手にしてはならず、岸に対して圧力を加え続けなければならない」と指示した。「二面手法」というのは、「中国敵視」姿勢を根本的に改めないのに水面下で対話を求める岸首相の対中政策を批判したものだ。さらに岡田に関しては「上海の同文書院を卒業し、中国語が流暢。かつて日本の汪兆銘政権〔南京国民政府〕大使館の館員だった。この人物の活動に警戒し注意しなければならない」とも命じた。最後に外交部は、三木が訪欧中に接触を求めても拒絶し、「三木がもし訪中したいなら渡航ビザを発給できる」として、三木が独自に訪中を申請するよう求めた。

岡田はまた、ポーランド赴任後、大物大使・王炳南との接触を求めていた。六月二十四日にはさらに外交部と中央調査部が王大使宛てに岡田の経歴に関する参考資料を電報で送っている。そこには四十一歳の岡田が十三年間にわたり中国に住んでいたと自称していること、さらに一九五四年から中国課長を務め、五五年のバンドン会議では随員として日本代表団に参加し、周恩来総理と会っていることなどが記された[160]。中国政府も、チャイナスクール外交官の岡田をどれだけ注視していたかが分かる。

そして五九年九月十六日、在ポーランド中国大使館は岡田から電話を受けた。三木の随行人で、英字紙ジャパンタイムズ編集主幹の平沢という人物[161]がポーランドに到着し、王大使と面会したいと要請したのだ。大使館側は、三木が接触したいとの申し出であると推測し、外交部に指示を求めた。外交部は十九日、平沢が単独で大使館に来て一般館員が対応するのはいいが、王大使の面会については許可せず、「ワルシャワで中日が会談した印象を持たれることを避けるべきだ」とした上、三木に中国への渡航ビザを発給する場合も、「岡田や在ポーランド大使館の他の随行を含めない」と付け加えた[162]。

第三国で中国との関係構築に執念を燃やす岡田は、ポーランド政府にも仲介を依頼した。中国の駐ポーランド大使館が本国外交部に宛てた五九年十月十二日の電報によると、同日に中国大使館の参事官と面会したポーランド外務省第五司（局）中国科の科長代理は、七日に岡田がポーランド外務省を訪れたと伝達した。その際、岡田は、劉少奇国家主席はいつポーランドを訪問するかを尋ねたほか、「中国大使館と連携を構築したい」と要請した。その上で、宴会で知り合った中国大使館参事官と接近したいのでポーランド外務省の力を貸してほしい、とも依頼した。その際、岡田はこうした自身の発言を「個人的な立場であり、政府の立場でない」と述べたが、ポーランド外務省から中国大使館に伝えるよう望んだ。これに基づきポーランド外務省の中国科科長代理が十二日に中国大使館の参事官と会い、岡田の意向を伝えたという経緯だ。

岡田はこのほか、ポーランド外務省に対して「日本の政権党の自由民主党の内部は日中関係で対立がある」と述べ、岡田は個人的に「中華人民共和国を承認し、中華人民共和国との関係構築を主張する」と訴えたという。[163]

これに対して北京の外交部は、十月二十日の電報で、ポーランドの中国大使館に対して「我々は日本の一等書記官と接触するつもりはない。原因は、岸信介政府が依然としてわが国への敵視を堅持していることにある」と指摘した上で、「特に最近、自由民主党の反主流派首脳・石橋湛山〔元首相〕、松村謙三〔元文相〕が相次ぎ訪中〔それぞれ一九五九年九月と十月〕し、岸の立場は日増しに不利になっている。岸政府への圧力を保持するため、一等書記官が探りを入れてきても相手にしない」と記した。

岡田はポーランドの行動について、自身では「個人的な立場」であるとしたが、ポーランドの大使館を通じて中国大使館に伝えていることを見れば、果たしてそれを真に受けてもいいのだろうか。

岡田は回想録『水鳥外交秘話』で、当時の外相藤山愛一郎の回想録『政治・わが道』を引用する形で、長崎国旗事件で日中関係が断絶する中で自身のポーランド赴任には藤山の意向があったことを明かしている。[164]

「当時、ポーランドのワルシャワで米中大使会談が再開されていた。できれば、日本もそれに類したことを試みたいものだと考えて山田久就君（当時外務事務次官）と相談したこともある。中国の出先大使と接触できる場所としてインドなど二、三の候補地があがったが、結局、岡田中国課長を三十四年春に在ポーランド大使館の一等書記官に転出させ、岡田君には王炳南中国大使と接触して、米中関係の進展具合や日中打開の道を探るように指示したのである」。日中関係打開のため岡田がポーランドに行った五年後、今度は橋本がスイスで同様の第三国極秘折衝を展開するのである。

ビルマでの日中大使接触

もう一人の中国通外交官は、前出・蓮見義博だ。橋本恕が一九六四年八月、在スイス大使館書記官時代に中国側と秘密折衝した記録が収録された中国外交檔案「関於日本駐外国外交官与我駐在国外交官接触事」（外国に駐在する日本外交官とわが国駐在外交官の接触事項）には、蓮見がほぼ同時期にビルマで行った対中秘密交渉も記録されている。

一九六四年五月二十日、ラングーンの中国駐ビルマ大使館から中国外交部に発信された電報によると、耿飈駐ビルマ大使が同日昼、スーダンのアップブード軍最高評議会議長を飛行場で送迎した際、日本の小田部謙一大使が自ら接触してきた。「耿大使とはずっと前から話がしたかった。適当なチャンスがなかっただけです。中日両国関係は最近、ますます緊密になってきており、特に経済面で非常に発展している」。これに対して耿飈は「中日経済関係の発展に伴い、さらに国交正常化を進めるべき時です」と応じた。小田部も「必ず関係は正常化すると信じており、これは私の願望です」と述べた。電報にはさらに「一週間前、耿大使がパーティーで日本の大使を見かけた時、彼はわざと体の向きを変えた後、見ないふりをした。かつて彼とはこんな接触の仕方はしたことがなかった」と記した。[165]

耿飈は、後に副総理や国防部長を歴任する大物大使だった。日中両国は国交正常化前で外交官同士の接触を制限していた時代である。こうした中で、小田部に対して耿飈を接触させる工作を行ったのが、三十一歳の書記官・蓮見義博だった。筆者は、二〇一三年十月五日に蓮見に長時間インタビューを行ったが、蓮見が上海総領事時代に担当した九二年の天皇訪中が主な関心事項だった。そのインタビューの際、蓮見はビルマ大使館員時代の大使接触についても明かした。その後、筆者は中国外交部檔案館に、ビルマでの耿飈大使と日本大使の接触についての外交記録があることを確認し、一四年十二月八日に蓮見に電話し、改めてインタビューした。

蓮見は一九六二年、ラングーンに赴任した。新聞記者もおらず、日中国交正常化に向けた交渉をできる機会があると期待を持っていた。パーティーなどの場で耿飈大使にも話しかけたりし、同大使が日中関係の改善に積極的だという認識を持っていた。「私は中国関係の若い外交官として早く日中関係を正常化に持って行ければいいな、という気持ちを持ち、中国側もそういう気持ちでいた」と回顧したが、そこで大使間の接触を検討した。蓮見は大使の小田部に対して「何らかの日中国交正常化に役立つことをやってみたい。正常化の糸口でもできれば」と、耿飈と接触することを依頼し、小田部もその時は前向きに受け入れた。蓮見は事前にラングーンでの大使間接触の許可を本省に得たが、外務省から訓令や指示があったわけではなかった。[166]

中国側記録にある飛行場での接触の一週間前、パーティーの席上で小田部が体の向きを変えたのは、蓮見が「中国大使がおられます」と話したためだったようだ。続く飛行場での耿飈大使との接触は偶然ではなく、蓮見によって事前にアレンジされたものだった。飛行場でその機会があったので、蓮見が小田部に耿飈を紹介して実現した形になっている。その結果、中国側記録にあるようなやり取りになった。蓮見は、この接触結果を電報として本省に送ることはせず、「私信」で報告したと回想している。しかし外務省から指示があるわけでもなく、自民党内でも日中国交正常化に対する考えは割れている状況だった。小田部はその後、積極的に中国側と接触・交流することはなくなり、大使間接触も立ち消えになった。蓮見は「一九六四年という年は、周恩来ら中国側も正常化に向けて積極的で、我々日本側も何とか答えようという気持ちを持っていた。〔六六年からの〕文化大革命が起こらなかったら、〔正常化は〕もっと早く実現できたと思う」と回顧した。[167]

前述したように橋本がスイスで中国武官と接触したのは六四年八月で、蓮見はそれより三カ月早い同年五月にビルマで大使接触を行った。五八年から同じ時期に外務省中国課に在籍し、同様に日中国交正常化を目指す中国通外交官による第三国での行動は連携しているようにも見えるが、それぞれ別の行動だった。[168] 中国外交部が六四年、橋本と蓮見の第三国での対中接触を同じ外交ファイルに収蔵していたことを考えれば、やはり国交正常化に向けた日本外交官の行動を連携していたものとしてとらえていたのではなかろうか。

対中外交「自立論」

台湾の国際的地位確保に強く固執した佐藤栄作首相との間で中国（共産党政府）との関係は冷え切ったが、キッシンジャー大統領補佐官が一九七一年七月に北京を極秘訪問し、米中が和解への大きな一歩を踏み出した。香港総領事だった岡田晃はそれに先立つ四月下旬頃、米国が特使を極秘に訪中させたい意向があるという情報を摑んだ。当時の愛知揆一外相に報告したが、愛知は信じなかった。[169] 結局、当時の佐藤政権にとって、「台湾擁護」で共同歩調を取りながらキッシンジャーを極秘訪中させた米政府の対中戦略の変化は衝撃となった。しかし日本側にとってキッシンジャーが訪中したことより、米国が日本の頭越しに行い、米国からの通報が極めて直前だったことが「ショック」だった。[170] しかしこれは「ショック」だが、「チャンス」ととらえる向きもあった。

栗山尚一は「米国の動きを見て、日本は〔サンフランシスコ講和条約の〕一九五一年以来懸案であった中国との二十年間にわたるフリーズされた関係を正常化するチャンスができた。日本としてそれ以前にチャンスはなかったと思う」[171]と解説した。池田維は「〔当時〕同盟国として米国が日本に対してもう少し手続きを踏んで通報があれば、日本の〔対中国国交正常化の〕動きはああはならなかった可能性がある」[172]と振り返る。

戦後日本の対中外交の中核は米国追随だった。自民党を中心に日本の政界では、米国の対中政策の影響もあり、親台湾派の存在感が大きかった。しかし岡田晃は、「台湾にある国民政府が全中国を代表する唯一の合法政府であるとの法的フィクションをとり、詭弁を弄することによって、日本国民の国際感覚を麻痺させていることは何としてでも是正しなければならないと考えていた」[173]と回顧している。

橋本恕自身も筆者のインタビューにこう語っている。「単純に考えれば、ソ連の脅威に対抗するのに米中が手を握るのはよくあることだ。中国は七一年に国連の代表権を獲得する。日本だけが世界の大勢に逆行するわけにはいかない。外務省の主流派は、中国が国連に入ってこないよう工作していたが、俺は馬鹿なことだと思っていた。キッシンジャーは訪中しているし、共産党政府が〔中国を〕代表しているというのは明らかだった[174]」。

中国が国連代表権を獲得する一九七一年にかけ、外務省内では国連中国代表権問題をめぐり、米国と共に台湾の国連議席確保を最重視した国連局に対し、橋本が課長を務めている中国課は、北京との関係打開を視野に入れており、真っ向から対立した。[175]

当時、中国通外交官の間で強まったのが対中政策「自立論」だった。浅井基文は、橋本の対中政策に関して「日本が真に自立するためには対米追随という戦後日本外交のままではだめで、しっかりと中国と向き合って位置づけ、中国との関係を位置づけなければならないと思っていた」[176]と語る。

橋本は国交正常化に当たり、岡田ら戦前チャイナスクールの意見を積極的に聞いていない。[177]しかし興味深いことに岡田も同様の対中外交観を持っていた。岡田は退官後、「日本には日本独自の外交、特に中国に対しては独自のものがあってもよいのではないかと強く考えた。〔中略〕私は、日本は中国の問題などではアメリカなんかの後ばかりくっついていないで、日本の方がアメリカに教えてやる位の気概を持つべきであると思っております」[178]と回顧している。

前述したように、橋本らも日中国交正常化に向けた大原則として、中国政府の「復交三原則」をうのみにすることなく、日米関係を損なうような中国政策を取ろうとはしていない。しかし「同盟国」としてこれまで忠実に米国の意向を守ってきた日本を軽視した米国の行動が、中国通外交官を「自立化」へと動かしたことも事実であった。しかも対米追随一辺倒から一線を画した外交の必要性を信念とした橋本という外交官が、田中角栄、大平正芳という首相、外相の信頼を勝ち得たことが、日中国交正常化を実現させたとも言えた。

五　日中関係「トライアングル」論

自民党親中派の形成

中国共産党で戦後の対日政策を統括した廖承志[179]が周恩来総理の指示を受け、一九五二年から対日政治工作に着手する経緯は第七章で検証するが、廖承志を中心とした中国の「日本通」がその後、日本政界の与党である自民党内にどうやって親中国派を形成したのだろうか。井上正也の研究[180]によると、廖承志は一九五八年五月の長崎国旗事件で日中交流が断絶して以降、岸信介政権に圧力をかける一方、前首相の石橋湛山や自民党反主流派の松村謙三・衆院議員の訪中を実現させるなど、自民党内に親中国派を形成することに成功した。訪中後、石橋、松村は日中関係打開の意思を明確にし、自民党内で「中国問題研究会」と「日中国交改善研究会」を相次いで発足させ、石橋派の宇都宮徳馬・衆院議員は後者の中心メンバーだった。[181] 池田勇人政権になり、六一年九月の松村訪中、同年十月の高碕達之助・衆院議員訪中を経て廖承志と高碕の頭文字を取った「LT貿易」(「日中総合貿易に関する覚書」)が調印されたが、井上は「LT貿易協定は、廖承志と自民党親中国派の合作というべきものであった」と指摘している。[182] 松村・高碕訪中団に加わった古井喜実、田川誠一、野田武夫(ともに衆院議員)らが自民党親中派の中心となった。

戦前、経済誌『東洋経済新報』主幹などとして言論活動を続けた石橋湛山についてジャーナリストの船橋洋一は、「第一次世界大戦から第二次世界大戦のいわゆる「両大戦間」の時期、軍国主義からファシズムへ、そして日中戦争から太平洋戦争へとなだれ込んでいく日本を何とか良識の淵へ引き戻そうと、筆だけを頼りに果敢に戦」ったとし、最大の業績を「ジャーナリストのもっとも大切な役割である権力監視」を最後まで貫徹したことだと評した。[183] いわば戦時下に権力による言論統制が激しさを増す中でも石橋は反骨精神を持ち続けた。一方、石橋と同じ記者出身でも松村謙三は、権力の中に身を置いた。一九二八年に民政党代議士となり、張作霖爆殺事件直後の現場にも居合わせた。しかし戦争の中で翼賛体制に入り、翼賛政治会の政調会長、大日本政治会の幹事長などを歴任した。松村は戦後、軍部に抵抗して所信を貫けなかったことを悔い、ジャーナリストの若宮啓文は「そのことが、日中友好にかける松村の原点になったのであり、いわば典型的な「贖罪派」だった」と指摘し、石橋との違いを挙げた。[184]

LT貿易は、池田首相と松村との信頼関係に多くを負い、池田政権は松村や高碕ら親中国派を通じて「民間」の建前で事実上の対中接近を可能にしたが、六四年十一月に佐藤栄作政権が成立すると、親中国派との関係は変わった。なぜなら佐藤政権を支えたのは、実兄の岸信介、吉田茂、親台湾派だったからだ。親台湾派の自民党右派は、六四年十二月に「アジア問題研究会」（Ａ研）を結成すると、親中国派は反発を強め、六五年一月に「アジア・アフリカ問題研究会」（ＡＡ研）を結成した。宇都宮、川崎秀二、久野忠治（ともに衆院議員）らが中心で、松村、藤山愛一郎らが顧問となった。中国の国連加盟や日中大使級会談などを主張したＡＡ研は、Ａ研と真っ向から対立したが、この対立は佐藤政権主流派と反主流派の対立とほぼ重複し、自民党を二分した。[185]

佐藤の対中密使交渉

中国は一九六六年から文化大革命に突入し、中国外交に大きな影響を及ぼした。対日関係では覚書貿易のルートはかろうじてつながっていたが、華僑事務委員会主任を務めた廖承志は、華僑委の造反派からつるし上げられ、公に姿を見せなくなった。前出の日本通元外交官、丁民は「周恩来総理は、放っておくと廖さんが殺されると思ったのでしょう。『中南海に入って自己批判しろ』と勧め、保護した。私も中南海に行って文書を廖さんに見せたことがある」と振り返った。[186] 一九六九年二月から一カ月間の覚書貿易交渉のため北京入りした田川誠一の記録によると、これまで接触してきた廖承志のほか、王暁雲（後の駐日公使）、孫平化[187]（同・中日友好協会会長）、蕭向前（同・中日友好協会副会長）ら、廖の下で対日工作の実務を担った人脈は姿を見せなかった。[188]

孫平化は当時、農村につくられた思想改造のための「五七幹部学校」での労働を強いられ、労働の余暇に新聞で中日交流の報道を読んで知るだけの状況で、廖承志の名前と活動のニュースを知ることはできなかったと回想している。こうした中で日中交流が再開するのは一九七〇年十月頃からで、同年十二月には日中友好協会代表団が訪中して新しい交流計画を協議した。[189] 一九七一年一月、北京日報特派員として日本に駐在した王泰平は、仕事の報告のため本国からの命令で一時帰国を命じられ、同月十日、周恩来と食事をしながら単独接見した。王の日記には「日本の政局動向、新左翼の情況、三島〔由紀夫〕事件への反応、それに社会の状況についての質問だった」と記している。王は翌十一日、再び周恩来から呼ばれた。共産党中央対外連絡部（中連部）秘書長で日本通の張香山、中日友好協会副会長の王国権らも一緒だった。周は張香山に対し、中連部が先頭に立って、外交部、対外友好協会、人民解放軍総参謀部第二部、新華社など関連機関を招集し、対日業務を研究してほしいと伝えた。[190] 七一年三月、米中を接近させた「ピンポン外交」の舞台となった名古屋での世界卓球選手権では王暁雲が中国代表団副団長となり、同年八月の松村謙三の葬儀に際して周恩来は王国権を派遣した。

一方、一九七一年七月のキッシンジャー訪中による米中接近が日本政府に衝撃を与えたことは前述したが、日中正常化交渉が急務の課題となった佐藤栄作首相は個人的な密使を使い、中国政府、特に周恩来につながるルートを模索した。[191] 佐藤から七一年九月、周恩来宛ての親書（同月二十日付）を託された江鬮眞比古《えぐちまひこ》という謎の多い密使は、香港で「対日邦交恢復小組」という組織と交渉を重ねた。NHKチーフ・ディレクター宮川徹志は、江鬮の手記（『宝石』一九七二年十二月号に掲載）や佐藤の日記のほか、佐藤と江鬮の連絡役を務め佐藤の親書を下書きした西垣昭首相秘書官（後の大蔵事務次官）の日記を用いて交渉過程や江鬮の人脈を丹念に調べ、『佐藤栄作　最後の密使』を著した。[192] 宮川は江鬮手記を基に「佐藤の訪中を受け入れるという周恩来からの返書が一九七二年六月一七日、江鬮の元に届いたという。しかし、まさにその日に、佐藤は総理を辞任する意向を表明し、交渉はそこで終わった」と記している。[193]

前出の中国通外交官・岡田晃は六八年十月から香港総領事を務め、前述したように米国による中国への特使派遣の情報を摑んだ。岡田は一九七一年八月二十日、アジア・太平洋地域公館長会議の特別会議の席上、「中国政策」（私案）として「ニクソン訪中後の日本が、中国と国交正常化をしないでいることは国内外の情勢からみて、もはや不可能であろう。従って、本年こそは日本は国連における中国代表権を認めるとの決議を尊重し、台湾追放阻止の逆重要事項指定案は出すべきではない」と、外務省方針に反対する提案を行った。受け入れられないと、次官に対し、自分が反対であると明記して政府首脳に提出してほしいとまで主張した。サンケイ新聞の千田恒記者は九月四日、霞クラブとの記者懇談会で岡田から直接主張を聞き、岡田と佐藤栄作をつなぐきっかけをつくることになる。懇談会が終わり帰途を急ぐ岡田は地下鉄霞ケ関駅でばったりと千田と会い、保利茂自民党幹事長を紹介された。九月七日、自民党本部で約二時間にわたり保利に自分の考えを述べた岡田は保利から佐藤と直接会ってみてはどうかと勧められた。[194]

九月十一日に官邸で岡田と面会した佐藤は、「自分としても台湾が中国の領土の一部である、一省であるということを認めるにやぶさかではない」、「国連に中国が加入することには反対しない」と柔軟な姿勢を示したが、「本年ただちに蔣介石政権を追放することに賛成することはできない。これは日本人の道義である」と述べた。岡田の考えには賛成するが、自民党総裁・首相として岡田案を実行すれば「日本の国内政治が許さない。党もついてこない」と難色を示した。しかし、岡田に対して同時に「外相または幹事長を日中国交正常化のための準備をするために訪中させてもよいと考えているが、中国はこれを受入れてくれるか」と尋ねた。さらに中国が受け入れない場合には「君がとりあえず北京に赴いて、僕の考え方をその筋の人々に十分に説得することにしてもよろしい。この仕事は君に対する総理の特命事項であると考えてもらってよい」と続けた。「夢ではないかと思った。外務省事務当局は、次官をはじめ全部反対であるのに、総理がこういわれる！　一時は辞職を覚悟したのに…今度は、総理の特命事項である」と回顧した岡田は、「出来るだけ

のことをやってみよう」と決心し、九月十四日に香港に帰任した。(195)

佐藤栄作は、江鬮と岡田という二つのルートを使って香港を舞台に対中国国交正常化交渉を進めたことになる。江鬮による香港での中国との交渉を「予備交渉」に当たるものだったと考えた宮川徹志は、「「日中国交正常化交渉は田中角栄によって劇的に実現された」という見方を大きく変えるものであり、この〝予備交渉〟の過程を経なければ、田中が政権就任からわずか二ヶ月余りで国交正常化を実現することができたのだろうか」としているが、(196)周恩来は早くから佐藤に代わる新首相が誰になるか情報収集し、中国との関係正常化に前向きな田中角栄に期待していた。

張香山によると、周恩来は国連での代表権を獲得した一九七一年十月頃の時点で、佐藤栄作が翌年には下野するだろうと予測し、自民党の次期内閣は誰が組閣するかこまめに注視した。そして関係部門に研究するよう指示し、日本の友人からも直接、状況を聴いた。七一年十二月に周恩来と会見した古井喜実、田川誠一は、次期内閣は必ずしも予測されているように佐藤が推した福田赳夫ではなく、別の人物がなる可能性があると語り、周は関心を寄せた。周恩来は七二年三月に藤山愛一郎、同四月には三木武夫と会見し、自民党の派閥状況などを聴いた。その結果、周は誰が次の首相になるか確信を持った。(197)

七二年五月には公明党副委員長・二宮文造の代表団が訪中し、十五日に周恩来と会談した。田中角栄は二宮に周恩来宛ての親書を託し、首相になった場合には日中国交正常化に取り組む決意であると伝えた。(198)周は、「もし田中が首相になり、中国に来て中日両国関係を話すならば、我々は歓迎する。こうして吉田から佐藤への一つの体系を打破する」と述べ、(199)「田中首相」と田中による日中国交正常化を歓迎する意向を伝えた。

田中角栄の秘書、早坂茂三は五月上旬、東京駐在の中国人記者二人から田中について徹底的に取材された。早坂はこの中で、田中は大変な暑がり屋で適温は十七度、好物は台湾バナナと銀座・木村屋のあんパン、味噌汁は柏崎市の老舗「西牧」の三年味噌、と細かく話したが、それらは後に田中が訪中した際に中国側によって用意された。[200] 五月の段階で、田中の訪中を予期していたのだった。

古井喜実は七一年十二月に続き七二年五月にも訪中し、二十八日に周恩来と会談した。[201] 古井は、訪中に先立つ四月二十一日深夜、大平正芳の仲介で田中と会った。田中から中国政策を聞き出すのが目的だった。[202] 七年八カ月にわたった佐藤の長期政権は、佐藤が六月十七日に引退表明して終止符が打たれる。古井の訪中時点では、次期政権がどうなるか確定していなかったが、古井は「田中はあくまでやると、田中と大平とは必ず連合を組むと思った」と回想した。[203] 田中は古井に「もし総理になったとしたら大平君に外相になってもらい、日中打開に全力を尽くしたい」と胸中を打ち明けている。[204] こういう見方や情報を周恩来に伝えたとみられる。古井は、大平との関係について「毎日のように山王ビルの事務所で彼と会って、ありたけの知恵をかした。田中・大平のコンビがなかったら、当時、日中問題がどうなっていたか判らぬ」と回顧した。[205]

上海バレエ団の政治的目的

周恩来総理は日中関係の打開に当たり、文革前に廖承志の下で中日友好活動を行っていた孫平化の行方を尋ねた。そして孫は一九七二年五月下旬に「五七幹部学校」から北京に戻り、中日友好協会に勤務した。中日友好協会副秘書長として復帰した孫は上海バレエ団団長に指名された。バレエには門外漢で、演目の革命模範劇「白毛女」・「紅色娘子軍」も鑑賞したことがなかったにもかかわらずだ。[206]

どういう経緯があったのか。孫平化の秘書兼通訳としてバレエ団に随行した「日本通」唐家璇（後の外交部長、国務委員）の回顧[207]によると、上海バレエ団はもともと北朝鮮と日本を訪問する計画があった。朝鮮公演が終わり北京に戻り、日本公演に行く準備をしようとしていた矢先、周恩来はこう認識を改めた。「ニクソン大統領訪中（七二年二月）後、中日関係には必ず大きな変化が起きる。上海バレエ団の訪日は政治的意味合いを持つ訪問になろう」。そのためバレエ団でありながら団長に孫が指名された。東京の覚書事務所に着任して間もない蕭向前と合流した。

北京出発は七月四日で、汽車を使って七日に広州に到着し、同日のラジオで、日本の内閣が佐藤から田中に代わったことを知った。東京に着いたのは十日だ。[208] 七日に組閣した田中は、「日中国交正常化の機は熟している」と表明すると、周恩来も「歓迎する」と反応し、バレエ団に三つの指示を出した。つまり①この訪日の機会を利用して直接、田中首相と会うこと、②その場で中国政府が「田中首相の訪問を歓迎する」と伝えること、③田中首相の前向きな反応を確認すること―である。[209]

孫平化が東京に着いた翌日の午後、外務省中国課長・橋本恕が、宿泊先のホテルニューオータニの唐家璇の部屋に電話してきた。橋本は「日本の首相と会いたいことは了解した。しかしその前にまず団長が大平外相に会ってほしい。その後、適切な時期に田中首相との会見を手配したい」と要請した。[210] ここで、田中・大平の下で直接日中国交正常化問題を担当した橋本と、中国の日本通である孫平化や蕭向前、唐家璇が初めてつながることになる。孫と蕭は七月十九日、日中国交正常化協議会会長の小坂善太郎元外相と会ったが、[211] 小坂は、大平外相が二人と公式に面会することを考えていると明かした。具体的な場所と時間は橋本恕と唐家璇が連絡を取り合い、七月二十二日に会うことになった。[212]

孫・蕭と大平の会談は、記者に知られず、報道されないよう「極秘」を目指した。橋本は会談場所として、唐のメモ帳に、ホテルオークラの地下の出入り口の地図を書いた。[213] 大平は会談で孫らに「私と田中首相とは一心同体の盟友であり、〔中略〕現在、日本政府首脳が訪中し、国交正常化を解決する機は完全に熟している」と持ち掛けた。[214] 二回目の会談は八月十一日に行われ、大平は、「孫氏たちと会いたい、そして訪中したい」という田中の意向を伝えた。孫らはその情報をさっそく北京に報告すると、翌十二日深夜に中国中央人民ラジオは、「周総理は田中首相の訪中を歓迎する」と、国交正常化協議を歓迎する旨のニュースを流した。[215]迅速に日本側に中央の反応を伝えるためにラジオを使ったのだ。

続く田中角栄との会談では、日本側は八月十五日に帝国ホテルの最上階一フロアを借り切って行うと指定してきた。[216]いみじくも終戦記念日だった。孫平化は、冒頭取材を認められた新聞記者とカメラマンの過熱ぶりに驚いた。[217]通訳を任された唐家璇は田中の印象について「まず元気が漲っていることでした。性格も率直かつさわやかで、胸襟も開く。果敢にきっぱりと決断を下し、迫力も充分でした」と回想した。田中は会談で「九月下旬から十月の初めの間に、北京を訪問したい」[218]と言明し、「周首相との会談が実り多いものであることを希望する」と積極的な姿勢を示した。田中の訪中そのものは既に四日前の大平・孫会談で決定していたが、田中自身が直接訪中の意向を中国側に伝え、周恩来との会談にまで言及した意義が非常に大きいというのが当時の評価だった。[219]

日中両政府の日中国交正常化に向けた政治機運醸成という面で特筆すべきなのは、日本側が八月十六日、上海バレエ団一行を乗せた日航と全日空の特別機を用意し、上海・虹橋空港まで直行させたことだった。朝日新聞は「日本から中国へ直行した民間旅客機はこれが初めて。日中間の空に新しい時代が開かれた」と伝えた。[220]しかしこれには「裏話」があった。藤山愛一郎（日中国交回復促進議員連盟会長）が直行便二機の提供を申し入れたところ、孫平化は内心、一般的な芸術団に特別機はおおげさだし、既に香港経由の航空券を予約済みだったことから必要ないと考え、国際電話で北京に報告した際、自分の考えも述べた。しかし北京は逆に、藤山の好意と手配を受け入れ、特別機で上海に直行するよう指示した。周恩来は「ちがう。きわめて必要だ。これが政治だ」とコメントし、上海にも「孫がバレエ団をひきいて帰国したら盛大な歓迎をせよ。

日本側の乗組員にたいする接待はアメリカの乗組員にたいしてより劣ってはならない」と指示した。周恩来には、田中訪中に向け政治的雰囲気を盛りあげる狙いもあったが、田中が北京に来る際の特別機のテスト飛行も兼ねたのだった。[221]

「あなたは特別です」

本書では田中角栄・大平正芳の訪中までの日中間の事前政治交渉や、九月二十五日から五日間の国交正常化交渉の経過は触れない。論じたいのは、①戦争の体験から中国への贖罪意識を持ったり、日中国交正常化を政権求心力の柱に掲げたりした田中や大平と、②外務省で孤立しても中国通外交官として国交正常化に情熱を燃やした橋本、③田中・大平、橋本に期待した中国の指導部・日本専門家の三者の間に信頼が生まれ、お互いに引き付け合う「トライアングル」関係が構築されたという点である。

いわば、日本の親中政治家、外務省の中国通外交官、中国の日本通指導者・専門家というトライアングルである。その中心にいたのは、日中双方で指導者から信頼を勝ち得た橋本であることは言うまでもない。橋本は、上海バレエ団団長・孫平化の秘書として来日した唐家璇と事務的連絡を取り合い、田中・孫会談にも二階堂進官房長官と共に同席した。また北京で九月二十五日午後から二十八日まで毎日計四回行われた田中・周恩来会談の出席者は双方四人に絞られる中、日本側は田中、大平、二階堂のほか、橋本が加わった。[222]

一方、橋本は、九月一日に日本政府先遣団団長として北京入りし、東京・北京間の航路、テレビ中継のための基地設置、電話回線、治安問題などの準備にとりかかった。橋本が北京に着いたら、姫鵬飛外交部長が会いたいと伝えてきた。田中と大平がどういう対応で国交正常化交渉に臨むのか、約二時間も橋本からインタビューしたのだった。[223]

周恩来の橋本に対する信頼は絶大だった。田中・大平が政府専用機で北京入りした九月二十五日の午後に人民大会堂で行われた第一回首脳会談が終わり、場所を移して周総理主催歓迎夕食会が開かれた。同じ人民大会堂の宴会場に向かう途中、周恩来は廊下で田中、大平と先頭を歩き、案内する形となった。そこで「今回、皆さんが北京に来られたのは橋本中国課長のおかげです」と話した。先遣団での事前準備を指したものであり、周は橋本が先遣団を率いていたことを把握していた。[224] 国交正常化が実現してすぐの祝賀会で、周恩来が「橋本さんはどこにいる」と探したというエピソードも知られる。[225] 橋本はその後、駐中国大使館での参事官としての勤務も含めて日本で周に最も会った日本人の一人だが、筆者のインタビューで「周総理の心配りは大変なものだった」と回想した。その一方で印象について「役者みたいだ。彼が腹の底から笑っているのを見たことがない。顔は微笑んでいるが、目は笑っていない」と語った。[226]

「橋本の前に橋本なく、橋本の後に橋本なし」と評した外務省のチャイナスクール現役外交官は、橋本は「政治家から絶大な信頼があった。中国課長時代に角栄さん、大平さんからあれだけ信頼された。それだけの人はその後いない。彼はチャイナスクールではない。橋本外交なんだと思う」と語った。[227]

橋本は、日本の官邸中枢と中国の対日中枢の双方から絶大な信頼を得て、その後のトライアングル構造で進める日中関係の原型をつくったと言える。日中国交正常化以降、七八年には日中平和友好条約が締結されるなど比較的順調に推移したが、一九八二年夏の第一次教科書問題が起こり、歴史認識問題が外交問題に発展した。日本の新聞各紙で社会科教科書の検定で「侵略」を「進出」に書き改めるなど表現の変更を求める事例があったと報道が出て、中国側では約一カ月を置いた七月下旬から大規模な対日批判キャンペーンが起こるのだが、なぜ対日批判が突然起こったか、中国側の政治的背景や日本政府の対応については江藤名保子の先行研究に詳しい。[228]

中国側との交渉に当たったのは、外務省で本来担当するアジア局ではなく、情報文化局長の橋本だった。通常ではあり得ないことである。橋本はアジア局長と事前に打ち合わせた上で文部省の大崎仁学術国際局長とともに八月八日に北京入りし、旧知の蕭向前・外交部第一アジア局長、呉学謙外交部副部長らと交渉し、十三日に帰国すると鈴木善幸首相、桜内義雄外相に中国側の主張を報告した。[229]翌十四日付朝日新聞は一面トップで、外交関係と教科書検定制度という国内問題を切り離し、中国などに対する戦争責任の表明や過去の歴史に対する反省などを「首相見解」あるいは「官房長官談話」などの形で明確に打ち出す一方、教科書記述再改訂の扱いをどうするか国内問題として日本側に任せてもらうという、二段階の対処で決着を図る方針を固めたと報じた。[230]鈴木は八月二十三日の記者会見で「私の責任で結論を出す」と明言し、政治決断を下す考えを表明し、三日後の二十六日に「歴史教科書」についての宮沢官房長官談話が発表された。[231]この談話は橋本が起草して宮沢と鈴木の承認を得て発表されたものだった。[232]

ここでも対中外交に直接関係のない部局に属しているにもかかわらず橋本が鈴木、宮沢ら日本の官邸中枢と、中国政府要人の信頼を得て、トライアングル関係の中で日中間の火種を処理した形となっている。そして本章と次章の本題である一九九二年の天皇訪中に向けて、駐中国大使のポストにいた橋本恕は北京で、天皇訪中を求める江沢民共産党総書記や李鵬総理と個別に会うことができ、「あなたの場合は特別ですよ」と言われた。[233]橋本を中心としたトライアングル構造で天皇訪中計画は進んでいくのだ。

第二章　政治交渉史としての天皇訪中

天皇陛下が初めて中国の土を踏んだのは一九九二年十月である。鄧小平訪日から十一年間で天皇も代替わりし、平成の時代に入ったが、その間に日中政府間で天皇訪中に関してどういう政治外交交渉があったのか。中国共産党・政府が天皇訪中にこだわった理由は何か。

先行研究で杉浦康之は、天皇訪中をめぐる日中関係を「和解の論理」と「戦略の論理」の交錯から考察した。[1] つまり「和解の論理」とは、過去の戦争をめぐる天皇の「お言葉」を通じて歴史問題に区切りを付ける狙いである。八〇年代は日中政治関係史において中国が歴史問題を外交問題として取り上げ始めた時期である。こうした中で日本政府は九二年の天皇訪中での天皇自身の「両国の関係の永きにわたる歴史において、わが国が中国国民に対し多大の苦難を与えた不幸な一時期がありました。これは私の深く悲しみとするところであります」という「お言葉」を通じて過去の歴史問題に区切りを付けたいという思いがあった。実際に外務省アジア局長として天皇訪中の準備を行った谷野作太郎は、「日中両国関係の友好親善関係を大きく進めることになるだろう[2]」と考えた。

中国研究の権威である岡部達味も、「九二年の天皇訪中における「お言葉」（日本側は象徴天皇としての非政治的発言の限度いっぱいと感じ、中国側は「元首」ととったようだが）が総仕上げの意味をもったのである。そこで区切りをつけて、対等な友好関係への進展をこれから目指そうという時期に入ったのであった[3]」と評価した。

一方、「戦略の論理」とは、一九八九年の天安門事件を契機に西側諸国から制裁を受けて国際的孤立が深まる中で、天皇訪中を制裁打破の突破口にしようとした狙いであり、杉浦はこれを、中国側が「天皇訪中を中国の対外戦略全体のなかに位置づける意図を有していたことが理解できる」[4]と指摘している。戦略的側面については、天皇訪中時に国務委員兼外交部長だった銭其琛は二〇〇三年に発行した回顧録で、「西側の対中制裁を打破する上で積極的な役割を発揮し、その意義は両国関係の範囲を超えたものだった」[5]と振り返り、天皇を「政治利用」した事実を明かした。当時外務省アジア局長だった谷野は、中国側に対して天皇訪中は何ら政治的意図を持ったものではなく、あくまで「友好親善」のためと何回も念を押して中国側も了解していたと回顧しており[6]、天皇訪中に関わった日本の外務省幹部らは、後に「政治利用」を暴露されたことに不快感を隠せなかった。当時の中国外交を統括した銭其琛の回顧なので非常に重い意味があるが、天皇訪中は天安門事件前から日中外交上の目標とされていた上、回顧録という性格もあり、自身の外交成果を後世に、または党内・国内向けにアピールする意図が強いとみられる。

本章では戦後長期政権を実現した自民党、その中でも国交正常化を実現した田中角栄の系譜である田中派・竹下派と密接な関係を構築し、対中外交を推進した外務省のチャイナスクール（中国通）外交官が、天皇訪中実現に向けてどういう考えを持ち、どうやって実現させたか、に焦点を当てる。天皇訪中は、反対・慎重派の多い自民党内の同意を得ないと前進しない。そのため中国の日本通指導者・外交官らは、自民党親中派の政治家、中国通外交官とのトライアングル構造を基本に、日中関係の主導権を握り、その構造の中で天皇訪中を実現させた。

天皇訪中と中国通外交官について論じるに当たり、チャイナスクール外交官たちにインタビューを行った。

当事者へのインタビューでは、どうしても当人の功績に光が当たってしまう傾向があり、複数の外交官から話を聞くようにした。その上で天皇訪中後に皮肉にも日中のトライアングル構造が機能しなくなった日中関係構造の変容についても、外交・内政要因の視点から考察したい。

一　昭和後・天安門事件後の中国認識

平成時代と天皇訪中復活

天皇訪中が一九九二年十月というタイミングで実現したのはなぜだろうか。筆者は三つの要因があると分析している。

第一に昭和天皇の崩御、第二に天安門事件による中国の国際的孤立、第三に日本の「中国通」外交官の役割である。本章では、天皇訪中という日中関係史に残る重大外交交渉の中で、中国通外交官がどういう役割を果たしたか検証するものであり、第一と第二の要因と併せて論じたい。

昭和天皇の崩御（一九八九年一月七日）で、戦争と切っても切り離せない「昭和」という敏感な時代は終わりを告げた。中国外交部報道官はこれを受け、「中日国交正常化後、裕仁天皇は訪日した中国指導者と何度も会見し、過去の不幸な歴史に反省の意を示され、中日両国の長期にわたる善隣友好関係の発展に関心を寄せ、それを希望した」という前向きな内容の談話を発表した。(7)

二月二十四日に「大喪の礼」が執り行われたが、中国政府は「日本軍国主義による対外侵略の最大の被害国」である立場として、葬儀に参列するかしないか、参列するなら誰を派遣するか、などをめぐり難しい対応を迫られた。中国指導部は最終的に、バランスを重視して銭其琛外交部長を国家主席特使として派遣することを決めた。[8] 国際的な外交儀礼や対日関係に対する重視姿勢、さらに日本をめぐる過去の歴史への根強い国民感情に配慮して出した結論だった。

一方、中国共産党・政府は明仁天皇（現上皇陛下）に対しては昭和天皇とは異なる認識を持っていた。八九年当時駐日大使だった楊振亜は回顧録で「父親の裕仁とは違い、侵略戦争とは何もかかわり合いはない。戦後に平和と民主の思想を受けた影響で皇族の中で比較的開明的な考え方を持ち、平和を願う志を持つ天皇である」との見方を示している。その上で楊は「新天皇の即位は天皇訪中問題の解決に向けた新たなチャンスになる」と考えた。[9] 日本政府も、「戦争責任のない天皇」は、天皇訪中のハードルをぐんと低くすると認識した。

こうした中、平成時代に入り、最初に新天皇と会見したのは一九八九年四月に公賓として来日した李鵬総理だった。同月十三日、天皇、皇后両陛下と会見した際、天皇は「日中両国は長い歳月において早くから交流し、関係も良好でありましたが、近代において不幸な歴史があったことに遺憾の意を表します」と述べた。天皇は、昭和天皇が一九七八年に来日した鄧小平に述べた「不幸な出来事がありました」より踏み込み、「遺憾の意」に言及した。[10]

これに対して李鵬は「歴史を振り返ってみることは、よりよく未来を展望することになる」と述べた上で「中国には多くの見るべき名所があり、ご都合の良い時においでになってご覧下さい」と、天皇の訪中を要請した。会見で「ありがとう。これは政府と相談しなければならないことです」と公式見解を述べた天皇は、会見後の懇談で突っ込んだ自身の希望をこう語った。「日本と中国は関係が深いから、ぜひ一度行ってみたい」。[11]

竹下登首相は、李鵬から天皇への訪中打診を「公式要請」と位置づけ、「今後、しかるべき時に検討する課題」と発言した。前述した通り日本政府は戦争責任に関わる天皇訪中について神経を尖らせてきたが、時代が平成に変わり、中国指導部による最初の「秘密打診」（一九七九年）から十年間の時間を経てようやく天皇訪中問題は正式に日中外交当局の正式議題に位置づけられた。公式に準備を行う環境が整ったのだ。

六四現場の外交官

来日中の李鵬が岡山県倉敷市にいた一九八九年四月十五日、八七年一月に総書記を失脚した胡耀邦が急死した。開明的かつ清廉で学生に慕われた改革派指導者・胡耀邦は、八六年末に民主化を求めた学生デモの対応が甘かったとして八七年一月に失脚していた。背景には、民主化や自由化に断固反対した鄧小平を含めた保守派長老と、学生に同情した胡耀邦の根深い確執があった。急死を受け、学生らによる胡耀邦の追悼運動は、幹部の腐敗一掃や政治改革、報道の自由などを求める民主化運動に発展した。六月三日夜から四日未明にかけ、人民解放軍は天安門広場周辺で発砲し、民主化運動を弾圧する天安門事件となった。

当時、駐中国大使館政治部一等書記官で、チャイナスクール外交官の佐藤重和[12]は、連日天安門広場に通い、学生らの動きをウオッチし、行動を共にした。最終局面で流れ弾が飛ぶ中、広場で学生たちと一緒にいた。「我々の世界ではあまり感情移入をしてはいけないが、現場にいるとどうしても、ああいう連中にシンパシーを持ってしまう」と学生たちに同情した。[13]

佐藤のように中国外交を志し、それを専門にした外交官の中国への失望感はより大きかった。入省の際に中国語研修を選んだ理由として「日本の隣国であり、かつ人口も多く、その頃は貧しかったけど、やっぱりこの国は日本にとって大事だ。これからの潜在力もそう。どっちに行くにしても、日本にとって皮膚感覚で重要な国。これからますますそうなるんじゃないかという気がした」と振り返っている。[14]七五年からの在外研修では最初、北京、そして上海で計二年間語学を勉強したが、北京では毛沢東死去、上海では四人組逮捕という中国激動の時代に遭遇した。佐藤は、天安門事件にも遭遇し、学生と一緒に行動して中国の民主化の行方を追った。中国政治を担当する者としての直接担当意識もあり、公平でなければならないとも自戒したが、民主化を夢見る学生と一緒の時間を過ごしてのめり込んでしまった。人民解放軍による武力制圧を目の当たりにして「対中ＯＤＡ（政府開発援助）など僕たちがこれまでやってきたことは何だったのか」と涙ぐんだ。[15]

民主化運動が天安門事件に発展する中、日本大使館で情報収集に当たった防衛駐在官・笠原直樹は、詳細なメモを書き残していた。軍による天安門広場制圧が終了した六月四日朝の様子についてこう記録している。午前六時五分、広場近くの北京飯店の前線拠点から「天安門広場は落ち着いた模様」と連絡が入った。大使館内にいる館員は誰も一睡もせず、情報を送り続けたり、東京への電報を書き続けたりしていた。メモにはこう記されている。「解放軍は、戦車まで動員した武力を使用して、学生の民主化運動を鎮圧した。長いあいだ日中友好のために頑張ってきた外務省の中国関係者たち、いわゆるチャイナサービスといわれる人達のショックは大きい。「市民に銃を向けるような、こんな中央はダメだ。いつかは倒れるよ。」「情ない。予想もしていなかった。」皆が皆ガックリきていた。[16]」。

当然のことながら東京・外務省の幹部よりも北京の現場の方が、事件によるショックは大きかった。大使の中島敏次郎は、日本外交史の学者のインタビューに「私は率直に言って、天安門事件というものを自ら経験して、中国政府による自国民の弾圧といいますか、自国民に発砲して事件を片づけるような態度に対しては、民主主義という立場から見て、本当に残念だと思いました。また、中国の国民が気の毒だという印象を深く持ちました。〔中略〕私は、これ以上中国にいるのはうれしくない、不愉快だという感情を抱きました。

もう北京には二年ぐらいとなっていましたが、北京を去るべきときが来たという思いを深くしました」と回顧した。[17] 天安門事件は、「日中友好」のため尽力した現場の外交官の中国認識を百八十度変えてしまう出来事だった。

外務審議官のサミット交渉

東京・霞が関の外務省。中国課長・阿南惟茂[18]（後の駐中国大使）は六月四日午前三時頃、日本政府談話を書き上げた。「中国においては、学生・市民による反政府行動が長期化し、戒厳令がしかれているという状況の下、本日未明、軍が実力行使によってこれを鎮圧し、流血の惨事に発展する事態に至ったことは憂慮に堪えない。日本政府としては、事態がこれ以上悪化しないことを強く希望する」。

チャイナスクール外交官の阿南は当時を振り返って「日本政府の基本認識は中国の内政問題ということだった。しかし世界中は国内問題ではなく、人権という普遍的な問題だと強調し、日本とは基本的立場も違った」と証言した。[19]

人民解放軍による市民虐殺という側面を持つ天安門事件に対して日本政府は、どういう外交方針を取るかという中国認識が問われる事態になった。外務省は、八九年六月二十二日、「我が国の今後の対中政策（今回の事態を踏まえて）」と題した極秘文書で、「考慮すべきは、（イ）民主主義国たる我が国が有する価値観（民主・人権）に基づき今回の中国の事態に対し如何なる立場を示すべきかということと、（ロ）長期的、大局的見地からみて中国の改革・開放政策は支持すべきかという二つの相反する側面の調整」であるとした上で、「結論は、長期的・大局的見地の重視」と明記した。さらに「我が国の立場は明確にしつつ実態面で、今次事態の衝撃がなるべく小さくなるよう対処」と決めた。[20] 人権より大局優先の方針である。

七月中旬、フランスで開かれたアルシュ・サミット（先進七カ国首脳会議）で、日本政府にとって最大の問題は「中国に関する宣言案」の内容だった。日本政府のシェルパを務めた外務審議官（経済担当）の國廣道彦[21]のもとに、議長国フランスのシェルパ、ジャック・アタリから宣言案が送られてきたのは七月四日だった。この中で事件を「残酷な抑圧」と非難し、四～五項目からなる対中制裁を提案していた。國廣は当時を振り返る。「当時の日本国内の空気は国交正常化以来せっかく築き上げてきた日中関係をこの事件のために台無しにすることにためらいがあった。日本政府としても、自国民を武力で弾圧したという行為については強く非難するが、中国を国際的に孤立させてしまうのはわが国の国益には合わないという考え方を決めていた」[22]。

國廣は橋本恕と同様、戦後チャイナスクールが生まれる前の入省で、同スクールではないが、一九七二年の日中国交正常化直後、中国課長を務めたほか、天皇訪中実現直後に駐中国大使にもなった。いずれも橋本の後任であり、いわば「中国通」とも言えた。

アタリの案文の終わりにも、中国との正常な協力関係に戻れるような条件が可能な限り早期に作り出されることを希望するという趣旨の文章が記されたものの、制裁措置を書き並べながらこのような言い方をするのは中国にとってあまりにも屈辱的だと國廣たちは思った。國廣は七月七日のシェルパ会合でサミット参加国が中国を袋叩きにするような内容にならないよう努力したが、米政府も議会との関係があり甘い態度を取れなかった。休憩中に米シェルパのリチャード・マコーマックは、ＥＣ（欧州共同体）諸国の間では日本が中国に厳しい姿勢を示したがらないのは経済的利益を守りたいからだと話していると教えてくれた。それに対して國廣は、「我々は歴史的に中国を孤立させたら排外的になることを知っている。それでも日本は耐えられようが、周辺のアジアの国々にとっては大きな脅威になる。私は日本の経済的利益を守るために発言しているのではない。この地域の安全を考えているのである」と説得を試みたが、日本と欧米の認識の差は大きかった。[23] 日本は孤立し、シェルパレベルでは六対一だった。[24]

アルシュ・サミットは、フランス革命二百周年記念式典に合わせて開催されたこともあり、七月十三日夜にコンコルド広場で開かれた革命記念前夜祭では「自由」・「平等」・「博愛」のプラカードを掲げたパレードが延々続き、中国の人権問題を許さないという雰囲気だった。「中国に関する宣言案」をめぐり日本は「中国を孤立させないように」という一節を括弧付きで残すことを要求したが、当初硬かった欧米の態度は、七月十四日に変わってきた。午前中のフランス革命二百周年記念式典の席で、アタリが、宇野宗佑首相に近づき、「中国に関する宣言案」は変えられないので、日本も同意してほしいと求めてきた。これに対して宇野は、「外国が中国を孤立させるというのではなく、中国が自分を孤立させないよう希望するという表現の仕方があるのではないか」と提案したら、アタリもそういう表現なら考えられると答えた。國廣はこうしたやり取りを受け、その後すぐ始まったサミット首脳会談で"so that China will not isolate itself"ならどうかと尋ねたら、ＯＫと書いて戻ってきた。[25]

十三日に到着したブッシュ大統領がシェルパの報告を聞いて「それは日本の言う通りだ」と答えた。[26] その背後については密使の極秘訪中があったが、それは後述する。宣言案は結局、「我々は、中国当局が、政治、経済改革と開放へ向けての動きを再開することにより、中国の孤立化を避け、可能な限り早期に協力関係への復帰をもたらす条件を創り出すよう期待する」と明記されることで落ち着いた。

中国の対日「突破口」外交

天安門事件の結果、日本政府は一九八八年の竹下登首相の訪中で供与を約束した第三次円借款（九〇〜九五年度、総額八千百億円）について西側諸国の対中制裁と肩を並べ、供与を見合わせた。アルシュ・サミットは、当時の国際政治を動かした七カ国が、中国に対しては制裁強化という認識を共有する舞台だった。しかし日本政府がその後、優先したのは「大局的見地から中国を孤立させないための配慮が必要だ」という対中政策であった。

東京の外務省幹部は全体として中国を孤立させるべきではないということで一枚岩になったが、当時外務審議官（政務担当）だった栗山尚一はこう回顧する。「あの当時〔天安門事件〕の中国共産党指導部が取った行為をどのように評価して日本として対応すべきか。あの時は厄介だった。追い詰めれば追い詰めるほど中国は内に籠って反西側になる。そういうアプローチを行うべきでない、という日本の主張はある意味で正しかったが、その裏には狭い意味での日本の国益があった」[27]。日本はサミットで否定したが、凍結した円借款を早期再開したいという経済的な思惑があったのだった。

中国政府は、こうした日本政府の思惑を見透かし、銭其琛外交部長が「中国に共同制裁を科してきた国々の中で、日本は一貫して積極的ではなかった。西側各国と歩調を合わせるためだけに、サミットで中国制裁決議に同意させられたようなものだった」と回顧している。[28]「西側諸国による対中制裁の共同戦線の中での弱点」[29]ととらえた上で、日本を「突破口」と位置づけて対日工作を強化した。中国指導部はアルシュ・サミット開催直前の七月六日から十二日、北京で駐外使節会議を開催し、駐日大使の楊振亜は六月三十日に一時帰国した。[30]会議では「鄧小平同志の戦略思想に基づき、原則堅持を明確にし、政策を変えず、矛盾を利用し、より多くの工作を行う」との方針を示し、「日本工作を重視しろ。日本を先行させ、徐々に制裁を取り消させ、西側諸国の中で率先的役割を果たすよう推し進める」のだと指示した。指示を受け、楊振亜は、外務審議官・栗山尚一、元官房長官・二階堂進、日中友好議連会長・伊東正義、経団連会長・斎藤英四郎、日中経済協会会長・河合良一のもとを訪れ、中国国内情勢と改革・開放政策について紹介し、中国の近代化目標と中日友好政策は断固揺るぎないと述べ、日本側からは理解を得られた、と回想している。[31]

銭は八九年八月一日、パリで三塚博外相と会談した際、「中国が従前の状況に戻れば、経済協力で継続中のものについては状況を見極めて再開したい」という前向きな言質を得た。[32] 日本政府は九〇年十一月、第三次円借款の凍結解除を正式に決定したが、この背景には、中国政府が一月下旬、八九年五月から続けていた北京中心部での戒厳令を解除したことや、米大使館に保護されていた反体制派物理学者・方励之[33]の出国を九〇年六月に容認したことがあった。方励之は天安門事件翌日の八九年六月五日、妻と共に北京の米大使館にやって来て保護を要請、米政府は保護を決定し、米中間の「絶えざる緊張の源泉」[34]となっていた。さらに欧米諸国と一線を画した日本の対中融和路線に乗る形で、九〇年十一月の「即位の礼」に参列するため来日した呉学謙副総理は、同月十三日に海部俊樹首相と会談したが、海部首相の訪中招請とともに、「昨晩天皇、皇后両陛下とお会いし、都合の良い時期に両陛下にご訪中頂きたいとのメッセージを伝えた」と明かした。[35] 天安門事件二カ月後の八九年八月七日、外務省中国課は「今後の対中政策」と題した極秘資料で、対応が難しい課題の一つとして「天皇陛下御訪中」と挙げており、[36] 呉学謙から天皇への直接の訪中要請について日本政府は非公表とした。

「感情論」と「外交論」

第三次円借款の再開、海部俊樹首相の訪中、天皇訪中へとつながるわけだが、北京の現場で天安門事件を見た外交官も、自身の「感情論」と日本政府にとって必要な中国政策という「外交論」は区別して考えていた。武力弾圧を受けて「これ以上中国にいるのはうれしくない、不愉快だ」という感情を抱いた駐中国大使の中島敏次郎は、「民主化に反する人権抑圧について、西欧が中国を批判したわけです。人権上の問題として批判するのは当然だけれども、しかし私は、中国を孤立させてはいけないと考えました。他方で中国に対しては、西欧の批判を直視して、西欧との関係を改善するために努力すべきだ」と考えた。[37] 当時若きチャイナスクール外交官で、中島の側で仕えた大使秘書の井川原賢は、当時の中島の気持ちについて「中島さんは中国との間で精魂込めて積み上げてきたものが崩れたと嘆き、中国への幻滅感を強めたが、中国を孤立させてはならないとも述べ、複雑な心境だった」と回想した。[38]

一等書記官として民主化運動の行方を追い、学生と一緒に行動した佐藤重和も、「憤りはあったけど、我々の感情的なもの、シンパシー的なものと、外交は別という意識はあった」としつつも、「天安門事件の後に日本は真っ先に関係改善もしたわけですから、その気持ちの上では我々はいろいろと割り切れないものが山ほどあった」と率直に振り返った。[39]

「感情論」と「外交論」をいくら区別しても割り切れず、「外交論」が「感情論」を抑えるのには時間が必要だった。東京の外務省では、日本の経済的利益という思惑があったとしても、「中国を孤立させない」、「改革・開放を止めない」という方針が日本の国益にかなうと判断したが、外務審議官という中枢にいた栗山尚一が明かしてくれた外務省内の次の議論は、天安門事件直後における外務省の中国認識の複雑さを示すものだ。

発言者は橋本恕。天安門事件時にエジプト大使だった橋本は、事件時既に、最高裁判事への就任が内定していた中島の後任として駐中国大使に起用されることが決まっており、八九年八月一日にエジプトからの帰国辞令を受けた。[40] 帰国した橋本も交えて省内で中国問題を議論した際、栗山は橋本が述べた意外な発言が印象に残った。橋本は「後々、中国の若い人があの時、日本がどうだったかを話す日が来る。その時のことを考えて日本の対応を考える必要がある」と述べたのだ。栗山はそれを聞き、「橋本さん、そこまで考えるかな」

と思ったと振り返った。そして栗山は橋本の発言の真意について「橋本さんの言ったことは、中国共産党が取った対応にもう少し批判的であってもいいんじゃないか、という感じがあった」と回想した。[41]

その橋本が、中国共産党・政府の要請に応じて日本国内で反対・慎重論が渦巻いた天皇訪中実現の立役者となったのは、歴史の皮肉だ。橋本は、天安門事件に関して筆者のインタビューにこう述べた。「元凶だった。大局的に中国自身がいずれ変わらなければならない。つまり民主化するかどうかは分からないが、一党独裁の形でいつまでもいけるものではない。その時に日本がそっぽを向いていてはいけない。中国の変貌に協力したい。孤立させるのは危険。だから経済協力に何とかして持っていこうとした[42]」。

天安門事件後の橋本の中国認識は、天安門事件には批判的だが、中国共産党自体に対して事件を契機にした「変化」を促す一方、その時には日本がそばにいて協力する必要性を指摘したものだった。こういう考えが、日中協力関係を一段と飛躍させると期待された天皇訪中への積極姿勢につながったのだ。

米密使派遣への不信

橋本恕はなぜ、駐中国大使として天皇訪中を実現させようとしたのか。インタビューの際に答えた。「〔天皇の〕戦争責任の問題も当然出てくる。日本が持ち出した話ではなく、中国から「ぜひお願いしたい」と言ってきた。いろいろと考えて、今のその時期、タイミングの問題、そして実現した場合の日本にとっての利害と損失の問題を考えて、一働きしようと決心した。渡辺美智雄外相、宮沢喜一首相と十分に腹を割って相談した上での結論だった[43]」。

日本政府としてこれまでの対米追随外交を脱し、冷戦後の東アジア外交でイニシアチブを握る狙いもあったとの見方もある。[44] 筆者は、米政府が天安門事件を受けて中国高官との往来を中止する中で実行した秘密外交が、対米追随から脱却して独自の戦略対中外交を展開しようと考えた日本外務省、特に中国通外交官を刺激したと分析している。

ブッシュ米大統領は、天安門事件から一カ月も経たない一九八九年七月一日、スコウクロフト大統領補佐官（国家安全保障担当）とイーグルバーガー国務副長官を極秘裏に北京へ派遣し、鄧小平は翌日、会談に応じた。ブッシュは、密使の極秘訪中に先立ち、鄧小平に書簡を出し、高官級の使節の北京派遣を提案した。書簡では「私たちは、最近の悲劇的な出来事の後遺症が、過去十七年間にわたって忍耐強く築き上げられてきた死活的な関係を台無しにすることがないようにしなければなりません」と記した。(45) 銭其琛の回顧録では、ブッシュは六月二十一日に鄧小平に秘密書簡を送り、鄧は翌日にブッシュに返信したが、その中で鄧は「中米関係は現在、厳しい挑戦に直面しており、心配している」と表明、双方が絶対秘密保持を条件に特使訪中を受け入れ、率直な意見交換を行うと約束した。(46)

当時、米国の駐中国大使だったジェームズ・リリーの回顧によると、ホワイトハウスは、鄧小平が密使受け入れを連絡してから、リリーに対して誰にも気づかれないようワシントンに戻るよう指示を出した。ベーカー国務長官は北京のリリーに外交電報を打つことで情報が漏洩するのを恐れた。リリーは東京経由でワシントンに向かい、密使派遣を打ち合わせた。ベーカーとイーグルバーガーは当初気が進まなかったが、ブッシュとスコウクロフトが押し切った。リリーは、ホワイトハウスでの会議で、密使派遣により中国側に対して反体制派への公開処刑の中止を説得できるかと尋ねられた。これに対してリリーは米国が強い圧力をかけたとしても中国政府は非公式の処刑に切り替えるだけだと私見を述べ、「学生らの命を救うことにはならないだろうが、米中関係の緊張は緩和できるかもしれない」と続けた。その上でリリーも密使派遣に支持を表明した。(47)

米側は秘密保持徹底のため、スコウクロフトらの搭乗した米空軍のC―141輸送機の外装ラベルを消し、米国機だと分からないようにした。銭其琛は、米国による秘密保持の程度について、米中接近の契機となった一九七一年のキッシンジャー秘密訪中を上回ったと回想している。(48)

七月一日、北京に到着したスコウクロフトは翌日午前に鄧小平と会談したが、同席する李鵬と銭其琛に「きょうは原則だけを話し、具体的問題には触れない」と述べた。鄧小平は会談前、間もなく開かれるサミットで中国に対する制裁措置が公表されるかもしれません」と伝えると、鄧は語気を強めてこう語った。「〔制裁措置がサミット参加国の〕七カ国であろうと、七十カ国であろうと意味はない。中米関係は良好でなければならないが、恐れてはいけない。中国人は中国人としての気概と気骨を持たなければならない。我々はいつ他人を恐れただろうか。解放後、我々は米国と戦争した。あの時〔朝鮮戦争時〕我々は絶対的に劣勢で制空権もなかったが、恐れたことはなかった」。鄧小平は続くスコウクロフトらとの会談で、「中華人民共和国の歴史は、共産党が人民を指導し、抗米援朝も加えれば二十五年間も戦争を続け、二千万人以上に上る犠牲の上にやっと勝ち取ったものだ。中国の内政にはいかなる外国人にも干渉させない。共産党の指導に取って代わるいかなる勢力もない」と強調した。(49) あくまで米国に妥協しない強気を貫いた。

米政府は公式には、その直後のアルシュ・サミットでも、そしてそれ以降も対中制裁措置を強硬に唱え、米中高官の往来も中断していた。つまりスコウクロフトらの北京派遣は、ブッシュが中国との関係をいかに重要なものと考えていたか、またはどれほど鄧小平を信頼していたかの証しだが、(50) ブッシュの思考は、日本政府が天安門事件直後に考えた「築き上げてきた日中関係を台無しにする」という対中観と酷似していた。一方、中国政府に対して、米政府が公式に示す言動を深刻に受け止めることはないというメッセージを送る結果にもなった。(51)

スコウクロフトとイーグルバーガーはそれから五カ月後の八九年十二月にも北京を訪問し、同月十日に鄧小平と会い、その直後に来日した。スコウクロフトがたまたま東京に来るので、週末だけど海部俊樹首相に会いたいと米大使館から外務省中国課に電話があった。外務省側は、週末会談の提案に不快感を持ち、週明けの月曜日にしてほしいと伝えた。しかし米中高官往来を中断しているはずなのに北京から来ることが判明し、やむを得ず会談に応じることになった。(52)

米側はその際も七月の極秘訪中の事実については隠し通した。しかしその一週間後、米CNNテレビが「実は七月一日に北京に行っていた」と報道して初めて極秘訪中が公になった。同盟国でありながら何も知らされなかった日本の外務省では対米不信が強まった。外務省北米局も憤慨して米政府に厳重抗議したところ、米政府からは七月の秘密訪中は「コンタクト」であるから知らせる必要はなかったと判断したと回答があったが、アジア局長の谷野作太郎は説明になっていないと感じた。中国課長だった阿南惟茂は「北米局がよく日米同盟と言うけれども、実体はこの程度のことなんですね」と憤った。(53) 特に中国通外交官は対米追随の対中政策に不満を募らせた。

なぜ外務省がスコウクロフト訪中に怒り心頭かというと、伏線があった。七月十四日夜、アルシュ・サミットで採択するコミュニケに関する最終調整を行う会合で、「中国の孤立」を避けようと奔走した外務審議官・國廣道彦に対してスコウクロフトは「日本は天安門事件の再発を憂慮していないのか」と面罵した。國廣は「日本はどの国にも劣らず中国の行為を非難しているし、このようなことを再び繰り返してはならないと中国に申し入れている」と反論した。しかしスコウクロフトは対日非難の裏で既に極秘訪中していたわけであり、國廣は後に「私は彼に未だに不信感を持っている」と回顧した。(54) ただ、スコウクロフトの意に反してブッシュ大統領は、「中国の孤立を避ける」という文言の明記を求めた日本の主張を受け入れた。ブッシュは裏でスコウクロフトを極秘訪中させていたわけだから日本の立場を支持したのだろうと、その後は受け止められている。[55]

さらに付け加えれば、米政府は、八九年九月に伊東正義日中友好議員連盟会長が訪中した際にも日本政府に「中国に誤ったメッセージを送ってはいけない」と批判した。[56] しかし米政府はその二カ月前に中国側に「メッセージ」を送っていたわけであり、外務省の対米非難をより高める結果となった。

外務省内の対米批判の中で、外務審議官だった栗山尚一は当時の状況を冷静に見ていた。筆者のインタビューで「他方において日本は日本で、早く円借款を凍結解除したい思惑があったので、米国が柔軟な姿勢を持っていることはある意味で渡りに船だった。今度は日本がそれを利用したという面はある」と振り返っている。[57] スコウクロフトの極秘訪中が皮肉にも、日本政府による円借款凍結解除の環境を整えた、というのは、一九七一年のキッシンジャー秘密訪中が「ショック」となり、翌年の日中国交正常化実現の契機になったことと似ている。また米国の意向に縛られ続けた戦後日本の対中外交の現実の中で、米国が日本の頭越しに行った対中秘密接近が日本政府を触発し、結局は日本の対中外交が米国に先行してしまうという事実は、自立外交を目指す日本の外交官、特に中国通外交官の対米追従に対する不満の表れとも言えた。

二 「政治主導」の限界

天皇自身の訪中希望

海部俊樹首相は一九九〇年七月の米ヒューストン・サミットで「中国の改革派を力づけるため」にも日本として円借款凍結を徐々に解除する方針を表明し、[58] 十一月には解除を正式決定した。すると中国政府は、天安門事件直前に来日した李鵬総理が要請した天皇訪中構想を本格的に復活させた。

九一年六月に来日した銭其琛国務委員・外交部長は中山太郎外相にこう求めた。「天皇、皇后両陛下が来年の都合の良い時期に訪中されることを非常に歓迎する。中国指導者は何度も天皇訪中を招請し、天皇も中国を見たいとおっしゃられた。国家元首の相互訪問は中日関係史上の重要行事であり、両国人民の世代を超えた友好の大きな原動力になり、奥深い影響をもたらすでしょう」[59]。

中国政府は、「来年の都合の良い時期」という計画をどんどん具体化させた。九一年八月に訪中した海部に対して李鵬は「来年の国交正常化二十周年」と述べ、九二年一月の渡辺美智雄副総理・外相に対して銭其琛は「今秋」と絞った。

橋本恕も指摘するように天皇訪中は、中国共産党・政府からの極めて積極的な働き掛けが前提となった。そして実は九二年一月の訪中で、渡辺は天皇訪中の具体的な日取りを銭其琛に対して極秘に提示していた。宮沢喜一首相も了承したものだった[60]。九二年一月に訪中した渡辺と中国側の会談を受け、北京の日本大使館を含め外務省幹部の間では天皇の訪中が決まったという認識だったが、まだ極秘事項だった[61]。天皇訪中計画が進んだ背景には、自民党のタカ派集団「青嵐会」の暴れん坊として知られ、七二年の国交正常化や翌年の日中航空協定に反発した渡辺美智雄の「豹変」があった。外務省アジア局長だった谷野の回想では、九二年一月の訪中で渡辺が中国側に具体的日程を打診する前に天皇訪中は決まっており、時期については「海部内閣から宮沢内閣になってから」と明かした[62]。宮沢内閣の誕生は九一年十一月五日であり、それ以降ということになる。

そして九二年春、駐中国大使・橋本は宮沢から首相官邸に来るよう呼ばれた。外務事務次官の小和田恒とアジア局長の谷野作太郎も同席した席で、宮沢は話した。「国民の大多数、そして与党・自民党の大部分が、訪中に賛成した形で陛下に中国に行っていただきたい。自民党有力者に対する直接の働き掛けを行うが、小和田次官と谷野局長は一切動かないでほしい。橋本大使一人にやってもらう」。宮沢は橋本に「橋本君、いいね」と念を押した。[63] 橋本は北京に戻り信頼する部下に「何で俺がやらなければいけないんだ。政治の世界の話ではないか」と漏らした。[64]

橋本は筆者のインタビューで「なんで〔天皇訪中を〕一生懸命やったのか」と自問し、宮沢からの直々の政治命令を挙げた。宮沢が橋本を指名した理由は、筆者の憶測になるが、何と言っても第一に、田中角栄、大平正芳とともに国交正常化を実現した外交官であり、自民党有力者から一目置かれ、政界に幅広いパイプがあることだ。第二に中国の指導者や対日関係者らから厚い信頼を得ている。第三には、八二年の第一次教科書問題で日中関係がこじれた時、官房長官だった宮沢の下で処理した人間関係があった。第四は、既に橋本の外交スタイルで記したように、官僚的でない型破りの特異な外交官でなければ、天皇訪中に反対する自民党大物や右翼の存在を恐れ、実現することは不可能だという考えが宮沢にはあったのだろう。

詰まるところ対中外交は「国内政治」が優先される世界である。歴史認識や台湾政策、尖閣諸島など主権に絡む問題での判断は外交官に難しく、「政治主導」で決定される。もし中国通外交官が自身の信念を実現させようと思えば、官邸や与党の有力者を味方に付けることが不可欠なのだ。駐中国大使というのは本来、北京で仕事をするものだが、橋本は記者に気づかれないよう極秘裏に一時帰国を繰り返して天皇訪中に反対・慎重な自民党有力者への説得工作を繰り返した。

ただ宮沢は後に、「陛下ご自身が関心をおもちだったものですから、お気持ちがお進みでいらしたと思うんですが、それがなんとなく伝わっていて、それじゃあ自分たちがそれをお止めするようなこともよくないな、というような反省もあったらしい」と述べ、天皇自身が望んでいるという事実が訪中実現につながったと振り返っている。[65]

「政治」と「官僚」の境界

政界工作を行う橋本にとっても、天皇の意向は大きな説得材料になったが、慎重・反対派の壁は厚く、また広がっていた。例えば、実際に事務的に天皇訪中を推し進める外務省中国課の課員の間でさえ天皇訪中に関する慎重論が相次いだ。アジア局長だった谷野作太郎は課員を集めて意見を聞いたところ、課長も含めて反対・消極論が相次いだ。天安門事件からまだ間もない時期でもあり、「〔天皇訪中で〕鄧小平にいい格好をさせたくない」と口をそろえた。普段は無口な課員までこう「反対」を唱えた。[66] 確かに当時、中国通外務省幹部の間では「訪中で陛下目がけて卵一つでも投げられたら失敗」という認識だった。[67] 一方で「抗日戦争を戦った鄧小平が心から歓迎するというなら、陛下が行かれても大丈夫かなと思った。総書記の江沢民の持つ政治力だけでは心配だった」[68] とも認識し、「今しかない」という機会をとらえた。官僚が何と言おうと、既に政治判断が下されていた。

しかし自民党が真っ二つに割れる中、自身で下した政治判断にもかかわらず、宮沢は橋本に「陛下においでまし願いたいが、今のように意見が分かれている時、総理として責任ある立場で決められない」と、最終決断をできなかった。[69]

橋本の工作が大詰めに入った九二年五月三十一日、一月の訪中の際に天皇訪中の具体的日程まで中国側に示した副総理・外相の渡辺美智雄が「胆石」で入院した。二十年前の国交正常化に反対だった渡辺は積極的な天皇訪中論者に変わったことは前述した。渡辺はある時、橋本にこう尋ねた。「対外的には元首は天皇なのに、陛下が隣の国に一度も行かれていないのはおかしい。俺の言っていることはおかしくないか」。橋本は宮沢だけでなく、渡辺の信頼も獲得した。しかしその渡辺も、天皇訪中実現が駄目かなと感じたこともあったし、官房長官の加藤紘一も「御訪中はむずかしい」と漏らしたことがある。[70]外務省でチャイナスクール外交官だった加藤は、六九年六月に香港での勤務を終えて中国課に配属された。衆院議員に出馬表明するため七一年末に外務省を退職するまで事務官として橋本課長に仕えた。加藤は橋本に何度も電話し、「訪中を強行すれば血の雨が降ります」と心配し、橋本の安全を気にしていた。[71]「天皇が政治利用される」、「中国国内の権力闘争に巻き込まれる」という自民党内の反対・慎重は強かった。

七二年の日中国交正常化、九二年の天皇訪中。二つに深く関わった橋本は「同じ延長線上にある。どちらも与党・自民党が二つに割れた」と振り返った。[72]しかし天皇訪中は、政治決断があっても実現困難に陥ったのは、政治家がぶれてしまい、「政治」と「官僚」の境界があいまいになったからだ。谷野は田中角栄を評して「外務省ＯＢの中で田中さんのことを悪く言う人は誰もいない。「政治」と「官僚」の境界が非常にはっきりしていた。日中で事を動かすのは政治だ。田中さんは「君ら〔官僚〕は知恵を出せ。党内のことは俺がやる」という感じだった」と指摘する。[73]一方、首相の宮沢は、橋本らに説得工作を任せ、谷野は「私の知る限り」として宮沢が行った根回しは「福田元総理だけじゃなかったかと思う」と振り返る。[74]橋本も、「手術しなければ自民党工作は渡辺さんの仕事だった」と見ていたが、[75]「天皇訪中」という難しい問題に直面し、「政治」が機能しなかった面が強い。

天皇訪中の過程では、政治家が与党内や世論を気にしてぶれてしまい、官僚任せにした。一方、これを救ったのが、政治主導で決まったことを実現するため信念と情熱を持った外交官だった。外務事務次官の小和田は一切、ぶれなかった。[76]橋本は天皇訪中の決定後も打ち合わせや勉強会のため一時帰国を繰り返した。北京から成田空港に到着すると、三人のＳＰに守られた。見えないところにもう一人のＳＰが警戒に当たるなど厳重な警備下に置かれた。「何かあったら日本に帰れない。命が欲しければ、新疆の山奥に亡命するしかない。〔右翼の反対に対しても〕暗殺が怖くて大きな仕事はできない」と回顧し、腹を決めていた。[77]

金丸信の一喝で決着

橋本恕が日中国交正常化実現以降、中国指導部・政府から絶大な信頼を得たことは触れたが、中国側が求めた天皇訪中では、その信頼を逆に利用する戦略を取った。天皇訪中に反対・慎重な自民党の役員や派閥領袖らへの「おみやげ」があれば、説得もスムーズに行くと考えたのだ。自民党説得工作の際、「中国指導部も天皇訪中に向けて前向きな努力をしている」とアピールできる材料が何としても必要だと認識したのだ。日本の要人が北京に来て江沢民総書記、楊尚昆国家主席、李鵬総理らと会談した際、橋本は同席するが、会談が終わると、中国側は「大使は残ってほしい」と要請した。例えば、江沢民は橋本と面向かい、「中国として〔天皇陛下を〕ぜひお迎えしたい」と要請した。元首として天皇を直接招待する楊尚昆も橋本に対して「ひと踏ん張り、ふた踏ん張り、大使に努力をお願いしたい」と懇願した。[78]

また橋本は一時帰国する前、共産党中央と国務院の秘書役と面会した。党中央弁公庁主任の温家宝（後の総理）や国務院秘書長の羅幹（後の共産党中央政法委員会書記）である。橋本はこう説明した。「日本国内で各方面に天皇訪中実現に向けて工作するが、自民党内には天皇訪中に反対・慎重の人がいる。現在、日中関係について日本側が重視する三つの問題に前向きな対応をしていただきたい」。そのうちの一つが「天皇訪中の前後一年から二年にわたり天皇訪中についてはもちろん、日本政府・日本に対する批判・中傷報道や発言をすべて抑えること」だった。例えば、この年の六月十五日に日本で国連平和維持活動（ＰＫＯ）協力法が成立した。日本の軍事大国化を懸念する中国政府からの強い反発も予想されたが、中国外交部が慎重な対応を促しただけで抑制されたトーンだった。その後、日本や日本政府を批判する報道も消えた。橋本はこうした前向きな変化を「手みやげ」に、日本に帰国したのだ。[79]

中曽根元首相は天皇訪中に慎重姿勢だった。天皇訪中を決定できず、煮え切らない宮沢は、橋本の説得工作いかんで天皇訪中を延期することも示唆していた。[80]一方の中国政府も、要請を繰り返しても決まらない事態にいら立ちを見せた。

九二年四月に来日した江沢民総書記は七回目となる天皇訪中招請を行ったが、宮沢は「政府として現在真剣に検討を進めている」と述べるにとどまり、前向きな回答を期待した中国側を失望させた。こうしたこともあり、五月下旬に来日した万里・全人代常務委員長はこれまでの対応を一変させ、日本側に天皇訪中を一切提起しなかった。「無言の圧力」で日本の政治決断を促す方針に転換したが、日本側は敏感に反応した。万里が大阪から帰国の途に就く際、外務省アジア局長の谷野が万里に随行した徐敦信外交部副部長をわざわざ訪れ、「宮沢首相は七月の参院選の後に結論を出せるだろう」とささやいた。[81]

続いて中国きっての日本通である中日友好協会会長・孫平化が来日し、宮沢は六月十九日に会見した。会見後、宮沢はわざわざ孫と大使の楊振亜を自分の執務室に呼び、個別に「天皇陛下の訪中は必ず実現させますが、党内に反対者がいるため、少し時間が必要です」と告げた。孫はこれが「今回の訪日の予想外かつ具体的な収穫となった」と、宮沢の発言に手応えを感じた。[82]

こうした中、宮沢が揺らぐ最終局面で事態を動かしたのは、自民党のドン・金丸信副総裁と橋本の関係だった。橋本は金丸のもとを訪ね、二人きりで会って状況を説明した。すると金丸は目の前の受話器を取り上げ、「宮沢君を呼んでくれ」と言って電話をいったん切った。すると電話が鳴り、金丸が受話器を取り上げると、「宮沢君。天皇訪中問題について決めるべきはごちゃごちゃ言わず早く決めたまえ」と言い放った。

相手は宮沢本人だった。これで流れは、天皇訪中実現に向けて動き出した。

「金丸工作」の光と影

金丸信は一九八七〜九二年、田中角栄の派閥・田中派を引き継いだ竹下派（経世会）の会長を歴任し、絶大な権力を誇ったが、「親台湾派」の大物であり戦後、中国を訪れたことはなかった。中国の駐日公使参事官だった丁民は、金丸が自民党幹事長に就いた八四年頃、金丸に挨拶に行き、「いつまでも台湾ばかりに向いていないで北京にいらしたらどうですか」と持ち掛けた。金丸本人は「行きたい」と応じた。(83)

実際に金丸は訪中を検討し、八五年五月十五日には中曽根首相からも中国に行くよう頼まれており、目下、考えているところだと述べた。ただ「私としては、台湾の故蔣介石総統から日本が受けた恩義を感じていることもある」とも漏らした。(84) 八五年八月に外務省中国課長に就任し金丸事務所を挨拶に訪れたチャイナスクール外交官、槙田邦彦は、金丸から「俺は中国には行かないよ」と聞かされた。(85) 金丸は実は訪中に意欲的だったが、日本メディアを通じて「訪中説」が流れるとまずかったので、あえて否定した。結局、金丸は中国に行かなかった。金丸事務所を訪れた丁民に対し、大きな段ボールに葡萄酒をたくさん詰めて「家は酒屋だからこれを持って帰って飲んでくれ」とした上で、親台湾派の藤尾正行衆院議員が来て台湾が反対しているとして訪中を阻止したと明かした。(86) 帰国命令が出た丁民は八五年十月十六日、自民党本部に帰任の挨拶のため金丸幹事長を訪ねた。(87) その際金丸は「必ず中国に行くから待ってくれ」と約束した。(88) 金丸は完全な台湾派ではなく、中国、台湾、日本の外交官、メディアなど相手に応じて言うことを変え、中国問題をめぐり自身の政治的行動が縛られてしまうことを嫌った。

八八年六月に駐日大使として赴任した楊振亜も、金丸工作を重視し、事務所に足を運んだ。金丸が東京の高級料亭「吉兆」に榻を招いてくれたこともあった。[89] こうした工作が奏功し、金丸は一九九〇年八月二十九日に訪中した。それに先立つ七月十七日、中日友好協会会長・孫平化は東京・永田町で自民党副総裁の金丸と初めて面会した。孫の回想によると、孫はまず、渡辺美智雄の事務所を訪れ、渡辺に伴われ、同じオフィスビルの中にある金丸事務所を訪問した。このビルは、かつての青嵐会メンバーの事務所が多く入居していた。[90] 金丸訪中に関しても渡辺は中日友好協会と交渉しており、[91] 金丸だけでなく、日中国交正常化に猛反対した渡辺も北京になびいており、孫の回顧録を読む限り「親中派」のような振る舞いである。二年後に副総理・外相として渡辺が天皇訪中を推進するのは「突然の変化」ではなく、中国の日本通による粘り強い工作と接触の結果、「親中」的に変心したと考えられる。

孫平化は当時の日本政界の様子を回顧録で「「日本には総書記、大統領、総理からなる最高指導部がある。すなわち金丸総書記、竹下大統領、海部総理だ」などという人もいる」と記し、当時の金丸を日本政界で最も実力のある政治家とみなした。また金丸は孫に対して「私は過去、「親台派」と称されており、北京を訪問したことがない。佐藤内閣が国連〔中国代表権問題で〕で台湾に一票を投じたことで、日本は既に台湾への義理を尽くしたと言える」と述べるなど訪中に意欲を示した。[92]

孫平化の回顧録を読むと、孫と金丸の間で、東京佐川急便の渡辺広康社長（商法の特別背任罪で懲役七年が確定）が「暗躍」している意外な事実が分かる。例えば、孫が金丸と初面会する直前の九〇年七月三日、東京佐川急便の赤塚普知雄常務率いる訪中団が北京で孫と会見した。赤塚は渡辺広康と金丸の関係は非常に近いと前置きした上で、金丸は訪中と訪朝を検討し、北朝鮮に勾留されている第十八富士山丸乗組員の問題を解決したいと告げた。そして金丸は訪朝が無駄足にならないか心配しており、まず訪中して中国指導者に協力を求めて北朝鮮の内情を把握した上で訪朝するかどうか決めたいと伝えた。金丸と渡辺の意向として要請された孫も「どうすることもできない」と断らざるを得ない案件だった。[93] 東京佐川急便は一九八五年以降、中国へ中古トラックを無償供与する交流プロジェクトを展開し、孫が会長の中日友好協会が受け入れ窓口だった。[94] 一方、「政界のタニマチ」として知られる渡辺は、金丸に五億円のヤミ献金を贈るなど金丸に太い人脈を持った。渡辺広康は金丸訪中の前後、金丸に対して訪中に関する進言を行う一方、孫平化は渡辺から「吉兆」でもてなしを受けたり、熱海の別荘に招待されたりした。[95] 孫は渡辺の金丸パイプに期待し、金丸は渡辺を通じて中国に働き掛けを行うなど、三者がもたれ合う関係になっていた。

訪中も実現し、中国からすれば取り込んだと思っていたが、訪中から一年もたたない九一年七月上旬、金丸が台湾の李登輝総統を八月中旬に日本に招待するという情報が報じられた。困り果てた駐日大使の楊振亜は竹下登元首相に頼むことにした。三十四年前の五七年春、中国共産主義青年団（共青団）中央国際連絡部アジア処長だった二十九歳の楊は、中華人民共和国成立後初めての中国青年代表団の一員として訪日した際、島根県を視察したが、三十三歳の竹下が故郷・島根で県議を務めるかたわらで青年団活動に従事しており、楊らの代表団を迎え入れたという深い縁があった。[96] 李登輝来日問題を受け楊は七月十日に竹下事務所を訪れ、竹下が表に立って金丸に忠告してほしいと要請し、竹下も「この件は処理を私に任せて下さい」と約束した。竹下は外遊から帰国したばかりの金丸の私邸を訪れ、約一時間半にわたり話し合いを行って説得した結果、中国にとって満足の行くよう決着した。[97]

なぜ金丸と渡辺広康、金丸と竹下のケースに言及したかというと、筆者が提起した日本の親中派政治家、中国通外交官、中国の日本通専門家による「トライアングル構造」でなく、孫平化のような中国通外交官が直接、日本の大物政治家やそれに近い周辺に接近することで、対日関係を有利に進めたり、困難な問題を解決したりするケースもあることを紹介したかったからである。普段から交流を重ねた親中派の大物政治家に直接働き掛けるのは中国共産党が得意とする対日工作であり、そこには日本の外務省外交官が蚊帳の外に置かれるケースも多い。しかし日中国交正常化や天皇訪中、日中首脳の相互訪問などのような日中間の重要問題ではやはり、外交や中国に関する専門知識を備えた外務省の中国通外交官が主導的役割を果たすことになるのだ。

三　中国はなぜ天皇訪中にこだわったのか

中国元首よりも先に訪問を

なぜ中国側共産党・政府は、天皇訪中にこだわったのか、という問題を改めて考えたい。

当時の李鵬総理は、一九九二年一月に訪中した渡辺美智雄副総理・外相との会談で「天皇陛下が日本国民の心の中に占めている地位を十分承知しているので、中国政府と人民は熱烈に訪中を歓迎することを保証する」と述べた。[98] 戦後長年にわたり中国外交部で対日外交に携わった丁民は、中国政府が天皇訪中にこだわった背景について「天皇陛下が訪中すれば、中日友好に反対する勢力が、反対する根拠を失うことになる。日本国内で中日友好への広範な支持が得られ、中日関係の将来に有利な展望を与えるわけだ。国家間の発展を考える上で天皇訪中は必要だ」と解説した。[99] 天皇訪中をめぐる日中関係を「和解の論理」と「戦略の論理」から分析したが、これは「和解の論理」的な要素もあるが、どちらかと言うと、「戦略の論理」として説得力がある。

ただ、より説得力のある中国側の論理がある。東京新聞元北京特派員の清水美和は、当時中日友好協会会長だった孫平化が、天皇訪中の決定した直後の会見で「なぜ天皇を歓迎するのか」と問われ、「天皇は日本の国家元首だから」と答えたことを挙げ、「中国から見れば、くるくる代わる首相よりも「万世一系」の「元首」である天皇の訪中により、日中の関係は通常の外交関係になり「完全な友好国になれる」（孫）というわけだ。逆にいえば、それ以上に特別の意味付与をしてはいなかった」と指摘している。[100]

清水のこの指摘は、「和解の論理」・「戦略の論理」よりも、さらに中国側の本音を表したものと言える。天皇訪中への反対論・慎重論が渦巻く自民党の有力者への説得を行った駐中国大使の橋本恕は、中国共産党指導者に何度も「どうして陛下訪中にこだわるのか」と尋ねた。「中国の国家主席や党総書記はいつでも日本に行ける。日本から天皇が中国に来られることが難しいのは分かるが、日本の元首においでいただかないと、こちらもトップを訪日させることは困難になる」という答えが返ってきた。[101] 橋本は中国政府がこの原則にこだわった背景に何があるかについて「日本は中国と戦をして負けたと思っていない。米国に負けたと思っている。これでは中国としては〔国内向けに〕説明が付かない。〔国家主席の訪日より先に〕まず天皇に来ていただき、お言葉を聞きたい」と解説した。[102] これは楊振亜の回顧録で記された一九八〇年代半ばから存在した前述の原則である。

中国共産党・政府は、天皇を一貫して「国家元首」ととらえた。昭和天皇に関して「中国侵略戦争の元凶」という認識を持ち、[103] 表には出さないが、戦争責任と切り離すことはできないという歴史認識を抱えた。こうした歴史観を踏まえ、中国の国家主席が来日するより先に天皇に訪中してもらい、国内向けに歴史問題でけじめを付けたいという譲れない原則が存在したのだ。

こうして中国共産党政府は天皇訪中にこだわり続けた。

「中国脅威論」と「日本不信論」

一九九二年十月二十三日、天皇は初めて中国の土を踏み、その夜、北京の人民大会堂で楊尚昆国家主席主催の歓迎晩餐会が開かれ、お言葉を述べた。

「この両国の関係の永きにわたる歴史において、我が国が中国国民に対し多大の苦難を与えた不幸な一時期がありました。これは私の深く悲しみとするところであります。戦争が終わった時、我が国民は、このような戦争を再び繰り返してはならないとの深い反省にたち、平和国家としての道を歩むことを固く決意して、国の再建に取り組みました」。

そもそも中国政府が、天皇訪中を提起したのは一九七九年からであり、当時は「和解」の側面が強かった。その後、中国側が田中角栄を通じて中曽根首相に天皇訪中を打診したのは八四年であり、その時は対等な「元首外交」の発展のためにどうしても天皇訪中が必要になっていたとみられる。文化大革命末期の一九七五年の憲法改正で廃止された国家主席ポストが、鄧小平時代の八二年憲法で復活し、八三年に李先念が就いた。天皇のカウンターパートの国家主席の訪日より先に天皇の訪中を求めたのだ。さらに八九年に天安門事件が発生し、国際的孤立からの脱却という緊急の外交課題が浮上すると、対中制裁を強化した西側諸国の「突破口」として日本に円借款凍結の解除を求め、それが海部首相の訪中につながり、天皇訪中を要請するという流れである。

一方、国交正常化を実現させた橋本は、日本政府の対中外交の「モデル」をつくった。つまり官邸や自民党を牛耳る大物国会議員の信頼を得て、チャイナスクール外交官が対中外交を主導する、というものだ。それだけではない。こうした日本側の対中政策に対し、自分たちが有利に展開しようと中国の指導部や日本通外交官が、自民党親中派の大物政治家やチャイナスクールを核にした中国通外交官に接近したのだ。こうして前述したような「トライアングル構造」がつくり上げられた。それが最も効果的に機能したのが天皇訪中における交渉だった。

このトライアングル構造においては、三者の間には一定の「信頼」があり、日中関係を暴発させる「火種」をあらかじめコントロールでき、橋本のような日中双方の指導者から信頼を得られる外交官がいればより機能した。対中関係を重視した田中角栄の派閥の系譜をくんだ竹下や金丸、さらに小渕恵三、橋本龍太郎（それぞれ後の首相）まではこのトライアングル構造は比較的機能したと言えよう。

しかしこの構造は九二年に天皇訪中が実現した直後、皮肉にも揺らぐことになる。天安門事件の後遺症、東欧の民主化やソ連の崩壊という冷戦構造の終結により、共産党の求心力低下に苦しんだ江沢民政権は、マルクス主義や毛沢東思想に代わる新たなアイデンティティの道具としてナショナリズムや愛国主義を利用した。その結果、屈辱の近代史を前面に被害者ナショナリズムを駆り立て、愛国教育の名の下に抗日戦争での日本の侵略行為をことさら強調するようになった。同時に権威主義体制による開発独裁の道をたどったアジアの途上国をならい、改革・開放による経済建設を優先した。愛国主義と高度経済成長によって政権の正統性を維持しようと考えたのだ。さらに九〇年代半ばの地下核実験や台湾総統選前のミサイル演習（台湾海峡危機）は、中国が「大国」への野望をあらわにし始めた大きな兆候だった。

一方、この時期、「経済大国」としての日本の地位は、バブル経済の崩壊と、経済・軍事両面での「中国台頭」により相対的に低下した。さらに冷戦後の東アジア戦略策定のため、日米安保の「再定義」が進められたが、台湾海峡危機は「中国台頭」への対応を加速させた。同時に戦後五十年を迎えた一九九五年、過去の植民地支配と侵略への反省とおわびを明確にした村山談話を発表する一方、一部のタカ派政治家は「自虐史観」からの脱却を求め、侵略戦争を正当化するような発言も相次ぎ、「新たな歴史観」を模索する動きが出てきた。

こうした中で九八年に国家主席として初めて国賓来日した江沢民は、天皇、皇后両陛下主催の宮中晩餐会で「日本軍国主義は対外侵略拡張の誤った道を歩んだ」と述べるなど、一連の訪日で歴史問題に強くこだわった。江沢民の訪日は、「天皇訪中で歴史問題に一区切りが付いたのでは」という認識を持っていた日本国内で強い反発を招き、日中友好促進という面からは明らかに失敗だった。日本国内では中国指導部が歴史問題を外交カードに使っているように映り、「謝罪疲労」を引き起こした。一方、大国意識とナショナリズムを高めた中国の民衆は反日感情を高め、二〇〇一年から〇六年まで毎年続いた小泉純一郎首相の靖国神社参拝で両国関係は緊張を続けた。

背景にあったのは、日本の「中国脅威論」と中国の「日本不信論」だった。インターネットの普及は両国間の摩擦に、火に油を注ぐことになった。これまで抑えられてきた中国の民衆の「反日感情」を爆発させ、中国外交部や共産党指導部の対日弱腰姿勢を批判するまでになった。日中両国双方でネット世論は日中関係を左右するファクターに発展し、両国の政治家は「内向き志向」と「大衆迎合」を強めた。

日本国内では李登輝前台湾総統へのビザ発給問題（二〇〇一年四月）や瀋陽・日本総領事館への脱北者駆け込み事件（〇二年五月）などでの対応が「対中弱腰」だとしてチャイナスクール批判が強まった。対中外交における外務省チャイナスクール外交官の影響力は相対的に落ち、官邸が対中外交を直接指示する傾向は以前よりも強まった。トライアングル構造の崩壊は、「友好」から「競合」へと、構造的に変化した日中関係の結果だったが、人脈だけに頼って友好を保ち、安定させてきた日中関係のもろさを露呈させたものでもあった。

第三章　毛沢東の天皇観はどうつくられたか

一九四九年に中国共産党を政権党とする中華人民共和国を建国した毛沢東は、どういう天皇観を持っていたのだろうか。四五年の日本敗戦以前に時代をさかのぼる。この時期、国民党と共産党が一致協力して日本軍と立ち向かう一九三七年からの第二次国共合作は暗礁に乗り上げていた。

蔣介石と毛沢東の間には、日本の敗戦が濃厚となる中、中国大陸での主導権をめぐりお互いに不信感が強まった。毛沢東は、抗日戦争戦略として山岳地帯でのゲリラ戦を展開し、「正面での抵抗は避け、敵の後尾部隊を襲撃すること」、「敵の遠近の後方で活動することで、敵が一歩進めてもやはりわが包囲網にあるようにさせること」、「確実に勝てる条件であれば、適切に力量を結集して、敵を部分的に殲滅するか、または力強い打撃を与えること」を指示した。[1] 毛沢東は、一九三七年八月二十二日、洛川での会議で、紅軍（共産党軍）の遊撃戦争の作戦原則として「分散して大衆を立ち上がらせ、集中して敵を消滅」すると同時に「勝てれば戦い、勝てなければ去る」を徹底した。[2]

共産党軍は後方に回り、前線は国民党軍に任せる、という戦略であり、毛沢東は一九三七年秋、朱徳が八路軍を率いて陝西省北部から戦線に出動した際、部隊にこう演説したという。

「中日戦争は中共発展の絶好のチャンスである。我々の基本方針は全力の七分を中共の発展に、二分を国民政府との対応に、残りの一分を抗日に使用する。この政策は次の三段階に分けて実施する。第一段階では国民党と妥協して中共の生存と発展を図る。第二段階では国民党と勢力の均衡を保ち、彼らと対抗する。第三段階では華中各地区に進出して根拠地を築き国民党に反攻する」[3]。

毛沢東は、三八年五月の「抗日遊撃戦争の戦略問題」の中で、「抗日戦争においては、正規戦争が主要であり、遊撃戦争は補助的である」とした上で、「すべての軍事行動の指導原則は、いずれも一つの基本原則にもとづいている。すなわち、できるだけ自己の力を保存し、敵の力を消滅するということである」と打ち出している。[4]

結局、日本軍と正面で「正規戦争」を展開した国民党軍は弱体化し、毛沢東の共産党軍は、日本との戦争の中で「勝たなければ去る」や「自己の力を保存する」という戦略の結果、兵力を温存して軍隊を発展させた。毛沢東にとって最大の敵は日本軍であるはずだが、国民党を味方ととらえていなかった。実は「抗日」が両者をつなげただけであり、最大の敵は国民党だった。蔣介石を打倒するため、日本とも手を結ぶのだ。それは中華人民共和国建国後、毛沢東が日本人と会見した際に、しばしば「皇軍に感謝する」と、ユーモアにあふれる本音として語られたが、それは後述しよう。

国民党を最大の敵とした中国共産党は日本の敗戦をにらみ、日本政府・軍に対してアプローチを仕掛けた。本章では、ノンキャリアの支那通外交官・岩井英一[5]と共産党幹部との密接な関係を検証するが、その事実は、毛沢東の戦略的かつ柔軟な対日政策の表れでもあり、天皇や天皇制に対しても抵抗感がなく、むしろ現実的に対応することとともつながると言えるのである。

一　岩井英一と中国共産党

新党工作「興建運動」

上海東亜同文書院[6]を卒業した中国専門外交官・岩井英一の上海勤務は、この時が二回目だった。一回目の上海総領事館赴任は一九三二年二月からだが、岩井の回顧録『回想の上海』[7]によると、当時の公使館・総領事館の情報収集力は貧弱で、公使館付陸海軍武官の陣容の方が遥かに充実していたと痛感した。上海の外務出先機関に専門の情報機構を早急に新設することが急務と考え、「情報部」設置案を起草し、重光葵公使名[8]で公使館情報部設置案を提出した。三二年七月に上海に一等書記官として赴任した須磨弥吉郎[9]が初代公使館情報部長となり、業務が開始した。[10]岩井は国民党や在野の中国政治家・軍人、日本の陸海軍の武官や補佐官、日中の新聞記者らに人脈を広げた。二代目情報部長の河相達夫[11]は中国人記者に対するスポークスマンを岩井に任せたほか、三四年八月に公使館付武官補佐官として上海に赴任した影佐禎昭[12]を岩井に紹介し、岩井と影佐は関係を深めた。[13]

岩井の二回目の上海勤務は、北京郊外で日中両軍が衝突した盧溝橋事件が起こり、戦火が上海に拡大し、南京虐殺事件もあった後の一九三八年二月である。その時、中国共産党で統一戦線工作に従事した潘漢年と接触した。潘漢年は三六年十二月に蔣介石が監禁された西安事件の主人公・張学良との秘密接触や対国民党交渉など、共産党の地下工作に従事していた。

岩井は『回想の上海』で、「潘と私の最初の出会いは、正確な日時は覚えていないが、いずれにしても興建運動が公開活動を積極的に進めた時期であったことは間違いない」とした上で、岩井が交流を深めた謎の中国人記者・袁殊（袁学易、後述）から「中共の幹部で第二次国共合作実現当時の一時期、中共八路軍の上海弁事処主任をしていた潘漢年に会ってみないか」という申し出があったと回顧している。[14]

岩井と潘漢年との関係に触れる前に、新党づくり工作「興建（興亜建国）運動」について岩井の回顧録から見ていきたい。興亜建国運動の始まりは、汪兆銘（汪精衛）工作を主導した影佐禎昭と岩井とのやり取りにあった。岩井はこう回顧する。

「前期上海時代の私と中国人の関係をある程度知っていた影佐が私に、中国人による政党造りを依頼した。政党を造るといっても、看板をあげるだけなら、金を使っていくらかの知名の人達を集め何々党と名のりをあげれば済むが、本格的な政党、民衆に影響力をもった政党をつくることはそんなに簡単なものではない。然し私には前期上海時代の新聞人、文化人その他に相当の知己友人がある。殊に袁学易との関係復活の際の話合いの手応えなど考えて、いささか自信めいたものがあった。それに何んといっても政党造り、仮令《たとえ》それが中国人によるものであっても、興味満点だ。私はその仕事に要する費用のことなど一向考えず、あっさりとこれを引受けて了ったのである」(15)。

　関東軍による謀略である一九三一年の満州事変以降、陸軍は華北から華中へと作戦と謀略で勢力範囲を拡大させた。これに対して蔣介石は、中国ナショナリズムと表裏一体の抗日意識を高めることで民衆の自身への求心力を強めつつ、日本への抵抗を一貫させたため、陸軍では蔣介石への不信感と嫌悪感は強まる一方だった。日本の参謀本部の一部や外務省などはドイツの駐華大使・トラウトマンを通じた対中和平工作を企図したが、次々と失敗に終わり、近衛文麿(16)首相は一九三八年一月、ついに有名な「爾後《じご》国民政府を対手《あいて》とせず」声明を発表した。汪兆銘工作はもともと「和平工作」から始まり、満鉄南京出張所長の西義顕や同盟通信上海支局長の松本重治らの民間人が、中国外交部の日本通外交官と連携し、陸軍では影佐が共感を示したものだった。しかし実際には「対手とせず」声明を現実のものとするため、蔣介石のライバルである国民党ナンバー2の汪兆銘を引き出し、中国内部に親日勢力を育成するという「謀略」色の強いものと言えた。

　蔣介石との決別を決意した汪兆銘は一九三八年十二月、当時の国民党の拠点であった重慶から脱出し、ハノイに到着したが、翌三九年三月に側近の曾仲鳴が暗殺された。そのため、同年五月、身の安全のため影佐が汪に同行して上海に入った。同月末から汪兆銘や、汪政権の実力者・周仏海らが来日して、平沼騏一郎首相らと相次ぎ会談し、新政権樹立に関して話し合った。影佐は六月に上海に「梅機関」をつくり、汪兆銘への支援態勢を整えた。岩井は自身が「前期上海時代」と称する三二〜三六年の上海公使館情報部勤務時に公使館付武官補佐官だった影佐と親交を深めたが、二度目の上海勤務で影佐との密接な関係が復活した。岩井は、外務省情報部直属機関として上海総領事館特別調査班を主宰し、情報調査能力を強化したが、そうした中で影佐が、中国人脈が豊富な岩井に新党づくりを要請するのは、汪兆銘が上海入りした三九年五月前後と思われる。[17] なぜ影佐が新党結成を岩井に託したのかというと、岩井は「新政権は蔣介石時代のような国民党独裁ではなく、汪の国民党を中核とし、各党各派、無党無派人士をも糾合するよう日本側から註文がでて、汪も勿論了承した。ところが実際には、この時点では汪の国民党以外、他政党からの参加は皆無だった」と記している。[18] つまり蔣介石から「漢奸」扱いされた汪兆銘政権を支援する中国人による「政党」づくりであり、岩井が指摘するところの「大衆獲得の政治工作[19]」であった。影佐はそのため岩井の人脈に頼ったのである。これが「興亜建国運動」と呼ばれる新党工作というわけだ。

諜報記者・袁殊との関係

新党をつくるに当たり必要なのは「人」と「金」だ。岩井はまず「人」の面では、中国人記者に対するスポークスマンを務めた前期上海時代後半に知り合い交流を深めた「新声通信社」記者・袁殊に着目した。袁殊については謎が多く、岩井は彼の真の人物像を知って交友を深めたかどうか定かでない。岩井が接触して感じた袁殊の人物像に関してこう回想している。

「湖北省出身で日本に留学して早稲田に入学したが中途退学している。然し日本語は完璧とはいえないが、日常会話には事欠かず、上手だった。彼は諜報工作者としても優れた天分をもち、各方面に情報ルートをもっていたようだったので、当初私はそうした点から親しくするようつとめた。然し付合えば付合う程彼の頭のよさ、豊富な才能の持主であることがわかり、その上人柄もよく好みも私と似たものをもっていたので段々と人間的な親しみを増していった。歳は私より十一下だった」[20]。

ただ、岩井は回顧録で「後からわかったことだが、彼は当時、租界内で藍衣社〔蔣介石直属の特務機関〕の第一線闘士として報道、情報工作方面で対日抗戦に活躍中だったのである」[21]とも記している。これが事実ならば日本の「敵」を相手に政党づくりを推進していたことになる。

袁殊と同時代の同業者である金雄白は、『汪政権実録』の中で、「彼は絶対に相容れない四つの方面と、それぞれ密接な関係を持ち、情報を提供していた。日本側では、岩井の指導を受けた。また軍統の上海駐在情報員だった。同時にまた中共の命令にも従い、共産党員かもしれなかった。CC団の呉醒亜と同郷であり、中統のためにも動いた。彼は一つの方面から情報を得ると、他の三つの方面にその情報を提供するのである。同様の手段で情報を取り、情報提供して交互に運用するのである」[22]。金雄白のこの情報が正しければ、袁は、日本、中国共産党、蔣介石傘下の二つの特務機関、つまり藍衣社・軍統（軍事委員会調査統計局）とCC団・中統（国民党中央執行委員会調査統計局）の「四重スパイ」ということになる。また『周仏海日記』の注釈には袁殊について「一九三一年に革命に参加。長期にわたって敵の陣営内で中国共産党のために情報工作を行なう。当時、中共はその身分を利用して敵内部に人員を派遣し、多くの情報工作を行ない、重要な情報を獲得した」と説明している。[23]

岩井は新党工作について袁殊に自身の「組党方針」として次の五点を伝えた。

一　新たに組織する政党は単に看板となる有名人の頭数をそろえるといった空疎なものでなく、大衆に基礎をおくものであること。
二　戦火の中から究極において全面和平を達成し徹底的親善と合作共存共栄の日中新関係を再建するためのものであること。
三　当面の組党の目的は汪の国民党に協力し新政権の育成強化に力をかすことにあるは勿論だが、ゆくゆくは新党の活動範囲を非占領地区に拡大することを目指さなければならない。
四　従って新党運動の大衆へ呼びかける理論及びスローガンは和平地区のみならず、抗戦地区の民衆にもアピールするものでなければならない。
五　民衆獲得工作及び政党組織に当たってはこれに参画する幹部人員は、以上の趣旨に賛成し共同奮闘を誓うものであれば、その前身が藍衣社・CC団、その他の政党関係者、官僚出身者、共産党転向者、甚だしきに至っては共産党員でも構わないこと。

岩井の方針として特異なのは、新党工作を通じて中国との全面和平や日中新関係を実現することを目指したほか、日本占領地区以外の抗戦地区も対象とし、さらに共産党にも間口を広げたことである。岩井が狙ったのは対中国の幅広い「大衆工作」であり、日本の支那通軍人・外交官が接近しなかった共産党にも強い関心を持っていたことが分かる。特に西安事件以降、台頭を続ける共産党の動向は無視できない存在であったが、共産党情報を獲得する意味でも、岩井は、後に挙げる潘漢年との関係を重視したのだ。

周仏海の反対

続いて「興亜建国運動」の「金」の面だが、岩井は影佐ではなく、外務省情報部長の河相達夫に相談した。

その莫大な額について岩井は、一九八三年発行の回顧録で「運動開始以来、現在の貨幣価値に大雑把に換算して一億円以上の銭を毎月彼等の費用として支給している」と回顧した。[24] 劉傑が指摘する通り「この新党工作は単に一部軍人による謀略工作ではなく、外務省の指導を受けながら展開された」ものであり、「政府の新政権構想ないし対中国政策の一部分にほかならない」のである。[25]

岩井は、興亜建国運動の拠点として「岩井公館」を開設し、袁殊が本部主幹に就き、岩井は総顧問に推された。同運動の十人の中国人幹部に「中共（中国共産党）系」が多いことは注目に値する。袁が様々な「顔」を持っていたことは触れたが、岩井は戦後の袁について「中共外交部に入り中将待遇を受け対日関係の仕事に携わっている旨、風の便りに聞いたことがあるが、その後消息がない。恐らく繰返された粛清の波間に消えて了ったのではないか」と回顧録に記した。また興建運動機関紙・新中国報総経理だった翁永清も、中共系で戦後、中共に復帰した。同紙編集長・劉慕清も戦後、中共に復帰し、上海市公安局長主任秘書となった。陳孚木については、興建運動に参加したのは、共産党で戦後対日外交を主導した廖承志の命によるものと伝えられる、と岩井は指摘している。そして岩井は袁殊ら幹部の努力の結果、一九三九年十一月初め、袁から「獲得した各層民衆の総数は四十数万に上った」と報告があったと回想している。[26]

しかし運動の拡大で存在感が高まると、障害も出てきた。影佐は四〇年春頃までに汪兆銘政府を遷都させる目標であり、興建本部でもそれ以前に新党を実現させる必要があった。岩井が袁殊ら幹部八人を同行させ、上京したのは三九年十一月二十六日だった。阿部信行首相、近衛文麿枢密院議長らに挨拶した。[27] しかし訪日を受けて汪兆銘政府は、興建運動への反発を強めた。上海に戻ってしばらくして、岩井は影佐から「会いたい」と連絡を受け、出掛けると影佐は言いにくそうに「折角君に中国人の政党を組織するよう頼んだが、国民党側では強くこれに反対している」と述べ、汪兆銘政権関係者の反対により新党づくりを中止するよう要請した。岩井はまた、影佐機関の谷萩那華雄大佐が影佐に「飽くまで言うことをきかなければ、いっそのこと、岩井を消してしまおうか」と進言したとの噂も聞いた。汪兆銘政権で興建運動反対の急先鋒は、同政権の実力者・周仏海だった。四〇年二月下旬、再び影佐は岩井を呼び出し、「国民党から岩井のやっている政党組織工作を日本政府が国民党の政権樹立工作同様支援するなら自分達（国民党）は政府樹立工作から手を引く」と言ってきたと明かした。[28]

結局、岩井は、袁と協議し、政党組織を断念し、文化思想運動に方向転換し、主力を対重慶全面和平実現のため宣伝運動に置くことになった。このため岩井は三つの措置を取った。第一に運動機関誌・興建のほか、日刊大衆紙・新中国を創刊したことだった。第二は、支那派遣軍で思想工作指導を統括した辻政信との関係強化である。興建運動も日本軍占領地で活動しているため辻の管轄下に置かれたからだ。岩井は辻との連絡役に右翼青年・児玉誉士夫を起用した。[29] 児玉についてはもともと岩井が上海総領事館特別調査班を設置する打ち合わせのため上京した際に外務省情報部長の河相達夫から世話を頼まれた経緯があった。ハノイで側近が暗殺された汪兆銘が上海に入る途中に香港に立ち寄る計画があり、香港滞在での警護のため児玉を使うことにした。児玉は参謀本部謀略課長の臼井茂樹から警護に必要な拳銃などの支給を受け、「捧皇隊」と称する一行十人程の護衛隊を組織したが、汪兆銘が香港を経由せず上海に直行したため任務は未遂に終わった。[30]

文化思想運動として再出発した興建運動が重視した第三点目は、同運動に強硬に反対した周仏海と友好関係をつくることだった。[31] 周仏海は四〇年六月三日午後、岩井・袁殊と会った。周の日記には「大衆党を組織しようとして余に阻まれたが、今日期せずして会ったので余に援助を依頼する。余としては、彼らを敵に追いやるよりは手を組んで友としたほうがよいので、援助することを承諾した」とある。[32] 岩井も回顧録で、影佐の口添えで袁を連れて南京で周仏海と会い、興建運動への協力と援助を依頼したと記している。その後、岩井は単独で改めて周と懇談した後、再度、袁と共に周を訪ね、運動に対して三万元の補助を出すことを約束させ、「ここに周との友好関係を樹立した」という。[33] 周仏海は四〇年七月十八日の日記に「岩井、袁殊を接見するが、興亜建国本部の分子であり、激励し、月に三万元を与えることを承諾した。今後これらの者は少なくとも余らに反対することはなかろう」と書いている。[34]

その後、興建運動はどう展開したか。岩井と連携した辻政信はもともと、石原莞爾[35]が提唱した「東亜連盟運動」に心酔しており、汪兆銘に東亜連盟運動への同調を強く求めた。石原は「東亜連盟の本質」として「欧米帝国主義の圧力を防止する範囲内における東亜諸国の連盟参加を予期し、日満両国のほかに中国の参加を必須条件としていた」[36]と説明し、中国との連携を模索した。汪兆銘がこれを受け入れて東亜連盟中国総会を設立すると、辻が当初「対重慶思想戦の中核」とまで持ち上げた興建運動は解散させられ、汪兆銘主導の東亜連盟中国総会に合流する運命をたどったのだった。[37]

潘漢年の停戦交渉申し入れ

岩井は、袁殊を通じて共産党人脈を広げた。岩井は袁殊から潘漢年と会ってみないかと誘われた。戦後になり岩井は、興建運動幹部の一人だった陳孚木が潘漢年と懇意だったことが分かったので、おそらく陳孚木から袁殊に持ち込まれたと推測している。その後、袁殊からは「廖承志に会わないか」という話も出たが、岩井が会った共産党幹部は潘漢年一人だった。岩井は情報重視の支那通外交官として「周恩来と並称されるほどの中共の大物に会うことそれ自体に興味があった」と回顧している。[38]

岩井はなぜ共産党情報を重視したかについて、①瑞金からの長征の末、陝西省の奥地である延安に拠点をつくった共産党中央の動向について生の情報入手は困難を増している、②第二次国共合作の下で抗日戦争を戦っているが、同床異夢の国共関係は既に破綻し、各地で両者の相克が始まっており、この方面のニュースを知りたかった、③共産党ルートを通じて間接的に重慶政府の動向や抗戦力の消長を知りうる機会も多くなるという打算もあった―と明かしている。そして岩井は袁殊の申し入れを受けて共産党幹部との接触を決めた。[39] 岩井は、「ある日、袁殊を通じて潘漢年から華北での日本軍と中共軍との停戦について話合がしたいが日本側に連絡して欲しいとの要請があった」と回顧している。岩井は能否を影佐の判断に任せようと考え、影佐に連絡の上、袁殊の案内で、潘漢年を南京の最高軍事顧問公館に影佐を訪ねさせた。何の結果もなかったようだが、潘は影佐の口利きで汪兆銘にも会っている。「恐らく汪政府和平部隊との停戦の話が出ただろう」と岩井は述べている。[40]

毛沢東の共産党は最大の敵を「日本」ではなく、抗日戦争後をにらんで蔣介石率いる国民党と見ており、日本軍と停戦交渉も進めようとした。国民党と分裂した汪兆銘政権にも接触していた。共産党系人物が岩井の事実上主宰する興亜建国運動に入った。一方、岩井もまた、正面対立する重慶の国民党と戦うため、共産党との人脈や共産党情報を欲したのだ。

岩井が回顧する日本の外交官と中国共産党幹部の接触の模様は実に生々しい。岩井は袁殊から「潘は胡という偽名を使っている」と教えられる。袁は岩井に、紹介する際には「胡先生という風に紹介するからその積りで可然《しかるべ》く応待して欲しい。但し、この胡が正真正銘の潘漢年であることは間違いない」と話した。袁から紹介された際には、潘であることを内心知っているが、知らないふりをして話をする「奇妙な初対面」だったと記憶している。[41]

中国で発行された郝在今の『中国秘密戦』は、主に中華人民共和国成立前の共産党の地下工作を描いているが、ここでは潘漢年が岩井英一率いる日本の情報機関に関心を持ち、接触する経過が記されている。同書によると、潘は袁殊を通じて岩井と連絡を取ったが、岩井も早くから中共の情報員と連絡を取りたがっていたという。二人は上海・虹口の日本の喫茶店で面会したが、潘漢年は「胡越明」という仮名を使って「左翼人士」を名乗った。これ対して岩井は礼儀正しく、便宜を提供してほしいと申し出たという。その結果、共産党情報機関がつくり出した「偽情報」は絶えず岩井の拠点「岩井公館」に入り込み、その見返りとしての日本情報機関からの経費が、共産党華南情報局に送られた。特に「胡越明」からもたらされた情報は、汪兆銘政府軍事顧問・影佐禎昭が汪兆銘を支援するため上海につくった「梅機関」から重視され、影佐はわざわざ「胡越明」を招宴し、岩井と袁殊を同席させたほどだった、と記載している。[42]

岩井の回顧録によると、潘漢年との接触について「会見場所に使われたのは多くの場合、昔のバンド（黄埔灘路）から南京路へ入って百米位先きの左側に在ったチョコレート・ショップを利用した。〔中略〕こうした外人経営の店を安全地帯として利用していたようで、西安事件前後張学良が上海で彼と会った場所も確か上海西郊のレストランだったと伝えられている」としている。このチョコレート・ショップは太平洋戦争後、日本海軍が占領し、日本人が経営していたという。[43]

潘漢年はまた、香港と上海の間を頻繁に行き来し、両都市に秘密工作ネットワークをつくったという。こうした中で、共産党の情報員を日本の特務機関に接近させた。その一人が、上海の進歩派学生・劉人寿だった。劉人寿は、抗日戦争初期に勉学のため延安に入ったが、情報員として抜擢され、敵後工作に従事することになった。重慶を経て香港で潘漢年の傘下に入った後、上海に戻って潜伏した。潘は「岩井工作」のため劉を岩井公館に出入りさせた。敵のスパイ機関での内部工作のためである。劉は公館の最上階に無線局を置き、毎日、延安の新華社電報を受信しては記録し、選択して日本側に提供していた。壁を隔てた部屋では日本特務機関の翻訳チームが作業しており、難解な部分があると劉に尋ねるため、劉にとっても日本側の情報を得る機会だった。岩井公館とのつながりで、潘漢年は日本の外務省の内部情報を取ったことがあった。ソ連との中立条約締結交渉に関する情報を得ると、潘は直ちに延安に報告したという。(44)

延安のソ連特派員が知った秘密

日本と中国共産党の秘密接触は、岩井英一のルート以外でも行われていたようである。一九四二年から四五年にかけてソ連スターリン体制下のコミンテルンから延安に拠点を置いた中国共産党に派遣され、毛沢東らと緊密に連絡を取り合ったソ連国営タス通信特派員ピョートル・ウラジミロフは、日本敗戦直後の四五年八月十八日、共産党の紅軍を主力として国民革命軍に改編された「新四軍」の司令部からの電報を見た。ウラジミロフは同日の日記に「この電報をみても、中共党指導部と在華日本軍総司令部とが絶えず接触していたことは明らかだ。日本軍総司令部との接触についての報告が定期的に延安に送られていることは、この電報から明らかで、私は中共軍と日本軍の両司令部の接触が長い間行なわれたことをあとで確かめた。この接触の両端は延安と南京である」(45)と記した。

ウラジミロフは、タス通信の記者、コミンテルンの連絡員であると同時に、軍人であり、またソ連軍情報部情報員である。「孫平」という中国名を持ったウラジミロフが延安に派遣された主な任務は、政治・経済・軍事各方面の情報の収集で、特に敵国である日本の軍事情報は重点だった。(46)一九二五年からソ連に留学し、四〇年に帰国するまでソ連に滞在し、その後毛沢東のロシア語通訳を務めた毛側近の師哲は、ウラジミロフと公私にわたって付き合った。師哲は回顧録で「孫平は、延安に着いてすぐに毛主席の信頼を得た。毛主席は彼と話したいと思うと、時には全く何ごとも隠さずに話し、警戒するところがほとんど無かった。孫平は頭が切れ、機転がきいた。いつも微笑を絶やさず、「そう、あなたの言う通りです」というのが口癖だった」

と振り返った。ウラジミロフも毛沢東もお互いに打算があった。師哲によると、ウラジミロフは「精一杯才能を発揮して、毛主席の信頼を勝ち取ったが、その目的は毛主席の所から多くの情報を引き出すとともに、生活面でも便宜を得るためだった」と述べ、「毛主席が孫平を手元に引き寄せて置いたのは、孫平の口を通して私達の意見をコミンテルンとスターリンに知らせるためだった」としている。(47)

ウラジミロフは、表面的には国民党と共産党が一体となって抗日戦争を戦っている中、共産党側が日本軍と秘密裏に接触していたという確かな情報を得て衝撃を受けた。毛沢東ら共産党指導部からすれば、共に日本と戦った連合国メンバーであり、自身の後ろ盾であるソ連・コミンテルンに知られてはならない秘密を握られたことになった。

ウラジミロフの八月二十一日の日記によると、八路軍参謀長、葉剣英は毛沢東に、ウラジミロフが新四軍からの電報の内容を知っていると話した。このため毛はウラジミロフに対し、共産党指導部が日本軍司令部と接触を持つことを決めた理由を長々と説明した。ウラジミロフは日記に「恥ずべき行為である。だからこそ、毛沢東は躍起になって私を納得させようとしたともいえる」と書き、こう続けた。

「日本軍司令部との関係はすでにずっと以前に、極秘のうちにつけられた。中共指導部でもこれを知っているのはほんの数人だ。毛沢東のエージェント――毛沢東自身は〝連絡員〟と称している――が、南京の岡村将軍の司令部に出入りしていたのだ。必要な際は、日本の防諜機関がこの男を用心深く護衛し、自由に南京と新四軍司令部の間を往来していたのである。新四軍司令部にはこの男（日本人）宛ての主席からのしかるべき情報が届いており、この男が南京から持ってくる情報は、新四軍司令部を通じて直ちに暗号で延安に打電される仕組みになっていたのだ(48)」。

憲兵の中共工作

新四軍と岡村寧次が総司令官を務める支那派遣軍の秘密の関係について、ウラジミロフは具体的な枠組みに言及していないが、元憲兵隊員がつくる全国憲友会連合会が編纂した『日本憲兵外史』には、支那派遣軍総司令部傘下の中支那派遣憲兵隊司令部による新四軍接近工作の実態が、「憲兵第五班の中共工作」という文章の中で紹介されている。[49] これは「敵」である共産党の一掃を目指した工作が一転して緊密化してしまうという奇妙な展開を見せている。

北支那方面軍が、浸透著しい中国共産党の勢力を壊滅一掃し、地域住民の中国共産党への傾斜に歯止めを掛けようと、政治・思想、謀略・宣伝を主とした遊撃作戦のため天津に北支那特別警備隊を編成したのは一九四三年九月二十日だった。四四年四〜八月、同警備隊による第二次中共掃討作戦が展開された頃、南京の中支那派遣憲兵隊司令部直属の第五班が秘かに編成された。謀略班と諜報班から成る特別情報活動の軍人集団で、以前から中共工作に従事した憲兵や、スパイ養成機関・陸軍中野学校出身者、中国語熟練者ら約三十人が配属された。その時、大本営から中国共産党に対する軍の方針の大転換が指令として極秘に支那派遣軍総司令官に通達された。「中国共産党に対し、なるべく刺激を避け、なし得れば連絡路線」を開け、という指示だった。ソ連への刺激を避けるのが命令の本音とされる。これを受け第五班では新四軍をターゲットに、共産党との連絡路線の開拓を第一目標として、有力な共産党員の獲得のため隠密活動を開始したのだ。

第五班南京班・立花健治大尉は、ゾルゲ事件の中共側関係者三人が南京陸軍刑務所に服役中であることを突き止めた。この中の最上級者・李徳生を釈放し、相互の信頼が得られた頃を見計らって延安につながる新四軍に派遣することになった。李徳生が南京を出発して一カ月後、新四軍中枢部の華中局の責任者が共産党政治局員の饒漱石[50]に決定した。これで華中局と第五班の連絡が成立し、李徳生が華中局から正式に支那派遣軍との連絡員に任命された。日本側はこの工作を「中工作」と称したが、共産党側が中工作に応じたのは「日本敗戦は必至であり、日本敗戦を目標として各種施策を進める」という戦局判断があったという。支那派遣軍は立花らを軍使として華中局に派遣することを決定し、饒漱石の秘書長・馮晋との間で共産党代表との会談が実現した。会談の結果、中国共産党と支那派遣軍は互いに正式代表を任命し、会談を行うことを決め、共産党側も答礼使節を南京に派遣し、支那派遣軍参謀副長の今井武夫[51]との会談も行われた。ここで双方が常時連絡を保ち、支那派遣軍側は前進連絡班の拠点を設置し、無線台を開設して連絡の迅速化を推進することが確認され、中共中枢部との完全な連絡体制が成立した。中共側も受け入れ態勢が整ったので、支那派遣軍は再び立花らを新四軍前線の根拠地に向かわせ、馮晋らと会談した。会談後、立花は現地で四五年八月十五日の敗戦を知った。

　こうなると共産党側は支那派遣軍の状況を一刻も早く知りたい。馮晋は立花に対して「事は急を要する。直ちに南京に行って総軍司令部との連絡を図る」よう要請した。立花は南京に向かったが、途中で第五班メンバーと偶然会った。彼らは代表派遣の中止や新四軍の支那派遣軍への攻撃即時停止を申し込むための軍命令を持ち、立花の滞在する新四軍根拠地に向かうところだった。立花は根拠地に戻って饒漱石と会談し、饒漱石は支那派遣軍との連絡を今後も続けたいと要望したが、同軍は蔣介石の国民党軍への降伏を準備し、共産党との関係は断絶した。

　以上が『日本憲兵外史』に掲載された日本敗戦直前の支那派遣軍と共産党との秘密接触の経緯だが、新四軍を窓口にしたことや、饒漱石という大物が責任者になったことから見て、ウラジミロフが日本敗戦直後に延安で見た電報に記載された支那派遣軍との接触と合致する可能性がある。中国共産党側は、近い将来の日本敗戦をにらみ、日本側とのパイプづくりを積極的に模索し、いざ日本が敗戦すると支那派遣軍に関する情報収集や連絡体制構築を急ごうとしているのが如実に分かる内容だ。

毛沢東、汪兆銘政権にも接近

毛沢東は、日本の傀儡・汪兆銘政権にも接近し、「反蔣介石」で共闘しようと呼びかけていた。これは汪兆銘政権の有力者、周仏海の日記に記されている。一九四三年三月二日にはこういう記述がある。

「篠月が来て、共産党は重慶側に不満なので、わが政府との合作を欲しており、先般、潘漢年を上海に派遣して李士群と折衝させたが、その後、李では政治的な力量がないので、篠月の親戚を改めて派遣して、余に面会を求めているなどと語った。体の具合がよくないので、後日再度話し合うことにする」[53]。

続く三月七日の日記にはこう記している。

「篠月が来て、毛沢東が代表馮竜を秘かに上海に派遣し余との面会を求めており、共産党は南京と合作して、和平統一を促進したいとのことである。予想外のことであり、再三考慮の上、原則数点を授け、接触した後再び余のところに来て報告するよう命ずる」[54]。

馮竜は、共産党所属の新四軍司令部参謀処科長であり、篠月すなわち邵式軍は馮竜の伯父に当たる。馮は、新四軍政治委員・劉少奇と軍長・陳毅の命を受けて上海に行き、敵情視察と物資買い付けを行い、邵式軍との関係を通じて周仏海らと接触した[55]。共産党の統一戦線工作の幹部である潘漢年が、敵である汪兆銘政権の特務工作の責任者である李士群と接触したが、政治的に小物であるため、共産党の情報将校が、汪兆銘に次ぐ実力者の周仏海に接触を試み、翌八日には実際にやって来た。周仏海の日記にはかなり詳細な働き掛けの内容が書かれている。

「篠月が馮竜を連れてやって来たので、対外和平、対内統一の大義を告げ、国際情勢を分析して、英、米はソ連に対して永久に合作することはせず、日ソが提携して英米に立ち向かう日もあるかも知れぬ、という。彼の言によれば、上海に来たのは毛沢東の命令によるもので、このことを知っているのは最上部の三、四人のみで、余に会えて非常に嬉しく、直ちに延安に戻って報告するといったことを述べ、一時間ほど話して帰った。その狙いがどこにあるのか、推測は難しいが、一方で渡り合い、もう一方でその発展を監視するものとする。〔汪政権の有力者である陳〕公博もこのことを非常に注目し、馮と会談することを了承した」(56)。

汪兆銘政権と毛沢東側の接触は発展しなかった。劉傑が、「共産党による政治謀略の可能性は否定できないが、蔣介石を国内の最大の敵と位置づけていたことは間違いない」(57)と指摘するように、毛沢東は日本敗戦もにらんで、最大の敵である蔣介石を倒すためには、日本や汪兆銘政権との連携も厭わない、という姿勢を見せていた。「抗日」という国共を合作させた理由がなくなれば、両党はいずれ戦うのは必至と見ていた。後述する日本敗戦直前の和平工作「繆斌《みょうひん》工作」で重慶の蔣介石・国民党政権が、日本に和平交渉で秘密裏に接近したのは、ヤルタ秘密協定を基にソ連が参戦し、満州を中心に共産党の影響力が強まるほか、米国も中国に進出を狙い、中国において国民党が有名無実化することを懸念した結果であったが、共産党も日本敗戦後の思惑があったと見ていいだろう。

支那派遣軍総司令官の岡村寧次は敗戦直前の一九四五年二月、上海駐在時から懇意の元支那通外交官、船津辰一郎(当時上海市政府顧問)が来訪し、上海市在住の袁良という人物が「蔣介石総統の言付けを伝えたいがこちらから出向けないので上海に来て欲しい」と言ってきた、と伝えた。二月二十四日、川本芳太郎総参謀副長と延原威郎参謀と共に、船津の立ち会いの下に袁良と面談した。袁の連絡者が最近重慶から帰ってきて言うには、出発前に蔣介石と会見したところ、国民党の重鎮・陳儀の立ち会いで岡村に次の三点を伝えてほしいということだった。つまり①中国は、アメリカと離れることはできないが、蔣としては中日両国の提携が、大東亜のため緊要無二なことを認めている、②故に適時日本のために発言する用意がある。日本を救うのは、予（蔣介石）あるのみ。然るに日本人が予の真意を疑っているのは遺憾である、③お互いに行き過ぎないように心掛けたい──という内容だった。岡村は、「当時は相当の確実性があると思った」と回想したが、四三年十一月のカイロ会談で蔣介石と米国が日本の戦後構想を話し合っていることは知らず、また岡村自身戦地に長くいて日本国内の厳しい状況も分からず、「蔣は生意気なことを言ってきた」くらいにしか感じず、返事も出さなかった。(58)

その時既に重慶政府は、繆斌を使って対日和平条件を提示し、日本側の真意を探ろうとしていたが、陸軍や外務省の反対があって天皇による最終決断の結果、繆斌工作は挫折した。

日本敗戦直前に蔣介石が「国共合作」に反して日本との和平交渉を進めようとしたわけだが、共産党側も、毛沢東はもっと早くから蔣介石を憎み、日本軍と国民党軍の対決を歓迎していた。双方の最高指導者による不信感によって「抗日共闘」は名ばかりになっていた。コミンテルンから延安に派遣された前出ピョートル・ウラジミロフの日記も見てみよう。ウラジミロフは一九四四年十月十四日の日記にはこう記した。

「毛沢東は蔣介石が戦線で成功を収めれば、自分の政策の脅威になると考えている。したがって、いかなる手段を用いても蔣介石を弱体化させなければならない。それが中共指導部の政策の本質なのだ。日本軍に好きなだけ中国の領土を占領させ、町を焼かせろというわけである。毛沢東はみずから共産主義者を名のっている。しかし、共産主義者たるものが、祖国の占領を促し、国富の収奪を奨励することがあり得ようか。〔中略〕もっぱら蔣介石を日本軍やかいらい軍と対決させ、自分はゲリラ戦でお茶をにごす道をとっている」(59)。

最大の敵は国民党であるという認識は、毛沢東だけでなく、側近たちにも浸透していた。延安で展開された整風運動で党内の粛清を図った康生は、一九四四年十二月十四日、米軍事派遣団と同時期に延安に滞在した米国務省の日本専門家エマーソンと会った際に、「国民党との合作妥結はきわめて困難のようだ」との見方を示した。さらに康生は、「中国共産党は中央政府（重慶）内のポストを受け入れる気はない、蔣は一党独裁を手放す気がないのだから、真の連合は生まれ得ない」と不満を述べた。[60]

二　毛沢東の対米接近

米軍事視察団の延安訪問

米国やソ連という連合国の大国は、国共合作が危機に瀕していることを懸念していた。これに対して毛沢東は、自分たちは国民党との話し合いに前向きだと示し、潰そうとしているのは国民政府・蔣介石の側だと見せかけようとした。一方、連合国からの軍事援助を一手に受ける蔣介石も、兵力温存の作戦を取る毛沢東への不信感を強めていた。

こうした中、一九四四年七月、米国は延安に軍事視察団を派遣した。アメリカ南北戦争の際、北部側が南部諸州を反乱地域として「ディキシー」と呼んだことにちなみ、国民政府の拠点が置かれた重慶から見て、反乱地域である延安に行く視察団に「ディキシー・ミッション」というコードネームが付けられた。[61]国民党軍に比べて共産党軍は規律やモラルが高いという情報が、延安を訪れるアメリカ系ジャーナリストによって伝えられ、米軍のスティルウェル将軍や国務省派遣の大使館若手外交官は国共両軍の協力関係を構築し、共同で日本軍と戦うべきだとの声が高まっていたことが背景にあった。[62]

毛沢東は、米軍事視察団を重視した。視察団到着前の四四年六月二十九日、毛沢東は共産党第六期七中全会主席団会議を主宰し、米軍事視察団に「我々は現在、協力して抗戦することを必要とし、抗戦勝利後には平和建国と民主統一を必要としている」と表明すると決めた。視察団には毛沢東、朱徳、周恩来、彭徳懐、林彪、葉剣英が表に立って接待することも決めた。[63] 共産党は周恩来が起草した「外交活動についての指示」を出し、「我々は彼ら（外国の記者と米軍事要員）の訪問と視察を一般的な行為と見なしてはならず、我々は国際間の統一戦線の展開と見なすべきであり、我々の外交活動の始まりと見なすべきである」と指摘した。[64]

毛沢東の狙いは米国から兵器援助を受けることだった。延安にいたタス通信特派員ウラジミロフは、米代表団が延安入りする一週間前の四四年七月十五日、毛沢東と長時間話し合った。毛沢東は、「米国の態度は、われわれの将来にとってきわめて重要です」と語った。ウラジミロフはこの日の日記に、「ホワイトハウスは〔共産党の〕八路軍と新四軍を必要としている。そのうえ、連合国は延安政府の団結と力とに惹かれる一方だ。連合国は解放区その他の赤区を、中国唯一の本当の勢力と認める以外に道はない」と記した。さらに、毛沢東が一九四〇年に出版した『新民主主義論』で「ソ連を抜きにして中国は日本に勝つことはできない」と解釈できるように書いたとした上で、「ところが、いまや、彼は正反対の結論に達し、主として米英と手を組もうとしているのだ」と続けた。[65]

毛沢東の対ソ不信

毛沢東の不信感は根強く、ソ連と距離を置き、米国と接近することで日本敗戦後の中国での支配権を確立しようと目論んだ。毛沢東の側にいた師哲によると、毛沢東のソ連への不信感は、同じ共産党でありながら国民党を支持していることにあった。つまり、社会主義建設を進めるため平和善隣外交を実行するソ連は、ある国の政府と友好的な外交関係を結ぶと、その両国関係をぶち壊す口実をつくらないようその国の共産党の活動を支持しなかったのである。ソ連は国民党政府と一九三七年八月に「中ソ不可侵条約」を締結すると、中国共産党との間では主にコミンテルンを通じて往来し、一般に直接的なつながりは持たなかった。[66]

ちなみに蔣介石自身もまた、共産党とコミンテルンで結ばれたソ連を信頼していなかった。蔣介石のソ連嫌いは、一九二三年九月から十一月にかけてのソ連視察にさかのぼる。蔣介石は後に「私が訪ソ三カ月間にうけた印象を一言にしていえば、それはソ連の共産政権が一たび強固な存在になった暁には、ツァー時代の政治的野心の復活する可能性があり、したがってそれが将来わが国とわが国民革命に与える禍ははかり知れないものがあろう」と振り返っている。[67]

ウラジミロフは日記（四四年七月十五日）に、「［毛］主席は兵器供与と蔣介石追放を望んでいるだけではなく、米英による解放区承認をだしに、ソ連が極東問題の解決に有効に参与する道を封じようとしているのだ。要するに、毛沢東はソ連の外交的努力を無力化したがっているのである。米英の助けを借りて、彼は自分が中国全土に支配権を確立し、自分の利益に役立つ政策を実行する力をものにしようと計画している。もちろん、彼はこんなことを私にはいわなかった。しかし、米使節団との会見の準備は、まさにこの方向に沿って進められている」と記した。[68]

毛沢東と頻繁に話し合ったウラジミロフの観察は、中国情勢のその後の展開を見た場合、的確な見立てであることが分かる。同時に日記には毛沢東の性格も記しており、極めて興味深い。「私たちの会話はいつも奇妙なものだ。毛沢東がほとんど一方的にしゃべる。時には一時間、二時間、いやそれ以上長くしゃべり続ける。私は聞き役だ。私が異議をはさむと、彼はむっとする。折をみて私が文句をつけると、いつも用いる手で、人を愚弄するように突然話題を変えたり、いらいらしながらたて続けにタバコを吸って話を中断してしまう」。[69] このウラジミロフの毛沢東観は、先に述べた師哲のウラジミロフ観と合わせて読むと非常に興味深い。ウラジミロフは、表面的には情報を取るため毛沢東の調子に合わせ機嫌を取ったが、心の底では冷静かつ辛辣に見ていたからだ。

一方、蔣介石の方は、共産党の世界認知につながるため、米軍事視察団が延安に入ることに反発した。在華連合軍顧問団は、三度にわたり蔣介石に同意を求めたが、蔣介石はその度に拒否した。六月にはウォーレス米副大統領が重慶に派遣された際、米代表はウォーレスに助力を求めた。これを受けウォーレスはすぐホワイトハウスに連絡を取り、その四時間後にルーズベルト大統領は蔣介石に電報を送り、最後通告として米視察団の延安入りを許可するよう要求した。これで蔣介石も許可せざるを得なかった。[70] ルーズベルトは日本との戦争に勝利するため蔣介石軍と毛沢東軍が連携する必要があると考えた。

確かに米国側には強い共産党アレルギーがあったが、腐敗が横行する国民党と対照的に、共産党の士気の高さに関心を抱いていた。また米国には中国におけるソ連の影響力を阻止しようという思惑があり、これはソ連に不信感を抱く毛沢東の「本音」と一致するところだった。

こうして共産党と米国は接近する。それに合わせて対米宣伝も肯定的かつ好意的なものに変化した。延安に拠点を置いた共産党機関紙、解放日報社説は、米独立記念日の一九四四年七月四日、「ソ連とともに民主主義世界における二つの輝ける星の一つ」と、米国を評価した。[71]

毛の満足した対米協議

米軍事視察団の訪問から四カ月後、パトリック・ハーレー米少将（元陸軍長官、終戦時の駐中国大使）が国共合作推進を目的に、国民党の拠点・重慶に続いて延安に予告なしに突然入ったのは一九四四年十一月七日だった。[72] 米国務省の日本専門家エマーソンは回想録で、その当日を回顧している。その日は、ロシア革命記念日で、共産党は夕食会を催した。そこで毛沢東からルーズベルトに、ハーレーから毛に、さらに二人からチャーチル英首相とスターリン、蔣介石のために乾杯した。エマーソンは「おそらく、このときが、中国共産党と米国の友情のクライマックスであった」と回想し、「それは、一九七二年にリチャード・ニクソンが毛沢東に乾杯するまで、二度と見られなかった光景である」と付け加えた。[73] 中国共産党による毛沢東の公式資料『毛沢東年譜』には十一月七日、毛沢東は朱徳とともにロシア革命二十七周年を祝賀する宴会を主催したと記述している。ただ「宴会にはソ連、米国、英国からの来賓があり、延安に滞在する共産党の国際友人と各界人士百人以上が出席し、毛沢東は席上、反ファシズム戦争とソ連紅軍の勝利を祝い乾杯の音頭を取った」としか記していない。[74]

ハーレーは、十一月八日午前に毛沢東、朱徳、周恩来と第一回目の会談を行った。ハーレーは、ルーズベルト大統領の特使であること、訪問は蔣介石の同意と承認を得ていることを告げ、自身と蔣介石が共に起草したという五点から成る国民党と共産党の協定案を提示した。それによると、協定案では、共産党の軍隊は国民党政府と軍事委員長の命令を遵守し、共産党軍隊の全将兵は政府組織の改変を受け入れて国民党は共産党の合法的地位を承認する、という内容だった。しかし同日午後の第二回会談で毛沢東は、「中国は民主主義の基礎の上に全国の抗日の力を団結させなければならない。まず国民党政府の政策と組織を早期に改変することを希望し、ここを問題解決の起点とする」よう求め、「現在の国民党政府を改組し、あらゆる抗日党派と無党派人士を含めた連合国民政府を構築しなければならない」と主張し、「全抗日軍隊は連合国民政府と連合統帥部の命令を遵守する」という内容に協定案を修正するよう意見を出した。[75]

当時、共産党は、蔣介石の重慶国民政府を「ファシスト型の徒党」・「民主主義はあり得ず虚構」・「腐敗しきっている」・「日本軍と戦おうとしない」と批判しており、[76] この主張に基づき国民党をまず変えて、全抗日党派などにも対象を広げ、「連合国民政府」に改組することで中央政府における共産党の影響力を高めようとしたのだ。翌九日午後の第三回会談で毛沢東は「我々が同意した提案を蔣介石先生も同意すれば非常に良い」と述べ、ハーレーも「私は蔣介石が受け入れるようあらゆる力を尽くす。この提案が正しいと思う」と同調した。その上で「もし蔣先生が毛主席に会いたいと表明するならば、私は毛主席を連れて蔣に会いに行く。政府・軍隊改組の大計を討議し、毛主席が会見後安全に延安に戻れるよう担保する」とまで語った。また毛は「蔣先生は我々の五点に同意するかどうか分からないが、同意すれば私はすぐにでも彼に会える」と述べ、ハーレーが中国を離れる前に蔣介石に会って意向を確かめるよう希望した。(77)

九日夜、毛沢東はハーレーとの三回にわたる会談を受けて中共第六期七中全会を開催し、会談の内容を報告した。席上、毛とハーレーの「五点協定」は、「我々の解放区を破壊するものではなく、蔣介石が解放区を破壊しようとする企図を撲滅するものになる。国民党の一党独裁を破壊するものになり、共産党は合法的地位を得られる」と評価し、「蔣介石がこの協定に署名すれば、彼の最大の譲歩だ。明日〔ハーレーとの〕署名後、我々の文章は完成し、問題は重慶に移る」と強調した。会議は全会一致で五点協定を承認した。十日午前の第四回会談で毛沢東は、重慶に向かうハーレーに周恩来が同行すると説明し、空白になっている蔣介石の署名が埋まるよう希望すると述べた。(78)

毛沢東はハーレーとの会談が終わると、執務室にも行かずまず師哲に電話し、直ちにウラジミロフを毛沢東の家に来させるよう命じた。師哲とウラジミロフが毛の家に行くと、毛はハーレーとの会談の内容をウラジミロフに伝えた。毛によると、ハーレーは乱暴な話し振りで「中共は蔣介石国民党と合作し、共に国を建てるべきで、絶対に内戦を起こしてはならない」と話した上で、「もし君たちが内戦を始めれば、アメリカ人は許さない」と言い放った。これを聞いた毛沢東は、怒り心頭で「我々は我々の事は我々自身で上手く処理出来る。我々中国共産党はもともと内戦をしようなどとは考えていない」と厳しく答えた。(79)

しかし毛沢東から直接ハーレーとの会談内容を聞いた師哲、ウラジミロフとも、毛が会談の結果に満足していたと受け止めた。ウラジミロフは十一月十一日の日記に「主席はハーレー将軍との会見に大喜びだった。彼は私を招き、会談の結果をかいつまんで話してくれた。陽気で浮かれていた」と記した。[80] 毛沢東がウラジミロフを呼んだのは、会談に関する電報をモスクワに打ってほしかったからだった。師哲も「孫平〔ウラジミロフ〕と話している間、毛主席は非常に興奮した様子で、手の舞い足の踏むところも知らずといったありさまだった。私は彼がこんなにも浮かれた様子を見せたのを見たことがない」と回顧した。[81]

毛・周の訪米を打診

ハーレーは最初、毛沢東に強い態度で「絶対に内戦を起こすな」とすごんだが、最終的には毛沢東の要求に応じて協定に署名した。毛沢東は、ハーレーと協定に署名すると、ハーレーの提案に応じてルーズベルト大統領に手紙を書き、「この協定の精神と方向は、我々中国共産党と中国人民が八年間にわたる抗日統一戦線の中で追求した目的の所在だ」とルーズベルトに伝達した。同じ十日、毛はルーズベルト大統領の再任を祝う祝電も打った。[82]

しかし周恩来を連れて重慶に行ったハーレーは十一月十九日、蔣介石と会談したが、蔣はハーレーと毛沢東の協定を拒絶した。重慶に派遣された周恩来と董必武は二十二日、蔣介石と会見したが、蔣は「中共が代表を派遣し、国民党の政府に参加すれば、共産党の合法的地位を承認する」と主張した。周らは「連合政府」の主張を堅持し、「政府の尊厳を損なうことはできない」と譲らない蔣介石に反論した。[83]

毛沢東の蔣介石に対する強い敵意は消えていない。ウラジミロフは毛沢東がハーレーと会談中の十一月十日の日記に、毛沢東が蔣介石の著した『中国の命運』をくれた、と書いている。渡す時、毛は蔣を日記に書けないような口汚い言葉でののしった。さらに毛沢東は中国の歴史を蔣介石の手で歪めることはできないと苛立たしそうに言うと同時に、「あの古狸め!」と蔣を呼んだという。[84]

その一方で毛沢東は米国に接近したのだ。米国務省の前出エマーソンは、延安を去る二日前に朱徳と葉剣英から招かれた。両将軍は、国民党を経由しないで直接米国と折衝することは可能か、と執拗に質問した。そしてエマーソンはこのとき、毛沢東と周恩来が一九四五年一月にワシントンを訪問し、直接ルーズベルトと会談することを提案されるとは考えてもみなかった、と回想している。さらに、毛はその翌日、つまりエマーソンが延安を去る前日にエマーソンと会見した。ここで毛沢東は蔣介石を痛撃した。エマーソンは回顧録に「この点については、もはやなんの遠慮も、ためらいもなかった。だれも彼とは取引できない、日本も米国も共産主義者も。彼はあらゆる手を使う――やんわりとした攻め手に対しても、きびしい攻め手に対しても、彼は交渉はするだろう。しかし絶対に折り合わない。毛は立ち上がって、話し出した――影のなかで彼の身体は大きく見え、壁に映った彼の影はものすごかった。この影が未来の中国をどの程度まで覆うことになるのだろうか」と記した。また「彼の目と高い額の奥には、不屈の意志があるのだろう。この男には逆らいたくないものだと心に決めた」とも書いている。[85]

毛沢東はエマーソンが、米国務次官になったグルー元駐日大使の下で働いていたことを知り、ワシントンでグルーに会ったら特別のメッセージを口頭で伝えてほしいと頼んだ。それは、「毛沢東がどうぞよろしくと申していた。中国共産党は米国に対しては好意のみを抱いており、将来の協力を期待している」という内容だった。エマーソンは国務省に出頭した時、グルーに毛沢東との会談について報告した。[86]

まさに米国と中国共産党の「蜜月」を表したが、毛沢東は、蔣介石の国民党への敵意をむき出しにしている。米国に対しては「連合政府」の名の下に、国民党との協定に前向きの姿勢を示した。しかし抗日・無党派人士と共に蔣介石率いる「中国中央」の一翼を担い、影響力を高めることで、抗日戦争の先に国民党打倒をにらむ野心を持った。その「連合政府」方針は、一九四五年四月になって正式に路線として確立する。

「連合政府を論ず」

毛沢東は一九四五年四月二十三日に延安で開幕した中国共産党第七回全国代表大会で「連合政府を論ず」を報告した。「連合政府を論ず」は共産党が全国的に単独政権を掌握するのではなく、国民党や第三勢力の党派も加わり、連合政権をつくるという構想だが、[87] 毛沢東はこう強調している。

「英米ソの三大民主国は一貫して団結している。これらの間に過去も存在したし、将来もなおある種の争いが発生する可能性があるが、団結が結局のところ統治の一切である。〔中略〕国際間の重大な問題は、三大国〔英米ソ〕あるいは〔仏中を加えた〕五大国をトップとする協議で解決しなければならず、各国内部の問題は、例外なく民主の原則に基づき解決しなければならない。〔中略〕ソ連人民は強大な力をつくり出し、ファシスト打倒の主力軍になった。英米中仏四大国およびその他の反ファシスト同盟国人民の偉大な努力がファシスト打倒を可能にした」[88]。つまり反ファシズム戦争の中で、「民主原則」に基づき五大国の団結を訴えた。

「連合政府を論ず」を通じた中国共産党の対国際関係イメージの変化は、岡部達味の研究に詳しい。岡部によると、中国共産主義者の米国に対する好意的態度は、中国共産党をソ連から離間させるとか、冷戦下に中共と米国の間の長期的友好関係を形成することが可能だとかなど、毛沢東らと接触した一部の米国外交官が期待したようなものを意味しない。第一に、中国共産党が米国を好意的に見るようになったのは、独ソ戦争が始まり、またコミンテルンの態度変更によって戦争の性格が「帝国主義戦争」から「反ファシズムの正義の戦争」に変わったと認識されてからのことである。岡部は、こうした戦争の性格の変化の中で、毛沢東が、この戦争は全世界と同時に中国における民主主義を確立し、ファシズムを打倒するために闘っているのだと述べたことを取り上げ、「ここで民主主義とは、将来の社会主義革命の前提としての「反帝国主義」「反封建」革命の遂行に他ならなかった」と指摘する。より具体的にいえば、「「連合政権」を通じて、国民党による一党独裁を終了させ、新民主主義政治制度を樹立することを意味した」と分析した。[89] 共産党は、反ファシズム・抗日戦争の中で、古い体質の国民党を「帝国主義」・「封建」のイメージとだぶらせ、国民党との協調も打ち出しつつ、自分たちの「新民主主義」イメージを強調して連合政府での影響力拡大を狙った。国民党による一党独裁を終了させ、いずれは国民党打倒を視野に入れたのだ。

だから、毛沢東は一九四五年四月二十四日、「連合政府を論ず」を提起した共産党第七回全国代表大会への口頭政治報告でこう述べている。「〔蔣〕委員長の顔の上の黒いものを洗ってあげなければならない、というのが我々の方針だ。先鋭な批判を行うと同時に、余地も残して交渉や協力もでき、彼らの政策を変えることを望む。我々は「委員長打倒」と言ったことがあるだろうか。「ない」のだ」。そして「我々は委員長に連合政府の組織を提起したことはないだろうか。「何度もある」。しかし彼は頭を横に振る。嬉しくないのだ。連合政府の組織は、「政府転覆」だと言っている」と述べた。[90]

蔣介石の「顔の上の黒いもの」を「洗う」というのは、毛沢東がハーレーに主張した「国民党政府の改変」をより率直に言ったものだ。国民党の中に入って変える、という発想だ。

また毛沢東は同じ報告で、「国民党が協力すると言うならば、それは非常に良いことだが、顔を洗って来て初めて〝結婚〟する。もし顔を洗わず醜いままならば〝結婚〟しない。これが我々の方針だ」と呼びかけている。[91]「顔を洗わないと結婚しない」という毛沢東の独特の言い回しは、「連合政府を論ず」の中で、封建的で腐敗にまみれた蔣介石体制を「醜い」もの、新鮮な自分たち共産党体制を「民主的」なものと明確に区別している。毛沢東が認めるように蔣介石はこの毛の呼びかけに対して首を縦に振らないが、毛沢東は、国民党との連合政府で「中国中央政府」の中に入り込んで影響力の拡大を目論む。その背後に米国との接近で自信を深めているという情勢の変化もある。

予想外のソ連参戦と日本降伏

ウラジミロフによると、毛沢東ら共産党指導部にとって、一九四五年八月九日の満州を舞台にしたソ連軍の対日参戦も、八月十五日の日本降伏も予想しない出来事だった。彼の日記には「ソ連の対日参戦は中共指導部に混乱を惹起こしている。ソ連軍がこれほど早くドイツから極東に転送され、これほど巨大な攻撃力を持っているとは、延安では誰も予想しなかった」（八月十日）、「中共指導部は日本の降伏に動揺している。彼らは日本がさらに数年間（少なくとも二年は）、抵抗するものと考えていた」（八月十五日）と記されている。[92]

そしてウラジミロフは、日本敗戦を受けて共産党と国民党の関係が緊張していると明言している。[93]「抗日」という表面的な共通目標が外されたからだ。日本敗戦前日の一九四五年八月十四日、蔣介石の国民党とソ連は「中ソ友好同盟条約」を締結した。毛沢東にとって、ソ連が同条約に付随する覚書で、国民党政府を中国の中央政府と承認し、共産党への援助を制限した屈辱的な条約であり、大きな痛手となったのは間違いないが、[94]八月二十九日付の中国共産党機関紙、解放日報は一面社説で「遠東持久和平的基石—慶祝中蘇友好同盟条約」（極東の永続的な平和の礎石—中ソ友好同盟条約を祝う）との見出しで、「ソ連と中国の人民に計り知れない利益をもたらす」と歓迎の意思をアピールした。岡部達味は、「中国共産党のソ連に対する不満は、彼らの間を疎遠にするほどきびしいものではなかった。中国共産主義者たちは依然として、ソ連を「社会主義の祖国」であり、その現実に生きているモデルだと見ていた」と分析している。

ソ連に対しては不信感を抱えていたが、米国が国民党を支援するようなことがあれば、やはり頼みの綱はソ連であるという認識があったのだろう。「連合政府」の論理に基づきまだ国民党との関係を維持し、米国からの後押しも期待した段階で、予想以上に早く日本が降伏して状況は変質した。「抗日」という共通目標が消えたが、毛沢東は新たな対外戦略を模索していたのだろう。それが表れたのが次の毛沢東演説である。

毛は四五年八月二十三日の共産党中央政治局拡大会議で、「抗日戦争勝利後の新情勢と新任務」と題した演説を行った。毛はこの中で終戦に伴う情勢の変化をいくつか指摘している。①全世界は和平建設の段階に入り、第三次世界大戦は現時点で勃発しないだろう、②我々のスローガンは抗戦・団結・進歩から和平・民主・団結に変わり、中国人民もソ米英も和平を必要とし中国の内戦に反対している、③日本人が去った現在、国共双方は問題を先延ばしできない。その上で、毛は「現在我が国は全国的にブルジョワ階級が指導し、プロレタリアートが参加する政府を成立させることが可能である。そのうちの一つは、現在の独裁に若干の民主を加え、相当長期間にわたり存在するというものだ。この形式の連合政府について我々はやはり参加する。それは、蔣介石の〝顔を洗う〟ためで、〝首を斬る〟ためでない」と述べている。[96] まだ国民党との連合政府に意欲をにじませつつ、国民党との問題にも決着を付ける時が来たという認識だろう。なぜなら重慶での蔣介石とのトップ会談を控えていたからだ。

三　延安の野坂参三

九年滞在のモスクワから

「連合政府を論ず」が提起された中国共産党第七回全国代表大会で演説を行った日本人がいた。日本共産党の野坂参三である。演説内容は後述するとして、まず野坂がなぜ延安に入り、何をしたかについて紹介しよう。中共中央文献研究室編『周恩来年譜』によると、一九四〇年三月二十五日、周恩来は汽車でモスクワを離れ、アルマトイに到着した。同行者は周夫人の鄧穎超、任弼時、師哲らのほか、「岡野進」を名乗っていた野坂参三、インドネシア共産党の指導者アリアハンだった。一行は二、三日後に飛行機でアルマトイから蘭州に入り、自動車に乗り換えて西安に。延安に到着したのは三月二十五日か二十六日だった。[97]

野坂参三は一九三一年、コミンテルンに送るという日本共産党の決定により、神戸の材木商になりすまし妻の竜とともに夜行列車で門司に直行し、門司から船で脱出した。中国東北部・大連に到着し、そこからは名前も変えて大連の人間になった。そしてハルビンに向かい、国境の税関で怪しまれたが、ソ連ウラジオストク西北の国境を越えてソ連領内に入った。そこからシベリア鉄道でモスクワを目指した。「野坂」という名前のままでは狙われる懸念もあり、「岡野進」に改名した。一九三二年の「日本問題に関するテーゼ」(三二年テーゼ)の起草に参加し、反ファシズムの人民戦線方針が採択された三五年八月のコミンテルン第七回大会では執行委員に選ばれ、世界各国の有名な共産主義者によって構成される執行委員会常任委員にも加わった。[98]

野坂の自伝『風雪のあゆみ』によると、コミンテルン東洋部に所属した野坂はモスクワでの活動が九年を迎えた三九年、今後の自分の活動の拠点をどこに置くべきかという問題を考えた。「日本の党や左翼労働運動との連絡が全く途絶えてしまい、祖国が果てしない戦争と無謀な破滅の道を突きすすんでいるという時期に、ただ漠然と、なすこともなくモスクワに留まっていることは、わたしにとっては政治的な自殺にも等しかったからである。〔中略〕ソ連と国境を接し、危険であるが、日本軍とそれに関係のある人々が常時に日本と往来している中国大陸のどこかまで、まず出向き、そこから様子を窺って、日本に潜入できたら、それが最良の道であると、わたしは考えた」[99]。野坂はモスクワに九年いたが、多くの時間は日本に近い場所に潜伏し、モスクワで養成した日本人共産主義者を日本に送り出す「非常に危険な活動」を秘密裏に展開した。当時、独ナチスヒトラーのポーランド侵攻（三九年九月）が起こって第二次世界大戦が始まり、日本に近い中国行きを考えたのだ。野坂は日本敗戦直後の自伝『亡命十六年』で、「中国にゐる日本の兵士や居留民にたいして政治的な活動をし、彼等の間に反戦運動を起させ、さらに日本人の捕虜を教育して日本の民主主義革命に挺身する同志を養成しようと考へてゐた」と回顧した[100]。

野坂は、コミンテルンに着任して間もなくして中国代表団長として王明が東洋部に着任、親交を深めた。三三年には康生、三七年には任弼時もコミンテルンで活動するようになり、彼らとも親しくなった。三九年末か四〇年初め、野坂は任弼時に自分の構想を話すと、彼は乗り気になり、少し前からモスクワに来ていた周恩来に相談してくれた。周は中国で落馬して右腕を痛め、その治療のためモスクワに来たが、野坂は近く退院する周恩来一行の帰国に同行することになった[101]。

捕虜教育の「日本労農学校」

延安に着いた野坂は、周恩来から「日中両国人民の共通の敵である日本帝国主義の軍隊とたたかうために、延安に留まって、重要な仕事をしてくれるよう期待している」と勧められ、毛沢東の主宰する共産党政治局が協議して出した結論だと付言した上で、周は次のような提案を行った。①日本の軍事、政治、経済、社会の実情を調査、分析し、その結果を中共中央に報告してもらいたい、②前線での日本軍の兵士に対する宣伝活動の指導と援助をしてほしい、③日本軍捕虜の教育を手がけてほしい——という内容だった。特に共産党の捕虜政策に関して野坂は、「日本軍捕虜を殺したり、虐待したり、強制労働をさせたりすることは禁じられており、彼らを中国人民の友人として扱い、日本軍に帰還することを希望するものは送り返し、中国に留まりたいものはそうさせるという、極めて人道的な捕虜政策をとっていた」と回顧した。野坂は「それまでの、もやもやした、不安定な気持が段々と消えて、次第に明るい展望が開け、新しい希望が湧いてくるのを覚えた」と記している。[102]

周恩来が正式に野坂と会い、中共中央の意見として延安に留まってほしいと伝えたのは四〇年四月下旬のことだった。八路軍総政治部主任・王稼祥も同席した。王は野坂と初対面だった。この席で周は野坂の延安での工作と生活については王稼祥が責任を持ち、具体的な問題の処理は八路軍総政治部傘下の敵軍工作部が担当すると告げた。[103]

延安で野坂の通訳を務めた趙安博（戦後の中日友好協会秘書長）が水谷尚子のインタビューに語ったところでは、延安で野坂と中国共産党の関係は良好で、共産党側も彼を優遇した。野坂は毎朝四時に起きて太原から取り寄せた日本の新聞や雑誌を読み、それを分析し、重要な事項には印を付けた。それを基に「敵偽研究室」（日本問題研究室）スタッフが整理し、日本の政局や軍事方面の変化について論文を書いた。[104]野坂のもとには、朝日や毎日、読売など日本の大手新聞や同盟通信記事、満州、北京、太原などの中国各地の新聞も届けられ、雑誌の数も一時は四十種ほどに上った。また日本や世界中のラジオも聴いていた。[105]

一方、野坂が延安で行った日本軍捕虜に対する教育では、前出水谷が、当時八路軍総政治部敵軍工作部に勤務した劉国霖に行ったインタビューが詳しい。[106] 八路軍総政治部宣伝部に属した敵軍工作科が敵軍工作部に格上げされたのは一九三九年下半期頃だった。ソ連から延安に来た「林哲」を名乗る者が、敵軍工作部顧問を務め始めた頃、部長が王学文に交代した。林哲とは野坂の中国名である。四〇年五月には野坂の建議により「日本人民反戦同盟」延安支部が設立され、敵軍工作部の活動は本格的になった。[107] 四〇年秋のロシア十月革命記念日に、敵軍工作部で小規模な記念集会を開いた時、「岡野進」は、敵軍工作に従事し日本語の分かる幹部を前に日本語で講演した。劉国霖は、「日本人「岡野進」は「林哲」と同一人物だとはわかったが、しかし、彼はいったいなにものなのか、経歴その他はいっさい一般には知らされていなかった。本名は「野坂参三」で、日本共産党の重鎮であるとの身分が延安で明らかにされて、公に登場したのはもっとずっとあとだった」と回想した。[108]

捕虜になった日本人兵士を教育する「日本労農（工農）学校」の設立準備が進められたのは四〇年十月頃で、正式に開校したのは四一年五月十五日だった。校長は野坂、当初の副校長は趙安博が務めた。学校には二、三百人の日本人捕虜がいた、と趙は回想している。敵軍工作部長の王学文は、京都帝国大学経済学部に学び、マルクス主義経済学者の河上肇の教え子であり、労農学校では政治経済学の講義を担当した。副部長の李初梨は日本語で教え、趙も日本人に中国語を教えたという。[109] 最初の頃、十数人の学生しかおらず、彼らの思想も日本軍隊の軍国主義そのもので、野坂の労農学校に非常な憎悪と反感を持っており、野坂自身も果たしてうまくゆくかどうか自信が持てなかったと回想している。[110] 一方、劉国霖の回想によると、日本労農学校成立後、毎週土曜日午後に総政治部で野坂の主宰する「日本問題研究会」が開かれ、総政治部やその下部の敵軍工作部、日本労農学校などの関係者二、三十人が毎回出席した。研究会は、野坂と総政治部が中国人に日本を理解させるためにつくった学習会で、「たとえば「天皇制の問題について」とか、中国人がなかなか理解できないようなテーマが毎回論じられて興味深かった」と、劉は振り返っている。[111]

捕虜優遇政策と米の関心

野坂参三が自伝で「極めて人道的な捕虜政策をとっていた」と述べた八路軍の捕虜政策について、一九三七年に八路軍総司令に就任した朱徳は三八年、「日本兵士の捕虜は、殺傷、侮辱、其所持品の没収なすべからず、われらの兄弟として待遇すべし。違反者は処罰する」、「傷病の日本兵士には、特別の注意をはらひ、治療せしむべし」などと命令している。これらの命令は、公布されるだけでなく、八路軍のすべての部隊で積極的に宣伝され、教え込まれた。[112]

捕虜を大切にする共産党の発想は、よく知られている通り毛沢東の指示にある。毛沢東は一九三八年五月二十六日から六月三日まで延安で行われた「抗日戦争研究会」で発表した「持久戦を論ず」で兵士と人民を尊重するよう指示している。[113] いわば「軍国主義者」と「人民・兵士」を区別する毛沢東の「二分論」は、今も習近平共産党総書記（国家主席）が「少数の軍国主義者が起こしたことを理由にその民族を敵視すべきではなく、罪は国民にはない」[114]という対日演説で述べているように、日中友好の基礎的理論となっている。

一九四〇年三月に延安に来た野坂に対して周恩来は、毛沢東の二分論に基づいて、なぜ捕虜を大切にするのか、という問いに答えている。「もともと、八路軍は、捕虜になった日本軍の兵士にたいして、彼らが銃を捨て、軍服を脱ぎさえすれば、本来は労働者、農民、勤労者の出身であり、日本の軍閥や反動勢力から搾取収奪され、苦しめられている階層の人々であって、日本軍に侵略されて苦しめられている中国人民にとって敵ではなく、ともに手をとってたたかうべき「国際兄弟」なのだという立場をとってきた」[115]。いわば、兵士＝労働者・

農民＝日本軍閥に搾取＝中国の「国際兄弟」という構図である。

姫田光義によると、日本の兵士の多くはもともと普通の庶民であったが、中国軍の捕虜になると、捕虜の身を恥じて自殺を考え、脱走を図ったり抵抗したりするケースがほとんどだった。「生きて虜囚の辱めを受けず」という「戦陣訓」が徹底された。捕虜になるのは天皇、国、そして家族友人にも「恥ずかしいこと」であり、こっそりと戦死者として軍人名簿から抹殺されるか、公然と「売国奴、脱走兵」という扱いを受けた。こうした捕虜に対して中国共産党八路軍は、傷を手当てし、生命の安全が保証されていることを認識させ、彼ら自身が食べられない米の飯や肉類を食べさせ、拙い日本語で親身に話を聞いてやった。また原隊復帰を望む者には旅費と通行証を渡して帰らせた。(116)

前述したように四四年六月にウォーレス米副大統領が重慶に行き、蔣介石を説得して延安への軍事視察団派遣を認めさせ、同年七月に軍事派遣団「ディキシー・ミッション」が延安に派遣された。ミッションの目的には、延安の共産党を通じて日本軍情報を入手することのほか、共産党の戦力や指導者などの情報を幅広く獲得することもあった。また山本武利は、米国サイドで日本兵の投降者が少なく、近づく日本本土上陸作戦での被害を懸念する一方、「中共では八路軍の捕虜の扱いが巧みで、捕虜数が多いこと、そして彼らを教育し、プロパガンダ戦士として使っていることがアメリカ側ではわかってきた。そこで中共の敵軍工作部の幹部に会って、そのノーハウを学ぼうとした」と指摘している。(117)

そのためミッションには多くの諜報・謀略担当の戦略諜報局（ＯＳＳ）から派遣された情報将校が多かった。プロパガンダ機関の戦時情報局（ＯＷＩ）では正式要員はいなかったが、ＯＷＩと組織上関係の深い在重慶大使館の書記官で、国共合作の推進派であるジョン・サーヴィスらが加わった。サーヴィスは後に、ミッションで得た機密情報を雑誌アメラシアに提供したためＦＢＩ（連邦捜査局）に逮捕され、アメラシア事件で名前が挙がった。米各機関は米国政府と共産党の「蜜月」というべき時期が四四年末まで続く中、要員を延安に派遣したが、ＯＷＩからは重慶支局長のマクラッケン・フィッシャーがディキシー・ミッションから遅れ、四四年八月末に延安に到着、野坂や日本人捕虜に積極的に接触し、八路軍による捕虜への宣伝工作に着目した。[118]さらに四四年十月、ＯＷＩ要員としてハワイ出身の日系二世、コージ・アリヨシ（有吉幸治）が延安入りした。アリヨシは、ジョージア大学を出た後、アメリカ共産党に参加した前歴があった。開戦後、ＯＷＩにスカウトされ、ビルマでビラづくりや捕虜工作などの活動を行っていた。アリヨシは、米国の中国・ビルマ・インド戦域方面軍に派遣された国務省の日本専門家ジョン・エマーソンとビルマ北部で出会い、エマーソンもアリヨシの能力を認め、四四年六月に重慶へ同行した。二人は十月二十二日、延安に到着した。エマーソンは二カ月滞在したが、アリヨシは一年以上も延安やその周辺に留まり、野坂や日本人捕虜と面会した。フィッシャー、アリヨシ、エマーソンらがまとめたのが「延安リポート」である。[119]

山本武利と同様に延安からのフィッシャーらの報告を研究した山極晃は、「ＯＷＩの要員たちは八路軍地域での心理作戦の活動の実態とともに、「大和魂」に凝り固まった日本軍兵士たちがどうして、いかに変身を遂げたのかを知ろうと努めた[120]」と指摘している。

「天皇制打倒せよ」スローガン

フィッシャーのリポートによると、八路軍が作成した日本兵に対する初期のビラや印刷物は「日本で革命を起せ！」・「天皇制を打倒せよ」・「将校を殺せ」などの言葉があり、野坂は後に「このスローガンは結果的に日本兵をいらつかせ、疑いと憎しみをかきたてただけであった」と説明した。ビラには八路軍の署名があったので、日本兵は正当な理由もなく、国賊になれと敵から強制されたものと受け止められたという。[121]特に「天皇制を打倒せよ」という八路軍が対日宣伝に使ったスローガンは野坂には不満で、彼は敵軍工作部や労農学校などの中国人関係者を相手に毎週行った「日本問題研究会」でも、「初対面の日本兵の前でいきなり天皇や天皇制の批判をしてはいけない。反感を招く」など、中国人には想像もつかないようなことを一つ一つ具体的に話してくれた、と劉国霖は証言している。[122]

フィッシャーリポートに戻ると、共産党の方針により日本軍の侵略行為は、日本の人民・兵士の責任ではないという認識が固まると、共産党・八路軍では日本人捕虜の反応を研究し、次のことが分かった、としている。「捕虜が友好的、同情的な扱いに驚くほど敏感に反応することがわかった。部分的には、これは敵の手に落ちたら、捕虜は処刑、拷問を受けるという日本軍隊の自軍兵士向けの公的な宣伝のせいである。そこで彼らは結論を出した。日本兵を味方につけるには、敵つまり日本人と、彼らの言う「劣等」民族つまり中国人との双方で基本的な不信感と敵対感情を除去することが先決であると」。[123] そして毛沢東の方針に基づく八路軍総司令・朱徳の捕虜優遇の指示が生まれ、前田光繁も、三八年に八路軍の捕虜となった直後、八路軍が「捕虜を殺さない」理由として、軍内に「三大規律　八項注意」があったからだと聞き、「八項注意」には「捕虜を殺すな、虐待するな」が含まれていることを知ったと語っている。[124] フィッシャーも多くの捕虜と面会したが、彼らは「全員が口を揃えて、捕まった時に受けた扱いには驚嘆したと言った」と報告している。[125]

フィッシャーは、上記のように共産党・八路軍が日本人捕虜に対するビラ宣伝のスローガンなどの失敗を認識し、捕虜に対する優遇政策を展開するプロセスを「第一段階」と位置づけている。そして「第二段階」としているのが、捕虜による自発的な反戦連盟が組織され、発展する過程である。[126] 前出前田光繁は、八路軍の下で反戦運動を展開する中心人物である。前田の自伝から引用しよう。[127]

前田は、盧溝橋事件一カ月前の三七年六月に奉天に渡り、満鉄子会社である土建会社の華北派遣要員になり、三八年七月末に河北省南部の村にいた。そこで八路軍の捕虜となった。前田が「いつ殺すのか」と反問すると、八路軍兵士は「不殺」と繰り返し、印刷された一枚の紙を示した。朱徳による捕虜優遇命令書だった。そして八路軍兵士により豪華な米飯と卵、豚肉を炒めたおかずも食事として出された。前田の前に出てきたのが、戦後中日友好協会副会長となる張香山だ。八路軍第一二九師団政治部敵軍工作部の責任者だった。張は日本語で前田に「殺せと要求されても、絶対に殺しません。このことは私たちの軍律であり、同時に私たちの信念です」と述べ、三三〜三七年に日本に留学し、東京高等師範の文科で日本の古典文学などを勉強したという話をした。張は前田を山西省南東部の貧村にある八路軍野戦政治部に連れて行った。前田は前線を回るなどして現実を直視する中で、「日本軍の蛮行にたいする中国へのせめてもの贖罪だ」と考え、翌三九年に八路軍兵士になることを表明した。

身分は敵軍工作部の幹部待遇で、日本軍向けの宣伝ビラの文章を書いたり、新しく来た日本軍捕虜の管理と教育をしたりするのが仕事だったが、「日本人が日本人を教育する効果は高かった。教育するもの自身が捕虜としての精神的苦悩をいやというほど体験していたから、新しく来た者への心底からの同情を持ち、それが相手に伝わったのだと思う」と回想した。仲間が増え、各地域や各部隊に宣伝を拡大する必要性を感じていた頃、重慶で鹿地亘《かじわたる》が「日本人反戦同盟」をつくったことをニュースで知った。前田は八路軍敵軍工作部と相談したところ、鹿地と連絡を取り、反戦同盟の支部を組織したらどうかとアドバイスを受けたため、鹿地に手紙を書いたが、返事が来ないことから自分で立ち上げることとし、三九年十一月七日の十月革命記念日に「めざまし連盟」創立の式典を行った。後に「日本人覚醒連盟」に改名し、八路軍総司令朱徳も同連盟創立を直接祝ってくれた。まだ野坂が延安に来る前の話である。

延安にいたエマーソンは一九四四年十一月十日、日本人捕虜による活動は、「八路軍に独特なものではない」

と報告している。つまり一九三九年、鹿地亘が桂林において宣伝工作のため捕虜の訓練を開始し、二カ月教育を行った後、同年十二月二十六日、十二人の捕虜を伴い前線に向かったと記している。彼らは拡声器や電話を用い、ビラを書き、それらを日本人に配布した。鹿地が反戦同盟を組織し、この工作を中央政府の支援の下に断続的に遂行したと記録している。[128] エマーソンは、同年十二月二十六日に重慶に行き、「鹿地研究所」で鹿地や反戦同盟員と「民主日本と連合国の勝利に関するシンポジウム」に出席し、意見交換している。[129]

鹿地亘の反戦同盟

鹿地の中国での活動は、一九四八年に発行された自伝『中国の十年』[130]に詳しい。鹿地は一九二四年に東京帝国大学文学部国文科に入学するが、大学二年時にレーニンの『国家と革命』を読み、感動した。「社会文芸研究会」や東大内の社会主義団体「新人会」に加入し、マルクスやエンゲルスも読んだ。夏休みには新人会から派遣され、農民闘争の応援のため新潟に行き、労働農民党の東京地方中部の組織責任者になり、二七年には労働者農民闘争に明け暮れた。同時に日本共産党の機関紙、無産者新聞の文芸欄にも投稿し、中野重治らとともに「文芸を政治的戦略方向に再編する任務」を負ったという。[131] 二八年には中野重治らと「全日本無産者芸術連盟」(ナップ)設立に参加したのに続き、『蟹工船』で有名な小林多喜二の紹介で三二年日本共産党に入党し、三三年に拷問で死亡した小林の後を継いで「日本プロレタリア文化連盟」(コップ)書記長に就いた。[132]

「しかし、こうして労働人民の革命的気運がたかまる半面では、ファシズムが、満洲事変をきっかけに、むくむくと、入道雲のごとく頭をもたげ、風雲を呼び、弾圧の嵐を吹かせはじめた。多数の同志は投獄された。文化運動もまた嵐の中を突進した。小林多喜二は白色テロルに殺された。一九三一年から三四年のはじめまで、私も、十八回留置場に投ぜられた」と鹿地は回想する。[133] 三四年治安維持法違反で起訴され、法廷転向で懲役二年執行猶予五年の判決を受けて三五年秋に出獄した。[134] 中国に渡るのは三六年一月である。剣劇の遠山満一座が、「居留民慰安の正月興行」で大陸巡業に出かけるのを知り、「速見達夫」という偽名を使って一座に入れてもらい、神戸の埠頭から青島行きの船に乗り込んだ。[135] 上海に行き、内山書店の内山完造と魯迅が昵懇だと知っていたので、内山書店に行き、内山らを通じて魯迅や胡風、夏衍ら中国の進歩作家とも出会えた。また学生運動で明治大女子部を追われ、上海で中国研究を志していた池田幸子とも出会い、結婚している。領事館警察や憲兵隊から追われる身だが、内山は日本の官憲に対して鹿地の保証人になった。また魯迅との交流は三六年十月に死去するまでの十カ月間だったが、魯迅と胡風の編纂した文学を日本語に翻訳したりレポートを書いて日本で発表したりした。魯迅はこう忠告した。「中国のよい面ばかりでない、汚ないところ、みじめで落伍しているところ、あらゆるところを深く広く見てください。なんならアヘン窟からどろ棒市場まで、自分の眼でよく見てください」。国民党政権から生命の保証さえ得られなかった魯迅の葬儀には、執行委員として毛沢東、周恩来、孫文夫人の宋慶齢らと共に内山と鹿地の名前も加えられた。[136]

鹿地が魯迅選集の最後の編訳をしている最中に、盧溝橋事件が起こり、戦火は上海に拡大した。中国でも日本軍の特務機関や特高警察から追われる鹿地夫妻は、外国の友人の助けで香港に逃亡した。鹿地は香港から反侵略戦争をアピールする論文を幾つか署名入りで執筆し、国民党統治地区で発行された共産党機関紙である新華日報や広東の救亡日報、胡風の雑誌・七月などに発表された。当時、国共合作の中で武漢政府では軍事委員会の中に政治部を設け、部長に陳誠、副部長に周恩来が就き、友人の郭沫若が第三庁（宣伝庁）を担当した。周と郭が、発表された鹿地の文章を陳誠の目に入れた。そして鹿地夫妻は、鹿地を護送せよという電命を受けて東京警視庁特高課の顔見知りの警部が張り込んでいる九龍停車場の改札口を気づかれずに通過し、三八年三月、広東に入った。広州では陳誠に面会し、夫妻は「軍事委員会政治部設計委員」として厚遇で迎え入れられた。[137] その後国民政府の拠点・武漢に入った。

当時、日本軍では「皇軍には不名誉な捕虜になる者など一人もいない」と宣伝していたが、実際には華北の日本人捕虜は主に西安、華南の捕虜は湖南省常徳、空軍に関する捕虜は成都にそれぞれ収容されていた。政治部第三庁では日本側の宣伝に対して「捕虜は決して殺さない」、「優待する」と宣伝し、負傷した捕虜がいかに手厚く手当てされているかを示した写真入りビラも制作して配布したが、捕虜になり絶望した日本人の再教育は困難を極めた。そこで鹿地はこれら捕虜を訪問し、一人ひとりに面接した。そして三八年十月、約二週間にわたり百三十人の捕虜と起居を共にした状況について長編ルポルタージュ『平和村記』を記し、報告した。[138]

鹿地は調査した結果、蔣介石に対して「反戦同盟」組織を提案した上で、①日本の軍事独裁から人民を解放するために、捕虜を教育して、人民の武装部隊をつくる、②日本人の政治幹部を養成する――ことを求め、三九年四月に蔣介石から批准を受けた。鹿地夫妻は蔣介石と武昌で面会したが、この際、蔣は「東洋の平和のため、両国の幸福のため、どうぞ御尽力を願います」と求めたという。そして鹿地が、「侵略的な帝国主義戦争反対」・「軍事独裁打倒」・「中日両国人民の提携」・「平和で幸福な人民日本の樹立」の四つのスローガンを掲げ、桂林に「反戦同盟」西南支部を結成したのは三九年十二月二十五日だった。発会式の翌日に鹿地は拡声器を手に入れ、ビラとパンフレットを用意し、五人を引き連れ、トラックで前線に駆け付けた。夜ごとに中国軍部隊の第一線から日本軍兵士に向かって放送を開始し、ビラを撒き、ポスターを張り巡らした。兵士たちは上官から「聞くな」と命令されても、「聞いたものはすべて、言われるとおりだと思い、すつかり意気阻喪して、まじめに戦う気持を失つてしまつた」という。[139]

反戦同盟の成果の報が広がり、各地から反戦同盟支部を組織してほしいとの依頼が来たが、延安からも支部開設の申し込みが来たと、鹿地は回想している。鹿地によると、それ以前に周恩来から日本人捕虜の取り扱いについて意見を求められたことがあった。八路軍遊撃部隊では同軍の捕虜に対する友好的な態度を理解してもらい「惨殺する」という風説を粉砕するため最初は捕虜に数カ月間の教育を与えた後、原部隊に送還する政策を取っていた。しかし原部隊では送還された捕虜の手のひらに針金を通して「八路軍のしわざ」と言って兵士に示しているという噂があると、鹿地が周恩来に伝えると、周は驚いて捕虜政策を変える必要があると語ったという。その後桂林での反戦同盟成功の報道が伝わり、共産党では捕虜送還を止め、彼らを教育し、反戦同盟延安支部を組織した。(140) さらに四〇年七月には重慶に「日本人民反戦同盟総本部」を設立した。

「日本人民解放連盟」立ち上げ

前述した通り、四〇年三月末に野坂参三が延安に入り、野坂の建議で五月に日本人民反戦同盟の延安支部を設立したほか、日本労農学校で捕虜に対する教育が行われた。これより先に三九年十一月には山西省の共産党根拠地では前田光繁らによる「覚醒連盟」が誕生しており、四一年に入ると覚醒連盟の支部が山西省の太行山地区、河北省・山東省・河南省の省境にある冀魯豫地区、河北省南部の冀南地区などにつくられた。反戦同盟の支部も延安だけでなく、各地に生まれ、四二年当時には華北各地に八つの反戦団体が散在して活動する状況だった。こうした活動を統一し、より強い力とするため反戦同盟延安支部は、四二年八月十六～二十六日、華北の反戦同盟各支部代表を集め、「華北日本兵士代表者大会」と「全華北反戦団体大会」を開催した。(141)

大会に参加した日本人捕虜・香川孝志によると、兵士代表者大会に出席した代表は計五十三人で、中心議題は、日本軍部の圧迫にたえかねている日本兵士を反抗に立ち上がらせるため「日本兵士の要求書」をつくることだった。「兵士を侮辱したり、ビンタをとることはいっさい禁止し、もしこれに違反したものは厳罰に処してもらいたい」「度胸だめしと称して、無抵抗の中国人を殺傷することを兵士に強制しないでもらいたい」と求めたほか、二百二十八カ条の要求が出され、「日本軍部の暴行に抗議する宣言」が全会一致で採択された。「兵士の要求書」は大会後に印刷され、ビラやメガホンによる日本軍トーチカ（防御用陣地）への呼び掛けで反戦同盟員によって各地の日本軍の中に広く持ち込まれたという。[142] 一方、反戦団体大会には、朱徳総司令が来賓としてあいさつした。大会では各地に散在していた覚醒連盟と反戦同盟を合同して「反戦同盟華北連合会」を創立することが決定した。同連合会は四四年四月には十三の支部を持つまでに成長し、同盟員は二百二十三人に達した。[143]

フィッシャーが続く「第三段階」に挙げたのが、前線でのビラやパンフレット配布や、日本軍トーチカでの呼び掛けで投降を促す活動である。[144] 野坂は、「〔日本労農〕学校は一年半内外で一応の課程を了へることになるが、了つたものは次々に前線にでて、実際に日本の軍隊に対する宣伝活動をはじめるのである」と回想している。[145]

フィッシャーが「第三段階」に続く新たな段階に位置づけたのは、野坂が盧溝橋事件から六周年の一九四三年七月七日に執筆し、延安で発表した「日本国民に訴う」と題した文章である。[146] 野坂はこの中で、「全国の民衆が巨大な行動をおこし、怒濤のごとく軍部とその一味にたいして、ブッつかってゆくとき、このとき、彼らは、はたして幾日間、その命運をつづけることができるであろうか。軍部の倒壊は必然であり、民主的新日本の出現も必然である」[147] とした上で、「戦敗は彼らの敗北である。彼らの敗北は、彼らの軍事的、政治的力の弱化であり、崩壊である。このことは、われわれが彼らを打倒し、人民政府をつくり、新日本をうち建てる上で絶好の機会をあたえる」[148]と訴えた。つまり人民が団結して軍国主義を打倒し、新たな人民政府を樹立して民主的な新日本を打ち立てようという宣言である。そして野坂は四四年四月、反戦同盟を発展的に解消し、「日本人民解放連盟」を立ち上げ、各種要求を掲げた連盟綱領草案を発表し、「われわれは戦争政府を打倒し、人民の福利と意志を代表する各界の進歩的な党派の連合によって人民政府を樹立しなければならない」と主張した。要求の中で特筆すべきなのは「自由」・「民主の政治」を求め、治安維持法など悪法令の廃棄や政治犯の即時釈放のほか、「言論、出版、集会、結社、信仰の自由の完全実現」・「二十歳以上の男女に選挙権を与える」・「民主的政治制度の確立」などを明記したことだ。[149]戦後日本の新憲法で中心となった民主主義の原則が盛り込まれている。これは戦後天皇制をどうするかという問題も絡み、後ほど検証したい。

フィッシャーは一九四四年九月、野坂による「日本人民解放連盟」結成を受けて「その工作は日本軍への心理戦争から中国在住日本人居留民、日本本土の日本人への政治的接近へと拡大することをねらっていた」[150]と指摘したが、アリヨシはもっと突っ込んで、野坂が日本敗戦と戦後の新日本建設をにらみ、日本人民解放連盟のメンバーである日本人捕虜を民主日本の「先兵」にする構想を持っているとにらんだ。四五年一月に野坂の人物伝に関するリポートでこう分析している。

「連合国が日本に上陸した時、ともに戦うことを考えている。さらに、もっとも優秀な幹部のなかから調査専門家を選抜し、解放連盟が戦後日本の再建と回復に建設的に貢献できるような政治、経済、社会計画を立案できるようにしようとしている。岡野〔野坂〕の主要な当面の課題は、反戦、反軍国主義闘争だけでなく戦後日本の指導者の訓練である。そして彼の解放連盟への希望は全ての政党が合法化された際、民主的な連合政府の一翼を担うことにある。今すぐにも、岡野は外国にいる日本人の反ファシスト、反軍国主義者を組織化することを望んでおり、彼らが日本の反戦勢力を目覚めさせ、組織化するために広く基本的な政策で協定を結び、一つの旗の下で結集することを願っている。もし連合国とくにアメリカが日本人、日系アメリカ人、捕虜の中から反軍国主義的連合ないしグループを組織することになれば、岡野は自分の解放連盟をより大きな連合体の一支部にしてもよいとさえ考えている」[151]。

こうした野坂の考え方は、毛沢東とも合致していたからこそ、毛沢東も野坂の活動や理念を尊重した。毛沢東は一九三八年の「持久戦を論ず」の中で、「結論」として「どのような条件下で、中国は日本帝国主義の実力に勝利し、これを消滅することができるのか。三つの条件が必要だ。第一は中国での抗日統一戦線の完成、第二は国際的な抗日統一戦線の完成、そして第三は日本国内の人民と日本の植民地の人民の革命運動の盛り上がりだ」と強調している[152]。毛沢東は、第三の条件を満たすため、野坂が推進した日本人捕虜の改造を重視した。そして後に述べるが、毛沢東は自身の天皇観も含めて、日本人捕虜を通して対日観を形成していくのだ。

四　天皇観、野坂から毛沢東へ

「天皇制撤廃」に異論

野坂参三は一九七四年九月五日に、ジャーナリスト大森実のインタビューに「あの日本の、天皇制で凝り固まっている兵隊に対して、天皇制を打倒して、我々と友好関係を結ぶなんてできっこないですわね」と回顧している[153]。

ソ連から来たウラジミロフも、日記で捕虜となった日本兵に対する工作責任者として野坂参三に言及する中で、「日本の軍部は青年たちに〝天照大神の子孫〟天皇に対する熱狂的な崇拝と他国民無視を植えつけている。兵士の本分は天皇のために死ぬことであり、民たる者は死を恐れてはならないとされている。「死は鴻毛より軽い」というわけだ」と書いている。ロシア人の目にも、天皇との関係において日本兵の死生観が奇異に映った。ちなみに、ウラジミロフは日記にこう書いた一九四四年二月二十五日の時点で、日本人捕虜の中には活動家グループが生まれていると記したが、「彼〔野坂〕の工作の成果はさほどかんばしいとはいえない」と書き、その原因は上記したような捕虜となった日本兵たちの頑固な天皇観にあると示唆している。またウラジミロフは野坂の印象として「物腰は柔らかいが、意志の強い人物だ」と記している。(154)

野坂には延安に来る前から持論として譲らなかった天皇観があった。簡潔に言えば、「天皇制打倒」スローガンの回避である。野坂が幹部を務める日本共産党はコミンテルン日本支部という位置づけだが、コミンテルンは三二年テーゼでは、天皇制を「絶対主義的天皇制」と規定し、これを革命的打倒の正面に位置づけた。(155)だから天皇制打倒回避の主張を行う野坂の考え方は日本共産党では異質と言えた。

野坂は、『亡命十六年』に「あとから聞いたことだが、学生数人が天長節〔天皇誕生日〕に、こつそり学校の山の上に登つて「天皇陛下万歳」と叫んだものがあつた」と回顧しているが、(156)日本労農学校の当初の学生十一人のうち、六人が学校のある宝塔山の山頂で、東方に向かって「天皇陛下万歳」を三唱していた。(157)野坂は、これら日本兵に対してまず、彼らが戦争と軍閥の犠牲者であったことを自覚させるよう仕向けたが、(158)天皇と天皇制で凝り固まった彼らに、八路軍が当初抗日戦争の前線で配ったビラに記された「天皇制打倒」のスローガンでは効果はないとすぐ見抜いた。八路軍総政治部は一九四〇年六月九日、「天皇打倒」スローガンを禁止する指示を出している。(159)同年三月末に延安に入った野坂の意向を反映したものであるとみて間違いない。

野坂の天皇観の原点はどこにあるのだろうか。野坂は一九二八年三月十五日の共産党員弾圧事件「三・

一五事件」で逮捕された。延安で野坂からインタビューしたコージ・アリヨシの「岡野進小伝」(四五年一月)には「一九二八年の総選挙で労働農民党が二〇万票を獲得したとき、左翼運動はピークに達した。しかし反動勢力は即座に進歩勢力打倒に動いた。総選挙から一ヶ月が経たないうちに、三千人の共産主義者が警察に大量検挙された。〔中略〕どの警察署も残酷に痛めつけられる共産主義者でごったがえしていた。最初の数ヶ月間、拷問された者のうめき声を耳にしない夜はなかった」と、野坂の話を基に報告されている。[160]

野坂の三・一五事件の取り調べ記録に彼の特異な天皇観が表れている。当時の司法手続きでは、思想裁判の予審に至るまでに特高警察による取り調べ記録と、それに基づく検事の聴取書がそれぞれつくられる。取り調べ記録は警察調書→検事調書→予審調書と積み重ねられる。野坂の場合は、少なくとも逮捕された三カ月後の六月十四日と、その三カ月後の九月十日に検事による聴取が行われ、その調書が取られている。予審訊問が開始されたのは逮捕から一年余りが経過した二九年三月二十九日である。[161]

豊多摩刑務所(東京・中野)に収監された野坂の検事聴取書が、外務省外交史料館に所蔵されている。このうち二八年六月十四日の聴取書で、野坂は日本共産党が掲げた要点について、「私個人ノ意見トシテハ其「スローガン」ノ内君主制ノ撤廃其他二二ノ事項ヲ当面ノ「スローガン」トシテ掲ケル事ニ就テハ異論ヲ持ツテ居リマス」と供述した。[162] コミンテルンは一九二七年に「日本問題に関するテーゼ」(二七年テーゼ)を作成し、そこで「君主制の廃止」を定めたが、野坂は二八年時点で「君主制撤廃スローガン」に異論を持っていたのだ。

一方、野坂の「予審訊問調書」の存在は、戦後も全文を見た者はほとんどいないらしく、長い間「謎扱い」にされてきたが、一九九三年に死去した椎野悦朗(一九五〇年代初期の日本共産党臨時中央指導部議長)の遺品整理を託された渡部富哉(社会運動資料センター代表)が、その中に「野坂参弐予審訊問調書」の複写つづりを見つけ、その出所が法政大学大原社会問題研究所であることを突き止めた。[163] 井上敏夫は、二〇〇一年にその予審訊問調書を全文掲載した野坂の伝記を出版したが、野坂の天皇観を表す供述が一九二九年四月四日の予審訊問に登場している。

「君主制ノ撤廃及之ニ類スル事項ヲスローガントシテ掲ケ之ヲ大衆ノ目前ニ現ハス事ニ付イテハ異論ヲ持ッテ居リマス斯カルスローガンヲ掲ケルニハ一定ノ段階ヲ経テ居ナケレバナラヌノト訓練ヲ経テ居ラナケレバナラヌノニ一定ノ条件ト一定ノ準備カ出来テ居ナカッタノデ今日直チニ大衆ノ前ニ之ヲ掲ケル事ハ誤リダト思ッテ居リマス」。[164]

野坂は検事聴取に続きここでも、君主制撤廃のスローガンを大衆の前で掲げることに異論を持っていることを明言した上で、君主制撤廃スローガンを掲げるためには一定の条件と準備が整っている必要があり、今はそういう状況にはなく、このスローガンは誤りだと述べている。井上敏夫は「取調べ当局への迎合ないし予審判事の心証に期待して、コミンテルンの政策的誤りを言い立てたに過ぎない」という見方を示し、「この場合は、階級敵への屈服表明に他ならず、野坂の偽装転向ないし転向そのものの証拠と見なされても仕方がない」と指摘している。[165] 渡部も「野坂の天皇制問題が、権力側に最大限利用された可能性はある」と分析した。[166]

仮釈放と国外脱出

日本共産党はコミンテルンが掲げた「君主制打倒スローガン」に従わなければならないが、共産党側からすれば、野坂の異質な供述は、権力側に歓迎された可能性が高い。野坂は第六回予審訊問が終わり間もなくして三〇年二月、眼病を理由に予審判事から「一カ月間、勾留の執行を停止する」と宣告され、二月二十六日に保釈になった。野坂は慶應義塾大学の学生だった頃、眼病を患って一九一四年八月に神戸市の眼科医で手術を受けた病歴があり、二九年三月末までに眼病の再発に気づいた。一カ月間の勾留の執行停止を受けたが、野坂はその後も眼疾、肺尖カタル、糖尿病、痔疾などの理由で、勾留停止期限の延長許可を繰り返しながら、三一年三月二十一日、同じく保釈中だった妻の竜を伴って門司港から大連に向けて国外脱出したのだ。[167]

コージ・アリヨシの「岡野進小伝」には、逮捕後の野坂の状況を記している。「一九二九年、ある検事が〔中略〕岡野の心を探ろうと訪ねてきた。岡野は彼を追い払ったが、共産主義者の中には、検事に影響され、何人かの裏切り者が出た。〔中略〕岡野の眼が彼を悩まし始めた。深刻な状態ではなかった。しかし刑務所当局を納得させられれば、手術のためそこを出る良い口実となった。数年前彼は白内障の手術をしていたのだが、持病が再発したのだ。彼はたびたび当局に訴え、獄外からも彼の兄や弁護士が働きかけた。医師が岡野の眼を救うには緊急手術が必要だという手紙を書いてくれた。裁判所は岡野に一ヶ月の仮出獄を認めた[168]」。

逮捕された共産主義者の中には、拷問を受けて「裏切り者」が出る中、検事が野坂に「転向」を迫ったことを示唆している。しかし野坂は、コミンテルンや日本共産党と異なる自身の「君主制打倒スローガン回避」という検事・判事への供述は「転向」ではなく、仮出獄はあくまで眼の病気が原因であると強調している。

野坂の延安での発言を見ると、野坂の天皇観は三・一五事件当時からあまりぶれていない。戦後についても、共産党国会議員の公設秘書を長く務めた兵本達吉は「「天皇制」の問題では党幹部、徳田〔球一〕、志賀〔義雄〕、宮本〔顕治〕らと野坂の間には明らかに意見の食い違いがあった。これはいわゆる「三二年テーゼ」を監獄のなかで氷づけにして出獄してきた前者と、とにかく世間の空気を吸って生きていた野坂との違いのように思われる」と解説している。[169]

共産党大会での「民主的日本の建設」

野坂参三が天皇観を公式に表明したのは、一九四五年四月二十三日に延安で開幕した中国共産党第七回全国代表大会での演説である。『野坂参三選集・戦時編』に掲載された「民主的日本の建設」序文では、毛沢東主席の政治報告「連合政府を論ず」、朱徳総司令の軍事報告に続き、野坂が日本共産党を代表して岡野進の仮名で演説したとされる。(170) 大会を傍聴してノートに書き込んだウラジミロフの四月二十三日の日記では、任弼時、毛沢東、朱徳、野坂参三、劉少奇、周恩来の順で演説したことになっているが、彼らの演説は紋切り型で国際情勢の簡単な分析、日本帝国主義打倒の呼びかけなどにとどまった。(171) 野坂の「民主的日本の建設」演説は五月二十一日に行われた。長くなるが引用する。

「民主制度の上で、天皇および天皇制はどうなるのか。天皇は二つの作用をもっている。第一は、わが国の封建的専制独裁政治機構（または天皇制）は、天皇を首長とし、中心として構成され、天皇の手中に、制度上、絶大な政治的独裁権が握らされていることである。第二は、「現身神」（あらひとがみ）として、半宗教的役割を人民の間に演じていることである。この二つの作用は、相互に結びついているが、しかし、分離することもできる。そしてわれわれは第一の作用に対する態度と第二に対する態度とに、区別が必要である。

専制的政治機能（天皇制）の首長としての天皇または天皇の特権は、この機構とともに、即時撤廃して民主的制度が実現されなければならぬ。これはすでに述べたところである。日本の人民は天皇または皇室に対して信仰をいだくが、しかし、この独裁機構を崇拝しているのではない。われわれは、専制機構としての天皇制は、直ちに撤廃して、民主制度を実現しなければならぬ。この点においてなんらの妥協もない。だから、われわれの主張である日本の民主主義化とは、すなわち、天皇制の撤廃と同意義である。これが、天皇の第一の作用に対するわれわれの態度である。

だが、天皇の第二の作用は、すなわち半宗教的影響力に対しては、われわれは用心深い態度をとらなければならぬ。過去七十年間に一般人民の心底に植えつけられた天皇または皇室に対する信仰は、相当に深いものがある。たとえば、われわれは、最近、南洋の某地に収容されている一人の日本兵士（捕虜）から日本人民解放連盟の出した手紙に対する返事を受取った。この返事には、われわれが戦争と軍部に反対する事は好いが、天皇崇拝の念が解放連盟の書面に表れていないのは遺憾である、と非難して書いてあった。また、南方各地で連合軍が日本兵捕虜数百人に対して質問した結果によると、日本の勝利に対する確信を有するものは全体の半分、最高指揮官に対する信頼者はわずかに三割一分、ところが天皇崇拝はほとんど全部の兵士に共通した回答であった。八路軍に捕われて間もない兵士の多くは、解放連盟の綱領には賛成するが、もし天皇を打倒するならば反対である、という。〔中略〕

わが解放連盟の綱領中には、天皇または皇室打倒の綱領をかかげていない。〔中略〕戦争と軍部には反対するけれど、天皇の崇拝はやめない者も、当然、獲得しなければならぬ。われわれが、天皇打倒のスローガンをかかげない場合には、当然われわれの陣営に来り投ずる大衆も、このスローガンをかかげることによって、われわれから離れ、われわれは大衆から孤立する危険がある。〔中略〕

わが共産党は、天皇制も天皇もない徹底した民主共和国を要望し、そのための宣伝教育を人民大衆にむけて行なっている。しかし、われわれの要望は人民大多数の意見に反しては実現されるものではない。人民大多数が天皇の存続を熱烈に要求するならば、これに対してわれわれは譲歩しなければならぬ。それゆえに、天皇存廃の問題は、戦後、一般人民投票によって決定されるべきことを、私は一個の提案として提出するものである。投票の結果、たとえ天皇の存続が決定されても、その場合における天皇は、専制権をもたぬ天皇でなければならぬ(172)」。

区別された天皇観

野坂の天皇観を要約すると、①独裁政治機構としての天皇制と、日本国民を崇拝・信仰させる半宗教的役割の天皇・皇室を区別する、②前者は打倒の対象だが、後者については打倒スローガンを掲げない、③天皇存廃の問題は戦後、人民投票によって決定する――というものだ。

三・一五事件での検事・判事に供述した天皇観から大きな変化はないことが分かる。野坂は戦後、大森実に対して「三・一五で捕まって入ったときから、私としては、民主主義を具体的に大衆に訴えるには、天皇の問題、天皇制の問題、これは一つのものだけれども、いちおうは区別できると思うんです。というのは、日本では天皇と皇室に対して、半宗教的考えをずっと明治以来うえつけられてきてるでしょ。だから、兵隊がみな、天皇陛下のためなら命を投げだす、死ぬときも万歳を唱えて死ぬというようにうえつけられてますからね。こういう大衆が革命の本体にならなくてはならぬ。その場合にどう扱うか…。制度としての、天皇を頂点とした専制政治は撤廃しなくてはならぬ」と語っている。[173]

野坂は、三・一五事件で逮捕された時から天皇制と天皇・皇室を区別する天皇観を持っていたことを認めている。また大衆に民主主義を訴えるためには前者を独裁的なものととらえて打倒対象とし、天皇・皇室だけを取り出し、天皇陛下のためなら死ねるという兵士を味方につけるとともに、彼らの天皇への半宗教的信仰を革命のエネルギーに変える意向だったようだ。

野坂は、米国と中国共産党の蜜月期である一九四四年に相次いで延安に来た米国の外交官、情報機関要員、ジャーナリストらに自らの天皇観を語り、彼らもそれを報告しており、日本の共産主義者の特異な天皇観に関心を持った。山本武利は、「戦後改革の中心は天皇制の問題であった。岡野が語る天皇温存による改革構想がアメリカ側に好感をもたれた」と指摘しているが、[174] ちょうど天皇利用による戦後構想を練っていた米国にとって野坂の天皇観は受け入れやすいものだった。

野坂は一九四四年九月八日、フィッシャーにこう語り、フィッシャーは「日本共産党の計画——岡野進の見解」と題する報告を記した。この中で野坂は自身の天皇観についてこう述べた。

「現在の天皇を退位させる。後継者がいるのであれば、その法的権限は縮小されなければならない。現在の天皇は個人的に戦争責任を回避することはできない。天皇が強硬に戦争に反対すれば大きな影響を及ぼしえたのにもかかわらず、いかなる段階においても戦争に反対しなかった。特に軍部による満州侵略時のような初期の段階において天皇は戦争に反対しなかった。当面の間、天皇制の廃止は行わない。我々は、日本人民が天皇制を完全に廃止する覚悟ができているとは考えない。時節の到来を待ち、その時が来たと確信したとき、我々は決定的な行動を提案することで当面は満足している。我々は、むしろ宣伝のなかで天皇の性格とそのあり方を議論してゆく。我々は天皇制のあり方を説明し、問題提起を行うが直接的な攻撃はいかなるものでも行わない。我々は「天皇制打倒」のようなスローガンは使用しない[175]」。

またエマーソンは、四四年十二月四日、野坂と会見し、「日本国天皇に対する連合国の政策——中国延安の日本共産党代表岡野進との会見」を報告にまとめた。エマーソンは野坂の天皇問題に関する見解をこう記している。

「日本共産党は、その歴史の始めから、天皇制反対を宣言してきた。この制度の廃止が同党の目標の一つであることは、一九三二年にコミンテルンから出された「テーゼ」のなかに宣言された。岡野氏はこのテーゼに署名してこれを支持してはいるが、天皇を攻撃する宣言を出すべきであると考えてはいないし、また、日本の降伏時に、現在の天皇にとって不利な措置を性急にとることが必要であると考えてもいない。とはいえ、たとえ皇室を存続させるにせよ、戦後、裕仁が君主として留まることを許すべきではない、という考えである。

岡野氏は、およそ天皇に対してとるべき態度についての議論にさいしては、天皇制と皇室とを区別し、さらにまた、皇室と現在の天皇裕仁とを区別することが必要であると考えている。天皇制が今日と同じ姿のまで存続するかぎり、日本に民主主義が発展することはありえない。権力は、国民の代表者の機関である国会に置き、天皇に置いてはならない。そうでなければ、権力グループによる独裁を可能にするからである。このような根本的変革が緊要である。

〔中略〕しかし、日本国民が皇室に対して抱いている宗教的尊崇には考慮を払うべきであり、国民の大多数が皇室の存続を望むならば、儀式的傀儡機関としてその存続を認めてもよかろう。〔中略〕戦後、裕仁がひき続き皇位に留まることを支持するのはきわめて愚かなことである。必要ならば、イタリアの前例にならって現在の天皇を退位させ、彼の子息を継承させてもよかろう」[176]。

上記の野坂の天皇観から、既に示した天皇制と天皇の区別や天皇制打倒スローガンには反対のほか、裕仁天皇と皇室を区別し、皇室は存続させても、戦争責任を持つ裕仁天皇を退位させ、皇太子を後継とすることも可能であるという認識を示している。さらに天皇制の廃止は今すぐ廃止する覚悟を国民はまだできておらず、時機が来て国民の大多数が皇室の存続をやはり望むならば、天皇に権力を持たせるのではなく、天皇制は「儀式的傀儡機関」として存続すべきである、と指摘している。

野坂の指摘する、権力を持たない「儀式的傀儡機関」としての天皇制は、戦後の日本国憲法に明記された「象徴天皇制」につながるものとも言える。野坂の天皇観は、天皇制存続の方針に傾いていた当時の米国の日本通外交官や研究者が描いた戦後天皇政策と近い内容があった。また一九四三年十一月にカイロでルーズベルト米大統領と会談した蔣介石は、軍国主義的側面を排除した天皇制の存続を容認し、天皇制の存廃は

「日本国民が自ら決定すべきだ」と述べたが、当初は天皇の責任追及を排除しなかった。蔣介石と野坂の天皇認識は酷似している。これらの点は後で検証することにしよう。

エマーソンは一九四五年一月十三日、「捕虜の思想の無記名アンケート調査」も実施している。十九の質問には「天皇」に関する項目が多い（回答は単純集計）。

一　天皇はこの戦争を承認したと思いますか。（そう思わない八、そう思う一四、無回答一）
一　日本が敗北すれば、天皇は彼の支配権を維持することができますか。（そう思わない一九、そう思う四）
一　日本が敗北した場合には、天皇制が変革されると思いますか。（そう思わない二、そう思う二一）
一　戦争をはじめた責任は主に次の誰になりますか。（軍部一八、大資本家一、政治家一、天皇一）[177]

アリヨシは「かかる研究は、異なった経済的、教育的、職業的背景を持つ日本人に対して将来行う予定の我々の宣伝活動の方向性に示唆を与えてくれるだろう」と指摘しているが[178]、エマーソンは日本敗戦後の占領計画の参考にするために捕虜を通じて日本人の思想動向を調べたのだった。

当時、延安で取材していたジャーナリストのガンサー・スタインに対して野坂は「『天皇制打倒』スローガンはさけなければなりません。いま、このスローガンを利用することは、日本の支配階級の様々な集団が、再び天皇のもとに結集して、増大しつつある相互間のいがみ合いをとりしづめ、国民のなかの動揺分子を、彼らに従わせようとするのを、助けてやるようなものであります。〔中略〕天皇は実は軍国主義者の表看板にすぎません。一度軍国主義者を倒してしまえば、天皇制は楽に倒すことができます。軍国主義者の脊なかにのっかかっているのは、ひとり天皇だけではありません。大財閥や大地主ものっかかっています。乗り手を倒すためには、まず馬を倒さねばなりません。しかし、このことは、われわれが天皇制反対の宣伝を、現在としてもひっこめることを意味するものではありません。われわれは、天皇が清浄で神聖に権力ではなく、かえって、いまの日本に生じている事柄について一部の責任があることを、兵士や民衆にわからせて、天皇権威をほりくずしていくように心がけています」とも語っている。[179]

スタインに対して野坂はその天皇観をより率直に語り、スタインの方もジャーナリスト的な関心を持って質問している姿が目に浮かぶ。野坂はこの中で、①天皇制打倒スローガンは回避するが、あくまで天皇制には反対である、②天皇制打倒よりもやはりその根源である軍国主義を優先的に倒す、③「天皇制打倒」スローガンを叫べば、敗戦の中で不利な状況の支配階級を団結させるという逆効果を生む、④天皇の権威を掘り崩す努力を行う—という考えを示している。いわば、日本敗戦後をにらみ、現実的かつ戦略的な天皇政策を取ろうとしていることが見て取れる。

毛沢東の手紙

一九四五年五月二十一日、中国共産党第七回全国代表大会で「民主的日本の建設」と題して演説した野坂参三は、天皇問題に関する後段で「人民大多数が天皇の存続を熱烈に要求するならば、これに対してわれわれは譲歩しなければならぬ。それゆえに、天皇存廃の問題は、戦後、一般人民投票によって決定されるべきことを、私は一個の提案として提出するものである」と述べたことは前述した。

野坂の演説内容は、中国共産党機関紙、解放日報五月二十九日付で、野坂の肖像画付きで一面から四面までの紙面を使って掲載された。同紙には演説日は「一九四五年五月」とぼかされている。[180] 毛沢東は、解放日報に翌日掲載される野坂の報告を事前に読んだ。そして二十八日に「岡野進同志」宛ての手紙を送った。毛沢東直筆の手紙にはこう記されている。野坂が大会で行う報告原稿に毛沢東がコメントしたものである。

「この文章［「民主的日本の建設」］を読みましたが、なかなかいい文章でした。私はこれを通じて日本共産党の具体的な綱領が分かるようになりました。〔中略〕この他、いくつかの細かい点について以下列挙します。〔中略〕三七頁一〇行目「迅速由一般人民」の「迅速」（早急に）の二文字は削除できると思われます。この投票問題ですが、その時になって一体早くするのが有利か、あるいは遅くするのが有利かは、状況を見てから決定すべきものであります。私は、日本人民が天皇を不要にすることは、おそらく短期間のうちにできるものではないと推測しています」[181]。

毛沢東は、天皇制について即時廃止は現実的でなく、その存廃は日本人民の意思に委ねるべきだという野坂の提案を支持している。つまり天皇制の存続を認める認識である。そして「尽速由一般人民」（早急に一般人民が）となっていた野坂の元原稿のうち「迅速」を削るよう指示している。実際に解放日報の紙面では「対於天皇的存廃問題、我們主張、在戦後由一般人民的投票来決定」（天皇の存廃問題に対し、我々は、戦後になって一般人民が投票で決定するよう主張している）となり、「迅速」という言葉は消えている[182]。これは毛沢東自身が、天皇存廃問題の早急な決着に「待った」を掛けたものと言える。毛沢東の天皇観を示す貴重な資料であるが、寺出道雄は「彼の関心の中心事は、戦後における、中国とそれら諸国との関係におかれていた、と見なしうるであろう。すでに、毛沢東の思考のなかに、日本の敗戦は織り込みずみであった。彼は、〔中略〕現には敵国である日本について、その敗戦後における、「専制権を持たない天皇」を戴いた政府との共存を構想していたのである」と指摘している[183]。

水野津太資料

毛沢東の「天皇観」がどういう影響を受けて構築されたものかなどの分析は後述するとして、まず手紙の出所を説明しよう。

この手紙は、「社会運動資料センター・信濃」（長野県南佐久郡川上村）の由井格《ゆいいたる》が所蔵していた「水野津太資料」の中から発見された。「英文資料」と記された文書の束があり、その中に「信書」と書かれた小型の茶封筒が含まれており、毛沢東の野坂宛ての手紙はこの茶封筒の中に紛れていた。手紙の分析は、加藤哲郎(184)や寺出道雄(185)の研究に詳しいが、筆者も手紙のコピーを由井から入手した。確かに流れるような独特な筆跡で、毛沢東の直筆であることがすぐ分かる特徴的な筆使いだ。

水野津太の生涯については由井格の著作(186)に詳しい。津太は一八九三年一月十七日に生まれた。岐阜県土岐生まれとされるが、名古屋という説もある。婚外子とされ、生後すぐ水野家に預けられ養女となる。一九〇九年に日本女子大に入学したが、一〇年頃から社会問題に関心を持ち、一二年三月には放校となった。一九一三年に二十歳で大連にいる叔父のもとに送られることになった。二〇年に満鉄図書館初代館長の島村孝三郎の世話で同図書館に就職を果たした。図書館の先輩に後の日本共産党幹部・佐野文夫がおり、社会科学について指導を受け、佐野の主唱で秘密裏に発足した政治研究グループ「極東研究」にも時々顔を出すようになった。二一年には東京で一年間研修し、婦人図書館司書第一号になった。研修中、山手線の電車の中で青年将校に見初められ、結婚したが、後に離婚した。二三年に新設のハルビン図書館に勤務した。日本語の堪能な図書館員の干海源の紹介で、中国人との交流を深めた。二八年には与謝野鉄幹・晶子夫妻の東北旅行の際、ハルビンを案内した。(187)

日本に戻り、弾圧された日本共産党員の救援活動を始めるのは三二年頃からだった。渡辺多恵子（志賀多恵子、志賀義雄の妻）と知り合い、志賀から二八年の「三・一五事件」獄中被告団の救援を頼まれ、国領五一郎、市川正一、徳田球一、志賀義雄らと面会、差し入れを行う。津太自身も三四年七月十日に青山署に検挙された。(188)同年七月十七日付東京朝日新聞夕刊には「陰に元大尉の妻 アジトを提供し聯絡を援助 非転向派に差入れ」という記事が、津太の顔写真入りで掲載されている。記事には「同女は共産党リンチ事件の巨頭逸見、秋笹等と聯絡彼等の巧妙な地下運動を援け重要な役割を働いてゐたことが発覚」したとあり、「独身生活をして来たが先に検挙された赤の女闘士志賀たえ子から感化を受けリンチ事件の巨頭秋笹のハウスキーパー木俣鈴子と聯絡、次第に深みへ入つたもので検挙後暫くは頑強な態度で一切を否認し青山署で逸見と顔をつき合せながら白を切り手古摺らせたとの事である」とも記している。[189] 同年十一月に処分保留で釈放された。

津太は日本敗戦後の一九四五年十一月、共産党書記長・徳田球一や志賀義雄の要請で、日本共産党本部勤務となり、共産党の機密文書・資料の収集・保管に当たった。日本共産党は五〇年一月、コミンフォルムからの批判を受け、党は分裂した。マッカーサー司令部は朝鮮半島情勢の緊張を受けて徳田ら日本共産党中央委員二十四人の追放を指令し、党を非合法化した。これに伴い、党本部の文書・資料の移転を決めるが、津太の世田谷区豪徳寺の自宅に保管されることになった。六七年には共産党中央委員会が時の議長・野坂参三名で水野に対して資料の差し押さえ仮処分を東京地裁に申請し、トラック二台分の資料が搬出された。党が不要とした資料は水野のもとに残り、九二年に水野が死去すると、これら資料は遺言に従って晩年に水野の世話を見ていた由井が引き継いだ。[190]

「日本の革命史知りたい」と毛

「水野津太資料」からは、毛沢東が一九四三年三月十五日に「林哲」宛てに出した手紙も見つかった。野坂は、延安に来た当初、「林哲」という中国名を使ったが、一九四三年五月にコミンテルンが解散した後には、モスクワ滞在時に使っていた「岡野進」というペンネームで通した。コミンテルン幹部だった野坂がどこで活動しているかは機密に属したが、解散後にはその配慮の必要がなくなったからとみられる。[191] ただ延安で野坂と会った外国人らは、岡野進が変名であることを知っており、本名を「野坂鉄」と思っていたようである。[192] あくまで「野坂参三」が本名であることは隠し通していたようである。この手紙で毛沢東は、こう書いている。

「私は日本の革命史に詳しくありませんが、非常に知りたいのです。また中国の党の幹部たちと党員たちにも、日本の革命の史実を教える必要があります。そこであなたに日本革命の史料を多く書いて、『解放』に発表して下さるよう提案します。ご考慮いただけますようお願いします。

私は、あなたの文章がすべて好きです。同時に同志たちに物事を客観的に分析するあなたの態度を学習するよう勧めています。我々の中には、文章を分析できる人が少ないです。主観主義の大言壮語があちこちに蔓延しています。我々は今、この根深い伝統である悪い作風を叩いている最中です。あなたにも支援いただけるようお願いします。敬礼[193]」。

この手紙を読めば、毛沢東が、「革命の同志」あるいは「革命の実践者」として野坂を尊敬し、信頼していることが読み取れる。一九四四年に延安で取材活動をしたガンサー・スタインは、「延安の中国共産党員は、岡野進を大変に尊重しており、完全に信頼のおける、頗る有能な人物とみなしている。彼らは、岡野を自分たちの仲間として扱い、日本関係の重要な問題については、いつも彼に相談をもちかけているらしい」と回想している。野坂は中国人の妻と一緒に朱徳将軍の洞窟住居と隣り合って暮らし、公式の重要な会合にも共産党の指導者に混じって参加していたとガンサーは記憶していた。[194] 野坂の側にいた趙安博の回想によると、野坂は解放日報に二週間に一回くらいのペースで、「敵情」情報を書き、日本についての知識を中国人民に広めた。[195] これが毛沢東からの手紙で解放日報に日本の革命史を書いてほしいと提案されたことを受けたものかどうかは定かではない。ただ趙は、「我々は野坂さんを先生として尊敬していました」としながらも、「彼は中国のことを軽視していたと思います」とも述べている。野坂と毛沢東、さらに八路軍総政治部のメンバーが話し合っている時、野坂は突然、「日本の革命の日は、中国より早い」と言いだし、毛沢東をがっかりさせたことがあったという。野坂からすれば「中国は遅れている。革命も必ず遅れる。日本は資本主義だから、何でも中国より進んでいる」と言いたかったのだろうと趙は認識したが、毛は一言、「それならば大変結構です」とだけ返答したという。趙はまた、「彼は延安にいながら、中国のことをあまり勉強する気はなかったようです。中国革命の研究など、やる気もなかったのです」とも述べている。[196] 外国人の外交官やジャーナリストら外部からは中国共産党指導者層と野坂の関係は良好に見えただろうが、内部では必ずしも完全に野坂を信用していたわけではなかったようだ。

戦争から体得した対日観

「私は日本の革命史に詳しくありませんが、非常に知りたいのです」と野坂への手紙で記した毛沢東は、もともと独自の天皇観や日本観を持っていたわけではない。日本留学経験のある蔣介石や周恩来とは違い、抗日戦争という実践の中から体得したものだった。

蔣介石の日本観は本書第五章で触れる。周恩来が日本に留学したのは一九一七年九月から一九年四月である。[197] 注目すべきなのは、一九〇六年と〇八～一一年に留学した蔣介石と異なり、日本に留学したのは、一九一五年五月の日本政府による対華二十一カ条要求の後、ということである。二十一カ条要求で中国人から憤怒と抗議の声が高まる中、天津の名門、南開中学に通った周恩来も直ちに日本帝国主義が中国に無理矢理押し付けた亡国条約だと反対し、同年六月六日、天津での救国大会で「志気を鼓舞し、この恥を忘れてはならない」と訴えた。[198] それでも留学先に日本を選んだのは、日本には多くの南開学校を卒業した学友がおり、彼らの中には家が金持ちであったり、中国政府から定期的に生活補助を得たりしていて、万一、経済的に困難が発生しても援助が得られると考えたからであった。[199]また、周恩来は熱心に学習に力を入れたが、留学生周辺では日中両国間の問題で様々な事件が起こり、次第に学習に力が入らなくなってきた。日本語の問題もあったが、希望した東京高等師範学校（現筑波大）と第一高等学校（現東京大教養学部）の受験に失敗した。そして東亜高等予備学校で留学生活を送った。[200]

ただ『周恩来年譜』の一九一八年二月四日には、二十歳の周が「旅日以来、日本社会を留意して観察し、毎日一時間以上、日本語の新聞を読む以外にも東京中国青年会に行き、置いてある雑誌も閲読した。あらゆる新たな思潮を理解し、友人と頻繁に接触し、幅広く意見交換した」と記している。[201]同日の周恩来の日記[202]には、日本の国情を理解するため「何事においても求学の眼光で日本人の一挙手一投足やあらゆる行事を見る」とし、孫子の「知己知彼、百戦百勝」（己を知り、相手のことも知っていれば、戦えば必ず勝つ）との言葉を引用し、自分の肌感覚で日本を理解することが何より重要と考えた。一八年五月一日には東京九段の靖国神社に行き、「大いに感慨」と記載している。[203]

一方、訪日経験のない毛沢東の対日観は、感情的かつ率直だ。米ジャーナリスト、エドガー・スノーが一九三六年に毛沢東に取材して刊行した『中国の赤い星』には、十六歳（一九〇九年）の毛が湖南省湘郷県にある学校に入った際の話が登場する。そこには日本に留学した教師がおり、毛は「私は彼が日本について話すのを聴くのが好きでした」、「当時私は日本の美を知り、また感じとり、ロシアへの勝利の歌に日本の誇りと力といったものを感じたのでした」と回顧している。だがその後の日本を「野蛮な日本」として、「われわれが今日［一九三六年当時］知っている日本もあったとは考え及びませんでした」と言及している。[204]こうした毛沢東の発言は、日本に対する高い関心を示していると同時に、日露戦争に勝利した日本に一定の敬意を持っていたが、その後の日本軍部による野心的な中国進出によってその好意的な対日観が一変したことを裏付けていると言えそうだ。
その転換点はやはり、日本政府が袁世凱政権に突き付けた一九一五年五月の対華二十一カ条要求にあった。対華二十一カ条要求を受けて、毛沢東は学生の仲間に「共産党は非常なる屈辱を受けた。どうやって復讐しようか」と訴えた。[205] また同年六月に記した詩の中で毛は日本について「東の海には島の野蛮人がいる」[206] としたほか、一六年七月の手紙には「戦争なくしては、我々は二十年以内に消滅するだろう。だが我が同胞はいまだに気づかずに眠り続け、東方に少しも注意を払っていない。私の見方では、我々の世代が直面する仕事としてはこれほど重要なものはない。我々が子孫を守るため自分自身の置かれた状況を強固にしたいと望むならば、抗日の決意を研ぎ澄まさなくてはならない」と書いている。[207]
この手紙は、『毛沢東早期文稿』[208] にも収録されている有名なものだが、中央文献研究室の曹応旺は、この手紙を通じて毛沢東が深い洞察力を持っていたと解説している。つまり、①毛沢東は日本帝国主義の中国侵略が少しずつ進み、その目的が全中国を呑み込み、アジアに覇を唱えるものだと認識していた。日本への譲歩はその侵略の気焔を助長するもので、まだ日本は中国を全面的に侵略していなかったが、戦争をしなければ中国は二十年以内に消滅するととらえていた、②中国は国土も人口も日本を大きく上回っているのに、なぜ日本に馬鹿にされるのか。その鍵は大多数の中国人が覚醒しておらず、国には組織力がなく、人には団結力がないとみていた、③日本を観察し、研究しなければ無防備で殴られる状態を変えられない。勇気を持って戦争に挑む精神を出せば、日本侵略者は思い通りにできないはずだ―と認識していた。[209]
毛沢東は、日本が中国侵略への野心をあらわにする早い段階から抗日への決意を示していたわけだが、対華二十一カ条要求から二十年がたった一九三五年十二月二十七日、「論反対日本帝国主義的策略」（日本帝国主義反対策略を論ず）[210] でこう報告している。これは、『毛沢東選集』に収録された最初の日本論である。

「現在の日本帝国主義は、中国全体をいくつかの帝国主義国家から成る半植民地の状態から、日本が独占する植民地の状態に変えようとしている。全国人民の生存を脅かしている。こうした状況は、中国の一切の階級、一切の政治派閥に「どうするか」という問題を投げ掛けたものだ。抵抗か、投降か、あるいはこの二つの間を揺れ動くのか」。その上で、抗日に消極的である「売国奴の陣営」・「帝国主義の手先」として蔣介石を強く批判し、「党の任務は紅軍〔共産党軍〕の活動と全国の労働者、農民、学生、小ブルジョワ階級、民族ブルジョワ階級のあらゆる活動を合流させ、統一した民族革命戦線にすることだ」と訴えている。

また毛沢東は一九三七年五月三日の「中国共産党在抗日時期的任務」(中国共産党の抗日時期における任務[211])ではこう強調している。

「第一の面は、政治制度上の国民党による一党派、一階級の反動独裁的政体を、各党派・各階級の協力による民主的政体に改めることである。この面ではまず国民大会の選挙とその招集上の反民主的な手法を改め、民主的な選挙を実行し、大会の自由な開催を保証することから、真の民主的な憲法を制定し、真の民主的な国会を招集し、真の民主的な政府を選出し、真の民主的な政策を実施することまでやらなければならない」。

毛沢東にとってその意味するところは、国民党反動政府の解体であり、新民主主義的政権を樹立することであり、抗日戦争期は、日本に対する民族解放戦争と国内の平和的民主主義革命とが結合して推し進められた。[212]

つまり毛沢東は一九三五年当時、中国革命にとっての最大の敵を日本帝国主義と位置づけ、日本との提携を模索しているとして蔣介石に徹底的な批判を加えることで、「日本帝国主義・蔣介石対中国」という構図を作り上げ、蔣介石以外の国民党各派を含めた幅広い層を取り込む狙いがあった。

毛沢東の共産党は、蔣介石を「敵」と位置づける「反蔣抗日」から、蔣介石に迫って一致抗日を図る「逼蔣抗日」に変化するが、それが表れたのは一九三六年五月五日の「停戦議話一致抗日通電」であった。[213] そこで「内戦停止、一致抗日」の主張を宣言し、「蔣介石氏とその部下の愛国軍人たちの最後の覚悟を促す」と呼び掛け[214]、「蔣介石氏」という敬称の呼びかけにもなった。この背景には、一九二八年六月の張作霖爆殺事件で父親を日本軍人によって亡くした張学良が、三六年十二月に起こした西安事件の数カ月前に周恩来と秘密接触し、説得したことがあった[215]。

さらに共産党は三六年八月二十五日に「国民党への書簡」を出し、蔣介石を含めた国民党全体との再合作を打ち出した。ここで「我々はあなたたちと強い革命統一戦線と結成したい」と表明したが[216]、やはり根強い蔣介石への不信は残ったままだった。毛沢東は三六年七月、保安でエドガー・スノーと会見した際、「国民党は反革命に変わり、孫先生の主義に背き、農工〔農民・労働者〕を圧迫し始めた[217]」と述べ、孫文の三民主義重視の姿勢を鮮明にした。毛沢東は、「国民党反動政権」と対極をなす民主主義政権の推進を呼びかけることで、幅広く国民党を取り込もうとしたわけだが、「日本帝国主義」と「反動蔣介石」を重ね合わせ、それに対抗する「民主主義・共産党」という構図を浮かび上がらせたのだ。こういう観点から、この時期、毛沢東は革命の父である孫文や孫文の三民主義を持ち出すことで、孫文の後継者は自分たちだと位置づけ国民党との違いを強調した。毛沢東は一九一一年の辛亥革命直前、故郷・湖南省の長沙で孫文を新政府の大統領にし、それぞれ改革派思想家・政治家の康有為を総理、梁啓超は外交部長になるべきだとの一文を書き、学校の壁に張り出したことがあった[218]。毛沢東は革命運動を進める上で、孫文の遺志を継承した[219]。毛沢東の新民主主義革命は、孫文の三民主義を発展させたものであるとの見方を示したのが、一九四五年四月の中国共産党第七回全国代表大会での演説である。毛は孫文についてこう語っている。

「彼の多くのいい話を引用した。彼の良いところはしっかりつかみ、死んでも離さない。我々が死んでも、子供達にしっかりつかまえさせておくのだ。しかも区別もある。我々の新民主主義は孫中山〔孫文〕よりもはるかに進歩しており、はるかに整っている。〔中略〕現在我々の党は大きくなり、勢力も大きくなった。彼がいれば役立つ。〔中略〕我々ははっきりした頭脳を持ち、孫中山の旗幟を利用しなければならない」[220]。だからこそ毛沢東の対日観は、孫文のそれを引き継いだ。山口一郎は、「毛沢東が革命運動をはじめたのは、日本が一九一五年の廿一カ条条約の要求から一九二七、八年の済南事変へと中国侵略を露骨におしすすめ、中国と日本とが敵対関係にはっきり立った時代のことである。したがって、毛沢東は、孫文と同様、日本の支配階級と人民とを区別し、日本の人民にたいする期待をもちながらではあるが、孫文より以上に明確なマルクス主義的階級観にたち、中国革命を圧殺しようとする日本の支配階級、日本帝国主義にたいし抗議するところから、その対日観を出発させていた[221]」と解説した。

そして毛沢東は帝国主義的日本への敵意をむき出しにし、当初の天皇観も帝国主義的な見方が支配した。例えば、一九三八年の「持久戦を論ず」で日本軍の特徴を「過去に敗戦したことがないために形成された自信、天皇や神に対する迷信、傲慢不遜、中国に対する蔑視などがある[222]」と指摘しているが、これは前述したように「島の野蛮人」とみなした日本認識と相通じる部分がある。当時、毛沢東は、ほとんど日本人と接触がなかったが、その後延安に来た野坂参三や、日本人捕虜と出会う。彼らを通じて天皇への「迷信」は、日本人の天皇制打倒スローガンの拒否反応という「現実」として実感することになる。それが、日本敗戦直前の四五年五月末の野坂宛ての手紙に表れた「日本人民が天皇を不要にすることは、おそらく短期間のうちにできるものではない」という認識につながる。つまり毛沢東は、日本人にとって天皇が不可欠な存在であると思うことになるのだ。

鹿地亘は野坂より早く、重慶で反戦同盟を展開したが、鹿地に対しては「共産党であり、同盟は共産主義団体だから、その活動を封塞せよ」との風説が流れて活動が妨害され、解散を命じられた。[223] 野坂が延安で日本人民解放連盟を発展・拡大させたのと対照的な展開となった。野坂は日本共産党幹部で、労働者運動に参加した鹿地は元プロレタリア作家であり、日本で共に投獄された経験を持つが、これまで直接会ったという記録はない。

一九四四年四月に野坂の提唱によって発足した「日本人民解放連盟」の綱領草案が新華日報に掲載された翌日の同年三月二十三日付の重慶大公報に、「「日本人民解放連盟綱領」を論評する」という社説が載った。[224] 重慶側からの様々な問題提起のうち、重要かつ中心を占めているのは、同綱領に「軍部独裁の打倒」が掲げられているが、天皇制打倒スローガンがないことへの批判だった。[225] 大公報社説は、「われわれは、戦争をひき起こした「主謀者」がまったく軍閥だけであるというのは、同意できない」とした上で「軍部があらたに立てた錦の御旗は天皇であり、天皇が封建的特質の象徴」であると指摘し、財閥とともに天皇は「とりわけ徹底的に打ち倒さなければならない」と訴えた。[226] この年の元旦、蔣介石は前年十一月に行われたカイロ会談の内容を報告し、天皇制を事実上容認する意向を示したにもかかわらず、重慶のメディアが、綱領草案を取り上げ、天皇・天皇制を打倒すべきとの厳しい姿勢を示していたことを表したものだ。それだけ蔣介石の天皇政策に対して、国民政府内や民衆の間には異議が強かったのである。

重慶を代表する新聞の論評に野坂はショックを受けたのだろう。四四年四月五日、野坂は「鹿地亘同志」に宛てて手紙を出している。[227]「「日本人民解放連盟」創立の趣旨に諸君が賛成され、重慶方面に於て、これに類する組織を準備されつつあることを聞いて喜んで居ります」で始まる手紙の多くは、天皇制に対する野坂の認識に費やしている。いわば、大公報への反論を、「同志」である鹿地に直接知ってもらい、自身の観点への理解を得たかった。

野坂は、手紙の中で「では、何故あのパンフレットや連盟綱領に、天皇制打倒が主張されてゐないのか」と挙げ、まず「我々が、現在の状況の下に於て全力を集中して攻撃しなければならぬ敵は、ファシスト軍部です」とした上で「軍部と天皇制とを分離して考へることは全くの誤謬で、軍部こそ天皇制の中の最も強力な勢力であり、天皇制の支柱です。従って軍部打倒は、即ち、天皇制打倒を極めて容易にし、而かも天皇制打倒のために現在歩まなければならぬ最捷径《しょうけい》だからです」と記した。続けて「今日たゞちに天皇制打倒のスローガンを掲げることは、広範な人民獲得の上に利益はありません」と指摘し、共産党が宣伝のスローガンとして、天皇制打倒のスローガンを掲げることは必要だが、「人民戦線のスローガンとして之を掲げることは有害です」との持論を展開した。野坂が言いたいのは「我々が、今、問題にしてゐるのは、戦争と軍部反対の人民戦線であって、天皇制打倒のブルジョワ民主々義革命ではありません」という言葉に表れている。「健闘あれ！」と結ばれ、「岡野進（野坂鉄）」と署名されている。[228]

これは野坂の鹿地宛ての手紙だが、野坂が公式に見解を明らかにしたのは、四四年四月二十八日付の解放日報に掲載された「日本人民解放連盟綱領草案に関する重慶『大公報』の評論について」である。なぜか文章作者は「解放連盟準備委員会華北委員・森健」になっているが、実際は野坂が書いたものであり、日付は四月二十日になっている。これを収録した『野坂参三選集・戦時編』には「この論文は手稿をそのまま採録した。なお手稿と同趣旨の手紙を、当時重慶にいた鹿地亘氏にただしたが、それは現在も鹿地氏が所蔵している」との解説が付いている。[229]

解放日報文章は、大公報社説に対して「綱領草案を軍事、政治、経済、外交の四方面にわけて、その意見がのべられている」とした上で「原則上からも、ただ一点についてだけ、私の賛同しない点がある。それは、

「天皇と財閥を徹底的に打倒する」という一項が、綱領中に絶対必要だ、という意見である。この問題は、実は、綱領の中心題目である」と指摘し、絶対に譲れないのがやはり天皇制問題であるとの立場を公にした。野坂の天皇観は繰り返しになるが、綱領で天皇制打倒スローガンを掲げなかった理由についてこういう立場を示している。

「皇室に対しては、われわれは、軍部や財閥に対するよりも、もっと用心深い闘争の方法が必要である。人民の間に相当深く浸みこんでいるこの迷信を打破するためには、天皇が人民の敵であることを、具体的事実をもって、比較的長期にわたって、執拗に大衆に説明し、教育することが必要である。この過程を経ずして、今すぐに、天皇打倒のスローガンを掲げることは、かえって人民の反感と反対を買うだけである」。天皇・天皇制を打倒するための第一歩は、天皇・天皇制そのものの打倒でなく、天皇・天皇制の支柱である軍部権力の打倒にあり、「これによって天皇を実際に無力にする」というロジックが展開されている。(230)

野坂から自身の天皇観に支持を求められた形となった鹿地亘はどう反応したのか。戦後に発行した自伝『中国十年』に「天皇制の問題」という項を設けている。

鹿地は、一九四二年の半ばを過ぎた頃、「極端な意見がいろいろと出た」と回顧した上で、その一つとして「侵略主義のよりどころである天皇制、神秘のヴェールをきせられた絶対専制政治の廃止を主張するもの。または、日本の統治のためには、天皇を軍人勢力から切り離し、人民のこれに対する信仰を利用すべしとするもの」を挙げた。さらに、「当時のさまざまな主張のうち、私たちは最も危険なものとして、いたずらに「天皇制の存廃」を論議する傾向に憂えざるをえなかつた」と懸念した上で、「なぜなら、当面の問題は戦争なのだ。〔中略〕私たちは国民を「軍国主義的独裁の打倒、人民による平和国家の掌握」のため団結させねばならなかつた。そこに人民の聯合の契機があつた。それなのに、現実にこの戦争の解決をはかるかわりに、日本国民を思想と信仰の問題で分裂に陥れ、軍部の独裁を打倒する人民の力量を対立に導く危険のある抽象論議がしきりにおこなわれている」と指摘している。そして「野坂氏がまもなく延安の『解放日報』に、これに対して有力な発言をした」と続け、鹿地は重慶の同盟各国人士に対して同様趣旨の講演を英語で行ったと振り返っている。しかしこれに対して「天皇制打倒をいわざる裏切り」との攻撃があり、鹿地も「天皇制擁護論者」と批判を受けたという。また「滑稽なことに、重慶では天皇制にふれず、もっぱら戦争の解決の見地から問題を論じていたのが中共の『新華日報』だけで、『大公報』、『中央日報』、『掃蕩報』をはじめ、すべての国民党系新聞が、しきりに「天皇制の打倒」を主張した」と回想した。[231]

以上の鹿地の回想から分かるのは、彼は「天皇制打倒」の主張を捨てていた、ということである。鹿地は重慶に来たエマーソンに対して「日本の軍国主義との闘いにおいて、捕虜たちは我々の味方である」と語ったが、[232]何より捕虜の団結を重視した。これは野坂との共通点であるが、日本人捕虜の結集を図る上においては、天皇制打倒を強く訴えることは、最優先すべき軍部独裁の打倒に向けて「人民の力量を対立に導く」と判断し、捕虜たちの嫌悪する天皇制打倒スローガンは戦後日本にとっても不利とみたと考えられる。また野坂と同様に、鹿地は蔣介石がカイロで語った天皇制に関する内容を尊重したのも間違いないだろう。ただ「天皇制存廃」議論は野坂ほど強調していない印象だ。自ら進んで天皇制打倒スローガンを忌避するのではなく、議論自体を避けて天皇制の問題を争点化させなかった。

毛沢東と蔣介石の類似性

次に考えたいのが、日本観そして日本軍国主義観、さらに天皇観に関する毛沢東と蔣介石の類似性である。二人は、後に述べる日本敗戦直後に実現した重慶会談（一九四五年八月二十八日から十月十一日）まで直接会見を行っていない。しかし家近亮子によると、二人はお互いの行動や言説に敏感かつ敏捷に反応し、強く意識し合っていた。[233]第五章で詳しく触れるが、蔣介石は、明治維新で近代化の道を歩み、日露戦争に勝利した日本への留学を目指し、新潟県高田の陸軍第十三師団野砲第十九連隊に士官候補生として入隊した。日本滞在を通じて「知日派」になった。

先行研究で家近亮子は「蔣介石の対日認識の最大の特徴は、日本の軍部（軍閥）を政府（政党・官僚）および民間（財界・一般民衆）と完全に切り離して考える「戦争責任二分論」をとっていたことにある」と分析している。天皇の戦争責任に関しては「蔣介石は軍部の台頭は日本政治の一時的歪みであり、日本の天皇には決定権がなく、責任は軍閥にのみあるという主張を捨てることはなかった」として、こうした認識の背後にあったのは、日本留学経験や、日本人との交流であったと指摘している。[234]

蔣介石に対し、訪日経験のない毛沢東は前述したように日本に関する知識や認識を抗日戦争を通じて獲得した。日本をめぐる経歴が全く異なる二人だが、対日政策に対する認識は不思議なほど類似している。将来的な全中国の支配権をめぐり牽制し合い、不信感を強めた二人にとって共通の敵だった「日本」そして「日本人」をどう取り込むか、意識し合わざるを得なかったのである。ここで一例を挙げておく。

蔣介石は盧溝橋事件から一年を迎えた三八年七月七日、漢口で「日本国民に告ぐ」と題した文章で、「中国は抗戦してより今日に至るまでただ日本の軍閥を敵として認め、日本国民諸君を敵視していない」[235]と訴えた。毛沢東も「持久戦を論ず」で軍国主義と区別し、人民と兵士を尊重するよう指示していることは既に触れた。天皇制・天皇観も似通っている。蔣介石は、カイロ会談で示した「天皇制存続」の方針は揺るがず、日本人捕虜を通じて天皇制を不要にできないと感じた毛沢東も同じ考え方だ。蔣介石は軍国主義に厳しい姿勢は崩さず、最終的には米政府の天皇利用戦略に歩調をそろえる形となったものの、天皇の戦争責任を追及すべきだとの考えを持った。これは皇室と昭和天皇を区別した野坂と似ている。ただ毛沢東は日本敗戦直後には天皇にもっと柔軟な姿勢を見せる。共産党・毛沢東が主導した「日本人戦犯リスト」（一九四五年九月十四日付解放日報）にその一端が示されたが、後述することにする。

蔣介石と毛沢東の間で、天皇問題に関して直接議論したという史料や先行研究は今までのところないし、筆者も見つけられなかった。しかし両者を間接的に結びつける可能性がある手紙が存在した。前出・由井格所蔵「水野津太資料」より発見されたのだ。

蔣介石は一九四四年元旦に「全国軍人・国民への声明」と題したラジオ演説で、四三年十一月に行ったルーズベルトとのカイロ会談の内容を発表した。日本の政体問題について蔣は「日本の新進の自覚をもった人たち自身の解決に待つのがもっともよいと考えている」（後述）と語ったが、延安にいた野坂参三は、この内容を知り、興奮した。そして蔣介石宛てに「私は、昨年華北を経由して延安に来ている日本共産党中央委員です」と紹介する中国語の手紙を出した。日付はラジオ演説二日後の一月三日。差出人は「岡野進（野坂鉄）」となっている。

「あなたのラジオ演説における戦後の日本問題に関わる部分を読み、私は非常に興奮しました。〔中略〕日本の軍閥は必ず根こそぎ取り除くべきであり、軍部が再び日本の政治に関与することがあってはならない。日本における将来の国体のあり方は、新進の覚悟ある者が自ら解決するのが最も望ましい。日本国民の自由意志を尊重して、彼ら自身の政府形式を選択させるべきである、と述べました。これらはすべて、我々日本人民の現在の要求であり、我々は、軍部の気の狂ったような鎮圧を受ける恐れをものともせずにこの目標のために奮闘しています。あなたが述べたように日本軍部を打倒する責任はまず、我々中日両国人民にあります。私は、偉大な中国人民が、あなたの指導の下で、七年に及ぶ苦しい抗戦を続けたことに、限りない敬意を表します。今、日本軍部の末日は近づいています。平和で民主的な世界の出現も遠くはありません。〔中略〕私が中国に来たのも、中国を侵略している日本兵士ならびに日本居留民の中で工作を進め、また日本国内の人民を立ち上がらせて早期に我々の共通の敵を崩壊させるためにあります。しかし我々の力量はまだ非常に微弱であり、今後の活動においてあなたの積極的な支援をいただきたいと思います」(236)。

野坂が蔣介石の演説に「興奮」したのは、言うまでもなく野坂が後に「民主的日本の建設」で述べた「天皇存廃の問題は戦後、一般人民投票によって決定されるべき」とした点と、蔣介石の主張が合致しているからである。野坂は蔣介石の見解に勇気づけられたのか、四四年に延安に来た米外交官や情報機関要員、ジャーナリストらに同様の見解を述べるようになるのだ。

野坂の蔣介石宛ての手紙に対して、延安駐在の国民党連絡参謀・郭仲容を通じて蔣介石からの返電が転送されたのは二月二十六日だった。「日本軍部を倒すために共に奮闘したいとのことを知り、大変嬉しく思います。中国の抗戦は、中華民族の独立と自由を維持するためのものであるだけでなく、貴国の一切の善良で無辜である人民の解放のためのものであります。この努力が中国の抗戦を擁護し、軍部の強迫によって侵略の道具となっている貴国の内外軍民を覚醒させ、速やかに立ち上がって救うよう望みます。我々の共同目標の達成は疑いのないところでしょう」と記されていた。差出人は「蔣中正」(蔣介石)となっている。

この往復書簡を分析した加藤哲郎は、「野坂参三が自主的に書いた手紙か、毛沢東の承認を得たものか、あるいは毛沢東の意を受けて野坂参三が蔣介石に接近したものか、という論点である。当時延安にいる野坂参三が、戦後の日中関係を見据えて、自主的に毛沢東・蔣介石の双方に「保険」をかけたという見方も不可能ではないが、当時の野坂の食客的位置や通信事情からして、毛沢東の承認なしに蔣介石に電報を送ることはありえない。〔中略〕常識的に読むと、この手紙は、毛沢東の意向を受けた野坂参三が蔣介石に送った年賀状、つまり、毛沢東のメッセンジャー野坂参三を使ったアドバルーンと考えられる」との見方を示している。[237]

確かにこの時期、毛沢東は「連合政府」を本格化させていた。一九四三年十月五日、毛沢東は解放日報で社説「国民党中央執行委員会第十一回全体会議と第三期国民参政会第二回会議を評す」を発表し、その中で「蔣介石と国民党が望むならば、共産党はいつでも両党の交渉を再開したい」と提起した。[238] 四四年初め、国民党の延安駐在参謀・郭仲容は、蔣介石が交渉のために共産党代表を重慶に派遣するよう希望していると毛沢東に伝達した。この消息を受け取った毛沢東は、「今年の大勢を見ると、国共には協調の必要と可能があり、協調の時機は、今年の後半か来年の前半ということになるだろう。しかし今年の前半に我々はいくらか活動すべきである」と判断した。こうした状況下で共産党中央は、国民党への公然とした批判を停止し、蔣介石の政策転換を促すことを決定した。[239] 毛沢東は二月十七日、郭仲容と会見し、共産党中央が林伯渠を重慶に派遣し、交渉させることを決定したと告げ、出発の日時は三月十二日以降であると伝えている。[240] こうした国共協調の流れの中で、毛沢東の了解と意向を受けたとみられる野坂の蔣介石宛ての手紙は、蔣介石側に届き、蔣介石も好意的な反応を示したのである。

西安事件は国共合作の契機になったが、特に一九四三年秋以降、毛沢東と蔣介石はお互いに不信感でいっぱいだったが、毛沢東は蔣介石の対日政策や天皇観に異を唱えることなく、両者は類似性を持った。

毛沢東と蔣介石の類似点を探せば他にもある。蔣介石は一九三四年に「敵か、友か」という対日論争を起こしたが、毛沢東は『毛沢東選集』の最初に掲げられている一九二五年十二月一日の「中国社会各階級的分析」(中国社会各階級の分析)で、「誰が我々の敵なのか。誰が我々の友なのか。この問題は革命の最も重要な問題である」と提起している。[241]「敵」とは誰だろうか。劉傑は、「常に、革命の対象、つまり当面の主要な「敵」

を想定して政策立案を行なう。そして、敵に対抗するために、できる限り多くの「友」との統一戦線を構築し、「友」と「敵」との間の矛盾対立を利用して「敵」を弱体化し、最終的な勝利をおさめる。ここで重要なことは、「友」といえども、必ずしも百パーセントの信頼を置いていない点である」と指摘している。[242]毛沢東にとって最大の敵は、日本帝国主義であるはずだったが、それ以上に意識したのは「合作」相手の蔣介石であり、蔣介石を打倒するため日本まで味方に付けようとしたことは触れた。

蔣介石も日本敗戦をにらみ、戦時中に既に日本への接近を進めていたが、共産党との複雑かつ敵対的な関係において日本を味方に付けておく必要性を感じた。一九四五年八月十五日の重慶でのラジオ演説で、いわゆる日本に寛容な「以徳報怨」政策を打ち出した。後に述べるが、同年八月二十八日から四十三日間にわたる重慶での蔣・毛の直接会談の結果、皮肉にもより二人の関係は複雑になり、修復は不可能であることがはっきりした。石川禎浩は、「国民党と共産党は掲げる主義こそ違え、ともに自己完結的なイデオロギーを持ち、集権的組織を追求したという意味において、一卵性双生児であったといっても過言ではない」と位置づけている。[243]

蔣介石と毛沢東は、同じ中国の「皇帝型指導者」として集権的国家を追求し、中国の支配を目指した二人はお互いに意識し合った。特に毛沢東はまずは連合政府を志向する中で、日本をどう扱うかや天皇をどう見るかで蔣介石と同様の政策を取る傾向が強くなったと言えるだろう。

毛沢東の戦犯リスト

日本敗戦直後の一九四五年九月十一日、連合国軍総司令部（ＧＨＱ）は、東條英機ら四十人に逮捕命令を出した。蔣介石の日記によると、蔣介石は九月二十一日、「現在の急務」の一つとして「戦争犯罪人名簿」

の作成を挙げた。この時期、国民政府では日本人戦犯の選定作業が本格化し、本書第五章で詳述するが、筆者は同年十月に天皇訴追回避を内部決定したと結論づけた。

中国共産党の方は、日本軍国主義を推進した日本人戦犯、さらに天皇・皇室の戦争責任問題に対してどういう認識を持ったのか。四五年九月十四日付の共産党機関紙、解放日報一面に、「厳懲戦争罪犯」(戦争犯罪人を厳しく処罰する)と題した社説が掲載された。[244] 毛沢東の「日本人戦犯リスト」と呼べるものだ。毛沢東は、この時、蔣介石との会談のため重慶におり、ちなみに社説が掲載された九月十四日、『毛沢東年譜』の記載によれば、毛沢東は周恩来とともに、「日本の反戦作家鹿地亘と池田幸子に接見した」とある。[245]

同社説は、「陰謀詭計をめぐらす日本の統治者は、穏健派日本のふりをして民主主義を偽装し、軍国主義の保存を企み、将来の「復讐戦争」を準備している。極東の平和を破壊し、第二次世界大戦を導いた元凶である日本軍国主義者に少しでも寛容な対応を取れば、連合国人民の巨大な犠牲と引き換えに得た平和を保証することはできず、第三次世界大戦が到来するだろう」と断罪した。その上で「中国人民は日冦〔日本軍〕の侵略を受けた時間が最も長く、受けた苦しみも最も深い。戦犯に対する懲罰の要求は自然なもので、最も関心があり、最も切迫したものでもある。これは報復のためではなく、正義のためであり、将来の恒久平和のためである」と指摘している。社説では実名で罪の重い順に戦犯名を挙げている。

まず「侵略戦争を準備・発動したり、侵略戦争を実行したりした軍事指導者は主要戦犯として懲罰しなければならない」として、第一に荒木貞夫、[246] 本庄繁、[247] 土肥原《どひはら》賢二、[248] 東條英機、[249] 杉山元《はじめ》[250]らを挙げ、「九・一八〔満州事変〕以降の侵略戦争を引き起こし、発動した元凶」と断罪した。第二は「最高軍機に関与した陸海軍首脳」として寺内寿一《ひさいち》、米内《よない》光政、[251] 西尾寿造らを挙げ、「彼らも戦争の主謀者」とした。第三は「戦争の直接の実行者」として山下奉文《ともゆき》、山田乙三、岡村寧次や各占領区の重要指揮者を挙げ、「彼らは戦争の断固たる実行者であるだけでなく、放火、殺害、強姦、破壊、略奪の最も凶悪な戦争犯罪者だ」と指摘し、「彼らは正式投降後、直ちに現地で監禁して裁判にかけるべきである」、また「既に占領地を離れている畑俊六《しゅんろく》[252]や下村定《さだむ》らは元勤務地に引き戻し審理を受けさせるべきだ」とそれぞれ主張した。第四は「特務機関の重要要員や偽政権の顧問らで、彼らはファシズム侵略者の先鋒であり、占領区の主宰者であり、同様に厳罰しなければならない戦犯である」とした。

日本敗戦時の支那派遣軍総司令官・岡村寧次は、中国共産党から四五年十一月、「第一号戦犯」に指定され、外国メディアが延安発で報じたことがあったが、それに先立つ解放日報の戦犯リストで岡村は戦犯のトップにはなっていない。

解放日報社説では以上が軍部の戦犯だが、続いて、「戦争の共謀者、軍部と協力して戦争を積極的に支持した者」を「その軽重に基づき処罰しなければならない」として、三種類に分類している。

第一が「皇室、重臣、高級官僚ら」で、皇室で最初に名前を挙げたのは、九年にわたり軍令部総長を務めた伏見宮で、「「九・一八」事変当時及び「七・七」事変〔盧溝橋事件〕以後の近衛、平沼、阿部戦時内閣期に軍令部総長を務めた」としている。続いて挙げられたのは、梨本宮[253]、東久邇宮[254]、朝香宮[255]であり、「全員が最高軍事参議官で、中国戦場に姿を現し誉め称えられた。東久邇宮は武漢侵攻時の第二軍長〔第二軍司令官〕であり、投降前のしばらくは防衛総司令官を務め、彼は直接戦争を遂行した重要戦犯の一人だ。日皇〔天皇〕裕仁は国家の元首であり、海陸空軍の大元帥でおのずと戦争に対して負うべき責任を逃れることはできない」と指摘している。

第二は「財閥」で、「日本の大財閥はすべて、これまでの侵略戦争から事業を起こしており、彼らは軍部と切っても切り離せない。軍部も彼らと切っても切り離せない」とした上で、「大財閥の代表」として池田成彬、郷古潔（三菱）、古田俊之助（住友）らの名前を挙げ、「戦争内閣中に大臣あるいは顧問に就いた」と説明している。第三は、「反動的政治家、官僚並びファシズム団体の責任者、国際平和を破壊した反動外交官」で、有田八郎[256]、松岡洋右[257]、橋本欣五郎[258]、徳富蘇峰[259]を挙げ、「彼らは侵略戦争の煽動者で、ファシズム軍部の代弁者である。戦争の共謀者で軍部と協力する戦争の積極支持者であり、彼らが戦後の日本で政治活動に参加することを禁ずるべきで、一定の法律的制裁を受けるべきである」と非難した。

また「軍部の手下である憲兵、人民鎮圧の下手人である政治警察、警備隊、占領地区の積極分子もしかるべく処罰を与えなければならない」として、日本共産党を弾圧した特高警察も戦犯の対象にした。

この解放日報社説、つまり「毛沢東の戦犯リスト」を読んで見て分かるのは、昭和天皇の戦争責任順位を低く位置づけていることである。これは、野坂参三が天皇制打倒スローガンを回避していたことと、蔣介石がこの頃に米国の意向に従って天皇訴追回避の意向だったことが影響しているとみられる。この「戦犯リスト」には、延安で毛沢東ら共産党指導者に日本問題について助言した野坂の影響が色濃く出ている。

野坂が一九四五年五月に報告した「民主的日本の建設」では、「戦争犯罪人の厳罰」という項目[260]があり、野坂は「まず一九三一年以来の戦争の準備と遂行に、直接に関与した軍事指導者、ならびに占領地域における殺戮、暴行、破壊、略奪、放火、等を指揮しあるいは実際に行なった指揮官が入る。これに関して、アメリカのある論者は、一九三七年以後の犯人に限っているが、これは正しくないと思う。なぜならば、「満州事変」は中国人民にとってはなお記憶に新たなるものがあり、かつ、もし、この犯人をのがすならば、荒木大将（「満州事変」の首魁）のように、その後の戦争に直接関与しなかったが、しかし危険なファシスト侵略を処断しないことになる。これは、公平でない」と述べている。満州事変時の陸相だった荒木をわざわざ名指ししているが、第一の戦犯として挙げた解放日報社説とも合致している。さらに野坂は「民主的日本の建設」では、「戦争と軍部と積極的な合作をなした反動政治家（官僚を含む）」や「軍部の走狗として、人民大衆の間で積極的なファシスト活動を行ったファシスト」、「人民弾圧の下手人である政治警察（特別高等）、思想検事」、「戦争から莫大な利潤をおさめ、軍部と公然または秘密に合作した大軍需資本家」を戦犯の対象としている。これは表現の違いはあれ、解放日報社説に厳罰の対象とした戦犯と符号している。つまり「毛沢東の戦犯リスト」は野坂の知恵に基づき作成された可能性が極めて高いのだ。

第四章　延安からモスクワ、東京

中国の日本研究者、劉建平は、毛沢東による一九四五年の「連合政府を論ず」は、初めて発表された戦後に向けた対日政策であるとした上で、毛沢東は日本のファシズムや軍国主義が生んだ政治・経済・社会の要因を徹底排除し、日本人民のあらゆる民主の力を支援し、日本人民による民主制度を構築しなければならないと認識していたと指摘している。(1) 劉建平はさらに、野坂の延安での反戦運動は「中日両国人民相互支援の起点」であり、「『中日友好』大原則の歴史的原点」だという見方を示している。(2) つまり野坂が延安で日本軍捕虜らに展開した「日本人民解放連盟」の活動に対して毛沢東が共感したのは、日中民間の友好の重要性を重視し、「日本人民」を対象として戦後の新しい日中関係の構築を目指す「革命外交」を展開しようとした点で両者に共通認識があったからだ。

延安で日本敗戦のニュースを聞いた野坂参三は、日本に帰国する準備を始めた、と戦後回想している。(3) 日本敗戦後の野坂との関係は、毛沢東らにとって日本との「革命外交」の出発点でもあった。毛沢東と周恩来は一九四五年八月二十八日、蔣介石との直接会談のため重慶へとたつが、毛沢東は重慶への出発前に野坂のために送別会を開いた。二人は深夜まで語り合い、中国と日本の革命の前途を話し、「将来の新たな状況下で中日両国の間に構築すべき友好協力関係」について意見交換した。(4) 香川孝志の回想によると、周恩来も重慶への出発直前に、日本労農学校を訪問した。労農学校には日本敗戦当時、二百五十数名が在籍しており、その大部分は捕虜となった日本軍兵士であった。周は「皆さん方の帰国にさいして、われわれは大したおみやげを贈ることができないのを許してほしい。あたらしい日本の建設に役立つ多くの日本の青年を、われわれは日本に送りかえす。これをわれわれの最大のおみやげと思っていただきたい」と挨拶した。(5)

また八月三十日には、労農学校学生のための壮行会が八路軍講堂で開かれ、葉剣英八路軍参謀長らが出席し、葉は「将来も、われわれは仲のよい友人であります。同志のみなさんが、中日両国人民のこの尊い友誼をさらに発展させて下さることを望みます」と述べ、続けて「民主的日本と民主的中国が団結してこそ、はじめて平和で民主的なアジアをつくり出すことができます」と、民主的日本の実現を期待した。そして「中日人民の民主主義万歳！」と叫んで挨拶を終えた。労農学校副校長の李初梨や米国の友人、野坂も挨拶した。さらに、労農学校、日本人民解放連盟、日本共産主義者同盟の連名で、毛沢東と朱徳に宛てたメッセージを採択し、「あなた方の援助によって、われわれは今、輝かしい光明をめざし、新しい希望をもって祖国にむけ出発しようとしている。〔中略〕中国と日本との関係は、まったく新しい段階に入ろうとしている。旧来のように、被侵略と侵略との関係ではなく、友愛と相互援助の関係がつくられようとしている。しかし実際にこのような関係がつくられるかどうかは、日本人民が平和と民主の日本をつくるかどうかにかかっている」と強調した。(6)

一　野坂のソ連極秘会談

スターリンの指示

毛沢東は、蒋介石が内戦を仕掛けてくると相変わらず不信感を抱いていた。解放日報は終戦直後の八月十七日、「人民公敵蔣介石　発出了内戦信号　全国動員起来、反対内戦、制止内戦！」（人民の公敵・蔣介石は内戦に向けたシグナルを出した。全国で動員し立ち上がり、内戦に反対し阻止しよう）という記事を掲載した。

一方、蔣介石は八月十四日、二十日、二十三日の三回にわたり毛沢東に電報を出し、速やかに重慶に来て「共に大計を定める」よう要請した。中共中央文献研究室編『毛沢東伝』は、「蔣介石は本当に交渉を通じて国内の平和を実現しようと考えていたわけでない。彼の胸算用では、この手を打って二つの目的に達するつもりであった。一つは、もし毛沢東が重慶に来るのを拒絶したならば、共産党に交渉の拒絶と内戦への下心ありとの罪を着せ、戦争の責任を共産党に押し付け、自分を政治上有利な地位に立たせることができる。もしも毛沢東が来るならば、共産党にいくつかの内閣の職を与えることで、共産党に解放区と軍隊を引き渡すよう迫ればよい。そうすれば、彼は最終的には徒手空拳となった共産党を消滅することができる。もう一つは、交渉することで、全面内戦への準備、とりわけ軍隊の移動、配置に必要とする時間をかせぐことができる」と、蔣介石側の思惑を記している。(7)

これに合わせるかのように、スターリンは、「中国は再び内戦をしてはならない。再び内戦になれば、民族を滅亡の危険に向かわせることになるだろう」という内容の電報を毛沢東に寄越した。この電文に毛沢東は極めて不快な思いをし、腹を立てた。毛は「人民が階級的抑圧から逃れようと闘争しているのに、民族が滅亡してしまうとは何だ、私は信じない」と述べた。(8) 二、三日がたってスターリンは二通目の電報を送って来た。「蔣介石が挑発して内戦を起こし、あなたたちを消滅させようとしているとはいっても、蔣介石は既にあなたが重慶に行って国事を協議するように再三要請している。このような情況の下で、一途に拒否するならば、国内、国際の各方面から理解を得る事は出来ないだろう。もしも内戦が始まったら、戦争の責任は

誰が負うのか?。あなたが重慶に行って蔣と会談するなら、あなたの安全は米ソ両国が責任を持つ」と確約する内容だった。(9)

毛沢東は四五年八月二十八日午後三時、空路重慶入りしたが、周恩来と王若飛、延安まで迎えに来た蔣介石の代表・張治中(国民党政府軍事委員会政治部長)と米国のハーレー大使を伴っての到着だった。毛は空港で内外記者団に「今回の重慶入りは国民政府主席・蔣介石先生の招請に応じたもので、団結建国の大計を協議する。現在抗日戦争は既に勝利の中で終結し、中国は和平建設の時期に入る。現在のタイミングは極めて重要だ」という書面談話を発表した。(10)四十三日間にわたる協議を経て十月十日に「国民政府と中共代表との会談紀要」(双十協定)に調印し、双方は「蔣主席の指導下で、長期的に協力して断固として内戦を回避し、独立・自由・富強の新中国を建設する」ことを確認した。毛沢東は政治協商会議の開催による政府と他党派を含む政治交渉の場をつくり出し、表向きは「連合政府」に基づき国民党の「野党」になることを厭わない姿勢を見せた。

不信広げた重慶会談

双十協定に調印後の十月十一日午前八時、蔣介石と毛沢東は朝食を共にしながら会談した。九時半に毛沢東は空港に向かい、重慶を離れる前に簡潔かつ短い談話を発表し、その中で「中国問題は楽観できる。困難はあるが、克服できる」と述べたが、蔣介石は毛沢東と別れた後、毛沢東との度重なる接触を回想し、共産党指導者はあしらいにくいと痛感した。そして日記にこう記した。「共毛〔共産党・毛沢東〕の態度は邪悪であり、陰陽は計り知れず、硬軟は定めがたい。表面は柔和だが、内心は悪辣である」。中国の未来に対して蔣介石は「いばらが生い茂っている」という感じを受けていた。(11)

『毛沢東年譜』によると、十月十一日朝の毛沢東と蔣介石の最後の直接交渉で、蔣介石は「解放区問題で譲歩できない」と改めて述べた。[12]重慶交渉では、軍隊の縮小改編、共産党の支配地域である解放区、国民大会などの問題で暗礁に乗り上げ、仲介役のハーレーは毛沢東に「中共は軍隊と解放区を引き渡すべきだ、さもなければ交渉は決裂するだろう」と圧力を加えたが、毛は「前提は国家の民主化である。軍隊と解放区を一党が支配する政府に引き渡すことはできない」と譲らなかったという経緯があった。[13]

一方、毛沢東はどうか。延安に戻った当日、共産党中央政治局会議を主宰し、重慶交渉の経緯を報告した。毛は、ハーレーから解放区を引き渡し、蔣介石の要求を受け入れるよう求められたが、「私は受け入れないが、交渉を決裂もさせない」と主張したと明かし、「問題は複雑であり、なお話し合いが必要だ」と総括した。[14]

毛沢東は重慶会談の様子をウラジミロフに伝えている。ウラジミロフはもともと、日本の降伏を受けて帰国するつもりだったが、モスクワの指示で国共会談の状況と延安の動向を観察、調査するためまだ延安にいた。帰国前夜にウラジミロフは毛沢東を訪問し、別れの挨拶を告げた。毛はウラジミロフに「我々は内戦を必要とせず、以前から平和建国を主張して来たが、蔣委員長の様子を見ると、彼は進攻を停止しないだろう。彼が進攻すれば、我々は受けて立たざるを得ない。見たところ、和平はわりに難しい」と述べた。[15]

国共内戦を回避するための重慶会談を通じて逆に、蔣介石と毛沢東の相手に対する不信感は高まり、両党の修復は難しいということがはっきりした。共産党機関紙、解放日報は、重慶会談終了直後の十月十九日の社説で「必ず双十協定を実現しなければならない」と訴えたが、[16]共産党指導部内の雰囲気はすぐに変わった。十月二十九日、毛沢東は共産党中央として重慶の中共代表団に電報を打ち、内戦の即時停止と各区の進攻軍隊の撤退を指示したが、「実際に既に全国規模の内戦は発動されており、双十協定は紙くずにすぎない」という意見も出ていた。[17]毛は十一月七、八両日の在重慶中共代表団宛ての電報で、「戦争は回避できない」とした上で、「〔重慶との〕現在の交渉において、先方は全くの時間を稼ぐ策略であり、問題解決の誠意はない。一切の措置は我が党を消滅させるためにやっている」と非難した。[18]

重慶会談が始まった時、米国もソ連も中国の問題への不干渉を公約していたが、会談が終了した四五年十月には、五万人の米軍海兵隊員が華北沿岸への上陸を始めた。表向きは日本人の武装解除が目的だったが、実際には北京、天津など主要都市を国民党に代わって占領し、ソ連の南下を防ぐためだった。一方、ソ連軍も中国共産党が満州を占拠するのを黙認した。フィリップ・ショートは著書『毛沢東』の中で、こうした歴史的経緯に触れた上で「ヤルタ会談の八ヶ月後には、ソヴィエトとアメリカの野望の緩衝材となる中立の中国、という概念は意味を失いつつあった。ヨーロッパで生まれた冷戦は、急速に東方に広がりつつあった」と解説している。[19]

張家口での野坂の工作

野坂参三は当初、元日本人兵捕虜ら日本人民解放連盟の全員で部隊を組織し、延安から徒歩かトラックで北京方面に向かい、そこから朝鮮まで行き、朝鮮半島を下って日本に向かうか、または天津で船便があれば船で日本に行く、という二つのコースの計画を立てた。しかし、九月初旬になって山西省霊邱に不時着した米軍兵の引き取りのため米軍輸送機が延安にやって来た。中国共産党から「その飛行機に乗って北方にいかないか」という相談があり、この機会を逃しては日本への帰国が遅れると思い、霊邱まで同乗することにした。[20]

野坂は、森健こと吉積清、梅田照文こと香川孝志、山田一郎こと佐藤猛夫の三人を随行員に選んだが、彼らには帰国の途に出発するという以外の説明はしなかった。[21] 香川孝志は回想録で、二百人の仲間は、九月半ばすぎ、徒歩で延安を出発し、途中で様々な危険を冒しながら、満州から朝鮮を経由して四六年二月に帰国したが、「私の帰国はこれら仲間とは別であった」と記している。[22] 野坂は、「九月十日ひる、わたしを入れて四人で出発した。中国側からは聶栄臻将軍など党と軍の重要幹部二十人ばかりが同乗しました」と回想している。霊邱に着いた翌日朝には同地を出発し、徒歩、騎馬、トラック、汽車で一週間ほどかかり張家口にたどり着いた。[23]

野坂の回想によると、張家口は一週間くらい前に日本軍が撤退し、八路軍が支配していた。野坂が張家口にいたのは約一週間だが、その間日本の領事館に入って八路軍兵士と一緒に生活したという。[24] 野坂は「張家口におちついて、まず日本人居留民工作をした」、「戦争が終わって、日本人居留民は、略奪されたり、殺されたりはしないかという不安で、一種の恐怖状態にあった。その不安をおさめるのが第一だった」と回想した。沖縄県出身で解放と同時に張家口で活動を始めた加木という人物を通じて日本人居留民と日本人民解放連盟のつながりをつくった上で、日本人を組織して日本に帰国させることが野坂の指示だった、と吉積清は回想している。[25]

張家口に近い北平（北京）市を支配する国民党北平市政府も、野坂が張家口入りし、日本人居留民工作を行ったことを後になって把握した。北京市檔案館に所蔵されている北平市の電報は、「日本共産党首領岡野進が延安から張家口に到着し、日系工作人員数十人を選んで派遣し、秘密裏に日本人招待所を設置しているほか、帰国を望まない日本人居留民や日本人兵士を、西郊の日本人居留民収容所に派遣・潜入させ、日本人を煽動している。収容所の日本人は食料不足で極めて動揺しているとの情報があり、詳しく調査して動揺を防ぎ、具体的に報告するよう希望する。さらに日本居留民の待遇を改善するよう命ずる」という内容であった。[26] 共産党と対立する国民党政府が、野坂が展開した工作に警戒を強めていることが分かる。

張家口に約一週間滞在した頃、同地に突然、ソ連の飛行機が到着し、奉天に帰るという。野坂らはその飛行機に乗せてもらい、奉天に飛んだ。奉天の空港にはザバイカル方面軍政治部長のプリツーラ少将が出迎えてくれた、と野坂は回想している。野坂の回想はこう続く。プリツーラはニコニコしながら机の引き出しを開け、中型のピストルを出した。それは満州国皇帝・溥儀の持ち物だという。溥儀は日本敗戦が迫り、ソ連軍が奉天に近づいているのを知って奉天から逃げ出そうとし、飛行機に乗ろうとする直前に溥儀一行を捕まえたのがプリツーラの部隊で、ピストルを没収したのだ。[27]

野坂の回想によると、野坂は奉天で一泊し、ソ連側の申し入れを受けてソ連軍総司令部の置かれた長春に飛んだ。ここでも日本人居留民工作を行ったが、日本人の間ではソ連軍の乱暴な対応が問題となっていた。そこで野坂はソ連軍配属の日本軍と偽り、ソ連軍の軍服を着て居留民代表と面会し、食糧難が大問題になり、赤ちゃんの粉ミルクが全然ないことを知った。そして野坂はその翌日、ソ連軍のマリノフスキー総司令官と会って居留民の問題を伝達し、総司令官はソ連軍の乱暴を取り締まり、食糧や粉ミルクの問題も解決してくれた。野坂は「長春で一カ月間滞在してあれこれの仕事をしたあとふたたび奉天へ飛んだ」と回想している。[28]

一九七一年に赤旗に掲載された野坂へのインタビューでは、長春に一カ月滞在して奉天に戻り、四五年十二月下旬に空路、平壌に着き、金日成に会った後、ジープで南下し、「三十八度線の境界線で一泊。次の日が一九四六年の元日だ」と述べている。[29] 同行した香川孝志は一九八四年刊行の自伝で「長春には一カ月ほど滞在した思う」としたが、「長春からわれわれはまっすぐ日本に帰国したのではない。ソ連機で長春をたち、途中シベリア鉄道に乗りかえて、モスクワに行ったのである。この事実は今まで公表されたことはない」と暴露した。[30] つまり野坂はモスクワ行きを隠したのである。

実際の状況は和田春樹の研究が詳しい。野坂は長春のソ連軍司令部に出頭してマリノフスキーと会い、モスクワ行きの許可と便宜を求めた。長春に二週間ほど滞在する間、モスクワ行きの許可が出て、軍用機でイルクーツクに着陸し、そこからシベリア鉄道でモスクワに向かった。モスクワ着は延安から出発して一カ月余、十月上旬だった。[31]

天皇制「お墨付き」狙う

野坂はなぜソ連行きを戦後も隠さなければならなかったのか。[32] 和田春樹は、「野坂にとっても、日本に帰国するにあたり、モスクワにもどり、そこでソ連共産党と打ち合わせることは望ましいことであった。中国共産党の中で働き、その絶大な支持をえていることだけでは、野坂は帰国後、獄中一八年の同志たちに自分の路線を支持させるのに不十分だと考えたのであろう。コミンテルンは解散しているとはいえ、やはりソ連共産党の支持をとりつけてこそ、自分の路線をもって日本で思う存分働くことができる、日本共産党を指導できる、というのが、野坂の気持であったのであろう」と指摘している。[33]

一方、ソ連は、四五年八月九日からの対日参戦に当たり、延安にいた野坂とそのグループを活用しようとしていた。和田の研究によると、翌八月十日、ソ連共産党中央委員会国際情報部のディミトロフとポノマリョフは、最高指導部のスターリン、マレンコフ、モロトフに対し、意見書を出した。意見書の結びの言葉は、「この八月九日われわれは、ソ日戦争に関連して反戦同盟がどのような立場をとり、実践的措置を講じたかについて、延安に問い合わせを行った。〔中略〕われわれには、岡野同志のグループは日本における新体制の樹立にさいして利用できると思える。ご指示をお願いする」となっている。[34]

日本共産党議長を務めた不破哲三も、和田の著書に先立ち一九九三年刊行の『日本共産党にたいする干渉と内通の記録』で、この意見書が、日本共産党調査団がモスクワで入手した文書の中にあったと記した上で、こう指摘している。「この手紙が、四五年十月に秘密裡におこなわれた野坂のモスクワ訪問の出発点となったのでした。岡野、つまり野坂は「利用可能」かもしれない、という言葉は、意味深長です。〔中略〕ディミトロフがここで提案しているのは、日本共産党の代表としての野坂と意見を交換し、戦後日本における「新体制樹立」のために党と党の協力の相談をしようということではありません。ソ連共産党の立場と利益のために、野坂が「利用可能」かもしれない、という提案です」[35]。不破は「野坂の秘密のモスクワ訪問は、ソ連共産党とスターリンの戦後の日本共産党への干渉の起点ともなるものでした」[36]と記している。

コミンテルン書記長だったディミトロフは、四三年五月のコミンテルン解散後、四四年七月に新設されたソ連共産党中央委員会国際情報部の部長に就任し、ポノマリョフはかつてコミンテルンで働き、マルクス・エンゲルス・レーニン研究所副所長を一時務めた後、ディミトロフの下の次長に任命された[37]。モロトフは第二次大戦中、スターリンを補佐してソ連外交を主導した外相である。

和田春樹が注目したのは、意見書の中で野坂が延安での共産党第七回全国代表大会で行った報告を紹介し、その主張を七点にまとめたが、野坂の天皇論に言及がなかったことだった。そういう点から「ディミトロフは野坂の新見解の意義をいまだ理解していなかったと言える」と和田は解説している[38]。

野坂がモスクワ入りしてからの、ソ連側との交渉は、旧ソ連の内部資料を基に「社会運動資料センター」渡部富哉が刊行した『【極秘】野坂参三がモスクワでソ連共産党対日最高指導者と交わした「戦後日本革命の綱領討議資料」[39]』が貴重な材料になる。渡部は、その中の解説で野坂のモスクワ訪問の最大の目的は、「天皇制に関する野坂の主張が国内指導部の「天皇制の打倒」というスローガンと食い違っていることから、日本に帰国する野坂はソ連共産党指導部のお墨付きを得て、帰国したいという願望から出たものだと思われる」と分析している[40]。つまり、和田が指摘するようにソ連側は、野坂の天皇観に当初はさほど関心を持たなかったが、野坂はソ連側に自身の特異な天皇観への了解を得て、獄中十八年の徳田球一らが出獄後に唱えると予想した天皇制打倒スローガンを打破したい思惑があったのだ。

「戦後日本革命の綱領討議資料」の最初の項目は、モロトフ同志宛てのクズネツォフの一九四五年十月十二日付書簡である。非軍人のクズネツォフは、一九三八年にモスクワの地区党委員会第一書記から赤軍総政治局部長に抜擢され、四一年から総政治局次長、四三年から局長になり、当時は野坂ら四人を受け入れたソ連赤軍参謀本部総諜報局の局長だった。(41)

「貴殿による一九四五年十月十一日付の指令により、日本人共産主義者岡野進と会見しました」で始まる同書簡は、「岡野氏は、岡野氏と一緒に三人の日本人共産主義者、森、山田、梅田が長春からモスクワに到着している、と報告した」と記している。さらに「岡野氏とその同志は何の目的でモスクワに来たのか」という質問に対して、野坂は以下の目的の解決のため来た、と答えて十五項目を挙げた。例えば、野坂は、自身の指導の下で日本人民解放連盟に団結した八百人弱の日本人が中国北部から日本に早期に帰国できるよう援助を受けたい、と求めたほか、「共産党の公認（合法化）がありうるという状況下において、日本共産党がより広い目的へと移行することを考慮に入れ、党の綱領や規約を改訂することについて、助言を得たい」と述べた。また「日本共産党の活動資金の調達の方法について、特に政治犯の救援についての問題を解決する」よう提言した。(42)モロトフはクズネツォフからの報告をディミトロフに送り、検討させた。(43)

二　徳田・志賀と天皇観対立

徳田球一の出獄

野坂参三が極秘でモスクワ入りし、最初にクズネツォフと面会したのは一九四五年十月十一日である。日本では同十日、府中刑務所の予防拘禁所から徳田球一、志賀義雄らが釈放された。徳田は四七年刊行の自伝『獄中十八年』で、「一九四五年十月十日、十八年の監獄生活ののちに、われわれは、府中刑務所の鉄の大門をひらいて、ふたたび社会へ出た。一九二八年の三・一五にやられ、市ヶ谷刑務所の未決監へほうりこまれてから、まさに十八年目だつた。ひとびとは、しよぼふる雨のなかに立ちつくして、われわれを待つてくれていた。十八年という年月のながさを言つてわれわれの苦労をねぎらつてくれる同志の人たちに、わたしはただうなずくほかなかつたが、同時にどこか心のかたすみでは、ほんとうにながい年月だつたが、でも、単純な生活だつただけに、すぎ去つてみると、一睡の夢だつたようでもあるとおもつていた。さすがにふくざつな感がいだつた」と回顧している。[44]

徳田と志賀は獄中で既に手記「人民に訴ふ」を書き上げており、赤旗第一号に掲載された。[45] この中で「我々の目標は天皇制を打倒して、人民の総意に基く人民共和国の樹立にある」と記している。十月十日、徳田と志賀が出獄して午後二時から東京・芝の田村町にある飛行会館五階講堂で「出獄戦士歓迎人民大会」が開かれ、二千人の聴衆が集まった。同日出獄した徳田と志賀は、獄内の様子を陳情するため米軍第一騎兵師団に出頭し、大会には出席しなかったが、「人民に訴ふ」は一帯で聴衆に売られた。大会の後は雨の中、デモ行進を行った。[46] 大会を取材した『スターズ・アンド・ストライプス』(『星条旗新聞』)記者のバーナード・ルヴィンは「なんといっても本大会の圧巻は、本大会が天皇制支配の打倒を訴え、それ以外には民主体制の確立はありえないと宣言したことである」と印象を紹介した。[47]

戦後日本の民主化の焦点は、天皇制をどうするかにあったわけだが、豊下楢彦の研究によると、これに対して昭和天皇は、天皇制打倒を掲げる共産主義を脅威ととらえるようになる。[48] 日本敗戦から徳田、志賀ら日本共産党幹部の出獄までの二カ月弱、戦争責任と天皇制への追及が強まることを恐れる天皇を含めた権力側、政治・思想犯として獄中にとどめられたままの日本共産党の政治犯や戦争を批判した思想犯、さらにマッカーサー司令部（ＧＨＱ）の間ではせめぎ合いがあった。焦点は政治犯・思想犯の扱いである。権力側からすれば、彼らが表に出て公然と自由に政治活動を行えば、戦犯処罰や天皇制打倒がクローズアップされ、それをＧＨＱが支持すれば、敗戦後に自分たちが描いた戦後構想はもろくも崩れることになるからである。

自由を失ったままの思想犯

徳田は自伝で「政治犯人を解放せよというマッカーサー元帥の指令にもかかわらず、政府はわれわれの解放をサボり、監獄当局も、たずねてくる連合軍の人たちにむかって、さいごまでしらをきろうとしていた」[49]と回想している。竹前栄治の研究によると、米国務省は終戦一年前の一九四四年夏、政治犯釈放の方針を決定し、この方針は占領政策の最高決定機関である国務・陸軍・海軍三省調整委員会（ＳＷＮＣＣ）で決定し、トルーマン大統領によって承認された「降伏後ニ於ケル米国ノ初期対日方針」の中に盛り込まれた。しかし実際の措置は遅れた。竹前はその理由として①占領軍は日本軍・右翼による敵対行為・抵抗の排除、武装解除に最大の関心があった、②日本進駐の業務、軍政府の設置などに一カ月以上かかった、③連合国最高司令官総司令部が設置され、民主化政策に本格的に着手できるようになったのが十月二日だった――ことを挙げている。[50]

これに対して日本では、敗戦を迎えても特高警察は基本的には何一つ変わることはなかった。荻野富士夫は「敗戦に伴う軍隊や憲兵の解体により治安維持の全責任が警察の肩にかかることになるという認識もそれを倍加させた」と指摘している。[51]

例えば、坂信弥《のぶよし》・新警視総監は、日本敗戦直後、「国内治安の維持こそが今後のわれわれに課された国体護持の大使命を貫くすべての基調であり、特に帝都の治安維持がその重点となることは今更喋々するまでもない」と述べ、[52]敗戦前の「上からの治安維持」基調の継続を前面に出している。

また東久邇宮内閣の山崎巌・新内相は、四五年八月十八日、記者団と会見し、「国内の治安維持に全力をつくすべく邁進したい〔中略〕しかして国民団結を乱す事態に対しては取締を厳にして行く」と厳格な対応を示しつつ、「私の考へでは言論取締は出来るだけ自由にしたがよいのではないかと思つてゐる、国体の尊厳を冒瀆するものでない限り戦時中と違ふから国民を信頼し、言論を通じ国民の意志を徹底せしめたい」とも述べ、柔軟な姿勢も見せた。[53]しかし山崎は十月三日、ロイター通信東京特派員との会見で「思想取締の秘密警察は現在なほ活動を続けてをり、反皇室的宣伝を行ふ共産主義者は容赦なく逮捕する。また政府転覆を企む者の逮捕も続ける」、「現在なほ多くの政治犯人は独房に呻吟しつゝあり、さらに共産党員であるものは拘禁を続ける」、「天皇制廃止を主張するものはすべて共産主義者と考へ、治安維持法によつて逮捕される」と語り、[54]敗戦直後よりも態度を硬化させている。岩田宙造法相も十月三日、中国中央通信社特派員に対して「司法当局としては現在のところ政治犯人の釈放の如きは考慮してゐない」と述べ、治安維持法については修正を加える必要はあるものの「撤廃は考慮してゐない」と言明した。[55]

政治犯・思想犯が日本敗戦から一カ月半近くがたっても釈放されない現実に対して米国では、進歩的な新聞・雑誌など言論界から、マッカーサーに対して強い不満の声が上がった。例えば、占領軍内に強い影響力があったとされる『日本のジレンマ』の著者アンドルー・ロスはネーション誌(九月二十九日)に「忘れられた囚人たち」と題する一文を寄稿し、マッカーサーを批判した。いまだ獄中にいる政治犯・思想犯ら「反軍国主義のリーダーたちは、占領軍の民主的改革に不可欠であり、彼らはいま、獄中にいる。もし、彼らが釈放されたら、現在、日本で民主化を唱導しようとしている日本人が、かつて同じようなことをして投獄された人たちのことを思い出すことによって、沈黙させられてしまうことはなくなるだろう。また、彼らの釈放は、戦犯の摘発、軍国主義の復活の防止に役立つだろう。占領軍が本当に民主主義を日本に普及しようと思うならば、政治犯を釈放することが先決である。〔中略〕日本の民主化に関心を寄せるアメリカ人は〝宮城〟ではなくて、刑務所に目を向けるべきだ」と指摘した。[56]

三木清獄死の衝撃

こうした中で、マッカーサー司令部が政治犯・思想犯を釈放する転換点となったのは、東京・中野の豊多摩刑務所に収容された日本を代表する哲学者の一人、三木清の獄死に衝撃を受けたことだった。獄死したのは日本が敗戦して一カ月半近くがたった一九四五年九月二十六日。朝日新聞も、毎日新聞も三木の死を報じたのは九月三十日であるが、朝日新聞は「急性腎臓炎で死去した」と、わずか八行のベタ記事で淡々と報じている。[57]おそらく当局の発表に基づいて書いたのだろう。十月一日にベタ記事で報じた読売報知も同様である。[58]一方、毎日新聞は、二段ながらその見出しは「獄死」と一歩も二歩も踏み込み、三木清の枕詞として「三木哲学の提唱者として多年若きインテリや学生群から親しまれ、尊敬されてきた三木清氏」と紹介した。その上で「この獄死をめぐつて友人たちは死因に釈然たらざるものがあるとして不満を漏らしてゐる」と指摘し、友人や義兄の東畑精一東大教授に取材している。さらに「豊多摩に移つてからは友人や家族の面会は一度も許されてゐないし三木が病室に入つたのは死の直前の廿四日であつた、それに三木は豊多摩拘置所に移る頃は極度の栄養失調症であつたといふことであるが、頑健な彼がぽつくり死ぬとは考へられない、悲しい残念さである」という友人の証言も引き出している。[59]

三木が獄死当時、三木の義兄、東畑精一は、杉並区高円寺の三木宅からも豊多摩刑務所からも近い東中野に住んでおり、東畑は三木が亡くなるまで面倒を見ていたが、支援する弁護士は三木が豊多摩刑務所に収容されていることを知らなかった。[60] 共産主義作家・高倉テル（戦後日本共産党の国会議員）が警視庁から逃亡し、三木が匿ったことが三木検挙の容疑だったことも四五年十月五日に毎日新聞が報じているが、それまで伝えられていなかった。四五年三月二十七日、三木はその二週間ほど前、疎開先の埼玉の農家に旧友の高倉を泊め、外套を与えて送り出したことを問題視され、疎開先で逮捕された。ちなみに三木は、有名な『人生論ノート』を、太平洋戦争開始直前の一九四一年八月に刊行し、翌四二年一月には『中央公論』で「戦時認識の基調」を発表、これが軍部の怒りを買い、論壇から閉め出された。三木は四二年一月に徴用され陸軍報道部員として日本占領下のマニラに配属されるが、戦争推進に不都合な人物は国外に追放してしまおうという狙いだったとみられる。四二年十二月に帰国しても執筆活動はできず、当局にずっとマークされていた。[61]

四五年三月二十八日に警視庁に検挙された三木は、六月十二日、「治安維持法」の容疑者として検事勾留処分を受け、巣鴨にあった東京拘置所に送られ、同月二十日に中野の豊多摩刑務所の独房に移された。警視庁の留置場にいた時にうつされた「疥癬《かいせん》」という皮膚病がますます悪化し、九月二十六日午後三時頃、独房で誰一人の看取りもなく、苦しさのあまり寝床から転がり落ちて絶命した。[62] 敗戦直後に政治犯釈放に関わった弁護士・梨木作次郎によれば、三木は拷問を受けて歯が折れてしまい麦飯を十分にかむことができず、さらに疥癬によって全身が衰弱して死亡したという。[63]

三木の獄死を知って衝撃を受けたのは、マッカーサー司令部だった。[64] 毎日新聞は、四五年十月四日付で「三木氏獄死の波紋 マ司令部も注目 内務省に報告を要求」という見出しを掲げ、スクープを放った。こう伝えている。「哲学者三木清氏の獄死はわが知識層のみならず、広く各方面に激動を与へてをり、無産政党側では人権蹂躙問題として真正面からこれをとり上げ、この真相を究明することによつて〝自由〟日本への大道を拓く緒口にしようと意気込んでゐるが、この事件を耳にしたマッカーサー司令部ではわが軍閥官僚の民間抑圧の一証左としてこの事件に注目し、二日夜杉並区高円寺四の五三九の三木家に実情調査のため係員派遣の申出があつた」。マッカーサー司令部からの申し出を受けた義兄・東畑は、「私としては人権蹂躙事件で当局と争ふならば、われわれの手で一つやりたいと思つてゐます。マ司令部の方の力をかりるといふことは日本の文化人としても気が進むことではありません」と話し、自力での解決を訴えている。(65)

しかしこの三木の獄死が、直接的にマッカーサー司令部による戦後民主化政策の引き金を引いた形となった。毎日新聞がマッカーサー司令部の「注目」を報じた四日の午後六時から連合国最高司令部民間情報教育局長ダイク大佐は、マッカーサーが日本政府に宛てた通牒で①政治犯人の即時釈放、②思想警察その他一切の類似機関の廃止、③内務大臣および警察関係の首脳部、その他日本全国の思想警察および弾圧活動に関係ある官吏の罷免、④市民の自由を弾圧する一切の法規の廃止ないしは停止—を要求したと発表した。(66)

「政治的、公民的及宗教的自由制限の除去に関する覚書」(「人権指令」)の柱は、特高警察と治安維持法の廃止である。特高警察は、一九一一年八月、警視庁の特別高等課設置で初めてその名前が登場し、一九二八年の三・一五事件を機に内務省警保局に特高警察の中枢機関として保安課が設けられると、全府県に特高課が設置され、社会運動の殲滅を目指して抑圧取り締まりが強化された。(67) 敗戦後も続いた特高警察の廃止がどれだけ衝撃的だったかは、朝日新聞十月七日付の「血で彩られた〝特高〟の足跡 文化も人権も蹂躙 言語に絶する拷問」でも分かる。

「特高警察の歴史は血で彩られた日本社会運動の歴史である。〔中略〕実際の運営はしばしば法規を越えて行はれた、取調べにあたる警官は言語に絶する拷問を用ひ、遂に死に至らしめた例も少なくない、警察留置中斃れた左翼の闘志岩田義道氏の歯を食ひしばつたデスマスクは特高警察の一面を語る姿である、彼等が一度狙ひを定めれば事実の有無を問はず留置され、警察から警察へといはゆる盥回しが行はれた、共産主義者が受刑中歯を治療した費用を支払つた友人までを検挙、裁判を付した事実は如何にこの制度が実際上常識の範囲を越えて活動してゐたかを物語るものである」。[68] 言論を弾圧した特高警察を新聞が徹底的に批判できる社会的風潮が広がり、ようやく言論の自由が表れたのだった。

天皇、人権指令に「遺憾」

十月四日午後六時発表のマッカーサー司令部による「人権指令」に対して、天皇・宮中、政府はどう反応したのか。敗戦後も内大臣の職にあった木戸幸一は、四日午後八時半、山崎内相の訪問を受け、「内相以下警察部長、特高警察関係者免官云々の件につき話」をした。木戸はこれを受け、九時十分から三十分間、拝謁し、「右の趣を言上」した。しかし九時五十五分から十分間、木戸は再び天皇から呼ばれ、御前に行き、「マ司令部の指令につき御下問に奉答」したという。[69]

四五年十月五日の『昭和天皇実録』はこう記載している。「御文庫に内大臣木戸幸一をお召しになり、内閣の危機につき御聴取になる。午後一時十七分、御文庫において内閣総理大臣稔彦王に謁を賜い、昨夕の連合国最高司令部の指令に鑑み、総辞職したき旨の奏上を御聴取になり、閣僚の辞表の捧呈を受けられる」。天皇はその後、木戸を呼び東久邇宮首相の辞表を披露し、後継内閣の首班選定を下命した。夕方には木戸から、枢密院議長・平沼騏一郎との協議の結果として①戦争責任の疑いのない者、②外交に通暁する者、という見地から第一候補として幣原喜重郎、第二候補として外相の吉田茂とすることに意見が一致した旨の奏上を受けた。木戸から後継首班に関するGHQの諒解取り付け交渉の依頼を受けた吉田は、マッカーサーとGHQ参謀長サザランドと面会した。司令部としては日本の内政に干渉の意思はなく、「幣原が経歴上好ましき人物であると思考する」との意向を確認し、木戸に報告した。(70) 翌六日朝、吉田は、幣原と交渉したが、幣原は老齢と内政に興味なきことを主な理由として容易に後継首班を受諾しなかった。木戸は天皇に対して直接説得を願いたいと申し出を行い、天皇は同日午後、幣原を呼び、特に椅子を許され、組閣を命じた。一旦拝辞した幣原に対してともかく努力するよう重ねて下命し、幣原はようやく全力を挙げて努力すると答え、受諾した。(71)

ＧＨＱの人権指令が引き金を引いた首班交代の過程で、天皇は人権指令について、五日午後七時に侍従武官長の蓮沼蕃《しげる》を呼んだ。『昭和天皇実録』はこう記している。「昨夕の連合国最高司令部の指令は誠に遺憾であるが、連合軍あるいは連合国最高司令官に対し、陸海軍人等が何らかの直接行動を起こすことなきやとの御懸念を示される」。(72)

天皇の「誠に遺憾」の真意について、豊下楢彦は「天皇制批判を前面に掲げる共産党が公然と自由に政治活動を展開し始めたのである。しかも同党は、国際共産主義を指導するソ連と密接に結びついていた」と解説している。(73) 政治・思想犯の釈放で、天皇制打倒を掲げる日本共産党の影響力が増すことを懸念したのだ。

エマーソンの府中刑務所訪問

ＡＦＰ通信特派員ロベール・ギランは、ゾルゲ事件に関与して日本の刑務所に収監されていた部下のブーケリッジを助けだそうとして、政治犯の収容されている刑務所がどこかを探し回った。たまたま政治犯の釈放運動を進めた藤原春雄から徳田、志賀らが府中刑務所にいることを聞いた。ギランはＡＦＰ極東支配人マルキュース、ニューズウィーク特派員ロハルド・Ｒ・アイザックを誘って府中刑務所を予告なしに訪問することを決意した。三人が府中刑務所を訪れたのは十月一日午後二時頃だった。(74) 訪問の様子は、毎日新聞が同月四日付で「釈放後、活発な運動展開 米記者、獄中の共産主義者訪問」といち早く報じている。同記事では徳田、志賀が主に発言したとし、「獄中生活に関する彼等の体験談は彼等が官憲からあらゆる迫害を受けた点に集中され拷問事件の数々を列挙した」と紹介している。[75] またアイザックが記した「府中刑務所訪問記」には、天皇に関する徳田の発言が記載されている。

「天皇とその側近はあらゆる手段で権力を保持しようとしている。新聞・ラジオは彼らの手中にあり、弾圧法はまだ効力をもっている。天皇は自分の意志では決して退位しないだろう。天皇は人民の力で退位させねばならぬ。人々は、天皇なしではまだやってゆけそうもない。―しかし、だ。われわれを釈放してみるがよい！。〔中略〕われわれが釈放されれば、天皇の退位を公けに宣言しよう。人民の真の自由、日本民主国のために戦う。すべての政党による民主政府こそわれわれが望むところである。しかし、釈放されても、現行の法、皇室を保護している治安維持法の残存する限り、われわれは抑圧下にある。この法がある限り、口を開くや否やまた逮捕されるだろう」[76]。

ギランやアイザックらの府中刑務所訪問は、三木清の獄死が報道された翌日で、まだGHQによる人権指令は出されていない。しかし徳田の発言を読めば、天皇が人権指令に対して「誠に遺憾」と語った理由は容易に理解できる。アイザックは、訪問記で「どういうわけか、私たちの訪問のニュースがもれ『毎日新聞』が私の名でそれを報道したということだ」と記している。毎日の記事は「アイザック氏から最後に「自分個人の見解は一先《ひとま》つおき米国陸軍は決して共産主義運動を好んではゐない」といわれ一時冷水を浴びせられた格好だつた」と伝えており、[77] かなり詳細である。府中刑務所を訪問した記者または記者から直接報告を受けた関係者を情報源として書いたのではないかと思われる。

続いて翌十月二日には、シカゴ・トリビューン紙のロバート・クローミィ記者が、通訳のジョージ・イシカワ軍曹を伴って三木が獄死した豊多摩刑務所を訪れた。当局は当初、入所を拒否したが、彼らはマッカーサー元帥の新聞関係主任のお墨付きをもらって強引に入所し、中国通の共産主義活動家、中西功ら十八人の政治犯に面会した。(78)

さらに十月四日夜のマッカーサー司令部による人権指令を受けて、前年に延安で野坂参三にインタビューした米国務省の日本専門家で、連合国軍最高司令官（SCAP）の政治顧問部ジョン・エマーソンと、GHQ対敵情報部調査分析課長でカナダ外務省のハーバート・ノーマンは、十月五日朝、府中刑務所を訪れた。同月一日に府中刑務所を電撃訪問したニューズウィーク誌特派員アイザックと、エマーソンは、一九四五年の新年を重慶で一緒に迎え、重苦しい気分で乾杯した仲だった。エマーソンは米佐官級将校の宿舎となっていた第一ホテルでアイザックと飲んだ際、「GHQのだれかが、これから政治活動をするこうした人びとと話をしてみたら得るところが多いのではないか」と提案され、ノーマンと検討し、五日朝に雨の中を府中に向かった。刑務所の役人はむくれていたが、エマーソンらが示したGHQの信任状を前に入所を認め、徳田、志賀ら十六人と面会した。そして七日、そのうち三、四人を総司令部がある第一生命ビルに連れて行き、詳しく尋問することにした。(79)

エマーソンは回顧録で、徳田の主張について①共産主義者は戦争に責任のある天皇制の打倒を要求するだろう、②ソ連共産党の援助は求めない、③共産主義者は英米の政策を全面的に支持する──と紹介している。(80)

エマーソンは「日本共産党指導者徳田球一訊問に関する報告」で、徳田の主張のうち天皇制に関するものに関心を寄せ、「日本を離れている共産党の他の指導者がもどったとき、日本共産党の方針に変化がきたされるかどうかは興味深いことである。例えば岡野は、天皇の地位については進んで妥協し、天皇の政治権力については改革を要求するものの、皇室については暫定的に受け入れるであろう。徳田は、今のところ、天皇と天皇制の打倒要求について妥協しようとしていない」と指摘している。[81] エマーソンは回顧録にも「徳田について注目に値したのは、天皇に対する態度が野坂と違っていたことである。野坂が中国から帰ってきた場合、二人はどのように考えを一致させ、あるいは妥協するのだろうかと私は疑問を感じた」と記している。[82]

徳田・米接近にソ連警戒

一九四五年十月七日の時点で、徳田から二回にわたり話を聞いたエマーソンの回想は非常に興味深い。野坂と徳田の両方を知るエマーソンは、まさにこれから政治活動を始めようとする戦後日本共産党にとって天皇制問題をどう調整するかが、鍵だと直感しただけでない。日本共産党の戦後方針をめぐりソ連共産党とすりあわせを行うためソ連に向かった野坂と、徳田ではソ連共産党とどう関係を構築するかでも、意見が異なったからである。

徳田は十月七日のエマーソンに対する陳述で「日本共産党はソビエト・ロシアと何らの関係を持ってはならない。もし提携すると、ロシアの共産党はあまりにも大きいため、日本共産党はその自分たる《アイデンティティー》を失うであろう。ロシアに頼るのは危険で、そのようなことになれば、日本共産党の勢力は減少する。日本共産党がロシアからのいかなる財政援助を受けることも拒み、また、そのような方向でロシアの助けを乞うことは一切必要ない。日本共産党の目的の一つは、ソビエト・ロシアと無関係であることで米国を満足させることである。共産主義は日本の近い将来には樹立されないであろう」と述べ、[83] ソ連共産党との関係構築を否定し、自分たちを助けたGHQとの友好関係を期待した。

一方、モスクワに着いたばかりの野坂ら一行は、十月十一日に総諜報局長クズネツォフと面会した際、モスクワに来た目的の一つとして「日本共産党を再組織するために必要不可欠な施策について助言を得たい」[84]と明確に求めており、出獄した徳田と見解を異にした。

ソ連共産党中央委員会国際情報部部長ディミトロフは十月十六日、モロトフ外相宛てに書簡を出し、「われわれの手元にある資料に基づいた、徳田球一の情報を送ります」とした上で、「ヴォロノフ同志の電報で提起された諸問題については、徳田がその場にふさわしい人材かどうか」立証することが必要だと指摘している。[85]出獄後の徳田が日本でヴォロノフというソ連の人物と会っていることを示唆している同書簡には、「日本人共産主義者のアピール」が「徳田球一の情報」として添付されている。「十月十一日に東京で行われた集会において、共産主義者たちにより、以下の内容のビラがまかれた」と説明がついており、連合国への感謝や米英への支持、天皇制の打倒、「天皇制を支持している偽の自由主義者や偽の社会主義者」の排除などを訴えており、[86]徳田や志賀による出獄声明「人民に訴ふ」そのものであった。ヴォロノフは徳田と面会し、声明を手に入れるとともに、彼のソ連共産党への考え方も聞いたとみられる。それをディミトロフに報告し、徳田にいかに対応すべきか判断を求めた。そしてディミトロフは徳田について「以下のように行うことが可能であると思われます」と自分なりの見解をモロトフに報告したのだ。そのうち第一項として「アメリカの防諜機関との協力をきっぱりと断ることを助言する」を挙げており、[87]ソ連として徳田と米占領当局との協力関係に警戒を強めた。

一方で、ディミトロフは同時に、モロトフに対して野坂から提起された諸問題についても意見を送った。第一項で「岡野同志とその同志、そして中国北部にいる人民解放連盟の中で最も信頼できる人間を日本へ送ることに対し、協力する」と挙げている。第四項では「岡野同志との連絡は、全ソ連邦共産党を通じてではなく、国家保安人民委員部［後のＫＧＢ］あるいは赤軍諜報部の、信頼のおけるふさわしい人物を通して行う」としている。[88] これについて不破哲三は「野坂の扱いは、最初から、日本に送り込むソ連の内通者として、あるいはソ連側の地下的な工作者としてのそれだったと読んで、まちがいないでしょう」と指摘している。[89] これに対して和田春樹は不破の見方を否定し、「ディミトロフの意図は、野坂をソ連のエイジェントやスパイに仕立てようというのではなく、基本的には米占領軍から日ソ両党の連絡を秘密にする、さしあたりは徳田らからも秘密にして野坂と連絡するところにあったと考えられる。ソ連共産党が日本共産党を直接指導しているような印象を日本を占領したアメリカに与えるべきではない。ソ連共産党として、もっとも信頼する野坂を徳田よりはもりたてていくべきだ。ディミトロフはそのように考えていたのであろう」と分析している。[90]

いずれにしてもソ連共産党は、日本共産党との間では、米占領軍とつながる徳田ではなく、秘密ルートとして野坂との関係を重視した。和田は、野坂との本格的な話し合いが必要になったとの判断がスターリンやモロトフらに生まれたと推測しているが、[91] 十月二十八日にモロトフは、中央委員会国際情報部の次長でディミトロフの部下に当たるポノマリョフらに野坂と面会するよう指示した。面会が行われたのは三十日。クズネツォフの執務室にポノマリョフらが集まり、電話で呼び出されて軍首脳部に行くまでクズネツォフも最初の二十分間出席する中で、野坂と対談した。対談は午後七時に始まり、九時四十五分まで続いた。[92]

注目すべきなのは、ポノマリョフらは野坂に対し、タス通信が十月十八日に伝えた「日本の共産主義者たちの政治綱領」の概略を示したが、野坂はその時までこの政治綱領を知らなかったことである。[93] 政治綱領とは、徳田らの出獄声明「人民に訴ふ」である。[94] 政治綱領の内容を知り、野坂は「この政治綱領は、注意深く熟考すべきである。非常に重要な問題が含まれている。何よりもまず天皇と皇室の問題が、その中に入れられる」と述べ、「現在の状況においては天皇制廃止についての問題を提起することは正しくない」と訴えた。

野坂はさらにこう続けた。「われわれ共産主義者にとっては、もちろん天皇は必要ない。しかし、日本においては天皇が国家権力だけでなく、宗教的権力とも結びついているということを考慮し、天皇制廃止というスローガンは広く支持を集めることができないだろう。天皇制廃止ではなく、現在の天皇位をその息子に譲るというスローガンを掲げる方が正しい。これは、この政治綱領に挙げられている他の問題に関しても、日本の民主主義勢力の団結を促すことになるだろう」[95]。

野坂の天皇観は延安時代から一貫している。天皇制廃止のスローガンではなく、天皇の退位を求めて皇太子を即位させるという持論を展開している。

ソ連側は対談の中で、ドイツ、ハンガリー、ルーマニア、ポーランド、ブルガリアやその他のヨーロッパ諸国の現状について情報提供した。これに対してポノマリョフらの作成した「岡野同志との対談の報告書」は、「岡野氏は、日本における皇族の問題は西ヨーロッパ諸国におけるその種の問題とは違っており、さらに複雑である、という考えを述べました。彼は、現天皇の王位放棄を求めるスローガンを容認可能なものであるとしていますが、天皇制の全面的廃止を要求することは、今のところ時宜にかなっていない、と考えています。岡野氏はその理由として、日本の天皇が政治的、国家的役割を果たしているだけではなく、神的な後光に包まれた宗教的役割をも果たしていることを挙げています。岡野氏の考えによれば、日本の多くの人民は、天皇の神性への信仰を失っておらず、そのため天皇制のスローガンは民衆の支持を得られない可能性がある、ということです」と記した[96]。

野坂は、欧州情報の提供を受け、君主制の問題、農業改革、産業の国有化などをめぐり「より具体的な資料を提供して欲しい」と依頼し、「日本においてこうした基本的な問題を解決するにはどのようにしたらよいのかということについて、ある程度の解説と指示を与える」ようソ連側に求めた[97]。天皇制の問題についても、野坂は「ある程度の解説と指示」をソ連側に求めたのは、この問題でのソ連の立場を知るとともに、徳田との考え方の違いがはっきりする中で自分を支持することを願ったからであろうことは間違いない。

ソ連、野坂の天皇観支持

一九四五年十月三十日にポノマリョフと野坂との対談に同席したコヴァリョフとクライノフは、十一月二日に野坂と再び面会した。ここで野坂は、十一月八日までに奉天に送ってほしいと依頼し、自らの「計画」を新聞に発表したいと提案した。ソ連と米国に自身の帰還について協力を求め、奉天で帰還問題が解決すれば、米政府から南朝鮮を経由して日本に向かう許可を取り付ける、と述べた。野坂はまた、延安時代に知り合った米国人の米当局者やジャーナリストのうち、今日本にいるエマーソン、サーヴィス、クロムレイ、アリヨシらの名前を挙げ、東京に帰ったら協力を求めるべきかどうかについて尋ねた。さらに日本共産党への財政援助について野坂は「一万ドルをアメリカの通貨あるいは金で受け取り、奉天において、それを日本における反ファシズム的組織のための中国および日本の社会組織からの援助として手続きするのが望ましい」と提案した。[98]

野坂は十一月三日にもクライノフと会い、「日本における戦争犯罪人について、誰が逮捕されたか、またソビエト連邦はこの問題についてどのような立場をとっているのか」と尋ねた。同四日には、野坂は英語の書面をクライノフに送っている。このほか口頭で野坂は「早急に日本へ送ってほしい」と希望し、「チタまでは列車で、そしてそこから長春までは飛行機で行くのがより妥当である」と求めた。[99]こうしたやりとりからは、天皇制問題で見解を異にする徳田、志賀らが出獄し、日本国内で脚光を浴びる中、日本の状況を知りたいという気持ちのほか、奉天または長春で一日も早く自分の見解を公表した上で、帰国したいという野坂の焦りが読み取れる。
野坂は同時にソ連側に「民主的戦線を組織するために共産党が提出すべき共同綱領」という日本語で書かれた十二項目の提案を行っている。これは、延安での「日本人民解放連盟綱領草案」や「民主的日本の建設」を簡潔にまとめたものであるが、ここでは天皇制の問題には直接触れておらず、「封建的、専制的制度の撤廃と民主々義の原則に基く憲法の改正」と記されている。[100]
早期に中国経由で帰国したいが、なかなか前に進まないことに焦る野坂は、十一月九日、クズネツォフに書簡を出した。「貴殿もよくご存知の通り、われわれがこの地における滞在が延びるなら、奉天とその先への出発が甚だ困難となります」として、もし可能ならあと二日間で出発に向けた準備を整えるよう促した。[101]
ソ連側は、野坂との面会を重ねる中で、天皇制に関する野坂と徳田の見解の違いをはっきり認識した。それは、両者を知る東京のエマーソンが、「二人はどのように考えを一致させ、あるいは妥協するのだろうか」と疑問を感じ、いわば傍観者の立場で関心を示したのに対し、日本共産党と深い関係にあるソ連はどちらを支持するか判断を示さざるを得なかったのだろうと推測される。
十一月十三日、野坂と接触を重ねたクライノフ、コヴァリョフ、ブルイシェフスキーは「日本共産党方針の基本的諸問題について」という意見書をまとめ、ベリア、マレンコフ宛てに送った。この意見書は、野坂の見解と、徳田・志賀の見解を比較検討し、天皇制を含めた「政権と国家機構」、新憲法制定、土地改革、民主主義戦線の問題に関して野坂の見解を支持したり、野坂の主張に近い判断を下したりしている。[102] ここでは、天皇制に絞って検証することにする。意見書はこう記している。
「徳田や志賀とは違い、岡野氏は、現在の天皇がその息子に位を譲るために退位することを求めるスローガンを掲げることが妥当である、と考えている。というのは、日本の天皇は国政に参与しているだけではなく、宗教的な役割（地上における神の代官）をも果たしているためである。現在の条件では、日本共産党は天皇の権力についての問題や国家機構の問題について以下のような立場をとることができる、とわれわれは考えている。幣原男爵の政府は民主主義的連立政府と交代する。天皇の権力に関しては、以下の要求を出す。第一に、ヒロヒト天皇に、帝国主義戦争を放置し、行った責任を認めさせること。第二に、息子に位を譲るか摂政の委員会を設立するかをし、退位すること。原則として、日本の天皇は政治的及び軍事的権力を剝奪されなければならないが、その宗教的役割は残されてもよい」[103]。

ソ連側は十一月十七日にも野坂と会談したが、ここで野坂は改めて天皇問題について提案した。報告書では「天皇打倒のあからさまな要求が妥当でない」ことについて野坂は以下の論拠を挙げたとしている。

①日本人民の天皇への信仰はまだ失われておらず、もし共産党が天皇打倒のスローガンを掲げるなら、共産党は大衆から孤立し、支持を得られないおそれがある。第七回コミンテルン大会まで、日本共産党は天皇制廃止を要求するスローガンを掲げていたが、現実が、この要求は非現実的であることを示したのだった。このスローガンが人気を博すものではないことは、この問題を一緒に審議した、日本人捕虜であり延安の人民解放連盟の参加者の、このスローガンへの見方からも分かる。

②天皇の権力を打倒することについての問題を提起することは困難であり、現在、日本の民主党がこの要求に対して抵抗を露わにしていることによっても、この問題はより複雑になっている。

③第二次世界大戦後のヨーロッパ諸国、特にイタリアにおける王政廃止の経験を考慮に入れるべきである。イタリアでは、王の権利が残され、同時に民主主義的な政府が存在しているのである。天皇の権利についての問題を解決するには、USAやソ連がとっている立場も考慮に入れるべきである。

さらに野坂は「現在は、日本における「専制システム」の廃止や日本の民主化という、より漠然としたスローガンを掲げるのが妥当であろう。それらのスローガンは、事実上、日本における天皇制の廃止を意味するのである。この際には、「天皇はあるべきか否か」という問題が、例えばユーゴスラビアでなされているように、人民の意志に従って解決されなければならない、ということを声明するべきである」とも提案した。[104]

東京裁判の中でソ連は米側に対して天皇訴追を持ち出し牽制する動きはあったものの、結論としてソ連は東京裁判に向けて天皇訴追を実行しなかった。ソ連は野坂との秘密交渉で天皇制問題について野坂の見解を支持していたのだが、和田春樹は「ソ連のこの決断には野坂の天皇制論が影響したと考えることができる」と指摘した。[105] それにしても、野坂参三を通じて延安（中国共産党）とモスクワ（ソ連共産党）が、天皇政策で足並みをそろえる結果になるのは、極めて興味深い歴史的事実である。

野坂の帰国

野坂参三は戦後も、一九四五年十二月初めまでの自身のモスクワ訪問を隠していた。野坂に同行した香川孝志は後に、モスクワでの生活について、宿舎としてホテルのような建物をあてがわれたが、随行の三人とも、郊外の保養所に案内されてご馳走されたことと、夜遅くに赤の広場を車で一回りする以外に部屋に足止めをくらい、「退屈をきわめた」と回想している。その間、野坂は毎日外出したが、誰と会ってどんな話をしたかは三人に話さなかったという。[106]

一九七一年に赤旗に連載された野坂へのインタビュー「野坂議長にきく 延安から東京まで」でも、野坂は長春で一カ月滞在して奉天に行き、一行四人は十二月下旬、空路平壌に到着した、と述べたことは既に触れた。七四年に大森実が行ったインタビューで、野坂は平壌で金日成に会った時の様子について「若いのでびっくりしました。〔中略〕日本家屋に住んでいました。玄関を入り、障子を開けたら、トックリのセーターを着た青年が出てきたんですよ」と回想し、「あまり深くは話さなかったですね。まだ、そのときには、新しい北朝鮮の政府を創るかどうか決まっていなかった時代です」と述べた。[107]
和田春樹は、野坂は日本と朝鮮の革命の方針について後に北朝鮮の党のトップになる金日成と「深く話した」はずであると指摘し、「大森には、その内容を隠したのだと考えられる」と、野坂は事実をここでも隠蔽したと分析した。[108]平壌からジープで南下し、三十八度線で年越しし、京城（ソウル）に入ったが、エドガー・スノーが会いにきたと回想している。「このときの話が日本に誤り伝えられ、〝野坂、天皇制を支持する〟なんて電報を打ったりしてね」と赤旗のインタビューで話している。[109]
また出獄した徳田と志賀は、野坂が間もなく帰国すること、そして天皇制問題で自分たちと違う主張をしていることを知っていた。朝日新聞は、野坂が朝鮮半島から帰国を目指していた一九四五年十二月三十一日付で、華北から帰還した同紙前北京総局員・岡本定雄による「華北の近状を視る」と題した長文記事を掲載しているが、その中で野坂についても触れているからだ。「支那事変の間延安にあつて、自由な立場に立つて世界情勢を眺めてゐた岡野氏の論説は、多数現地で日本語で出版され、いつの間にかわれわれ在住同胞の手に入つてゐたがそれは日本人の心境を巧みに摑んでゐる。例へば天皇制の問題の如きも彼は天皇制打倒を唱へる内地の出獄派に対し反対、天皇制打倒を叫ぶは戦術的にも客観的情勢を無視するものと判断してゐる。岡野進氏が帰国すれば現在の日本共産党は鋭くすぐれたる指導者を得るとともに、相当の転換かあるひは分裂を余儀なくされるのではないかとの見方もある」。[110]
野坂らが釜山を出航したのは一月十日で、途中で対馬を経由して博多に一月十二日に着いた。十六年ぶりの祖国だった。野坂は誰も自分たちの帰国を知らなかったと思っていたが、新聞記者が押しかけてきた、と回想している。最も早く野坂を見付けたのは朝日新聞と西日本新聞だった、と吉積が記憶していた。[111]スクープとなった朝日新聞の十三日付朝刊によると、野坂の記者への第一声は「内閣はどうなつた…」、「大臣病にとりつかれた人達にいまの日本はどうすることも出来ないだらう」だった。この日、幣原内閣の改造が行われた。記事は「持病の眼病のため仮釈放中神戸から姿を消した当時からみれば白髪はめつきりふえたが、さすがになつかしい故国の第一歩は力強い」と伝えている。野坂は、「わたしは今後一平党員として党の方針に従ひたい、その点で天皇制にはいまふれたくない、すべては志賀と話合つてのことだ」と述べ、十二日午後六時四十分の列車で東京に直行した。[112]

朝日新聞記者は車中で野坂にインタビューしているが、やはり大きな関心は「天皇制の問題」だった。野坂は車中でも「私は政治問題についての声明は今したくない。しかし若干の感想をいふなら、天皇制の問題について私と党の政策に喰ひ違ひがあるやうに伝へられてゐるやうであるが基本的な相違は全然ない、ただ個個の戦術上の問題について若干相違する点が、過去においてあつた」と述べた。[113] この発言からは、野坂が「基本的相違」と「戦術的相違」を区別して徳田、志賀らを説得できるとの自信をのぞかせていることが分かる。

野坂が東京駅に着いたのは一月十三日午後十時五分だった。駅には徳田をはじめ千人に上る党員が出迎え、そのまま代々木の共産党本部に向かった。まず外国人記者団と会見し、その後は深夜まで徳田、志賀ら幹部と天皇制、人民戦線問題などの基本路線について議論し、それは十四日午前三時まで続いた。それを受けて日本共産党中央執行委員会と野坂は、十四日午後一時に共同声明を発表した。天皇制については「天皇制打倒といふ方針の正しさを認めることに我々の意見は完全に一致した。天皇制の廃止とはこれを国家の制度として排除することであり、その上で皇室の存続がいかになるかといふことは自ら別問題である。それは将来日本の民主々義化が達成される時日本国民の意思によつて決定されるべきものである」と表明した。朝日新聞は主見出しで「天皇の政治権力剝奪」を掲げ、脇に「皇統存続は国民の判断に俟つ」としている。[114] しかし共同声明は、徳田と志賀が、野坂の天皇制・皇室区別論を受け入れたもので、特に後者の「国民の判断」は延安時代から野坂が一貫して主張していることだ。

和田春樹は、野坂の主張を徳田と志賀があっさり受け入れたのは、「やはり野坂が中国共産党との話し合いに加えて、ソ連共産党と話し合って、その支持をとりつけてきたということを徳田らに話したからではないだろうか」[115]と指摘し、特に野坂のソ連共産党との協議という事実が、徳田らに決定的影響を与えたとの見方を示した。

三　野坂の戦後計画と象徴天皇制

天皇・近衛主導の憲法改正

野坂参三が帰国した一九四六年一月から三月までの間は、ＧＨＱが天皇制と天皇の戦犯問題について重要な決定を下した時期であった。[116] ここでは野坂が四四年三月に延安で発表した「日本人民解放連盟綱領草案」や、四四年九月八日に明らかにした「日本共産党の計画」[117]が、天皇をシンボルとした日本国憲法の制定にどう影響を及ぼしたかについて、原秀成による詳細な先行研究があり、[118] その論考を参考にしたい。まずは『昭和天皇実録』を基に日本敗戦後の「憲法改正」問題の経緯について触れておきたい。

敗戦から一カ月強の一九四五年九月二十一日の『昭和天皇実録』は、「御文庫に内大臣木戸幸一をお召しになり、一時間余にわたり謁を賜う。内大臣は拝謁後、内大臣秘書官長松平康昌に憲法改正問題につき調査を依頼する」と記述している。[119] 天皇自らが明治憲法改正を発案し、木戸を通じて指示していることが分かる。

さらにその結果について十月十日の『昭和天皇実録』に書かれている。

「木戸幸一をお召しになり、憲法改正問題の経緯をお聞きになる。また、内大臣より公爵近衛文麿に憲法改正の調査を命じられたき旨の願い出を受けられ、これを御聴許になる。夕刻、再び内大臣に謁を賜う。なお、近衛は一昨八日内大臣を訪問し、去る四日に聯合国最高司令官マッカーサーと会談し、マッカーサーより憲法改正の提案を公表するよう示唆を受けたが、その後八日に聯合国最高司令部顧問ジョージ・アチソンと面談の結果、荏苒《じんぜん》時を過ごす時は司令部側から憲法改正案を突き付けられる恐れあり、これは欽定憲法としては耐え難きため、速やかに善処の要ある旨を論じる。内大臣は容易ならざる問題につき、十分な考慮を約す」[120]。この頃、天皇は幣原喜重郎首相に対して近衛に憲法改正の下準備を命じるべき旨を述べた[121]。

一方、マッカーサーは十月十一日、新首相・幣原喜重郎と会談し、「五大改革指令」を要求した。同指令は冒頭、「「ポツダム」宣言ノ実現ニ当リテハ日本国民カ数世紀ニ亘リ隷属セシメラレタル伝統的社会秩序ハ是正セラルルヲ要ス右ハ疑ヒモナク憲法ノ自由主義化ヲ包含スヘシ」とし、①参政権賦与による婦人の解放、②労働組合の組織奨励、③教育の自由化、④国民に恐怖を与える専制組織の撤廃、⑤経済制度の民主化―という五大改革を出来るかぎり早期に実行するよう求めた[122]。

「五大改革指令」は憲法改正の基本になるものだが、昭和天皇もマッカーサーも、東久邇宮内閣で国務相(無任所相)だった近衛文麿による改正を支持した。東久邇宮内閣は、十月四日のGHQによる「人権指令」を実行できないとして総辞職し、幣原内閣が誕生した。同時に近衛も国務相を退いたが、ちょうど同四日、近衛はマッカーサーと二回目の会談を行った。マッカーサーは近衛に対して「第一に憲法は改正を要する。改正して自由主義的要素を充分取入れねばならぬ。第二に議会は反動的である。これを解散しても、現行選挙法の下では、顔触れは変つても同じタイプの人間が出て来るだろう。それを避けるためには選挙権を拡張し、婦人参政権と労働者の権利を認めることが必要だ」と決然たる口調で話した。さらに「自分は日本の憲法や法律上のことはよく知らない」と漏らすマッカーサーは、「公はいわゆる封建的勢力の出身ではあるが、コスモポリタンで世界の事情に通じておられる。又公はまだお若い。敢然として指導の陣頭に立たれよ。もし公がその周囲に自由主義分子を糾合して、憲法改正に関する提案を天下に公表せらるゝならば、議会もこれに蹤いて来ることと思う」と、憲法改正を主導するよう近衛を鼓舞した。[123]

近衛は日中戦争時の首相であり、後にGHQから戦犯容疑を掛けられ自決するが、この時点では近衛が陣頭指揮を執って憲法改正を進めることをマッカーサーも評価、期待している。そして近衛が主導する憲法改正案を公表するよう求めている。しかしその四日後に近衛がアチソンと面会したところ、無為に時間を過ごせばGHQから憲法改正案を突き付けられる懸念があるため、早急に憲法改正作業を進める危機を痛感し、「容易ならざる問題」について木戸と意見を共有したのだ。

渡辺治の研究によると、この時期、「国体護持」や「天皇退位」をめぐる国内政治状況は、近衛と、主流派の幣原・吉田茂の間には対立があった。近衛は、敗戦に伴い「国体」の危機が切迫したと受け止め、この危機を乗り切るために、「国体護持」のための天皇の退位と憲法改正を主張した。これに対して幣原・吉田は、冷戦状況下で占領権力は天皇制を存置するだろうとの楽観論に立ち、天皇の続投と現行憲法維持で危機を乗り切れる、というものだった。[124]

「容易ならざる問題」とは何か。近衛は、「国体に関し国民投票をやつて、天皇制を確立するのがよいと思う。陛下が御退位になつて、高松宮が摂政におなりになるとよいと思う。憲法改正もそれと関連して行うがよい。ぐずぐずしていると、陛下にも天皇制そのものにも、及んでくる恐れがある。憲法改正は先に行くほど、極端な議論に動かされることにもなろう。共和制になる恐れも非常にあると自分は思う」と語っているが、[125]早く動かないとGHQから天皇制廃止を含めた憲法改正案を突き付けられかねないという危機感を強めたのだ。

マッカーサーも当初は、幣原・吉田のラインではなく、憲法改正に積極的な近衛との連携を強めていた。天皇も、国務相という職を失った近衛に対して十月十一日、「内大臣府御用係」を仰せ付けた。同日の『昭和天皇実録』には「近衛文麿に謁を賜い、ポツダム宣言の受諾に伴う大日本帝国憲法改正の要否、及び仮に改正の要ありとすればその範囲等につき、調査を御下命になる」とある。[126]天皇は、あくまで近衛を通じて憲法改正作業を進めようとしたのだ。

野坂と近衛の接点

ここでの近衛の発言で注目すべきなのは、「国民投票」と「天皇退位と摂政」という考え方だ。野坂参三が、終戦前にいた延安や終戦直後に渡ったモスクワで主張した天皇論と似ている。ここで「延安・野坂」・「GHQ」・「近衛」をつなぐ接点があることに注目したい。

米国務省の日本専門家ジョン・エマーソンは一九四四年十二月十七日まで延安に滞在したが、[127]野坂参三が策定した「日本共産党の計画」について野坂から聞き取り、四五年一月五日付で「日本の共産党」としてワシントンに報告した。[128]もともと「日本共産党の計画」は、エマーソンが延安に入る前の四四年九月八日、戦時情報局（OWI）のフィッシャーが野坂から説明を受けたが、エマーソンは野坂から彼の考えた綱領について聞き取り、「米国の権利章典を敷衍したような趣きがあった」と回想している。[129]エマーソンが野坂から聞いた説明によると、そこには無制限の普通選挙、選挙で選ばれた議会への全面的立法権の付与、政党・言論・思想・表現・人身・集会の自由保障、土地改革、労働組合の自由と団体交渉制度、八時間労働制が盛り込まれ、天皇制の改革なども主張していた。野坂の綱領に魅せられたエマーソンは、米国外交官が一九三〇年代初期以来、日本共産党について何も報告していないことも知り、「日本共産党小史を書いてみようと決意した」と回顧録に記している。[130] さらにエマーソンは、「戦犯の処罰、追放、財閥解体、公民権の保障、天皇の地位の変更、土地改革、教育改革―こうした改革はすべて、野坂とわれわれ双方に共通する政策であった。〔中略〕延安から見た場合、われわれの関心事は日本の敗北と、その後に起こる日本の体制の根本的変化であり、その点についてわれわれと共産主義者は、たまたま意見が一致していたのである」と回顧した。[131] つまり共産主義者・野坂が作成した戦後日本の構想は、エマーソンら米国務省が考えていた降伏後の対日計画や憲法改正の方向性と一致していたのであった。

野坂が延安で四四年三月に発表した「日本人民解放連盟綱領草案」も、「戦争の終結と講和」・「恒久平和」・「富裕な経済政策」・「軍部独裁の打倒」・「自由、民主の政治」・「人民生活の改善」など八項目から成り、「言論、出版、集会、結社、信仰の自由の完全実現」・「二十歳以上の男女に選挙権を与える」などを明記しているが、[132] 原秀成は、「ポツダム宣言や日本国憲法、戦後改革などとの類似性が認められる」としている。[133]

原の研究によると、エマーソンは四五年二月初旬に帰国後、国務省内の部局間極東地域委員会（ＩＤＡＣＦＥ）などの席で延安での野坂の主張を口頭で報告したほか、ワシントンの戦時情報局（ＯＷＩ）でも報告しており、野坂の活動に関するエマーソンの報告は、「四五年九月以降、日本の憲法制定についての米国の方針として、導入された形跡をみることができる」と、原は分析する。[134] さらに、エマーソンが紹介した野坂からの影響は同年九月二十六日付の国務長官特別補佐官バランタインの意見書にも見られ、普通選挙、選挙によって選ばれた代表による立法府に全面的立法権を持たせること、枢密院・貴族院の廃止などが記されたとしている。[135]

原秀成はさらに、野坂の主張が、エマーソンを通じて戦後日本計画に影響を与えたルートとして第一に前出したワシントンでの政策立案を、第二に、日本敗戦直後の東京での活動を挙げた。[136] 第二についてエマーソンは、四五年九月上旬、GHQ政治顧問部メンバーとして来日した。政治顧問アチソンの到着は九月二十二日で、エマーソンはアチソンの下に配属されたことになる。二人は、東京・日本橋の三井本館に置かれた政治顧問事務所の三階で仕事をしていた。エマーソンはアチソンに野坂の主張などについて助言することもできたのだ。[137]

天皇のほかマッカーサーから鼓舞され憲法改正で忙しくなった近衛は四五年十月八日、軽井沢に行く予定をとりやめ、東京帝国大教授の高木八尺《やさか》、松本重治、牛場友彦とともにアチソンに面会し、憲法改正の問題について意向を尋ねた。[138] 高木は米国政治史の第一人者、松本は同盟通信上海支局長から編集局長になった近衛の友人、牛場は近衛の秘書役だ。[139] 十月八日の近衛・アチソン会談は『昭和天皇実録』の記述として既に紹介したが、近衛をして危機感を抱かせる内容だった。アチソンは、国務長官からの返電がまだ手元に届いていなかったが、具体的に、しかも「非公式」とことわることを忘れずに自己の見解を述べた。高木のメモによれば九項目、アチソンの国務長官宛ての報告では七項目となっているが、高木は明治憲法の改正点を、アチソンは明治憲法の特徴をそれぞれまとめており、一見異なっているように見える内容は実際にはほぼ一致している。[140]

「アチソン七項目」で挙げられた明治憲法の問題点は、①衆議院が限られた権限しか持っていないこと、②権利が厳しく制限され、憲法に有権者の規定がないこと、中央政府による警察や教育への統制の弊害、③貴族院が民主的でないこと、④司法府が政府に対抗する人々の権利を保護する規定が憲法にないこと、⑤陸相・海相を規制・統御する規定が欠如していること、⑥枢密院が政府を超越する機関であること、⑦正当に選挙で選ばれた代表を通じて憲法改正を発議・採択できないこと―だった。[141] 近衛が、憲法改正に関するアチソンの大胆な見解を聞き、天皇制維持あるいは天皇制の抜本的転換への危機感を抱いたとしても不思議ではない。

「米国から日本側に示された最初の具体的な憲法政策だった」と「アチソン七項目」を評価している原秀成によると、この七項目の原則の内容は実は、野坂の「日本共産党の計画」と酷似しているという。[142] アチソンは部下のエマーソンの報告書を参考に、訪問した近衛らに七項目を伝えた可能性があり、近衛たちは、「その最も毛ぎらいしていた共産主義者による憲法改案」とは知らされずに、アチソンから拝聴したと分析している。[143]

またアチソンと近衛の会談には、ビショップが同席している。[144] 日本専門家であるビショップは、国務省極東班勤務時代の一九四二年十二月十四日、「天皇は、たとえばヒトラーのような個人的指導者ではなく、事実上、日本の国民統合の象徴（a symbol of Japanese national unity）であることを想起すべきである。つまり、天皇が死去したとしても、天皇が象徴しているものはなくならないであろうし、天皇に対し、周到な攻撃を加えたとしても、ローマ教皇に対する攻撃がおそらくカトリック教徒を激怒させるのに劣らず、日本国民をいたく刺激するであろう。その上、天皇に対する攻撃は、物理的あるいは心理的のいずれにおいても、結果的に不必要にして粗暴な報復を招き、日本国民を強固に結束させて、戦争遂行と軍部支持に向かわせるであろう」[145] と指摘している。日本敗戦を見越して最も早く「天皇は日本国民統合の象徴」という考えを提示した外交官だった。

実際にアチソンの下にいたエマーソンも、四五年十月時点で、日本の憲法改正問題をめぐりマッカーサーの顧問的役割を果たすほどGHQ内で影響力を持っていた。エマーソンは、十月六日に、戦前から知り合いだった高木八尺と面談した[146]。またエマーソンは十月二十日、アチソンの署名を得てマッカーサーに提出する覚書をまとめた。そこでは「慈悲深い天皇からの贈物」というふうに見られる憲法は民主的目的を促進しないだろうと強調した。同月二十三日にもマッカーサーの要求に応え、二回目の覚書を提出した[147]。エマーソンのもとには、国務省から日本の改正憲法が必ず取り入れなければならない原則のリストが送られてきたが、その中で最も重要なのは「広範な選挙権に基づいて有権者に全面的に責任を負うような政府とする」という原則だったと回顧している。エマーソンは、高木八尺の訪問を受けたが、国務省から送られてきたリストの写しを近衛グループの参考のために高木に手渡した[148]。エマーソンも、マッカーサーとアチソンとともに、十月下旬時点までは、近衛と高木について「誠意をもってわれわれにアプローチしてきた」と評価し[149]、憲法改正問題で二人を最適の連携対象と考えていたのは間違いない。

近衛の挫折と自決

しかし、十月二十三日付朝日新聞朝刊にAP通信東京特派員ラッセル・ブラインズによる近衛のインタビュー記事が掲載されると、事態は一変する。近衛が十月十一日に内大臣府御用係に任命された頃から既に、憲法改正は政府の仕事であり、内大臣府で取り扱うのはおかしいという議論が強くなり、幣原首相は松本烝治国務相に憲法改正問題の調査主任を命じた[150]。この時点で、憲法改正作業は①天皇とマッカーサーが支持する近衛ライン、②幣原内閣主導の松本ライン、という二つのルートで進められることになったが、このAP通信のインタビュー記事で近衛への批判が一気に高まった。記事の中で近衛は、憲法改正について「元帥が自分にその運動の先導をなすやう示唆した」とマッカーサーとの会談内容を暴露した上で、憲法改正案を天皇に奉答するのは十一月中だと明かした。さらに天皇の退位に関する規定は皇室典範には含まれておらず、憲法改正に当たる専門家は改正皇室典範に退位手続きに関する条項を挿入する可能性を検討するだろうと天皇の退位を迫る衝撃的なものだった。[151]

幣原は二十三日午前十一時に内大臣・木戸を訪れ、朝刊に出た近衛の談話内容は「政治上非常な困難を生じる恐れがある」と述べ、木戸に対し、近衛に訂正声明を発表するよう求めた。[152] 二十四日の『昭和天皇実録』には、天皇は侍従次長・木下道雄を呼んだ際、「近衛文麿の人物評につき御談話になり、万一退位の必要に迫られた場合、その後の生物学御研究の助手及び研究すべき科目につきお考えを述べられる」[153]という興味深い記述がある。同日午後には木戸は近衛に「憲法改正問題が図らずも政治問題となり、内大臣府と内閣が別個に調査を進めるが如き印象を世上に与えていることは非常に遺憾」と述べた。[154]

ジョン・ダワーは、『敗北を抱きしめて』で、近衛の暴露について「事態を危機に至らしめたのは、そして一連の過程で天皇をめぐる政治の複雑さを明らかにしたのは、近衛の自己宣伝の才能だった」と指摘している。[155] 憲法改正を近衛に頼ったGHQ側にとっても「危機」だった。

近衛攻撃は米メディアが始め、日本の新聞がそれを掲載した。十月二十六日のニューヨークタイムズは「強制による自由」という社説を掲載し、二十九日付の朝日、毎日両新聞に転載されている。そこには「近衛公の如き者が日本新憲法の起草に選ばれたことを見ながら、なほ米国の究極目的の達成が可能であると考へることが出来るだらうか。近衛公は何回となく首相に就任し日本の圧迫政治に尽した近衛公がマックアーサー元帥により戦争犯罪人として牢獄に放り込まれたとしても、恐らく唯一人として驚くものはあるまい」と、近衛は憲法改正の起草者として「不適任」だと主張した。[156]

近衛批判が高まる中、マッカーサー司令部は十一月一日夜、憲法改正における近衛の役割を否定する声明を出し、近衛を「全く支持してゐない」と切り捨てた。その上で幣原に憲法改正に関する命令を伝えた。[157] これに対する昭和天皇の対応は異例で、十一月十九日に木下道雄を呼び、翌二十日頃と見込まれていた近衛による憲法改正調査の奉答の有無につき、木戸に確認するよう下命したのだ。天皇はその後も近衛の参内についてしばしば木下に下問した。[158]マッカーサーの「近衛絶縁」宣言を無視するかのように、天皇は近衛の憲法改正案を待ち続けた。近衛は十一月二十二日午後、天皇に拝謁し、「帝国憲法ノ改正ニ関シ考査シテ得タル結果ノ要綱」を奉答した。『昭和天皇実録』には要綱全文が掲載されているが、「天皇ノ憲法上ノ大権ヲ制限スル主旨」を掲げた。[159]またジョン・ダワーは、要綱の内容をこう評価している。

「近衛は、現行の憲法下では「法律ノ範囲内ニ於テノミ」という文言によってつねに人権が制限されてきたという批判に理解を示し、国民の自由は法に優先することを明記すべきだと勧告している。近衛はさらに、非常事態において国民の権利を停止し得る非常大権の条項の削除を提案した。従来、国務大臣は天皇にたいしてのみ責任を負ったが、今後は帝国議会にも責任を負うことにし、総理大臣の選出手続きも確立されるべきであるとした。またエリートたちの議会外の議会とも言うべき貴族院の廃止も提案した」[160]。要綱には、近衛が十月八日に面談したアチソンの見解が色濃く反映された。[161]この源流は野坂の考え方にあるかどうかは別にして、民主的かつ自由主義的な内容が鮮明だった。

近衛が木戸とともにGHQが発表した戦犯容疑逮捕リストに名を連ねたのは十二月六日で、出頭期限が切れる前夜の同月十六日に自殺した。朝日新聞は、近衛の自殺直後の十二月二十日から「近衛公手記」を十一回にわたり掲載した。最終回の同月三十日の手記は「「統帥」に万事休すこれを抑ふる者、天皇ひとり」との見出しが掲げられ、「殊に統帥権の問題は、政府には全然発言権なく、政府と統帥部との両方を抑へ得るものは、天皇ただ御一人である」と記された。[162]日米開戦の翌一九四二年夏に書かれたものであったが、[163]近衛は日米開戦をめぐる天皇の戦争責任に言及したのだ。

これに対し、天皇もただ一言、側近に「近衛は自分にだけ都合の良い事を言っているね」[164]と述べたという。これも天皇に「戦争責任あり」と断じた近衛への批判であることは言うまでもない。

昭和天皇は近衛を信頼して憲法改正作業を委ねたが、近衛の自決でこれも挫折してしまった。

天皇制維持のための「象徴」

昭和天皇は、まだ近衛が自決する前の一九四五年十一月二十六日、首相・幣原喜重郎に対して近衛の改正憲法案である「要綱」を渡し、「首相の考える如くしかるべく取り計らうよう御下命」になった。[165]しかし近衛の後に憲法改正に携わった政府の担当者たちは、マッカーサーが近衛の構想よりも急進的な変革を求めていることを認識できていなかったため、[166]憲法問題調査委員会委員長・松本烝治国務相が四六年二月八日に提出した「憲法改正要綱」に対して、GHQのホイットニー民政局長は「日本案ハ全然受諾シ難キニ付自分ノ方ニテ草案ヲ作成セリ」と述べてGHQが憲法草案を作成する意向を示した。[167]それに先立つ二月一日、毎日新聞は松本の憲法問題調査委員会の試案全文をスクープした。しかし毎日の社説が試案について「憲法の中核ともいふべき天皇の統治権については、現行憲法と全然同じ建前をとつてゐる」と疑義を唱えるなど、[168]明治憲法を基本とした保守的な内容だった。アチソンの原則を土台とした近衛案と比べ、GHQが松本案に不満を持ったのは疑いなく、直ちに自らの手で憲法改正案の起草に動いた。これが四六年二月四日からの「密室の九日間」である。[169]

ただ二月一日の毎日新聞スクープまでに、憲法改正に関わる大きな動きがあったことが一月二十五日の『昭和天皇実録』から読み取れる。「内閣総理大臣幣原喜重郎に謁を賜い、幣原より、昨日、聯合国最高司令官ダグラス・マッカーサーと会見し、天皇制維持の必要、及び戦争放棄等につき談話した旨の奏上を受けられる」[170]。幣原の友人で枢密顧問官の大平駒槌《おおだいらこまつち》の娘、羽室ミチ子が、幣原が大平に語った内容を大平から聞いて書き残したメモによると、マッカーサーは幣原に対して「出来る限り早く幣原の理想である戦争放棄を世界に声明し、日本国民はもう戦争をしないという決心を示して外国の信用を得、天皇をシンボルとする事を憲法に明記すれば、列国もとやかく言わず天皇制へふみ切れるだろう」と語った[171]。

マッカーサーがアイゼンハワー米陸軍参謀総長（後の大統領）宛てに、天皇訴追の回避を求めたのは、マッカーサーが幣原と会談した翌日の一月二十五日。こう機密電報を打った。「天皇を告発するならば、日本国民の間に必ずや大騒乱を惹き起こし、その影響はどれほど過大視してもしすぎることはなかろう。天皇は、日本国民統合の象徴であり、天皇を排除するならば、日本は瓦解するであろう。実際問題として、すべての日本国民は天皇を国家の社会的首長として尊崇しており、正否のほどは別として、ポツダム協定は、彼を日本国天皇として擁護することを意図していたと信じている。したがって、もしも連合国が〔それに反した〕措置をとるならば、日本国民は、これを日本史上〔最大の〕……背信行為とみなすであろう。そして、このような意識から生み出される憎しみと憤りは、かなりの年月にわたって続くにちがいない。その結果、確実に相互復讐が始まり、やがては終熄するにせよ、それは何世紀もかかるであろう」[172]。

東京裁判を前にしてオーストラリアからは天皇制の廃止と天皇の訴追を求める声が強まっており、天皇を占領政策に利用したいマッカーサーは、天皇制と天皇訴追の両問題で決着を付けたのだった。

二月四日、ホイットニーが部下を招集してＧＨＱでの憲法制定作業を開始したが、マッカーサーが欠くべからざるものと言明した三原則を基に作成されることになった。ホイットニーが会議に持参した走り書きのメモにはマッカーサー三原則の最初として「天皇は、国家の元首の地位にある。皇位は世襲される。天皇の職務および権能は、憲法に基づき行使され、憲法に示される国民の基本的意思に応じるものとする」と記されていた。[173] その後、マッカーサーによる天皇に関するやや堅苦しい規定は、書き換えられ、「天皇は国家および国民統合の象徴」と表現されるようになった。[174]「密室の九日間」を終えてホイットニーは、二月十三日に外務大臣公邸を訪れた。松本烝治と外相・吉田茂にGHQ草案を提示するためだ。吉田の側近である白洲次郎も同席したが、日本側は草案コピーを見て「明らかに愕然とした表情を示し」、「一瞬、一座に激しい緊張感がみなぎった」と、ホイットニーに同行した側近が会議後に残した会談記録に記した。[175] さらにホイットニーは「GHQ草案に示された諸規定を受け容れることが、天皇を「安泰」にする最善の保証である、もし日本政府がこの方針を拒否するならば、最高司令官は、日本国民に直接この草案を示す用意がある」と脅した。[176]

松本は二月十九日の閣議でGHQの憲法草案の大要を報告し、二十一日夕に幣原がマッカーサーと会談してその意向を確認した上で、幣原は二十二日午後、天皇に同草案を提出した。[177] それに先立つ二十二日朝の閣議で幣原はマッカーサーとの会談の内容を報告したが、マッカーサーは「吾輩は日本の為めに誠心誠意図って居る。天皇に拝謁して以来、如何にもして天皇を安泰にしたいと念じてゐる。〔中略〕むしろ米国案は天皇護持の為めに努めてゐるものである」と述べたと閣僚に明かした。[178] マッカーサーが部下を通じて躊躇する松本や吉田に対して強引に要求をのませたのは、天皇制維持を最優先に置いたからだった。

古関彰一は、「この憲法制定過程を通じて、近衛案にせよ、松本案にせよ、実質はすべて私的に運ばれてきたのである。ついにこの土壇場に及んでも、冷静に議論する土台すらできていなかったのである。天皇制を護ること、「国体の護持」以外に、思想らしい思想をたたかわす憲法論議はないままに、GHQ案の受け入れへと歴史の歯車は大きく回ったのであった」と指摘した上で「これは八月一五日につづく第二の敗戦であった。それは武力による敗戦に続く、政治理念、歴史認識の敗北であり、憲法思想の決定的敗北を意味した。それとともに右往左往を続けた幣原と、説得を続けたマッカーサーとが、のちに「戦争の放棄の発案者は幣原だ」と豹変したことも記憶に留めておきたい」と総括した。[179]

一方、天皇にすれば、自らの訴追や退位を回避し、天皇制を維持するには「象徴天皇」と「戦争放棄」を受け入れざるを得なかったが、それは天皇にとっても好都合だった。四六年十月十六日に天皇は第三回目となるマッカーサーとの会談に臨んだが、「この度成立する憲法により民主的新日本建設の基礎が確立された」との認識を示し、憲法改正でのマッカーサーの指導に感謝の意を示した。[180]

四六年二〜三月に再燃した天皇戦犯論も、十月の時点では完全に下火になり、天皇としてもマッカーサーに対して感謝の意を示すのは、極めて自然な結末と言えるのだった。

野坂とGHQの接触

最後に、本章の「主役」である野坂参三の話に触れておきたい。野坂参三が帰国し、東京入りしたのは一九四六年一月十三日夜で、そのまま十四日未明まで徳田球一や志賀義雄と会談したが、同日午前にはマッカーサー司令部を訪問した。[181] マッカーサーが幣原と会談し、憲法への戦争放棄を提案したとされるのが四六年一月二十四日であり、マッカーサーが天皇の訴追回避を本国に打電したのは翌二十五日だ。まさに野坂は憲法改正が佳境に入る中で登場したことになる。野坂がGHQを訪問したのは、おそらく延安時代に知り合ったエマーソンやサーヴィスがGHQ政治顧問部にいると知って訪問したはずである。

野坂は、四六年一月二十四日に労農記者会と会見し、翌二十五日の朝日新聞は一面トップに記事を載せ、「指導権は勤労大衆に 選挙前に民主戦線 野坂氏・機運到来を強調」と見出しを掲げた。新憲法についても触れ、「新しく民主々義制度を確立すること、これは民主主義の原則に基く新しい憲法を制定する必要がある、これについては人民に主権がなければならぬ、天皇制についてはさきの共同声明の通りで天皇制とは封建的、専制的、独裁政治制度自体をさすこの制度をなくすることは天皇の大権をなくすることだが皇室そのものの存廃は民主主義政府確立後に人民の意志によつて制定すればよい、しかし現在の天皇の戦争責任は免れぬと思ふ」と語った。[182]

前年十月に憲法改正作業に取りかかったアチソンが、野坂の主張を熟知する部下のエマーソンから助言を受けて七項目にまとめて近衛文麿に提示したとされることは既に指摘したが、朝日新聞に大きな扱いで報じられた野坂の見解に対し、ＧＨＱも大きな関心を持ったことは想像できる。和田春樹の研究によると、実際に新憲法を起草したＧＨＱ民政局（ＧＳ）による一月二十五日付文書には、朝日新聞に載った野坂の会見記事の翻訳に「私がこのインタヴューにあなたの注意を喚起するのは、それが野坂の希有な能力、判断力、思慮深さについての以前の報告が誇張でなかったということを示すステーツマンシップの質を反映しているからです」というコメントが付されていた。[183] ＧＳの行政部政党課長のルーストは、二月十一日に野坂と会見し、野坂は持論である天皇退位論を披露し、「ヒロヒトが自ら退位するか、退位させられるかすれば、彼の息子、アカヒト《ママ》は受け入れうる。彼は若いし、扱いやすいからである」と述べた。[184]

野坂が公言した天皇退位論は、その直後の二月末になって天皇の弟、三笠宮崇仁や東久邇宮から漏れるようになった。和田春樹は、「この状況の中で、もしも共産党が野坂路線を全面的に受け入れて、人民主権論と結び付けて天皇退位論を積極的に唱えれば、マッカーサーの構想も修正を余儀なくされたかもしれない」と分析する。しかし徳田・志賀の共産党は、天皇制打倒・廃止を譲らなかった。天皇退位論は天皇制存続を前提としており、野坂の見解を取り上げることはなかった。[185] 天皇退位は別にして帰国した野坂が唱えた戦後日本の計画は、一月二十四日の記者会見での「人民主権」・「天皇大権の廃止」などの主張を見ても、ＧＨＱ

が起草した憲法改正作業に反映されたとみるのは妥当であろう。

第五章　蔣介石の戦犯リスト

毛沢東は、日本観や日本政策の根幹となる天皇問題に関して、ライバルの蔣介石がどう見たかを意識したことは触れたが、本章では蔣介石が、天皇制や昭和天皇の戦争責任、さらには日中戦争を主導した日本の軍指導者や政治家らをどう認識したかを集中的に検証する。既に触れたように蔣介石の対日戦後処理は、「以徳報怨」（徳をもって怨みに報いる）に基づき進められることになる。

以徳報怨の一つは、日本人戦犯の処理に表れた。台北の国史館（公文書館）に所蔵されている「戦争罪犯処理委員会対日戦犯処理政策会議記録」という機密解除文書がある。(1) 同記録によると、日本敗戦前後から実施してきた日本人戦犯をいかに処罰するかという問題に関して、白崇禧国防部長、王世杰外交部長、謝冠生司法行政部長ら、戦犯処理に関連する責任者が出席して一九四六年十月二十五日午前九時～十二時、重要な会議が国防部長会議室で開催された。

会議の主席である白崇禧国防部長はあいさつで「会議招集の目的は、対日戦犯処理政策を決定することにある。抗日戦争勝利の時、蔣主席は日本向けラジオで、わが国戦後対日政策をはっきり示したが、「仁愛寛大」「以徳報怨」の精神で、中日両国の永久平和の基礎を構築する」と述べ、戦犯処理も「以徳報怨」の寛大な精神で実施していると強調した。特に白崇禧は、「関係機関が提出した名簿〔戦犯リスト〕は百冊以上だったが、蔣介石主席が承認したのはわずか三十人余りだったことは、その処理が寛大で審査が慎重だったことを知るべきだ」と述べた。[2] 会議は、国民政府の戦犯処理政策の総括的な意味合いを持ち、国防部第二庁、同部軍法処、司法行政部などの担当者が業務報告を行った。

実際のところ国民政府は、第二次世界大戦末期、日本の敗戦が決定的になると、同じ連合国の米国と連携しながら、来るべき戦争犯罪人を処罰するための軍事法廷に備え、日本の元軍人や政治指導者を対象にした「戦犯リスト」の作成を始めた。終戦を受けて戦犯リスト策定の動きが本格化した。そこで最大の焦点となったのは、日本軍国主義による侵略政策の根源が天皇の存在にあるとの見方を強める中、天皇の戦争責任にどう対応したか、という点であった。

蔣介石は一九〇六年四月、十九歳で来日し、東京の語学学校・清華学校で日本語を学び、その後、いったん帰国したが、〇八年三月に軍人留学生として再来日した。東京・新宿河田町の軍人留学生のための予備学校・振武学校に入学（第十一期）し、同校卒業後の一〇年十二月、新潟県高田町の第十三師団野砲兵第十九連隊に士官候補生として配属された。[3]

本当に蔣介石は最初から天皇の戦争責任を考えていなかったのだろうか。筆者は終戦後の蔣介石の天皇政策を決定づけたものとして、留学や日本人との交流以外にも、同じ連合国の大国・米国の意向が強かった、とみている。米国は、ソ連や中国共産党の影響で日本が共産主義化することを懸念するとともに戦後日本の混乱回避のため、「天皇利用」戦略を強めるわけだが、米国のこうした戦略は蔣介石の天皇政策にどう影響を与えたのだろうか。

本章では、国民政府の史料が保管されている国史館（台北）と中央研究院近代史研究所（同）、さらに北京市檔案館という三カ所の檔案館（公文書館）で発見した複数の「戦犯リスト」（中国語で「戦争罪犯（戦犯）名単」）を基に、日本人戦犯リストの全体像を明確にするとともに、国民政府の具体的な責任追及の実態を見る。また檔案館で発掘した日本人戦犯処理過程を記した内部会議での討議内容を根拠に、A級戦犯を念頭にした政治指導者の戦犯選定について検証する。

さらにスタンフォード大学フーヴァー研究所で二〇〇六年三月に公開が始まった「蔣介石日記」[4]の記述を多用し、蔣介石本人の「本音」に迫った。こうした一次史料を通じて国民政府の戦犯リスト作成過程を明らかにすることで、日本の軍部・軍国主義に対する戦争責任をどうとらえ、ここに天皇の責任がどう位置づけられたかを検証する。

最終的に、国民政府の戦犯リストからは天皇の名前は消え、訴追対象から外れた。その最大要因となったのは同じ連合国の大国・米国の影響であるが、天皇制の存廃や天皇の戦争責任をめぐり蔣介石の意向はどう働き、米国の影響力はどう波及したのか、という問題意識を持った。この際、特に終戦直後、日本人重要戦犯を列挙した「百七十八人リスト」がどう選定され、その後、GHQに提出する「三十三人リスト」にどう絞られたかに焦点を当てたい。[5]

一　「戦犯リスト」の全容

極東分会での日本戦犯処理

蔣介石が率いた中国は、第二次大戦の戦勝国である一方、日本軍から多大の被害を受けた。日本に留学した知日派、蔣介石は、明治維新以降の日本の近代化に学ぶべきものが多いと考え、日本を「師・範」であり、「友」ともとらえた。日本や日本国民における天皇の存在や天皇制の問題への知識と理解も持ち合わせた。

一方で、蔣介石の対日観は、一九二八年の済南事件、三一年の満州事変から華北分離工作、日中戦争へと発展していく中で、戦略的な「提携論」から「敵対論」に転換していく。

「蔣介石日記」は一九一七年からのものであるが、二八年五月の済南事件以降、ほぼ毎日、日記の冒頭に「雪恥」（恥をそそぐ）とつづった。済南事件は山東省に出兵した日本軍と、蔣介石率いる国民革命軍が衝突した事件だ。蔣介石の人物像や日本観に焦点を当てた先行研究では、日本軍と、蔣介石率いる国民革命軍が衝突の近代化の経験を学ぼうと、日本との関係を前向きにとらえようという蔣介石の対日観は変わらないものの、日本て「従来英国を主敵としてきた中国の排外運動が、日本を標的とするようになった。それほどに、蔣介石にとって、済南事件は衝撃だった。この事件を契機に、蔣介石は、日本に対する一方的な思い入れを諦めただけでなく、逆に日本に警戒心を持つようになったのである」と評している。[6] 済南事件は、民衆の反日感情を決定的なものとし、大規模な日本製品ボイコット運動に発展した。

しかし蔣介石は一九三四年十二月、『外交評論』という国民政府外交部の機関誌という位置づけの雑誌に「敵乎？友乎？――中日関係的検討」（敵か、友か――中日関係の再検討）という文章を掲載し、日本の総合雑誌『中央公論』（三五年四月）、『国際知識』（同年三月）などにも転載された。[7] 作者は南京大学の法律学者、徐道隣だが、実際には蔣介石本人自らが口述し、侍従室第二処主任の陳布雷が執筆したものだった。『国際知識』には「尚上海方面に於ては右論文は徐道隣の作には非ずして、実は中央党部の立役者陳布雷の作に懸り、陳は蔣介石の内意を受け右論文を作成すると共に、中央党部をして殆ど強制的に之を支那各地主要新聞に掲載せしめたるものなりと評し居る由である」と説明しており、この論文が蔣介石の意を受けたものであることは、日本のマスコミは気づいていたようである。[8]

この文章には行き詰まった対日関係を打破するため、日本側にメッセージを送る蔣介石の複雑な対日観が如実に表れている。済南事件や満州事変を経てもまだ、日本との関係構築の望みを捨てていなかった。特に中国外交にとって三一年以降は日本への対応が中心だった。[9] こうした中で「敵か、友か」という論文を発表するのだ。

その後、三七年七月の盧溝橋事件を契機に八月には上海にまで戦火が拡大し（第二次上海事変）、日中が全面戦争へと発展すると、蔣介石は、日本への抗戦を決意する。完全に「敵」とみなすのだ。日中戦争は、蔣介石が期待した米国の参戦で、米国主導の太平洋戦争の一部となり、中国の勝利に終わったが、本章では、国民党の最高指導者の地位にあった蔣介石が日本をどう見ていたのか、そしてその日本観が、彼の天皇観にどう影響を及ぼしたのか、という点が主題である。「敵」であり、「師」・「範」でもあるという日本観は複雑に絡み合った。

蔣介石や中国国民政府において、戦争責任という文脈の中で天皇・天皇制や、軍国主義についてどういう議論がなされたか。蔣介石主導で国民政府が作成した戦犯リストを手掛かりに、この問題を検証するが、日本の敗戦が濃厚になるにつれ、米国が天皇制の問題を含めた日本の戦後構想をいち早く検討し、蔣介石も連合国の一員としてこの問題を考えていくことになる。その結果として、蔣介石が軍国主義と天皇制・天皇の戦争責任をどうとらえたかについても、米国の天皇政策の影響を受けながら時期ごとで変容するわけだが、その過程を詳述したいと考える。

ルーズベルト米大統領とチャーチル英首相は、一九四一年十月二十五日にそれぞれ宣言を発表し、ドイツが各地で行っている残虐行為を犯罪と指摘し、チャーチルは「犯罪の懲罰は今や主要な戦争目的の一つに数えられるべきだ」と強調した。これに刺激を受け、欧州の被占領九カ国（ベルギー、チェコスロバキア、自由フランス、ポーランド、ギリシャ、オランダ、ユーゴスラビア、ノルウェーなど）は、四二年一月十三日、ロンドンのセント・ジェームス宮殿で、ドイツによる市民に対する暴力を非難し、裁判によってこれらの犯罪の命令者や実行者の「処罰を主要な戦争目的の中に入れる」ことを決議した。[10] この過程で四一年十一月二十七日に九カ国を代表したチェコから中国の金問泗駐オランダ全権公使兼チェコ公使に接触があり、九カ国が連名で発表する宣言には、中国及び英米ソの参加を求める意向が伝えられた。金公使は本国の外交部に対し、米英ソ三国と一致した行動を取ることを提案し、ロンドンの顧維鈞駐英大使と協議したところ、顧は、中国の日本占領地区で日本の暴行により深刻な被害を受けている中国として九カ国宣言の原則は日本にも当然適用されることを宣言の場で表明すべきだという考えを示した。しかし中国代表が宣言の場で声明を発表することは実現せず、声明は英国の新聞紙上に掲載され、ドイツに対するのと同一の原則で日本に対処するとした上で、日本が行った市民への大量虐殺、文化教育機関の破壊、麻薬による毒化計画による痛苦は筆舌に尽くし難いものだと言及した。[11]

ドイツの戦争犯罪追及を日本の戦争犯罪にも適用するという方針を国際社会に訴えた形となった中国政府が、日本側が中国で行った犯罪行為について厳正に懲罰すべきだとの声明を検討したのは一九四二年で、早期に戦争犯罪に関する証拠を調査していたのは外交部であった。[12] これを裏付けるように、外交部亜東司（局）が四三年七月三十一日に司法行政部に送った書簡を見ると、外交部はもっと早く、四一年から日本軍の犯罪行為に関して資料収集に着手し、四二年には研究・整理を開始するとともに、「日本在華暴行録」を編纂した。このほか外交部は四二年九月、軍政機関にも要請し、関連資料を集め、四三年三月には「日倭〔日本軍〕在華暴行調査表」を制定した。[13]

台北の国史館で閲覧・複写した「我国成立敵人罪行調査委員会案」と題したファイルには、軍事委員会参事室主任・王世杰（後の外交部長）が、一九四三年七月十六日、「敵人罪行調査委員会」を組織するよう提案し、外交部、司法行政部、軍政部により構成される同委員会が設立されるまでの経緯が記載されている。[14] 敵人罪行調査委員会は一九四四年二月二十三日、重慶で正式に発足した。行政院（内閣）は、司法行政部長・謝冠生、行政院参事・管欧、元外交部長・王正廷を常務委員に指名し、主任委員には王が就いた。同委員会は調査項目として①謀殺、虐殺及び組織的かつ計画的なテロ行為、②強姦、女性略奪、強制的な売春、③占領地区民衆に対する徴兵脅迫―など十三項目を設定した。[15]

敵人罪行調査委員会による日本の戦争犯罪調査は、戦争犯罪に関する問題を処理する連合国の調査機関と連携を持った。戦争犯罪の証拠・資料の収集や戦犯リストの作成を主導した「連合国戦争犯罪委員会」（UNWCC）[16]を一九四三年十月、ロンドンを本部に設立することが決まり、四四年一月十九日に正式に発足した。敵人罪行調査委員会発足とほぼ同じ時期である。UNWCCは、中国代表の提言により、国民政府の拠点・重慶に「極東・太平洋小委員会」（以下、「極東分会」と略）を設置することを同年五月十六日に決定し、同年十一月二十九日に設置された。極東分会は、米国、豪州、ベルギー、中国、チェコスロバキア、フランス、インド、英国、ポーランド、オランダ、ルクセンブルクの十一カ国の駐中国大使らで構成され、中国を含めた極東・太平洋地域での日本の戦争犯罪を調査し、戦犯リスト作成の任を負った。極東分会の主席には、元国際法廷判事で元外交部長・王寵恵が就いた。[17]日本の敗戦直前における連合国と中国での日本人戦犯選定及びリスト作成は、敵人罪行調査委員会、UNWCC、極東分会の三機関が中心となって推進する態勢ができ上がった。[18]

極東分会が処理した戦争犯罪案件のうち九十パーセントは、中国政府が提供したものだった。満州事変以降十年以上にわたり日本からの圧迫を受けて日本の犯罪行動を把握していたことから考えれば当然だろう。極東分会の戦犯指名までの手続きは、分会メンバーがまず日本の犯罪行為案件を秘書処（事務局）に送付することから始まる。これを「事実・証拠委員会」に転送して審査し、同委員会で検討した後、極東分会に報告する。分会で可決されれば、秘書処で戦犯リストが作成されるという流れである。分会は通常、二〜三週間に一回のペースで開かれ、計三十八回に上った。極東分会で通過した戦犯リストは四七年三月の分会閉鎖までに二十六部に上り、二千九百九十二人を戦犯として指名した。このうち中国が提出したのが二千三百六十八人で大部分を占めた。ちなみにフランスが提出した戦犯は三百四十九人、米国は二百十八人、英国は四十三人である。[19]

「戦犯処理委員会」の実情

日本降伏後、国民政府で戦犯裁判などの処理を統括したのが「戦争罪犯処理委員会」(戦犯処理委員会)だった。一九四五年十月二十二日に、国防最高委員会秘書長、軍令部長、軍政部長、外交部長、司法行政部長という戦犯処理に関する責任者が、日本戦犯の逮捕・審判のため行政院に対して「戦争罪犯処理委員会」の設置を求めた。その直後の十一月六日に設置された同委員会は軍令、軍政、外交、司法行政各部、行政院秘書処、極東分会の六機関の代表で組織され、軍令部が責任機関となった。また同委員会は「主要戦犯」を審査し、確定するほか、全国各地で投降した日本人捕虜らについても武装解除後、戦区(方面軍)ごとに戦犯の罪行事実を審査、逮捕する決定権限を持った。[20]

戦犯処理委員会の担務はどうだったか。軍令部第二庁は戦犯容疑者への逮捕令発布、司法行政部は戦争犯罪の調査や戦犯リストの作成、軍政部軍法司は裁判での量刑審査を担当し、外交部は戦犯の引き渡しや戦犯リストの翻訳を担った。また司法行政部などで作成した戦犯リストは、極東分会に送付され、審査された。[21]

「戦犯処理綱要」[22]によると、戦争犯罪の訴追対象期間は、満州事変発端の柳条湖事件が起こった一九三一年九月十八日から、日本降伏文書調印日の四五年九月二日まで、とした。また「通例の戦争犯罪」に当たる行為としては、「敵人罪行種類表」に記載された戦犯容疑で三十三罪（謀害・虐殺、人質処刑、平民への拷問、故意に平民を餓死、強姦など）が規定されている。北京市檔案館には、国民政府軍事委員会・行政院が四六年四月九日、北平市政府に対して、日本戦犯による犯罪行為の証拠収集を行うよう指示を出した通知が保管されており、それによると、「日本戦犯罪証調査小組」という証拠収集機関もつくられていた。[23] 国民政府は東京裁判や国内の軍事法廷のため、盧溝橋事件や第二次上海事変、南京虐殺事件の証拠を全国レベルで収集していたようだ。

一九四六年十月二十五日に開かれた前述の「戦争罪犯処理委員会対日戦犯処理政策会議」で司法行政部・謝冠生部長は、同部では同日までに十七万千百五十二件に上る日本戦争犯罪案件を受け取ったほか、外交部で翻訳の上で極東分会に送付されたのは三万六千九百二件、戦犯処理委員会に送られて処理されたのは六万七千七百七十四件だったと報告した。[24] また同会議記録によると、戦犯処理委員会は第一回から第十五回まで戦犯リストを作成し、ここで計千五百七十五人の戦犯が列挙されている。[25]

戦犯処理委員会はその後も戦犯選定を続け、四五年十二月六日から四七年五月末までの統計によれば、戦犯容疑者二千三百五十七人を逮捕した。無罪認定されて日本に送還されたのは九百三十三人、引き渡しのため出国したのは二十七人、懲役刑は八十人。死刑を執行されたのは三十五人だった。病死は三十三人、脱走は十二人で、千百三十七人は勾留中だという記録が残っている。[26]

一方、日本では、一体どれだけの日本人戦犯が中国にいたか、または戦犯裁判の現状について正確に把握できていなかった。一九四六年四月中旬から七月中旬までの時事通信東亜電報を整理した資料「中国に於ける戦犯裁判概況」は、「マックアーサー司令部法務局中国連絡部代表董維綱中佐は七月二十三日日本人の中国関係戦犯は五千人以上に及ぶと推測さる」と言明したと記述している。さらに董は「戦犯人は南京、上海、北平、広東、漢口及び中国各地に於ける大量虐殺の当事者を包含することゝならう」と述べ、特に中国連絡部として「日本人が麻薬を販売した責任」に注目していると明かした。[27] 戦後の混乱の中で、実際に中国でどれだけの日本人が戦犯容疑で拘束されたかは不明であるが、実際に逮捕されたり、戦犯リストに記載されたりした戦犯は二千～三千人超というのが正確な数字だったようである。

最初の「戦犯リスト」に昭和天皇

国史館・中央研究院近代史研究所・北京市檔案館という檔案館を調査したところ、国民政府が最も早く作成した戦犯リストは、一九四四年十一月に軍令部第二庁第一処が編纂した「歴次主要戦役敵部隊長姓名調査票」[28]であることが分かった。「極密」扱いとなっている（その後「極密」解除）同調査票は、一九三七年七月の「平津作戦」以降、日華間で展開された戦闘の日本軍師団長名が記載されている。軍令部第二庁第一処というのは、国民政府において戦犯処理を担当した部署である。

続いて日本の敗戦が決定的となった四五年六月に作成されたのが「侵戦以来敵国主要罪犯〔戦犯〕調査票」[29]（機密、軍令部第二庁第一処、以下「調査票」）である。「調査票」では、「陸軍戦犯」（百七十三人）、「海軍戦犯」（十三人）、「政治戦犯」（四十一人）、「特殊戦犯」（二十人）などに分けられている。

ここで注目すべきなのは、陸軍戦犯のトップに挙げられたのは、「日皇裕仁」（昭和天皇）だったことだ。西尾寿造（大将、中国派遣軍司令官、東京都長官）、岡村寧次（大将、華北方面軍司令官、中国派遣軍総司令官）、寺内寿一（元帥、華北方面軍司令官、南方軍総司令官）と続く（（）内は「調査票」に記された階級、経歴（元職）、調査票時点の現職を順に記し、経歴や現職は中国側の呼称をそのまま記載した）。「調査票」のうち陸海空軍戦犯と政治指導者戦犯に登場する軍人は大多数が少将以上の将官である。

名簿における記載事項は、姓名・階級・経歴（元職と現職）・本籍・年齢・罪行という順である。トップに記載された「日皇裕仁」（姓名）の場合、階級と本籍は空白で、経歴は「陸海空軍大元帥」、年齢は四十四歳、罪行は「侵戦罪魁」（侵略戦争の主犯・元凶）とそれぞれ記されている。

陸軍戦犯では西尾、岡村、寺内に続き、多田駿《はやお》（大将、華北方面軍司令官）(30)、蓮沼蕃（大将、蒙疆駐屯軍司令官、侍従武官長）、梅津美治郎《うめづよしじろう》（大将、同、陸軍参謀総長）、岡部直三郎（大将、同、第六方面軍司令官）、松井石根（大将、上海派遣軍司令官）、山田乙三（大将、華中方面軍最高指揮官、関東軍司令官）らが順番に名を連ねている。彼らが就いたポストから見た場合、このうち「支那通」と呼ばれるのは、岡村、多田、松井である。

日本敗戦直後の一九四五年八月二十日には、「補列侵戦以来敵国主要戦犯調査票」(31)が作成された。「補列」という位置づけであり、前出「調査票」に加え、陸軍（四人）、海軍（三人）、政治（七人）の戦犯をそれぞれ追加している。同時に「補列調査票」に付属する形で「侵戦以来敵陸軍部隊歴次使用毒気之主要戦犯」（四五年八月十八日）、つまり毒ガスを使用したとされる主要戦犯（二十九人）を列記し、翌十九日には四四年の毒ガス使用戦犯として五人を追加している。

ここで「支那通」とは何なのか、について触れておきたい。北岡伸一は、支那通について「中国各地に駐在し、情報を収集し、軍閥への工作に従事するなど、陸軍の中国政策の最前線を形成していた」とし、論文の中で「中国政策に重要な役割を果たすべきポストに就任した人物の経歴を検討することにより、間接的に支那通の経歴や地位を把握する」と説明し、外国情報の情報分析を担当する参謀本部第二部部長、その下の支那課長、中国駐在公使館（一九三五年より大使館）付武官、満州での関東軍参謀長を取り上げている。(32)戸部良一は、「支那通とはまさに中国問題の専門家、中国スペシャリスト」としつつ「この専門家やスペシャリストなるものに客観的基準はない」と指摘し、「基準となり得るのは、彼らが就任したポストである」、「中国情報の収集と分析に従事し、陸軍の中国政策に直接影響をおよぼし得るポストを歴任した軍人を、取りあえずは支那通と考えよう」としている。その上で「支那通」が就くポストとして次を挙げている。[33]

①情報を扱う参謀本部第二部、②第二部で中国を担当する支那課長、その下で動的情報を扱う支那班長、③公使館付武官（一八七五年から派遣が始まる。一九三五年からは大使館付武官、三〇年までは北京、それ以降は上海に駐在）、④公使館（大使館）付武官補佐官（北京）、⑤駐在武官（上海、済南、広東、漢口、南京）、⑥各地の特務機関。

「百七十八人リスト」と「三十三人リスト」

そしてこれらに続く戦犯リストとして国史館で見つけたのは、終戦から一カ月が経った四五年九月の「日本主要戦争罪犯名単」[34]（以下、「日本主要戦犯名単」）である。「百七十八人リスト」がこれに当たる。

まず興味深いのは原本では「日本主要戦争罪犯〔戦犯〕調査票」と記されていたが、その後、「調査票」の文字の上に「〇〇〇」と訂正の跡があり、右側に「名単」（名簿）と書き換えられたことである。つまり四五年六月に作成された「侵戦以来敵国主要戦犯調査票」を基に、「日本主要戦犯名単」としてより公式化したと考えられる。

「日本主要戦犯名単」を編纂したのは司法行政部で、「第一批」（第一回目）として陸軍戦犯九十六人が記載された。順位は一位・本庄繁（大将、関東軍司令官）、二位・土肥原賢二（大将、第十四師団長・教育総監兼陸軍参議官）、三位・寺内寿一（元帥、華北方面軍司令官）、四位・本間雅晴（中将、第二十七師団長及参謀本部付）、五位・山下奉文（大将、第二十七師団長及第十四方面軍司令官）。第二十七師団について説明すると、一九三七年の盧溝橋事件勃発で廃止された支那駐屯軍が改編されたのが支那駐屯混成旅団で、旅団長が山下だが、その後、同旅団は第二十七師団として一九三八年に改編され、本間が初代師団長を務め、三八年六月の武漢攻略戦に投入された。

「第二批」（第二回目）としては陸海軍戦犯三十四人が記載された。一位・近藤信竹（大将、中国方面艦隊司令長官）、二位・嶋田繁太郎（大将、同）、三位・植田謙吉（大将、中国駐屯軍司令・朝鮮軍司令・関東軍司令・偽満大使）である。

「第三批」（第三回目）として政治戦犯四十八人が記載された。一位・近衛文磨（公爵、貴族院議長、総理大臣）、二位・杉山元（陸軍元帥、陸相・本土総司令官）、三位・板垣征四郎[35]（大将、陸相・朝鮮軍司令官）、四位・米内光政（大将、海相及総理大臣）、五位・広田弘毅[36]（外相）の順である。

例えば陸軍戦犯トップの本庄繁の場合、リストでの記載事項として姓名に続き、階級（大将）、職務（関東軍司令官）、罪行と続いている。「名単」に登場する軍人はすべて中将以上である。軍事法廷（東京裁判）での「A級戦犯」、つまり「平和に対する罪」を含む戦争犯罪を裁く政府・軍の指導者を念頭に置いたリストであることが分かる。

この名簿の中で、陸軍の九十六人と陸海軍の三十四人が、前出「極東分会」（連合国戦争犯罪委員会極東・太平洋小委員会）に諮られ、採択されたと記載されている。敵人罪行調査委員会による戦犯調査が、極東分会に送付されたと考えられる。また名簿が完成したのは四五年九月だが、作成はそれ以前ということになろう。また名簿のうち政治戦犯四十八人は、「外交部から蔣主席に上程して確認中」と記している。蔣介石は、A級戦犯につながる政治指導者の戦犯に関しては慎重に審査し、自身がその決定に主導的役割を果たしたのだ。

これとは別に、蔣介石の直接の主導の下で戦犯リストが練られ、「日本侵華主要戦犯」（日本による中国侵略の主要戦犯）とまず定めたのは以下の十二人である。

▽本庄繁（元関東軍司令官）（四五年十一月二十日に自殺）▽土肥原賢二（元奉天特務機関長）▽谷寿夫[37]（元第六師団長）▽橋本欣五郎（元参謀本部ロシア班長）▽板垣征四郎（元陸相）▽畑俊六（同）▽東條英機（元首相、陸相）▽和知鷹二[38]（元支那駐屯軍参謀）▽影佐禎昭（元参謀本部支那課長）▽酒井隆[39]（元支那駐屯軍参謀長）▽磯谷廉介[40]（元香港総督）▽喜多誠一[41]（元北支那方面軍特務部長）。

蔣介石は一九四五年九月二十一日、日記で「現在の急務」を要する予定として八つの事項を挙げ、そのうちの五番目に「戦争犯罪人名簿」を催促することを挙げている。[42] この十二人の戦犯リストは、十月四日に極東分会に報告された。さらに同月二十日、外交部はこの戦犯リストについて、駐米大使館を通じ、マッカーサー元帥が最高司令官を務めるＧＨＱに提出し、逮捕を要請した。[43]

中国の戦犯指名に先立つ四五年九月十一日、ＧＨＱは、東條英機ら四十人に逮捕命令を出した。同月二十一日には土肥原賢二にも逮捕命令が出た。蔣介石は九月三十日、日記で、「〔日本は〕マッカーサー軍によって占領され、主要な戦争犯罪人が多数逮捕されたが、七七禍〔盧溝橋事件〕の際の首相、近衛文麿は自由なままで法律の外にいる。国務大臣にも就いている」と記した。[44] 近衛文麿は、終戦直後に発足した東久邇宮内閣で国務相（無任所相）として副総理格の役割を演じ、昭和天皇の求める憲法改正の作業に取り組み、九月十三日、十月四日にはマッカーサーとも会談している。

近衛文麿は日中全面戦争の契機となる一九三七年七月七日の盧溝橋事件時を含めた三七年六月〜三九年一月、四〇年七月〜四一年十月の計二回、三代にわたり首相を務めた。国民から絶大な人気を誇り、有名な「国民政府を対手とせず」とする声明を三八年一月に出し、蔣介石政権との話し合いを放棄したのも近衛だった。

蔣介石は戦後、戦犯リストにおいて政治指導者の中で近衛文麿を第一位に位置づけ、責任を強く追及したが、これに反してマッカーサーが近衛を逮捕しないどころか、憲法改正作業を託したことに関して不満を日記に述べたのだった。戦前から近衛を信頼して戦後もその姿勢を続けた天皇と、天皇と同様に当初は近衛を評価したマッカーサーは、近衛を四十八人の政治指導者戦犯のトップに据えた蔣介石の意見と対立したのだ。

結局、GHQが近衛、木戸ら九人に逮捕命令を発表したのは四五年十二月六日。出頭期限が切れる十六日、近衛は自殺した。近衛は命を絶つ前、知人に「日中戦争が自分の罪の源泉だろうが、その責任を明らかにしていけば結局統帥権の問題になり究極的には天皇の問題になるので自分は法廷で所信を述べるわけにはいかない」[45]と述べていたが、近衛自身は政治家としての責任意識が極めて希薄で、敗戦直後にはみずからが戦犯として追及されることを強く意識していなかった。[46]

しかし続く四六年一月九日には、「第二批日本主要戦犯名単」二十一人が、中国国民政府外交部から米政府を通じてGHQに正式伝達された。四五年十二月十八日に通告された、この戦犯リストには近衛文麿も含まれたが、十二月十六日に自殺したため除外された。

二十一人とは、▽南次郎（元陸相）▽荒木貞夫（元陸相・文相）▽平沼騏一郎（元首相）▽阿部信行（同）▽米内光政（元首相・海相）▽小磯国昭[47]（元首相）▽嶋田繁太郎（元海相）▽広田弘毅（元首相・外相）▽松岡洋右（元外相）▽東郷茂徳（元外相）▽梅津美治郎（元参謀総長）▽松井石根▽寺内寿一（元陸相）▽牟田口廉也（元支那駐屯兵連隊長）▽河辺正三《まさかず》（元支那派遣軍総参謀長）▽谷正之（元外相）▽山田乙三（元関東軍総司令官）▽有田八郎（元外相）▽青木一男（元蔵相）▽末次信正（元内相）▽西尾寿造（元支那派遣軍総司令官）である。

国民政府による十二人の戦犯指定と、二十一人の戦犯指定の間、つまり一九四五年十二月二十八日、米国務省は連合国の決議に基づき中国を含む七カ国に検事と判事各一人を指名するよう要請した。要請を受けて中国政府は、外交部と司法行政部に委託して選定し、東京裁判に判事として梅汝敖、検察官として向哲濬を日本に派遣した。中国政府の指名でマッカーサーが梅を判事に任命したのは四六年二月十六日である。二人はそれぞれ二、三月に東京に赴任した。[48]

ＧＨＱに提出された計三十三人の主要戦犯名簿を見る限り、第一回目では「支那通」として中国戦線で特務工作に当たった軍人が多く、第二回目は政治指導者が多いのが特徴である。このうち四六年五月三日に開廷した東京裁判でＡ級戦犯被告（全被告二十八人）となったのは土肥原、橋本、板垣、畑、東條、南、荒木、平沼、小磯、嶋田、広田、松岡、東郷、梅津、松井の計十五人である。

岡村寧次の回想

支那派遣軍総司令官・岡村寧次は、日本敗戦を受けて南京に残留し、南京総連絡班を設置した。日本軍民二百万人以上の引き揚げ問題とともに、日本人戦犯に対する対応、世話を行った。岡村は一九四五年六月に作成された国民政府の初期の戦犯リスト「侵戦以来敵国主要戦犯調査票」では陸軍戦犯で第三位に挙げられたが、その後国民政府がＧＨＱに提出した三十三人の戦犯リストには入らず、長く戦犯とはならなかった。蔣介石や何応欽ら軍最高幹部は、共産党との内戦が現実味を帯びる中で、日本軍の協力が必要だとして、その窓口である岡村を重要視したという側面が強い。岡村は四六年二月十七日、国民政府軍事委員会国際問題研究所主任・王大禎（王芃生）と面会した際、「重慶陣内に在った多数の私の友人たちは「岡村は中国戦線にばかり居たが、南京事件、徐州事件其の他の大惨虐事件には全く関係していなかったのは幸運であった」と言い合わせている」と漏らした。[49] 王は日本陸軍経理学校を卒業していた。南京虐殺事件などに関与していなかったことを幸いに、岡村を戦犯に指定しない意向だった。

前述した通り、蔣介石は抗日戦争勝利の一九四五年八月十五日、「以徳報怨」演説を行ったが、戦犯も最小限に止める意向だったようだ。王大禎は戦犯問題について「戦犯は最小限に止めるという蔣介石主席の方針に従い、最高幹部間では十七人説や百五十人説もあるが、政府側が少数にとどめようとしても最近各地民衆から戦犯に関する投書続出の有様だから、其の数は予測できない状況となった」と語った。また岡村は「親日よりも愛日というべき湯恩伯将軍は私と二人だけの対談のとき、戦犯は某（ハッキリ氏名を挙げたが省略する）一人が代表すれば足りると極言した」と回想した。[50]

つまり蔣介石は、「スケープゴート」的にごく少数の日本人戦犯を挙げることで、日本との提携を強化する意向だったが、実際にそうはならなかったのは、実際の戦犯リストをみれば分かる通りである。それは、第一に中国各地で広範囲に行われた日本軍による残虐行為で家族や友人を亡くした中国人からの告発・投書が山積したこと、第二に東京裁判や他の連合国による戦犯裁判が展開される中で、国際社会からの圧力もあった。

また岡村は国民政府の戦犯処理委員会をめぐって方針と実際に食い違いがあり、日本人戦犯に対する審理が公正でなかったと不満を漏らしている。「中国側においては戦争犯罪処理弁法を定め、同処理委員を任命し、その幹事長には日本に対し最も好意的であった曹士澂少将を充当し、的確公正を期すると共に、縷々前述したように中日関係将来のため報怨以徳、友好寛容の方針を立てたようであったが、反面内外政治的圧力もあり、民衆の根強い反日感もあり、また事務的に下僚に徹底しない事情もあって、各地軍事法廷の審理の態度方法等には著しい差異があり、審理は一般に杜撰で公正を欠くものが多く、戦犯と一般犯罪とを混同するものさえあり、邦人弁護士は申請したが許されず、官選弁護人と拘留者との連絡も密ならずという状況であった。要するに裁判は一般に公正とは云えず、終戦時の蔣主席の大号令に副わざるものがあったと云わざるを得なかった」と回想した。(51)

例えば、広州の軍事法廷で四十人の死刑判決が出たという報告があり、「あまりに烈《はげ》しい」と思った岡村は、南京総連絡班から強く国防部に申し入れ、全被告を上海軍事法廷に移して再審してもらったところ、今度は四十人全員が無罪となって帰国したという。(52) 戦犯に対する中央と地方の方針の乖離、あるいは中央の方針よりも反日感情の強い民衆の意向を尊重する地方の実情が表れた例だが、国民政府の戦犯処理委員会内部でも意見の相違があった。岡村が戦犯問題で接触が多かったのは、湯恩伯大将から蔣介石へのラインと、曹士澂から何応欽のラインだった。湯も曹も日本の陸軍士官学校を卒業し、共に親日家であった。特に曹は戦犯処理委員会の幹事長を務めていた。岡村が頼りにした軍部系統は戦犯問題より日本との連携強化を優先したが、委員会の中には国際社会の動向に気をもむ外務関係者、民意を尊重する内務関係者、法手続を重んじる司法関係者もおり、軍部系統以外の委員は戦犯に対して厳しい態度を持っていたのだった。(53)

南京事件戦犯の処罰

注目すべきことは、国民政府は早期に日本人戦犯処理問題に幕を引こうとしつつ、他方、四六年十月二十五日の会議で「南京やその他の各地で起こった大虐殺事案に関する主要戦犯は、厳重に処理しなければならない」と決議していたことだ。(54) 国民政府が南京虐殺事件を重大視、特別視するのは当然のことであり、伊香俊哉の研究によると、敵人罪行調査委員会が設置されて間もない四四年三月七日、楊雲竹外交部亜東司長は南京事件に関する内外の著作の整理を踏まえ、事件後に各地に散らばった目撃者の連絡先を調査し、証拠を獲得することが必要だと提起した。楊はまた、目撃者は当時南京在住の外国人であることから米国の宣誓供述書法によることが適当だとも提起した。その二日後の三月九日、楊は松井石根（南京虐殺事件当時は中支那派遣軍司令官）、朝香宮鳩彦王（同上海派遣軍司令官）、谷寿夫（同第六師団長）、天谷直次郎（三八年一月末に南京進駐、南京警備司令官）をマークした資料を作成している。(55)

胡菊蓉の研究でも、南京虐殺事件が日本戦犯処理の中でも、特別の経過をたどったことが分かる。終戦直後の一九四五年十二月、国民政府は、南京市民から南京虐殺事件に関する五十三件の詳細な告発を受け取り、同月二十五日には戦犯処理委員会第七回常務会議で「南京虐殺事件の資料は、外交部から司法行政部に移送して処理する」ことを決定した。具体的には、軍令部の関係機関は資料を作成し、司法行政部に提供するとともに、日本軍の南京市民殺害時の戦犯の姓名を詳しく調査するよう陸軍総部に電報を打ち、外交部は南京虐殺事件の記録を収集して司法行政部に移送して処理することにした。国防部は四六年二月十五日に、南京に戦犯軍事法廷を設立し、前述したように十月二十五日の対日戦犯処理政策会議で主要戦犯への「厳重処理」を決議した。さらに政府は、「中国人民の強烈な要求」として、東京裁判に対して南京虐殺事件の「主犯及び悪質な犯人」を中国に引き渡し、彼らが「中国人民による裁判」を受けるよう要求を出した。(56)

谷寿夫は、一九四六年二月二日に東京で戦犯として逮捕され、巣鴨拘置所に収容されていた。同年八月一日、東京裁判は谷を中国に引き渡し、上海戦犯拘置所に収容された。磯谷廉介も一緒だった。十月九日に谷を尋問したところ、谷は三七年十二月十三日に中華門から南京を攻略したことは認めたが、南京で虐殺暴行が発生したことは否認し、別の師団が主力で第六師団は関係ないと訴えた。(57) 谷は上申書で「南京事件は世界的大問題なるに鑑み、之を有耶無耶《うやむや》に放置し置くときは……中日両国の親善関係に一大暗影を残す」ので、中国軍事法廷を東京に移して精査すれば、「必ずや真犯人明瞭となるを得べし」と要望した。(58)

特に南京虐殺事件で重い責任を追うべきは、中島今朝吾(59)の第十六師団だった。支那通軍人・佐々木到一(60)は、満州国軍最高顧問から第十六師団第三十旅団長に転じており、南京攻略戦に加わった。佐々木は手記「南京攻略記」[61]にこう記述している。

「この日我支隊の作戦地域内に遺棄された敵屍は一万数千にのぼりその外装甲車が江上に撃滅したもの並びに各部隊の俘虜を合算すれば我支隊のみにて二万以上の敵は解決されているはずである」。

「その後俘虜ぞくぞく投降し来り数千に達す、激昂せる兵は上官の制止をきかばこそ片はしより殺戮する。多数戦友の流血と十日間の辛惨をかえりみれば兵隊ならずとも「皆やってしまえ」といいたくなる」。

南京城入城を果たした際、佐々木の支隊だけで「二万以上の敵は解決」という凄惨な状況を描いたものだ。興奮する兵士は上官の制止を聞かない。戦死した戦友の仇を討つことを正当化し、指揮する佐々木も「皆やってしまえ」という心境になっている。以下の記述は、佐々木の高揚感を表している。

「和平門の城壁にのぼって大元帥陛下の万歳を三唱し奉る。この日天気快晴、金陵城頭いたるところ旭日旗のへんぽんたるを見てしぜんに眼頭があつくなった」。「今夜はゆっくり睡られるぞ」という安心感や「南京城頭にたってもっとも感激を深うしたる第一人者として予は自分自身を確認することができる」と、冷静に自分を分析する心境も記している。さらに感慨をこう続けている。

「実に予が弱冠の明治四十四年以来満州問題解決を目標としてひそかに国民党に好意を表しつづけていた夢が、彼らの容共政策のため殊に蔣介石の英米依拠の政策によって日本との関係を絶って以来その夢が破れ、排日侮日のさなかにあってつぶさに不快をなめ、皇軍の前途をうれいて慨然ここを去った昭和四年夏の思い出がまざまざとよみがえるからであった。

「今にみよ」

これは私憤では断じてない、信義を裏切る者には後日かならず天譴を下さねばならぬ、これが爾来予のかたき信念となったのである」。
一九二〇年代に広東駐在武官を務めた佐々木は、中国革命を目指す国民党に共感を持った。孫文の軍事顧問を務め、蔣介石とも良好な関係をつくるなど陸軍随一の国民党通となり、陸軍内部では「国民党かぶれ」とまで揶揄された。[62] しかし佐々木は二八年の済南事件で国民革命軍に従軍し、解決に当たる中で「反日」に巻き込まれて中国兵にリンチを受け、「反国民党」に転向した。伝記『ある軍人の自伝』でも「昭和三年の済南事件に直面して、予の夢が完全に破れた。広東時代の予はただ若かったことを自覚せねばならぬ」と吐露している。[63]
佐々木が「南京攻略記」を記したのは一年半後の一九三九年四月。「戦場記録―中支作戦編」と題してタイプ印刷した草稿に収録された。[64] 済南事件での屈辱は、「今にみよ」、「後日かならず天譴を下さねばならぬ」という復讐心に変わり、南京攻略戦での佐々木には、中国人を虐殺することに迷いもない。「国民党」に復讐することが「予のかたき信念」となり、それを国民政府の首都・南京で実行した満足感さえ感じられる。
佐々木の「変貌」の背景には何があるのか。昭和のナショナリズムを研究した思想家、橋川文三は「それは中国革命の凄じい高揚が、結局は佐々木の同情者的立場をも一掃するほどの激しさを示し、彼がそのことに深い傷をこうむったという事実に結びついている。いわば彼もまた、一個の悲劇的な軍人だったということができる」[65] と指摘している。
南京虐殺事件について中国側も日本敗戦後、谷の第六師団よりも第十六師団の方がはるかに罪状が重いことを知っていて、岡村寧次率いる南京総連絡班に対し、中島、第十六師団参謀長、同師団各団隊長の所在場所を調査の上、報告せよと命じてきた。しかし連絡班は、中島は既に死亡し、その他も調査不可能と答えた。[66]
佐々木も日本敗戦を受け、ソ連に抑留された。

軍事法廷検察官は四六年十二月三十一日には谷を「平和を破壊した罪と人道に反する罪」で正式に起訴し、極刑を求めた。起訴状では「南京大虐殺の被害者は数十万人で、最初の一週間が大虐殺のピークだった」と指摘した。国防部戦犯軍事法廷は四七年二月六〜八日に公開で裁判を行い、三月十日の判決公判で石美瑜裁判長は「被害者総数は三十万人以上」と認定し、「戦犯谷寿夫は作戦期間中、兵士を放任して共に捕虜や非戦闘員を虐殺し、強姦、略奪、財産を破壊したことにより死刑に処する」と言い渡した。四月二十六日午前十一時、多数の市民が包囲する南京・雨花台刑場で銃殺により死刑が執行された。[67]

岡村寧次は、三月十日の日記に、十六師団のスケープゴートになった谷に対する同情を記した。「いわゆる南京暴虐事件は、中国側でも最も重大視していた。〔中略〕南京事件は許さないぞとばかりの示唆があった。〔中略〕罪の深い第十六師団関係者は罰せられず、ほとんど罪のない方を代表して谷中将のみ極刑に処せられる。感無量」[68]。

「主要戦犯」酒井隆と磯谷廉介

国民政府国防部第二庁が一九四六年九月十五日に作成した戦犯リスト「各地区逮捕正式戦犯名冊」[69]によると、各地区で逮捕された日本戦犯計八十三人の中に、国民政府が四五年十月に「主要戦犯」（第一回目の十二人）としてGHQに通告した酒井隆と磯谷廉介が含まれた。

日本敗戦直前に北京に「酒井機関」を設置した酒井隆は、終戦当時、北京にいた。北京市檔案館には、平津（北平・天津）地区日本官兵善後連絡部・根本博[70]（北支那方面軍司令官）が四五年十二月八日、北平市長・熊斌に対して「最近同人〔酒井〕ヲ繞《めぐ》リ無根ノ風説流布」しているとして速やかな帰国を許可するよう申請した書簡が残っており、「軍事極秘」の判が押されていた。[71] 日本の投降を伝える四五年八月十六日付の重慶大公報の社説に多くの罪悪を犯した日本人として最初に名前を挙げられたのは酒井であり、[72]国民政府としても日本に返すわけにはいかなかった。

酒井は四五年十二月に逮捕され、翌四六年八月二十七日に死刑判決を受けた。死刑判決からしばらくした九月二日、南京総連絡班班長の今井武夫は、戦犯拘置所で酒井と面会した。酒井は岡村寧次宛ての書信を託した。「酒井の覚悟のほどまことに立派なので感服もし安心もした」と岡村は日記に書いた。[73]酒井は九月十三日、南京雨花台刑場で銃殺刑に処せられたことが、九月十五日の東京朝日新聞にベタ記事で掲載されたが、「香港における中国人集団虐殺の罪に問われた」と伝えられた。[74]一九三五年五〜六月、支那駐屯軍参謀長だった酒井は「梅津・何応欽協定」の交渉の際、何応欽に対する激しい言葉が、中国側を激怒させたと言われている。この時の酒井の傲慢な態度が、死刑判決になった理由とされた。四六年五月三十日、南京軍事法廷での裁判で酒井は「中国に対して友好だった」と述べたが、検察側は「海津・何協定」も挙げ、「酒井の威嚇の下で何応欽は蔣介石に申し出て批准させ、酒井の侵略の要求はすべて実現した」と指摘した。[75]時事通信東亜電報を整理した一九四六年七月の前掲資料でも、南京軍事法廷の状況として酒井は、高橋坦[76]（前北支那方面軍参謀長）とともに「華北侵略の元兇と目される」ため公判中との指摘があり、[77]「梅津・何応欽協定」での交渉を問題視されたことを示唆している。

和田英穂の研究によると、GHQは四六年九月四日、既に南京で死刑判決を受けた酒井を、証人として東京裁判に出廷させようと、中華民国駐日代表団を通じて中国政府に請求した。これに対して国防部は、日本側弁護団の請求であり、中国側に不利に働くとして電報の遅れを口実にこれを拒否し、死刑を即時執行しようとした。これに驚いた外交部は、国防部と司法行政部及び蔣介石に対し、酒井の出廷は中国にとって不利ではなく、もしこのことが他国に漏れれば国家の威信に関わると意見したが、国防部はこれを無視して九月十三日に酒井の死刑を執行した。このケースについて中国政府内部にあった「対外協調」と「対内協調」の二種類の方向性の存在を如実に表すものだとした和田は、「GHQすなわちアメリカとの関係を良好に保つことが最重要であった外交部はこれに真っ向から反対したのである」と指摘している。[78] ただ、南京虐殺事件の主犯の一人とされた谷寿夫と、華北分離工作で傲慢な態度を示した酒井隆については、国際社会ではなく、中国の手で戦犯処理を断固として行うという、蔣介石または国防部の決意が感じられる。

一方、陸軍省軍務局長など軍中枢を歩んだ磯谷廉介のケースはどうだろうか。陸軍における「支那通」の代表格の一人、磯谷は、四六年二月三日、巣鴨拘置所に収監された。中国軍飛行機で谷寿夫と共に上海監獄に移送されたのは半年後の八月一日で、同月十月二日には上海から南京監獄に転送された。

磯谷は岡村と同期で、共に中国大陸への関心を強め、共に「支那通」軍人のエースと呼ばれ、固い絆で結ばれていた。戦犯になることを覚悟しながら今は戦犯の世話係となっている岡村は四七年一月九日、親友磯谷廉介のため、彼が過去において如何に国民党並びに中国国民に親愛の情を寄せていたかの証拠となる事実を書いて、小笠原清参謀[79]に託し、当局に提出した。[80]

四七年七月八日に初公判が開かれ、十五日の第二回公判で、検察官から罪状として①関東軍参謀長として侵略政策に関与した罪、阿片密輸に関与した罪、②第十師団長として、山東・河南省において部下の暴行を許した罪、③香港総督として部下の暴行を許し、避難民を郷里に強制送還した罪―に問われた。これに対して七月二十二日の判決では、①②は無罪だが、③のうち香港総督時代に食糧欠乏のため約二十万人の人民を他地方に強制疎開せしめたことは、国際法に背反するので有罪として、結局無期懲役となった。[81] 磯谷の親類に当たる小林一博は、磯谷について記した伝記の中で、「中国側弁護人が、無罪を主張し、裁判官もそれを認めていたが、英国側から強い圧力があったため、無罪にすることはかなわず、無期徒刑という奇妙な判決となったことは、後になって分かったという」と指摘している。[82]

ただ磯谷については、上海に移送される時から中国側の待遇は悪くなかった。伝記に掲載された磯谷の「戦犯日記」には、四六年八月一日、巣鴨から上海に移送される際、「支那側ノ紳士的ナルハ涙ナキ能ハス」、「全ク何ノ拘束モナク支那宿ニ入レル思ヒナリ」と記され、取り調べも「極メテ好意的ニ日語〔日本語〕ヲ以テ行ハ」れたとしており、中国側の対応は友好的だった。判決が出た四七年七月二十二日には、「馬鹿気タルモノナリ　而シ又々老後ノ寿命ヲ続ケル事トナル　直チニ申弁書ヲ作ル　英ニ対スル一ツノ政策カ？　何レニシテモ馬鹿気タルモノ　之ニテハ国民政府ノ将来モ益々多難ナルヘキカ　孫（中山）サンカ地下テ涙ヲ流シ居ラルル事ヨ」と不満を漏らしつつも、「此日ヨリ気ハ幾分楽ニナル噫々」と書いている。[83] 九月二十六日の日記では、磯谷は自分の公判について蔣介石が承認しているとの通知に接した、と記している。[84]

一方、この間、南京軍事法廷は酒井隆と谷寿夫に対して死刑を執行している。磯谷は四七年四月二十六日の日記に「谷中将十一時刑執行セラルト　気ノ毒千万噫　我等今後ノ成行全ク予断出来ス　何事モ理屈ニアラス正義ノ途ニアラス　総テ政策ノ結果ナリ如何トモナシ得ス　精神的堂々東亜興隆ノ素志貫遂ニ満足スヘキノミ」と記している。[85] 酒井、谷に比べ、中国側の磯谷に対する対応が異なっているのは、裁判で磯谷の弁護人が、磯谷について「国父孫文の顧問であった」、「日華親善論者であった」ことを挙げ、中国侵略計画に参画したものでないことを強調したことがあったかもしれないが、[86] 複雑な事情も絡んでいる。

つまり、終戦直後の一九四五年十月、第一回目の「日本侵華主要戦犯」十二人の中に、磯谷、谷、酒井は入っており、北京にいた酒井は別にして国民政府は巣鴨にいた磯谷と谷について引き渡しを要請した。谷は南京虐殺事件、酒井は華北分離工作の「象徴的人物」として見せしめ的に厳罰を処された可能性が高い。一方、この三人のうち蔣介石自身が直接最もよく知っていたのは磯谷だろう。また陸軍の対中政策に最も深く足を突っ込んだのも、支那通のエースとして大使館付武官や陸軍軍務局長、関東軍参謀長を歴任した磯谷だろう。広東駐在武官として孫文と交流を深め、佐々木到一と共に陸軍きっての国民党通と呼ばれたが、大使館付武官で上海に駐在した磯谷は、一九三六年一月末に蔣介石と会見したものの、排日路線を強めた蔣介石に不信感を強めた。蔣介石も磯谷が自分のことをどう認識しているかを知り、終戦後に厳しい処理を希望し、第一回の主要戦犯に選んだ可能性はある。しかしそもそも中国側が重視した満州事変、盧溝橋事件、南京虐殺事件にも直接関与せず、華北分離工作時は大使館付武官だが、工作に否定的見解を持っていた。「孫文の顧問」・「日華親善論者」という磯谷側の主張や、一九四六年六月末に本格化した国共内戦を受けて対日協力方針が国民党内部で検討される中、中国移送時から「死刑」という選択肢はなかったのではないか。国民党軍が共産党軍に追い詰められ、一九四九年二月初めに磯谷は再び日本に戻ったが、巣鴨拘置所に入った。釈放はサンフランシスコ講和条約調印翌年の五二年八月五日だった。(87)

二　戦犯リストはいかに作成されたか

米大使の国務長官宛て電報

蔣介石率いる国民政府は終戦直前の一九四五年六月に、最初の本格的な日本人戦犯リスト「侵戦以来敵国主要戦犯調査票」を作成し、日本敗戦直後の四五年九月、より公式化したリストである日本主要戦犯名単を完成させた。

一体、この三カ月間に何があったのだろうか。日本人戦犯審査・選定を進めた司法行政部は、外交部に宛てた公電で、四五年七月二十日に「主要戦犯名単」案を送付する計画を示し、司法行政部として資料を収集して編纂している最中だと伝えた。[88] 司法行政部は戦犯リスト作成で中心となった中央機関で、戦犯リストをめぐり外交部は対外的な窓口だった。

一方、外交部が司法行政部に対して発出した公電は、駐英大使・顧維鈞が終戦直前の四五年八月三日に打電した電報の内容として、ロンドンに本部を置く連合国戦争犯罪委員会（ＵＮＷＣＣ）が同月一日に会議を開催し、日本の戦犯問題について提示したと報告している。その上で国民政府の戦犯選定に向けた処理が遅れているため迅速に日本人主要戦犯リストを提出し、二週間以内に情勢全般を検討するよう求めた。さらに公電は「対日戦争終結の日は遠くない。戦争犯罪処罰問題の情勢は切迫している」としており、戦犯リスト作成を急ぐよう催促した。[89]

七月二十八日、米国の中国駐在大使ハーレーは、バーンズ国務長官宛て電報でこう伝達している。「七月二十七日、連合国戦争犯罪委員会極東・太平洋小委員会〔極東分会〕は、若干の将官を含めておよそ百人の日本軍人を戦争犯罪人として名簿に載せた。これらの戦争犯罪人は、同委員会が名簿に載せた最初の日本人である」。続いてバーンズ宛ての同電報は「現在、中国戦争犯罪局がすでに改組されて、以前よりも効率的に機能しているので、戦争犯罪人名簿の作成作業は進捗するものと予想される」と記している。[90] これは、国民政府の戦犯選定作業が遅れていることを懸念し、戦犯リスト作成を催促したＵＮＷＣＣの会議内容と一致している。

ハーレーは、八月四日にもバーンズ宛て電報で、極東分会が三日、七月二十七日の約百人に続き、さらに約三十人の日本軍戦争犯罪人名を付け加えたと伝えた。[91]

前述したように、国民政府が作成した「日本主要戦犯名単」では、司法行政部が第一回目として陸軍戦犯九十六人、第二回目として陸海軍三十四人の戦犯が記載された。この戦犯リストが完成したのは九月だが、九十六人と三十四人は「既に極東分会で採択」と記されていた。リスト作成より前に極東分会に提出し、採択されていたのは間違いない。

ハーレー大使は電報で、極東分会が日本軍人の戦犯を名簿に載せたと伝えたのは七月二十七日と八月三日で、それぞれ約百人、約三十人だったとしているが、これは「日本主要戦犯名単」の九十六人、三十四人と符合している。しかし次の二点はつじつまが合わない。

▽極東分会は七月二十七日に日本戦犯百人を名簿に載せたとしているのに、顧維鈞の電報では、UNWCCが八月一日時点で国民政府に「処理が遅い」と指摘している、▽ハーレーによると名簿に記載されたのは「若干の将官を含めておよそ百人」としているが、実際に完成した「名単」の戦犯は全員中将以上である。

この「矛盾」をどう解釈すればいいのだろうか。司法行政部が七月二十日に送るとした「日本主要戦犯名単」案が同月二十七日と八月三日に極東分会に一応は提出されたが、UNWCCの本部では内容的に不十分と認識し、国民政府に対して「処理の迅速化」を求めたのではないだろうか。その後、作り直した第一回と第二回のリストが極東分会で採択され、「日本主要戦犯名単」は九月に完成した、と考えられるのである。

戦犯選定に向けた内部会議

中国国民政府内で「日本主要戦犯名単」はどのような内部討議を経て作成されたのだろうか。

ロンドンのUNWCCは、一九四四年九月の第三十三回会議で、戦争を主謀し、部下に命令した主要な戦犯についてのリストを作成することで一致した。これを受け、国民政府は、終戦前の四五年六月七日、日本主要戦犯リスト作成に向けた会議を開催し、そこでは資料収集し、司法行政部を責任者として作成を進めることを決めた。その後、司法行政部の謝冠生部長が関係機関を集めて討議した際、軍令部が編纂したリストに基づき、陸軍方面でまず百人を選定し、翻訳後、極東分会に送付することを決定した。そして極東分会で八十八人が採択され、続いて三十二人を極東分会に送付した。[92] 軍令部の編纂したリストとは四五年六月の「侵戦以来敵国主要戦犯調査表」を指しているとみられ、同調査票を基に主要戦犯リストの作成作業が行われたことがほぼ裏付けられた形だ。

八十八人は第一回陸軍戦犯（九十六人）、三十二人は第二回陸海軍戦犯（三十四人）を指している。犯罪事実を補充した結果、追加で採択されるなどして、人数が増えたものであろう。

四五年九月に入り、国民政府の戦犯リストに関する関係部局は、相次ぎ会議を開催している。来たるべき軍事裁判に提出する戦犯リストに関する詰めの作業を進めるためだ。九月に開かれた内部会議は主に政治指導者の戦犯にどう対応するか討議している。政治指導者問題は次項で詳述するが、ここでは行政院（内閣）での戦犯リストに関する協議（九月二十四日）での行政院秘書長・蔣夢麟による決定事項を紹介する。

▽極東分会に送付した二回にわたる日本人戦犯計百三十四人については蔣介石が決裁する、▽外交部が招集した関係機関と専門家が討議し、決定した政治指導者の戦犯四十人の名簿は、蔣介石が審査して明確に指示した上で、外交部が「別の名簿案」を提示して審査してもらう。[93]

「日本主要戦犯名単」において極東分会で採択された戦犯は第一回と第二回を合わせて計百三十人だったが、その後、軍令、司法行政両部から犯罪事実の補充などがあり百三十四人に増えた。また主要戦犯だけでなく、それより下の普通戦犯（ＢＣ級戦犯）についても司法行政部が次々と審査し、外交部に送った後、極東分会に送付し、審査を受けるとしており、[94] 東京裁判に提出する戦犯リストとは別に、自国で開く軍事法廷を視野にＢＣ級戦犯の選定作業を進めることも決めた。

政治戦犯の選定過程

一方、陸海軍人の戦犯選定作業に比べ、政治指導者戦犯のリスト作成は難航し、時間も掛かった。繰り返しになるが、四五年六月に作成された「侵戦以来敵国主要戦犯調査票」（「調査票」）で政治戦犯四十一人（その後に補列七人）が記載されたが、同年九月の「日本主要戦犯名単」（「名単」）では、第三回目として政治戦犯四十八人が選定され、蔣介石の審査と指示を仰ぐことになった。この過程でどういうやり取りがあったのだろうか。

四五年九月二日、蔣介石から外交部長・王世杰に宛てた国民政府軍事委員会の電報は、司法行政部と軍令部が起草した陸海空軍の戦犯リストは外交部を通じ、極東分会に提出したが、政治指導者については「いかに起草するかが同盟国の対日政策全体に関係する」として慎重に対応するよう指示している。[95] 連合国、特に米国との関係を重視する蔣介石は、A級戦犯に直結する政治戦犯の選定を敏感な問題ととらえていたのだ。

ここで「調査票」と「名単」で政治戦犯の顔触れがどう変わったか見てみよう（上位十人）。

【調査票】①近衛文麿②鈴木貫太郎（元侍従長、首相）③広田弘毅④宇垣一成《かずしげ》（元陸相、外相）⑤有田八郎⑥賀屋興宣《かやおきのり》（元蔵相）⑦池田成彬《しげあき》（元蔵相、商工相）⑧杉山元⑨板垣征四郎⑩米内光政

【名単】①近衛文麿②杉山元③板垣征四郎④米内光政⑤広田弘毅⑥有田八郎⑦賀屋興宣⑧池田成彬⑨荒木貞夫⑩中島知久平（元鉄相、軍需相）

四五年八月の終戦を挟んでも、蔣介石あるいは国民政府が近衛文麿に対する戦争責任追及にこだわったことが分かる。名単では近衛に関して七つの罪状（犯罪行為）を挙げている。そのうち第一項目では、「九・一八事変から対日戦争終結まで近衛は三度、首相に就任し、国務相にも就いたが、その他の内閣でも終始重臣の資格を持ち、日本の最高政策決定を掌握しており、中日戦争・世界大戦の責任者である」と主張している。

第三項目では「第一次近衛内閣成立後わずか四十三日で七七事変〔盧溝橋事件〕を発動して中日戦争をもたらし、世界大戦の導火線をつくった」と、第四項目では「一九三八年十二月二十二日にいわゆる「近衛声明」で中国に対して反共協定への参加を強く迫り、「東亜新秩序」の構築を狙い、全中国を侵略しようと企んだ」と、第七項目では「汪兆銘偽組織をつくり出し、「日汪密約」を締結し、身の程知らずにも中国の主権を奪った」とそれぞれ非難した。[96]

調査票と名単を上位十人に限って見ると、大部分は近衛内閣の閣僚を戦犯としていることが分かる。杉山と板垣は陸相、米内は海相、賀屋と池田は蔵相（池田は商工相も歴任）、広田と有田は外相、荒木は文相、中島は鉄道相である。これを見ると、国民政府は、近衛と近衛内閣の閣僚に政治的な戦争責任を集中させようとしている。

話を戦犯選定過程に戻すと、日本敗戦直後の四五年九月十一日午前九時に開かれた日本主要戦犯選定会議では、「日本政治戦犯名単の原則と範囲、そしていかに〔リストを〕決定するか」が討議のテーマになった。この会議を契機に、国民政府はA級戦犯をどう選定するか本格的な検討に入った。会議記録[97]によると、国民党中央党部秘書処、同中央宣伝部、軍令部、政治部、司法行政部、国際問題研究所、外交部から担当者が出席した。討議の結果、政治指導者を戦犯に指定するに当たり以下の六点を決議した。

戦犯として定めるのは、①侵略戦争を発動・主謀・指導した責任者、②経済・外交・政治面で侵略戦争に協力した者、③侵略思想を主張・奨励した者―と決めた。

④思想犯は、著作言論やその影響など具体的な証明を必要とする、⑤本国（中華民国）の利害を重視し、国際的観点も注視して選定する、⑥ major criminals（主要戦犯）は国際法廷で、key criminals（重要戦犯）は中国の法廷でそれぞれ審判する―ことも定めた。前者はA級戦犯、後者はBC級戦犯と区別したものだ。

また会議では戦犯に対する犯罪事実の調査の起点を「九一八」（満州事変）とすることも確認した。そして外交部は、政治指導者の戦犯リストの副本を、この日会議に参加した各機関に参考として送付するとともに、司法行政部・軍令部・国際問題研究所の三機関は、重要戦犯と犯罪事実について責任をもって補充することも申し合わせた。この三機関は次回会議での討論に備え、事前に会議を開催して詳細を討議することも決めた。

日本主要戦犯選定に関する第二回会議が行われたのは、第一回会議の九日後に当たる九月二十日だった。午後三時から開かれた会議記録[98]によると、出席者は前回会議とほぼ同じだが、軍政部と中央社（通信社）、行政院の担当者が加わった。政治戦犯をいかにして選定すべきかについて討議し、前回会議の六項目に加え、「九一八」や「七七」の軍政責任者や「偽満州国」などを推進した者、新聞雑誌界で一貫して侵略主義を主張した者らを加えることも決定した。九月二十日の会議で政治戦犯名簿についてこう方向性が固まった。

▽前回の決議と今回の決定を基に、（前回会議で申し合わせたように）司法行政部と軍令部、国際問題研究所がともに補充したリストと、元のリストを逐一検討する。

▽（検討の結果として）新たに加わった戦犯を決定した後、外交部がリストを提示する。

▽蔣介石が審査・指示したものを外交部に発出し、外交部が翻訳後、極東分会に送付する。

この結果、政治指導者の戦犯リストは、近衛文磨ら三十二人のほか、南次郎ら十六人を補充し、計四十八人にすることを決定した。[99]

四十八人について、先に挙げた十人以外を挙げると、十一位以下は次の通りである（肩書きは「名単」などに基づくが、日本名で表記し、「元」は略）。平沼騏一郎（首相）、石渡荘太郎（蔵相）、阿部信行（首相）、青木一男（蔵相）、畑俊六（陸相・支那派遣軍総司令官）、桜内幸雄（蔵相）、松岡洋右（外相）、東條英機（陸

相・首相）、豊田貞次郎（商工相・外相・拓相）、小倉正恒（国務相・蔵相）、東郷茂徳（外相）、野村吉三郎（駐米大使）、谷正之（外相）、小磯国昭（首相）、津島寿一（日銀副総裁・北支那開発総裁）、天羽英二（外務省情報部長）、十河信二（興中公司社長）、河田烈（蔵相）、白鳥敏夫（外務省情報部長・駐イタリア大使）、広瀬久忠（厚生相）、星野直樹（満州国総務長官）、大谷光瑞（西本願寺門主）、鮎川義介（満州重工業開発総裁）、川越茂（駐華大使）、西田税（陸軍軍人）、南次郎（関東軍司令官・陸相）、林銑十郎（陸相・首相）、芳沢謙吉（外相）、駒井徳三（満州国総務庁長官）、岸信介（満州国総務庁次長、商工相）、中西敏憲（満鉄理事）、田中国重（陸軍大将、国家主義団体「明倫会」主宰）、菊池武夫（陸軍中将、同「神武会」結成）、半沢玉城（外交時報主筆）、吉岡文六（東京日日新聞）、高石真五郎（大阪毎日新聞主筆）、笹川良一（国粋大衆党総裁）、甘粕正彦（満州国警務司長）。

二回にわたる会議の結果、侵略思想を発動・指導したり、主張・奨励したりした者、新聞雑誌界でこうした主張を展開した者、「満州国」を推進した者を加えることにしたが、その決定が政治戦犯リストで鮮明になった。満州国関係者として星野、駒井、岸、中西、甘粕を挙げ、侵略思想を指導・奨励したとみなして大谷、西田、田中国重、菊池、笹川を、新聞雑誌界からは半沢、吉岡、高石をそれぞれリストアップした。経済関係者として津島、十河、鮎川が含まれた。

こうして新たな戦犯リスト案が作成されたわけだが、蔣介石の決裁が必要である。第二回会議が開かれた翌日、二十一日の日記で蔣介石は「現在の急務」として「戦争犯罪人名簿」を挙げていたが、それに先立ち、蔣介石は政治指導者戦犯名簿を「一週間以内に提出する」よう求めていた。外交部は九月二十五日付で「軍事委員会委員長蔣〔介石〕」宛ての至急公電を送っている。[100] 公電には「〔既に〕「司法行政部が起草した日本主要政治戦犯名簿を送付につき迅速に検討の上で返答を賜りたく」との電報を送ったが、本月〔九月〕十一日と二十日の二回にわたり関係機関を集めて慎重に検討した」と記された。

その結果として戦犯選定のための基準として①侵略戦争を発動・主謀・指導した責任者、②経済・外交・政治分野で侵略戦争に協力した者、③侵略思想を主張・奨励した者―の三原則を基に、①我が国の利害関係と国際的観点、②起点を「九一八」に設定―という点を考慮し、司法行政部が起草したリストの中から、近衛文磨ら三十人に南ら十六人を補い、計四十八人とすることを伝えるとともに、極東分会に送付することにつき、了解を求めたのだ。

政治指導者の戦犯リスト作成は軍人のそれに比べて遅れた。九月に作成された「日本主要戦犯名単」のうち、第三回目の政治戦犯四十八人はリストの中で「蔣主席に審査中」とされているのはそのためである。

蔣介石の意向

国民政府では蔣介石の決裁を必要とした政治戦犯も含めた「日本主要戦犯名単」を完成させた。しかしここで注意が必要なのは、前述した通り一九四五年十月四日に極東分会に報告し、十月二十日にGHQに提出された「日本侵華主要戦犯」（第一回目）として十二人を選定していることだ。国民政府は「日本主要戦犯名単」とは別に、GHQに提出する「別の名簿案」を作成することになった。「別の名簿案」とは、「日本侵華主要戦犯」のこととみられる。最終的には第一回目としてこの十二人、第二回目は二十一人が選ばれている。既に触れた「三十三人リスト」である。

どうやって十二人に絞られたのであろうか。蔣介石の事績をまとめた『事略稿本』では一九四五年九月二十五日の項に、戦犯リスト選定に関する事実が記録されている。[101] 同二十五日は、前述したように外交部が蔣介石に宛てて至急公電を出し、計四十八人の政治戦犯リストについて蔣介石に決裁を求めた日である。蔣介石は九月二十一日、日記で「現在の急務」として戦犯リストを催促すると記し、二十四日には、行政院秘書長・蔣夢麟が出席して九月十一日と二十日の会議を踏まえ、政治指導者の戦犯四十八人のリストについては蔣介石が審査して明確に指示することを決定したほか、外交部が「別の名簿案」を提示して蔣介石に審査してもらうことを決めている。

また九月二十五日の『事略稿本』によると、外交部は口上書で蔣介石に「日本軍閥のうち侵略を最も強く主張・実行し、中国での虐殺・暴行に重大な責任を負う者を先行して名単に書き並べ、マッカーサー将軍の総司令部（GHQ）と連合国東南アジア最高司令官・マウントバッテン将軍に送り、逮捕・懲罰する」よう求めている。「先行して」というのが重要である。「日本特別首要〔主要〕戦事犯名単（軍閥部分）」として東條英機、土肥原賢二、本庄繁、板垣征四郎、小磯国昭、荒木貞夫、松井石根、谷寿夫、影佐禎昭の計九人を挙げている。本庄と板垣は、「九一八」（満州事変）、小磯は関東軍参謀長時代の長城作戦、荒木は「皇道精神」・「日本主義」の鼓吹、松井と谷は南京大虐殺、影佐は汪兆銘工作が主な罪状として挙げられている。[102]

続いて国民党史委員会出版の『中華民国重要史料初編』に掲載された「蔣委員長条示日本軍閥侵華主犯名単手稿」は、総統府機要檔案が出典であり、作成時期は「一九四五年十月」となっている。蔣介石が自身で記した手書きの戦犯リストだが、二十人が列挙されている。磯谷廉介、谷寿夫、梅津美治郎、橋本欣五郎、土肥原賢二、多田駿、和知鷹二、影佐禎昭、酒井隆、秦彦三郎（元関東軍総参謀長）、本庄繁、小磯国昭、板垣征四郎、大谷光瑞、阿部信行、南次郎、畑俊六、甘粕正彦、東條英機、喜多誠一。名前の上には十二番まで番号が振ってあり、①土肥原、②本庄、③谷、④橋本、⑤板垣、⑥磯谷、⑦東條、⑧和知、⑨影佐、⑩酒井、⑪喜多、⑫畑俊六―となっている。この十二人が、十月四日に極東分会に報告される十二人と一致している。

前出『中華民国重要史料初編』には、「蔣委員長条示日本軍閥侵華主犯名単手稿」（「手稿」）の「附」として「外交部呈「日本特別首要戦争罪犯名単」」（四五年十月）が付録として記載されており、『事略稿本』に記載されたのと同じ九人の「首要戦犯」が列挙されている。こうした点から九月二十五日に外交部は蔣介石に九人を提示し、蔣介石はこれも参考に自身で二十人の戦犯リストを記した。さらに順番をつけて八人を削り、十二人に絞った可能性が高い。「手稿」には欄外で、「喜多誠一は中国侵略の主犯となし、和知、影佐に等しく、その人物〔喜多〕の罪悪を軍令部は究明し、〔主要戦犯に〕列挙することは必要だ」と記している。(103)これは、蔣介石の意向を示したものである。「日本侵華主要戦犯」十二人を記載した公文書にも「喜多は侵華の主犯とし、影佐と和知の罪悪も同じであり、その罪状を究明し、主要名単に入れなければならない」と記載している。(104)ただ「手稿」では編者の編注として欄外に「名単内の大谷光瑞と甘粕正彦の二人は、蔣委員長が赤ペンで削除した」としており、二人は主要戦犯から外れた。

ただ「日本主要戦犯名単」に記載された計百七十八人とは別に十二人リストが作成されたが、この二つの間にどういう整合性が存在するかという疑問に明確な回答を与える檔案は見つかっていない。

だがそのヒントを与えてくれるのが、「蔣介石日記」十月十四日の記述である。つまり十二人選定の背景事情として「政治責任者、例えば近衛文磨ら四十人を一律除外し、小磯国昭や南次郎、梅津美治郎、松井石根ら軍事責任者も一律免除し、十二人を特務工作悪事の限りを尽くした者を主とした」と記している。(105)「日本主要戦犯名単」の政治指導者として四十八人が選ばれたが、このうち十二人に入ったのは板垣征四郎、畑俊六、東條英機の三人。一方、本庄繁、土肥原賢二、谷寿夫、橋本欣五郎、影佐禎昭、磯谷廉介は、「日本主要戦犯名単」の陸軍戦犯リスト（第一回九十六人）に入り、酒井隆は陸海軍戦犯リスト（第二回三十四人）に入っている。残るのは、喜多誠一、和知鷹二の二人だが、喜多は「日皇裕仁」がトップに位置づけられた一九四五年六月作成の「侵戦以来敵国主要罪犯調査票」の「陸軍戦犯」で「中国を侵略し、災難をもたらしたという点では土肥原にわずかに及ばない」と指摘されているが、百七十八人リストには名前がない。[106] 同様に和知も、十二人リストに入ったが、やはり百七十八人リストに名前はない。

蔣介石が「主犯」と位置づけた喜多、和知、影佐に加え、死刑になった酒井は、皆「支那通」であり、特務・謀略工作に携わった。喜多は、一九三七年九月に北支那方面軍特務部長に就き、北平で冀察政務委員会委員だった王克敏をかつぎ、南京占領翌日の同年十二月十四日、傀儡政権「中華民国臨時政府」を発足させた。『蔣介石秘録』は、「おこがましくも〝中華民国〟を名乗ったのである」と指摘している。[107] 和知は関東軍参謀として満州国建国に関わり、盧溝橋事件が起こると出兵論と拡大派の急先鋒だった。酒井は前述したように「梅津・何応欽協定」を傲慢な態度で中国側に迫った。影佐は汪兆銘工作の中心である。蔣介石は、こうした中国の主権を攻撃した支那通の謀略工作を許せず、その感情が戦犯リストに表れたのではないだろうか。十二人の中にいながら百七十八人リストで「見落とされた」喜多、和知が入ったのは蔣介石の強い意向が働いた可能性は排除できない。

蔣介石は十月八日の日記で「外交急務」として「日軍戦争罪犯之決定」（日本軍戦犯の決定）と記している。[108] 十月四日に極東分会に報告したことを受け、蔣介石自身、八日の日記で「外交急務」と位置づけ、同月二十日には駐米大使館を通じてＧＨＱに提出したという経緯なのだろう。

「第一批日本侵華主要戦犯」十二人に続く「第二批主要戦犯名単」として南次郎ら二十一人について外交部は四五年十二月十八日に米政府に通告し、ＧＨＱに逮捕するよう要請した。

しかし、ここで注目すべきなのは、「主要戦犯」という呼称である。九月十一日の会議で「major criminals」（主要戦犯）は国際法廷で、「key criminals」（重要戦犯）は本国の法廷で、それぞれ審判を行うことを確認したが、計二回にわたる計三十三人リストも計百七十八人リストも同じ「主要戦犯」という位置づけになり、どちらがより重大な戦犯なのか不明である。このため百七十八人の「日本主要戦犯名単」は、本当は「重要戦犯」だったが、当時、「主要戦犯」と「誤訳した」という解釈にした。[109] つまり結局、百七十八人は「重要戦犯」で、後に作成した三十三人リストを「主要戦犯」として区別したのである。

三 「戦犯」としての天皇

削除された「日皇裕仁」

山極晃は、一九八八年十二月に中国南京の中国第二歴史檔案館で調査した際、「侵戦以来敵国主要戦犯調査票」(「調査票」)を発見した。筆者が、台北・国史館でコピーを入手したものと同様のファイルである。概要は既に触れたので多くを割かないが、第二歴史檔案館と国史館で収蔵される「調査票」に記された「日皇裕仁」を筆頭とする戦犯の順位や罪行などは同じだが、異なる点があった。

山極はこれについて「このリストは何度も検討されたらしく、欄外にいくつもの数字や○印などが書き込まれているが、「日皇裕仁」の上部欄外には毛筆で「暫删」、つまり当分削除と書いてある。しかしその理由、また何時そう書かれたのかは不明である」としている。[110] 一方、国史館で収蔵されている同じ「調査票」には「暫删」と追加記載された跡はない。

なぜ同じ「調査票」で、一方に「暫删」の跡があり、もう一方にはそれがないのかは不明だ。しかし事実として言えるのは四五年六月の「調査票」に存在した「日皇裕仁」という天皇の名前は、同九月の「日本主要戦犯名単」には見られなくなったことであり、また他の戦犯リストを見ても天皇の名前は記載されていないことだ。「暫删」という追加記載は、六月から九月の間に行われ、訴追対象者として天皇が消えたことが考えられる。この間に一体何があったのだろうか。

「天皇戦犯」を危惧した米

一九四五年七月二十八日に重慶駐在の米大使ハーレーが国務長官バーンズに送った電報で極東分会が百人の日本軍人を初めて戦争犯罪人として名簿に載せたことを伝えたが、この際、ハーレーはさらにこう記している。

「七月十七日、国民参政会は、日本国天皇を戦争犯罪人として指名する決議を可決し、また、地方紙には、天皇を戦争犯罪人として処遇することを主張する論説が、過去一カ月をつうじてかなり見られる。日本国天皇を戦争犯罪人として名簿に載せる問題が小委員会で提起されることもありうると思われ、したがって、当大使館としては、そのようなことになった場合、米国代表がとるべき態度について、国務省の見解を指示されたい[111]」。

国民参政会とは、国民政府の下、日本との戦争期間中に設置された「国会」に近い民意機関である。参政会では、七月十七日午後、十四回会議で傅常ら十一人の参政員が提出した「日本皇室を戦争犯罪人に指定せよ、との見解を連合国に提出するよう求める決議案」が可決され、政府に送付して処理を求めた[112]。これを受け、重慶の主要紙、大公報は七月十八日付で、こういう記事を掲載した。

「今回の敵〔日本軍〕の中国および太平洋地域における戦闘および暴行については、日本の皇室が第一にその責任を負うべきであり、〔中略〕昭和〔天皇〕を戦争犯罪人と認めている。しかし同時にわれわれ連合国は戦後に真の民主的な新日本を確立することを望んでおり、そのためにはどうしても日本人民に思想の解放を獲得させることが必要である。日本の皇室は封建思想および侵略思想の根源であり、わが国は日本の天皇制を廃止することを主張する」[113]。

重慶駐在の大使ハーレーは電報で中国の新聞での天皇関連報道に触れているが、天皇が第一戦犯として取り上げられた「調査票」が作成された四五年六月を挟んで四五年春から終戦直後にかけて、国民政府の高官や新聞から、天皇制や天皇に関する見解や論評が相次いだ。重慶紙、益世報は、四五年三月十四日付の社説で「天皇裕仁は、法的にも政治的にも犯罪人であり、ヒトラーやムッソリーニと同列に取り扱われるべきである」と評した。五月三十一日の大公報には、「天皇制は廃止すべきであり、〔中略〕裕仁はヒトラーと同じ処遇を受けるべきだし、また、そうでなければならないとわれわれは主張する。われわれは、日本軍国主義と戦っているが、天皇制がその支柱となっていることを銘記しなければならない」と論評した[114]。六月二十七日の新聞によると、陸軍参謀総長・何応欽は記者会見で、「日本の憲法によれば、天皇は日本陸海空軍の最高統帥者であり、したがって、連合国に対して今次戦争を行なったことについて、その責任を問われるべきであるから、戦争犯罪人とみなすのが当然である」と述べた[115]。

さらに重慶の大公報は七月二十八日付で、日本の無条件降伏を求めたポツダム宣言が発せられたことを受け、「三国〔米英中〕の対日共同声明」と題した社説を掲げ、「三国が掲げた条件は、ただ天皇制廃止が明文化されていないこと以外、われわれは全部同意しており、改めて賛辞の言葉を述べる必要もない。だがわれわれの見解によれば、天皇制も除去すべきものの列に加えなければならない」、「昭和〔天皇〕は当然第一の責任を負わなければならない。〔中略〕日本の皇室は民主主義の障害とみなすべきであり、それは絶対に反民主的なファシズム体制であり、絶対に除去しなければならない」と強く主張した[116]。

原爆投下翌日のグルー覚書

中国の国民参政会や新聞に天皇を戦争犯罪人にすべきだという声が高まっているという電報を、七月二十八日に重慶駐在のハーレー大使から受け取った国務次官グルーは、八月七日、バーンズへの覚書でこう提案した。

「もしも戦争犯罪人として天皇の名を名簿に載せることにわれわれが同意したということが今知られるならば、日本で生じる結果としては、たとえ無条件降伏と和平をめざす動きがあるとしても、おそらく未然にそれを封じることになるでしょう――。そして、もしわれわれがそのような立場をとるならば、そのことがたちまち一般国民に洩れてしまうのは、まず確実です。たぶんその結果は、日本国民全体で徹頭徹尾戦い続ける決意を強めることになるでしょう。したがって、われわれの決断が第一に重要であり、おそらく何万という米国人の生命がその内容いかんによって左右されるでしょう」と伝えた。[117]

グルーは米国務省の「日本派」外交官として知られ、一九三二年から約十年間駐日大使を歴任した。グルーが天皇制を残すために尽力していたことは、国際的に知られた動きであったが、グルーは天皇と天皇制について、四四年十二月十二日、上院外交委員会聴聞会でこう証言した。

「天皇制は日本社会の安定要素です。ここで比喩を用いるなら、天皇は大勢の働き蜂が仕え、敬愛する女王蜂のような存在です。もしも蜂の群れから女王蜂を取り除いたならば、その巣は崩壊するでありましょう[118]」。

グルーは同月十九日、国務次官に任命され、スティニアス国務長官がヤルタ会談や国際連合創設のため各地を奔走している四五年四月二十四日から七月三日まで代理長官を務め、日本の早期降伏に向けて全力を挙げた。

グルーが新しい国務長官のバーンズに覚書を出した八月七日は、広島への原爆投下翌日だった。これに先立つ七月二十六日には米英中が日本に即時無条件降伏を迫ったポツダム宣言が出されたが、日本にとって国体護持は同宣言受諾のための譲れない一線だった。八月九日のソ連参戦を受け、東郷茂徳外相は国体護持のみを条件としたポツダム宣言受諾を提案したが、阿南惟幾陸相は、国体護持、自主的撤兵、戦争責任者の自国での処罰、本土占領せず―の四条件付受諾を主張した。[119] こうした日本国内の「空気」を鑑みれば、もし天皇が戦犯リストに載ったことが日本国内に知られれば、早期降伏の弊害になると、グルーは危惧したのだった。そして覚書では「もし戦争犯罪人として天皇の名前を名簿に載せるという問題が〔連合国戦争犯罪委員会極東・太平洋〕小委員会〔極東分会〕で提起された場合は、国務省に報告するよう指示し、あわせて国務省の要望として、米国代表が自分のほうからこの問題を提起すべきではない旨を伝えるようお勧めします」と要望した。[120]

その結果、バーンズは八月八日、重慶のハーレーに訓令を送付した。「八月四日付電報（第一二八四号）を受け取った。この重要段階に小委員会において、もし例の問題が提起されるとすれば、不幸なことと考える。したがって、それを未然に防ぐため、可能なかぎり慎重にあらゆる努力を尽くされるよう望む。それにもかかわらず、もし小委員会においてその問題が提起された場合は、国務省へ報告されたい」[121]。こうした米国務省の意向は、国民政府の蔣介石政権にも伝達されたとみられる。結論から言えば、米国の意向に従い、国民政府は自身の作成した戦犯リストに天皇の名前を触れられなかったのである。

天皇訴追回避の決定

前述したように蔣介石は一九四五年十月八日の日記に、「外交急務」として「日本軍戦争犯罪人の決定」と記している。そして実はこの日、戦犯問題を調査した司法行政部と外交部は、「国際社会が日本の皇室を戦犯とするよう求める国民参政会の第四期第一回大会の提案」について重要な判断を下した。[122]

国民参政会の提案は①わが国は「日皇昭和」を戦犯と認定するよう提案すべき、②わが国は、日本の天皇制度廃止を主張すべき――というものだ。前述したように国民参政会は七月十七日、天皇を戦争犯罪人として連合国に提出するよう、政府に処理を求めており、司法行政部と外交部は、対応を検討していた。その結果として、次のような結論を出した。

「〔日皇〕昭和」は日本を代表している。ポツダム宣言の受諾以降、連合国軍総司令官が執行に責任を負う命令は依然として継続中である。彼を戦犯と認定すべきかどうかは、日本信託統治の政策とすこぶる密接な関係にあり、外交部が随時、同盟各国と協議して処理すると同時に、司法行政部やその他の関係機関が「昭和」〔天皇〕の犯罪事実を調査している。第二点目に関してわが蔣主席と米国トルーマンが日皇の命運は、日本の民意が自ら選択すべきであると共に表明したこともあり、わが国が単独で日本の天皇制度を廃止する主張を行う必要はない[123]」。外交部と司法行政部は、こうまとめ行政院長・宋子文に送付した。

国民参政会の提案に対して軍令部が作成した公電も「日本の天皇は今回の戦争の主要な責任を負うべきである。日本の皇室の存在は将来、再び侵略国策を蘇らせる源泉となる。しかし天皇の存在は、同盟国がポツダム宣言の命令執行を円滑にするとともに、共産党勢力の拡大を防止することもできる」と記している。[124]つまり国民政府は、米国の方針と合わせ、戦後日本の混乱回避と、共産主義勢力の拡大防止のため、天皇制廃止を主張しないと決めたのだった。この方針は、天皇を含めない十二人の主要戦犯リストを米側に提出するのに合わせて確認した。

蔣介石は、一九四三年十一月二十三日、米国のルーズベルト大統領と対日処理問題について協議したカイロ会談で、「天皇制の存廃は日本の政治形態の問題と関連しており、したがって、性急のあまり国際関係に千載の禍根を残すような過ちを犯さないためにも、戦後、日本国民が自ら決定するよう彼らに任せるべきである」と表明したことは前述した。ルーズベルトの死去を受けて四五年四月、副大統領から大統領に昇格したトルーマンに関しても前述した通り、国民政府外交部・司法行政部の見解では、「天皇の命運は、日本の民意が自ら選択すべき」という考えだった。

つまり国民政府は四五年十月には、天皇訴追回避を内部決定した。しかし同年十一月八日、ワシントンの駐米大使・魏道明は、外交部宛ての電報でこう伝達している。[125]

「〔十一月〕六日、紐約前鋒論壇報〔ニューヨーク・トリビューン〕紙が「わが国がマッカーサー将軍に対し、日本戦犯三百人のリストを提出する準備を進めており、日皇〔天皇〕をトップとしている」と掲載した。極めて注意しており、確認してほしい」。これに対して外交部は魏大使宛てに「わが国はマッカーサー将軍に日皇をトップとした戦犯名単を出していない」と返電した。

この電報のやり取りを見る限り、魏道明は米政府から米紙の報道に対する確認を求められた可能性もある。いずれにしても国民政府も、戦犯リストに天皇が掲載される事態に神経を尖らせていることが分かる。

前述したように国民政府が一回目の主要戦犯リストとして十二人を指定し、GHQに提出したのは一九四五年十月二十日であるが、共同通信電を使用した同十二月一日付の読売報知は、十一月二十八日の上海放送の報道として、中国側の作成した戦争犯罪人名簿がマッカーサー司令部に提出されたと伝えた。それによると、「天皇以下三百名の多数に上ると伝へられてゐた流布に反し僅かに十数名しかあげられてゐない」とし、天皇の名前もないと報じた。[126]「天皇をトップに三百人の戦犯リスト」という偽情報が広がっていたことを示す報道ぶりである。

さらに、国民政府外交部が二回目の主要戦犯リストをGHQに通告した十日後の四五年十二月二十八日、蔣介石が統括する国防最高委員会は、「日本問題処理の意見書」を決定している。[127] ここでは「同盟国の誤解と日本人の反感を回避する」ため、「日本の天皇および皇権制度〔天皇制〕全体の存廃問題は、原則として同盟国の共通意見に従って処理しなければならない。まずは憲法改正から着手して、天皇の大権を日本人民に返還し、民主主義の精神に違反すれば廃止すべきである」と記されている。[128]

「ミカドは去るべし」

国民政府内部または世論では、それ以前から、天皇制廃止の声が強かった。最も有名なのは、一九四三年十月に重慶の英字紙に掲載された孫文の長男・孫科立法院長による論説「ミカドは去るべし」(Mikado Must Go) だった。「ミカドは去るべし」は、蔣介石とルーズベルト米大統領によるカイロ会談直前の一九四三年十月十一、十二、十三日、重慶の英字紙、ナショナル・ヘラルドに掲載された。「天皇および天皇崇拝を一掃せよ。このように大惨事を再びわが国にもたらさないよう、また、流された血を無駄にしないよう保証するには、軍国主義という癌を日本という体から切り取ったのち、「天皇制」を廃止しなければならない」[129]。

孫科の天皇観は、戦争責任追及の優先事項として「軍国主義」を挙げるが、併せて天皇制廃止も訴え軍国主義と天皇制をセットとして主張しているのが特徴だ。後で述べるが、カイロ会談で天皇制廃止に言及しなかった蔣介石とは異なる点だった。英字紙に掲載されたことは、米国など連合国に向けて影響を与えたい意図ははっきりしており、「ミカドは去るべし」は、四四年十月号のフォーリン・アフェアーズ誌にも転載され、大きな反響を呼んだ。

特に一九四四年末から四五年にかけて重慶の新聞・ラジオには天皇制に厳しい論調が相次ぎ、米英メディアに紹介された。例えば、四五年三月十三日の英紙、デイリー・エクスプレスでは重慶の報道を紹介し、「日本の天皇は、連合国戦犯委員会によって戦争犯罪者として指名されるであろう」と報じ、同年五月十七日のニューヨーク・タイムズは、五月六日の重慶の報道を紹介、「中国はヒロヒトを許すことは出来ない。〔中略〕彼は裁判にかけられ、処刑されるべきであり、南京の孫文通りにさらされるべきだ」と伝えた。[130] 重慶での天皇訴追論が米英メディアに影響を与えており、米政府の天皇政策を揺るがしかねない状況だった。

カイロ会談

太平洋戦争から二年近くが経過し、戦況が佳境に入った一九四三年十一月二十三日、カイロにある米国大統領ルーズベルトの別荘に、蔣介石は夫人の宋美齢を連れ添って現れた。蔣介石はルーズベルトと対日処理問題について会談した。会談は午後七時半からの夕食後も、深夜十二時まで続き、ルーズベルトは、天皇の責任追及の声が、米国内で無視できない世論となりはじめていることをあげ、天皇制を存続させるか、廃止させるか、蔣介石の見解をただした。[131]

これに対して蔣介石は「日本国民が自ら決定すべきだ」と述べ、軍国主義的側面を排除した上での天皇制の存続を事実上容認した。蔣介石はルーズベルトとの会談で、日本の戦後の混乱を心配して天皇制の存続を力説した。[132] 日本に留学し、天皇を中心に据えた日本の近代化のプラス面とマイナス面を自分なりに解釈した知日派・蔣介石にとって、「戦争に勝ったからといって、一つの独立国家の国体にまで口出しすることは、けっして賢明な策ではなかった。さらにまた、日本民族の精神構造上、天皇がどのような位置を占めているかは、西洋人にはわからなくても、同じ東洋人である中国人には、よく理解できることであった」[133] という自負があった。

蔣介石は十一月二十三日の「日記」に、カイロ会談で語った要旨を書き連ねた。計十項目を列挙し、最初に挙げたのが「日本未来の国体問題」だった。[134]よほどの手応えを感じたのだろう。ちなみに二番目は「共産主義と帝国主義の問題」、三番目は「領土問題」だった。満州事変以降、日本に支配された東北四省と、日清戦争後の下関条約（一八九五年）の結果、日本に割譲した台湾及び澎湖諸島は中国に返還すべきとした上で、日清戦争以前に日本に属していた琉球に関しては「国際機構を通じて中米の共同管理に託するのがよい」と提案している。四番目は日本の対中賠償問題だった。

カイロでの米中首脳会談に関しては、五百旗頭真の優れた研究[135]がある。「敗戦日本の運命が、予定される勝者によってはじめて公的に示された」のがカイロ宣言であり、「中国大国化の完成こそが「カイロ宣言」の大前提であった」と位置づけた五百旗頭は、ルーズベルトは「カイロ会談に関するかぎり、ひとえに彼は中国の意向を尊重し、その希望を質して、およそのことであれば何であれ聞き入れてやろうという態度をとった。なぜなら、中国は戦後の大国なのであり、東アジアの中心勢力として日本処理についての主導権を与えらるべきだと彼が考えていたからである」と指摘した。[136]

五百旗頭の研究によると、カイロ会談を前にして一九四三年、ジョージ・アチソン（戦後GHQ政治顧問）、ビンセント、デイビスら若手の中国派外交官は、秘密警察と強権によって成り立つ国民政府の腐敗した一党独裁体制となった蔣介石政権への不信感を、国務省にしばしば打電した。ガウス大使も同様の見方で、とりわけ中国戦区参謀長として米国から派遣されながら、蔣介石に批判的だったスティルウェル将軍の解任問題は、米中政府間で深刻化した。蔣介石より毛沢東の共産党の方が健全で、中国を代表しつつあるという見方も進歩的中国専門家の間で広がったが、ルーズベルトはなお、蔣介石の中国に期待し、その大国化を支持する立場を堅持し続けた。[137]

中国の「大国化」に配慮するルーズベルトは、「戦後の日本占領において中国が主導的役割を果たすべきである」と述べると、蔣介石は「中国にそのような重い責任を負う備えはない。それは、米国のリーダーシップのもとで遂行されるべきであり、その時に必要とあらば中国はそれを支援する立場で参加できよう」と辞した。(138)

一方、蔣介石や国民政府は、新たな対日作戦への協力や、戦後対日政策が焦点となるカイロ会談を極めて重視した。米英とともに「大国・中国」の舞台が整うからである。軍事委員会参事室は十一月、カイロ会談に出席する蔣介石に対して重慶から会談に提出すべき問題の草案を送った。そこには、日本は▽満州事変以降に占領した中国及びその他連合国の地域から撤退する、▽連合国の指定したリストに従って戦犯及び各地傀儡組織の官吏を連合国に引き渡し、裁判を待つ、▽旅順・大連、南満州鉄道・中東鉄道、台湾と澎湖諸島、琉球群島を中国に返還する、▽朝鮮の独立を承認する、▽国内の一切の侵略主義団体を解散し、一切の侵略主義思想や教育を取り締まる、▽満州事変以降に中国に与えた公私の損害を賠償する――と明記されている。(139)

ここで問題にするのは天皇制をめぐる米中首脳のやり取りであるが、軍事委員会参事室は特に草案の中に天皇制について触れていないのは注目すべき点である。それは、カイロにおいて日本の国体問題が、ルーズベルトから切り出されたという事情と関係があるのだろう。

蔣介石の天皇政策について言えば、このカイロ会談は大きな転換点だった。蔣介石はカイロ会談から一カ月強が経った四四年元旦に「全国軍人・国民への声明」と題して行ったラジオ演説で、カイロ会談でルーズベルトと語った内容についてもっと直接的に言及している。

「なかでもすこぶる重要なのは、戦後日本の政体問題であり、〔ルーズベルト〕大統領は私に、戦後日本の政体問題について、どのような主張をもっているか尋ねた。私は大統領に率直にこう言った―「この問題について、私は、日本の軍閥を根絶し、これを二度と日本の政治に関与させない点を除けば、かの国の政体如何については、日本の新進の自覚をもった人たち自身の解決に待つのがもっともよいと考えている」と。またこうも言った。「もし日本の国民が立ち上がり、戦争遂行の張本人たる軍閥に対して革命を起こし、現在の侵略主義的な軍閥政治を倒し、日本の侵略主義を徹底して根絶することができるならば、われわれは彼ら国民の自由意志を尊重し、いかなる政治形態を選択するかは彼ら自身に任せるべきである」と。〔ルーズベルト〕大統領も完全に同意していた」[140]。

これを読むと、カイロ会談では天皇制を廃止すべきか、存続させるかに関して切り出したのはルーズベルトであることが分かる。これに対して蔣介石は「日本国民の自由意志を尊重し、彼らに任せるべきだ」と答え、ルーズベルトも同意した。五百旗頭は、蔣介石の意見を聞いたルーズベルトは、「不意を衝かれた思いだったのではなかろうか」と推し量っている。なぜなら「重慶は天皇制打倒を求めているものと、米国政府に受けとられていたからである」と続けた[141]。

前述したように、カイロ会談の直前の四三年十月、孫科の論説「ミカドは去るべし」が掲載されているからだ。これが重慶の英字紙に載せられたことは、米国など連合国向けに発せられたものと考えられる[142]。米政府が、孫科の論説に関心を持ったのは間違いない。米国の重慶駐在大使ガウスは、孫科の主張が中国政府の立場を示すものかどうかを訊かれた中国外交部の何鳳山情報司長が「中国知識人の少なくとも九〇パーセント以上」と「外交部のほぼ全員」が孫科の見解を支持していると答えた旨を、ワシントンに伝えた[143]。実際に国民政府の大部分は、何鳳山が指摘するように天皇制廃止論者が多数を占めていたのだろう。

実力不足の「大国」

一方で、「天皇制の存続」は蔣介石の一貫した考えだったという見方がある。家近亮子は「日中戦争が勃発した後でも、蔣介石のこの日本政治に対する見解は基本的には変化していない。すなわち、軍部の台頭は日本政治の一時的歪みであり、日本の天皇には決定権がなく、責任は軍閥にのみあり、民衆は勤勉で秩序を守る愛国的国民であるという認識である」[144]と指摘している。

確かに蔣介石は、日本においてすべての戦争の責任は、軍閥にあると早くからみなしていた。蔣介石が盧溝橋事件から一年の一九三八年七月七日、漢口で「中国は抗戦してより今日に至るまでたゞ日本の軍閥を敵として認め、日本国民の諸君を敵視してゐない」と表明したことは既に紹介したが、敵は「日本軍部」であり、「日本民衆」を友とし、共に日本軍部を敵として倒そうという論理である。

では、蔣介石の「天皇制存続」に関する発言の根源は一体、どこにあるのだろうか。蔣介石はラジオ演説の中で、「われわれのこの主張はまったく一九四二年〔一月一日〕の連合国共同宣言[145]の精神に基づいている」と強調した。共同宣言の基になった四一年八月の大西洋憲章は「国民に政体選択の権利を尊重する」と記している。続けて蔣介石は「私が今日この談話を発表するのは、わが国の軍人・国民に、われらの今回の戦争の勝利は、敵に侵略され、奴隷化されているあらゆる民族を解放するばかりでなく、同時に日本の善良にして無辜な人民をも救済しなければならないことを知ってもらいたいからである」と述べた[146]。

中国が連合国共同宣言に調印した当時に話をさかのぼろう。調印直後の四二年一月三日の「日記」に蔣介石は「わが国が四カ国による共同宣言に署名した際、ルーズベルトは子文〔宋子文〕に対して特別に「中国が四強の一になったことを歓迎する」と表明した。これを聞き、ただ恥じ入り恐縮するばかりだ[147]」と記した。

一九四一年十二月のハワイ・真珠湾攻撃での日米開戦で、泥沼化した日中戦争は、太平洋戦争に組み込まれた。蔣介石にとっての急務は、アジア太平洋地域において、米国、英国などとともに、共同作戦の態勢を確立することであった[148]。こうして四二年一月一日に二十六カ国が、「加盟各国はそれぞれの兵力と資源を尽くして共同の敵人を打倒する」とした「連合国共同宣言」に調印した。調印に当たっては、特に米英ソ中の四カ国が先に署名することになり、ルーズベルト、チャーチル、ソ連大使リトビノフ、中国代表の宋子文特使が署名した。[149] 蔣介石は、自著『中国の命運』で四二年の「連合国共同宣言」調印の時期を振り返り、こう記している。「太平洋戦争爆発後、わが抗戦は世界上反侵略戦争と合して一つの「洪流」〔大きな流れ〕となった。民国三十一年（一九四二年）一月一日世界上の和平を愛好する各国は、華府〔ワシントン〕において「反侵略共同宣言」に調印したが、国府もこれに共同調印した。これにより中国は世界四強の一となったのである」。[150]

連合国共同宣言で連合国・中国は「世界四強」の一員と位置づけられた。それに続くカイロ会談は、ルーズベルトもそう考えたように、蔣介石にとって米英ソと共に、国際的地位を獲得した「大国」としての晴れ舞台だった。しかし現実に蔣介石も連合国における中国の影響力が大きくないことは熟知していた。一九三七年の盧溝橋事件をもって全面戦争に発展した日本との問題も、四一年からの太平洋戦争という枠組みに組み込まれて、米国が世界大戦の実権を握る中、自身の影響に限界があることを認識していた。戦後の日本占領政策の根幹である天皇問題でも米国と歩調を合わせるのが蔣介石の基本原則となるのだ。

「天皇制」と「戦争責任」の区別

注目しなければならないのはカイロ会談時点で蔣介石は「日本軍閥の根絶」・「侵略主義的な軍閥政府の打倒」を最優先し、戦争に対する天皇の責任論には触れていないことだ。天皇の戦争責任に関しては天皇制存続とは別に思考した。黄自進が「連合国の諸首脳の中で、「政治形態自決」を唱えて、天皇制の存続と戦争責任問題を分けて考えるべきであると公言したのは蔣介石がはじめてであった」と指摘する通りである。[151]

つまり天皇の訴追に関しては、既に触れたように四五年六月の日本人戦犯リストに一時、昭和天皇が掲載されたが、蔣介石は天皇の戦争責任、つまり天皇を戦犯として扱うかどうかについては、昭和天皇を軍国主義の根源とみて、「天皇制」そのものとは別次元の問題と考えていた。

蔣介石は終戦直後の四五年十月十七日、重慶でUP通信社長ヒュー・ベイリーとの会見に応じた。ベイリーは、九月に東京に滞在し、マッカーサー元帥と会見を行ったほか、昭和天皇に謁見したジャーナリストだった。[152] 蔣介石はベイリーから、天皇の統治存続を許すべきか否かを問われ、「この問題は日本国民自身の見解によって解決されるべきものである」と答えたが、第二次大戦の処罰問題に関しては「日本とドイツは戦争誘発に対し同等の責任を有するものであるから両国の処罰は同じ見地からなされなければならないと信ずる」と述べた。[153] 天皇制の存続に関しては日本国民の自由な意思に委ねる、というカイロ会談以降の方針を変えていないが、戦争責任については天皇も含めて追及すべきとの立場を示したものだ。

公式見解としてこう答えた蔣介石だが、この時点では既に天皇訴追回避の方針を決定し、天皇が入っていない主要戦犯リストを極東分会に報告している。そしてなおGHQによる天皇訴追が大きな焦点となっていた四六年二月五日、蔣介石は重慶の外国人記者団から「日本の天皇を戦争犯罪人として指名するか」と尋ねられた。蔣介石がどう回答したかについて重慶発UP特約記事として報じた毎日新聞は「中国はマッカーサー元帥が日本で行つてゐる方法に満足してゐる」、UP共同の原稿を使用した朝日新聞は「日本占領政策及びその方法についてはマックアーサー元帥と完全に了解がついてゐる」と報じた。[154] 蔣介石の意向を聞かれたにもかかわらず、「マッカーサーの意向」で返すという消極的回答である。このとき既に持論である「天皇制存続」のほか、「天皇を戦犯としない」という政策についても米国と歩調を合わせていたからだが、天皇の戦犯問題について自分の意思は別の所にあると匂わせているような気がしてならない。

その約七カ月後の四六年九月八日午後六時から八時十五分まで、来日した蔣介石の盟友・張群が、マッカーサーと会談した。[155] 張群は、蔣介石と同時期に軍人留学生のために新宿にあった予備学校・振武学校に入学し、蔣介石と共に新潟県高田の第十三師団野砲兵第十九連隊に配属された。一九二七年には蔣介石と共に訪日したほか、三五年には外交部長、国共内戦期の四七年には行政院長（首相）を務めるなど、蔣介石の腹心であり続けた。ここに天皇制の存廃と天皇の戦争責任を区別する考えがにじみ出ている。

張群は天皇制に関してこう提案した。「日本の戦後の社会の安定を図るため、ポツダム宣言は、中華民国総統の提議によって、天皇制の存廃を日本人自らが決定すべきだと宣言した。この点は日本の新憲法の中にもすでに明文化されており、いまとくに論ずる必要はない。しかし私は、日本人の「天皇神授」の神権思想を、もっと稀薄にしなくてはならないと考える」。「たとえば鎌倉の大仏のわきにある観音堂の中央には天皇家の位牌があり、その両側には今度の戦争で死亡した将校の位牌から、軍犬、軍馬、軍用鳩の位牌までがまつられ、しかも日を追って増加しているありさまである」と懸念を示した。

これとは別に「天皇譲位」に関しても言及した。「最近、天皇譲位論が唱えられるようになった。現天皇個人の問題と、天皇制の問題とは切り離して考えるべきだというのである。こういう状況が発生した背景に注目しなくてはならない」[156]。

「天皇譲位論」とは、何を指すのか。日本国内で当時公になったケースでは、四六年四月二十九日の「天長節」（天皇誕生日）の記念式典での東大・南原繁総長の発言がこれに当たる。「その御聖代においてかくの如き大戦が起り、しかも肇国《ちょうこく》以来の完全なる敗北で国民を悲惨な状態に陥れたことについては、宗祖に対し、また国民に対し道徳的、精神的な責任を最も強く感じていられるのは、けだし陛下であろうと私は拝察する」と述べ、「国体護持」の立場から天皇の退位を促したのだ。[157] これに先立つ四六年二月末にも天皇の弟、三笠宮崇仁や東久邇宮からも、天皇の退位を求める示唆が相次いだ。東京裁判に向けて実質的な被告選定作業に入ろうという敏感な時期だった。

二月二十七日、枢密院本会議で三笠宮が「現在天皇の問題について、又皇族の問題について、種々の議論が行はれてゐる、今にして政府が断然たる処置を執らなければ悔ゐを後に残す虞ありと思ふ」と言うと、陛下は「未だ嘗てない蒼白な、神経質なものであつた」と当時厚生相だった芦田均は日記に伝えている。[158] 同じ日（同二十七日付）の読売報知一面トップに「御退位めぐつて皇族方は挙げて賛成」という見出しが踊った。AP通信東京特派員ラッセル・ブラインズが「宮内省の某高官」と会見して記事にしたものだった。「某高官」とは東久邇宮が名前を伏せてインタビューに応じたもので、天皇の退位問題をめぐる「皇族ならびに宮廷上層部の意見の対立」を指摘した。[159]

張群の発言は、蔣介石の意向をくみ、マッカーサーに述べたものだが、この時は既に、蔣介石は米国と歩調を合わせて天皇の訴追回避を決めていた。前述したようにマッカーサーも四六年一月二十五日、米陸軍参謀総長アイゼンハワーに対して天皇を来る戦犯裁判にかけない意向を明示した。しかし一部に昭和天皇を戦犯として裁くべきという強硬論や天皇退位論が浮上してきたため、天皇と側近は「天皇無罪」を補強するため「昭和天皇独白録」を作成し、四六年三月十八日から四月八日まで計五回、天皇から話を伺う機会を持ったのである。[160] 占領軍が天皇の不起訴を決定したのは同年四月三日で、最終的には退位問題に決着がついたと公に判明したのは、東京裁判の判決が出た四八年十一月十二日である。[161]

張群の対マッカーサー発言から分かるのは、蔣介石の持論であった「天皇制存続」が間接表現としてポツダム宣言に盛り込まれたとして、蔣介石が天皇制存続をリードしたことへの自負である。それが「中華民国総統の提議によって」という張群の言葉に表れている。「天皇条項」と呼ばれるポツダム宣言十二項はこう記している。

「前記諸目的ガ達成セラレ且日本国国民ノ自由ニ表明セル意思ニ従ヒ平和的傾向ヲ有シ且責任アル政府ガ樹立セラルルニ於テハ連合国ノ占領軍ハ直ニ日本国ヨリ撤収セラルベシ」。黄自進は「カイロ会談で蔣介石が唱えた「政治形態自決」の精神がポツダム宣言に生かされたことを考えれば、天皇制の存続が決定する過程において蔣介石が果たした役割がわかるだろう」と解説している。[162]

一方、「天皇制存続」と区別した「天皇の戦争責任」問題に関して、蔣介石や張群は軍国主義の根絶を求めるとともに、軍国主義の根源として天皇個人の神格化を嫌悪した。結局、米国と歩調を合わせざるを得ない現実があり、天皇の戦争責任を実際には追及しなかったが、「追及を排除しない」という本音も持ち合わせていたのである。

四　蔣介石にとっての戦争和解

迫り来る国共内戦の中で

蔣介石政権は昭和天皇を戦争犯罪人に認定せよという国民参政会の提案に対し、四五年十月、「わが蔣主席と米国トルーマンが日皇の命運は、日本の民意が自ら選択すべきであると共に表明したこともあり、わが国が単独で日本の天皇制度を廃止する主張を行う必要はない」と決定した。軍令部が作成した公電も「天皇の存在は、同盟国がポツダム宣言の命令執行を円滑にするとともに、共産党勢力の拡大を防止することもできる」と指摘した。終戦前夜、早期降伏戦略を目指したグルーは、中国の戦犯リストに昭和天皇が記載されれば、日本国民を刺激すると神経を尖らせたが、米国の天皇政策に歩調を合わせた蔣介石は九〜十月にかけて作成した戦犯リストには天皇の名前はなく、四六年一月九日に外交部から米政府を通じてGHQに正式伝達された「第二批主要戦犯名単」二十一人にも天皇の名前はなかった。蔣介石の天皇制存続は持論であり、その方針は一貫したが、米国内や中国世論で「天皇を裁判にかけるべきだ」との声が強まる中、蔣介石は公式には天皇の戦争責任を追及する姿勢を表明しながら、実際には戦犯リストからは外した。その背景には何があったのだろうか。

米国務省の日本専門家ボートンは、一九四三年十二月三日、まだ戦争のまっただ中にあり冷戦の足音がはっきり聞こえない時期の会議で「もし日本に社会不安が蔓延すればソ連や中国が直接介入する恐れがあり、その結果極東に永続的不安定状況を生み出す危険性がある」と示唆した。[163] 共産主義化への懸念という理由は、米国でも中国でも天皇の戦争責任追及論者を黙らせる有効なカードとなり得た。

蔣介石にとっては迫り来る国共内戦という要因が大きかった。蔣介石は一九四五年九月九日の日記にこう記している。日本の投降を受け、中国における受降典礼が南京で行われた日である。支那派遣軍総司令官・岡村寧次が降伏文書に署名した。

「外蒙〔外モンゴル〕問題もいまだ解決していない。国恥は重なっており、抗日戦争以来の危機的な情勢はまだ続いている。人々は今日を以て栄誉と見ているが、余は深い憂慮と屈辱を感じている。ああ、抗戦には勝利したが、革命はいまだに成功していない。コミンテルンの政策は敗北しておらず、共匪〔中国共産党〕も粛清されていない。これでは革命が成ったとはいえない」[164]。

黄自進は、「国民政府、中共、ソ連、日本という四角関係の中で、国民政府の安全を脅かす最大の敵は中共である。したがって、一番妥協できない敵は中共である。〔中略〕中共と対抗する上で、国民政府が中共を治められるかどうかは、日本軍の協力を得られるかどうかにかかっている。いいかえれば、国共闘争の勝敗を決する鍵は、日本軍が握っている」と指摘し、日本軍が中国大陸で支配した戦略要地と武器・弾薬を国民政府と共産党のどちらに渡すかによって勝負が決まるのであると、当時の情勢を解説している。[165]

蔣介石の終戦演説は、極めて寛容な戦後対日政策「以徳報怨」を表明したものであるが、大陸に居留した二百万人以上の日本軍人・民間人の故郷への早期送還、対日賠償請求権の放棄、日本分割統治の阻止などとともに、天皇制を維持し、天皇を訴追しなかったという蔣介石の対日政策は「以徳報怨」を代表するものとなった。国共内戦に敗れた蔣介石は一九四九年末、台湾に敗走するが、日本では戦後、蔣介石への「恩義」が心に響くようになり、日本政界では親台湾派の影響力が強くなり、北京と台北で分断した戦後中国問題を複雑化した。

「対日講和」での天皇議論

蔣介石の「以徳報怨」の柱となる天皇制の維持と天皇不訴追は、知日派の独裁者である蔣介石の独自判断であるが、前述したように現実のものとなった国共内戦と冷戦到来の中で迫られた決断であった。必ずしも国民政府や中国世論において主流的な考えではなかった。

例えば、台北の国史館に収蔵されている外交檔案を通じ、「天皇」に対する当時の厳しい見解が見て取れる。「戦後対日政策」（一九四四年三月十七日～四七年九月十一日）という檔案に含まれる「日本再起防止共同管制政策」と題した文書は、中央憲兵司令部天津情報組駐東北情報員・李箕山が一九四五年十二月二十三日に提起したものだが、そこには「日本国民の自決を促すため天皇に退位を求め、国内で君主政権の活動が再び起こることを防止する。万世一系の皇統思想をひっくり返す」と訴えている。[166]

「対日政策大綱草案」[167]と題された文書には「日本の天皇及び皇室制度は、国民全体に対する求心力の面では敗戦以来、既に大きく削減されたが、なお全国人心を左右する巨大勢力だ」と警戒心をあらわにしている。さらに「日本天皇世系問題」[168]（一九四六年十月二十五日～四八年十月二十九日）と題した檔案に収蔵された「天皇制度存廃問題」という文書には「天皇制排除理由」として「天皇は、日本の封建的神秘主義及び侵略的軍国主義の精神的基礎であり、日本政治の民主化や東アジアの安定・世界の平和を求めるに当たり、天皇制を排除しない限り、その根源を断ち切るのは難しい」と主張している。さらに「具体的意見」として①裕仁天皇は極東国際軍事裁判で戦争責任を負うべきだと提示する必要がある、②日本の国体では国家元首としての天皇制度を廃止すべきである、③英国の君主政体にならい、「国王」に改称し、天皇制に関する一切の権力を取り除く――と提案している。

国民政府は戦後、対日講和条約締結に向け、日本に関わる諸問題について、専門家による座談会方式の議論を展開したが、ここでも「天皇」問題が焦点となった。議論の内容は、中国第二歴史檔案館編『中華民国史檔案資料滙編・第五輯第三編外交』に掲載された。「対日和約〔講和条約〕意見」の中の「外交部対日和約審議会談話会記録」[169]によると、第一回談話会が開かれたのは一九四七年九月四日。主席の王世杰外交部長は最初の報告で、「諸先生方、本日の会議は、座談会形式で行い、特別に日頃より日本研究をしている諸先生に一堂に会してもらい、対日和約問題について話し合う。私は、討論の方法を提示しない。ただ若干の基本問題を指摘し、先生方に教えを請いたい」とあいさつした。この日のテーマは、①領土問題、②賠償問題、③海・陸・空軍や軍事工業の撤廃、警察の武器使用限定などの「管制問題」、④対日和約起草手続き――と決められた。領土問題では問題になり得る「千島列島南部の諸小島」（択捉、国後、色丹、歯舞）、「琉球・沖縄島」、「小笠原諸島」、「対馬」が挙げられた。特に琉球問題については「我政府は既に処理方案があるが、まだ最終的に決定していない。歴史的に見て琉球は中日双方と従属関係があった」などとした上で、

「カイロ会談時、ルーズベルト大統領は特別に、朝鮮、台湾、琉球の諸問題を取り上げ、蔣介石主席に琉球について尋ねた際、主席は領土要求の意志は必ずしもないと述べた」と指摘し、現在のところ問題として①琉球の一部あるいは全部を回収するかどうか、②共同管理にするかどうか、③信託統治にするかどうか―があると紹介している。九月十五日の第二回談話会の記録によると、さらに詳しく、カイロ会談の際、蔣介石は台湾と澎湖諸島の返還を要求したが、琉球については要求しなかった。その上で、問題解決法として①中国が回収した上で信託統治、②中米による共同占領、③中国が信託統治し、沖縄を米国の軍事拠点にする―と提案した、と記している。

また「賠償問題」では、戦時損失に関して「我が方には数字があるが、信頼すべきものではない。財産損失は約五百八十億ドル、犠牲者は間接的な死亡を除き約千百万人」と指摘した。

討論で天皇問題が提起されたのは、第二回談話会である。日本留学組で元大公報社長の呉鼎昌は、「天皇の「天」の字は、日本人にとって神道的な意義と迷信の力がある。実際のところ日本人を麻痺させ侵略に従事させた根源である。我々が取り消さなければ脅威はやはり存在する。この点について西洋人は理解していない。我々は日本の憲法上から「天皇」の名称を改めるように、西洋人にこの「天」の魔の力を宣伝しなければならない。「国王」や「国皇」でもいい。こうした国体は変えられないが、神道や迷信の魔力が、再び「天」の字の力を借りて役割を発揮させるようであってはならない。最も良いのは世論面で、この「天」の字に攻撃を加えることであり、各国がこの点を理解することが重要だ」。

呉鼎昌のこの発言に続き、法学者の張慶楨は、呉の意見に賛同し、天皇制廃止が正しいと指摘した上で、「我々は、軍国主義に関係する心理、思想、制度を取り除き、小中学校の教科書や各種刊行物、雑誌・新聞の中のこの種の思想も取り消し、天皇制や神社・神座などの誤った制度も根絶しなければならない」などと述べた。

前述した通り対日和約の討議が行われた前年の四六年九月に来日した張群は、「日本人の「天皇神授」の神権思想を、もっと稀薄にしなくてはならないと考える」などと述べ、「鎌倉の大仏のわきにある観音堂の中央の天皇家位牌」にも懸念を示した。中国の専門家、特に天皇や天皇制をよく知る日本通には天皇制への根強い警戒感が存在した。

対日和約での天皇問題は、呉鼎昌の主張が議論をリードした。四七年十月十五日に開かれた外交部対日和約審議会の政治小組の会議では、「日本軍国主義分子整粛」や「天皇制存廃」の問題がテーマとなり、十月二十九日の同小組第三回会議では、「最低の譲歩は、英国の制度のように「国王」と改称し、「天皇」と呼ばせないことであり、この点はどんなことがあろうと実現しないといけない」と提案する主張や、「天皇問題は、天皇の問題と天皇制問題を区別し、天皇を戦犯とすればよいし、天皇制の廃止が我々にとって有利だ」という見解が出された。なぜ天皇制を廃止するのか、という点については「我々にはもともと、日本を再起させないという主張がある」と指摘し、「我々は日本の武力を否定しなければならず、それと同様に日本の経済や工業も集中させてはならない。天皇は日本の一切を集中させるものであり、国際政治上の禍根である」と天皇制廃止を求める意見が出された。

十一月五日の第四回会議で「裕仁戦犯問題」と「天皇制度廃止問題」について討議し、前者では「日本対外侵略戦争について日本裕仁天皇は責任を負うべきである」、後者では「日本は徹底して民主主義政治体制を実行し、永遠に天皇制を廃止すべきであり、いかなる形式であれこの制度の復活を防ぐ」とそれぞれ決議した。

国民参政会も四七年九月二十三日、「対日講和条約についての提案(170)」を出し、「日本の天皇制は侵略精神の化身であるから、あらかじめ廃除すべきである」、「日本戦犯はすみやかに軍法によって裁判を行い、厳重に処罰しなければならない」と主張した。

蔣介石は、四三年十一月のカイロ会談で、天皇制存続に道を開き、その考えを一貫させている。天皇の戦争責任問題は、四五年十月十七日のUP通信社長ヒュー・ベイリーとの会見で明らかにしたように、対外的には「追及」の姿勢を示しながらも同盟国・米国のトルーマン大統領に歩調を合わせて封印した。しかし国民政府内または中国民間では根強い天皇制廃止論と天皇訴追論があったことを対日和約をめぐる議論は示している。しかも議論は共産党との内戦中に行われているのである。こうした点から考えれば、蔣介石の天皇問題処理は、政府内・民間とは一線を画した、かなりの独自性を持っていると言える。

外交ファイル「天皇制一件」

なぜ一九四七年九～十一月の国民政府外交部の対日和約審議会で一転、天皇制廃止という厳しい主張が展開されたのだろうか。この問題を考える上で参考となる外交文書が、日本の外務省外交史料館に収蔵されていた。二〇一六年十一月十八日に外交史料館に移管された「極秘　天皇制問題一件」という外交ファイルの中にそれがあった。一九六四年一月十七日に外務省中国課が作成した「国民政府における日本進駐問題と天皇戦犯論について」と題した二十八頁の外交文書（以下、中国課文書）である。[171]

中国課文書は「はしがき」で、「最近中華民国政府とわが国との関係が微妙になつている折から、終戦時にさかのぼり、国府のわが国に対する寛容政策を強調し、現下のわが国の対国府政策を批判する論調が多く見受けられる」としている。国民政府が強調している「寛容政策」として中国課文書が指摘しているのは、「当時国府が日本への進駐を見合わせ、もつてソ連の北海道進駐の口実を封じ、日本の分割を救つた」というもの、もう一つは、「当時国府が天皇の責任を追求《ママ》することを差し控え、むしろ天皇の戦犯指名の解除のため積極的役割を果したとするもの」である。その上で、「当時の事実を再確認することは重要であると考えられる。よつてこの問題に関し客観的資料に基きできる限り事実関係を明確にしたいと考え」たとし、「短期間に可成り多くの資料に当つたところ何分にも十分判明せず、不完全たるそしりは免れないが、とりあえず調査した事実」を提示した、というのだ。

　本章では、蔣介石・国民政府が日本敗戦直後、結果的に天皇を戦犯としなかった経緯について検証したが、外務省中国課が敗戦から十九年がたち、この問題について調査し、どういう結論を導いたのかという論点は、筆者にとって大きな関心事項であり、天皇問題を中心に中国課の判断を紹介したい。

　文書が作成された時期、国府と日本の関係はなぜ微妙になってきたのだろうか。国交のない日本と中国共産党政府（北京）との間では一九六二年十一月、高碕達之助（元経済審議庁長官）と廖承志が覚書に署名し、二人の名前の頭文字を取ったLT貿易が始まった。池田勇人内閣は、国府に配慮して「政経分離原則」による貿易だとの立場を取っていたが、蔣介石は日本政府の北京接近に不信感を募らせた。六三年八月には倉敷レイヨン（現クラレ）のビニロンプラントの対中延べ払い輸出が閣議で了承された。また輸出入銀行から二百万ドルの融資を行うことが決定したが、輸出入銀行は日本政府系金融機関であり、国府は「民間貿易の範囲を超えた経済援助」と反発し、輸出取りやめを求めた。[172] 蔣介石は九月十三日、木村四郎七《しろしち》大使に対して「日本政府はいろいろの弁明をするが、結局われわれをだまそうとしているとしか考えられない。日本を破ったのも中華民国、今日の日本となることを助けたのも中華民国である。日本はいずれを友とするか。中共か中華民国か」と激怒した。[173] さらに池田は九月十九日、米国のハースト系新聞の編集長らとの会見で「中共は三、五年で変化することはない。台湾の大陸反攻政策は事実の裏付けがなく、空想に近い」と語り、国府は内政干渉で侮辱だと反発した。蔣介石にすれば日本敗戦後の「以徳報怨」を日本は理解していないという失望感が強かった。国府は駐日大使を召還し、より強い抗議の意思を明確にした。[174]

追い打ちをかけたのが中華人民共和国の機械視察団通訳の周鴻慶が六三年十月に東京で起こした亡命事件である。同月八日、国府外交部は駐日大使館から「周鴻慶が十月七日朝、散歩を口実に宿舎（パレスホテル）を逃げ出し、タクシーに乗ってわが大使館へ来ようとした。ところが道が分からず、行き先をかえてソ連大使館に逃げ込み、保護を求めた」と極秘の至急電が入った。[175] 周鴻慶はソ連、台湾、日本と亡命希望をころころと変えたが、結局、中華人民共和国に戻ると主張し、日本政府も本人の求め通り本国への退去を決めた。これに対して国府は共産政権下の奴隷的社会を逃れ、自由中国へ帰りたいというのが周鴻慶の意思であるとして、[176] 日本政府への不信感をより高めた。

険悪になった日本と国府の関係は六三年十月三十日、大野伴睦自民党副総裁が池田勇人首相の特使として台北入りし、蔣介石総統や張群総統府秘書長らと会談した際に表れた。朝日新聞は大野訪台時の日本・国府関係は「最悪の状態」にあり、大野の訪台を「日本―国府関係をほぐす糸口をつくった」と評価しつつ「国府の対日不信感は日本の外交的姿勢そのものに根ざしているだけに予想外に深い」と指摘している。国府の対日不信を大きくした問題は、①対中国延べ払い輸出の許可、②「台湾海峡でのホットウオー（熱い戦争）は好ましくない」という大陸反攻をめぐる池田発言、③周鴻慶の脱走事件などでの日本の態度で、国府の不満の背景には「〔日本側の〕奥には「二つの中国」を目ざす基本的な外交方針があるのではないかという疑いがあった」と朝日新聞は解説している。[177]

こうした中で、大野と会談した陳誠副総統は、国府軍の日本進駐問題に言及した。中国課文書は、大野に随行した船田中・自民党外交調査会長の手記から引用し、陳が「当時、中国も対日派遣の準備を既に完了しておいた。しかし中国軍が日本へ進駐すれば、必ずやソ連軍も進駐するであろう。そうなれば日本は恐らく二分割されて、将来全く立ち直れないことになろう。私は対日進駐軍をやめようと言い出して、蔣総統もこれに賛成された」と語った、と紹介している。国府側は、対日不信感を高める中で、日本敗戦直後の対日寛容政策をわざわざ取り上げたのだ。

さて本題の天皇戦犯問題だが、外務省中国課が調査した結果、「当時の中国の民間世論および国民参政会、監察委員会などの一部機関において天皇処罰、天皇制廃止論が高かつたことは事実である。しかし、国民政府首脳ないし蔣介石主席が積極的にこのような風潮をリードしたといつた事実はない。反面、国民政府がこのような世論を抑え、積極的に天皇免罪のために努力したといつた証拠も見うけられない」と指摘した。筆者は既に、一九四五年七月の国民参政会の提議について検証したが、中国課文書もこれを紹介し、「天皇処罰、天皇制廃止の要求は圧倒的だった」と記している。

こうした風潮の中で、中国課文書は「ポッダム宣言案起草の頃より、天皇の免罪ないし天皇制存置のために努力した第一は米国首脳部である」と明言し、その背景として「当時日本の降伏を促進するため、そして戦争直後の秩序を維持するため、さらに一九四六年以降にあつては反共的民主国家としての日本の再建を促進するため米国側は一貫して天皇制護持の側に廻った」と指摘している。また国民政府としては米側の対応に対して「一つには米国との協調を重視する故に、一つには米国の反共政策を妥当と認める故に、米国の対日政策にならつたのである」と記している。

蔣介石が対米国同調の結果として決定した天皇免罪の方針も、筆者の研究の結論と同じであるが、中国課文書では、一九四三年十一月のカイロ会談で蔣介石がルーズベルト大統領に天皇制を事実上容認する意向を提示したことには触れていない。また蔣介石の天皇観について天皇制と天皇の戦争責任を区別して論じていない点は十分とは言えない。

中国課文書はさらに、米政府が天皇制存置を決めた際の根拠を明示している。つまり、①スティムソン陸軍長官が一九四五年七月二日付で「現在の皇統の下に立憲君主制を維持することになれば（ポツダム宣言を日本側が）受諾する可能性が著しく増大する」と天皇制存置論を支持したトルーマン大統領宛ての意見書、②バーンズ国務長官がポツダムに出発する直前にハル前国務長官に電話し、「その案は国務、陸、海三省も同意であつて、日本が平和を求めれば天皇制は存置される」と、天皇制存置に言及したハルの回顧録の内容―を挙げている。中国課文書はその上で「米国が少くとも占領軍の側から天皇制を排除しようとする意思のなかつたことは、マッカーサー連合国最高司令官に対して発した指令、「貴官は、合同本部との事前の協議なしに、天皇を排除したり、または排除の方向に如何なる措置をもとるべきではない」といつた内容からも知られよう」と明かしている。

そして同文書は、四六年四月三日には、第七回極東委員会の了解事項として「委員会の直接の認可がない限り、天皇を戦犯として起訴することは除外する」ことが会議録に記録された、と紹介し、「政治的には、冷戦の進行下に日本の再建が焦眉の急となり、かつ日本の再建に日本国天皇の存在が「二十コ師団の兵力に匹敵する」（「米国側表現」）威力を発揮しつつあつたとき、天皇戦犯問題を実際上終焉せしめるほどの効果をもつていたものと考えられる」と結論づけた。

一方、国民政府は既に触れた通り、対米協調と反共政策のため米国の対日政策に追随した。中国課文書は、日本敗戦後の国民政府の対日政策について「国共内戦の拡大下に対米協調を不可欠とした中国政府は、国内の強硬世論を押えて、対日寛恕政策を推進した。王世杰外交部長、中央日報（国民党紙）などは、再三にわたつて対日報復主義を執るべきではないことを論じた」とする一方、「しかし国内世論と正面から対立することは回避し、天皇制、天皇戦犯問題にはほとんどふれず、対日賠償請求、琉球還付要求、日本経済制限などを論ずることによつて、民間世論、参政会、党監察委員などの非難を緩和すべく努力した」とみなした。

つまりこの時期、国民政府は天皇問題に厳しい国内世論を抑えて米国の対日政策を是認したが、中国課文書は「四七年七月〜八月、国共の攻守がところをかえ、しかもウェデマイヤー使節団が国府に不利な見解を表明したところから急変していつた」と指摘する。トルーマン大統領特使のウェデマイヤーが率いる米調査使節団は、四七年七月二十二日に南京入りし、蔣介石とも会談し、八月二十四日に中国を離れるに当たり声明を出し、国府が「責任ある腐敗無能の官吏を排除し公明正大な官吏機構をもつて真面目に公共に奉仕」するとともに「広範囲の政治経済の改革を強力に遂行し中央政府に対する民衆の信頼を回復」するよう求め、「軍事力だけでは決して共産主義を消滅させることは出来ない」と、国民政府にはびこる腐敗体質を非難したのだ。[178]

前年の一九四六年八月十日、トルーマンは駐米中国大使・顧維鈞に書簡を渡し、「もし中国の国内問題の平和的解決の話し合いが、短期間に進展を見ない場合には、米国の立場を再検討しなければならなくなる」と告げ、同月十八日にトルーマンは国民政府に対する余剰武器輸出禁止の行政命令を出した。その結果、米国製装備・武器に頼る国民政府軍の戦力は大きく低下した。結局援助再開が決まるのは四八年四月だが、この間に東北部などで共産軍が戦いを優位に進めた。[179]

米国は蔣介石が求める援助再開を退けた。その結果、中国課文書によると、「国民政府は、対米けん制の考慮から対ソ接近のポーズを押し出し」たとし、「これと共に天皇制廃止、天皇処罰論は再燃し」たというのだ。例えば、四七年九月二十三日の国民参政会常置委員会は、対日講和条約建議案十五項の中で天皇制廃止を主張し、十月二十八日の大公報社説は、「天皇制について中国国民間の意見の大部分は天皇が引続き統治にあることを不可とし、国民政府がこの問題を正面から取りあげることを希望している。法理的にいつて天皇は当然侵略の責任を負うべきもので、天皇制の廃止と天皇の処罰とを主張するわれわれの言分に誤りはない」と論じ、四八年四月十七日の国民大会外交審査委員会の対日決議は、天皇制廃止の要求を高く掲げたという。中国課文書は、「もちろんこれらの論調は、国民政府と直接関係するものではないが、これら世論と国民政府の方針との関係を全く否定することも不可能である」と解説している。

こうした論調は、天皇制廃止論に傾く国民政府の見解も反映されたものとの見方だが、確かに四七年九〜十一月に開かれた国民政府外交部対日和約審議会で天皇制を廃止すべきとの主張が展開されたのもこうした流れの議論だと理解できよう。

このため東京裁判で天皇が正式に免訴されたことに対しても、大公報は、「戦争の最高責任者たる天皇は今なお最高統治者の地位にあり、侵略戦争に対し毫《ごう》も責任をとつていない。これはポッダム宣言の違反であつて東京法廷の判決はために甚しく価値を失い、それはただ米国と日本とのある関係をあらわしているに過ぎない」と非難した。しかし中国課文書は、「この後国府の敗退と共にソ連の対国府態度は冷淡となつていく。この結果国府の対日政策は再び米国に同調的となり、天皇戦犯論は姿を消していく」と総括している。

蔣介石の側近、知日派・張群の対日発言を見ても、その傾向は読み取れる。国共内戦終盤で不利な情勢にあった四八年九月に再び来日し、同月十一日に「日本の皆さんへ」と題するメッセージを発表した。その中で「日本人が法律や制度を古いものから新しいものに変えただけでは、真の民主主義を体得したことにはならない」と表明し、対日講和の早期実現を希望した。同時に日本人記者団との一問一答では日本に根強く残る軍国主義思想に懸念を示した。「日本人の頭が完全に昔の思想を新しい思想に切り替えたか否かについては残念だがまだまだの感が深い。例えば先日鎌倉に行った時あるお寺に軍馬、軍犬を祭つてあるのを見たが、昔風の武士道的神道的な残りがあるように見られた」[180]。

しかし既に国民政府が台湾に逃れて三年がたち、日華平和条約が締結される一九五二年にまた来日した張群が、ころりと発言を変えたことは注目に値する。「戦前の日本の中国にたいする誤った政策は、すでに徹底的に解消され、〔中略〕日本朝野人士の戦後の覚醒によって、中日合作のためのいっさいの障害は存在しなくなった」[181]。国府は一九四五年の日本敗戦以降も日本に根強く残った軍国主義傾向を厳しく指弾していたが、国共内戦敗北に伴う中国共産党の新中国建国と自らの台湾逃亡、そして米国と日本への追随により、日本批判は影を潜め、日本の民主化を評価する声を高めていくのである。

つまり国民政府の天皇政策は、対日関係だけでなく、天皇制存続を模索し続けた米国との関係につねに影響され、対米追随のときには天皇制廃止はもちろん、天皇戦犯論を唱えなかった。国共内戦の形勢が不利になり対米関係が悪化すると一転して天皇制廃止や天皇戦犯論が浮上してくるという構図である。そして日本の外務省中国課がそういう点に着目して一九六三年に調査・分析を行い、記録を残していた事実は極めて興味深いと言えよう。

独自の戦後処理

蔣介石の天皇訴追回避は、彼独自の「以徳報怨」を体現したものでもあったが、天皇の戦争責任について天皇制問題と区別して厳しい姿勢で臨もうとした。しかし戦後日本の混乱回避と共産勢力の浸透阻止という点を優先した連合国の大国・米国と歩調を合わせ、天皇の不訴追を決めた。その後、国共内戦の期間中に米国との関係が悪化し、それを契機に外交部主導の対日和約議論や大手メディアの論調を通じて天皇制廃止論と天皇戦犯論の世論が高まるわけだが、共産党が攻勢を強めるにつれて蔣介石の権威が低下する流れの中でこうした世論が起こったとも言えた。「自分の手で」断行しようとした戦後処理には、常に米国の影がつきまとったのは前述した通りである。

とはいえ蔣介石の戦後処理の独自性は評価されるべきである。台湾に所蔵された日本人戦犯リストに関する檔案や「蔣介石日記」を読む限り、蔣介石は戦犯問題などの戦後処理を自らの主導で行い、軍国主義と一体化したと見た天皇制・天皇の将来をどう位置づけるかも、「知日派」としての視点でとらえた。戦犯選定過程を見ると、政府内の軍令部、司法行政部、外交部など関連機関は密接に協力し、蔣介石の指揮の下で、連合国やGHQなどとも連携を取った。それは、国土全体が日本に侵略され、多大な犠牲を受けた独立国としての主権を意識し、独自の戦後処理を目指したものだった。

蔣介石自身も国力の脆弱さは熟知していたが、カイロ会談ではルーズベルトと渡り合い、連合国で「世界四強の一角」を印象づけた。さらにカイロ会談で表明した「天皇制存続」の方向性は、ポツダム宣言にも反映され、天皇制存廃をめぐる対日戦後処理で米政府をリードしたことに自信を深めたのは間違いない。日本敗戦後も軍国主義に強い姿勢で臨み、軍国主義を牽引した日本軍政指導者を追及した戦後処理は、「自らの手で」断行するという蔣の決意のにじみ出たものだったと評価できよう。

東京裁判が開廷した一九四六年五月三日、蔣介石は日記に「東條、土肥原、板垣等重要戦犯裁判が始まった。私にとっての雪恥［恥をそそぐ］だ」と記した。[182] 判決言い渡しがあった四八年十一月十二日の日記には記載がないが、死刑が執行された同年十二月二十三日の翌二十四日の日記には「昨二十三日戦犯、東條英機、松井石根、土肥原賢二、板垣征四郎、木村兵太郎、武藤章、広田弘毅等七名のA級戦犯の刑が執行された。五十年余の中国侵略の結果としての日本に対する国恥はこれをもって清算したと言える」とつづった。[183]「恥をそそぐ」、「国恥を清算した」と表現した蔣介石にとって、日本軍の中国侵略をもたらした日本人戦犯に対する結末は、彼の心理に「時代の一つの区切り」をもたらすものだったと言えるだろう。

第六章 「戦犯」乗り越えた異質支那通

中国大陸で数々の謀略工作に関与した支那通軍人の田中隆吉は、一九四六年七月五日、日本敗戦直後の極東国際軍事裁判（東京裁判）の法廷で、サケット検察官の尋問に対して「張作霖の死は当時の関東軍高級参謀河本大佐の計画によって実行されたものである。この事件は軍司令官、当時の参謀長には何らの関係なし」と証言した。(1) 一九二八年六月の張作霖爆殺が河本大作の謀略であったことが初めて公になったのは東京裁判での田中証言においてであった。(2) 一九四二年に陸軍省が三宅坂から市ヶ谷に移転した際、田中は陸軍省兵務局長の要職にあった。非常持ち出しの重要書類の中に、二八年九〜十月に峯幸松憲兵司令官が奉天まで出張してまとめた張作霖爆殺事件の調査報告書を見つけ、それを読んだ。そこには河本が首謀者であり、その報告書には「満洲ニ於ケル軍閥ノ勢力ヲ除イテ満洲ヲ当時所謂北伐中デアリマシタ南京政府ト分離シテ、彼処《あそこ》ニ新シキ王道楽土ヲ作ルノガ目的デアリマシタ」と記載されていたと、田中は証言した。また田中は河本とは一九二五年に知り合って以降「非常ニ仲良シデアリマス」と話し、張作霖爆死に関しても三五年、満州国・新京で話したことがあると証言した。(3) 当時、田中は関東軍参謀として新京におり、河本は満鉄理事だった。河本は田中に対して「張作霖爆殺の目的は新政権を樹立して、満州独立のきっかけを作る計画であった」と語ったという。(4)

三年後の満州事変につながったと指摘される張作霖爆殺事件は多くの謎に包まれていたが、田中証言に続き、河本自身の手記が、一九五四年十二月号の『文藝春秋』に掲載された。[5] 河本は戦後、山西省にとどまったが、中華人民共和国によって四九年に戦犯として拘束、太原の戦犯収容所で収容され、五五年に病死した。手記によると、河本が満州で見たものは、日本の対華二十一カ条要求（一九一五年）以降、満州全体を被う反日と、日本の援助で北京にまで進出したにもかかわらず欧米に依存して日本を駆逐しようとする張作霖の姿だった。「巨頭を斃《たお》す。これ以外に満洲問題解決の鍵はないと観じた。一個の張作霖を抹殺すれば足るのである」。手記にはこう記されている。

一方、満州事変も、関東軍の謀略だとはっきりするのは東京裁判においてである。東京裁判開廷前の一九四六年二月十九日、国際検察局が田中隆吉に対して行った非公式尋問で、尋問官のウィリアム・T・ホーナディ中佐は、「中国側が爆破しなかったのは事実ですね」と尋ねると、田中は「日本側の手で行われたものと確信しております」と答えた。さらに「計画は、日本にいた建川と橋本を取り巻く青年将校と、満州で指揮をとった板垣および石原大尉〔中佐〕という二人の将校によって立案されました」と述べ、満州事変のきっかけとなった柳条湖事件の「計画性」を強調した。[6] 関東軍の高級参謀・板垣征四郎と作戦主任参謀・石原莞爾が中心となった謀略であった。当時、建川美次[7]は参謀本部第一部長、橋本欣五郎は参謀本部ロシア班長だった。

本章では、本来なら日本敗戦後に戦犯に問われても不思議でない陸軍支那通軍人らが、ＧＨＱや中国国民政府に協力を求められて、生き延びた姿と、その特異な時代を描く。

一　陸軍の内部告発者・田中隆吉

キーナン首席検事に協力

一九四六年五月三日からの東京裁判でキーナン首席検事に協力してA級戦犯の容疑を告発した元陸軍省兵務局長・田中隆吉が、キーナンが局長を兼任した国際検察局から最初の尋問を受けたのは四六年二月十八日午前だった。場所は皇居近くの明治生命ビルである。[8] 支那通で少将まで上り詰めた田中は、数々の「謀略」や「独断」を指摘される軍人であった。一九三二年の第一次上海事変では、満州国建国を狙う関東軍高級参謀の板垣征四郎から「この際一つ上海で事を起して列国の注意をそらせて欲しい。その間に独立迄漕ぎつきたいのだ」と依頼され、中国人を買収して日蓮宗僧侶を狙撃させ、排日運動根絶のため陸海軍の派遣を政府に懇願させる動きを煽った。[9] また三六年の綏遠事件では石原莞爾ら参謀本部の強い反対にもかかわらず、参謀の田中が主導した関東軍が徳王の蒙古軍による綏遠侵攻を推し進め、結局傅作義の軍隊に敗退した。この際、中国の勝利は中国民衆のナショナリズムを高め、翌年の盧溝橋事件後の蔣介石の対日強硬路線につながる結果となった。三八年には満ソ国境・張鼓峰付近でのソ連軍の越境に対して天皇が板垣陸相に対して「命令に依らずして一兵たりとも動かさない」よう訓諭したにもかかわらず、[10] 朝鮮羅南の第十九師団連隊長だった田中の部隊は独断で砲撃した。その交流範囲の広さから、田中は中国侵略などの内幕を取り得る立場にあった。前述の通りこの時点で既に天皇を訴追しない方針を決めていたGHQは、田中の情報通としての役割に着目した。

最初田中に対応した米国のヘルム検事は、「自分の訊問に対して真実を述べないと、巣鴨に送って絞首刑にする」と開口一番脅したが、田中は「戦勝の余勢をかって、そのような大声で私を脅迫するならば一言も答えない」と口をつぐんだ。そのため、その後の尋問は主にホーナディ中佐が担当した。ホーナディは四六年五月に帰国することになり、田中をキーナンに紹介した。[11] 日本敗戦前から田中と親しくしていた東京新聞政治部の江口航記者は最初の尋問に同席したとされ、[12] その後に江口が記した手記に、田中と最初に会った際にキーナンが「思いがけないことを話した」と記述されている。

「実は私は日本に赴任する直前に、トルーマン大統領からきわめて重要な指令をうけて来て居る。その事はマッカーサー司令官も了承ずみだが、東京裁判での一番大きな任務なのだ。それは、こんどの裁判を通して日本の天皇に戦争の責任がなかったという結論をうち出すことである。また二、三の国[13]から法廷に於ける天皇の証言を求めるような要求があっても、天皇が出廷されることのないようにこれを阻止すること、これが私のつとめなのだ。ゼネラル田中、君は天皇を助けるために、私に是非協力してくれるだろうね[14]」。

江口手記におけるこのキーナン発言は重要なので検証するが、田中隆吉は『文藝春秋』一九六五年八月号の手記「かくて天皇は無罪になった」で、田中がキーナンに「天皇についてどのように考えているのか」と尋ねたところ、キーナンは「自分をこの国際裁判の首席検事に任命したトルーマン大統領は、私が日本の天皇をどうすべきかたずねたところ、裁判の結果罪状があれば処罰すべきだと答えた。また、アメリカの新聞記者は、天皇の有罪か無罪かを重視して、私に対して、天皇をどうするか執拗に質問してきた。私はこの問題は日本におもむいて充分調査しなければどうするかは決定されないであろう、と答えておいた[15]」と応じた。

田中から聞いたと思われる「江口手記」と、田中が後年に記した自身の手記と比べると、田中が同じキーナンから聞いたトルーマン大統領の天皇に対する処置には、食い違いがある。つまり前者の手記は「天皇免罪」、後者は「罪状があれば処罰」となっている。

キーナンが厚木飛行場に到着したのは四五年十二月六日夜で、七日にマッカーサーと会っている[16]。東京裁判を詳細に検証した粟屋憲太郎の研究によると、キーナンがマッカーサーとの会談後の四五年十二月二十六日付で本国の友人に書き送った手紙が、ハーバード大学法律大学院図書館に所蔵された「キーナン文書」により明らかになり、そこで昭和天皇について「その地位にとどめることが多くの米国人の命を救い、敵対関係を終結させるのに役立っているのはまちがいないが、私の意見では天皇制は今なおきわめて危険であり除去すべきもの」と記していた。粟屋は「キーナンの手紙の前半は、占領統治における天皇の有用性を認めている。これはマッカーサーの天皇免罪の発想と通じるものであり、キーナンがマッカーサーの意向を受け入れていたものと推測できる」と解説している。[17]

マッカーサーは四五年九月二十七日に昭和天皇と初めて会見した際、戦争のあらゆる責任を一手に引き受けようとした天皇の姿勢に感動し、好意的な印象を持った。キーナンが来日した時点で既に、来たる東京裁判で被告の判決を決める権限を持つマッカーサーとしては天皇免罪を決めていたとみられ、キーナンもマッカーサーの意向を受け入れたのは間違いない。田中隆吉は、手記で「かくして、マ元帥はキーナン首席検事に天皇を出廷させるなと指示したのであった。もしこの指示がなかったなら、ウェッブ裁判長は有罪論者であったのだから、恐らく天皇陛下は裁判に付せられ有罪となられたであろう。まことに、マ元帥との会見においての神の如き天皇陛下の態度が、天皇陛下の無罪となられた最大の理由であった」と回顧した。[18]

キーナンは四六年六月十八日、ワシントンで記者会見し、「日本の天皇は戦争犯罪人として裁判しないことに決定してゐる。検事団の間ではこれに反対のものもあるが、天皇を裁くのは明らかに誤謬である」と明言したが、[19] その後も東京裁判での天皇の戦争責任問題をめぐってはキーナンの思い通りには展開しないのである。

「天皇を無罪にする」

「天皇をこの裁判に出さず無罪にし、国体を護持する」ことを目的としたと強調する田中隆吉にとって、[20]「天皇有罪の最大の危機」が、一九四七年十二月三十一日に起こった。[21] その危機意識は、キーナンも共有することになる。東京裁判での東條英機への同日の尋問で、木戸幸一のローガン弁護人が「天皇の平和御希望に反して木戸が行動したり進言したことがあるか」と聞いたところ、東條は「そういう事例はない。日本国の臣民が、陛下の御意志に反して、あれこれすることはあり得ない。よもや日本の文官においておや…」と答えた。[22] 対米開戦や戦争での犯罪行為が天皇の意向に反して行われたことを立証しようとしたキーナンにとって東條の発言は、すべての日本の行動は天皇の意思に基づいて行われたことを意味し、外国記者団は「天皇有罪」と打電したという。[24]

その時、田中隆吉は山中湖の自宅にいたが、大晦日の夜にキーナンの秘書・山崎晴一から至急電報が来て、すぐに上京するよう求めてきた。息子の稔と一緒に上京し、四八年の元旦に東京・小石川のキーナン邸に到着した。キーナンは、「昨三十一日、ソ連のゴルンスキー首席検事は、天皇を直ちに裁判に付すべし」と強硬な意見を出したと明かした上で、誰かが、東條に会って、「天皇は開戦の意図をもっていなかった、天皇には責任はない」ということをいかに東條に再度言明させるかという問題を深夜まで話し合った。[25]

田中はまず、畑俊六の弁護人である神崎正義に依頼した。田中が畑の弁護をした関係で親しくなっていたからだ。神崎が法廷に行くと、これを聞いた東條の弁護人・清瀬一郎は、神崎が東條と面会することを阻止した。[26] 田中は神崎を通じて東條が、「私は死を覚悟している。いやしくも臣民として、天皇陛下のご命令にそむいて戦争を始めたなどとウソの証言は出来ない」と大変怒っていると聞いた。[27] 田中は当惑したが、一夜考え抜いてキーナン秘書の山崎と一緒に、木戸内大臣の秘書官長だった松平康昌・式部頭（後の式部官長）を訪ね、キーナンの意向を伝えた。そして松平が、法廷で木戸に会って、木戸が東條に対して発言を訂正するよう尽力を頼んだ。木戸からキーナンの意向を聞いた東條はなかなか承知しなかったが、木戸の熱心な説得に「ついにシブシブ同意した」と、田中は回顧している。[28]

一月六日、キーナンが東條を直接尋問し、前年十二月三十一日の東條発言を聞き直した。「〔あなたは〕日本臣民たる者は何人たるも天皇の命令に従わないということは考えられないといいました。それは正しいか」。東條はこれに対して「それは私の国民としての感情を申上げていた。天皇の責任とは別の問題です」と答えると、キーナンはさらに「その戦争を行なわなければならない。行なえというのは裕仁天皇の意思であったか」と迫った。東條は「意思と反したかも知れませんが、とにかく私の進言、統帥部その他責任者の進言によってシブシブ御同意になったのが事実です。而して平和御愛好の御精神は最後の一瞬にいたるまで陛下は御希望を持っておられました。戦争になっても然り、その御意思の明確になっておりますのは、昭和十六年十二月八日の御詔勅のうちに明確にその文句が加えられております。しかもそれは陛下の御希望によって政府の責任において入れた言葉です。それはまことに已むを得ざるものであり、朕の意思にあらずという意味の御言葉であります」と述べた。[29]

東條の証言修正をもって東京裁判での天皇の訴追・出廷問題は最終決着を見た。キーナンはその一月六日夜、田中と山崎を車に乗せて神宮外苑の絵画館前に連れて行き、[30]こう語った。「もし天皇が国際裁判に出廷すれば一切の責任を一人で負うだろう。そうなれば、裁判は成立しない。そうなれば私も、マッカーサー元帥も政治的生命は終ることになり、連合国の占領政策は失敗となるであろう。今日の裁判で天皇の無罪が決定したことは、貴方二人の私に対する協力のたまものである」[31]。

昭和天皇が戦後、自身の戦争責任問題に苦悩したことを考えれば、東京裁判に出廷していればどうなっていたか、というキーナンの指摘はあながち的外れでない。そう考えれば、東京裁判における田中隆吉の内部告発だけでなく、キーナン首席検事への協力という異例の立ち位置は、その是非にとどまらず、その後の天皇制や天皇の戦争責任問題に与えた影響などもさらなる検証が必要であろう。

さらにその二日後の一月八日、キーナンは、宇垣一成（元陸相・元外相）、岡田啓介（元首相）、若槻礼次郎（同）、米内光政（元首相・海相）の四氏から熱海伊豆山への招待を受けた。米内は病気のため欠席したが、これは前年十月、キーナンが小石川の自邸での会食に、信念を持って日本の平和のために戦ったとして四氏を招待したことへの返礼だった。席上、キーナンが天皇無罪決定を告げると、若槻は、「天皇陛下が無罪になられたので何時死んでも良い」と感涙した。実はこの宴席は、田中が当時の熱海市長に依頼して準備したものだったという。[32] ここにもキーナンと田中との極めて異例の関係が浮かび上がるのである。

なぜ軍人を辞めたのか

田中隆吉はなぜ、キーナンの国際検察局に協力する運命になったのだろうか。かねてから親しくしていた前出・東京新聞記者の江口航の存在が大きいが、田中が一九四二年十月に陸軍省兵務局長という要職を突然辞し、予備役となってからの田中の行動を最もよく知る一人が江口だ。

田中と江口の交流は、田中が四〇年十二月に兵務局長に就いてからだ。江口の手記によると、当時の陸軍省は、陸相から首相兼陸相になった東條英機の息のかかった武藤章軍務局長ら東條派で固められ、田中の兵務局長就任は「異色の人事」と噂された。江口は「田中が軍務局の一統を政治軍人とよんで嫌っていたのは事実で、軍務局がこまかい内政問題に介入し〔中略〕軍務局の旗頭たる武藤に激しい反感を抱いた」と回想している。江口は、対米開戦から間もなく、懇意にしていた憲兵から「その筋でマークして居るから用心するように」と耳打ちされ、田中と会うのを遠慮したが、そのうち田中が「仮病で出勤しない」、「発狂したらしい」、「戦争の見通しに悲観論を唱え東條の機嫌をそこね、蟄居を命じられた」などとの噂を聞いた。[33] 実際に息子の田中稔によると、田中隆吉は四一年十二月八日の真珠湾攻撃の前夜、家族を一室に集め「大変なことになった。とうとう日本が米英両国と戦争をはじめることを今日知らされた。開戦は明日だ。どんなことになるかわからないが、まかりまちがえば日本は滅亡することになるかも知れぬ。軍人の家族として充分覚悟をしておけ」と厳しい顔つきで語ったが、稔は「これ程けわしい顔付の父親の態度を見たのは、この時がはじめてであった」と回想している。[34]

田中は、軍の指導的立場でありながら日本の前途を悲観し戦争の早期終結を考え、悶々とした日々を送り、ついに神経衰弱になって軍を去ったとされている。兵務局長を辞職した翌月の四二年十一月初旬、江口は陸軍省に近い市ヶ谷の田中宅を訪れた。病床の田中は異様な鋭いまなざしで江口の手を離さず、「戦は駄目だぞ、見込みないぞ、日本は敗ける――」と語った。そして一九三八年に満ソ国境で起きた張鼓峰事件を戦った経験から「近代的兵器の戦闘では物理的な力の劣勢を精神力でカバーするのには限界がある」、「世間では俺が気が狂ったと云って居るそうだが、本気で国の事を考えたら気の狂うのはあたりまえだぞ」と訴えた。[35]

田中は、精密検査の結果、肉体の酷使と心労から生じた新陳代謝の機能障害で、それがノイローゼの原因とされ、虎ノ門にある神経科専門の病院に入院することになった。しかし四二年十一月五日、田中は陸軍によって千葉県市川市の国府台陸軍病院に連れて行かれた。江口は「敗戦論者が民間の病院に入るなど、当時の陸軍中央部としてはもっての他だということであったろう」と回顧している。後の東京裁判においてかつての先輩や同僚を告発した田中が、精神病患者であったかどうか判定するため、四十四日間にわたる国府台陸軍病院での入院記録が提出されたが、そこには「初老期憂欝症状」と認められ、退院所見として「感情平穏にして記憶力、判断力障疑を認めず起居、言動並に思考概ね尋常なり」と診断されていた。[36]

田中は一九四三年三月、予備役となり、陸軍を去った。市ヶ谷の自宅から山中湖や伊豆長岡の旅館に居を移しながら、東條と喧嘩別れした国家主義運動の理論的指導者、大川周明や大橋忠一（元ハルビン総領事、満州国外交部次長、外務次官）と交流したり、政変の度に出馬が噂された宇垣一成とは同じ伊豆長岡にいたことから日本の将来を憂い意見交換する機会を持ったりした。当然のことながら田中は当局からは「要注意人物」としてマークされ、憲兵隊や特高警察の監視下に置かれた。日本敗戦直前、宇垣とは戦争早期終結のため共に政治活動を行い、陸軍にすれば、それが目障りだった。四五年三月、田中のもとには朝鮮半島の「羅津要塞司令官」に赴任せよとの召集令が来た。しかし神経衰弱が再発したなどと仮病を装って拒否した。[37]

結局日本は敗戦し、田中は宇垣とともに日本の復興のため新しい新党をつくり自分も代議士になることを決意した。[38]ところが全職業軍人に対するＧＨＱの公職追放令が出た。「宇垣党首、田中書記官長」という夢は実現できないどころか、[39]政治家になる道も閉ざされ、田中には東京裁判での検察側協力者という運命がめぐってくるのだ。

東京裁判証人になった経緯

東京新聞の江口記者は、日本敗戦時の様子について「戦後、民主主義のお題目をかついでマッカーサーが乗り込んで来たが、依然として新聞の不自由はつづいて居た。陸軍が進駐軍のそれにかわった丈で、圧力や指図、検問はもっと露骨できびしかった。正直にいって私たちも何をどのように扱えばいいのか見当がつかず、世間なみの虚脱状態からぬけ出せないで居たのである。みんな疲れ切って居た」と記した。[40]

こうした時、友人から気晴らしの温泉旅行に誘われた。伊豆長岡の旅館に田中隆吉も長期滞在しているという。久々の再会で無事を祝してどぶろくを飲み交わしながら記者としての職業意識が頭をもたげてきた。新聞は真相に触れず、世間の知る機会も失われていた。「開戦前後の真相を新聞に書いて見る気はないか」と勧めると、田中は乗り気になってすぐペンを取り、こたつを机に四、五時間で相当量の原稿を一気に書き上げた。内容は開戦前後の内幕と田中自身の体験、終戦間近の動きなどで、江口は翌日、原稿を新聞社に持ち帰り、「敗北の序幕」との見出しを付けて田中のサインを添えて提稿した。[41] 田中の手記は、四五年十二月十八日付東京新聞に掲載、[42] 朝刊一面すべてを埋め、大きな反響を呼んだが、江口は「ひいきめではなく戦後はじめて新聞の自主的な紙面に盛りあげたものと注目された」と評した。[43]

田中は、東京新聞での手記に続き四六年一月には『敗因を衝く――軍閥専横の実相』（山水社）を刊行した。同書の「序」によれば、四五年九月四日に稿を起こし、同月二十四日に書き上げている。[44] わずか二十日で完成させたわけだが、一気に原稿を書き上げる素地は既にあったと想像できる。東京新聞手記や『敗因を衝く』が、東京裁判に向け協力者を必要とするGHQの目に留まったものとみられる。

首相官邸記者クラブに米軍将校が江口を訪ねて来たのは、戦後初の総選挙（四六年四月十日）が近づいた頃だった、と江口は記憶している。田中手記を掲載した東京新聞を示して「この筆者の住所が知りたい」と尋ねた。「逮捕するのか」と聞くと、逮捕令は受けておらず、国際検察局から探せという依頼を受けただけだと答えた。山中湖にいると聞いているが、復員省に行けばわかるはずだと江口が話すと、将校はおとなしく帰った。それから一カ月ほどがたち、今度は田中から「すぐ来い」と連絡を受けた江口は、田中が滞在していた神田の旅館に行くと、国際検察局に出頭せよという一通の電報を示した。田中は「巣鴨行きかな」と漏らしたが、電報は復員省から来たもので、江口は、新聞記者の勘として戦犯として逮捕するならそんなことはありえないし、「参考人として喚問するだけでしょう」と確信した。[45]

江口の「勘」は正しかった。明治生命ビルに入っていた国際検察局に出頭し、前述したように最初は「巣鴨に送って絞首刑にするぞ」と脅されたが、陸軍の内幕や制度などを告発してくれる協力者として田中を大切に扱ったことは既に触れた通りである。

一方、米国立公文書館に所蔵されている国際検察局文書を発掘し、国際検察局が田中に対して行った尋問調書と関係資料を翻訳・校訂して出版した粟屋憲太郎の研究によると、国際検察局がＧＨＱ担当機関を通じて日本政府に対して、事情聴取のため田中の現住所を通知するよう要請したのは四六年二月四日だった。これに対して日本側は、二月十四日に田中の現住所が伊豆長岡の旅館であると伝えた。この結果、前述したように二月十八日、田中への最初の尋問が実現する。しかし国際検察局が、東京新聞手記や『敗因を衝く』に着目して田中を召喚したことを示す資料はないという。[46]

田中自身は、東京裁判で証人となった理由としては、キーナン首席検事から原口初太郎元陸軍中将の推薦によるものと聞いた。原口は宇垣と昵懇の間柄であった関係で田中とも親しく、田中の軍閥批判を知っていたので、米進駐軍（横浜）司令官アイケルバーガー中将から「適当な証人を知らぬか」と聞かれた際、田中を推薦したというのだ。また最初に田中に応対したヘルム検事は、民間人として唯一、Ａ級戦犯容疑で起訴された大川周明（精神障害のため審理除外）の担当でもあったが、田中はヘルムから、大川が「自分のことは田中隆吉君が一番よく知っているから、自分の証人には田中を選んでもらいたい」と話したと聞いた。[47]

いずれにしても田中は、国際検察局の尋問や東京裁判の法廷で、実名入りでかつての上司、同僚らが隠しておきたいことや否認したいことを検察側の証人として肯定し、暴露・告発した。自身の手記で「天皇を無罪にするために私は、私の恩人板垣大将、また知人であり先輩である土肥原大将等に対して不利な証言を行った」と記した。そして「私の極力攻撃した人は、大東亜戦争の前後にわたり、ライバルとして相争った軍務局長、武藤章氏であった。その理由は、大東亜戦争の開始には、東条首相より武藤の方が積極的であった事を、私は知っていたからである」と回想した。[48] この三人は結局、死刑判決を受けて絞首刑に処されるが、江口の手記によると、田中が慕った板垣は最初、部下の証言に立腹したが、田中が板垣の弁護人を通じて「この際、国家再建のために事実を明らかにする必要がある」と手紙を書いて理解を求めると、「どうせおれは死ぬんだから遠慮するな。お前は思う通りやれ」と返事を寄越した。[49]板垣は法廷で「違う」、「知らぬ」と否定したが、田中はその板垣の態度を評して「あれも一つの行き方で、いわゆる軍人として死にたいのだ」と語った。[50]

自殺未遂とその歴史的評価

田中隆吉は、一九四八年十一月十二日の東京裁判判決を受け、新聞社の要請で次のようなコメントを述べた。「私はこの裁判の間に、裏切者だとか、アメリカのスパイだとかいわれたが、自分は確固たる信念をもって動いたと信じており、自身としては陸軍の犯した罪悪の葬式をやった気持である。いいかえれば最も戦争を嫌っておられたにもかかわらず、陸軍のため手も足も出なかったお気の毒な天皇の無罪を立証するために全力をそそいだつもりだ。この私の行動は自分では正しいと信じているが、その善悪の決定は将来の歴史が与えてくれるものと思っている。裏切者といわれようが何とも思わぬし、殺すというものが現われたらいまなら喜んで死んでみせる」[51]。

田中の後の手記を見ないでも、天皇を無罪にするという彼の「信念」が一貫していることが分かるコメントである。しかし、こうした強気のコメントにもかかわらず、東京裁判が終了した頃から徐々にノイローゼの傾向がまた出てきた。特に四八年十二月二十三日、東條、板垣、土肥原、武藤ら被告七人に対する死刑が執行されると、田中の息子・稔は「このニュースを聞いた彼は、胸中如何なる感慨が去来したか察するすべもないが、きわめて複雑なものであったことは想像にかたくない」と回想している。[52]死刑執行翌日の十二月二十四日、A級戦犯容疑で逮捕されたものの裁判に付されなかった児玉誉士夫が岸信介、大川周明、笹川良一らとともに巣鴨拘置所から釈放されたが、[53]出所した児玉は渋谷の田中宅を訪れた。田中は児玉から巣鴨での各被告の生活の様子などを細かく聞き、児玉が帰った後、一人で静かに思いにふけっていたという。[54]
翌四九年春、田中は山中湖に引きこもったが、稔は田中の様子がおかしいという連絡を受け、田中は夏に慶應大学病院に極秘入院した。三週間後に退院し山中湖の自宅に戻ったが、同年九月十五日夜、家族の目が離れたすきに、田中は寝室で短刀自殺を図った。妻が発見したのは翌十六日午前九時で、血の海のようになっている布団の上で田中は息が絶え絶えになっていた。傷は胸部と頸部の二カ所にあり、まず短刀で心臓部を一突きしたが、肥満体の彼の体は脂肪が多くて心臓部を外れて左肺に達したのみだった。しかし出血多量で意識を失い、時間がたって意識が回復すると再び短刀で頸部を切ろうとしたが、もうろうとした意識の中で実行できず、一命を取り留めた。以前から周到な計画を立てた上での自殺決行だったようで、遺書とも思えるものを多数書き残していた。[55] 遺書の一部は次のような内容だった。

我茲《ここ》に自決す
東京裁判における元軍人たりし予の行動は、予自身その不当なることを最初より百も二百も自覚しありき。唯キーナン検事との間に、予の主張として最初より天皇を裁判所に出さざることを約束しありたり。之がためには成し得る限り真実を陳述するの已むを得ざりしなり。此の点、予を国賊扱にする人々の諒解を得たし。
裁判終了後、直ちに自決し、長年月にわたり思顧を受けたる板垣閣下はじめ、多くの先輩知己に対して謝罪せんとし、故郷に墓参の折、決行せんと思へどもその機を得ず、昨年以来怏怏として楽しまず今日に至れり。[56]

秦郁彦が、東京・青山の裏通りに隠居する田中を訪ねたのは自殺未遂から四年が経った一九五三年秋だった。終戦直後に刊行された田中の著書や東京裁判でも口を濁した第一次上海事変での謀略、綏遠事件の真相などを聞き取った。数時間に上った談話で、途中で田中は何かに怯えたような表情を見せ、きょろきょろとあたりを見回し、「武藤の幽霊が出るんだ」とつぶやいた。(57)

田中は一九七二年六月五日、直腸がんとその後の急性肺炎で波乱万丈な一生に幕を閉じる。(58)自殺未遂後も二十年以上の歳月を生き、息子の稔は「その大半を全く社会と断絶し、自ら苦しみを背負って生活したことを考えると、自決を果していたならばあるいは本人にとっては本望であったかも知れないと思われる」と記している。自殺未遂から最初の十数年は、六一年の妻の死や翌年の娘の死もあり、閉じこもった生活を送ったが、娘の死から四カ月後に孫が誕生するとこれを契機に弱った足の訓練と称して散歩を行うことを日課とした。(59)元気を取り戻していく中、六五年には『文藝春秋』に「かくて天皇は無罪になった」を寄稿したのをはじめ数編の回想録を残した。

東京裁判や雑誌などでの田中隆吉の暴露をどう歴史的に評価するか。粟屋憲太郎は、「法廷で田中に告発された被告たちの憤懣に共感して、弁護側と同じ論理で田中を感情的に非難することは、今となってはほとんど意味がない。東京裁判での田中の役割を解明し、その証言を歴史的資料として再検討することこそが有意義である」と解説する。(60)

田中から攻撃され、刑死した武藤章の獄中日記「巣鴨日記」を読めば、東京裁判の特異性が被告の立場から見えてくるのは当然のことだ。武藤は判決言い渡し直前の四八年十一月五日、「今度の裁判は、ポツダム宣言と云ふ政治命令に従つて行われたもので、法律によつたものではない。裁判官たちが各国の代表であるかぎり、国家の政治命令に従ふのはやむをえない。弁護士が法律を楯にとつても、政治命令の前には無力である。私は判決に興味をもつ。彼がいかに法をごまかして、政治に従ふかは見ものである」と記した。同月十二日、絞首刑を言い渡される直前、妻と娘と面会した。「私は絞首刑にきまつた」と話した後、娘の結婚について話し、「できるならお母さんを大事にしてくれる、人情のある男だと結構だと思ふ。例へば検事だとか、裁判官だとかは避けるがよいと思ふ。今度の経験で彼等は人間の屑だと云ふことが判つた」と語った。[61]

戦勝国が戦敗国を一方的に裁く戦犯裁判への不信感がにじみ出ている。ＧＨＱや連合国、戦犯被告、旧軍部、天皇・皇室、日本政府など東京裁判の当事者にはそれぞれの思惑があり、田中の動きは極めて政治的色彩の濃いもので、その行動に対しては感情論に陥りがちになるが、田中隆吉による事実の証言がなければ、戦争と軍部、中国侵略の「闇」などはこじ開けられることはなかったのも事実である。「支那通軍人と日中関係史」や「天皇の戦争責任」などという本書の主題を検証する際、その中での田中の存在や田中が果たした役割は今一度考えなくてはならない課題と考え、紙幅を割いた。

二　辻政信潜行と繆斌工作

東南アジアから重慶に潜入

一九四四年七月、南京の支那派遣軍（参謀）を離れ、第三十三軍参謀としてビルマ戦線を指揮した辻政信は、四五年五月からタイ国駐屯軍参謀としてバンコクに駐在していた。八月十五日の日本敗戦は、司令部地下室で知った。その時「腸《はらわた》を千々に裂かれるような苦悩ののち、一人で大陸に潜り、仏の道を通じて日タイ永遠のくさびになろう」と決意した。タイの僧になりきり、爆撃で破壊された寺の日本人納骨堂に身を隠した。[62]バンコクからラオス、ベトナムに渡り、中国に潜行した過程は、一九五〇年一月の戦犯指定解除後に発表した『潜行三千里』に詳述されている。

終戦直後、バンコクで潜伏中、英軍の進駐とともに、ビルマで英軍飛行士の肉を食った戦犯として辻を追及する手が厳しくなり、[63] 英軍司令部から辻を即刻出頭させよとの命令が来たため、辻はバンコク市街の重慶政府の地下組織「重慶藍衣社本部」に飛び込んだ。そこは公然と「中華民国国民党海外部駐暹弁事処」の看板を掲げていた。辻は筆談で本名、経歴、東亜連盟運動、戴笠（蔣介石直系特務機関「藍衣社」を統括）との関係などとともに「重慶に赴き戴笠将軍及び蔣介石主席に会見し、日華合作の第一歩を開きたい。もし不可能ならば直に逮捕して英軍司令部に差出されたい」と書いた。[64] そして中国地下工作員との重慶に向けた脱出が四五年十一月一日から始まり、メコン川を渡ってビエンチャンを経てハノイに着いた。

ハノイにいた一九四六年二月十五日、一通の秘密電報を受け取った。同時に至急重慶に来るようにとの電報も一緒だった。発信者は、「繆斌工作」を押し進めた戴側近の陳長風で、一月二十三日付である。「辻政信大佐に伝えられたし（親展、極秘）。予は以前上海にあつたとき、繆斌及び田村〔元朝日新聞記者〕両君より聞き、常に精神上の共鳴を深くしあり。日本は不幸にして軍閥国を誤り、忠言を納れず。その結果今日の惨敗を招いた。閣下はもと志遠大であつた。何卒将来自重せられて、益々対華認識を増強せられ、我が最高領袖と戴笠将軍の寛大な厚意を十分に認識せられんことを幾重にも祈る」。[65]

「繆斌工作」とは何か

「繆斌工作」とは、日本敗戦直前の一九四四年から四五年にかけ、時の首相・小磯国昭とその周辺が、期待をかけた最後の対中国和平工作である。繆斌は南京国民政府考試院副院長。日本敗戦四カ月前に挫折するまで、工作を押し進めたのが、小磯国昭のほか、朝日新聞主筆を経て小磯内閣で国務相・情報局総裁となった緒方竹虎（戦後の副総理）、敗戦後初首相の東久邇宮稔彦王、既に陸軍を去り故郷の山形県鶴岡市で隠遁していた石原莞爾、石原の信奉者である元朝日新聞北京特派員・田村真作らである。第三章で触れたが、石原の「東亜連盟」に心酔した辻政信は当時、南京の支那派遣軍に勤務しており、田村らと連携していた。一方、最も強く反対したのが小磯内閣の重光葵外相、さらに支那通の柴山兼四郎[66]陸軍次官、木戸幸一内大臣、このほか反対派として杉山元陸相、米内光政海相が挙げられる。

そして昭和天皇も終戦後の「昭和天皇独白録[67]」で「私も極力反対であつたから、小磯を呼んでかゝる男と交渉する事は困ると云つてやつた[68]」と明かした。結局、繆斌工作は天皇の決断で幕を閉じ、小磯内閣は総辞職に終わり、戦時最後の鈴木貫太郎内閣を迎えるのである。対立の争点は、繆斌は果たして蔣介石につながっていたのかである。

工作の発端は、朝日新聞北京特派員だった田村真作が、繆斌と親しくなったことだった。もともと国民党の幹部だった繆斌は蔣介石のもとを離れ、一九三七年末には日本軍の傀儡で北京に成立した中華民国臨時政府が主導する宣伝機関「新民会」で中央指導部長、さらに副会長に就いた。田村は、日本人が指導する新民会に失望し、北京を離れて南京に行くと、繆斌も四〇年十二月、その後を追いかけるように汪兆銘政権（南京国民政府）で立法院副院長に就いた。しかし南京の日本大使館では当時大使の重光葵の知らないところで繆斌を使って重慶政府（蔣介石政権）の情報入手を試みていたのが汪兆銘にばれて繆斌は考試院副院長に左遷され、上海に拠点を移した。田村は繆斌を通じた日中和平工作を進めた。

一九四四年七月に総辞職した東條英機内閣に代わり小磯内閣が発足し、八月四日には首相、外陸海相、参謀総長、軍令部総長で構成される「最高戦争指導会議」が設置された。九月五日の最高戦争指導会議は「対重慶政治工作実施ニ関スル件」を決定したが、汪兆銘の南京国民政府を通じた重慶政府との会談を推進し、和平が実現すれば、蔣介石の南京帰還や汪兆銘政権との「統一政府」樹立を容認するというものであった。[69]

田村は、朝日新聞元上司の緒方竹虎が国務相兼情報局総裁として入閣すると、一時帰国して繆斌を通じた和平工作を報告した。小磯は獄中手記『葛山鴻爪』で、緒方から「絶えず重慶との間に連絡を保持してゐる繆斌といふ中国人が、重慶の意図に基く日支和平の具体案を持つてゐるから、一度、本人を呼んで検討して見てはどうか」と報告があったのは一九四四年九月頃だったと回想している。[70] 小磯は、繆斌を東京に呼ぶに当たり、士官学校時代の同期で親友の老支那通、山県初男を上海に派遣し、[71] 繆斌と接触させたところ、無線機を使って重慶側と交信していることを確認した。

小磯が繆斌の東京招致を重光外相に提案したのは四五年二月中旬だが、重光は繆斌工作反対の急先鋒だった。重光は、小磯内閣は重慶政府との和平交渉に関して南京国民政府を通じて行うと決定したにもかかわらず、「繆斌の策動に乗せらるれば、日本は南京政府の取消しや撤兵を直に着手せねばならぬ。国際信誼《(ママ)》も大義名分も敵の謀略に依つて二つ乍ら失はれてしまう」[72] と懸念した。繆斌の提示した重慶政府の和平条件である「南京国民政府の即時解消」と「日本軍の中国からの即時撤退」を「謀略」だとみなしたのだ。

繆斌は四五年三月十六日、単身で羽田空港に到着した。小磯は、繆斌に無線機と通信手らを帯同させ、東京から直接重慶宛てに交信・傍受させて真偽を確認し、事実ならば緒方を政府代表として重慶側との直接折衝のため中国に派遣する腹案だったが、無線機や通信手は上海飛行場で憲兵に搭乗を拒まれた。[73] 繆斌工作に反対の陸軍次官・柴山が現地に「便宜を与える必要なし」と打電した結果だった。[74]

繆斌工作に反対した重光や柴山の前任はそれぞれ、駐南京大使、汪兆銘政府軍事顧問だった。反対したのは、汪兆銘政権成立に関わったり、同政権を支持したりした指導者で、自身の立場とメンツを守るための主観的主張があった。それについて、緒方は後に遺稿で「たゞ南京政府に対する腐れ縁的信義の故に、初めからボイコット的に繆斌問題を押し潰さんとした」[75]と記している。

一方、東久邇宮は繆斌工作を支持した。来日した繆斌は、緒方竹虎を通じて東久邇宮との会見を希望し、三月十八日に麻布の東久邇宮邸を訪れた。東久邇宮は、話を切り出そうとする繆斌に対して「三つのことを最初に聞いておきたい」と切り出した。東久邇宮の『私の記録』には繆斌とのやり取りが記述されている。

「第一に、重慶では、日本の天皇を認めるか、どうか?」

「認めます」

「第二に、何故に日本と和平するのか?」

「中国は、日本がこのまゝ亡び去ることを決して望んではいない…中国の自衛のためにも、日本の存在を必要とする。日本は、亡びる前に米国と和平してもらいたい。日本は中国の防波堤であり、いま和平が出来れば、ソ連の進出を未然に防ぐことも出来る」

「小磯総理の招請で来たのに、何故に最初に私に会うことを欲したか?」

「日本では、誰も信用出来ない。頼りになるのは、たゞ天皇御一人だけである。しかし直接お会い出来ないから、殿下によつて雑音なしに自分の考えを取りついでもらいたいと考えた」

「天皇を認めることについては、わかつた。しかし、重慶の中にも、天皇抹殺論があるのではないか」

「今日では、変つているはずである」

「日本を防波堤といふ考えもよくわかつた。もともと日華は共存共栄であるべきはずで、日華の和平はもとより望むところであるが、私の願いは、日華和平から日米和平、さらに世界和平にまで発展させることである。蔣主席から音頭をとつて、世界和平を提唱してはどうか?」

繆斌は、非常に感動して「今日のお話を、直接、今すぐにでも、蔣主席に打電したい。無電機を東京に携行することを、日本側が禁じたことが残念である」と語った。東久邇宮も、「繆斌氏には、最初会うまでは、実は、相当に警戒もしていたのだが、会つて見ると、術策をろうするといつた謀略型の人ではなく、率直に胸襟をひらいて話し合えると思つた」と回想した。(76)

戦後になり、繆斌は実は重慶政府とつながっていたと再評価される要因は、日本敗戦五カ月前の来日で米軍の沖縄上陸のほか、ソ連の満州侵攻という連合国の終戦への見通しを緒方や東久邇宮に予見していることだった。(77)それにしても東久邇宮の自伝に記された「重慶政府が天皇をどう見ているか」と尋ねるやり取りは興味深い。一九四三年十一月のカイロ会談で蔣介石がルーズベルト米大統領に対して天皇制を事実上容認する発言を行ったことを受けて確認した可能性もあるが、戦火まみえる日華の和解に向けて、天皇の存在が障害になりかねないと危惧したのだろう。東久邇宮の「重慶の中にも、天皇抹殺論があるのではないか」と重ねて尋ねるところから、強い警戒感を持っていたのは間違いない。しかし実際は逆だった。結局繆斌工作は挫折し、そのわずか数カ月後に日本は敗戦したが、蔣介石は天皇制に融和的な姿勢を示し、天皇を戦犯から除外した。戦争中の「信用できるのは天皇だけ」という繆斌の発言は、蔣介石なり重慶政府が、天皇を通じて戦争を打開しようとしていたと言えるものだ。蔣介石が恐れたのは、抗日だけでつながった共産党との合作が、終戦によって崩れ、共産党とソ連が中国大陸で影響力を強める事態である。ソ連が中国大陸に本格参入し、米国も対抗すれば、国民政府の存在は風前の灯火になる。そうなる前に日本と停戦し、日本軍の兵器接収や日本占領地の確保などで日本を味方に付けておきたかった。

しかし天皇は、繆斌工作を「謀略」と認識して反対した。緒方は、小磯に「事ここに至っては事情を聖聴に達して善処されるべきではないか」と、天皇の意見を仰ぐべきだと進言し、小磯も同意した。(78)四月二日の『昭和天皇実録』には、「午前二時二十五分、空襲警報発令につき、直ちに皇后と共に御文庫地下室に御動座になり、三時四十分まで過ごされる」[79]とあり、戦火は宮中にも本格的に及んできた。夕方に小磯は天皇に「繆斌工作の経緯と内容、さらにその推進方につき」内奏した。しかし天皇は小磯に対して「繆斌工作に深入りをしない」よう諭された。[80]小磯は宮中を退出後、情報局にいた緒方に電話し、天皇が賛成しなかったことを伝えた。木戸内大臣と重光外相から小磯の内奏に先立って意見が具申されていた模様で、心なしか甚だ力のない声で「もう毒が廻っていて駄目だった」と語った。[81]

四月三日は、神武天皇祭の休日で、重光は三番町の自宅書斎に籠って思索にふけっていた。そこに宮中から急遽、お呼びがかかり、何事かと思って参内した。吹上御苑の防空御座所に入り、間もなく拝謁すると、天皇は「外ではないがねー、あの繆斌のことねー」と仰せがあった。天皇は重光がどう考えるか意見を聞こうした。

「一体重慶の廻し者とも見らるべきものを呼んで来るとは如何なものかねー、いくら忠誠なる日本軍隊でも船のない今日三ケ月以内に支那より撤兵することは不可能に思はれるし、又南京政府、上海市長等を取消することは国際信義に反することである、大義名文〔分〕上考えねばならぬ、昨日小磯総理に対し其の事を談したら、総理は自分の言葉を返して、繆斌を此儘《このまま》返すは惜〔し〕いと云ふ様な談をして居つた」[82]。

小磯は天皇から繆斌工作に「深入りしない」よう警告を受けたが、繆斌を帰国させるのは「惜しい」と反論したのだ。満州事変直前の軍高官によるクーデター未遂事件「三月事件」(一九三一年)にも関与した当時陸軍軍務局長の小磯を、天皇は信用していない表れだが、天皇のお言葉を返す事態に木戸は「最初のことである」[83]とあきれた。

天皇は四月四日午前に再び小磯の拝謁を受けたが、『昭和天皇実録』はこう記述している。「繆斌工作につき陸海外三相の意見を聞いたが、いずれも反対につき、速やかに繆斌を本国に帰国せしめるよう仰せられる。

十一時、御文庫に内大臣木戸幸一をお召しになり、繆斌工作につき首相へのお話の模様につき述べられる。午後二時四十五分、再び内大臣に謁を賜う。内大臣より首相が内閣総辞職を決意し、明朝に辞表を捧呈すべき旨の言上を受けられる[84]」。

繆斌工作が天皇の逆鱗に触れて小磯内閣は総辞職する。天皇は戦後の「昭和天皇独白録」で反対派の主張を代弁している。

「これは一国の首相ともある者が、素状の判らぬ繆斌と云ふ男に、日支和平問題に付て、かゝり合はうとした問題である。重光は前から繆斌を知つてゐた。彼は最初は汪〔精衛〕と行動を共にしたが、後では汪を見捨てた不信の男である。当時日本は危機で、所謂溺れる者は藁をも把む時ではあつたが、苟《いやし》くも一国の首相ともあるものが、繆斌如き者の力によつて、日支全面的に和平を図らうと考へた事は頗る見識のない事である。〔中略〕彼は蔣介石の親書を持つて居らぬ、元来重慶工作は南京政府に一任してあるのだから日本が直接この工作に乗り出す事は第一不信な行為である、まして親書を持たぬ一介の男に対して、一国の首相が謀略を行ふ事は、たとへ成功しても国際信義を失ふし、不成功の場合は物笑ひとなる事である[85]」。

戴笠の墜死と繆斌の刑死

果たして繆斌は蔣介石の重慶政府とつながっていたかについて、緒方竹虎は日本敗戦直後、「重慶との連絡を確保してゐたことは事実[86]」と断言し、「当時重慶にあつて繆斌と連絡してゐたのは藍衣社の首領戴笠であり、上海にあつて直接繆斌に指令を与へてゐたのは、戴笠直系の陳長風であつた[87]」とも回顧している。

辻政信と陳長風の関係は一九四三年初秋にさかのぼる。元朝日新聞記者・田村真作の回想によると、上海に潜伏する藍衣社の大物だった陳は、三年越しで日本の憲兵隊に追われる身だった。巧みに逃げて捕まらないでいたが、ついに本人の実家がかぎ出され、両親と妻、子供二人が連行された。陳の兄は米国に留学経験のある農学博士で、博士が四三年初秋、繆斌にこっそり面会を求め、実弟家族の問題を打ち明けた。繆斌から連絡を受けた田村真作は、博士に会った後、繆斌と協議した結果、支那派遣軍参謀の辻政信に事情を打ち明けることにした。上海に来ていた辻は、「よし、なんとかする。今から一緒に行こう」と、すぐに上海憲兵隊に出かけ、山崎という憲兵中佐を紹介した。「捕まっているのは何も知らない老人と女子供だけである。釈放してやってもいいだろうか。私が責任を持つ」と交渉して、その場で釈放を約束した。(88)

辻も『潜行三千里』で、陳長風の家族を救った経緯を書き、ハノイで陳長風からの電報を受け、「一日も早く重慶に飛び、新しい日華関係の第一歩を開拓したいものだ。〔中略〕重慶に来るようにとの電報は、前途に光明をもたらしている」と期待感を記した。辻は四六年三月九日に昆明に、十九日に重慶に到着した。陳長風を通じて戴笠を紹介され、戴と一緒に戴を信頼する蔣介石に面会する予定だった。(89)

田村真作は、蔣介石の重慶政府が敗戦した日本との関係を何とか好転させようとした経緯を著書で明らかにしている。

「終戦直後の中国にあっては、繆斌工作の関係路線はなお存在理由があった。〔中略〕北方と縁の遠かった重慶側は満洲の実情には全く暗く、日本軍に占領されていた大陸の主要地区の事情にもうとくなっていた。しかも北京、南京、上海、広東、漢口の主要都市にさえ、中共側の赤い手が延び、満洲では既に中共との争奪戦が開始されている。こうした時に、満洲の政治、経済、軍事に明るい日本側の協力が要求されたのは当然である。日本軍閥の中国侵略に反対し、和平に努力した繆斌工作の路線は、中国にとってはなお重要であった。終戦直後、中国人のわれわれの同志は、北京では、国共両派に分列《ママ》したが、この両派の間に日本の石原莞爾中将を味方に引き入れようとする暗闘が猛烈にくり返された。上海においても、藍衣社のK──陳長風

中将を中心に、戴笠を主流とした動きが開始されていた」。(90)

前出の支那通外交官・岩井英一は盧溝橋事件直前の一九三七年六月、秘密のベールで包まれた戴笠の特務機関・藍衣社について「藍衣社ニ関スル調査」(91)という秘密報告を作成した。外務省調査部第五課は「本調査ハ成都総領事館岩井書記生ノ調査ニ係ルモノニシテ所謂藍衣社ノ真相ヲ知ル上ニ多大ノ参考トナルベキヲ思ヒ今般執務上ノ参考トシテ上梓スルコトトセリ」と前書きし、「注意」として「本調書ノ内容中外部ニ漏洩スルトキハ今後ノ調査ニ支障ヲ来ス虞アルモノ多キニ付取扱ニハ特ニ御注意アリ」としている。

岩井は蔣介石政権の基礎がこうも予想外に強固になった原因はどこにあるか問題提起し、「蔣ヲ無二ノ領袖トシ所謂藍衣社ノ名ニ依ツテ知ラルル黄埔軍官学校一部卒業生ノ組織スル政治的秘密結社ノ隠レタル内助ノ功績ヲ没却スルコトハ出来ナイト思フ」と指摘した。岩井は、国家統一へのナショナリズムの高揚と軍の結束を挙げ、その二つを築いたのは蔣介石であると指摘した上で、蔣介石が自身の指導体制を安定させる基礎になったのが、秘密組織・藍衣社である、と分析した。その秘密組織を率いた戴笠も、蔣介石からの厚い信頼の下で絶大な力を持ったのは言うまでもない。

戴の腹心・陳長風は、繆斌を通じて満州経済の事情に詳しい宮崎正義とも連絡を持っていた。上海では陳長風の連絡で宮崎と戴笠の極秘の会合が準備された。(92)草柳大蔵は『実録満鉄調査部』の中で、石原莞爾が惚れ込んだ満鉄調査部の調査課員二人のうち一人として宮崎正義を挙げている。それによると、宮崎は満鉄からモスクワに留学して十月革命を目撃し、調査部に戻って「ロシア班」班長となった。その冷静な解析力が満鉄理事・大蔵公望に買われ、大蔵理事時代に「ロシア班」を拡大した。参謀本部のロシア通、小磯国昭の委託を受けて全五十巻近い「ロシア兵要地誌」を作成した。満州事変後の満州国誕生の際には重要な役割を果たした。その後も宮崎は「二度ほど〝国づくり〟のグランド・デザインに手を染めている」と草柳は指摘している。一つは、近衛内閣時に近衛に頼まれた「日本綜合国策案」の作成である。当時、石原莞爾の強い推挙を受けて参謀本部からの資金を使い「日満財政経済研究会」を主宰した。もう一つは戦後、後の国鉄総裁になる十河信二が勧めて「日本復興計画」を立案したことだった。(93)

戴笠の意向を受けて陳長風が辻政信や宮崎正義に連絡を取ったものの、事態は暗転する。辻は重慶に着いて五日後の三月二十四日、壁新聞の前に黒山の人だかりを見た。壁新聞には「雨農墜」との大見出しが掲げられた。「雨農」とは戴笠の号。戴笠は客が重慶で待っているとの電報で、急いで飛行機で青島から帰る途中、天候が悪く南京に着陸しようとして山に衝突した。(94) 同乗した陳長風も犠牲となった。(95)

戴笠の墜落死は三月十七日だが、連日の大雨のため地上との交信が途絶え、発見されたのは三日後の二十日だった。蔣介石への忠誠が揺るがなかった戴笠の突然の死をめぐっては様々な憶測が流れると同時に、戴笠が牛耳った軍統局（軍事委員会調査統計局）は直ちに四分五裂になった。(96)

その二日後の三月二十二日、繆斌は漢奸（売国奴）として逮捕されてしまう。元新民会中央訓練所訓練主任で小磯国昭の秘書も務めた横山銕三《てつぞう》は、戦後「繆斌工作」の真相を調査し、一九九二年に発行した『「繆斌工作」成ラズ』の中で、「漢奸逮捕は、軍統局の専管事項であったが、戴笠の死によって情況は一変した。CC団の発言力が遽《にわか》に強まった。繆斌の逮捕令が戴笠の墜死確認後二日目であったことは、この間の急変を窺わせるものがある」と指摘している。(97) 戴笠が率いた藍衣社・軍統局とは別に、国民党系の特務機関「CC団」を率いたのは陳果夫である。

逮捕からわずか十日余りの四月三日に蘇州の高等法院で裁判が行われ、繆斌は中日和平工作で重慶と交信した厚さ十センチの暗号電報綴を日付順に整理した資料も提出し、石美瑜裁判長に対し、和平救国に奔走したことや、東亜連盟について弁論した。東久邇宮を通じた和平工作の内幕や戴笠との電報・手紙などについても説明した。[98] しかし九日には叛逆の罪で死刑を宣告され、家族扶養費を除く全財産の没収を言い渡された。[99] 罪状は日本軍傀儡の宣伝機関「新民会」での活動に絞られた。当時重慶にいた辻政信の回想によると、共産党は繆斌の陳述を利用し、「国民党は戴笠―繆斌をして日本に屈服の交渉をしたものである。終始一貫して抗日戦を戦い抜いたものは中共だけだ」と宣伝した。辻は「戴笠が生きているか、または繆斌がこの空気を察して、東亜連盟の線による和平運動の内幕を法廷でしゃべらなかったら、恐らく一命はとり止め得たであろうに」と回顧した。さらに当時の中国の空気として「当時の大新聞の中にはまだ東亜連盟の真意を故意に曲解し、石原中将の唱道する偽装された侵略主義と誣《し》いるものさえある」と振り返っている。[100] 結局、繆斌は五月二十一日に銃殺刑に処された。[101]

戦後語られる工作の真実

汪兆銘政権などの対日協力者のうち、「漢奸」としていち早く逮捕されたのは、南京国民政府の褚民誼元外交部長・元広東省長で、一九四五年九月十二日だった。汪兆銘死去後に南京政府主席代理となり、日本敗戦直後に日本へ亡命した陳公博も同年十月三日、南京に送還された。二人とも逮捕は繆斌よりも早かったが、処刑は褚が四六年八月二十三日で、陳は同年六月三日で、繆斌より遅かった。[102] 漢奸裁判を研究した劉傑は、「懲治漢奸条例」に照らしてみれば、繆斌の死刑はいささか唐突である」と指摘している。四五年十二月六日に国民政府によって新たに公表された同条例は、死刑や無期懲役の対象となる罪状を具体的に決めており、例えば自国に反抗しようとしたもの、治安の擾乱を図ったもの、などが当てはまった。[103] 繆斌の三月の逮捕に続く四月の死刑判決、五月の処刑という急速な流れに唐突感は否めない。

繆斌の突然の逮捕、処刑について繆斌工作関係者の間でおぼろげながらであるが、その実情が見えるのはもう少し後のことである。

元朝日新聞北京特派員で繆斌工作に深く関与した田村真作は病床にあった一九五一年春、四四年末に時の首相・小磯国昭の命で訪中して繆斌と会見した山県初男が、最近来日した何応欽（五一年一月五日から七月二日まで日本に滞在）と会って、繆斌の死について質したという便りを受け取った。[104]

「数日前上京、何応欽氏と昨日（四月三十日）面談しましたが、その節、繆さんのことを聞いてみましたら、何さんは涙を浮べて左の話をしました。「繆さんは善い人です。愛国者です。殺されたのは陳果夫との関係です。私は繆さんを捕えたと聞きましたから、早速それはいけない早く解放しなさいと手紙を出しましたけれど、間に合いませんでした。真に残念でした」。私もそれを聞いて全く安心して繆さんと話し合つたことは誤りではなかつたことをうれしく思い、繆さんを追慕する情を禁じません（原文のまゝ）」。田村もこの便りを読み返してうれし涙が止まらなかった。そして「繆先生は断じて漢奸ではなかつた。しかし矢張り側近の対立抗争の犠牲にされたのだ」と確信を持つに至った。[105]

田村真作は、戦後東久邇宮内閣で内閣参与を務め、一九五〇年十月、記者時代の回想や繆斌工作の内幕を記した『愚かなる戦争』を刊行したが、五三年二月にはほぼ同書を再刊する形で『繆斌工作』を出版した。そのまえがきでは「繆斌事件は、いぜんとして大きな謎に包まれている。私はこの謎を解こうとしている。この謎を解くことが、日本敗戦の真相を伝え、現在アジアがおかれている悲運の真因を探るカギになると信ずるからである。また、繆斌氏と生死をともにしてきた私の義務であると考える」と記した。『愚かなる戦争』と『繆斌工作』の内容は重なるが、繆斌の漢奸での処刑に関する何応欽談話を伝えた山県からの便りは、前者には掲載されておらず、五三年出版の後者で真相の一端を伝えた。

また、同様に「繆斌工作」を押し進めた緒方竹虎は戦後も要職に就き、東久邇宮内閣の国務相兼情報局総裁、内閣書記官長を務めた後も、五二年に吉田茂内閣で内閣官房長官、副総理を務めた。この間、五〇年に『一軍人の生涯――回想の米内光政』を起稿し、執筆中に資料が十分でないことから一時中止し、五五年三月に初版を発行した。同書の中で「追記」として「繆斌の刑死問題」に触れている。

「偶々《たまたま》一昨年何応欽将軍が入京せられ私と会談したとき、談このことに及び、将軍もその経緯について若干の感想を述べてゐた。また極めて最近蔣君暉《ママ》氏の来訪を受けて、やはりこの問題につき語りあつた。蔣氏の話は茲《ここ》に詳細に紹介することを憚るものがあるけれども、それによつて繆斌の使命の真相と当時の私の判断が少しも間違つてゐなかつたことが裏書きされた。それだけ繆斌の刑死に対しては、堪へ難い感慨を催すのであるが、彼も此も今は戦争中の悪夢と諦める外はないことである」[106]。

緒方は、蔣介石政権の中枢にいた何応欽や、繆斌工作の黒幕だった戴笠と共に行動した陳長風から顧問を依頼された蔣君輝との会談を通じて、日本敗戦直前に自身が展開した繆斌工作が正しかったことを確認した。つまり蔣介石とつながる工作である、ということを。ただ真相は具体的に触れていない。真相は、田村の著書や蔣君輝の自伝で明らかになった。特に陳の大学時代の先生であり、彼の依頼を受けて上海側の繆斌工作に通訳として加わった日本通学者・蔣君輝が『扶桑七十年の夢』[107]を一九七四年に発行したことで、「陳長風」の存在がよりはっきりした。

陳は一九四五年二月二日夜、突然蔣君輝の自宅を訪れ、来日する予定の繆斌に同行し、言動を監視する顧問に就くよう依頼した。蔣介石が「上海に蔣君輝が居るではないか、捜せ」と命令を下した、という。陳は蔣君輝に「日本は東条一派は頑固だが、東条以外に沢山の識者もいるだろうし、もし今度のチャンスを失えば無条件降伏の一途を残すのみ」だという認識も示し、重慶政府として日本政府が誠意を持てば、繆斌の持って来た日本との和平工作に乗る意向をうかがわせた。

結局、日本陸軍の反対で来日は繆斌だけとなったが、蔣君輝の回想によると、上海に戻った繆斌は直ちに陳長風に日本の要人と会ったことを報告し、特に東久邇宮家の防空壕を背景に撮った写真や各種書類を見せ、陳はそれらを蔣介石の重慶政府に送った。蔣君輝は、「重慶側は繆斌を再評価し、同時に日本の誠意を百パーセント認めた。〔中略〕日本国内の憂国の士は日本最高の人を結集し、皇族までこれに参加を決意して隣邦中国の仲介者を迎えんとしていると、重慶側が判断したのも無理はない」と回顧している。さらに蔣は、重慶側が「判断したばかりでなく、慎重に次に来るものを考慮し、準備して待つ態勢にあった。例えば善後委員会を設置して事態を収拾しようとしたことなどはその一例である」と続けた。七つの処（課に相当）を設けた「善後委員会」で渉外処と財務処は最重要で、人選まで用意し、「中国側は今度こそ日本側が誠意を持つだろうと推察してその出方を待った」という。しかし「五月二十五日までの間、和平交渉の問題に関して東京からなんらの楽観的材料も送っては来なかった」。陳長風はついに五月二十五日、「いわゆる和平撤兵の交渉を止めよ」という電報を重慶から受け取った。これで繆斌の和平工作は失敗に終わった。[108]

「繆斌工作」の真相を調査した横山銕三は、一九四六年二月の春節の少し前、「繆斌は蔣主席から褒賞された。褒賞額八万元とはっきり書いた確かな出版物もある」と指摘し、「不成功に終ったとはいえ、中日和平工作の労を嘉賞したことは明らかであった」と記している。[109]

戦後の一九五一年に来日した何応欽が山県に語ったところでは、漢奸として繆斌の逮捕と処刑を主導したのは「CC団」の陳果夫だった。横山銕三は、繆斌和平工作は米国の戦略諜報局（OSS）が戴笠の軍統局と合作して設置したSACO（China America Cooperative Organization 中米合作社）を通じて連合国の作戦と密接に関係していたという説に立っている。[110] そのため繆斌は、米軍の作戦の見通しを予告したほか、繆斌滞日中の空襲もなかった、というのだ。戴笠の墜落死によりライバルである陳果夫の発言力が高まり、繆斌工作に否定的な陳によって繆の逮捕と処刑につながった、という見立てである。

対日和平攻撃への「口封じ」説

石原莞爾は日本敗戦から三カ月もたたない一九四五年十一月三日付の読売報知に寄稿し、「あたら逸した和平の好機　二度とも軍閥に阻まる」という記事が掲載されている。しかし同月七日付で一部訂正があり、同月二十七日付で石原からの「申込みにより全文取消します」との記事も掲載された。当時としては関係者の間で波紋を呼んだことが想起される記事である。石原はもともとの原稿の中で、日中和平をめぐる二度の好機として一度目は、盧溝橋事件後に参謀本部作戦部長だった石原が当時の近衛文麿首相に南京行きと蔣介石との直接談判を提案した際を、二度目としては「繆斌工作」を、それぞれ挙げた。石原は読売報知で「繆斌工作」について「即ち日支全面的和平と日米休戦の動きでわしのところへも支那要人から全面的努力を望む旨の手紙があつたのでさつそく小磯首相に献言した」と振り返った。[111]

その後の一九四六年三月、繆斌は重慶で逮捕されたが、東京のGHQでは東京裁判に向けた準備が既に本格化していた。内大臣を務めた木戸幸一は四五年十二月六日にラジオのニュースで、近衛文麿とともにGHQから自分の逮捕令が出たことを知り、十六日に巣鴨拘置所に入所した。この間、天皇から「私の心境はすっかり承知のことと思ふから、充分説明して貰ひたい」という意味の言葉があった十日、木戸は「都留君より米国の考へ方は内大臣が罪を被れば陛下が無罪とならるゝと云ふにはあらず、内大臣が無罪なれば陛下も無罪、内大臣が有罪なれば陛下も有罪と云ふ考へ方なる」と聞いた。[112]都留とは、木戸幸一の実弟を義父に持った米国通経済学者の都留重人（後の一橋大学学長）のことである。木戸はこれを受け、天皇に如何なる意味においても累を及ぼさないとする弁護方針から、あくまで無罪を主張する方針に変えた。[113]木戸は、十二月二十一日にはキーナン首席検事とサケット検事から取り調べを受け、日記の提出を求められて承諾した。[114]天皇の平和についての気持ちを証明するためには日記を提出することが必要と判断したからであり、一九三〇～四〇年のものは十二月二十五日に、四二～四五年度分は四六年一月十三日に、四一年度分は一月二十三日に米検察官に提供した。[115]

木戸日記には繆斌工作が記載されており、東京裁判に繆斌が証人として喚問される可能性はあった。[116]実際に東京裁判で四七年十一月三日、小磯に対する尋問で繆斌工作が取り上げられたことから、[117]もし繆斌が戦犯として処刑されていなければ、証人として招致されたとみられる。国民政府が繆斌の処刑を急いだのは、抗戦の最中に日本と和平交渉を行った事実が中国共産党によって追及されることを恐れた「口封じ」のためであった、とみているのが田村真作である。既に触れたように重慶にいた辻政信も、繆斌が裁判で重慶政府による和平工作を暴露したため共産党が抗日戦を戦い抜いたのは自分たちだけだと宣伝したと回顧している。

田村は「当時は、国共調停の政治協商会議が当然の帰結として暗礁に乗りあげ、国共対立の危険をはらんだ微妙な時機であつた。国民政府は、繆斌工作を中共側がとりあげて、重慶側が抗戦の途中で日本と妥協したという国府攻撃の口実にされることを極度におそれていた。〔中略〕戴笠さえ生きていたならばこんなことは問題にもしなかつたであろうが、戴笠なき後の国民政府は、たゞ繆斌さんを一日も早くなきものにして、死人に口なしという非常手段をとることだけを急いだ。繆斌さんは、無能な国民政府当局の自己保全の犠牲に供されたのだ！」と回顧した。[118]

金雄白は『汪政権実録』の中で、「繆斌はなぜあんなに早く殺されたのか」を問うている。それによると、GHQが史料の中から繆斌が和平条件を持って訪日したことを探し出した。カイロ会談ではいかなる連合国の国も単独で日本と講和してはいけないと決定していた。これを問われた国民政府は否認したものの、繆斌

を早期に処刑する必要に迫られた、という背景を挙げている。(119)

三　日本敗戦と南京の岡村

「以徳報怨」演説と対中協力

支那派遣軍総司令官・岡村寧次のもとに、ポツダム宣言を受諾するという日本政府の方針が伝えられたのは一九四五年八月十一日だった。阿南惟幾陸相・梅津美治郎参謀総長からの機密電は「帝国は最近蘇聯の参加せるポツダム共同宣言の条件中には、天皇の国家統治の大権を変更する要求なきことを条件として右宣言を受諾する用意あり」とあった。支那派遣軍として寝耳に水だった。岡村は翌十二日、「派遣軍将兵ニ与フル訓示」で、「皇軍数百万ノ精鋭ハ皇土及大陸ニ健在シアリ」とした上で、「本職ハ連戦連勝ニ輝ク皇軍最強ノ麾下精鋭ヲ率キ全軍玉砕ヲ賭シテ驕敵ヲ撃滅シ以テ狂瀾ヲ既倒ニ廻サンコトヲ固ク決意セリ」と語った。同日昼には、阿南と梅津宛てに継戦意見を具申した。(120)

しかし、岡村は八月十五日午前九時半、南京の支那派遣軍総司令部に出勤し、天皇陛下による正午からのラジオ放送を拝聞するように、という前夜の大本営陸軍部緊急放送を確認した。その場には、小林浅三郎参謀長、岡田重一、今井武夫両総参謀副長がそろい、派遣軍として「承詔必謹」、つまり陛下の命令をかしこまって受け入れるしかないという意見で一致した。(121) 同時に十五日には、南京では蔣介石の「以徳報怨」演説があった。岡村は「終戦直後における中国官民のわれら日本人に対する態度は、大体において予想外に良好であった」と回想し、その理由として「その大まかな民族性」もあるが、最大の原因が「以徳報怨」演説にあるとした。さらに演説について「高邁寛容な思想と言わねばなるまい。この思想、この大方針が〔中略〕接収において降伏手続きにおいて、戦犯問題において、すべて中国側官民の日本人に対する態度の基礎になったのだと思う」と振り返った。[122]

十五日はぼんやりと黙想で過ごした岡村は、翌十六日には「今後日華関係はどうすればよいか」と考えた。「漠然ながら東亜振興のためには差し当り中国の強化繁栄を期待して、日本は成し得る限りこれに協力しなければならない。没落した日本がこの際協力し得る道は、ただ技術と経験のみであろう。接収に際してもこの趣旨により誠実に引渡すべきである、などと考え浮かんだ」と記した。[123] 蔣介石の「以徳報怨」演説に感銘を受けた岡村は、国民政府に日本として「技術と経験」で協力する意思を早くから持っていた。

抗日戦争に勝利した蔣介石率いる国民党と毛沢東の共産党がいがみ合う構図ははっきりしていた。両党は共に、国共内戦に備え、日本軍の兵器を接収しようと目論んだ。終戦前から日本軍と秘密接触していた共産党側は日本敗戦を待って日本側に本格接近していた。四五年八月十五日正午の玉音放送の数時間後に、汚れきった便衣をまとった苦力のような服装の男が突然、支那派遣軍総司令部の門前に現れ、「新四軍の軍使」と名乗り、岡村との面会を求めた。余りに執拗な要求であり、改めて用件を尋ねたところ、男は日本軍の兵器接収を求める鉛筆書きのメモを示した。男は、第一次国共合作当時にソ連のボロジン顧問の秘書だった章克だった。総司令部では日本軍として相手とするのは共産党ではなく、正規の国民政府軍であるから要求を拒否した。そのため章克は日本大使館にも出かけ、同様の要求を行ったが、同様に相手にされなかった。[124]

一方、岡村寧次は、八月十八日、自ら「和平直後における対支処理要綱」を起稿したが、十一項目にわたる要領の中で、岡村は停戦・撤兵は、整然かつ正々堂々実行するとした上で、兵器、弾薬、軍需品などを完全円滑に国民政府側に交付し、中央政府の武力の充実に寄与すると約束した。日本の技術専門家も広範囲に進出させ、中国の発展に貢献する意向も示した。第四項目では「対支支援の強化に関しては、真に支那民族の心を把握するを主眼とするも、先づ重慶中央政権の統一を容易ならしめ、中国の復興建設に協力するものとす」と記した。[125]

国民政府軍側との予備交渉のため湖南省芷江に飛んだ今井武夫は、中国側が当初、日本軍の一部不満分子が本国政府の命令に従わず、如何なる行動に出るかを疑い、不安感を抱いたが、兵器や施設を中国中央軍に引き渡したことにむしろ意外感を受けていたと回想した。[126] また岡村に対して「先方委員の大部は日本留学出身者で、わが方に対して好感を持っている」と報告した。[127]

九月九日に南京の中央軍校大礼堂で行われた降伏調印の式典には、日本側からは岡村、総参謀長の小林浅三郎、今井、そして参謀・小笠原清らが出席、中国側は何応欽・中国戦区総司令が代表だった。日本の陸軍士官学校を卒業した何応欽について、岡村は九月八日の日記に「中国知友の一人」・「親日家」と記し、「この親しい何応欽に降伏することになったのは不思議な因縁であると思う」と続けた。[128]

「日本の協力を求めたい中国」という日華関係を反映し、降伏調印という厳かな場に中国側の配慮が表れた。式場の配置は、同席した米側の意向で結局「長方形卓対立方式」になったが、中国側は日本代表への威圧感を避けるよう「円卓方式」を採用しようとした。また日本側の三回の敬礼に対して中国側は答礼しないことになっていたが、何応欽は思わず起立して敬礼してしまった。岡村は「かねて知友としての温厚な人柄を識る私は、やはり東洋道徳かなと思ったことであった。私は降伏というこの未曾有にして予想外の事実に直面し固より面白くなかったが、ただ沈着冷静を失わないよう努め、式場ではただ一点を見つめ、ときどき何応欽の動静を見ておった。中国の友人中でも最も親しい一人である何応欽に降参するのだという気易さもあった」と回想した。[129]

蔣との会見と邦人引き揚げ

岡村寧次の日記によると、一九四五年十二月二十三日午前九時に蔣介石が突然会見したいから九時二十分に中国総司令部に来てほしいと電話があった。岡村は小林を伴い九時半から十五分間、蔣介石と会談した。二人のやり取りは次の通り。

蔣介石　ご健康ですか。生活上ご不便のことがあれば、遠慮なく私なり、何総司令なりに申出られたい。成し得る限り便宜を取計ふべし。

岡村　ご厚意を謝す、満足の生活を続けています。

蔣介石　接収が順調に進捗している状況は、何総司令官から聞いております。同慶に堪えません。日本居留民も何か困ることあれば訴えられたし。

岡村　今のところありませんが、若し困ることが起きれば、御厚情に訴えませう。

蔣介石　中日両国は、わが孫文先生の遺志に基き、固く提携すること緊要だと思う。

岡村　全く同感です。

岡村は日記に続けて「蔣委員長は終始微笑を浮べつつ温容人に迫るものあり。特にこの会見の機を作っていたわりの言葉を述べたことに対し感服したことであった」と記している。[130]

日本軍の兵器接収を希望する蔣介石は、国民政府軍に協力的な岡村に感謝している。一方で岡村が当時、「終戦後明けても暮れても、脳裏から離れなかったことは、如何にして二百万軍民を無事に内地に引揚げさせるか」という問題だったと回想しているが、[131]四六年一月に上海と塘沽の両港から内地帰還輸送船の第一号が出港して六月には二百万人に上る大陸在留民の大部分の輸送を完了した。[132]岡村は順調な引き揚げの原因の一つとして「蔣介石主席の終戦時における対日本人態度の大号令に基き中国側官憲が引揚げにも熱意を示した」ことを挙げたが、[133]予想外の展開であった。

「接収」と「帰還」という二つの問題で連携を強めた岡村と蔣介石・何応欽だが、何応欽は岡村に対して「相手から観た、忌憚ない中国軍批判を書いてくれ」と要請しており、四六年四月二十二日に会談した際にも催促した。岡村はこれを受け、翌二十三日に『敵陣から観たる中国軍』の起草を始めた。[134]岡村は五月十三日の日記にこう記した。

「かねて何応欽将軍から頼まれていた『敵陣から観たる中国軍』漸く脱稿したので、逆順ながら作戦主任宮崎〔舜一〕参謀以上の者に廻覧補訂せしむ。私は少佐時代から頻繁に中国に来り、中国軍の内情にも相当通暁しており、また屢々中国軍と交戦してその欠陥も十分認識しているので、折角の依頼でもあり、中国軍の改善のためと思い、忌憚ない批判を加えておいた[135]」。

岡村はその五日後の五月十八日、通訳官を伴い何応欽公館を訪れ、『敵陣より観たる中国軍』を二部提出した。岡村はこの日の日記に「同氏はこれを一瞥し、なおこれに関連して興味あり気に、いろいろと質問した」とある。岡村は「時間的にも空間的にも極秘を要する」として三部だけ謄写し、二部を何応欽に渡し、控えの一部も間もなく焼却した。後年に何が岡村に語ったところでは、これを読んだのは蔣介石と何応欽と他一人の計三人だけだったという。[136]

身に迫る戦犯問題

残留日本人の帰還問題が一段落つく中、岡村寧次の周辺では、戦犯問題が深刻な優先事項となっていた。岡村は一九四六年四月二十二日夜、今井武夫と通訳官を伴って何応欽の公館を訪れ、日本人戦犯問題を取り上げた。「最近責任罰と思われる高級将校の戦犯容疑指定が始まった様子であるが、責任罰は結局私一人の責任に帰するのであるから、他の軍司令官、師団長は免除して私一人を指定することに御願いいたしたい。この旨蔣主席にも伝えられたい」と述べたが、何応欽は何も答えなかった。[137]

四月十九日には、戦犯容疑者として上海監獄に移送された元台湾軍司令官（終戦時は台湾総督）、安藤利吉が服毒自決した。岡村と同期で親しい間柄だった。また二十二日には熟知だった元第三十四方面軍（漢口）参謀長・鏑木正隆少将ら五人に対して上海で死刑が執行された。岡村は同二十五日の日記に「元来他人に対する同情の念において人一倍強いと自他共に認ぜる我であるのに、この頃は死に関する感覚が鈍くなってきた。自己の死に対しても亦然《またしか》り、環境のためか、人の身はやがてわが身と思うせいか」と弱音を吐いた。[138]

四六年四月から陳公博ら「漢奸」とされた対日協力者に対する裁判も南京、蘇州、北京、天津、済南、アモイなど各地で一斉に始まっており、南京でこれを見た今井武夫は「曾てわが日本国と誠実な協力者として著名だった、何れも面識ある友人達が、続々と天を仰いで悲命に斃れて行く有様を、ただ手を拱《こまぬ》いて傍観する運命に、徒らに憂憤するばかりであった」と回想している。[139]

同宿していた北支那方面軍最後の参謀長・高橋坦にも追及の手が及んだ。五月十五日に中国側から「宿舎に在って後命を待つべき」旨の指示があり、足留めされ、岡村自身も「戦犯容疑者か」と認識せざるを得なかった。[140] 高橋について中国側は華北分離工作の際の一九三五年の「梅津・何応欽協定」での交渉を問題視しており、同様に問われた酒井隆は前年十二月に逮捕されていた。中国側は五月二十二日、高橋を戦犯容疑者として一両日中に勾留すると内達があり、岡村も何応欽に寛大な取り扱いを依頼したが、「遂に効果がなかった」と日記に記している。[141]

中国で戦犯や漢奸に対する追及が強まる中、当然のことながら岡村寧次も例外ではなかった。岡村は戦犯容疑で高橋が勾留されるとの内達があった二日後の五月二十四日、日記に「私の身柄がどうなるか」を考え、

「中国戦犯として中国に残留する公算、最大なるも、内地の戦犯として引き渡される場合もある」と記した。岡村がこう考えたのは、総参謀長の小林以下の参謀が、中国に残留する希望を出しており、岡村の戦犯としての処遇を考慮に入れた上で、参謀たちの将来の行動予定を立てた方がよいと見ていたからである。[142] 四六年四、五月頃、戦犯抑留者は三千人に達しており、[143] 岡村は、日本人戦犯裁判や未帰還者問題などのため中国各地に「連絡班」をつくるよう中国側に申請していたが、五月三十日に南京、上海、漢口、広州、北平、青島、太原、台北の八カ所に設置を許可された。南京総連絡班には、小林総参謀長以下の参謀全員が残留を希望したが、小林は帰還することになった。結局、岡村のほか、今井を班長として宮崎、小笠原ら十四人が残ることになった。[144]

日本大使館の館員はどうだったか。岡村は六月十一日、堀内干城《たてき》[145]公使と約一時間にわたり上海情勢について語ったが、この中で堀内は「官を辞し、数百人の慰留民と共に上海に永住するに決した」と明かした。[146] 堀内は日本敗戦時の南京駐在公使だった。一九四六年三月十二日に上海で堀内が部下の勝野康助に語った内容が、幣原喜重郎首相と吉田茂外相に報告された。この中で堀内は、残留日本人の問題などについて行政院長・宋子文と協議したが、「自分ハ将来外務省ニ止マルカ否カヲ論セス中国ニ残留シテ中日関係ノ為貢献シタク固ク決意シ居レリ而シテ自分ト宋トノ前記関係ニ鑑ミ再度外交関係カ復活スル迄ノ中日関係ニ付テハ総理及外務大臣ニ於テ自分ノ立場及努力ヲ信頼セラレ堀内、宋会談ノ趣旨ニ順応シテ大局ヲ判断セラレンコトヲ特ニ切望ス」と報告した。[147] 蔣介石に近い宋子文にパイプを持った堀内は、日本敗戦に関わる処理を進め、国民政府との関係を再構築しようと中国残留を強く訴えたのだった。

日本敗戦前に外交官となり南京に留学し、戦後も中国通として活躍した前出・岡田晃は、宋子文行政院長と交渉する堀内に同行して南京から上海に向かっている。岡田の回想によると、四五年十一月頃、宋子文が上海に来たという情報が入り、南京から上海に行く堀内は岡田に対し、同行して通訳や運転手など身の回りの世話をするよう指示した。堀内は日本人の引き揚げに関して「一人当たりの荷物を二十キロとせよというのはどうもおかしい」などと交渉し、宋は堀内に対して「日本は米国に負けても、中国にいる日本軍はそのまま残っているのだから、国民党軍による中共軍討伐に日本の軍隊として手伝ってくれ」と要請した。これに対して堀内は、「自分は満州事変とか七・七事件〔盧溝橋事件〕をやめさせるためにあれだけ努力し、結局は大使にもならず、とうとう公使で世の中を終わってしまったのに、また日本の軍がこの大陸で戦争するなんて、どうなるのだ」とはっきり断った。宋もさすがに黙ってそれ以上は何も言わなかったという。[148]

宋子文は、堀内に「国民党軍による中共軍討伐に日本の軍隊として手伝ってくれ」と求め、堀内は断ったが、これは国民政府軍の本音で、旧日本軍の協力が欲しかったのだ。

監獄で聞いた同期二人の死刑

岡村寧次は、師団長、軍司令官、方面軍司令官、総司令官と、中国戦線で勤務し、最後は最高の地位に就いていたのだから、「到底戦犯、それも極刑は免れないものと終戦当初から覚悟していた」と回想した。[149]岡村の回想によると、最初に岡村を戦犯に指定したのは中国共産党で、一九四五年十一月であった。延安で日本人戦犯約二万余名を指定発表したのだが、第一号は岡村で、第二号は元北支那方面軍司令官・多田駿、第三号は山東省の第四十三軍司令官・細川忠康だった。多田は、日中の戦局の不拡大を主張し、両国の連携を訴えた「支那通」軍人の代表格で、第二号戦犯というのは首をかしげざるを得ないが、岡村は、共産党の戦犯指定について「現地の外国新聞に記載されたのみで、漢字新聞は不問に附し、日本内地にも伝わらなかったので、知らぬ人が多い」と指摘している。[150]共産党はその後、岡村を「第一号日本中国侵略戦犯」と攻撃を強めるが、共産党の通信社・新華社は、四七年六月十四日、人民解放軍本部報道官の話として、岡村が徐州に行き、華東での人民解放軍に対する進攻を直接指揮していると伝えた。[151] これはデマだったが、外国記者や中共系紙からは、戦犯として岡村は一体どうなるのかという関心が高まった。[152]

実は、岡村の戦犯問題が言われ出した四五年十二月初め、国民政府では、岡村は中国戦線ばかりに勤務していたにもかかわらず、南京虐殺事件など中国側が日本軍の非行として最も問題視した四つの戦闘に関わっていなかったとして「幸運な男」と評されていた。[153] その後、岡村の戦犯問題について政府・軍の間で討議され、戦犯とすべきではないという声が軍部系統から上がった。四六年四月二十二日の会議で何応欽が岡村の戦犯免除を提案したのに対して蔣介石は「趣旨には同意だが、政治的事務的に如何に措置すべきかが問題である。研究せよ」と裁決した。また岡村については引き続き南京総連絡班として残留することに決まった。さらに陳誠・参謀総長も蔣介石に対して終戦以来の岡村の実績のほか、将来の中日関係を考慮し、寛大な措置を取るのがいいと意見具申したところ、蔣介石は黙して語らなかった。[154]

四六年五月から東京裁判が始まったが、岡村は帰国すれば、米ソなど連合国から戦犯に指定される公算が大きく、実際に同年十一月下旬には東京裁判を主導する米国から証人として喚問したいとの要請が来た。国民政府は南京総連絡班の業務がいまだ終了していないほか、本人の健康問題も顧慮する必要があるという理由を付けて喚問要請を拒否した。しかし反日感情の強い民衆の声や、東京裁判からの出頭要請などを受けた国際社会との関係、さらに共産党の攻撃も強くなり、国民政府は中国で岡村を戦犯として裁判にかけることを検討せざるを得なくなった。四七年七月五日には裁判を行っても形式的なものになるという、親日派少将の曹士澂（国民政府戦犯処理委員会幹事長）の見解が小笠原を通じて岡村にも伝えられた。岡村は七月十七日の日記に「国防部を中心とする政府の寛大な方針に対し、純理論的に反対して厳しい措置を採れと主張する者が増加する傾向にある」と記し、岡村を戦犯とする意見の拡大を聞いた。[155]

とうとう四七年十月七日には南京総連絡班の業務も終了し、最後まで岡村の側で残った最側近の小笠原清も軍医とともに帰還することになった。しかし同月十三日、岡村は発熱し体温が三十八度まで上がった。それを聞いた上海で帰還の船待ち中だった小笠原は来訪し、介抱してくれた。十五日も三十九度を超す高熱が続き、潜伏していた肺結核が「爆発した」と自覚した。その後も咳や熱が続く中、十一月十五日に帰国船が近く上海に入港するという報があったので小笠原と軍医は岡村の病床で別れを告げた。岡村は絶対安静で門まで見送れない。岡村はその日の日記に「小笠原の大きな眼玉から涙の流れるのを見た」と記した。一人ぼっちの闘病生活に入った岡村だが、翌十六日の日記には「ちょっと淋しかったが、特別の感想も起らない。ただ二百万軍民を無事に帰国させることができたという一種の安心感で一杯であった」と書いた。[156]

翌一九四八年になり、岡村は、戦後も上海に残留して留用された肺結核が専門の日本人医学博士に治療を受けつつ、三月三十日からは南京から上海に移り、日本通中国人が所有する秘密の隠れ家に保護された。国防部が手配したものだった。メディアは、岡村は上海戦犯監獄か病院にいるものと思い込んでいた。[157] 戦犯軍事法廷検察官から七月十二日に出頭するよう呼出状を受領したのは同月七日だった。裁判長は、漢奸裁判のほか、酒井隆、谷寿夫ら戦犯裁判で厳しい裁定を行った石美瑜だった。しかし岡村の戦犯裁判には国防部の方針がより強く反映され、東京裁判の終結までに岡村の審理を行う意向があり、蔣介石も岡村の審理開始に同意し、「軽く処断する」よう指示した。岡村は「終戦以来覚悟し予期していたことであるから、来るべきものが来たという軽い気持であった」と回想した。[158]

続いて四八年八月十四日に軍事法廷に出廷し、戦犯監獄にも入った。盟友・磯谷廉介のほか、支那通で陸軍次官まで務めた柴山兼四郎、満州事変時に朝鮮軍の独断越境で暗躍した神田正種両陸軍中将も同じ監獄だった。同日の日記には「旧知数十名交々《こもごも》来談し夕食後庭の散歩時間にも友人と話し合い久しぶりに楽しかった」とある。[159] また日記にはさらに入獄への率直な気持ちが記された。

「夙《つと》に私は、多くの部下人士が既に入監している以上、私自身も速かに入監したいという軍人精神的気持ちと、反面中国政府や軍部内にある友人たちに頼ってこれら入監者の罪の軽減、速かなる内地帰還を計るためには、なるべく獄外抑留を続けるが便であるという、一種の義務の矛盾に悩んでいたのであったが、そうしてその矛盾は未だ解決されていなかったのであったが、この日は何かホーッとした気分で安眠することができた」[160]。戦犯として他の戦友とともに責任を果たしたい気持ちと、中国側と交渉して戦友の世話をする役目も必要だ、という「義務の矛盾」というのは偽らざる感情だろう。

四八年十一月十二日、東京裁判で土肥原賢二、板垣征四郎に死刑判決が下された。岡村は同月二十五日の日記に「青年時代同期中大陸にあこがれた同志盟友として共に歩んできた四人。土肥原、板垣は死刑、磯谷と私は大陸の戦犯監獄に、感慨無量ならざるを得ず。今日は磯谷と対座して泌々《しみじみ》運命観を語り合った」と記した。[161] 四人は陸軍士官学校卒業十六期の同期であり、共に中国大陸に憧れと関心を持った「支那通」軍人だ。土肥原、板垣、岡村は大将になり、満州事変の中心人物・板垣は陸相まで上り詰めた。中将止まりの磯谷も軍務局長など陸軍中枢を歩んだ。同年十二月二十三日の絞首刑執行の際も岡村は「壮年時以来の盟友の最後を聴き、いろいろと回想した」と日記に書き、[162] 運命を重ね合わせた。

結論ありきの無罪宣告

結論から言うと、岡村寧次に対する正式公判の一回目は一九四八年八月二十三日、二回目は判決公判になり翌四九年一月二十六日に開かれた。「残虐事件に関係なし」ということで無罪が宣告された。[163] ただ、結論は早くから決まっていた。

国共内戦で共産党の勝利は確実となり、四九年一月十四日に毛沢東は声明を発表し、国民党との和平交渉に臨む上での八項目の条件を提示した。民主的な連合政府を成立させ、国民党反動政府の一切の権力を接収するとしたが、第一項目に挙げたのは戦犯懲罰だった。[164] 共産党の人民解放軍が北平（北京）に入城するのは一月三十一日だ。それに先立ち国民党内では一月二十二日、蔣介石に代わり代理総統に副総統・李宗仁が就いた。岡村は、同日の日記で「後者は私に対し前者のように好意的ではないが、私の運命はどうなっても致し方ないなどと思う」と記し、[165] 複雑な心境をのぞかせた。それでも岡村の無罪は揺るがなかった。

岡村自身は前年十一月二十八日、数日前に国防部長・何応欽、同次長・秦徳純、曹士澂、司法行政部長、石美瑜裁判長らが集まり、岡村の判決について会議を開催した、と漏れ聞いた。席上、何と曹は岡村の無罪を主張した。これに対して司法行政部長は世論を考慮し、また東京裁判の判決と照らし合わせて無期懲役が至当とすると主張し、結局蔣介石の判断に委ねることになったという。ただ病気療養のため岡村を仮釈放とすることは決まった。またその一週間前、親日派の将軍・湯恩伯が蔣介石と面会した際、岡村を無罪判決にしたいと進言したところ、概ね承諾した。ただ湯がこれを何応欽に伝えたところ、岡村無罪を主張する何も世論や国際関係を考慮する必要があり、「今直に無罪を裁決するのは適当ではない」と述べ、時機を待つべきだと答えた。[166]

翌四九年一月二十六日の判決もこの軍高官の議論に沿ったものだった。判決文では長沙、徐州、広東、南京での日本軍の暴行に岡村は関係していないほか、日本政府が投降すると岡村は直ちに停戦し、降伏に従ったと認定し、「身分が敵軍総司令官だったので戦犯容疑者となっていた」とみなした。予想外の判決に新聞記者は大騒ぎになった。この判決の背景に岡村は、「何応欽国防部長をはじめ軍部の要人殊に湯恩伯将軍の強硬な無罪論」があったと回想している。湯は自らの手記に、戦犯処理委員会で行政院や司法行政部の委員は岡村に対して死刑や終身禁固の判決を主張したが、「本官は反共の見地から之に反対して無罪を主張した」と明かし、何応欽を巻き込み、「結局本官の意見は勝利を得、蔣総統の裁決を仰ぐこととなり、その批准を得た」と回顧した。(167)

岡村に対する予想外の判決から一日を置いた一月二十八日夕、軍事法廷の副官が突然やって来て、明朝には戦犯監獄に戻り、他の「戦犯」と一緒に米国船に乗って帰国の途に就くと伝えた。(168) 米国船ジョン・W・ウィークス号には、中国軍事法廷で無罪となった岡村ら九人のほか、中国で服役中だった戦犯二百五十一人が乗った。終身刑判決を受けた磯谷廉介も含まれた。(169)

中国共産党の人民解放軍本部は、岡村の無罪判決直後の一月二十八日、さっそく声明を出し、「国民党反動政府が勝手に無罪を宣告することは断じて容認できない」と非難した上で、共産党側は岡村の問題が国民党に対する和平交渉と密接に関係していると主張し、直ちに岡村を改めて逮捕監禁するよう要求した。(170) しかし船は三十日午前十時に上海を出帆。岡村は日没後、船の機関長から、東京のラジオ放送が「中共は国府に対して和平条件の一つとして岡村の無罪判決を国の決定とすることなく本人を引き渡すべしと申し入れている」と伝えたと聞いた。代理総統の李宗仁は、共産党との和平のため岡村の再逮捕を命令したが、湯恩伯はこれを握り潰した。この米国船が横浜を出航したと聞き、岡村の判決公判の期日を決めており、これに乗船させて帰国させることにしたのだ。(171)

四　蔣介石救った元日本軍人

岡村に渡された書簡

上海を出航した岡村寧次の乗った米国船は一九四九年二月三日夜九時に横浜港に着いた。岸壁には最後まで南京に残った小笠原清らの顔があった。その後肺結核を患っている岡村は、東京・牛込の国立第一病院に入院した。[172]磯谷らその他の戦犯は巣鴨拘置所に入った。[173]

入院して以降の岡村と国民政府軍人らの「因縁」というべき関係は、中華人民共和国が成立した一カ月後の一九四九年十一月から六八年末まで続いた国民政府への秘密軍事顧問団「白団」という形で結実した。岡村を最後まで支えた小笠原清は、一九七一年に「蔣介石をすくった日本将校団」という手記を残している。[174]小笠原は岡村の秘書の役割を果たし、台湾に渡った元軍人との折衝、残された家族との連絡役、調査係など、「何でも屋の当番兵」と自称した。[175]このほか「白団」一員として五二年三月から六九年一月まで十八年間台湾で勤務した岩坪博秀[176]の回顧講演録がある。[177]

岡村が帰還した一九四九年。「〔岡村の〕病状も漸次快方にむかい、われわれ関係者も喜んでいたのであるが、ちょうど梅雨明けの七月ごろだったが、将軍のもとに東京在住の中国代表部を通じて、国民政府からの書簡がとどけられた」（小笠原手記）[178]。岡村のもとに、在東京中国代表部の曹士澂少将、陳昭凱大佐、王亮の三人が見舞いに来て書簡が手交されたのだ。三人は岡村や小笠原と旧知の関係で、特に曹は前述した通り、日本敗戦後に大陸に残った二百万日本軍民の引き揚げや戦犯問題で蔣介石の「以徳報怨」政策を実行に移した軍人だった。岡村が無罪になったのも湯恩伯と曹士澂の貢献が特に大きかった。岡村に手渡した書簡の要旨はこんなものだった。

「現在大陸にては不幸、国府軍は各地の戦闘意のごとくならず日々敗北をつづけている。いちおう奥地の四川、雲南、貴州と広東、広西地区を確保して持久を策すが、長江（揚子江）下流、南京、上海の江南地区の兵力と要人とは台湾に後退せしめ再編を図りたい。就いては再編に関して日本の旧軍人の同志のご協力をえたい」(179)。宋子文が日本敗戦直後に駐華公使・堀内干城に対して「国民党軍による中共軍討伐に日本の軍隊として手伝ってくれ」と要請したことがあったように、国民政府にとって中日連携の延長線上には旧日本軍から軍事的協力を得たいという発想はもともとあった。

共産党軍との内戦で敗退を続けた蔣介石は四九年一月二十二日、副総統・李宗仁を代理総統として、生まれ故郷の浙江省渓口鎮に退いたが、四月二十五日を最後に、ここを後にした。先祖の墓をお参りし、別れを告げ、必ず再び戻ってくることを誓った。その後砲艦で上海に向かったが、その前日に国民政府軍は首都南京から撤退し、上海の危機は目前だった。五月七日に軍艦「江静」で上海をたち、舟山諸島、澎湖諸島を経て台湾を目指した。大陸で敗北しても舟山、馬祖、アモイ（金門）、澎湖、台湾を結ぶ線を国家建設の出発点とする計画であり、六月二十四日に台北市郊外の草山（陽明山）に住居を定めた(180)。

曹士澂が、日本に赴任したのは一九四九年四月であるが、共産党との内戦で敗退が決定的な中、日本からの協力を得ることが赴任の目的だった。曹が国民政府からの書簡を病床の岡村に手渡したのは四九年七月ごろとされるが、それと同じ時期、七月十三日に蔣介石と面会した。蔣介石は同日の日記に、曹士澂から日本人材を活用するという報告について聴取したと記している(181)。

さらに曹は七月二十二日に広州で蔣介石に報告した。日本軍人を利用する計画の「目的と方針は正しい」という認識を示した上で、「日本顧問を利用した建軍・軍事制度再建」に関しては「日本方面で駐日代表団が優秀な日本の軍人を選択し、幕僚団を組織してはどうか」と提案した。[182]

蔣介石は七月三十一日、曹士澂から提案された日本軍人を利用する計画について指示を出した。「綱領」としては「中国陸軍の改善と東亜反共連合軍の画策のため、日本の優秀な軍官を選抜して中国に招き、特に教育と訓練、制度構築に力を入れてもらい、必要な時には反共作戦にも直接参加させる」と明記した。「組織」では日中合同の「連合幕僚団」を発足させ、日本側から参加する軍人は最初二十五人とし、第二段階でさらに増やすとした。中国側からも優秀な軍人二十五人を選抜して各組に分け、日本軍人が各組の顧問に就くという計画を立てた。さら日本軍人に支払われる「経費」も規定された。それによると、最初に一時金として一人当たり二百米ドル、二十五人で計五千米ドルを支出するほか、毎月の生活費と家族との連絡費として一人当たりそれぞれ七十五米ドル、四十米ドルの計百十五米ドル、二十五人で計二千八百七十五米ドルを支払うと決めた。このほか「防諜と保密（秘密保持）に注意する」よう求めた。[183]

根本博の作戦指南

まだ「白団」の秘密計画が東京、台北、大陸で完全に固まらない頃、台湾に渡った元陸軍の高級幹部がいた。根本博は、支那研究員、南京駐在武官、参謀本部支那班長、上海駐在武官、支那駐屯軍勤務、北支那方面軍司令官など「支那通」軍人のエリートコースを歩んだ。三月事件や十月事件（ともに一九三一年）という軍部クーデター計画に関わったこともある一方、上海駐在武官時代の一九三三年の関内作戦の際には蔣介石側からの要請で停戦交渉を行ったこともあり、当時陸軍で強かった「蔣介石は敵だ」という見方と一線を画した。日本敗戦時は北支那方面軍司令官だった。一九五二年に根本が記した手記[184]にはこういう記述がある。

「昭和二十年の終戦当時、私は自殺を決意して居たのだが、部の統率や送還邦人の送還等の責任上其れを決行する機会が無く部下や邦人の送還業務の終了まで之を延期して居た。所が昭和二十年十一月北京に来た中国の海軍少将で「カイロ」会議に蔣介石に随行した人から詳しく「カイロ」会議の内情を聞かされ、日本の天皇制の存続が蔣介石に依つて擁護されたものであることの事実を知り、感激のあまり其の肉体を自殺の愚に落すよりも寧ろ蔣介石に献上して生かして彼の役に立たせた方が却つて有効であると、遂に自殺の意思を放棄した」。

根本は日本敗戦後の北京から四六年八月に復員したが、もし蔣介石に難儀なことが起こったら「彼の為めには犬馬の労を辞せないと云ふ堅い決意」を持ち、「国体擁護の大恩人たる蔣介石には誰も協力する者も無いと云ふのでは日本人として気がひけてたまらない」と感じていた。根本は四九年一月、蔣介石が総統の職務を副総統の李宗仁に代行させ、故郷に隠退したというニュースを新聞で知り、居ても立ってもいられなくなり、上海まで行こうと考えたが、金を工面できない。ジリジリして落ち着かない日を送っていたところ、国民政府立法委員の黄節文という人物から「早く来て援助して呉れないか」という手紙をもらった。黄節文は、親日派だった故・黄孚の遺児だと聞いていたので心が動き出した時、李銈源という中国人が現れ、「閣下、国民政府から御迎へに来ました。進駐軍の方は勿論、日本政府方面にも黙認を得て私が万事手配を致してあります」と語った。そして根本は四九年五月七日夜、家族には明日から元部下のもとを訪れ魚釣りをしてくると嘘を言い、八日朝、釣り具と着替えを持ち東京駅から鹿児島行きの急行列車に乗った。途中、博多駅に下車したり、別府温泉の旅館に投宿したりしたが、六月二十六日にようやく釣り船で延岡の港から出帆した。夜に貧弱な台湾船「捷信号」に乗り移った。途中、船底に穴が開いて浸水したり、故障が起きたりして七月十日にようやく台湾北部・基隆に着いた。[185]

湯恩伯の使者が、北投温泉にある根本の宿舎に突然来て慰労の宴会を行いたいと連絡してきたのは八月中旬だった。湯恩伯との宴席は夜十時まで続き、辞去の際、湯は「大総統が明日お会いする」とささやいた。湯の案内で草山の蔣介石住居に行き、出てきた蔣は、既に台湾に来て約四十日がたつ根本が、「二、三日前に到着した」と聞き、早速面会の手配を行ったという。席上、蔣介石は根本に「近日中に湯恩伯が福建方面に往くが、差し支へなかつたら湯と同行して福建方面の情況を観て呉れないか」と持ち掛けた。快諾した根本は、八月十九日にアモイ港に到着した。いわば湯恩伯の軍事顧問となったのだ。途中、九月上旬に重慶に移った蔣介石からの要請で根本は重慶に飛び、三日間の滞在中、蔣介石の諮問に答え、希望も聞いたが、たまたま起こった大火災で市街が黒煙天に覆われるのを見て重慶の運命に不吉な予感に襲われたと回想している。[186] 根本はまたアモイに戻り、十月下旬の「古寧頭の戦い」に臨むことになる。

中国大陸の国民政府軍は敗退を続け、九月下旬にはアモイや金門島に後退し、数百隻のジャンク船に乗った共産党軍が金門島に上陸してきた。国民政府軍は敵軍を島に上陸させた上で、全兵力を島の南東側に集結させてから共産党軍に向けて突進し、その退路を遮断し、二万〜三万の敵軍を全滅させた。この作戦を進言、指導したのが根本だった。[187] 根本は手記で「此の戦績は近年の国府軍としては、勝利の唯一の「レコード」だ。言葉を換へて言ふならば、此の戦績は国府軍の復興を促がす警鐘であつた。連戦連敗の軍隊を復活させる「カンフル」注射であつた」[188] と記している。

「白団」密約

根本博は、湯恩伯の顧問であり、岡村寧次が主導した「白団」とは違う。根本は日華平和条約が締結されて二カ月がたった一九五二年六月二十五日午前、空路帰国した。同日の朝日新聞は、根本の台湾行きの経緯や向こうでの仕事が、本人の言葉を引用して簡単に紹介されているが、根本はこの中で「渡台後蔣総統にもしばしば会い、こわれるまゝに軍事的に参考になることをいろいろといゝ、アモイ作戦にも行って見た。最近台湾は蔣総統が政治、経済、軍事などすべてを改革、非常に順調に進んでいるので私の気持ちもこれでやっと楽になって帰国したわけだ」と語った。(189)

一方の「白団」による蔣介石支援はその後十七年間も続くが、前述した通り、一九四九年七月の国民政府から岡村寧次に宛てた手紙が始まりだった。それを受け岡村のもとにも澄田睞《らい》四郎(190)元第一軍司令官、十川《そがわ》次郎元第六軍司令官、そして小笠原が集まった。澄田は一九四九年二月まで山西省太原・上海に、十川も四八年八月まで南京にいた。

日本敗戦時に国民党で山西省を支配した山西省主席・第二戦区司令長官の閻錫山は、敗戦した日本の協力と援助を必要とし、澄田に持ち掛けた。結局、武装解除するはずだった日本軍元兵士約二千六百人が残留。一九四六年から共産党軍との国共内戦が激化し、共産党軍との戦いにおいて奮闘したのが、これら日本残留兵士だった。攻勢の共産党軍は四九年四月、太原総攻撃を開始し、残留兵のうち約五百五十人が戦死し、七百人以上が捕虜となった。この時残留工作の中心となったのは、張作霖爆殺事件の首謀者・河本大作で、閻錫山の顧問も務めた。河本は張作霖事件三年後の満州事変でも裏で糸を引き、満鉄理事、満州炭鉱理事長と、満州において「大炭鉱王」となり、豊富な資源を掘る建設者として君臨した。一九四二年に石炭の豊富な太原を新天地に選び、日本の国策会社・山西産業社長に就いたが、日本は敗戦し、同社は国民政府に接収され、西北実業公司と名前を変え、河本は総顧問となった。(191)

澄田は共産党軍の攻撃に先立つ四八年暮れ、在中国の日本人戦犯は、支那派遣軍総司令官・岡村寧次以下の全員が上海から巣鴨拘置所に移送されるという情報を聞き、自分の戦犯問題について「兎に角、この際、黒白だけは、決定して貰い度いものだ」と閻錫山に要求した。これに対して閻は「自分が、全責任を負って、君を不起訴にすることに決めた」と告げ、河本大作と一緒に帰国するよう促した。澄田は河本に閻の意向を伝えたが、河本は「自分は、終戦当時会社の従業員を説得して多人数残留せしめ、今日でもなお日僑（在留日本人の意）会長をしているから、太原に日本人のいる限り、自分独り帰国することはできない」と語り、澄田には帰国を勧めた。[192] 閻錫山は太原落城前の三月に南京に逃亡。澄田はその前の二月、太原に着陸した米軍輸送機に便乗して脱出、二月十七日に米豪華船で上海を出帆し帰国を果たした。[193]

「太原の日本人の最後の一人までを見守らねばならぬ」と決めた河本は共産党軍が太原に入ると、戦犯の罪に問われて公安局に拘束された。二年間北京の監獄に入れられたが、五二年秋に再び太原に戻り、尋問が続いた。[194] 河本は五五年八月二十五日朝に太原の戦犯管理所で病死したとされるが、容疑は、張作霖爆殺でも満州事変でもなく、「閻錫山の反革命集団に参加して日本軍国主義の復活をおしすすめた」という内容とみられる。[195]

岡村、澄田、十川、小笠原の会議に話を戻すと、占領下の当時の東京で、旧軍人幹部が病室で鳩首会議はもってのほかと判断され、岡村の病状が好転したこともあり、幡ヶ谷、団子坂、高輪など都内で密議を重ねた。元軍人が台湾に渡って国民政府軍の再建・再編に協力する際、渡航方法や留守家族との連絡方法などを話し合ったが、最も重要なのは人選だったという。[196]

岡村が軍事顧問団団長として最初に白羽の矢を立てたのは天野正一《まさかず》で、華中方面を統括した第六方面軍の参謀副長だった際、岡村は上司に当たる司令官だった。しかし天野は多忙を極めどうしても台湾に行けないということで、天野と同じ三十二期の富田直亮《なおすけ》[197]に取って代わることになった。[198] 富田は支那派遣軍隷下にある広東省の第二十三軍の参謀副長・参謀長を一九四四年十二月から日本敗戦まで務めた。支那派遣軍総司令官だった岡村とは旧知の関係である上、中国南部を熟知しており、適任とされた。富田は「よし、やりましょう」

と明快に応え、岡村も「おれが病気中なんで、ひとつ名代でやってくれたまえ」と話した。岡村が、国民政府から依頼された軍事顧問団派遣を快諾した理由は、岡村の「国府に対する恩義」の一言に尽きると小笠原は回顧している。小笠原が代弁する岡村の恩義は、①蔣介石が日本敗戦後の日本進駐に反対し、ソ連の進駐を抑えた、②日本敗戦時に大陸に残された二百万人日本軍民のスムーズな帰国―だった。[199] 岩坪博秀は、この他の「恩義」について、賠償放棄、蔣介石がカイロ会談で天皇制維持に尽力したことを含めて計四つだと説明している。[200]

四九年九月十日、高輪にある小さな旅館の一室に秘かに集まったのは、国民政府側からは曹士澂と陳昭凱、日本側からは岡村と小笠原、さらに富田を筆頭に十二人の白団メンバーの計十六人で、顔をそろえて「盟約」が交わされた。盟約書にはこう記された。「赤魔は、日を逐って亜細亜大陸を風靡する。平和と自由とを尊び○○（中日）提携の要を確認する○○○○（中日両国）同志は、此の際亜東の反共聯合、共同保衛のために蹶起《けっき》し、更に密に協力して防共に邁進すべき秋である。茲に、○○（日本）側同憂相謀り欣然として赤魔打倒に精進する○○○○○○○○（中華民国国民政府）の招聘に応じ○○（中日）恒久合作の礎石たらんことを期する」（原文は○○部分が伏せ字となっている）。[201]

この頃は、中国に新政権を成立させた共産主義が、中国大陸、さらに日本を含めたアジアに浸透することを阻止するための共同戦線的な意味合いが強かったことが分かる。

白団メンバーの人選などは澄田と十川と小笠原が岡村の意思を基に進めた結果、一九四九年九月から十一月にかけて富田以下十七人から応諾の回答を得た。後々「十七人組」と呼ばれた十七人である。十二月には二人を加えて年内に十九人に増えた。十九人のうち海軍は一人で、残りは陸軍出身者だった。当時日本人が海外に渡航することは厳しく規制されており、台湾行きは密航になった。このため皆、秘匿のため中国名を使うことが決められた。特に富田直亮の中国名は「白鴻亮」だったことからこの「白」を取り、軍事顧問団は「白団」と呼ばれた。小笠原によると、この中国名の仮名はいい加減なものではなく、在東京中国代表部・陳昭凱大佐と相談し、日本名の文字を取ったり、あるいは音をとったりして中国名の参考にした。白団の秘匿性は徹底しており、「軍事顧問団」と言わず「白団」で通し、岡村のことも「岡村」という名前は絶対に出さず、東京・四谷に住んでいたことから「四谷先生」と呼んだ。[202]

岡村や小笠原、富田らが曹士澂と密約を交わした翌日の一九四九年九月十一日付の読売新聞はシカゴ・トリビューン紙特約記事として、中国国民党が対中共戦線に日本飛行士を送るため四百万米ドルの資金を用いひそかに日本国内で五百人の日本人飛行士を募集しており、既に先遣隊も台湾に渡ったと報道した。これとは別に根本ら六人が六月二十四日に小船で九州を出発し、七月上旬に台湾に到着したとも紹介した。さらに、根本は蔣介石の青年時代の友人で台湾にいる「李慶元」という「中国人」の線から勧誘されたが、「李慶元なる人物の本名は一説には元ビルマ派遣軍参謀辻政信大佐だと伝えられているが、これは全く真偽不明である」とも伝えた。[203] 根本の極秘訪台は正確な情報であるが、辻の介在に関する情報の真偽は確かに不明だ。ただ辻は、日本敗戦後の四八年五月まで国民政府支配下の南京に潜伏し、国民政府にパイプを持っている。五二年三月、岩坪博秀が台湾に密航して五、六日後に、辻は旧知の岩坪の自宅を訪問し、家族に「岩坪は何日出発しましたか」と尋ねたという。[204] 辻が「白団」に関する情報ルートを持っていたのは間違いない。

朝日新聞も四九年九月十一日付で、AP通信特約記事として、GHQ参謀第二部（情報）部長のウィロビー少将は、国民政府による日本人募兵説の調査を進めていると述べ、中心人物とされる根本の所在を徹底的に捜査していると明らかにした。[205] つまり「白団」の本格派遣の時点で、根本の訪台や国民政府の日本人募兵情報は広まりつつあったのだ。

大陸放棄に立ち会った富田直亮

「白団」が最初に蔣介石と面会したのは一九四九年十一月だった。国民政府は共産党との内戦の敗退が決定し、胡宗南将軍の率いた大軍が重慶に向かって雪崩をうって退却していた時だった。蔣介石も重慶にいた。国民政府側からの緊急の要請もあり、重慶に向かったのは白鴻亮こと富田と、林光こと荒竹国光（元陸軍大尉）、鄒敏三こと杉田敏三（元海軍中佐）の三人だった。富田と旧知だった荒竹は、陸軍中野学校出身で富田に専属副官のように付き添った。[206]

富田ら三人は一九四九年十月二十八日、日本から空路香港に飛び、そこから重慶に向かった。既に毛沢東は北京で中華人民共和国の成立を宣言しており、南京を放棄せざるを得なくなった国民政府の首脳が重慶に集まっていた。富田らは蔣介石に対して「岡村の同志、ただ今、参上しました」と挨拶した。[207] 蔣介石は富田に対して共産党軍の攻勢をなんとか食い止める方法はないかと聞いたが、富田は状況や地形などを検討した結果、何ともこれは手の打ちようがないという結論になり、そのまま拠点を置く台湾に戻ったという。[208] 蔣介石は四九年十一月十八日の日記に「白鴻亮らと面会した。彼の西南作戦に対する判断は甚だしく正確だ」と記し、同月二十四日には「富田と作戦方針を研究する」とある。[209] 大陸から完全撤退するという重要な局面で、富田の軍人としての素質を高く評価しているのが分かる。

蔣介石はその後、重慶を放棄し、四九年十二月十日には最後の拠点である成都を去り、完全に拠点を台湾に移すことになる。共産党との内戦に完全に敗北したことで、「白団」の位置づけも、大陸での反共作戦から、台湾を拠点にした大陸反攻に転換した。これに機を合わせるかのように、富田、荒竹、杉田を除く残る十四人のうち、第一陣の酒井忠雄と藤本治毅は十一月四日、台湾の密航船「鉄橋輪」で出発、第二陣の十二人は十二月三日に出発した。密航者が続出しＧＨＱや警察は厳重な警備体制を敷いていた。特に十二人は深夜の横浜港を出港する船に乗ったが、大阪、呉などに寄港するたびに警察の検査を受けた。下関港に入った際、警察が検査のため乗船してきた。後に台湾で「戦史の神様」と異名を取る本郷健（元陸軍大佐）は、隠れる場所に窮して司厨室に駆け込みコックの白衣と帽子を身に着けた。間一髪で警察が踏みこんだ時、日本語なんか分からないという感じでジャガイモの皮を剝いていたという。彼らは香港まで行き、そこで台湾行きの貨物船に乗り換えた。[210] 台北郊外の北投温泉に日本統治時代の日本軍の偕行社が、その前に兵站旅館があり、前者を第一宿舎、後者を第二宿舎として最初の十七人は落ち着いた。「白団」はその後の二人に続き、五〇年十二月から毎月十人前後が増員され、五一年七月まで増え続けた結果、七十六人に拡大した。大部分が陸大や海大を卒業し、幕僚勤務を経験した者だった。[211] 国民政府軍幹部を教育することから理論家を集めたとみられる。

前出・岩坪博秀は五一年三月に台湾入りした。岩坪はもともと友人と共に会社を設立するつもりだったが、同年一月下旬、白団と既に契約を済ませた陸軍同期の友人・中尾捨象が訪ねて来て「非常に重要な仕事がある、これはしかし極秘だから細部を言うわけにはいかない」と述べ、二つの条件をのめるかどうか尋ねた。一つは、自分の家庭を離れて遠い地域で行動すること、二つ目は軍人時代に勉強した軍事学など経験したことが役に立つ、ということだった。家族の理解を得た岩坪はその仕事を引き受けると返事すると、中尾は軍事顧問団の細部を話してくれ、二月上旬には岡村とも面会した。その後一カ月待機して三月十一日頃に神戸に行ったが、六人が一緒だった。同月十三日夜に皆背広姿で船員手帳だけを持ち、船員の案内で神戸港の倉庫の合間を行き、岸壁に付けてある小さな輸送船に乗り込んだ。「鉄橋輪」という約四千トンの客貨船だった。八十六時間をかけて基隆港に入港した。[212]

一九四九年九月頃から日本の元軍人らの極秘台湾入りの情報は日本の新聞にちらほら出るようになったことは触れたが、同年十一月十二日の参院本会議で共産党参院議員・細川嘉六は、「過日新聞に報道された台湾その他国民党軍へのいわゆる日本人義勇軍の参加問題に対する御所見はどうか」と質問し、これに対する答弁で吉田茂首相は、「国民軍に日本人の義勇軍が参加したという噂は聞いておりますが、従つて政府としてはその噂が事実なりや否や厳重に今取調中であります。若し密航等の事実があれば処罰いたします」と述べ、法務総裁・殖田《うえだ》俊吉《しゅんきち》は「台湾へ義勇軍として参加した者があるという噂は随分流布されておるのでありますが、私共で調査いたしましたところによりますれば、大した大規模のものではございません。少数の者が台湾へ行つたらしい形跡があるのであります。これが帰つて参れば直ちにこれを厳重なる処分をするつもりであります。更にその点につきましては一層の調査をいたすつもりであります」と答えた。[213]

この時点で「白団」として台湾に渡った元軍人は五人だけであり、日本政府も正確な情報を把握していた。小笠原清は「マッカーサー司令部のほうも日本政府のほうも、まず間違いなく知っていて、暗黙の了解…ただ新聞記者や一般の日本人にわからねばよい、ということだったと思われる」と回顧した。[214] 四九年九月頃からＧＨＱも調査を進めていたが、岡村は、十九人が渡航して半年ほどがたった五〇年夏にＧＨＱから呼び出しを受けた。日比谷のＧＨＱ本部で参謀第二部の大佐から物柔らかに尋問を受けた。この際、岡村はこう返した。

「大陸は失ってはならぬ。我々は終戦時の恩義に報いるため、進んで参加したものであって、この行動は米国の利益とは相反しない。むしろ感謝されるべきものであって、アメリカの中国大陸に対する認識が不足していたから、彼の地を失ったではないか」。結局、先方は「もうお帰り下さって結構だ」となったという。[215]

軍事教育の失敗

台湾に渡った「白団」の十九人は台北北郊の円山公園近くの円山訓練所で、国民政府軍に対する再教育を実施することになった。一九五〇年五月から、一部少佐と尉官など初級将校を対象にした「普通班」が始まり、第一期は百五十六人に対して一カ月間にわたる教育が行われた。教育内容としては歩兵操典を基にした各個教練や師団戦術を中心に、戦史や情報、通信、現地戦術も含まれた。結局、普通班は五二年一月まで連続して第十期まで続き、修了者は四千五十六人に達した。[216]

さらに五一年四月からは「高級班」教育が始まったが、これは大佐や少将以上の階級で、孫文によって一九二四年に設立された黄埔軍官学校やその流れをくむ中央軍官学校の出身者らが対象となった。期間は三カ月間と短期だったが、日本の陸軍大学のレベルの教育内容を誇り、戦術原則や図上戦術、情報通信、戦史教育、高等司令部演習、後勤教育などが実施された。五一年四月、同年八月、五二年二月からそれぞれ始まり、計三期で六百四十人が教育を受けた。[217]

蔣介石が旧日本軍のエリートに軍隊の教育を託したのは、共産党軍に敗北した要因として、軍の教育や体制に問題があったと熟知していたからだった。蔣介石は日記に、その反省を書き連ねた。例えば、内戦の形勢が不利になった四八年九月三日には「軍事、経済、党務が皆失敗し、収拾がつかなくなった原因は、政治、外交、さらに教育にある」と、同年九月二十八日には「国防部の各機構に済南陥落の原因を検討させているが、最大のものは高級司令部の人事と組織が中央の統制と指導を失ったからだ」とそれぞれ記した。[218] 四九年三月三十一日の日記には「先月の反省録」として「今回の失政の重要な原因は徹底的に検討し、箇条書きにして反省し改革につなげないといけない」と十三項目も列挙している。（甲）には「外交失敗が最大の近因」を挙げ、（乙）として「軍事教育と高等教育の失敗が最大の基因」と続けた。[219] その「反省」の直後に曹士澂が日本に行き、旧日本軍人との協力を模索することを考えれば、「軍事教育の失敗」という蔣介石の教訓が、「白団」発足につながったと言えよう。

陸大を出た日本陸軍のエリートだった白団のメンバーは教育を始めてからすぐ、共産党軍に敗戦したばかりの国民政府軍のレベルの低さを知ることになる。岩坪はこう回想している。「だんだん教育を始めてみますと、学生は皆基礎教育が非常に低いということがしみじみと判りました。余り教育を受けておりませんから、やはり戦術能力もいろいろの作業能力も非常に低調です」[220]。白団からすれば、小笠原が回想するように自分たちの役割は「自信と信念とを植えつけ、再起の力をもたせるということが根幹」であり、蔣介石からすれば、兵器類は米国からの援助によって再整備するが、「士気は旧日本軍の筋金入りの気迫でカツを入れる」ことを狙ったということだろう。だから蔣介石は、白団に国民政府軍再起に向けた大きな期待を寄せた。

小笠原は、「蔣総統のこの訓練所に対する関心もなみなみではなかったようだ。しばしば訪れては、敗退後の各級指揮官に対し激励」していたと回想している[221]。入校式に当たる開学典礼は非常に盛大に行われ、蔣介石も臨席し、訓辞を与えた[222]。

「蔣介石日記」にも「白団」についての言及が多い。特に白鴻亮こと富田を自分の軍事顧問と位置づけ、信頼し敬意を表した様子が浮かび上がる。

「昨晩、白鴻亮すなわち富田が定めた各種の方策と計画を改めて承認した」（五〇年三月十八日）。

「苗栗で白鴻亮の演習に対する講評を聴取するが、〔白鴻亮の〕誠実さは徹底的であり、一般の軍官の学業にとって非常に大きなプラスとなっている」（五〇年八月十六日）[223]。

中華人民共和国が成立すると米国のアチソン国務長官は五〇年一月、国共内戦への不介入政策を明確にし、台湾を「防衛線」の外に置いた。しかし五〇年六月の朝鮮戦争勃発により東アジア地域の共産化を警戒したトルーマン大統領は米海軍第七艦隊を台湾海峡に急派する命令を出し、七月には国民政府（台湾）への軍事援助と軍事顧問団の派遣を決めた。米軍事顧問団の台湾駐留は五一年五月からだが、台湾では、日本元軍人による秘密顧問団「白団」のメンバーが拡大した時期に当たる。米軍事顧問団長のウィリアム・チェース少将が任命されたのは五一年四月だが、[224]台湾に来て白団の存在を知ると蔣介石に抗議した。蔣介石は同年六月二十七日の日記に、チェースと会見した際、「〔チェースは〕最後に突然、日本教官問題を提起した」とした上で、「チェースは、米国が各国に行う軍事援助では米国の顧問のみを招聘するという項目があると説明し、その意味するところは、私が日本人教官を招いていることへの反対である」と記した。翌二十八日の日記にも「米顧問による日本籍教官に対する排除問題の解決方法を考えた」とあり、[225]蔣介石は、米国から見捨てられる中で自分への「恩義」のため命を懸けて来てくれた日本元軍人と、朝鮮戦争で一転して支援を再開した米軍事顧問団の間の板挟みになり、悩むことになるのだ。

結局、米国からの圧力があり、円山訓練所なども活動に使えなくなり、大陸反攻の前線である金門島に白団を移転させる計画も浮上した。蔣介石の提案だったが、保証人である東京の岡村寧次が「金門じゃ危険がともなう。俺は責任持てん。行ってはいかん」と却下したという。[226]こうして一九五〇年五月から始まった円山訓練所時代の第一期活動は五二年七月に終了し、同年八月に白団の教育機関として、北投に近い石牌に「地下大学」と呼ばれた「実践学社」を設立した。白団のメンバーも最盛期の七十六人から三十七人に大幅に減少した。[227]

実践学社時代は一九六四年末まで続くが、ここでは「聯合作戦研究班（聯戦班・甲班）」と「科学軍官儲備訓練班（科訓班・乙班）」の二本立ての高級幕僚教育が展開された。聯戦班は、少将や大佐クラスを学生に約一年の期間で、科訓班は少佐や大尉クラスなどの若い層に対して二年間で、教育が行われた。[228]蔣介石は実践学社での教育を非常に重視し、後に「師団長以上は絶対この石牌出身者でなくてはさせない」と言い出すようになったという。[229]

「武士道」再評価

実践学社で教育を受けた者でないと軍高官にさせないという発言だけでなく、日記を読んでも、蔣介石は米軍事顧問団ではなく「白団」を一貫して重視していたことが分かる。米軍事顧問団長チェースの抗議を受けた後の五一年十月十八日の日記には「午後軍訓団に行き、白鴻亮の戦争科学の講義を三時間聴いた」と書き、その直後にも「白鴻亮の戦争科学と哲学の講義を計六時間聴いた」と記している。五二年一月三日の日記には「三十二師団の日本人教官とお茶を飲み、談笑した。本当に楽しかった」と記した。[230]白団メンバーとの交流を通じて得られる知識・教養は得がたいものであり、充実した時間を過ごしているという偽りのない記述が印象的である。

同時に蔣介石は、日本の「武士道」に対する高い関心と揺るぎなき信頼を日記に記している。

若い頃に日本に留学し、士官候補生となった蔣介石は、明治維新以来の日本の近代化成功の裏には武士道があった、と述懐していた。[231]満州事変以降、日本が軍国主義の道を歩むと、軍国主義の根底に武士道があると批判的にとらえるようになるが、[232]富田ら白団が台湾に来てから再び武士道への傾倒を強めた。日記から抜粋しよう。

五〇年九月二十六日。「午後四時に軍訓団に行き、白鴻亮が武士道の歴史について講義するのを聴いた。はなはだ有益であった」。蔣介石は翌二十七日も二十八日も三十日も円山の訓練所に行き、武士道の講義を聴き、高く評価している。[233]

引き続き同年十月五日の日記には「日本の武士道と中国の正気。武士道（安部正人編）を読む」と書いたほか、同月七日には「白鴻亮総教授による武士道講述は、学生にとって暗黒の世界の中の光明と深く感じるだろうし、自らの慰めとなるものだ」と記した。[234]

知日派・蔣介石は、明治維新以降の日本を「範」ととらえ、その後日本を「敵」とみなすよう転じるが、日本を測る基準となる価値観に「武士道」があったわけだ。富田を中心とする「白団」との交流の中で武士道を見直そうとしている点は注目されるだろう。白団メンバーの精神を武士道の体現とみなしたのだ。

蔣介石は毎年旧正月の頃、白団メンバーを会食に招待したが、そのたびに「日本人は共産党の本質を理解していない。これは非常に恐ろしいことだ」と話した。岩坪は「会食の度に本当に耳にたこが出来るぐらい拝聴した」と回顧したが、国共合作で何回もその裏切りを受けた蔣介石は「日本人はもっと共産党の本質を知らなくてはいけない」と繰り返した。[235]その点で蔣介石と白団は、「反共」でつながり続けた。

白団第二期に当たる実践学社の活動は一九六四年末で終了し、その後は富田以下五人が残留し、岩坪も含めて指揮参謀大学で勤務した。しかし白団の支柱であり続けた岡村寧次が六六年九月二日、がんで死去すると、白団の活動も六八年末で終結することになった。富田は引き続き台湾に残ったが、岩坪を含めた四人は六九年一月に帰国した。[236]

岡村が死去した前後、中国大陸では文化大革命が本格的に吹き荒れた。中村祐悦の『白団（パイダン）』によると、最後まで白団に残った五人の一人である大橋策郎は、この頃、国民政府内では大陸内部の混乱に乗じて大陸反攻を考えていたと証言している。しかし蔣介石は既に大陸反攻を断念していた。やはり最後まで残った糸賀公一はこう述懐する。「昭和三十七、八年ごろだったと記憶していますが、ある会食の席でこういわれました。「ずっと反攻しようと思ってきたけれども、歳をとって気力がなくなった。ほんとうに残念だ」総統はそのとき八十幾つでした。あれだけの独裁者でも自分ひとりじゃないですし、アメリカだって絶対に反対していましたから」[237]。

蔣介石は一九七五年四月五日死去した。蔣介石から「恩義」を受けたはずの日本政府は、七二年九月に毛沢東政権と日中国交正常化を果たす。「友」であり、「敵」でもあった日本に命運を握られ続けた八十七年だった。

第七章 「戦犯」から「元首」へ天皇観変容

大規模な国共内戦の戦火はまず、一九四六年六月二十六日、中原地区で燃え上がった。[1] 蔣介石と毛沢東の戦いにより、この「両巨頭」の対日政策も変わらざるを得なかった。「連合政府を論ず」を唱えた毛沢東は、ソ連に不信感を持ちながらも対米接近を図り、蔣介石との「連合政府」を模索する姿勢を示した。内戦までの経緯については細かく触れないが、米国が国民党を支援したことで、こうした構図は一変した。

中国共産党中央委員会は、一九四六年七月七日の「七七」(盧溝橋事件)九周年の記念宣言で、米国を厳しく批判し、「米国反動派は中国反動派の協力の下、日本に取って代わる地位を企み、中国を米国帝国主義の植民地にしようとしている」と反発した。[2] さらに、国共内戦が本格化した同年八月十六日付の解放日報も、「全解放区人民を動員し、蔣介石の進攻を粉砕しよう」との一面社説を掲げた。この中で、「中共は何度も譲歩し、何度も和平提案を行ったが、すべて蔣介石によって拒絶された。現在、歴史的事実は非常にはっきりしている。平和と民主の憲章は既に蔣介石によって根本的に覆され、全面戦争の炎は蔣介石によって既に起こされた」と不快感を示すとともに、蔣介石の進攻を可能にしたとして「米国反動派」による蔣介石に対する軍事援助を強く批判した。[3]

一方で、毛沢東が接近したのはソ連だった。毛沢東は四六年八月六日、米ジャーナリスト、アンナ・ルイズ・ストロングのインタビューに応じ、「ソ連は世界平和の保衛者であり、米国反動派閥による世界覇権確立を阻む強大なファクターだ。ソ連が君臨しておれば、米国と世界中の反動派の野心は根本的に実現できない」と強く訴えた。[4] 国共内戦によって毛沢東は明らかに対米接近路線と決別し、ソ連との関係を再構築していた。

毛沢東率いる共産党は内戦に勝利し、一九四九年十月一日に毛沢東は北京で中華人民共和国の成立を宣言するが、「向ソ一辺倒」政策の中、四九年末に極東ハバロフスクで開廷した戦犯裁判で、法廷を主導したソ連が昭和天皇を第一の戦犯に掲げると、中国はそれに同調し、天皇戦犯キャンペーンを展開する。日本との講和を前提に中国外交部が主催した対日内部討論会でも天皇・天皇制に反対する声が相次いだ。五〇年六月に勃発した朝鮮戦争で東西冷戦の構造はよりはっきりするが、五三年七月に同戦争の休戦協定が締結され、同年三月のスターリン死去もあり、中国は平和攻勢外交に転換するのだ。こうした中で、対日関係正常化を目指す動きも加速し、五六年には毛沢東の口から、北京を訪問した日本要人に対して「天皇陛下によろしく」とのメッセージも発せられるようになる。「戦犯」とみなした昭和天皇を「元首」ととらえる動きだが、本章では内戦から冷戦、そして平和攻勢路線に転換する中での天皇観の変容を検証する。[5]

一　蒸し返された「天皇戦犯論」

国共内戦での対ソ接近

一九四七年三月のトルーマン米大統領による共産主義封じ込め、いわゆる「トルーマン・ドクトリン」や、ソ連を中心に欧州九カ国の共産党・労働者党による四七年九月の「コミンフォルム」結成などにより東西ブロックの冷戦は激しさを増した。同年三月、国民党軍の陝甘寧辺区（共産党が陝西、甘粛、寧夏の境界に設立した抗日根拠地）に対する進攻が始まる中、毛沢東・共産党は同月十八日、十年間住み着いた延安を離れ、陝北（陝西省北部）を転戦することになった。[6]

中国共産党軍は四七年七月から、「戦略的防御」から「戦略的進攻」へと転じた。[7] こうした中で毛沢東は四七年十月十日、「中国人民解放軍宣言」を発表し、ここで初めて「中国人民解放軍」という正式名称が使われた。さらに「蔣介石打倒、全中国解放」のスローガンを内外に宣言したのもこの時が初めてだった。[8] 岡部達味の研究によると、「中国人民解放軍宣言」により内戦は新しい段階に入り、革命戦争の目的が蔣介石の打倒として再定義された。その上で岡部は、共産党が目指す「将来の政府の形態」が、「国民党を含む広範な連合政府から、共産党に指導される狭いものに変わった。政府の性格は、革命的諸階級の連合独裁から、後になるとプロレタリア独裁と同じものだと再解釈されることになる人民民主独裁に変わった。換言すれば、一九四七年後半に革命綱領は急進化したのである」と指摘している。[9]

毛沢東や周恩来らが陝北米脂県楊家溝に到着したのは一九四七年十一月二十二日である。ここで四カ月間過ごすことになるが、毛沢東は十二月二十五〜二十八日に中共中央拡大会議を開き、自ら起草した「目前形勢和我們的任務（現在の情勢と我々の任務）」という書面報告を配布した。内戦を有利に展開していることに自信を深め、「これは歴史的転換点である。これは蔣介石の二十年間にわたる反革命統治が発展から消滅へと向かう転換点である。これは、百年以来の帝国主義の中国での統治が、発展から消滅に向かう転換点である。これは偉大な事変である」と強調した。[10] さらに毛沢東は第一日目の二十五日午前の講話で「政治の面では、人心の動向が変わった。蔣介石は孤立し、民衆は我々の側に立っている」[11]と総括した。

また毛沢東は報告の中で、米国を先頭とする「帝国主義・反民主陣営」と、ソ連を先頭とする「反帝国主義・民主勢力」を分ける二陣営理論を展開している。[12] 毛沢東らが楊家溝を離れたのは四八年三月二十一日で、二日後の二十三日には黄河を渡り、山西省臨県に入った。[13] 米国が一九四八年四月、国民党に対する援助法を成立させると、中国共産党はさらに一層、ソ連に接近した。毛沢東は同年四月十二日に河北省阜平の城南荘に着いたが、[14] ソ連を訪れる準備を行うと決め、二十六日にスターリンに宛てた電報で、ソ連に出向く時期を早める決定を下したと表明した。阜平から綏遠に行き、そこから飛行機でモスクワに飛ぶルートを選んだ。スターリンは二十九日の返電で同意したが、五月十日になって改めて毛沢東宛てに、中国の戦局と道中の安全を考えて訪ソの延期を提言する電報を打ってきた。つまり内戦は重要な分かれ目に差し掛かっており、毛沢東が中央指導部から離れるのは不適当だと考えたのだ。毛沢東は結局、訪ソを取りやめた。[15] しばらくした五月十八日、国民党の飛行機が突然、毛沢東が滞在した城南荘を爆撃し、毛沢東の泊まっている家屋に命中した。負傷はなかったが、明らかに国民党側は毛沢東の所在をつかんでいた。その日の夜、毛沢東は城南荘から二十余里離れた、ひっそりした小さい村である花山村に移った。毛沢東が花山村を離れ、中共中央機関の所在地とした河北省西柏坡に到着したのは五月二十七日だった。[16]

向ソ一辺倒政策の加速

毛沢東が訪ソを断念した一九四八年五月、スターリンはその代わりに「老練かつ信頼できる中央政治局員一名を派遣」して毛沢東の意見を聞くという代替案を出した。[17] その結果、ソ連共産党中央政治局員アナスタス・ミコヤンが西柏坡に到着したのは四九年一月三十一日だった。スターリンの約束から八カ月が経っていたが、こんなに遅れたのは四八年下半期の華北情勢が不安定だったからだ。四九年一月十五日に天津が解放され、西柏坡の安全が確保され、ミコヤン受け入れの条件が整った。ミコヤンはアンドレーエフと変名し、大連のソ連軍空港から石家荘に直航した。師哲と汪東興が空港に出迎え、西柏坡まで案内した。毛沢東は二月一日から三日間連続でミコヤンと会談した。[18]

通訳を務めた師哲の回想によると、毛沢東はまず「勝利した後、新政権を樹立する問題」を話し、「この政権の性格は簡単に総括すれば、労農同盟を基礎にした人民民主専制であり、その実質はつきつめればプロレタリア独裁にほかならない。だが、われわれの国にとって言えば、人民民主独裁と称するほうがより適しており、より条理にかなっている」と述べた。さらに政権の形態については「各党、各派、社会的著名人が参加する民主連合政府である」として民主党派と協力しながらも「国の政権の指導権は中国共産党の手に握られる。これは確固不動のもので、いささかも揺らぐものではない」と強調した。[19]

そして毛沢東はソ連に学ぶ姿勢を前面に出した。「ソ連が体験した二回（十月革命成功後と第二次世界大戦後）の経済回復の仕事の経験を研究中」だと明かし、[20]「国家建設という課題は我々にとって未体験のものではあるが、学びとることはできる。ソ連が歩んできた道を参考にすることができる。中国の経済建設活動の発展はいくらかテンポを速めることができよう」と述べた。[21]

毛沢東は厄介な問題として「台湾とチベット」を挙げ、「台湾は中国の領土であり、これは議論の余地はない。現在予測するに、国民党の残余勢力は大体全部そこに撤退し、今後われわれと海を隔てて相対し、行き来しないであろう。そこにはもう一つアメリカの問題がある。台湾は実際には、アメリカ帝国主義の保護の下にある。このような台湾問題はチベット問題よりもさらに複雑であり、これの解決にはさらに時間がかかる」と吐露した。[22]

共産党の勝利間近の四九年三月五日、毛沢東は西柏坡で、共産党第七期中央委員会第二回全体会議を主宰、同十三日の総括講話で「マルクス、レーニン、スターリンは先生で、我々は学生である」と強調した。[23] 総会で毛沢東はこうも述べている。「我々は、平等の原則に基づきあらゆる国家と外交関係を構築することを望む。

しかし一貫して中国人民を敵視する帝国主義は、決してすぐに平等な態度で我々に向き合うことはあり得ない。彼らが敵視の態度を改めない限り、我々は帝国主義国家に中国での合法的地位を与えない。外国人との商売には何の問題もない。商売があるならば行うべきであり、現に商売は既に始まっており、いくつかの資本主義国家の商人は互いに競争している。我々は、できる限りまず社会主義国家や人民民主主義国家と商売をしなければならないが、同時に資本主義国家とも商売をするのである」[24]。ここから読み取れるのは、内戦に勝利して新たな国家の外交政策を検討する毛沢東が、敵国と位置づける米国にも秋波を送ろうとしていることである。最終的には東西冷戦構造が確実となる中で、ソ連一辺倒政策を選択するが、決して米国との関係構築は放棄しなかったのである。

毛沢東が「向ソ一辺倒」政策を確固たるものにしたのは、四九年六月三十日、中国共産党創設二十八年を記念して発表した「人民民主主義独裁を論ず」においてだった。「「君たちは一辺倒だ」。まさにその通りである。一辺倒、これは孫中山の四十年の経験と共産党の二十八年の経験が我々に教えるところであり、勝利に到達し勝利を固めるためには、一辺倒でなければならないと深く知ったのである。〔中略〕二股は通用せず、第三の道はない。我々は帝国主義一辺倒の蔣介石反動派に反対し、第三の道についての幻想にも反対する」。毛沢東は文章で「ソ連共産党こそ我々の最高の先生であり、我々は彼らに学ばなければならない」と総括した[25]。

日本敗戦の一九四五年、さらに国共内戦から四九年の中華人民共和国の成立、五〇年代初頭までの時期の中国共産党、国民党、ソ連の三角関係について研究した石井明は、ミコヤン訪中に続き、新中国成立を控えて行われた劉少奇の訪ソが、中ソ両党の最高レベルの直接の接触を確立し、対ソ政策を含む新中国の国づくりの方針をソ連側に説明して了解を求めることができた点で意義が大きかったと指摘している[26]。劉少奇は当時、共産党の中央政治局委員兼中央書記処書記で、毛沢東に次ぎ事実上、党序列二位の地位にいた。劉に随行した師哲は、四九年七月二日に北平・清華園駅を出発し、六日目の正午にモスクワに着いたと回想しているが、[27]九六年に刊行された『劉少奇年譜』は、六月二十一日に北平を離れ、モスクワ着は二十六日だったとし、瀋陽を経由して八月二十八日に北平に戻ったと記録している。[28]師哲の回想録にはスターリンとの興味深いやり取りがいくつも記載されているが、一つ挙げれば、蔣介石率いる国民党軍がまだ国内に残存し、内戦が完全に終わり切っていない中、四九年十月一日に実行された新中国成立宣言の時期に関する記述がある。

スターリンは劉少奇に「いつ中央政府の成立を宣言するのか？　国民党政府は事実上麻痺状態で、もはや存在しない」と述べ、政権掌握の条件が備わっているとして早期の宣言を促した。劉は、華南各省の解放に集中しているとして中央政府の成立は翌一九五〇年一月になるだろうと答えた。これに対してスターリンは「一層重要なのはタイミングを失してはならないこと」と指摘し、「敵がいわゆる「無政府状態」を利用して干渉を行うことに注意するよう、貴方がたに喚起したい」と警告を発した。劉はこのスターリンの見解を毛沢東に報告した。師哲はその後の経過は知らないとしているが、劉少奇一行が八月下旬に瀋陽に戻って初めて四九年十月一日に中華人民共和国・中央人民政府の成立を宣言し、建国式典を挙行すると中央が決定したことを知った。[29]

かつてソ連のスターリンに不信感を抱き、米国に接近した毛沢東だったが、国共内戦が勃発する中で最後の頼みの綱としたのがソ連であり、スターリンに忠誠を誓うソ連型の国家建設を目指すことを選択したのだ。[30]

李自成にならない

毛沢東に敗北した蔣介石はどんな心境だったのだろうか。蔣介石は一九四八年十一月二日の日記に「この頃、政治、経済、軍事、社会みな甚だしく動揺。三十年来なかった有様だ」と記している。[31]同二日、東北の瀋陽戦役が共産党の勝利に終わり、共産党側からすれば中国の軍事情勢は新たな転換点に入り、双方の力量の対比に根本的な変化が起こった。[32]続く同三日、蔣介石は「人心の動揺、社会の不安はさらに激烈な変化を起こしている」と日記に記し、さらに同七日には「終日、苦痛と重苦しさ、恥辱の中で過ごし、最後の闘争の空間と時間を考えた」と書き、かなり追い詰められた心境にあったことが分かる。[33]蔣介石が総統引退を発表するのは四九年一月二十一日である。蔣介石は首都南京に別れを告げて故郷の浙江省奉化県渓口鎮に向かったが、共産党側は蔣介石が故郷で国民党総裁の身分で秘密裡に部隊を指揮していると警戒した。[34]

毛沢東や周恩来ら中央指導者が小型自動車十一台と大型トラックで西柏坡を離れたのは、一九四九年三月二十三日だった。北平（北京）に向かうためだった。毛沢東は出発前、「我々の北平入りは、李自成のそれであってはならない。彼らは北平に入るとすぐ変質してしまった。我々共産党員が北平に入るのは、革命を続けるためであり、社会主義を建設し、共産主義を実現させるまでやり通すためである」と話した。毛沢東は興奮気味に「今日は京に行って「受験」するのだ。「受験」で上京するのだから、元気がなければだめだ」と周恩来に言うと、周恩来も「我々は全部受験に合格すべきで、差し戻されることがあってはならない」と返した。毛は「差し戻されたら負けだ。我々は決して李自成にならない。我々はみないい成績で受かることを望んでいる」と話した。[35]明末の農民指導者である李自成は、反乱を起こし、一六四四年に首都北京に入城し、明を滅ぼしたが、わずか四十日間で明の遺臣、呉三桂と清軍によって北京を追われ、自殺したという歴史がある。李自成の前轍を踏まないよう誓い、途中で汽車に乗り換え三月二十五日午前、北平・清華園駅に到着した。[36]

毛沢東は四九年十月一日、天安門で中華人民共和国を建国したが、建国の初めに集中した仕事は、経済建設であり、同時に自身のソ連訪問だった。スターリンの七十歳の誕生祝賀行事への出席とともに、関心を持つ問題での意見交換、条約や協定の協議・締結が主な任務だった。[37]毛沢東が訪ソのため専用列車で北京を離れたのは同年十二月六日、十六日にモスクワに到着した。途中、翌五〇年一月二十日に総理兼外交部長の周恩来をモスクワに呼び寄せ、「中ソ友好同盟条約」締結の準備に当たらせ、蔣介石政権との間にあった同条約に代わり「中ソ友好同盟相互援助条約」を締結したのは二月十四日だった。毛沢東、周恩来一行は同月十七日にモスクワを発ち、北京に戻ったのは三月四日である。[38]蔣介石が大陸の最後の拠点・成都を去って台北に向かうのは四九年十二月十日午後二時であり、[39]この時、毛沢東はモスクワに向かう特別列車の中である。つまり毛沢東は国民党との最終戦争の行方はさておき、長期間にわたり建国直後の新国家を不在にしてソ連に滞在したことは、どれだけソ連との関係を重視したかを示す事実である。

以上のように毛沢東は、四五年の「連合政府」から四九年の「人民民主主義独裁」に至る過程で、国共内戦と冷戦という二つの情勢変化を経験したわけだが、この間で対米接近を模索した状況は、ソ連「一辺倒」に変化する。四年間で果たして毛沢東・共産党の対日政策、天皇政策はどう変容したのだろうか。

人民日報の天皇批判

中国共産党の延安時代の機関紙は解放日報だが、現在に至るまで共産党機関紙になった人民日報は、一九四六年五月十五日に晋冀魯豫（山西、河北、山東、河南省）辺区（地区の根拠地）の新聞として発行された人民日報[40]と、晋察冀区（山西、チャハル、河北省）辺区の晋察冀日報が合併して、河北省平山県で四八年六月十五日に創刊された。創刊は中共華北中央局が決定した。[41]共産党中央の機関紙として中共中央が定めるのは新中国成立前の四九年八月一日だ。[42]

その人民日報や配信元の通信社・新華社は、日本敗戦から国共内戦、冷戦突入にかけて「日本」や「天皇」をどう伝えたのだろうか。

全面内戦の危機にあった一九四六年五月二十日、第一次吉田茂内閣の発足に合わせ人民日報は、「戦犯吉田茂新内閣」[43]と伝え、吉田について「軍国主義穏健派外交官僚で、一九二五年に瀋陽〔奉天〕総領事に任命、当時の著名な中国侵略陰謀家」と紹介した。中国共産党が米国との接近政策を転換させる中、米国追従路線を取る吉田内閣に否定的な見方を示したものであり、四九年七月六日にも人民日報は、「吉田茂政府は実際上、戦犯内閣だ。中国解放区戦犯調査委員会で四五年十二月十五日に公布された初の日本戦犯名簿の上位に記載された」[44]と位置づけ、吉田茂に厳しい姿勢を示した。

吉田は一九二五年に奉天総領事に就任したが、軍部同様あるいはそれ以上の対中強硬論者だった。ジョン・ダワーは著書『吉田茂とその時代』で吉田の帝国意識として「仲間の大多数と同じように、吉田の中国人に対する態度は、公的にも私的にも、目下の者に対する態度であり、これは身についた道義観と暗黙の人種的優越感によって形づくられていた」、「当時の日本人のほとんど誰よりも、吉田は日本の要求に従わせるため実力、脅迫、威圧の行使を支持し、排日運動を弾圧し、日本の「特殊権益」を保護するため軍事的ないし「警察」の介入を提議した」と観察しているが、[45]中国側もこうした吉田の中国観をある程度認識していたのだろう。

中国共産党は、吉田に対してと同様に、米国の決定した天皇存置政策に対する非難を強めるという宣伝工作を顕著にした。四六年八月十一日の人民日報論評「マッカーサーはいかに日本を統制するのか」[46]で、米国と米を後ろ盾とする日本への批判を一層強めた。「天皇中心主義は日本ファシズム運動の〝独特理論〟であり、いわゆる〝国体〟の明らかな証拠である。天皇はかつて、侵略する日本軍国主義の〝現人神〟の存在だったのである」、「マッカーサーの意図は、〝天皇〟を通じて日本をコントロールすることであり、野心がいまだ死なずに捲土重来を目論む日本の反動統治集団は天皇を保存し、人民をこき使い、〝大東亜帝国〟の旗印を再建しなければならない」。さらに同年九月二十一日の人民日報[47]は、「今日に至るまで、戦争責任を負うべき天皇は、米国によって合法的存在として許されてきた」と指摘している。

天皇の戦争責任を問うこの論評は、東京裁判が始まったばかりの頃のもので、天皇の免罪を既に決めている国民政府の天皇政策に反する主張である。この時期、既に国共内戦は本格化しており、冷戦の足音も聞こえていた。さらに共産党が国共内戦に次々と勝利し、大陸の支配権を確立した一九四九年にかけ、人民日報を通じて分かる共産党の対日観の特徴として、最大の敵となった米国、マッカーサーと蔣介石を批判する一方、両者と連携を強める日本の首相・吉田茂を「軍国主義内閣」と強調していることが挙げられる。こうした中でマッカーサーが「天皇」を通じて日本を支配している実態も描き、米国追随を進める吉田内閣の源泉として「天皇」が論じられている。

さらに言えば、天皇を直接的に強く否定する傾向はない。天皇の戦争責任に言及はしているが、そのトーンが弱いことが人民日報の論調から分かる。しかし、毛沢東が「連合政府を論ず」を説いて国民党や米国と協調する姿勢を示しながら対日政策を進め、解放日報に掲載された戦犯リストにおいても、「戦犯」としての天皇の地位を相対的に低く位置づけた四四〜四五年の時期に比べると、厳しい天皇観を打ち出している。

この対日観や天皇観は、四九年十月に「向ソ一辺倒」政策の下で中華人民共和国を建国すると、さらに厳しい方針へと展開することになるのである。

ハバロフスク戦犯裁判

国共内戦期に中国共産党が天皇批判を打ち出したのは、蔣介石のバックにいる米国、その米国と連携するかつての「主要敵」だった日本との対立構造がはっきりしたからである。日本敗戦当時の連合国の世論は、日本の侵略政策の基盤を天皇制そのものの中に見出すのが一般的な理解だったが[48]、米国は日本の共産主義化回避のため、「天皇利用戦略」を固め、東京裁判で天皇を訴追しなかった。

当時、中国を代表した国民政府はこの米国の方針に追随せざるを得なかったが、共産党に影響を及ぼしたソ連も対日占領政策同様に、東京裁判でも米国の主導権を基本的に承認し、天皇不訴追の立場だったはずである[49]。しかし一九四八年十一月十二日の東京裁判判決言い渡し後、中華人民共和国が成立して東西冷戦構造がより深化した四九年十二月二十五〜三十日、ソ連はハバロフスクで独自に戦犯裁判を開廷した。ハバロフスク裁判は、東京裁判で訴追対象外となった関東軍「七三一部隊」[50]のほか、免責となった天皇の戦争責任も蒸し返され、追及された[51]。

四九年十二月二十七日の新華社通信の報道を伝えた二十八日付人民日報は、ハバロフスク裁判の様子を大々的に報じたが、裁判に合わせて天皇の責任追及キャンペーンを展開するという特徴を見せている。まず「帝国主義日本は極東侵略の主要な温床だ」とし、「ソ連軍による決定的な関東軍撃墜が日本を投降させ、日寇〔日本軍〕の侵略はようやく終わりを告げたのだ[52]」と、戦争終結におけるソ連参戦の役割を大きく持ち上げた。その上で「七三一部隊は、一九三六年に天皇裕仁の命令で組織された[53]」と伝え、戦争責任追及の構えを見せた。

中国でハバロフスク裁判が終了しても、「日本の軍国主義」と「天皇の戦争責任」を一体化させたキャンペーンは続いた。その契機となったのは、李克農外交部副部長が五〇年二月一日、ハバロフスク裁判についてソ連の駐中国大使館を通じてソ連政府から中国政府への「照会」を受け取ったことだった。そこでは「日本裕仁天皇を筆頭とする統治集団が長年にわたり秘密裡に細菌戦争、人間性を絶滅させる侵略兵器の一つを準備していたことが裏付けられた」と主張していた。[54] これを受け李克農は、二月八日、ソ連大使館に対し、天皇や七三一部隊を戦犯としたハバロフスク裁判について「ソ連政府の正義と功績は、平和を愛する全世界のあらゆる国家と人民の称賛と擁護を得た」と反応した。[55]

二月六日付人民日報は社説で「日本細菌戦争犯罪人・裕仁、石井〔四郎〕[56]らの迅速な裁判を要求する」[57]と訴えた。二月八日付は「日寇裕仁ら細菌戦犯は審理を受けるべきだ」との記事が掲載され、[58]中国人民の声も紹介された。[59] 政府が選んだ人民に語らせることで、政府の政策が正しいことをアピールする共産党の宣伝手法である。こう人民の声を伝えている。

「首都〔北京〕各界は、ソ連政府による日本ファシズム細菌戦犯を尋問するという提案を一致して擁護し、日本天皇裕仁ら戦犯を厳罰に処するよう断固として主張するとともに、日本ファシズム戦犯を庇う米国帝国主義の罪行を激しく非難する。〔中略〕我々は直ちに戦犯裕仁らが出廷するよう米帝国主義に要求する。〔中略〕我々は、特別国際軍事法廷を設置し、裕仁ら戦犯を審理するようソ連が提出した主張を完全に支持する」。

さらにこの記事では、「裕仁を筆頭とする主要戦犯」という表現で、天皇が第一の戦犯であることを強調している。

また五〇年二月九日付人民日報が掲載した新華社社説[60]はこう主張している。「中国人民は、日本戦犯裁判が終結して天皇が免罪になったという認識を決して受け入れることはできない。〔中略〕正義ある日本人は、天皇がこのようにこの上ない罪を犯したのを見た後、天皇に対する正義の裁判に反対することはできないだろう」。

東京裁判の「欠陥」

なぜここで突然、天皇の戦争責任が浮上したかについて検証したい。一九四六年五月三日に審理が開始され、四八年十一月十二日に判決が言い渡された東京裁判では天皇が訴追されず、七三一部隊の責任も追及されなかった。その後の四九年末に行われたハバロフスク裁判では、その七三一部隊が裁かれたが、当時、毛沢東はソ連訪問中だったことに注目したい。中国共産党は「向ソ一辺倒」政策を深化させる中で、ソ連の意向には逆らえず、ソ連の要求を完全に受け入れる方針が人民日報報道からも読み取れる。共産党はこうした流れの中で、東京裁判で不問となった天皇を「第一の戦犯」として責任追及する大キャンペーンを展開するのである。

さらに焦点となるのは、中ソがなぜ天皇戦犯キャンペーンを展開したのかという点だ。米ソ対立が深まる中で、中ソによる戦犯裁判は、米国主導により天皇と七三一部隊を不問とした東京裁判に対する「アンチテーゼ」として展開された政治的側面が強いと言える。毛沢東がソ連訪問中だったことも合わせ、米国と対峙する「中ソ同盟」という枠組みからとらえるべき政治裁判である。いわば毛沢東は、自分の意向で天皇の戦争責任を問うのではなく、ソ連との同盟関係の中でソ連の意向に追随したと見た方が正確と言えるだろう。

ここで視点を変えて、現在の中国共産党政権下で、中国の日本研究者は東京裁判からハバロフスク裁判に至るまでの歴史的経緯についてどう見ているかを考察したい。二〇〇九年に刊行された何理主編『日本右翼的歴史発展演変及影響』（日本右翼の歴史的発展変遷と影響）に収録された論文「東京審判与日本的歴史認識」（東京裁判と日本の歴史認識）は天皇の戦争責任の観点からこう解説している。

「当時の中国国民政府は「以徳報怨」の対日政策に関して国内世論と政府内部の反対意見を抑え込み、天皇を戦犯名簿に入れなかった。このほか国民政府は共産党に対処し、米国の援助を求めるため外交上では米国追随政策をとった。このため米国による天皇不起訴決定に関していかなる反対行動も取らなかった[61]。

「米国主導下で、日本の天皇裕仁は正義の審判を逃れ、その戦争責任のために受けるべき歴史的懲罰を逃れた。極東国際軍事法廷を組織したその他の十カ国のうち、オーストラリアが天皇を戦犯として裁判に掛けるよう明確に要求を提出したのを除き、中国を含めたその他の各国は天皇を戦犯として検討しなかった。天皇の戦争責任追及がなかった以外に、東京裁判のもう一つの欠陥は日本が戦争中に使用した生物化学兵器問題について責任追及と主要責任者に対する裁判を行わなかったことだ[62]」。

「ソ連と中華人民共和国による日本戦犯に対する裁判は、東京裁判の継続であり、ソ連が行った日本細菌戦の罪行認定と個人への戦争責任追及はある面で東京裁判に存在した欠陥と不足を補うものだった[63]」。

この論文は、現在の中国で天皇の戦争責任についてどういう議論が行われているかを提示したものだ。当時中国を代表した国民政府は、米国追随政策を取ったため、天皇の戦争責任を「否定しないが追及もしない」方針を一貫させたが、現在の研究者が当時の国民党の対日・天皇政策を批判したものと受け止めることができる。しかし、「正義性を持つ」という歴史認識[64]が一般的となっている東京裁判に関して天皇の責任を追及しなかった点と、細菌戦を不問にした点を「欠陥」とみなした上で、ハバロフスク裁判を東京裁判の継続として、その欠陥を補う意味を持つと位置づけた議論は注目すべき点だろう。天皇の戦争責任に関しては実際には追及しないものの、避けることもできない問題であるとする中国共産党の歴史観が表れていると言えそうだ。

その後、二〇一二年九月、日本政府による尖閣諸島国有化や、一三年十二月の安倍晋三首相の靖国神社参拝で日中関係は、「国交正常化以来最悪」・「戦後最悪」とも言われるほど悪化した。こうした中で、同様に東京裁判には「欠陥」があり、そのために天皇の戦争責任追及が当時不十分だったことを取り上げる見解や論調が中国の専門家の間で起こった。

北京市共産党委員会の機関紙・北京日報も、二〇一四年八月十八日付で、劉庭華・軍事科学院軍史研究所研究員が寄稿し、「東京裁判の歴史功績と欠陥」という論文を掲載した。(65) 劉庭華はこの中で、東京裁判に関して「天皇の戦争責任を追及しなかったことは大きな欠陥」とし、徹底した戦争責任を問わなかったことが日本で「長期にわたる政治上の右傾化をもたらしている」との認識を示した。また東京裁判を「反ファシズム同盟国と世界人民の共同の意志で、国際法の正義の原則を体現したものだ」と評価する一方で「侵略戦争の最高統帥として裕仁天皇がいかなる追及も受けなかった」と指摘した。その上で「戦後の日本政治に深刻な結果をもたらし、日本の政府や主流社会が侵略戦争に対して誠意ある反省・悔悟を拒絶する結果を招いた」と警戒感を示している。このほか戦後、A級戦犯容疑者として収監された元首相岸信介に言及し、「釈放されて首相に就任した結果、日本国内に「集団無罪意識」が充満した」と指摘、「あらゆる責任が二十五人の戦犯〔東京裁判被告〕にあるとし、彼らを懲罰しただけで日本の戦争責任は「洗浄」された」とみなし、「日本の右翼勢力による侵略の歴史の否定・歪曲・美化の言行が広まっている」と批判した。

さらに二〇一五年は、中国で抗日戦争勝利七十年に当たった。それに合わせて中国で出版された抗日戦争史の公式解説書『中国抗日戦争史簡明読本』(66)は、「日本戦犯に対する正義の審判」という項目で、東京裁判に関して「全体的に言えば、比較的公正で、国際法の正義の原則を体現した」と評価する一方、「明らかな欠陥と不足が存在する」と主張した。その第一として「日本天皇裕仁の戦争責任が追及されなかった」ことを挙げ、「裕仁天皇は日本侵略戦争と日本軍の残虐行為に最高指導者の責任を負っており、彼は日本の対外侵略戦争で重要な役割を果たした。一九三一年の東北地方の占領、三七年の対中全面侵略戦争の発動、あるいは南京大虐殺、三光政策、捕虜虐待、平民虐殺、化学兵器の開発使用など日本軍が中国で犯した暴行は、裕仁が〔これらの行為を〕阻止するいかなる行動も取らなかっただけでなく、犯罪者を称賛した」などと主張した。しかし「日本の侵略戦争の最高統帥として裕仁天皇はいかなる追及も受けなかった。〔中略〕天皇の戦争責任を追及しなかったことは、一連の影響を及ぼし、戦後、日本の一部政界要人や右翼勢力が、侵略戦争に対して誠意ある反省・悔悟を行うことを拒絶し、日本政治の長期的な右傾化をもたらした」という論理を展開した。(67)

解説書はまた、天皇制継続とともに、A級戦犯容疑者とされた岸信介、重光葵らが釈放後、それぞれ首相や外相に就任したことなどを挙げ、「日本の戦争犯罪に対して徹底した清算を行わなかったという米国の放任行為が、日本での〝集団無罪意識〟を充満させる結果になり、今も日本の数多くの政治家が、侵略戦争の犯罪行為に対する真剣な反省や悔悟を望まなくなっている」と指摘し、「第二次大戦後に米国が天皇制を留保〔継続〕したことは、日本で右傾化した保守政治体制を再建する政治的基礎と精神的支柱になった」とした。さらに、「二十世紀八〇年代以降、日本の少数の右翼勢力が、侵略の歴史をめぐるでたらめな理論をほしいままに氾濫させ、軍国主義戦犯の魂を呼び戻す茶番を、毎年代わる代わる演じ、政治右傾化のすう勢が日増しに深刻になる主要な歴史的根源になっている」と、首相の靖国神社参拝などを非難した。(68)

『中国抗日戦争史簡明読本』の副主編（副編集長）には、前出北京日報論文の筆者である劉庭華が名を連ねており、同解説書で東京裁判や天皇の戦争責任を絡ませた部分は、劉庭華が執筆また編集したとみられる。天皇の戦争責任と「日本の右傾化」を結び付け、二〇一二年以降首相を務めた安倍晋三の歴史認識を牽制する政治的な狙いがあるとみられるが、今の中国では特に日中関係が悪化したり、抗日戦争の記念に当たる年になったりするとこういう論調が出てくる。こうした日本観あるいは天皇観が根強く残っているということは注目しておくべきだろう。

毛沢東による朝鮮戦争

中国共産党の対日観・天皇観を検証する上で、一九五〇年六月二十五日に勃発した朝鮮戦争も転機となるが、まずは中国が朝鮮戦争に参戦した経緯を見よう。

朝鮮戦争期の毛沢東とスターリン、北朝鮮・金日成の関係を一次史料に基づき詳述した優れた研究として沈志華の著作がある。[69] 沈志華は、「一九四九年から五〇年にかけて、毛沢東は台湾の解放を、金日成は朝鮮南方の解放をめざし、それぞれ自国の政権統一の優先課題を追求する中である種の競合関係になり、同時に双方ともモスクワからの支持を得ようと働きかけていた。中国が台湾攻略作戦を積極的に準備するなか、朝鮮戦争が勃発した。これはスターリンがピョンヤンへの支援を選んだことを意味する」[70]と指摘している。

沈志華の研究によると、金日成が最初に武力よる朝鮮半島の統一を提起したのは、一九四九年三月の自身のモスクワ訪問だったが、スターリンは南方から北方に対して攻撃が発動された場合に限って軍事行動をとってよいと念を押した。毛沢東も四九年五月、朝鮮労働党中央の代表・金一との会談で、中国は極秘に軍隊を派遣して北朝鮮の作戦を助けることができると話した。ただ同時に南朝鮮が攻撃してこなければ、北方も先に攻撃してはならぬ、それはアメリカ人の介入を招きかねないからだ、と注意を与えた。つまり毛沢東もスターリンも、四九年春には朝鮮戦争を仕掛けたいという金日成の意向を把握したが、金日成が唱える武力による統一には反対で、四九年末まで毛沢東もスターリンも立場は一致していた。[71]

しかし毛沢東、スターリン、金日成には思惑と不信感が交差していた。金日成の要求に対するスターリンの立場は二転三転し、朝鮮に武器装備は与えたが、[72] 朝鮮軍が五〇年六月二十五日に三十八度線を突破して朝鮮戦争が始まっても、参戦には消極的だった。一方、中国共産党は、米軍が三十八度線を越えれば、人民軍の制服を着た義勇軍（志願軍）を派遣して米軍に対抗する用意があると北朝鮮側に伝えた。[73] 九月十五日、米軍の仁川上陸作戦が成功すると、毛沢東は十月二日、スターリンに対して「我々は志願軍の名義で一部軍隊を朝鮮領内に派遣し、米国及びその走狗李承晩政権と戦い、朝鮮の同志を援助することを決定した」と打電した。しかし二日午後に中南海で開いた中共中央書記処会議で朝鮮出兵が火急の事態と訴える毛沢東に対して、出席者の多数が出兵に反対した。(74) 五日に毛沢東が主宰した中共中央政治局拡大会議では、周恩来は出兵援朝の主張を支持し、彭徳懐（共産党中央西北局第一書記）も「必要だ」と賛成し、大勢は毛沢東優勢に傾き、毛沢東は林彪（共産党中央中南局第一書記）の提起した「米軍の現代化と原爆使用」という観点に対して「あれは原爆を持っているが、我は手榴弾を持っている。私は我の手榴弾があの原爆に戦勝すると信じる。あれは紙に書いた虎にすぎない」と訴え、「抗米援朝」を決定した。会議で彭徳懐が志願軍を指揮すること、周恩来と林彪をソ連に派遣し、スターリンと会談させると決定した。(75)

周恩来がソ連に向け北京を出発したのは十月八日とみられる。(76) 最大の焦点は、スターリンが会談で、中国が出兵した際に軍事物資援助、特に中国志願軍に空軍支援を行うことに同意するかどうかだった。(77) 当時、中国ではまだ空軍が成立しておらず、(78) ソ連の空中支援が必要だったからである。周恩来は十日にモスクワに到着し、翌日、林彪と一緒にソ連・黒海沿岸の保養地に着いた。二人は休暇中のスターリンと会談し、中国共産党の参戦決定を報告し、「ソ連が空軍を出動させ、空中援護に同意してほしい」と要請した。これに対してスターリンは「中国が必要とする飛行機、大砲、戦車などの軍事装備を満足させることはできるが、ソ連空軍の準備はまだ整っておらず、二カ月あるいは二カ月半後にようやく空軍を出動させ、中国志願軍の作戦を支援できる」と述べ、焦点の空軍支援に消極的姿勢を崩さなかった。(79)

これを受けた毛沢東の対応に関しては、諸説ある。共産党が公式見解としている二〇一三年出版の『毛沢東年譜』によると、毛沢東は十月十二日、スターリンと周恩来が連名で毛沢東に宛てた「軍備装備は提供するが、空軍出動は二カ月から二カ月半後になる」という電報を読み、政治局会議を開いて問題を討議すると決定したとした上で、十三日に政治局会議を開き、「出兵援朝」は不変だとして参戦すべきだと決定した、と記載している。[80] 一方、沈志華の研究では、スターリンと周恩来が連名で署名した毛沢東宛ての電報では、中国軍が参戦しないことを決定したと伝えたとしている。電報では空軍は少なくとも二カ月後に初めて準備ができるため、参戦が中国にもたらすマイナス要因も考慮したことなどを記し、文末には「あなたの決定を待つ」で締めくくった。毛沢東は十二日午後三時半に電報を受け取り、夜十時十二分にスターリンに電報を打ち、中国軍に対し朝鮮領に入る計画の中止を命じたと伝えた。しかし十三日の政治局会議は『毛沢東年譜』にあるように出兵すべきと決定したという。[81]

周恩来に随行した師哲の回想録（中国語原版は一九九一年）はどうだろうか。同回想録が『毛沢東年譜』（二〇一三年）や『周恩来年譜』（一九九九年）の記述と決定的に違うのは、「周総理が北京を出発した後、毛主席は政治局員たちに、われわれは人の危急を見て救わないわけにはいかない、と説得したそうである」[82]と記し、周は毛沢東の出兵決定を知らなかった、という点である。スターリンは周恩来との会談で、「戦場の形勢は重大であり、われわれにとっていずれも非常に不利である」と述べたのに対し、周恩来は「国内の実際の情況及び主観的要素を考慮し、検討した結果、出兵しないほうがよい、と思っている」と述べた上で、「中国は長期にわたる戦争によって、連年極めて深刻な破壊を受け、国の経済と人民の生活にかかわる多くの問題が解決されていない。もし今再び戦争にまきこまれたら、人民の苦しい生活を改善できないばかりか、国家の経済回復の仕事も談じようがない」と懸念を示した。結局、スターリンは「今はやはり、われわれが協議した結果と提案をすぐに朝鮮の同志に知らせ、機を失せずに一日も早く撤退準備をするよう促すべきである。目下形成された情勢にかんがみて、この道を歩むしかない」と語り、双方は出兵中止で一致した。しかし周恩来がモスクワに戻ると、毛沢東からの電報が入り、そこには出兵を主張する内容が書かれていた。電報を手にした周恩来の様子について師哲は、「総理はソファに坐っていたが、電文を読み終えると、一言もしゃべらず、両手で頭をかかえ、深く考えこんでしまった。数時間前に彼が語った話は、この電文の意味とは全く相反するものであったからである」と回想した。[83]

マッカーサー批判を優先

中国志願軍が鴨緑江を渡り始めたのは十月十九日である。沈志華は、毛沢東が多数の反対を押し切って参戦の主張を貫いた動機について、「社会主義陣営に対して国際主義の責任を背負う考え、米帝国主義と直接対決する革命的なイデオロギー、新中国の安全と主権を守る国家指導者の意識、中ソ同盟の体制を守ろうとする深慮遠謀、という四つの側面が毛沢東の参戦決定の基本的動機と目的を構成した」と分析した上で、特に「スターリンの信頼を勝ち取り、中ソ同盟条約の庇護の下で中国共産党の新生政権を守る考えは一貫したもので、それが最後の決断に至らしめた動機でもあった」と解説している。[84]

朝鮮戦争への参戦で、中国は米国と決定的に対立することになり、二十年以上にわたって米国を「主要敵」とする対外政策を取らざるを得なくなった。[85] しかしそれと同時に、中国への支援を受け入れなかったソ連が頼りにならないことを痛感した。岡部達味は「朝鮮戦争はまた、別の面で中国の国際環境認識に重要な影響を与えた。それは、中国が〔中略〕中立主義（第三世界）諸国に対する態度をあらためるきっかけになったことであった」と解説する。つまり中国は朝鮮戦争でそれ以上の犠牲を避けようと、停戦のために動いたが、これを国連で支持したのはビルマ、エジプト、インド、インドネシア、パキスタン、イラン、サウジアラビア、シリアなどであり、「これら非共産主義国の国際場裏における有難みを感じた結果、中国はようやく革命直後の国にありがちな、革命推進的政策を離脱する傾向を見せはじめた」というのだ。[86]スターリン死去（一九五三年三月）や朝鮮休戦協定（同年七月）を経て中国は周恩来を中心に平和共存外交の展開へと舵を切るのである。

こうした外交方針が対日政策や天皇観にも表れることは後述するが、人民日報を見ても朝鮮戦争が始まり、米国を「主要敵」と位置づけた結果、対日観に微妙な変化が表れ始める。例えば、朝鮮戦争を主題にした一九五一年一月の記事は「残虐なマッカーサーは、日本の天皇より野蛮で狂気じみており、受け入れることはできない」[87]と強調している。同年二月、日本通・郭沫若の演説を掲載した同紙は、「マッカーサーは、米国籍の日本天皇となった」[88]と指摘、同年五月には「〝白い顔の天皇〟マッカーサー」[89]と表現している。さらに同年九月の「我々はいかにして〝九・三〔抗日戦勝記念日〕〟を記念すべきか」と題した記事ではこう主張している。

「抗戦勝利六周年だ。六年前の今日、日本帝国主義は倒れ去ったけれど、日本帝国主義に比べて百倍凶悪な米国侵略者が、日本帝国主義に取って代わった。ヒトラー、ムッソリーニ、東條英機に取って代わり、世界各地を縦横無尽に突き進み、世界人民の平和秩序を乱している」[90]。

朝鮮戦争後の中国共産党の天皇観を見た場合、四九年末から五〇年初めに見られた「天皇戦犯キャンペーン」は全く消えたわけではないが、天皇よりも、朝鮮戦争を指揮したマッカーサーに最も強い非難の矛先が向いたことは、共産党の国際情勢イメージの変化だろう。ここでも国際情勢の変化によって中国共産党の天皇観も変容していることが読み取れる。

天児慧は、中国にとっての朝鮮戦争インパクトとして、国際的に深刻化しつつあった冷戦的対立の中に中国も完全に組み込まれ、そうした対立を促進するファクターになったほか、社会主義陣営の一員として資本主義陣営に対決する選択を余儀なくさせた、と指摘している。[91] 人民日報報道に見られる強烈な対米帝国主義批判にはこうした国際情勢の変化があったのだ。

ちなみに朝鮮戦争の時期、日本共産党はどう中ソ同盟を見ていたのだろうか。スターリンも毛沢東も一九四九年五月までに武力で朝鮮半島を統一したいという金日成の意向をつかんでいたと前述したが、朝鮮戦争への方針は五〇年初め時点で既に決定していた。[92] こうした中で、ちょうど同じ時期の五〇年一月六日、ソ連や欧州の共産党・労働者党でつくるコミンフォルムの機関紙『恒久平和と人民民主主義のために』がスターリンの意向により「日本の情勢について」との論評を発表し、日本共産党・野坂参三の「平和革命論」を批判したことも朝鮮戦争の動きと無縁ではない。人民日報も同月十七日、野坂の論文には「重大な原則的過ちがある」と、コミンフォルムに支持を表明し、ソ連に同調した。[93] 中ソにすれば、朝鮮戦争の準備をしている際、「平和革命」を唱える日本共産党に警告を発したわけだが、[94] 日本共産党は中ソの圧力により批判を受け入れて分裂した。マッカーサー連合国軍最高司令官による日本共産党中央委員に対する公職追放指令で分裂は決定的となり、野坂や徳田球一書記長らは中国に亡命。海外指導部として「北京機関」を組織し、中ソに従い武装闘争路線を示すのだ。

「天皇」討議された外交部討論会

中ソが連携を強めた時期、対日講和問題をめぐり、一九五〇年一月に共産党政府を中国の代表政府として承認し、共産党政府の参加を求めた英国と、蔣介石率いる国府の参加を譲らなかった米国が対立した。五〇年六月の朝鮮戦争勃発と同年十月の中国志願軍参戦を受け、日本を西側陣営に確保し、対日講和から共産党政府を排除する米国の態度は明確になり、ダレス米国務長官は英国抜きの対日講和の可能性も考えた。[95] 結局、いことになった。

五一年六月のダレス・モリソン（英外相）による「了解」で国府、共産党政府ともに講和会議に招請されな

こうした動きを前に、対日講和会議に備え、毛沢東指導部は戦後対日ポジションを決める重要会議を五〇年五月に開いている。国民政府も同様の趣旨の談話会を一九四七年秋に開いたことは前述したが、共産党側が開催したのは中華人民共和国成立から七カ月後で、朝鮮戦争勃発の直前であり、政府は対日講和に参加するつもりだった。外交部長を兼務した周恩来が五〇年十二月四日に発表した「対日和約〔講和条約〕問題に関する声明」で「中華人民共和国と中央人民政府は、中国人民を代表する唯一の合法政府であり、対日和約の準備、立案、締結に参加すべきであり、中華人民共和国が参加しなければ、その内容と結論がどうであろうと、一切非合法であり無効と認識する」と米国を牽制した。また周恩来は対日和約の基本方針として「可能な限り短期間に、共同で対日和約を締結し、早期に日本との戦争状態を終結させ、日本人民が早く民主と平和を得られるようにすることだ」と強調した。[96]

前述した対日講和会議に備えた重要会議は、「対日和約討論会」と呼ばれ、五〇年五月十二日と同月十六〜十九日の計五日間、外交部高官や日本専門家ら六十三人が集まって開催された。講和会議への参加を前提に対日個別政策を整理したのだ。もし共産党政府が講和会議に出席していたら討論会での結論が講和会議に提示されていたと考えられる。

外交部檔案館収蔵の計六十九頁に上る「我外交部就対日和約問題進行的討論会記録」[97]（対日和約問題についてわが外交部が進めた討論会記録）には出席者の発言などが記載されているが、天皇問題も焦点の一つとなり、毛沢東の当時の天皇観が反映されている。

初日の討論会は五月十二日、北京・南池子の人民外交学会で開かれ、三十四人が参加した。議長の章漢夫

外交部副部長は冒頭、「本日の会議は、外交部が日本問題の専門家、関係部門、日本問題に関心のある者を招き、日本問題を討論するものである。総理〔周恩来〕も出席する準備をしていたが、急用で参加できなくなった。討論を経て対日講和に関する重要問題で一定の初歩的な意見を得た上で、対日講和草案の要綱にしたいと考えている」とあいさつした。続いて喬冠華・外交部外交政策委員会副主任は「会議後に外交部アジア局が整理して各方面に配布し、再討論して研究し、対日講和草案にしたい」と述べ、討論する具体的な内容として手続き問題、領土、政治、軍事、戦犯、貿易、工業水準、賠償問題を提案した(98)。

結局、「領土」・「政治」・「軍事」・「経済」・「賠償」の小組に分かれ、本書のテーマである天皇政策は新憲法問題とともに、政治・民主化問題をテーマにした五月十八日の討論会で討議された(99)。最初に報告した王鉄崖（国際法学者）は「政治問題では二大問題がある。我々の小組の結論は日本の新憲法を基本的に認めないということであり、天皇の廃止を主張する」とした上で「我々は対日講和条約の政治部分で具体的に日本は天皇制を徹底的に撤廃するよう規定し、憲法の中に天皇に関するいかなる規定もあるべきではないと考える」と厳格な姿勢を貫いた。日本留学経験がある日本専門家、李純青・大公報（上海）副編集長は、天皇の存在には政治的、宗教的の両側面があるとの指摘に対して「それは違う。天皇とは政治形式であり、彼は教皇ではない。日本は「天皇教」ではなく、彼を「宗教」とみなすことはできない」と反論した。

外交部・劉彬も「今日の米国は、日本の反動派と一緒に、天皇を維持するため、彼を日本国民の精神上の「威信」にしたいと思っている」と主張した。後に文化部副部長や中日友好協会会長を務めた夏衍はこう指摘した。「天皇側近の戦犯は裁判を受けなければならない。ただ情勢が変わっても、変わらなくても、天皇制はどうしても取り消さなければならない。もしこの点において譲歩すれば、日本人民と中国は共に失望する。天皇は戦犯として裁判にかけ、天皇を批判してその権威を失墜させる。裕仁だけを除外しても、その他の者が代わるだけで、よりファシズムになるだろう」。

天皇問題は経済・賠償問題がテーマとなった十九日の討論会でも議論された。後の駐ソ大使、外交部副部長の張聞天はこう指摘した。[100]「今日の日本統治は、日本の統治階級が行っているのではない。つまり米国が行っている。米国の代表はマッカーサーであり、彼は日本の天皇の「父」だ。日本に到着して以降、約束を履行しないばかりか反対の方向に向かっている。我々は日本の軍事、財閥、戦犯をなくすよう彼に要求しているが、日本の軍事を再建し日本の財閥を保護し、日本の戦犯を釈放した。およそ我々が不要なものを彼は必要とし、我々が要るものは要らないのだ」。日本に関してこう続けた。「吉田〔茂〕は日本の統治階級だが、彼にもし米国の支持がなければ、日本で何ができるか。現在、彼と天皇は米国の手先であり、我々はなぜ日本の天皇と吉田内閣に反対なのか。米国の手先を打倒しなければならないからだ」。

毛沢東指導部の五〇年時点の天皇政策が極めて厳しいものであることが改めて分かる。武力革命路線の中で天皇制が、日本の革命化を目指す上でマイナスの存在とみており、冷戦激化の中で天皇を米国の「手先」と主張するとともに、日本統治に利用するため米が維持した天皇制の撤廃と、米主導で回避された天皇の戦争責任を厳しく要求しているのだ。

二　廖承志主導下の対日工作[101]

平和攻勢外交へ転換

朝鮮戦争が一九五〇年六月に勃発し、米軍は台湾海峡に第七艦隊を派遣し、中国は志願軍（人民義勇軍）を朝鮮半島に送り出した。米軍主体の国連軍、朝鮮人民軍、中国志願軍による朝鮮戦争の休戦協定は五三年七月だが、その間に毛沢東・周恩来は、ソ連一辺倒から脱却し、独自の外交政策をとるようになった。太田勝洪は、中国が「新中国」としての外交活動を展開し始めるのは一九五三年三月にスターリンが死去し、七月に朝鮮休戦協定が締結されてからだとした上で、その主要な活動舞台の一つはアジア近隣諸国であり、外交方針とその活動スタイルも大きく変化してきたと指摘している。さらにその外交戦略は、国家レベルでの平和・友好に重点を置く「平和勢力の結集」というべきものであったと解説している。[102] 岡部達味の研究によると、米国の対中包囲網が強化される中、中国は朝鮮戦争という重荷をいかにして下ろすかに関心を注がざるを得ない状況になり、それまで「帝国主義の手先」と規定していたようなアジア・アフリカの民族主義者の政府とも友好協力関係を結ぶ必要性に迫られた。スターリン死後の雪解けはこれらの傾向を一層促進した。[103]

さらに一九五四年四月にジュネーブでインドシナ戦争の休戦会談が開かれ、建国後初の国際舞台で周恩来総理は存在感を誇示した。共産党政府は国際情勢が大きく変化する中で武装闘争路線から「平和攻勢」へと転換を鮮明にした。[104] 一連の外交成果として五四年には「平和五原則」（領土主権尊重、相互不可侵、相互内政不干渉、平等互恵、平和共存）を発表し、この新たな外交原則が対日政策にも反映された。岡部達味はこの転換点について「二大陣営理論」に基づく「東西対立的」立場から「南北双極的」立場を中国が示したもの、と評価している。[105]

中国共産党の外交（外事工作）では実際の行動を起こす前に、全党的にその方針を伝達、時間をかけて浸透させていく手法を取るのが一般的だが、「平和攻勢」への変化の前段階として、周恩来は一九五二年四月三十日、大使らを集めた第一回駐外使節会議を開催し、「我々の外交方針と任務」というテーマで総括発言を行った。そこで周は、「『別のかまどをつくる〔別な手段を講ずる〕』、すなわち国民党政府と各国が構築した古い外交関係は承認せず、新たな基礎の上に各国と別に新たな外交関係を築かなければならない」と提唱し、「この方針は、わが国の半植民地の地位を変え、政治的に独立自主の外交関係を構築するものだ」と強調した。さらに、「資本主義世界は一枚岩ではなく、我々は〔資本主義世界に対して〕区別して対処し、「中間」を勝ち取らなければならない」と訴えた。(106)「一辺倒」ではなく、国際社会での孤立を避けるため、「中立」路線を模索しようとしたわけで、米国に追随する日本との接近を進めることで米国を牽制する外交政策が取られたのだ。

日本の外務省アジア局は一九五六年一月十八日、「中共の実態及びわが国のとるべき態度」という文書を作成し、「中共はその周辺諸国に対して最近極めて強く平和攻勢をしかけている。国際情勢の緊張緩和に乗じ、平和的手段により浸透工作を行わんとすることは当然考えられることであり、又前述の如く中国としては国内建設に専念する必要ある今日、周辺諸国と事をかまえることの不利は充分に認識しているところである」と分析している。(107)

「平和攻勢」の背景には、共産党政府では一九五三年から第一次五カ年計画に着手し、国内経済建設に専念する中、国際環境の安定が必要だったことがあった。国内的にも一九五六年九月に開催された共産党第八回全国代表大会で毛沢東は「我々は決して傲慢な大国主義的態度を取ってはいけない」(108)と述べ、対外協調路線を打ち出している。

周恩来の「対日工作」指示

元老西園寺公望の孫である西園寺公一《さいおんじきんかず》は、戦前の首相だった近衛文麿のブレーンの一人で、盧溝橋事件が起こると上海に行き、宋子文と会談した。(109)戦後も中国問題に関心を持ち、共産党との交流を持ち、一九五二年末に戦後初めて大陸に入った西園寺は五五年から平和運動のためウィーンに滞在した。五七年三月、ウィーンから帰国の帰途、北京に寄った際、当時日本問題を取り仕切っていた廖承志と再会し、「日本の民主組織の代表として北京に滞在し、連絡役をやってくれる人をだしてほしい」と依頼され、西園寺自身がその任に当たってほしいと求められた。[110]そして五八年一月から北京に滞在し、「民間大使」として中国共産党が進めた日本との「人民交流」の窓口を務めた。その西園寺公一一家は五九年、周恩来の中南海西花庁の住居に招かれ、周恩来からこう告げられた。その場にいた西園寺の長男、一晃は周の言葉を覚えている。

「中国が日本と関係正常化することを決めたのは一九五〇年代初めのことです。四九年の建国後間もなく議論が始まり、関係正常化が国益にかなうと考えた。ただ中国だけで決められる問題ではない。第一のネックは相手国の問題。日本は米国の対中封じ込め策を脱却して決断できるか。もう一つのネックは中国民衆の感情の問題です。「絶対に復讐してやる」という民衆の憎しみを解決しないことには正常化できない」[111]。

中国共産党が日本との関係正常化に動き始めたのはより正確に言うと、一九五二年四月一日未明だった。日本生まれの知日派で、当時政務院華僑事務委員会副主任委員だった廖承志は、周恩来から西花庁に来るよう指示された。周恩来の仕事のスタイルは毎日、午前三時頃に就寝し昼に起床するので、幹部なら重要な指示が深夜や未明になることは覚悟していた。

廖承志は周恩来から「中日関係に関する宣伝文件」という文書を見せられた。その文書で毛沢東は「帝国主義の政府とその国家の人々を区別し、政府の中で政策を決定する人と一般の公務員を区別しなければならない」と明確に指示していた。周恩来は廖承志がその文書を読み終えると、鋭い眼光が廖をとらえ、詳細にこう打ち明けた。「毛主席の指示つまり中央が決定した対日方針だ。中央は中日人民の間の友好往来を展開することを決定した。日本絡みの問題はあなたの責任で決定してほしい」と命じた。[112]

モスクワ会議で対日接近

周恩来が第一回駐外使節会議で新たな外交方針を明らかにしたのは五二年四月三十日で、新たな対日方針の指示はそれより一カ月間早かった。なぜなら、初代中国人民銀行総裁・南漢宸（五二年五月に中国国際貿易促進委員会主席）と雷任民（対外貿易部副部長）が、四月にモスクワで開催される国際経済会議に参加することになっており、同時に日本の代表の参加も呼び掛けていたからである。実際に日本からは高良《こうら》とみ参院議員、帆足計・元参院議員、宮腰喜助衆院議員の三人が、東西貿易の打開と発展のためモスクワ国際経済会議への参加を計画していたが、中国共産党側は高良ら日本代表団の北京訪問を招待し、貿易を通じて日本に接近する動きを加速させていた。

一九五八年から北京に常駐して「民間大使」の役割を果たす西園寺公一も、当時日本としてモスクワ国際経済会議に参加するかどうかの問題に関与していたが、後に「この会議への参加の誘いは中国からだった」と回顧している。[113] 呼び掛けたのが南漢宸であり、それに応じて一九五二年一月二十七日、日本側は「国際経済懇談会」を結成し、モスクワ国際経済会議参加を検討した。[114] メンバーは石橋湛山（自由党衆院議員、後の首相）、北村徳太郎（元親和銀行頭取、元蔵相・運輸相、衆院議員）、鮎川義介（日産コンツェルン創始者、元満州重工業開発総裁）、村田省蔵（元大阪商船社長）、風見章（元内閣書記官長、社会党衆院議員）、大山郁夫（元労農党委員長、平和擁護日本委員会会長、参院議員）、帆足計、新開八洲太郎（第一物産社長）、安川第五郎（安川電機会長）や西園寺、労働組合代表らだった。[115] モスクワ国際経済会議への参加に日本政府は反対したが、それにもかかわらず錚々たる顔触れが中国の呼び掛けに集まった。特徴的なのはいずれも戦前・戦中から中国問題に関心を持った要人だが、風見、帆足、西園寺らは近衛文麿の側近グループで、鮎川や村田らは中国大陸に深く関係した企業のトップを務めた。石橋は軍国主義に否定的な元ジャーナリストだ。特に風見は、盧溝橋事件時に内閣書記官長を務め、戦後中国に後ろめたい気持ちを持っていた。廖承志の下で対日工作を展開した蕭向前の回想によると、五三年の国慶節（建国記念日）前、超党派議員による日中貿易促進議員連盟代表団の一員として訪中した風見は、「日本人は中国に申し訳ない。中国に心からわびるべきだ」と語り、「日中国交回復のために努力したい」と表明した。こうした風見に対して中国共産党側も評価するようになった。(116)

中国共産党は、日本各界で影響力のある人物が集まった「国際経済懇談会」を親北京派グループとして重視した。南漢宸は二月十四日、再度、日本の各界に書簡を出し、日本代表がモスクワ国際経済会議に参加するよう呼び掛けた。(117)

高良とみ国会議員訪中

国際経済懇談会のメンバーら十九人はモスクワに行くことを決めた。(118) 当時訪ソには出国旅券申請の問題があり、日本政府の同意が必要だったが、日本の外務省は「時期尚早」との立場でソ連行きを阻止した。村田省蔵も同様に行けなかった。しかし南漢宸は、日本の国会議員三人が西欧からモスクワ入りして会議に出席するという情報を得ていたようだった。(119)

その一人が、婦人活動家で四七年の戦後第一回参院議員選挙に当選した高良とみだ。三月二十四、二十五両日にパリで開かれるユネスコの会議に出席後、デンマーク、英国、インドに行く旅券で日本を出発したが、モスクワ国際経済会議での招請を受けていなかった。(120) 高良は後に「はじめ、私はモスクワにはいれるかどうか、ぜんぜんわかりませんでした。〔中略〕パリに来ますと、「どうしても、モスクワの国際経済会議にいかなければいけない」ということを、ほうぼうからいわれたわけです。一番熱心なのは、イギリスの議員団でした。「日本だけ、いかないということはない」とすすめられました。はたしてゆけるかどうか、わからなかつたのです。デンマークからヘルシンキへゆきましたが、さて国境でつきかえされるのではと思いました。ところが国境には「鉄のカーテン」はなかった」と振り返っている。デンマークからヘルシンキに行き、汽車でレニングラードに行き、飛行機でモスクワに入った。(121) 四月五日だった。(122)

高良は「国際経済会議は、ソ連と米国とを結びつける何かの道がありはしないかと、それを探す一つの方途として開かれたという。今までの競争による怨みは、すべて水に流して、中国も日本と貿易を希望するという。石炭や食糧を、日本のために大いに送り出す方策を立てているという。私も、はるばると訪れてきたかいに、日本の婦人代表の一人として、ソ連や中国の真意を確かめ、経済を通じていささかたりと平和のため貢献したいと思つた」と回想している。高良はソ連滞在中の五月十日、ハバロフスクを訪問し、病院で抑留された日本人戦犯らと面会している。(123)

西園寺公一は、高良の訪ソ・訪中について後に「当時としてはかなり冒険だったのだが、僕は陰の立役者であった風見章さんと一緒に高良さんを説得したり、外務省とかけあって何とか旅券を出させたり、随分働いたな」と回顧している。(124)

南漢宸は四月三日のモスクワでの会議演説で日本が再び武装しなければ、中国は日本と貿易関係を発展させたいと表明した。(125) 高良も、四月九日の演説で「近い将来日本が中国やソ同盟から食糧を買うことができるようになることをわれわれは心から希望している」と述べた。(126) 高良に遅れて帆足と宮腰はデンマーク経由でモスクワ入りし、四月二十九日に雷任民と会談し、日中貿易の基本方針と互恵・平等・平和・友好の基本原則を確認した。(127) そして中国側から招待を受けた高良、帆足、宮腰の三人は五月十五日午後、空路北京に到着した。(128)

六月一日、北京滞在中の高良、帆足、宮腰の三人は、南漢宸との間で第一次日中民間貿易協定に調印した。両国間の非軍需物資の交易拡大を図るため取引額を輸出入各三千万ポンドにすることに決めた。[129] 共産党が一九五二年四月に対日関係を大きく転換させた背景には、高良らの訪中を念頭に入れた貿易面での対日接近があったが、四月二十八日に国民政府と日本政府が締結した日華平和条約も念頭に入れたものだった。廖承志は当時の日中関係をこう認識していた。

「戦後、米ソ二大陣営の対立は深刻で、新中国は「向ソ一辺倒」の外交政策を推し進め、日本は米国占領下で米国に追随している。五二年四月二十八日に日本は蔣介石側と外交関係〔日華平和条約〕を構築した。日本当局は米国追随の「二つの中国」政策を推進し、中日関係改善に巨大な障害をもたらした。新中国と戦後日本の正常な外交関係のルートは封鎖され、両国は依然として戦争状態に置かれている」。[130] 国民政府とその後ろ盾である米国を牽制するため、日本を取り込もうという外交戦略を持っていたのは、同年四月三十日に周恩来が国府と各国との外交関係を認めず、新たな外交関係を構築するとした外交方針を見ても明らかである。

「接待組」の発足

高良とみらの前に訪中した日本要人としては、分裂した日本共産党幹部の極秘北京入りがある。一九五〇年十月に徳田球一が日本を脱出したのに続き、野坂参三は同年十一月、西沢隆二は十二月、伊藤律は翌五一年十月にそれぞれ北京入りし、日本共産党在外代表部（「北京機関」）をつくった。[131] 日本共産党幹部を接待したのは中国共産党中央対外連絡部で、副部長の李初梨や幹部の趙安博（後の中日友好協会秘書長）らがその中心だった。二人とも戦前、延安で野坂と一緒に日本人捕虜工作を行った「同志」だった。徳田らはＧＨＱ

によるレッドパージを受けて日本共産党への締め付けが強化される中、「人民艦隊」と呼ばれた漁船などで中国に密航、北京を目指した。中国で公刊された幹部の回顧録や日中関係の文献のほか、中国外交部檔案館で公開された日中関係外交文書などを見ても「北京機関」に関する情報は限りなく少ない。[132]

北京機関について毛沢東が言及した貴重な史料に、一九五九年三月三日午後、毛が河南省鄭州で日本共産党書記長・宮本顕治と会談した際の記録[133]がある。会談記録によると、宮本がまず「日本共産党は長く訪中したいと思ってきたが、日本政府の妨害で実現しなかった。今回は公式に訪問でき、私として非常に嬉しく思う。中国の党の日本の党に対する限りある中での多くの支援について、幹部会の同志、野坂同志は私に〔中国共産党と毛主席へ〕よろしく伝えるよう託した」と語った。それに対して毛沢東は「日共中央と野坂同志の挨拶」に感謝の意を表し、「我々は何も支援していない、非常に少ない支援だ。そして我々はいくらか過ちを犯した。当時マッカーサーによる粛清の際、我々は日共の同志に対して中国に来るよう勧めた。我々は彼ら〔日共同志〕が損失を受けるのを危惧したからだ。いくらかの同志が来た。それは当然善意に基づくものだったが、現在から見ると来なかった方が良かったかもしれない」と述べ、中国共産党が後押しした北京機関での徳田球一や野坂らの活動が失敗だったとの認識を示した。

いずれにしても、中国共産党・政府は以降も公式に、徳田、野坂ら日本共産党幹部らを「新中国後訪中した初の日本人賓客」とは位置づけておらず、北京機関に関する情報を公開していない。

中国政府の公式見解では、高良ら三人が、中華人民共和国成立後、中国共産党・政府の招待を受けて訪中した初めての日本の要人である。周恩来の指揮下でこれら日本要人接待のための人員を選抜し、臨時工作班を組織、廖承志を中心とした対日工作弁公室が成立した。毛沢東や周恩来が日本人と接見する際の日本語通訳や、日本の国情に通じた人材が集められた。趙安博のほか、王暁雲（後の駐日公使）、蕭向前（後の中日友好協会副会長)、孫平化(後の中日友好協会会長)のほか、通訳としては王効賢、林麗韞が廖承志の下に集結した。[134] これら日本専門家が七二年の日中国交正常化の主力となるのだ。高良ら三人を北京西郊空港で出迎えたのは冀朝鼎(中国国際貿易促進委員会副主席)、蕭向前、孫平化だった。[135] 廖承志が五〇年代初めに対日工作要員として抜擢した若手日本専門家、趙安博、王暁雲、孫平化、蕭向前は「四大金剛」と呼ばれた。[136]

孫平化は三人の北京滞在を接待する担当者だった。孫の回想によると、当時外国賓客を泊めるホテルは北京飯店中楼しかなく部屋数が限られたので、三人と随行秘書は宣武門近くの「頭髪胡同」にある四合院(伝統的民家)に落ち着き、北京市民と変わらない生活を送った。腕のいいコックに食事の世話をさせ、孫も同じ四合院で活動した。第一次日中民間貿易協定の交渉が難航すると英語が流暢な冀朝鼎が高良を尋ね協議した。[137]

蕭向前は、高良ら三人の接待に当たり南漢宸の秘書を務めた。蕭向前の回想によると、総理の周恩来が直接対日活動を指揮し、たえず対日会議を開き、各方面の責任者を集めて広く意見を求めて討論させた。周の助手を務めながら日本グループを実質的に組織したのが廖承志で、廖の下に専任の職員がいる「廖弁《リアオバン》」と呼ばれる事務所があった。蕭は一九五二年から廖弁で働くよう命じられた。[138]

当時、日本政府は「共産圏」への訪問を強く制限し、旅券発行を拒否した。それでも欧州などを経由してソ連や中国に入った日本人に対しては帰国後、法的追及を行った。孫平化は当時の状況についてこう回顧している。

「厳冬の中にあって、中日関係のきびしさは、かなりの程度相互不信をもたらした。日本政府の悪意にみちた偏向宣伝によって、広範な日本人民は新中国の真の姿や中国の内外政策を知るすべをもたなかった。〔中略〕新中国誕生後、共産党は人民にたいしてくりかえし国際主義教育をほどこした。毛沢東主席は、「帝国主義政府とこれらの国家の人民とを区別すべきであり、政府の政策決定者と一般の役人を区別すべきである」と指摘している。周恩来総理も大衆をくりかえし説得するよう何度も指示を出した。しかし、解放直後、人民大衆は日本人にいい印象をもっておらず、不信感さえ抱いていた。とくに日本帝国主義の軍靴にふみにじられた広範な農村地域での説得工作は至難のわざであった。当時、もし、日の丸の旗をつけた車が中国の都市や農村を走ったとしたら、たいへんな事態がおきたにちがいない」[139]。

「平和会議」北京開催

第一次日中民間貿易協定の調印が終わると、日本接待組は建国後初の大型国際会議「アジア太平洋地域平和会議」の北京開催に向けて準備を本格化させた。高良、帆足、宮腰は一九五二年六月三日に北京飯店で開かれた同会議の準備委員会に各国代表とともに出席した後[140]、三人は七月にそれぞれ帰国した。高良らに続く第二陣訪中団は五二年九月二十八日、「アジア太平洋地域平和会議」に出席するため北京入りした前進座の中村翫右衛門《かんえもん》や一橋大助教授・南博ら十三人だった[141]。会議の最重要問題の一つが日本問題であり、日本の代表が参加しなければ会議は成立しないと各国代表は認識し、会議では、日本の再軍備に反対し、外国軍隊の撤退を求めた「日本問題に関する決議」が可決された[142]。

中国では十月二日の会議開幕に向け、「中国人民世界平和擁護委員会」が成立し、孫文未亡人の宋慶齢が名誉主席に、郭沫若が主席に選ばれた。準備委員会は日本に招請状を出し、日本側も松本治一郎参院議員（部落解放全国委員会委員長、五三年に日中友好協会初代会長）を団長に六十人の大型代表団が組織され、盛大な結団式も行われたが、最終的に日本政府は旅券の発行を拒否した。翫右衛門や労働運動の亀田東伍ら一行は、小さな漁船に乗って秘密裡に船出し、途中しけに遭って数日漂流しながら中国にたどり着いた[143]。日本国内では翫右衛門は九月中旬から行方不明になり、山口や長崎方面から密出国したとみられていた。[144]

翫右衛門は封建的な歌舞伎の世界に反抗し、戦後は日本共産党にも入党した異端児だった。北京入りして九月二十九日夜、北京放送を通じて日本国民に向けて「私がわが民族とアジア人民の敵、憎むべき戦争屋と闘い、平和を守る舞台にたつことを、全国民が支持してくれることを確信する」とあいさつした。[145]翫右衛門は五二年五月、北海道赤平小学校での公演をめぐり会場を貸さないと拒否されたにもかかわらず強行し、当局から住居侵入容疑で追及されて北京へ密出国し、十月中旬に警視庁から出入国管理令違反を適用して逮捕状を出された。[146]アジア太平洋地域平和会議の代表団としては当初、六十人が決まっていたが、旅券が発行されず、ヨーロッパ経由であったり、旅券を持たなかったりした者が北京入りした。[147]翫右衛門は結局、五五年十一月まで三年以上も北京に滞在することになるが、日本の雑誌メディアなどに向けて新中国の変化や中国演劇について情報を発信し、[148]宣伝役を務めた。

北京に入った中村翫右衛門は、五二年十二月には「諸国民平和大会」が開かれたウィーンに行き、同じく同大会に出席した西園寺公一と会った。中国から宋慶齢、郭沫若、廖承志が来ていた。中国に行きたい西園寺は翫右衛門らに誰に相談すればいいかと尋ねると、廖に相談するのがいいと言う。西園寺は中国代表団のホテルに行ったが、廖はウィーンを離れ、プラハに向かった後だった。西園寺はプラハまで行き、廖に会うと、ウィーンで日本の過去の過ちを反省して謝罪した西園寺のスピーチを評価していた廖は、訪中を希望する西園寺の意向を歓迎した。[149]

西園寺は十二月十一日、北京に到着したが、同月二十五日からは、中国に残留して医者、看護師、技術者などとして留用された日本人の帰国問題を協議するため日本赤十字社社長・島津忠承《ただつぐ》を団長とする代表団も訪中した。代表団には日中友好協会の平野義太郎（中国研究所所長）、戦前上海・内山書店店主の内山完造（日中友好協会理事長）、高良とみらが加わった。[150] ただ五三年一月、残留邦人の帰国問題で日本側は、戦前・戦中に三度も外相を務め、駐中国大使にも就いた有田八郎・衆院議員（社会党）を代表団名簿に挙げたが、中国側は別の人物に代えるよう要求した。日中戦争前後の中国外交に関わったことが記憶に新しかったからとの理由で、日本側も応じざるを得なかった。[151]

この日赤訪中団には外務省から条約局第三課事務官林祐一も代表団を補佐する特別専門家として加わった。[152] 林は秘書兼通訳で日赤の臨時嘱託となったが、中国渡航で公用旅券が発給された初めてのケースだった。双方の交渉は五三年三月まで続けられ、林によると、一行が北京に滞在している間に、スターリン死去が伝えられたという。[153]

一九五四〜五七年の交流拡大期

もっぱら日本からの要人の接待は、廖承志をトップとする対日接待組で対応していたが、周恩来総理が最初に会見した日本の要人は平和擁護日本委員会の大山郁夫会長（参院議員）だった。[154] 一九五三年九月二十八日に大山と会見した周は「中国は世界各国と〔関係を〕回復したい。とくに日本との関係を正常化したい」と打ち明けた。[155]

五四年は日中の交流が拡大し、五六〜五七年頃まで共産党・政府の平和攻勢とそれに応じた民間を中心とした日本側との「交流拡大期」が続く。五四年七月二十五日には中曽根康弘（後の首相）、桜内義雄（後の衆院議長）、園田直（日中平和友好条約締結時の外相）ら若手国会議員団がストックホルムでの世界平和大会に出席した帰りにソ連訪問を経て中国を訪れた。[156] 接待した孫平化は、「当時、中曽根氏は三十五、六歳で、さっぱりとした気性ながら老成の風があった。中曽根氏と園田氏は「青年将校」とよばれていた」と回顧した。[157]外文出版社の日本語月刊誌『人民中国』で翻訳に携わっていた劉徳有が対日交流の日本語通訳としてデビューするのもこの国会議員訪中団の時だった。やはり劉も中曽根、園田の印象が強く、「若くて有能で、第二次大戦中に徴兵に応じたこともあるので、「青年将校」「少壮派」と言われた」と回想している。[158]

また五四年国慶節前の九月二十九日には二十五人の国会議員から成る大型代表団が北京を訪れ、十月十一日には周恩来が会見に応じた。[159]周は会見で、「中日間には非常に長い交流の歴史がある。日本は工業化の過程で軍国主義をもたらし侵略戦争を発動した。中国人民は日本の軍国主義の復活を心配しているが、両国人民が友好と密接な交流を盛り上げれば、この危険を阻止することができるという自信がある。私は、日本人民が平和で独立し、民主的で自由な国を求めていると信じている」と訴えた。[160]この国会議員訪中団については、中国側の接待工作を見ることで共産党の対日戦略を後述したい。

初の訪日代表団

一九五四年十月三十日には、李徳全（衛生部長、中国紅十字会会長）を団長、廖承志を副団長とする代表団が羽田空港に到着した。前年訪中した日本赤十字社（島津忠承社長）の招待で中華人民共和国成立後初の訪日団となった。到着翌日の朝日新聞朝刊は一面トップで「李徳全女史ら昨夕入京」との見出しで伝えた。李徳全は「今回の訪問は中国、日本両国人民の友好的交流の新しい発展を示すと同時に、両国民の理解を深めることに役立つことと思う」との声明を出した。[161]日本の報道は、李徳全の来日を歓迎ムードで伝えている。

翌三十一日、李徳全は日赤本社で島津に「日本侵華戦争罪犯名冊」と表紙に書かれた戦犯名簿（生存者約九百七十八人、死亡者四十二人）を手渡した。朝日新聞は「死亡者名簿には張作霖爆破事件の首謀者といわれる河本大作氏」の名が見られる、と報じた。[162]中国共産党の日本人戦犯政策は後で触れるが、これに先立つ五四年七月二十九日、北京を訪問した日本平和代表団の柳田謙十郎が李徳全と会見した際、李は「中国人民解放軍は、各種の罪をおかした旧日本軍人に赦免をあたえるであろう」と述べ、中国紅十字が旧軍人の帰国問題を委託されるとの見通しを伝え、岡崎勝男外相も中国残留邦人の引き揚げのため李徳全を招請する方法もあると語った。[163] 中国共産党の対日戦犯裁判を研究した大澤武司は、共産党・政府が、李徳全訪日を実現させるため、いわば絶妙のタイミングで日本人戦犯の釈放を提案したと指摘している。[164]

こうして実現した中国共産党・政府初の訪日団は、周恩来が非常に重視したものだった。まず周は五四年十月二十二日、代表団名簿を毛沢東、劉少奇、朱徳、陳雲、鄧小平、習仲勳という主要な指導者に送り、チェックしてもらった。代表団は李徳全、廖承志のほか、趙安博、蕭向前、呉学文（新華社記者）、通訳として楊振亜（後の駐日大使）、王効賢らで、廖の指揮する日本接待組の多くが選ばれた。[165]

翌二十三日、周恩来は中南海で訪日代表団メンバーと接見し、「今日の複雑な情勢下で日本に行くだけで勝利だ」と述べ、「日本では友好だけを語り、他のことを話すな。これを良好なスタートとし、今後日本とのさらに多くの交流の基礎にせよ」、「日本人民の自尊心を鼓舞し、我々の平和政策と友好な態度を説明せよ」、「日本人民が中国人民と一緒に戦争の再起を防ぐよう話せ」などと具体的に指示を出した。周は廖に対して「李さんを補佐してほしい」と付け加えた。[166]

「複雑な情勢」とは何を指すのか。訪日団メンバーだった呉学文らが著した『廖承志与日本』は、「米国と日本の当局や台湾の蔣介石集団は、中国紅十字代表団の訪日を破壊しようと陰謀を企てている。米・蔣特務と日本極右は廖承志を拉致し、李徳全と廖を暗殺しようと計画しているという情報もある。廖は代表団メンバーに対して警戒を高め、安全に注意し、周総理の指示を頭の中に記憶させ、ノート、一切れの紙さえも持って外出してはならないと要求した」と記している。[167]

拉致・暗殺計画が大げさではないことは、一行が離日した十一月十二日の朝日新聞夕刊に掲載された、李徳全の警護を担当した警視庁警備一部警衛課・伊藤実警部の話に表れている。宿舎となった帝国ホテルでは李の隣室に寝泊まりし、車では助手席に乗ったという伊藤は「某方面から選り抜きのピストルの名人数人が潜入しているという、相当確実な情報があるんです。実際、京都、大阪ではそれらしい怪人物が常につきまとっていて、全くイザという時は身替わりになる覚悟で、夜も寝られませんでした」と証言した。[168]

三　鳩山一郎政権取り込み

村田省蔵の対中接近

一九五四年十月十二日、中ソ両政府は対日共同宣言で、日本との関係正常化を望むと表明した。共産党政府が対日平和攻勢を掛けたのは、同年十二月に米国追随政策と批判した吉田茂首相の後任として中ソと関係改善を志向した鳩山一郎が登場したことが大きな要因としてあり、こうした中で日本との国交正常化を目指した。対日戦略の転換の背景には、冷戦下で敵対する米国による対中封じ込めや、米国をバックに大陸反攻を目指した蔣介石政権を強く牽制しようとの狙いもあった。

鳩山一郎が「日本はソ連・中国との外交・貿易関係を正常化させることが必要だ」[169]と発言し、周恩来も十二月二十一〜二十五日の全国政治協商会議で「わが国は日本と関係を正常化したい」[170]と表明するに至ったのである。十二月三十日付の人民日報は、「日本と中国の正常な関係回復を論ず」と題した社説を掲載し、「中日関係正常化の時機は既に成熟した。日本は独立した外交政策を持ち、実行できる措置を切実に取るべきである」と呼び掛けた。[171]

中国共産党が特に対日貿易関係発展のために重視したのが村田省蔵だったが、村田も共産党に接近した。村田は一九〇〇年、大阪商船に採用され、漢口や上海などで勤務した。一九一三年八月には亡命中で香港を脱出する孫文と同じ船に乗り、台北の料理屋で一緒に食事した後、上海に行き、孫文を日本総領事館に引き渡したこともあった。一九三四年に大阪商船社長に就任し、四〇年には「長江産業貿易開発協会」会長に就任した。村田は同協会について「中国の中心であり、天与の資源に富む広大な揚子江流域の開発を計画し、中国の人々と協力してその生産を高め、貿易の振興に資したいと念願して、各方面のこれを思う人々の間を説いてまわったが、シナ事変の最中でもあるので耳を傾ける人がなかったのです」と回顧している。[172]四〇年七月には第二次近衛内閣で逓信相兼鉄道相、四二年フィリピン派遣軍最高顧問などを務め、戦後、A級戦犯容疑者として四七年八月まで巣鴨拘置所に収監された。しかし出所後、「毛沢東であろうが、蔣介石であろうが、問うところではない。われわれは日本として六億の民衆との友好を深め、広大な中国大陸と接近をはかるべきである」と思い、一九五三年三月に国府との協力を進める日華経済協会会長を辞任し、「かの地〔大陸〕に渡って私の先入主になっている自分の中共観をただしてみる決心をした[173]」という。大陸の六億人民衆を相手にする決心をした村田は吉田茂首相にも会い、中国政策について考え直すよう進言した。[174]村田は、一九五四年九月に設立された日本国際貿易促進協会（国貿促）初代会長に就任した。

中国外交部檔案館に所蔵されている外交文書を読む限り[175]、村田が最初に共産党側にアクションを起こしたのは一九五四年八月二十一日、中国国際貿易促進委員会主席・南漢宸に送った書簡だった。それによると、「インドシナ停戦に従い、国際情勢は緩和が拡張し、アジアには間もなく和平地帯が現れる」などと記し、「七月二十三日に石橋湛山、北村徳太郎らと、日本国際貿易促進協会成立の問題を協議した。八月三日に経済界の指導人物の参加の下で準備会議を開催し、その後経済界と政界の人士と協議を行い、近く成立させる」

と、対中・対ソ貿易を扱う国貿促発足の現状を紹介した。その上で「日本は敗戦後、長期にわたり外国に占領されるところとなり、我々両国の断絶が長く続くことは不幸である。両国国民の努力によって貿易・文化交流を少しずつ回復させ、さらに努力すれば、正式な外交関係を構築するという望みを高めることができるでしょう。しかし現在のところ貴国と我が国の両国指導者が膝を交えて語り合う機会はなく、あなたがたが日本に対してどう考え、何を望んでいるか直接聞き取ることができないのは、実に遺憾に思う」と続け、「私の入境を認め、政治・経済の各指導者と接見して会談することによって貴国の真意を理解し、我が国指導者に伝える。貴国の意を報告することで両国の正しい関係を築くよう寄与したい」と呼び掛けた。

村田の訪中希望に関する電報は、廖承志・国際活動指導委員会副主任の指示で中国国際貿易促進委員会から対外貿易部副部長・雷任民に送られ、副本は国際活動指導委員会、中国人民外交学会、中連部・李初梨副部長、外交部アジア局に転送され、これら部門が共有した。そして九月十七日、冀朝鼎・国際貿易促進委員会副主席は、村田に「中国人民外交学会の同意を得た。日本の各党派代表団を含めたメンバーを招待し、あなたが一緒に我が国を訪問することを歓迎する」と返答した。しかし村田は、九月二十二日、「各種状況で議員と一緒に出発できない。十月中旬に単独で貴国を訪問したい」と返した。これを受け、冀朝鼎は同二十五日、廖承志と総理弁公室に対してどう処理すべきか指示を仰いだ。

周恩来も十月中の村田の訪中を認め、村田側と中国側は日程や随員について電報で交渉を続けたが、結局、村田は十二月七日、五五年の年明け以降にいつでも動けるように準備する、と伝えた。結局一月九日に香港に行くことになった。

外交文書に記された村田と中国側の往復電報から分かるのは、①中国側はできるだけ大規模な訪中団を望んでいた、②訪日団の受け入れは、廖承志が統括し、周恩来が最終的に決裁していた――ということだ。村田と周恩来の会談が実現したのは五五年一月二十三日だった。周恩来・村田会談の通訳は、王効賢が担当したが、同じ通訳チームにいた劉徳有は仕事仲間の王を通じて会談内容を知った。劉は村田について「中日関係の重要性においてある程度の理解を示し、双方の橋渡しにもなりたいと考えていた」ものの、「その特別な経歴と新中国への知識不足から、中国に対する疑念と不安の感情も抱いていた」と振り返っている。村田は周恩来に「中ソ友好同盟条約では日本を仮想敵としている。中国は日本国民に友好の情を示しているが、日本人はソ連を信用できないと感じている」、「中国が強くなると、日本を攻撃することはあるのか?」など厳しい質問を投げ掛けたが、劉徳有は、村田の質問は「当時の日本財界の典型的な見方と疑念であった」と回想した。[176]

一方、周恩来は平和攻勢路線を反映し、村田に対して新たな対日政策として次のように述べた。「中国人民の態度は日本人民の内政に干渉しないということだ。日本人民がどの党組織の政府を選んでも我々は承認する。中国人民は社会主義に賛成しているが、この制度を日本に輸出することはできず、革命は輸出できない。政治制度は人民自らが選択すべきであり、国外による干渉は失敗に終わるべきだ」。[177]周恩来の発言は、「武力革命」を目指してきた中国共産党の変化を示した。

村田は、周との会談で「はなはだ無礼な質問かもしれない」と前置きした上で「日本の共産党というものは天皇制を云々し、政府の転覆の陰謀をもつている」などと懸念し、「その共産党はどうもモスコー〔モスクワ〕や北京から指令を受けてやつているように考えられるが、果してあなたたちの方から指令をお出しになつておりますか」と率直に質している。これに対して周は日本共産党が中国共産党から指令を受けて行動していることを「信じません」と否定し、「もしそうなら日本の共産党は自分を卑下しているものではありませんか」と返した。[178]周はその上で「日清戦争以来六十年間日中関係は好ましからざる間柄にあったが、長き歴史から見ればこれは短い年月であり、すでに過ぎ去ったことである。今後日中関係は友好ならざるをえない、また必ず正常関係の樹立はできると思う」と期待感を示した[179]。

周恩来は、革命を輸出する外交をもはや目指すのではなく、日本国内により多くの親中派をつくり出し、彼らのエネルギーを使って米国への圧力にしようという対日戦略を鮮明にしつつあった。これに対して村田は新中国を見て周に「五年間でこんなに変るということはまるで世界的奇跡だ[180]」と称賛し、対中関係の打開に向けて先頭に立つことになるのだ。

政治局採択の初の対日方針

日本敗戦前に八路軍第一二九師団敵軍工作部副部長などとして日本軍捕虜工作を行った張香山は、中華人民共和国建国後、五五年から共産党中央対外連絡部秘書長に就き、再び対日工作の現場幹部に復帰した。その後は同対外連絡部副部長、中日友好協会副会長、外交部顧問などとして民間・政府両方の立場から日中国交正常化への道を開いた。張香山は、著書『日中関係の管見と見証』の中で五〇年代初めの対日方針について「中日両国人民の間（政府の間ではなく）の友好関係を発展させることによって、米国を孤立させ、そして間接的に日本人民に影響を与えることで、日本政府に圧力をかけ、日本の対中政策の変更を迫ることによって、次第に中日関係の正常化を実現させる」というものであった、と回顧した。張香山の回想によると、一九五四年末に日本の首相が吉田茂から鳩山一郎に代わり、鳩山は中国との関係を発展させると表明したことを受け、当時共産党中央対外連絡部部長で、対日工作も指揮した共産党中央「国際活動指導委員会」主任を務めた王稼祥は一つの提案を出した。それは、日本側に中国の対日政策を理解してもらうために、周恩来が日本国会議員代表団と会見した五四年十月と、村田省蔵と会見した五五年一月の二つの講話の要旨を発表しようという内容だった。王はこの提案について張聞天外交部副部長に相談したところ、張は、今後は完全な形で対日政策を策定する必要があるとし、王稼祥に起草を委ねることを提案した。王は周恩来総理の同意を得て、対日関係部門の責任者を招集して討論し、ほぼ一カ月をかけて起草した。さらに共産党中央政治局は周の指示により討論を行い、一九五五年一月に採択した。「中共中央の対日政策と対日活動に関する方針と計画」がそれであり、張香山は「おそらくわが国による建国後の対日政策の中で、政治局の討論と採択を経た最も完備された正式な文献であろう」としている。[181]

この文献では具体的に、①吉田内閣が退陣した原因についての分析、②鳩山内閣と吉田内閣の対外政策における相似点と相違点、③中国の対日政策の基本原則、④今後の対日政策と対日活動の方針と計画、⑤今後の予測――の五点に言及している。その上で基本原則として五点を挙げている。

①米軍が日本から撤退することを主張し、米軍が日本に軍事基地をおくことに反対し、再び日本が武装することで軍国主義が復活することに反対する。
②平等互恵の原則に基づき、中日関係の改善を目指し、続いて外交関係の正常化を達成する。
③日本人民の勝利により、中日両国人民の友好を築き上げ、日本人民の境遇に同情の意を表す。
④日本政府に圧力をかけ、米国を孤立させることによって日本政府に中国政策の変更を迫る。
⑤間接的に日本国民の反米要求と、日本の独立、平和、民主を求める運動に影響を与えて、これを支持する。

また文献は、七つの方面での対日工作推進を提案した。①中日貿易、②漁業問題、③文化友好往来、④中日両国議会間の往来、⑤中国にいる残留日本人と戦犯問題、⑥中日両国関係の正常化問題、⑦世論工作。[182]

政治局で採択されたという中華人民共和国建国後初めての総合的な対日政策文献を通じて分かるのは、五二年から貿易関係を中心に始まった対日交流・工作は、五四年末の吉田から鳩山内閣への政権交代を契機に全面的に拡大させ、国交正常化を目標に据えるようになった。それは日本を取り込み、米国を孤立させるという戦略も併せたものだった。文献で提言したように、七つの方面を重点項目として対日交流・工作は現実のものとして活発化することになった。

毛沢東・周恩来ら中国共産党指導部はなぜ、日本との関係を重視したのか。一九五五年から中国外交部で対日関係に携わった丁民はこう語る。

「中日関係の特徴を中国側から見ると、その頃〔五〇年代〕の共産党の指導部・幹部が日本について非常に詳しかった。日本との長い戦争の中で学ばなければならなかったため関心が強かったことが言えます。国交のない国だったにもかかわらず、日本に対して非常に大きな関心を払っていた。というのは、やはりひどい目に遭ったのでもう二度と戦争になるのは避けたいというのが出発点でした。五〇年代、六〇年代の人民日報を調べれば分かるが、毛沢東・周恩来が外国人に会った中で、日本人が最も回数も人数も多いのですよ。これは特異な現象。特に周恩来は精力的で、学生の代表団にさえ夜中に会っていました[183]」。

戦前から戦後の中国通外交官

周恩来が大活躍し、中国の国際的地位を向上させた外交舞台の一つが、一九五四年四月からのインドシナ戦争に関するジュネーブ会議であり、もう一つがインドネシアのバンドンで五五年四月に開かれた第一回アジア・アフリカ会議（バンドン会議）だった[184]。同会議に日本政府が参加するかどうかは賛否両論があり、外相重光葵は反対だったが、鳩山一郎首相の決断で参加を決めたと、伝えられた。結局、経済審議庁長官・高碕達之助が日本政府代表となり、通訳として外務省アジア局第二課の中国通外交官・岡田晃が同行することになった。岡田は、「この頃の日本政府の対中国態度は、アメリカの中国敵視政策に完全に同調するものであった。高碕代表はこの間にあって、日中関係を何とか打開しなければならないとの固い信念をもっていた。バンドン会議に出席して、周総理に直接会って、日中関係の改善を話合うことを予《あらかじ》め深く心に期していたものと思う」と回想している。(185)

一九五四年に来日した李徳全衛生部長が草葉隆圓厚生相と短時間懇談したケースはあるが、バンドン会議の機会に日本と中華人民共和国の現職閣僚が戦後初めて直接、本格的に会談することになった。日本側の主役は高碕と岡田、中国側は周恩来と廖承志である。

高碕は戦中、満州重工業開発総裁として満州で活躍し、救済総会会長として日本敗戦後の満州で日本人の救済に奔走した。自身が日本に引き揚げたのは一九四七年十一月で、公職追放を受けたが、五二年に電源開発総裁に就き、五四年十二月の第一次鳩山内閣で経済審議庁長官として入閣した。高碕が戦後、日中関係の改善に意欲的だったことと、満州での体験の関係について、加藤聖文は、戦後に満州国を理想国家などと主張した満州国に関係した官僚・軍人と比して高碕はそういう抽象論を一切記さなかったとした上で、「戦後に高碕が対共産圏貿易に活躍できたのは、満洲での経験というよりも経済人としての実績からであって、政治的評価に踏み込まずに経済的合理主義に徹した姿勢が対中関係の橋渡し役として適任であったといえる」と指摘し、戦後日中関係の中で満州体験はさほど重要ではないとしている。(186)

岡田晃については既に触れているが、一九三五年から上海・東亜同文書院に学び、四二年に外務省に入省してからは南京の国立中央大学（現南京大）にも留学し、(187)終戦まで三年間、六畳間ぐらいの部屋で中国の学生と生活した。中国通外交官としてのスタートを切った南京では留学の一方、会談の通訳も行い、東亜同文書院の先輩で、戦前支那通外交官の堀内干城、清水董三と太田一郎に仕えた。(188)

外務省では一九三〇年以降、中国大陸への軍事的進出が本格化するにつれ、中国勤務の需要は高まり、中国在勤者（満州国を除く）数は、一九三四年の二百三十二人から、太平洋戦争が開戦した四一年には六百四十一人に急増した。[189] 上記の堀内、清水、太田や、石射猪太郎、須磨弥吉郎らは、戦前の外務省中国専門家の代表的存在である。しかし日本敗戦による外交活動の停止と、吉田政権下での定員削減で、外務省は戦前以来の多くの中国専門家を解雇せざるを得なくなった。[190] 井上正也の研究によると、外務省内で中国に対する本格的な現状分析が行われるようになるのは吉田政権末期で、その中心的役割を担ったのは講和後に香港総領事館に着任し、香港から新中国を観察した外交官だったという。[191] 当時の香港総領事は板垣修で、その下の首席領事は小川平四郎である。板垣は一九三二年に外務省入りし、戦前・戦中は北京、上海で多くを過ごした中国通であり、[192] 板垣も小川、岡田もいわば、戦前・戦中に中国語を専門に勉強するなどした「戦前チャイナスクール」だ。小川平四郎は、一九五四年四月に中国を担当する外務省アジア局第二課長に着任し、同課事務官として岡田晃が就いた。

日中閣僚初の本格会談

バンドン会議での初の日中閣僚本格会談に話を戻すが、高碕達之助の通訳として同行した岡田晃は、バンドンに到着してすぐ周恩来に随行した廖承志に会った。二人は初対面ではなかった。一九五四年の中国紅十字代表団の際に来日した廖とは旧知の仲。その時二人は東京・新橋の飲み屋で飲もうと思ってパレスホテルからタクシーに乗って虎ノ門に来たところ、廖は「おい、岡田、後ろを見てみろ、公安調査庁の奴がついてきているよ、あの黒い車だ」と話すと車をパッと降りた。公安調査庁の車は赤信号でついて来られず、そこから地下鉄に乗って新橋ではなく赤坂で飲んだという。[193]

つまり岡田、廖承志の二人はバンドン会議前から既に信頼関係があったわけであり、高碕だけでなく周恩来も日中政府間の本格接触の始まりに対して「心秘かに期していたものと思う」と岡田も認識していた。[194]まず周恩来は五五年四月十八日朝の開会式の三十分前にホテル・ホーマンに現れ、高碕と接触した。この初顔合わせは岡田と廖承志があらかじめ電話で打ち合わせて決めたものだった。別途会談しようと約束し、同席した岡田と廖との間で会談の日時や場所を連絡し合うことを決めた。[195]

再会談は四月二十二日午前七時にセッティングされた。朝早く岡田は、高碕、廖と三人で車に乗ったが、廖は周恩来の泊まっている場所とは全く別の山の方に車を待たせており、そこで乗り替えてまた別の場所に行き、ここに待たせていた別の車に乗り替えてようやく会談場所に着いた。新聞記者をまくためだが、岡田は東京で公安調査庁の車をかわした廖承志の巧みなやり方を思い出した。[196]

岡田が記したメモ「高碕・周会談録」[197]によると、会談は午前七時二十分から八時四十五分までの一時間二十五分。三人が会談場所に着くと、周恩来と副総理・陳毅が待機していた。出席者は五人に限られた。岡田メモには「日本側到着と同時に、窓その他外部より観望し得ぬようシャットして極秘裡に会談を行う」と記されている。

メモによると高碕は周に「まず、第一に戦争中、わが国はお国に対し、種々御迷惑をおかけしたことに対して、心からお詫びしたいと思った」と謝罪すると、周は「戦争中のことはもうお互いに忘れましょう」、「これはいずれにしても過ぎ去ってしまったことです」と述べ、「われわれは今、長期的立場に立って日中両国の友好関係を如何にして持続するかについて、よく考えるべきだと思います」と、関係正常化に意欲を示した。これに対して高碕は、「わが国は現在、政治的にみても経済的にみても、必ずしも完全な独立を得た訳ではなく、わが国のみの意志によって動くことは出来ないが、一日も早く中日関係を正常化させたいと思います」と語り、中国との貿易関係強化を主張した。

周恩来は、先に会見した村田省蔵に対して両国の代表機関を相互に交換し合おうと提案し、村田が「民間の代表」がよいと応じたやり取りを紹介した上で、「貿易の振興の問題は勿論、船舶の出入の問題でも、戦犯問題でも、港湾指定の問題でも、何一つとして政府と関係ないものはなく、本来ならば、政府の代表が来ていただければこれに越したことはないのですが、これが現状では不可能ですから半政府機関を交換したい」と踏み込んだ。さらに周は「戦犯問題で、一言、申し上げておきます」と切り出し、「今回私共は中国で服役している日本の戦犯で、老年の人や病気の人々は日本に帰国させることにしたいと思っています」と述べると同時に「この他の者は刑期を短縮し、また赦免する筈です。そして、中国にいる日本人戦犯は「死刑」になるものは一名もないこととなります。現在の戦犯の行動とか過去の経歴とかを考えると、早く減刑して帰国させてあげたいと考えます」と、戦犯に対してより寛大な措置を言明した。

また、台湾問題をめぐる高碕の発言が中国側には想定外だったようである。国民政府との「日華平和条約」について日本だけが一方的に廃棄することはできないとして「何とかして周さんのところと台湾とが一本となることは出来ませんか?……。わが国はこのことを非常に望んでいます」と述べたのだ。岡田がメモに注釈として「このところで、周、陳、廖三氏とも急に緊張した。ピリッとした空気が室内を圧倒したことが膚《はだ》に感じられた。しばらくの間、静寂がつづいた」と記録したことからそれが分かる。これに対して周は「高碕さんが問題の焦点が台湾であるとされたことは全く正しい」と返し、「一本になる」という点についてさらに意見交換したいと述べ、帰国までに再度の会談を申し入れた。高碕は同意し、四月二十五日午前七時から朝食を共にするということを確認した。[198]

しかし岡田晃は、周恩来との会談の模様を、高碕に随行した外務省の谷正之顧問、太田三郎、加瀬俊一両参与に詳細に報告したところ、二十四日午後に谷から呼び出しを受け、高碕に再会談を取りやめるよう伝えるよう命令があった。結局、高碕には別の顧問が直接伝えたが、高碕からは中国側に対して「残念ながら明日の会談は行えない」と連絡するよう指示があり、岡田は廖承志に伝えた。[199]

岡田は谷、太田、加瀬の三人を「重光外相の御三家[200]」・「お目付役[201]」と回想している。谷は岡田から報告を受けた後の四月二十三日、米国の駐インドネシア大使がバンドンに来て谷に面会した。[202]そして二十五日の日中再会談は取りやめになった。米国や米国の意向に配慮する重光外相からの圧力があり、戦後初の本格的な日中閣僚会談が中国側ペースで進むことへの警戒があったとみられる。周恩来は、高崎との会談翌日の四月二十三日に声明を出し、第一台湾海峡危機を受けて米中関係が緊張する中、「台湾地域の緊張緩和の問題を討議するため米政府と席を同じうして交渉に入りたいと思っている」と述べた。[203]米国務省は周提案に対して、国府の対等な立場での参加を主張しつつ「誠意あるものならいつでもこれを歓迎するであろう」との特別声明を出した。[204]この三カ月後の八月一日からジュネーブで米政府と中国政府の大使級会談が行われることになるのだ。

アジア二課の中国認識見直し

小川平四郎が課長、岡田晃が事務官を務める外務省アジア局第二課は、一九五五〜五六年に入り本格的に中国政策の再検討を進めたが、この背景にあったのは、①中国が内部崩壊する可能性はなく、経済建設も順調である、②国府の大陸反攻はほとんど不可能で、中国・国府のバランスでは中国が圧倒的に強く、その差はさらに広がる――といった中国情勢認識であった。五六年八月二十一日に外務省アジア局第二課が作成した「中国問題の再検討[205]」では上記の情勢分析を示している。

これに先立つ同年一月十八日にアジア局が作成した「中共の実態及びわが国のとるべき態度」では、「国府の大陸奪還の可能性は米国の援助が現状の如くであるならば、中共が何らかの原因により内部的に崩壊するに非ざれば実現不可能である」とすると同時に、内部崩壊の可能性も「危険化する見通しはなく、少《すくな》くとも蔣介石政権存続期間中に起り得るとは思われない」と分析している。(206)

こうした中国認識の下、アジア局第二課は、五六年十一月の米大統領選挙が終われば、「米国が相当フレキシブルな対中共政策を考えることは充分予想せられる」と見通している。(207) 第二課は、バンドン会議で周恩来が米国と直接交渉の用意があると声明を出し、これを受けて五五年八月に米中大使級会談が開かれた経緯も踏まえ、米国の中国政策転換が起こる前に日本は対中政治交渉を本格化させ、中国に対して先に動けば、中国政府との交渉で有利な立場に立つことができると考えた。(208)「中国問題の再検討」では「米国がどの程度自国の政策に修正を加えるか、他国の動きをどの程度掣肘《せいちゅう》するかにかかっているといえる」と分析している。

アジア局第二課では、国府と比して中国の圧倒的有利の情勢に関して、五五年九月十二日付「当面の対中共政策（第二次案）」では「現実に中国大陸を支配する政権と何等の交渉を持たぬということは、単に不自然なるのみならず」との基本的認識に立っていた。(209) その上で、中国との間で「政府間の接触を考慮する時機に到来したかと考えられる」との判断を示している。西欧諸国が中国との貿易拡大を進める中で、「わが市場として立遅れをとる」ことへの危惧が大きく、「政府間接触によりわが国の地歩もある程度確保し得ることになろう」としている。「米国に同調を求められて二の足を踏んでいる状態」という苛立ちも強かった。(210)

第二課では、米国の対中国政策が緩和して日本政府への圧力が弱まれば、あるいは米国に通報して了解が得られれば、中国との政府間協議を進めたい意向だった。その結果の影響として国府との関係が急速に冷却化し、あるいは国府から国交断絶を持ちかけられる恐れがあったとしても、「さして気にする必要はなく」という対中国重視の方針を示した。(211)

米大統領選が間近に迫った一九五六年十月二十日にアジア局第二課が作成した「日ソ復交後の中国問題」と題した文書[212]では、「貿易代表部の交換」、「漁業協定」、「抑留者・戦犯送還」などの問題について従来、政府は一切関与せず、民間に任せてきたが、「民間まかせであるため左翼系の意のままにあやつられ、内容、形式共に好ましくない方向に動いて行つたものが多く、今後この傾向は増大すると思われる」との危惧を強めている。そして「これにどの程度政府が関与して行くべきかを決定することが、さし当つての中国問題の最重点である」との立場を示した。もはや民間任せで日中間の懸案を決定されることへの強い危機感が背景にあったのだ。

共産党相手に政府外交模索

外務省アジア局第二課としてこれまで民間主導で行ってきた日中間の懸案を政府間で協議する方針はあっても、「従来通り現段階において中共承認は考慮し得ずとの線を繰返すとともに中共承認の問題は国際連合の決定に従うべきものであるとの含みを打出すことが得策」とし、その理由として「国連に一任することは何れの国からも批難されず、且つ国連が中共支持に変った時は自動的に中共承認を行い得る立場になる便利がある」と指摘した。[213]

第二課は、政府間接触でさえ「唯一の困難は対米関係にある」とみなし、米国から同調を得るのは難しいと判断し、米国への十分な説明により黙認を得たいとしていた。[214] しかしその一方で、アジア局第二課の本音は中国承認による国交正常化にあった。しかしこれは日本単独の問題ととらえず、国連での中国代表権問題に絡めて中国の国連加盟が認められるまで待つ方針だった。[215] 米国もその時に打開を図るだろうとみていた。五五年九月時点で、「中共はいずれ近い将来（おそくとも一九五六年秋総会）国連に「加入」し、わが国も共産党政権を中国本土の正式政府として承認し、これとの間に正常の国交関係をもつこととなるであろうし又その方向に向うことが自然である」と考えており、[216]かなり楽観的に情勢を認識し、中国との国交正常化も近いと予測した。ただ、日本政府はその際、国府承認はそのままとし、中国も承認する「二国並存」が「唯一の実現性のある措置」と考えた。[217]

実は米中大使級会談が開始された直後の一九五五年八月十七日、同じジュネーブで中国の沈平総領事は、日本の田付景一総領事に宛てて両国関係の正常化のため「日本政府が中日間の重要問題の解決を望むならば、中国政府は日本政府が代表団を派遣し北京で会談を行うことを歓迎する」と伝えてきた。これは同年七月十五日に田付が沈平に対し、中国で行方不明の四万人に上る日本人の問題解決を要請したことへの返答だが、[218]中国側はより広範囲な問題解決を提起してきた。

これに加えてアジア局第二課は、五五年九月の「当面の対中共政策」で、米中大使級会談の協議が米中外相会談につながると楽観的にとらえ、「中米会談妥結後のダレス周会談を契機として起りうべき西欧側の態度の如何なる変化にも即応しうるようあらかじめ、充分な配慮をしておく必要がある」と提起した。つまり、同課は、①中国の国連加盟の可能性、②米中会談に伴う米国の対中国路線の軟化の可能性、③ジュネーブルートでの中共からの前向きな提案――という新たな情勢認識の下、まず米国の同意を取り付けた上で次の手順で対中国政府接触を検討した。「当面の対中共政策」では次のように手順を定めた。[219]

①邦人「引き揚げ問題」を契機にして一～二人の政府当局者を中国に派遣し、日本側の立場や日米関係の重要性を中国側に説明するほか、中国側が引き揚げ問題、貿易、国交正常化などについてどういう方針と希望を持つかただす。

②中国側の主張に無理がなく対米配慮の見通しが立てば、「引き揚げ」問題の名目で正式代表団を派遣す

るとともに、政府間の直接対話のチャネルを構築する。

第二課が中国との政府間接触を急いだのは、「中共が国連に加盟して後に始めて国交正常化の話し合いを始めることは、その時期には中共の国際的地位が高く確立されてしまっているであろう[220]」という懸念があったからだ。

アジア局は、一九五六年四月二十日の「中国問題対処方針の件[221]」で、より明確に米国の対中国方針の変化を想定し、中国との早期の政府間接触の必要性を提起している。つまり「米国は表面においてはあくまで中国対策は不変である旨を繰返し主張しておるも近い将来においてその政策に大変更を行わざるを得ざることは覚悟し居るものと判断される」と分析し、漸次中国との緊張を緩和する方向は必至だと断言している。このため日本政府も「近い将来中共と公式の接触を持たなければならぬことは不可避であるとともに必要のことと考えられる」と指摘している。特に注目すべきなのは、中国の実情を把握するために政府機関を中国に設置する必要性を説いていることだ。ここで想定しているのは、貿易機関の設置だ。高碕・周恩来会談で周は、半政府機関の相互設置を提案したが、「中国問題対処方針の件」ではさらに一歩進んで「これが正式的の通商代表部、ひいて大使館へと発展する可能性」を指摘した。さらに「在外設置機関が実現するに到れば貿易協定の如きはもし実際必要ならば政府間で取上げてしかるべきものと考えられる」とも言及している。

外務省アジア局第二課による一連の対中政策文書を見て浮かび上がるのは、中国との関係正常化について米国に先を越されることへの危機感が如実に表れていることだ。米国の同意なしで日本の独自の対中国政策は打ち出せないが、米中外相会談の開催や、米国も動かざるを得ない中国の国連加入などに備え、中国との公式接触や在中国政府機関設置などを検討していたというのは興味深い事実だ。これらの検討を主導した小川平四郎や岡田晃らアジア局第二課は、国府との外交関係を時代遅れとみなして中国を相手とする対中外交に転換すると同時に、民間による日中間の懸案解決を外務省主導に転換し、外交一元化を実現しようとしたのだった。[222]

四 「天皇陛下によろしく」

戦後初、北京で日の丸

一九五六年十月六日に開幕した日本の見本市「日本商品展覧会」の会場となった北京市西直門の「ソ連展覧館」（現・北京展覧館）に日本の国旗が舞った。日の丸が戦後、北京で掲げられたのは初めてで、終戦から十年余りの歳月がたったといえども、日の丸を見れば、引きずり降ろすべきとの世論も強かった。[223]

周恩来はこのような状況下で「日本の展覧会であるからには、日本が国旗を会場に掲げることを許す。要員を派遣し、国旗を保護すべきだ。決して破壊させてはいけない」と指示した。さらに日本側は、会場に目立つ「蘇聯〔ソ連〕展覧館」の五文字とソ連の国章が気になったが、周恩来は「開幕までに必ず五文字と国章を覆い隠し、中国人民の日本人民に対する友好の情を体現しなさい」と命じた。結局、当日は日中両国の国旗が風にはためき、門の両側には富士山や五重塔など十八もの日本画が掲げられ、「中日両国人民の友好万歳」とのスローガンが現れた。[224]

日中友好ムードが盛り上がる中、日本側をさらに驚かせたのは、毛沢東が十月六日午後、突然会場に現れたことだった。北京から帰国するインドネシアのスカルノ大統領を見送り、北京西苑空港から市内に戻る途中、日本商品展覧会の視察を急きょ決めたのだった。[225]

当時、中国外交部日本科にいた丁民は、「〔日の丸を〕引きずり降ろせという世論が強かったので、展覧会に毛沢東主席がわざわざ見に行ったのですよ。その頃は日本の新聞記者も来ていないし、非常に強烈な反日感情があったことは日本に伝えられておらず、後から悪化したように思われているのですね。元々もっとすごかったのです。しかし毛沢東がそれを見に行った、というだけで、「旗を降ろせ」という声が小さくなったのです」と回顧している。[226]

後に中国外交部の通訳となる周斌[227]は、当時、北京大東方言語文学学部日本語専攻コースの大学生だった。こう回想する。「大学二年か三年生の時、ソ連の援助でできた展覧館で日本商品展覧会が開かれました。日本の日の丸を掲げることを躊躇し、あれを見ると日本〔との戦争の〕時代を思い出す、という声がありました。しかし周恩来総理が出て来て、関係部門やマスコミを呼んで厳しく言った。「商品展覧会をやる以上、国旗を掲げるのは当然のことで、邪魔をしてはいけない。破壊することは許されない」。この通知は学校にも伝わった。北京大からバスで前を通ると、北京大の学生も少人数だが「許せない」と言っている。周恩来の指示として学生にまで伝えたのでした」。[228]

会場に来た毛沢東は訪中した村田省蔵が鳩山首相に代わりあいさつを伝えると、毛は「帰国したら鳩山首相によろしくお伝え下さい」とのメッセージを託し、[229]国家元首として「天皇陛下によろしく」とも伝えた。[230]

一九四九年十月の中華人民共和国建国後、「向ソ一辺倒」政策の中で、毛沢東・共産党の天皇観は極めて厳しく、天皇制廃止・天皇戦犯論を主張し、それは五二年頃まで続いたが、「平和攻勢」外交の展開に伴い、ついに天皇を「戦犯」ではなく、「元首」としてとらえる転換が五六年になって見られるようになった。

毛沢東「天皇制支持」

中国共産党政府が日本との経済交流を重視する中、日本国際貿易促進協会（国貿促）の村田省蔵会長は一九五六年十二月十日、毛沢東、劉少奇・全国人民代表大会常務委員長、陳雲総理代理と北京・中南海勤政殿で会見した。[231] 村田にとって周恩来と会見した五五年一月、日本商品展覧会出席を目的とした五六年九月末から十月下旬に続き三回目の訪中だった。一時間十五分間の会見で毛沢東の対日平和攻勢が如実に表れた。

もともと中国側は、村田と南郷三郎日中輸出入組合理事長が一緒に毛沢東と会見することを予定した。北京入りした南郷が村田と一緒に毛と会見することを求めたからだが、村田は「単独会見」を主張した。村田が同じ年の十月に北京で開催された日本商品展覧会の際、毛沢東と会見したことは触れたが、村田は毛沢東に謝意を述べたかったほか、「一人の日本国民」として毛に話がしたいとの希望を持っていた。会見後の村田を喜ばせたのは単独会見が実現したばかりか、多忙な主席に配慮して早めにおいとましようとしたところ、毛沢東は彼を引き留め話し続けた。さらに会談が終わり、毛沢東、劉少奇、陳雲の三人が車に乗るところまで村田を見送ってくれたことも驚いた。[232]

村田・毛沢東会談の内容については、一九五六年六月から中国各地を回った共同通信の山田礼三記者が村田本人に取材している。[233] 外交部檔案館に所蔵された「村田省蔵見主席後的反映」という外交文書は、中国側当局者が、村田を取材した山田から説明を受けた鈴木一雄（国貿促常務理事）を通じて聞き取ったものである。会談には日本通の廖承志（共産党中央対外連絡部副部長）も同席したが、中国側に記録する同席者がおらず、中国側当局者が日本側から会談の概要を聞き取ったため、文書名が「会見後の反映」となっている。

村田はこの席で、毛沢東らに対し四点に言及した。①（一九五二年に発効した）サンフランシスコ講和条約は米国による強制であり、このため台湾と（日華平和条約を）締結した。これは取り消せない。台湾は中国国内の問題であり、中国が自ら解決することを希望する、②ソ連は以前、天皇を撤廃するよう主張し、暴力革命を宣伝した。だから日本人はソ連に悪い感情を持っているが、中国に対してはそうではない、③日本の貿易促進団体は主に中国物資の輸入を促進している、④過去日本が行った悪事に謝罪を表したい。[234]

筆者の関心は、天皇制に関する②に毛沢東がどう答えたかだが、後回しにしてまずは①③④について毛沢東がどう答えたか見てみよう。台湾問題について「これは中国国内の問題であり、我々は平和的に解決しなければならず、時間が必要だ」と応じ、日中貿易に関しては「貿易とは双方のことであり、日本が貿易制限すれば貿易は順調にいかない」と答えた。また村田による過去の問題への謝罪には「過去のことは過去のこととし、謝罪の必要はない」と語った。日本の侵略戦争に対して謝罪の必要はない、というのは毛沢東独特の発想であるが、後で触れたい。村田はこれに対して「中国は常に寛大であり、日本側は罪や過ちへ償いを感じなければならない」と言及した。

焦点である②の天皇制問題に関して毛沢東は「あれ〔天皇制撤廃の主張〕はスターリン時代のことであり、中国も過去そうだった」と応じている。天皇制撤廃が「過去のことだった」と読める毛沢東の発言だが、つまり一九五六年時点では以前と違い、天皇制撤廃を主張していないことを示したものと言えるのだ。

毛沢東が一九五六年時点で「天皇制」を容認していることを表す発言は他にもいくつかある。その一つが村田省蔵との会見の七日後に毛沢東が会見した南郷三郎に対して語った発言である。毛沢東と陳雲は十二月十七日午後九時から十時半に勤政殿で南郷と会見し、やはり廖承志が同席した。村田が南郷と一緒に毛と会見することを拒否した後、南郷の随員・井深蔵が、南郷が理事長を務める日中輸出入組合の大澤三郎理事に語ったところでは、南郷は冷遇されたと感じたため、毛沢東が南郷と会見したいとの知らせを聞いた際には非常に興奮した。この外交文書も南郷が毛沢東と会見した後に中国側当局者が大澤から聞き取ったものである。[235] 南郷は毛沢東に対して天皇制に関してこう述べた。

「日本人は天皇制を支持しています。それは天皇が日本人の旗印であり、天皇があらゆる人を平等に見るからです。毛主席が中国人民に対するのと同様です。過去に天皇を利用して悪事を行った軍人もいたが、天皇本人は誤ったことをしていない」。外交文書にはこれに対する毛の具体的発言を伝えていないが、「南郷は主席が自分の考えに同意したと認識した」と記している。

つまり村田に対して毛沢東が示唆したように南郷も「天皇制への支持」と受け止めたのだった。南郷はさらに「日本は過去に中国を侵略し、悪いことを行った」と謝罪したところ、毛沢東は「中国の今日はだからあるのだ」と述べた。この発言を聞き、南郷は「主席の見方は自分と同じである」と認識した。なぜなら南郷は「日本が〝大東亜戦争〟を発動したからこそアジアの今日ができた」と思っていたからである。

「皇軍に感謝」の意味

「中国の今日はだからあるのだ」という毛沢東の言葉は、日本の侵略があったからこそ、共産党による新中国ができたのだ、というロジックだ。南郷との会見から五年がたった一九六一年一月二十四日午後八時半から十時、中南海頤年堂で毛沢東は、日本社会党・黒田寿男衆院議員らと会見した際、五六年の南郷との会見時の様子を回顧した。「南郷三郎が私と会うやいなや、「日本は中国を侵略した。すいませんでした。将来、日本は中国の一つの省になるべきです」と話したので、私は彼に「我々はそのように見ていません。日本の軍閥が中国の大半を占領した。これで中国人民が教育された。そうでなければ中国人民は覚悟も団結もしなかった。我々は今もまだ山の中にいて、北京に来て京劇を観劇できなかったでしょう。つまり日本の〝皇軍〟が中国の大半を占領し、中国人民は出口がなくなってようやく覚悟して武装して闘争し始めた。多くの抗日根拠地をつくり、これが解放戦争〔国共内戦〕勝利のための条件をつくったのです。だから日本軍閥や独占資本は良いことをしたのです。感謝するというならば、私はむしろ日本軍閥に感謝したい」[236]」。

毛沢東は一九六〇年六月二十一日夜、周恩来と共に上海文化倶楽部で日本文学代表団（団長・野間宏）と会見した際も、同様の趣旨のことを話した。「中国は大きい。十年間の内戦があり、その後また日本の軍閥と戦い、蔣介石と協力した。私は、非常に多くの日本の友人と、この事情を話したことがあります。その中の一部の人は、日本の中国侵略はよくないと言います。私も侵略は当然良くないと返します。しかし悪い一面だけを見るわけにはいかない。日本が我々中国を助けてくれたということも私は言います。もし日本が中国の大半を占領しなければ、中国人民は覚醒しなかっただろう。この点で我々は、日本の〝皇軍〟に感謝しなければならない」[237]。

廖承志は、毛沢東の「皇軍に感謝」発言について「冗談まじりの口ぶりから出る言葉の意味は極めて奥深い」と認識していた。つまり「日本軍閥の大規模な対中侵略がなければ、不当に亡国の民となった中国億万人民の愛国の熱情を引き起こさなかった」と考えていた[238]。中国では主に一八四〇年のアヘン戦争以降、列強の侵略と清朝体制の腐敗でその近代化の過程は苦難に満ちていた。そうした中で撒かれた砂のように国家や民族への求心力を失った中国人民が日本との戦争の結果、ナショナリズムを高め、共産党による新中国建国で再生したと言いたかったのだ。

毛沢東は、北京に来た日本の「友人」が過去の問題で謝罪するたびに同様の言葉で返した。一九六四年七月十日、日本社会党の佐々木更三と会見した際には、「皇軍に感謝」する理由をもっとはっきりと説明している。「わたしたちはなぜ日本皇軍に感謝するか？　それは、日本皇軍がきて、わたしたちは日本皇軍とたたかい、そこでまた蔣介石と合作し、二万五千の軍隊が八年戦争して、また百二十万の軍隊、人口一億人の根拠地に発展したからです。これでも感謝しないでいいでしょうか」[239]。

中国外交部で長く通訳を務めた周斌も「毛沢東主席は極端なことを言う。ユーモアでズバリとものを言う。

政権を取れたのは日本軍と八年間戦ったから、八年間で共産党の力が伸びた。あれがなければ伸びなかった」と、毛沢東の言葉を解説する。[240] 日本軍と正面戦争を戦った国民党軍は弱体化し、その間に共産党軍は兵力を温存し、勢力を拡大させた。その意味で毛沢東にとって最大の敵は当時、日本軍のはずだが、合作している国民党も味方ととらえていなかったのは既に触れた通りである。毛沢東が「皇軍に感謝」発言を繰り返した五〇～六〇年代、やはり最大の敵は、米国であり、米国を後ろ盾とする蔣介石だった。「皇軍」にも寛容になり、日本の幅広い勢力を取り込もうという戦略的発言とも言えるのだ。

五　外交文書に記録された日本工作

「以民促官」の大量招待

一九五二年から始まった日本要人に対する接待工作は、五四～五六年に拡大した。日本政府・外務省は中国渡航を制限することもあったが、いったい何人の日本人が中国に渡ったのか。五六年五月十日、周恩来総理は北京を訪問した「日本平和代表団」と会談した際、「昨年、われわれは八百～九百人の日本の友人を中国に招待した」と明かしている。[241] 周は一九五七年七月三日、「〔五四～五六年の〕二～三年近くでわれわれは多くの外国の友人を招待したが、統計によれば日本の友人は第一位だ。中国人民が平和と中日友好を望んでいるかどうか、その結論は日本の友人を招待することに表れている」[242] と発言したが、中国政府のこの時期の「平和攻勢」の最大のターゲットが日本だったことは一目瞭然であろう。

東亜同文書院出身の中国通外交官で外務省中国課長や香港総領事を務めた岡田晃も、一九五五年、日本側からは六百人近い人々が訪中し、その後、毎年約千人以上の日本人が訪中したと回想していることから、[243] 中国側はかなり大規模な訪中団をたくさん受け入れたことは間違いない。張聞天外交部副部長は、五六年四月三十日、社会主義各国の駐中国大使に対し、対日関係について、「中日間の民間、半官貿易、文化などの各種関係を発展させることで各方面から〔日本政府への〕圧力をつくりだし、日本政府が我々との関係を改善させるように促す」と紹介している。(244) それが大量の日本人招待につながった。民間の交流を積み重ねて日本人民を取り込み、これによって日本政府に対中関係改善を促すことを狙った「以民促官」に基づく日中民間交流が大展開されたのである。

五四年秋の国会議員訪中団

一九五四年九月二十六日深夜から二十七日未明に東京を出発した国会議員二十五人の代表団は、香港など経由地を経て二十八日に広東省入りし、二十九日に北京に到着した。約一カ月滞在し、十月二十六日に帰国した。(245)

吉田茂首相の与党自由党（七人）のほか、左派社会党（五人）、改進党（五人）、右派社会党（五人）、日本自由党（一人）、労農党（一人）、共産党（一人）も加わった超党派訪中団だった。改進党からは、戦前の支那通外交官・須磨弥吉郎が衆院議員として議員団に加わっている。もともと、鈴木茂三郎《もさぶろう》が委員長の左派社会党が英国労働党のアトリー党首一行の中国訪問にヒントを得て周恩来と中国人民外交学会に招待を要請したところ、人民外交学会からは左右の社会党がそろって訪中してほしいと返事があった。ちょうど周恩来・ネルー会談による平和五原則の発表やインドシナ休戦と時期が重なり、周恩来外交が注目を集めた時期だったこともあり、鈴木は訪中を「平和中立外交の実践」と宣伝した。右派社会党も左派にイニシアチブをとられて乗り気ではなかったが、中国から呼び掛けられて断る理由もなく参加することにした。しかし問題は、日本政府が野党訪中団ならば旅券発行を拒否する構えを見せたことであり、政府側は与野党を含めた超党派的なものなら考慮するとしか述べなかった。旅券発行問題が難航する中、中国側から「議員団は各主要政党を含めたものでよい」と返答があり、超党派訪中団に落ち着いた。こうした経緯を報じた朝日新聞は、「与野党を通じて議員団参加希望者は多数に上り、各党幹部は人選にかなり苦労したようだ。選挙を間近と予想して「中共をみて来た」というハクをつけたい心理からとみられる。いずれにせよ、寄り合い世帯の弱点をもちながら議員団がどこまで実のある視察をやれるか、興味が寄せられる点である」との見方を示した。[246]

この朝日新聞の記事を読めば、必ずしも中国共産党側が一方的に日本国会議員側に「ラブコール」を送っているわけではないことが分かる。日本の国会議員は「新中国」を見たい、そしてそれが有権者向けの「ハク」になったのだ。かたや中国側は左派だけでなく、右派の議員も呼びたい意向であり、できれば政界に影響力を持つ代表・委員長など政党のトップ、あるいは大物議員に秋波を送った。中国側が「各主要政党を含めたものでよい」と返答すると同時に、元社会党委員長で元首相・片山哲、右派社会党委員長・河上丈太郎を訪中団に含めてほしいと伝えてきたのはその表れである。[247]

進歩的な社会党はもともと親中的だが、同党の大物議員とともに右派政党の議員も取り込もうという戦略は当時からあり、外交部副部長・張聞天が五六年四月三十日、社会主義各国の駐中国大使に対して語った内容からも、それが分かる。右派も招待した戦略がある程度の成果を収めたからだ。張は、「我々の客人招待原則は右派をより多く、あるいは中間派でも右に偏った人士を呼ぶということだ。進歩的な人士はもともと進歩的だ。だから右派に向けて工作しなければならない。右派はもともと我々に反対している。もし中国に来てからまだ我々に反対したとしても、我々に何の損失もない。しかし少しでも影響があれば、我々にもいくらかの結果があったということになる。過去の経験に基づくと、大部分で収穫があった」と述べている。[248]

やはり中国共産党は訪中する「数」も重視した。ちなみに一九五四年の国慶節に合わせ、国会議員二十五人のほか、学術文化視察団、婦人団体など六十人、欧州経由の労働代表三十五人を合わせて約百人の日本人が中国に招待された。国会議員訪中団の待遇について朝日新聞は、「中共の日本に対する関心のほどもうかがわれるわけであるが、駅員、税関などの態度は非常に丁重で荷物は完全にフリーパスであった」と広東発で伝えた。[249] 日本人を迎えるに当たり、共産党側には「接待方針」があり、そのマニュアルに従って日本人をもてなしたのだ。

このほか国会議員訪中団は、十月三十日からの李徳全・廖承志らの中国紅十字訪日団とつながっていることも指摘しておきたい。例えば、十月二十七日付読売新聞（六面）と朝日新聞（五面）は全面を使って大きな写真が数枚掲載された。読売見出しは「撫順の日本人戦犯 見覚えの顔はありませんか?」、朝日は「撫順の日本人戦犯たち」。日本人戦犯が収容されている撫順の戦犯管理所で前年に行われた秋期運動会と演芸会の風景の写真で、多数の戦犯の顔が写っている。訪中した国会議員団が十月十八日午後に撫順戦犯管理所を訪れた際、食堂の壁に貼ってあった写真を左派社会党・山口房雄外交局書記が携行したという。写真は全部で八十八枚に及び、約六百人の戦犯者が写っていた。戦犯管理所を訪れた議員団は、大部屋、小部屋に分かれて収容されている戦犯たちを小さな窓でのぞきながら声を掛けて慰問するだけで、名前を尋ねたり写真を撮ったりすることも許されなかった。ただ留守家族のため議員団が写真を持ち帰ることを申し出たところ、所長が許可した。読売新聞は写真と名前が一致した人物は、元満州国総務部次長・古海忠之、元満州国総務長官・武部六蔵ら元幹部三人で、他は不明だとしている。朝日新聞は、議員団の一人、自由党・青柳一郎の話として撫順の戦犯はソ連から中国に引き渡され、今まで消息が全く分からなかった人たちばかりで、人数は約八百人。戦犯名簿は李徳全が日本に持参し、留守家族との通信も近く許されると中国側は約束したといてメディアにリークしたものと考えられる。戦犯問題で李徳全らの訪日に対する日本国内の関心を高めようとした中国側が、日本の国会議員を通じてメディアにリークしたものと考えられる。[250]

ちなみに撫順に収容された戦犯は、日本敗戦直前にソ連が満州国に侵攻した際に拘束され、シベリアに抑留された。中華人民共和国が成立した直後の四九年十二月、毛沢東はソ連を訪問したが、ソ連から毛沢東に日本人戦犯の引き渡しが正式に提案された。[251] 九百六十九人の日本人戦犯を乗せた数十両の秘密車両は五〇年七月十八日、ソ連から中ソ国境にある黒竜江省綏芬河駅に到着し、戦犯たちをいったん降ろし、そこで中国側に引き渡された。その後三日間をかけて二十一日未明、撫順駅に着いた。周恩来は戦犯移送に当たり「一人も逃さず、一人も死なせるな」と指示を出した。しかし警備を担当する公安当局にとって「一人も死なせない」というのは至難の要求だった。なぜなら戦犯は長期にわたり軍国主義教育を受けているほか、武士道精神を重んじ天皇に忠誠を尽くしている。いったん絶望すると自殺する可能性があったからだ。[252]

「国会議員接待計画」記録

一九五四年九月二十八日に新中国入りした国会議員二十五人に対する接待方針が外交記録として中国外交部檔案館に収蔵されている。「日本国会議員訪華団接待計画」と題した二十四頁に上る「絶密」（極秘）扱い外交記録である。[253] 日付は一九五四年九月二十八日。つまり二十五人が広東省に着いた日、北京入りする前日に作成されている。原稿用紙に手書きである。

第一の「代表団組成情況」を見ると、「日本共産党と労農党の代表二人と左派社会党の四人の計六人を除きすべて反動的である」と指摘し、その中でも主要なのは吉田自由党の副幹事長・山口喜久一郎、右派社会党の杉山元治郎、河野密、曽祢益、左派社会党の佐多忠隆の名前を挙げ、「彼らは党内で政策を掌握する主要人物」と評価した。さらに吉田自由党の青柳一郎、改進党・須磨弥治郎、右派社会党・松平忠久らの名前を挙げ、「特高課長や外務省情報部長を務めたことがあり、特務あるいは特殊分子に間違いない。その他の多くも地方の資本家や工賊だ」と記している。青柳は地方の元特別高等警察課長、南京総領事も務めた須磨は元外務省情報部長、松平も上海、広東、南京で在勤した元外交官である。戦前の経歴を基に強い警戒感も示している。つまり中国側は、単に政党の対中政策や主張に基づき、議員個人の「思想」・「イデオロギー」を判断しているのではなく、政党の枠を超えて個人個人の経歴や価値観に基づき細かく分析しているのは極めて興味深いと言える。ただ議員団は総じて共産党に友好的な議員が少なく、多くを「反動的」と位置づけているのが特徴的だ。

第二に「接待方針」を明記しているが、①「日本と米国の矛盾を拡大させ、日本各層（一部の大資本家を含む）を取り込み、米国をさらに孤立させる。そして日本を北東アジアの集団防衛に引きずり込もうという計画をさらに困難なものにする」、②「日本の統治階級の内部矛盾を拡大し、中国との関係改善、平和共存の力を少しずつ優勢なものにする」、③「日本統治階級の党権派も、できるだけ懐柔し、彼らと米国の関係を離間させる」―としている。主要敵である米国と米国に追随する日本の関係を分断させ、米国を孤立させるというのは翌五五年一月に政治局で採択した「中共中央の対日政策と対日活動に関する方針と計画」に明記されるが、もっと早期から対日積極工作の最大の目的は「米国工作」にあった。

ちなみに、周恩来総理は十月十一日、国会議員団と学術文化視察団と中南海紫光閣で会見した。訪中団の予想を上回り三時間半にわたり続いた会見で、周は「中国人民は日本政府と平和関係を求めています」と述べこう続けた。「天皇が日本を支配しているのではなく、アメリカが支配している。日本人が天皇を尊敬しているにしても、それは自由ですが、しかし天皇の上にアメリカがいる。これがわれわれと日本との関係を妨げています」[254]。米国の存在が日本との関係正常化を妨げると訴えたのだ。

「日本国会議員訪華団接待計画」に戻ると、同記録は第三に、訪中した「四つの主要政党」に対して「一律で取り込む」と明記しつつ、「各政党との個別接触中、具体的問題については現実の状況に基づきそれぞれ検討する」として政党ごとに対応する方針を示した。その上で政党の状況や政策をそれぞれ分析している。「左派社会党は今回の訪中代表団の発起人であり、外交政策上、平和共存と中国との関係改善という主張である。ただ現在与党ではなく、今後の一定期間で与党になる可能性も大きくない」としている。自由党に関しては「外交政策は親米であり、中国を敵視しているが、〔インドシナ戦争をめぐる一九五四年の〕ジュネーブ会議後、改善の兆しが出始めている」と評価した上で「吉田政府は、親米方針を継続したままで、我が国との往来を継続しようと目論んでいる。一定期間内に自由党は引き続き政権を担当する見通しであり、米国との間にも一定の矛盾がなお存在する。このため我々は実際に日本との関係を一歩一歩展開する」とし、「我々は、彼らの意見を多く聞き、かつ状況に基づき我々に有利な条件下で、具体的な問題で自由党との接触を進める」と方針を示した。

さらに「我々が代表団にどう対応するか。中日両国はまだ正常な関係を構築しておらず、〔外交関係のある〕英国の労働党代表団とは同じであってはいけない。今回訪中した人物の大部分は日本の各政党内の直接の権力者である」とみなし、「小異を残して大同を求め、主導的かつ積極的な精神に基づき、誠実かつ余裕のある態度で事実に即して問題を処理し、「やってはいけないこと」「やるべきでないこと」を正確に把握して絡み合いや争論を回避しなければならない。しかし同時に警戒を高め、そそのかしを防止する必要がある」とした。表面的には友好的だが、心の中では警戒を怠らないと言ったところだ。

政党ごと対応や報道マニュアル

「接待計画」では、「代表団が提出しそうな問題とその答案」を掲げている。提出することが想定される主要問題として①中日の国交問題、②中日間の漁業問題、③中日貿易問題、④残留邦人の帰国問題、⑤戦犯問題――を挙げた。特に中日国交問題については「こんにち自由党の態度はやはり米国追随、親蔣介石、新中国敵視であり、改進党の態度も基本的に自由党と変わりはない。右派社会党は、中ソとの親善関係構築と、簡単な日ソ・日中講和条約の締結と戦争状態の終結という方針を提示し、無理なら中ソとの戦争状態終結宣言の発表を掲げている。左派社会党は中国との条約締結、中日貿易促進、中ソ友好同盟相互援助条約の中の「対日軍事条項廃棄」が方針だ」と指摘している。その上で、中日国交問題の中には①戦争状態の終結、②賠償問題、③中日講和条約の締結、④相互不可侵条約の締結、⑤集団安全保障、⑥中ソ条約の対日軍事条項など一連の問題があるとの見方を示し、「中国は、現存する戦争状態を終結させ、極東各国と日本の正常な関係を回復しなければならない。日本政府が台湾蔣匪〔蔣介石政権〕とのいわゆる外交関係を断絶し、中国人民への敵視政策をやめれば、中国は日本との講和条約締結と正常な外交関係樹立を検討できる」との立場を示した。

では具体的に中日国交などの問題について議員団とどう議論するのか、その手順も記している。自由党、改進党、右派社会党各党の代表団と団長は、外交政策上の主張が異なり、「中国に来ても一緒に話し合うことはできない」とみなし、「全体接見」と「個別接見」を組み合わせる方法をとり、彼らから意見聴取することにした。それによると、議員団が北京到着後、全国人民外交学会の張奚若会長が、議員団全体に対して儀礼的な接見を行うと当時に、国慶節後のできるだけ早い時期に二日間にわたり自由党、改進党、左右派社会党ならびにその他の党派に対して四～五回の接見を行い、人民外交学会の喬冠華が対応し、廖承志と李初梨が同席することを決めた。ここでは主に各党派の意見を聞き取るだけにとどめ、中国側は質問に答えたり、意見を表明したりしない。各党派から出た意見については、趙安博を責任者とする「対策研究小組」を立ち上げ、共産党中央対外連絡部や軍、日本の政党問題を研究している専門家も参加して各党の外交政策に対して専門的に分析や研究を加え、指導部に資料と意見を提供することにし、最終的に周恩来総理が接見してそこで議員団に対する「重要な解答」を提示する、という手法だ。周恩来接見には郭沫若、廖承志、李初梨、劉寧一（中央国際活動指導委員会副主任委員、中華全国総工会副主席）が同席することにした。

また議員団が関心のあるテーマで座談会を要求してくることも想定されたため、貿易、在留邦人、憲法、農村、宗教など関心のある問題を設定し、それぞれ座談会の責任者も決めた。また議員団が在留日本人との面会を要求すれば、北京でその希望を叶えることにした。当時、北京には中村翫右衛門や労働運動の亀田東伍が滞在していたが、二人は出迎えや見送り、宴会の場に登場するものの、二人が自ら主導的に議員団と接触するのではなく、議員団から接触があれば拒絶しない、と細かく決められていた。

「接待計画」では、受け入れ機関として中国人民外交学会に「日本政党代表団接待委員会」を発足させ、主任委員に同学会会長・張奚若、秘書長に廖承志が就いた。また「日本政党・日中友好協会代表団接待弁公室」も設置され、趙安博、孫平化、蕭向前ら九人で組織され、廖承志と李初梨の指導を受けた。弁公室の下には「秘書組」・「連絡組」・「翻訳組」の三つのチームを立ち上げた。

議員団が中国に入国して深圳や広州、さらに北京での出迎えは誰が行い、北京以外に訪れる瀋陽、鞍山、撫順、天津、南京、上海、杭州、広州での訪問先も決められたが、出迎えの際の献花は一律禁じた。北京での宿泊は新僑飯店で、一人部屋か二人部屋の区別はあるが、一律に上から二番目の部屋を提供し、議員団で部屋割りをしてもらう形式とした。またいかに報道するかも細かく決め、①北京到着時に記事と議員団名簿を発表する、②各地で地元紙が一度報道する、③北京での重要活動は写真、談話、座談会に関する情報を発表するが、過剰になりすぎないようにする、④議員団団長らからラジオ放送の要求があればＯＫするが、自ら進んではやらない、⑤進んで記者の取材をアレンジしないが、議員団が声明発表や取材を求めればアレンジする――などと決めた。

日本人記者訪中団の接待工作

中国共産党は国会議員、貿易団体、日中友好団体、平和・労働・文化・婦人団体などのほか、日本の新聞記者も一九五四年に招待している。中国人民外交学会会長の張奚若が一九五四年九月十七日、左派社会党の佐多忠隆外交局長に対して日本人記者十人が一カ月間、中国を訪問することを原則上許可すると決定した、と電報を送った。[255] 受け入れを担当する中国外交部情報司（局）は、「関於接待日本記者的工作総結」（日本記者接待に関する工作総括）（以下「工作総括」）と題した十一ページの外交記録を作成している。[256] これも前述した「日本各政党訪華代表団接待計画」と同様、「絶密」扱いだ。

記者団の訪中活動を記録した外交部外交文書としてはこのほか、「来華日本記者活動情況総結」[257]（絶秘、以下「活動情況」）と「日本記者在華期間的報道分析報告」[258]（絶秘、以下「報道報告」）がある。訪中した記者は十二人（読売新聞二人〈内一人は女性〉、共同通信二人〈内一人は女性〉、毎日新聞、日本放送協会、朝日新聞、東京新聞、中部日本新聞、日本経済新聞、北海道新聞、東京放送協会）で、一行は九月二十九日に北京入りし、十月十六～十九日は東北（撫順、鞍山）、十九～二十一日は天津、二十一～二十六日は上海、二十四～二十五日は杭州、二十七～二十八日は広州をそれぞれ訪れ、二十八～二十九日に帰国の途に就いた。一部の日程は、同時期に訪中した国会議員団と重なっており、周恩来ら中国要人と会談した国会議員団の活動を取材している。

「工作総括」は冒頭、「今回の日本記者十二人の我が国取材は、そのメンバー構成から言って相当の代表性を持っていると言える。共同通信と三大紙（朝日、毎日、読売）の記者や地方の大手紙の記者、放送記者、映像記者、女性記者もいる。我が国建国以来、日本が初めて派遣した記者であり、かつこんなに多くの記者が来るのだ。このことは、日本はまだ我が国と国交はないが、我が国に対して十二分に重視せざるを得ないことを説明している」と評価している。その上で「メディア機構は多くの読者、観衆、聴衆を持っており、これら記者の我が国に対する報道は、日本の民衆に相当の影響を持つことは疑いない。このため我々が、非常に大きな力で彼らを支援し、取り込むことは完全に必要なことである」と、記者訪中団を最大限重視する方針で臨んだ。

「工作総括」の中で特に興味深いのは「主要な成果と問題点」という総括部分である。まず「我々の今回の日本記者接待工作は、中央の方針と上級からの指示が正確だったので、大体において成功だった」と評価し、記者たちは訪中後、次の三点の「認識」を有したと分析している。

① 「訪中前、彼らは中国が強大になれば侵略を行うかどうかで疑念を持っていたが、一カ月間の訪問を経て中国には確かに平和が必要であり、平和を求めていると認識するに至った」。

② 「訪中前、彼らは中国が本当に日本との友好を望んでいるか疑っていたが、一カ月間後には中国人民は日本人民に恨みはなく、中国の日本との友好の願望は本物だと理解した」。

③ 「中国の建設と進歩の事実は彼らに、生き生きと精励して国家運営に当たる新中国の前途は明るいと認識させた」。

また「活動情況」には、「日本人記者の中国訪問後の印象と感想」が記されている。そこには「今回訪中して取材した十二人の日本記者はみなブルジョワ階級の新聞社、放送局、通信社の記者である。彼らは訪中前、新中国を知らない現状と反動宣伝の影響を受け、新中国に対して多かれ少なかれ偏見や疑問を持っていた」とした上で訪中を通じて「新中国に対する印象は比較的良好で、満足を感じた。過去に持っていた偏見や疑問もいくらか取り除かれた」と指摘した。中日新聞の望月邦夫記者は「天安門前であろうが、ひなびた胡同〔裏通り〕であろうが、私が見たところ中国人の表情はみな明るい。新中国五年来の発展は飛躍的であり、獲得した成果は毛主席の指導と中国人民の努力と切り離せないものだ。私は、中国が世界平和を守る先鋒になることを希望し、そう確信している」と述べた、と記録している。

さらに「活動情況」は、日本人記者が参観・訪問中に最も注意した新中国の問題として次の事項を挙げた。つまり①人民生活状況（収入、住居、水道・電気代、文化娯楽など）、②公私関係（私営企業がいかに社会主義所有制企業に転換したかなど）、③中日関係（中国残留邦人や日本人戦犯の中国での状況など）、④今年の水害（被災面積や農作物への影響など）、⑤党・国家組織の状況（中国共産党がいかに中国を支配しているか、共産党員にはどういう特権があるかなど）、⑥思想改造の状況（資本家や知識分子にどう思想改造を行っているかなど）、⑦台湾解放問題（解放の際に平和方式か武力のどちらを用いるかなど）、⑧中ソ関係など——だ。女性記者は特に婦人の社会地位や就業状況に関心を持ったとしている。このほか中国側は、日本人記者がどう新中国を認識しているかについても注視した。例えば「活動情況」には日本人記者の認識として、「大多数の日本の記者は、新華社と人民日報の報道する日本情報は偏向しており、中国紙に掲載される日本情報は非常に少ないと認識している」、「日本の記者から「中国人は米国占領下で日本人民の生活は非常に苦しいと思っているが、そうではない。多くの生活は悪いものではない」と指摘された」、「ある記者は、日本人民には自由がないと中国側から言われた後、すぐ「日本人民は最も自由だ。中国人が想像するほど自由がないわけではない」と反論した」との記述がある。こうした日本側の発言は、日中双方の相互理解が進んでいない表れだが、日本人記者がこうした中で、日中両国の記者相互派遣を提案しているのは興味深い。中国の記者も日本を訪問する必要性を訴え、帰国後にそれを実現するため努力すると語ったというのだ。

一方、「報道報告」は、十月十二日から十月二十八日の間に日本の記者団十二人が中国各地から送った新聞電報は計百三十八本に上ったと記載している。報道は三種類に分かれ、一つは記者団が中国側から独自にアレンジされた対象に対して取材したもので、農村に関する記事が五本、私営企業に関するものが二本、婦人問題に関するものが四本。もう一つは、同時期に訪中した日本議員団の視察に同行する形で報道したもので、議員団の撫順戦犯管理所訪問の記事が最も多く十八本に上った。続いて李徳全と議員団の会見で十一本。例えば朝日新聞は、瀋陽発山田特派員電で、「慰めの言葉に涙」と議員団の戦犯管理所視察を伝えている。[259] 三種類目は個別テーマに基づいたもので、残留日本人に関する記事が十八本、中ソ関係十六本などとなっている。

「報道報告」が非常に詳細なのは、各記者が何本記事を書いたかまで追跡していることだ。さらに各記者の報道内容を簡潔に列挙している。例えば、最も多くの記事を書いた読売新聞記者が「この政権は独裁政権だが、中国歴史上未曾有の清廉かつ高度に効率的な政治を施行し、大衆の支持を得ている」、「中国大衆の物質・文化生活は既に改善され、国家建設の進展に伴い生活はさらに高く保証されている」と報道したと記録している。「報道報告」は、周恩来、王稼祥、陸定一（中央宣伝部長）、廖承志、章漢夫（外交部副部長）、劉寧一、喬冠華らに閲覧のため送っており、訪中した日本人記者がどう新中国を認識したかを重視していたか分かる。

「新中国」はどう日本に伝わったか

中国が作成した内部記録を読む限り、訪中した日本人記者は、建国してわずか五年の中国の変化に驚き、「新中国」を好意的に受け止めているが、一カ月間にわたり新中国を見た国会議員、文化人、記者は実際にその実像を日本国民にどう伝えたのだろうか。

一九四三年まで北京に滞在した経験を持つ中国通の朝日新聞・山田友二記者は中華人民共和国成立前と成立後の比較論で、一九五四年十月八日付の一面トップで「新中国の目ざすもの」と題したルポを掲載し、「〝人民首都〟と呼ばれる北京にはそれに相応しい偉容を一日と増しているようで、若若しい建設のいぶきがじかに感じられる」と報じた。このルポの特徴は、「礼賛」一辺倒ではなく、市場などを取材し、一般市民の生活水準の低さや日用品の質の低下、徹底した耐乏生活など、新中国の抱える問題点を挙げ、経済建設を何より優先していると紹介している点だ。その一方で市民の表情は明るく、「それにしても長い戦乱の後の荒廃の中をわずか成立五周年の間にここまで国民を引っ張って来た政府の力には驚かされる」と評価した。(260)山田は、十月十五日付夕刊で第二弾として「北京のこのごろ」と題した写真四枚付きのルポを掲載し、「民衆の秩序」が向上し、「列をつくっておとなしくバスを待つ風景は、戦前には見られなかったものだ」と触れ、「北京は大きく変りつつある。その中から新しく生れでるものの脈動が強く感じられる」と印象を記した。(261)

読売新聞は、政治部の磯部忠男、婦人部の鷲尾千菊の両記者を派遣した。(262)磯部の記事は五四年十月十三日夕刊に「人民に縁なき乗用車、九割は自転車族 カーテンを閉ざす要人 北京の交通」、十八日夕刊に「〝ソ連製〟で機械化 撫順、鞍山で工場修復 現地視察」として掲載されている。(263)

また読売新聞は十月十八日付の一面のコラム「編集手帳」に「中華人民共和国の「人民」たちがどんな生活をし、どんなことを考えているか、ということが特派員たちの電報を総合してみるとだいたいわかる。結論から先にいうと天国のように素晴しくもないかわりに地獄でもないということだ」と記した。コラムの内容は新中国に好意的で、理解を示している。「新しい国家にはしかし当然なことに無理がつきまとう。その無理はいまの中国にもある。しかしその無理が表面に出ないうちに政治的な手を打っているようだ。これもまた民衆の支持がなければ出来ないことだ。反共、厭共の人たちも当分だまって政治の成行を見ていようというのがいまの中国の現状であろう」と締めくくっている。[264]

一方、訪中団に参加した国会議員団や学術文化視察団、婦人団体代表団のメンバーは新中国にどういう印象を持ち、それをどう伝えたか。最も積極的に伝えた雑誌が、岩波書店発行の月刊誌『世界』で、編集長の吉野源三郎も訪中メンバーだった。まず五四年十二月号で「周恩来会見記」を掲載し、十月十一日に国会議員団・学術文化視察団と会見した周恩来の発言を詳述した。まだ杭州滞在中だった吉野は、周の談話について「中国の対日方針を私たちが理解し、中日両国の今後の関係について私たちが考えを定めてゆく上に、極めて重要な中国側の発言―その意思表示―が含まれている」と評価した。[265]

『世界』は、続く一九五五年一月号で「周恩来会見記をよんで」と題し、衆院議員・風見章や右派社会党委員長・河上丈太郎、衆院議員・北村徳太郎、評論家・亀井勝一郎ら十人の識者が読後感を寄稿し、[266]周恩来発言を称賛している。五四年十一月十六日には学術文化視察団に加わった安倍能成・学習院院長、吉野ら四人が都内で「中国訪問報告講演会―新しい中国の姿」を開き、五千数百人の聴衆が集まったが、『世界』は報告講演会を後援しており、五五年一月号で四氏の発言内容を掲載した。[267]進歩的な論調の『世界』は、新中国を好意的にとらえたが、『中央公論』と『文藝春秋』も、国会議員団代表の鈴木茂三郎の寄稿やインタビューを掲載しているのは新中国の姿に高い関心を持っている現れだ。鈴木は『中央公論』への寄稿で新中国に関して「土地改革の成功」・「ハエがいない」・「腐敗の一掃」など成功した点を挙げ、「中国は今そういう希望と信念を持つて社会主義社会の建設を一歩々々完成しようとしている」[268]とし、『文藝春秋』とのインタビューでは中国の革命の目標が社会主義であることよりも、「民族の解放」に主眼が置かれていることや、社会主義化が「温歩主義」で進んでいるということを紹介した。[269]

国会議員団に加わった戦前・戦中の支那通外交官・須磨弥吉郎も、新中国を見て共産党体制を評価した。敗戦後にA級戦犯容疑で逮捕されて四八年に不起訴となり釈放され、五三年に衆院議員に転身した。北京訪問は二十年ぶりだったが、中国共産党政権の本質について「人民政府は勿論共産政権であることは間違ないけれど、大多数の国民が引ずられて来ている所は、共産主義というよりも、この祖国愛であり、つまりはナショナリズムであると思う」、「内に燃えたぎるような祖国愛をもちながら、それが発するところアジアを背負つて立つ意気である。これこそは、明治初年というか、明治維新当時の日本の若者達の気概にも似ていないだろうか」と指摘している。また会見した周恩来から「外交のお話」を伺いたいと促され、「私は、このように日華双方に自然的に国交再開の要望が現存しているのならば、これをもし生かして復交を実現させ得ないのなら外交当局の怠慢といわねばなりません」と述べ、周恩来の望む方向に話を転換させた。周との会見では「なごやかなこの雰囲気にすつかり酔わされてしまいました」と回顧するほどだった。[270]

対鳩山工作と重光の壁

鳩山一郎への政権交代は、中国共産党政府にとって対日国交正常化への期待を高める結果となったことは既に述べた。鳩山が訪ソし、ソ連と日ソ共同宣言に調印し、戦争状態の終結と国交回復を実現させた一九五六年は、中国が対日関係正常化に向けて本格的に動き出した年であった。中国の外交専門誌『世界知識』を見ると、「一九五六年日本局勢的展望」という記事の中で「五六年に日本がまず直面する問題はすなわちソ日和約締結と中日関係改善の問題だ」と指摘している。[271] 同誌はさらに同年十月二十日出版号で鳩山一郎首相を顔写真入りで紹介し、鳩山への期待感を示した。[272]

鳩山は、米国追随を最優先した吉田前内閣と違い、日米関係を基調としながらも、ソ連や中国に対する「自主外交」を模索した。[273] 就任五日後の一九五四年十二月十五日のラジオ放送で、「蔣介石政権と毛沢東政権はともに立派な独立国の政権である。したがって日本がこの双方と貿易交通を盛んにしてもなんらおかしくはないし当然のことである」と述べた。[274] 鳩山の発言は、共産圏による「平和攻勢」を警戒し、日本と中国共産党の接触を懸念する米国の不安を高めた。[275] これに対して鳩山内閣の外相・重光葵は、翌十六日の衆院外務委員会で、「中共を国府とともに二つの独立国として認める意向は少しもない」と明言し、鳩山発言を否定した。[276]

重光は、戦前・戦中に上海総領事、駐中国大使、東條・小磯内閣で外相、敗戦直後にも外相を務め、中国外交に深く関わり、敗戦直前に小磯首相が進めた対中和平工作「繆斌工作」に断固反対したことは前述した。一方、鳩山は、張作霖爆殺事件への対応で天皇に叱責され辞任した田中義一首相の内閣書記官長を務めた。鳩山内閣では重光が米国との関係に配慮し、中国との接近に慎重さを崩さなかった。

中国外交部檔案館に所蔵された「日本鳩山政府の対中外交に対する政府の評価」[277]と題した外交部アジア局作成の外交文書は、「鳩山政府が中華人民共和国と外交関係を構築したいという意図はなお揺れ動いている。動揺の要因は二つ。一つは米国の問題、もう一つは蔣介石売国集団の問題」と指摘している。一方、外交部副部長・張聞天は五六年四月三十日、中国に駐在する社会主義国の大使を集めた席で「〔日本〕政府内部で首相鳩山一郎と外相重光葵の間は不完全一致だ。鳩山は関係改善に傾いているが、腹が据わっておらず、一歩前進したら後退する。我々の日本に対する路線は日本を米国から離脱させ、中立路線を歩ませ、我々との関係を正常化させることだ。このプロセスは早く進むことがない。なぜなら米国による引き締めが非常に厳しいからである。策略は米国と日本の矛盾を利用し、また日本統治階級内部の矛盾を利用することだ。例えば鳩山に対して好意的に、親米派の重光には批判を多くして孤立させることだ」と説明した。(278)

「鳩山・重光とシャンパン」

鳩山には前向きなメッセージ、重光には厳しい注文という対日策略は、中国外交部檔案館に所蔵された周恩来と日本人の会談記録でも確認できる。

周恩来は一九五六年五月五日、日本の労働組合代表団に対して「中国の空港を彼〔鳩山〕のために開放している。日本の飛行機を利用してもいい。日本のパイロットが操縦し、直接北京に飛んでもいい。私は北京空港に行き、彼を歓迎します」とする一方、「重光葵先生は非常に恐れていることが思いのほか多い。彼は中国が共産主義を宣伝するという件を恐れている。実際には我々はそんなことはしないつもりです。我々が宣伝するのは一つだけ、つまり中日友好です」と述べている。さらに重光について「今年の五・一〔労働節〕に我々は非常に多くの日本の友人を招待したが、重光葵先生は旅券を発行せず、とても多くの人が来られなかった。残念に思う」とした上で、「我々は重光先生を含め中国を訪れることを歓迎します。彼は古い中国の状況を熟知している。お互いに印象が良くない。しかし今来れば、印象が変わるだろう。例えば、過去に中国にいた須磨、遠藤、辻政信先生は、過去、中国に対して印象が良くなく、中国人民とわだかまりがあった。昨年訪中して非常に良い話し合いを行い、友人になりました」と持ち掛けた。(279) 戦前・戦中に中国に滞在した元外交官の須磨弥吉郎、元軍人の遠藤三郎(280)と辻政信が相次ぎ訪中した結果、親中派に転換したことを挙げ、同様に戦前・戦中の中国を知る重光にも訪中を持ち掛け、友人にならないかと呼び掛けたのだ。名前を挙げた三人は、かつて日本の中国侵略・中国外交に関与した支那通であった。さらに周は「〔私は外交部長を兼務しており〕重光葵先生に、「我々はこの部屋を掃除して待っている」と知らせてほしい。我々は彼を歓迎します」と述べ、我慢強く待つ姿勢も示した。[281]

周恩来は一九五六年五月十日、日本平和代表団との会見でも、鳩山に対しては「中日の停戦から十年がたったが、戦争状態はまだ終わっていない。国交もまだ回復しておらず、非常に不正常だ。これは両国人民の願いに背くことであり、極東の平和にもマイナスだ。このため我々は鳩山との接触を希望する。そして鳩山の訪中を歓迎します。両国関係正常化への道筋をいかに模索するか話し合い、方法を一歩一歩考え出しましょう。鳩山首相は国会でも必要があるならば訪中したいと何度も説明している。我々は、それを聞くと非常にうれしい。この話が早く実現するよう希望します」と前向きなメッセージを投げた。その一方で、重光については、中国が昨年、八百〜九百人の日本人を招待したことに触れ、「重光葵先生は怖がっているようである。今年は旅券を発給したがっていない。彼は一つの考えを持っている。それは、中国に行った日本の友人がきっと共産主義の宣伝を受けるに違いないと思っていることだ」。[282]

続く同年六月二十八日、周恩来は、国鉄労組などの訪中団に「国民外交の方法を続け、残るのは中国の総理・外交部長〔周恩来〕と、鳩山首相と重光外相がシャンパンで乾杯することだ」と伝えた。[283] 鳩山とともに重光も中国に招待し、親米派も取り込み、米国を孤立させる戦略だったが、うまく進まなかった。

上記のように周恩来は五六年五月をピークに、国交正常化を熱望しているとのメッセージを立て続けに送った。しかし実際に鳩山の対中関係改善への気持ちは既に萎えていた。既に五五年二月二十七日の総選挙で鳩山の民主党は絶対多数を取れなかったが、第一党となり第二次鳩山内閣が発足した。しかし鳩山はその直後、自力で国を守ることはできず、米国の力を借りなければならないことを認識した。[284] 陳肇斌の研究によると、米国は、ソ連と外交関係を持ち、日ソ国交回復を求める日本を強硬に思いとどまらせることはできないが、日本が中国を承認することには反対する立場であり、日ソ関係と日中関係を区別していた。鳩山内閣はこの米国の方針に従い、日ソと日中を切り離し、日ソ国交回復に傾注したとしている。その上で陳は、「鳩山内閣の「自主外交」は、選挙スローガンに掲げた「中ソとの国交改善」から、日米結束を損なわない範囲内の日ソ国交回復交渉と、対中禁輸体制から逸脱しない日中貿易の推進という政策に収斂していったように見えた」と解説した。[285]

一方で中国側もそもそも、政権への影響力が乏しい左派人士だけと交流しても国交正常化に結び付かない限界を知っていた。だから共産党は客人招待原則として右派勢力を重視したわけだし、さらに次の手として毛沢東は与党・自民党の親中勢力に期待するようになった。少し先になるが、毛は一九六一年一月二十四日に社会党の黒田寿男衆院議員らと会見した際、こう持論を展開した。

「日本人民の関係と日本政府の関係は区別があり、分けなければならない。また日本政府内の関係も同じではなく、主流派と、いわゆる反主流派がある。彼らは完全に一致していない。松村〔謙三〕、三木〔武夫〕、高碕〔達之助〕、河野〔一郎〕、石橋〔湛山〕。これらの人々は我々の間接的な同盟軍だ。そして日本人は直接的な同盟軍だ。自由民主党内部の矛盾はわれわれの間接的な同盟軍である」[286]。当時、日本では、共産党が「反中」とみなした岸信介が政権を握っており、この中で与党・自民党で「反主流派」であるが親中的な松村や高碕らを「間接的な同盟軍」と位置づけ、彼らを取り込んで岸信介に圧力を掛けようとした。

さらに先の話になるが、一九七二年九月に日中国交正常化が実現した際、毛沢東は田中角栄首相に「ある人は、我々が特に右派とぐるになっているとののしる。〔それに対して〕中日復交問題の解決ではやはり自民党の政府に頼ることだ、と私は言っているのですよ」[287]と指摘したが、結局は与党主流派や右派に頼らざるを得ない現実を漏らしたものだった。

「日本組」の組織化

中国共産党中央国際活動指導委員会副主任（党中央対外連絡部副部長）・廖承志を中心に、日本の団体や個人が訪中すれば、趙安博、孫平化、蕭向前、王暁雲ら「日本通」の専門家による日本チームが接待工作を行った。例えば、一九五五年一月の日中民間漁業協議の交渉で初めて通訳を担当した劉徳有の回想によると、会談は周恩来と廖承志が直接リードし、中国側代表団団長は孫平化で、趙安博も会談に参加した。通訳は劉と王効賢、林麗韞。これら日本チームは北京・新僑ホテルに集められ、仕事も生活も同ホテルの中で行った。[288]

日本チームが体制・組織として明確になるのは、一九五八年三月以降だ。中国共産党中央は同月、国務院外事弁公室（外弁）を設置し、主任には、周恩来に代わって外交部長になった陳毅が就任、副主任には廖承志が就いた。五四年頃から対日工作の中心であった国際活動指導委員会は解消され、外弁が対外活動を担うようになった。[289] 外弁の中に、対日工作を行う廖承志直属の「日本組」が発足し、王暁雲が組長になり、事務的な業務をこなした。

一九六四年に外交部日本処副処長に就いた丁民は、王暁雲が組長の「日本組」と同時に「大日本組」と呼ぶ会議組織があり、自身も六四年から参加したと説明している。[290] 日本関係者を横断的かつ一堂に集めたのが特徴で、会議が開かれる際には、外交部、共産党中央対外連絡部、対外貿易部、国際貿易促進委員会、人民対外友好協会、共産主義青年団（共青団）、人民日報、新華社などから約三十人が集まった。そのうち十数人が基本メンバーで、会議ではまず、日本政局の変化などについて分析し、日中関係に現れた問題を討議した。[291]

丁民は、「大日本組」について、「廖さんの指導方法は独特だった。正式な組織というわけではなく、日本関係者を集めて時々会合を行った。「会議に来い」と呼ばれ、その会議を通じて対日工作を指導した。廖さんの下に日本に関する情報がすべて集まるようにし、周恩来総理に報告するのです。廖さんは周総理の信頼が厚かった。総理も廖さんに聞けば全部分かる仕組みになっていた。周総理と廖さんの間に言葉はたくさんない。二、三話せば解決できる。新しい情報を報告し、「あの件はああです」と言えば、打てば響くような感じだった」と振り返った。(292)

しかし、国務院外事弁公室の日本組と、外交部の役割分担はどうだったのだろうか。周斌は、「外交関係があれば外交部になる。〔当時〕外交部では対日外交ができなかったし、展開しなかった。対日交流で誰に責任があるのか、あるいは誰が担当するか、外交部より外弁だった。国交回復までは対日関係は外弁の日本組がすべて責任を持っていた。対日政策の全般を議論する最高の権威は外弁です。外交部ではなかった」と回顧する。(293)

外弁主任の陳毅は副総理兼外交部長で、副主任の廖承志は部長（閣僚）級に当たる。日本組は局待遇で、副部長（次官）よりランクの高い廖の指揮を受ける日本組は、外交部のアジア局幹部や日本処長、対外貿易部など他の関係部の幹部も呼べた。局長より下のポストだからだ。つまり外交部日本処も日本組の指示で動いたということになる。また特徴的なのは、日本組に対して陳毅は全くと言っていいほどタッチしておらず、「陳毅が○○と話した」という指示は来なかった。指示は周恩来から来たという。陳毅は「名目上の主任」で、対日関係で「実際の主任」は廖承志だった。周斌はまた、「私は毛主席が廖さんの悪口を言っているのを聞いたことがない。毛主席も周総理も、陳毅外交部長も廖さんを「小廖《シャオリャオ》」と愛称で呼びました。最後までそうだった」と振り返る。(294)

廖の父親・廖仲愷は、孫文の右腕で、国民党の容共左派の路線を進めた。一九二四〜二七年の第一次国共合作を受け、国民党中央宣伝部長代理にも就いた毛沢東は仲愷と接点があった。仲愷はその直後に暗殺されたが、その息子である承志は、毛沢東や周恩来からも親しみをもって評価され、廖承志はその人間味あふれる人柄と、精力あふれる仕事、日本に対する確かな見識などから、部下からも慕われ、友人である日本人も廖承志に尊敬の念と親しみを持って接した。

続く第八章では、その廖承志が毛沢東の指示の下で展開した「元軍人」を対象にした日本工作の戦略性を具体的に検証する。

第八章　元軍人訪中団と毛沢東外交の戦略性

毛沢東は一九五六年と五七年に、二回にわたり日本の元軍人代表団を招待した。訪中のまとめ役となった元陸軍中将・遠藤三郎や元陸軍大佐・辻政信はかつて中国作戦に深く関与した。また、中国共産党が招待を計画した中には、東京裁判でA級戦犯として終身刑判決を受けたり、国民政府が戦犯として終身刑判決を下したりした元大物軍人もいた。戦争責任を有する「軍国主義者」を中国に招待したという事実は、抗日戦争で多大な被害を被った中国国民感情からすれば、一見矛盾した対日政策である。本章では毛沢東はなぜ、元軍人訪中団を推し進めたかについて検証するわけだが、対日関係正常化を実現するため、日本国内の右派勢力の取り込みが不可欠という判断があった。特に外交部外交檔案（外交文書）を通じて毛沢東の対日政策の「戦略性」・「大胆性」・「現実性」を実証していく。[1]

最初に元軍国主義者に注目したのは毛沢東だった。一九五五年十一月九日から、片山哲元首相が率いる憲法擁護国民連合代表団二十七人が訪中し、毛沢東や周恩来が片山らと会見した。毛沢東は片山一行の中に、元陸軍中将の遠藤三郎が加わっていることに注目し、握手した際、元軍人代表団を単独で結成し、訪中してほしいと要請した。さらに「左派分子よりもわれわれは右派人士に会いたい。特に遠藤先生のような軍人に会いたい」と告げた。当時、周恩来の下で対日工作を取り仕切った廖承志は周恩来から指示を受け、北京空港から帰国の途に就く遠藤三郎に「できるだけ早く軍人代表団を結成し、訪中してほしい」と伝えた。[2]

戦前・戦中の遠藤三郎の経歴について簡単に触れよう。満州事変勃発時に参謀本部作戦課に在籍し、暴走する石原莞爾ら関東軍との連絡役のため渡満したり、石原の後任として関東軍作戦主任参謀に就き熱河作戦を指揮したりと、「戦犯」と言えるかどうかは別として、旧日本軍の中国侵略に深く関わる元エリート軍人だった。日本敗戦時は、航空兵器の増産を担った軍需省の部局、航空兵器総局の長官だった。一九四四年十二月六日付朝日新聞には「君ら総て「神風」たれ」という記事が掲載された。航空兵器総局長官・遠藤の揮毫した「神風」という二文字を染めた手拭いを全国の航空兵器関係者に贈ることになり、十二月八日の開戦記念日に各工場で伝達式を行う際には、「この手拭はたゞ単に己が頭に鉢巻せんがために非ず己が心魂に鉢巻して自ら神風たれ…」との趣旨を記した遠藤の檄文を朗読して手渡すという内容だった。(3) 航空機増産を負った遠藤は、神風特攻隊を鼓舞していた。

しかし日本敗戦を受けて四五年八月十七日に東久邇宮内閣が誕生すると、遠藤は翌十八日、東久邇宮邸の焼け跡の防空壕内で宮と面会し、「日本に軍隊の無くなることは決して悲しむべきことではない、物心両面に於ける軍備の重圧から解放され日本の将来は明るい。〔中略〕従来我々が武力に頼り過ぎて来たのは誤りであった」と述べた。遠藤は東久邇宮内閣の情報局総裁だった緒方竹虎と、小磯内閣時代から懇意だったこともあり、東久邇宮の内諾を得て遠藤は声明を新聞に発表することになった。(4) 八月二十四日付朝日新聞には航空兵器総局解散に当たり「我々は今までとは全く変つた仕事に入るのであるが、特攻機を作ったその体験は極めて貴いものである」と訴えた。(5)

遠藤は埼玉県入間川町の滑走場跡地に入植し、(6) 農業生活に入るが、連合国軍総司令部(GHQ)から逮捕命令が出て、一九四七年二月十二日に巣鴨拘置所に入った。ジャワ島カリジャチ飛行場内の捕虜問題を問われたが、起訴されず、一年もたたず、四八年一月十三日に釈放された。この間、四七年春には東京裁判の証人として法廷まで数回通い、A級戦犯被告と話し合った。また拘置所内で英語を勉強し、マッカーサーに宛てて「日本軍人全般を野蛮人の様に見ていられるふしもあるが、それは誤りである」と抗議文を送り、キーナン検事に協力していた同期・田中隆吉から手紙が来て「あんななまいきなことを言うとためにならんぞ」とたしなめられた。(7)

遠藤はまた、中国侵略の責任について回顧録で「私は戦争中相当重要な軍職に在った関係上、当然敗戦の責任は負わねばなりません。〔中略〕もっとも中国に対しては確かに侵略戦争に加わりましたから日本国民の一人として道義的責任は感じますが、裁かれるものは国であり個人ではありません」と記している。また「新中国」に関しては「相当永い期間中国に戦いあるいは視察しましたので若干中国事情にも通じているものと自負しておりました。しかし戦後は職を離れ一農民として野にありましたから、中国事情も疎くなりました。中国共産党が勢力を得て中華人民共和国を樹立したことは耳にしておりましたが、軍人育ちの私には共産主義の理解も薄くその政権には懐疑的であったことは否定し得ませんでした」と回想している。(8)

一　元軍人の戦後中国認識

遠藤三郎の訪中

そもそも遠藤三郎が、片山哲と一緒に訪中することになった契機は何か。遠藤は、一九五〇年の朝鮮戦争と自衛隊の前身、警察予備隊の発足を受けてしばらくして「非武装中立」論者になり、五三年十一月には「軍人生活の体験に基く日本再軍備反対論」という小冊子を各方面に配るなど再軍備反対の発信を強めたこともあり、同年には「憲法擁護国民連合」と「世界連邦建設同盟」に誘われて参加した。(9)後者の初代総裁は尾崎

行雄だったが、氏の没後、遠藤が東久邇宮を訪ねて会長就任を要請し、快諾を受けた。(10)

そして五五年八月、広島で開かれた世界平和会議に新中国から初めて参加した劉寧一（中華全国総工会副主席）が会議終了後、都内のホテルに滞在中、憲法擁護国民連合を結成した片山哲や風見章ら数人と一緒に劉寧一を訪問した。その際、遠藤は劉寧一に対して当時起こっていた台湾海峡危機を夫婦喧嘩に例えてこう語った。「第三者の容喙《ようかい》すべきことではありませんが夫婦喧嘩も出刃包丁を振り廻す時、あるいは火鉢の投げ合いをする時、人道上または近所迷惑となるから止めねばならぬと同様台湾問題は貴国の国内問題でも武力衝突しますと蔣介石の後には米国があり貴方にはソ連邦が付いており、両者共核兵器を持っておりますから、どこ迄エスカレートするか予測し得ません。故に是非お止めを願いたい」。この率直な提言に劉は「日本滞在約一カ月多くの方々から色々の話を承ったが本日の様に実のある話を平易な例で聞いたのは始めてです。帰国したら上司に報告しますが、先生も中国に来られて直接話して貰いたい」と答えた。そして遠藤は十一月、中国人民外交学会の張奚若会長の招待で片山訪中団に加わったのだ。(11)

劉寧一は帰国後、遠藤三郎の発言や思想、人間性を報告したとみられる。劉は、五五年十一月の訪中で遠藤の思想が「左」を向いており、決して「右」に傾いていないことを確認した。さらに中国側は、片山訪中団に加わった遠藤に強い贖罪意識があることも分かった。遠藤は同年十一月十三日の日記に、北京市党委第一書記・市長の彭真の招宴で周恩来総理、陳毅副総理と交流し、「戦争中の日本軍人の犯した過誤に遺憾の意を表したるに何れも過去は問わず将来の友好を語らんと多くをいわしめず」と書いている。(12)

さらに遠藤は、十一月二十八日に会談が実現した毛沢東にこう語った。「毛主席は私を超右翼の軍人と見ておられるらしいが、私は終戦後戦犯容疑者として巣鴨米軍拘置所に入った時、米軍は私に左右ペアの靴を与えずに右のもののみ二つ与えました。靴が大きいので足は入りましたが右の靴の爪先は内側、即ち左に向いています。それを両足に履くと両足とも足先は左に向きますから真すぐに歩こうとしても自然に左に行ってしまいます。私は案外左になっているかも知れません」[13]。毛沢東は、遠藤のユーモアあふれる発言を重視し、元軍人訪中団のまとめ役を要請した可能性が高い。

外交文書に記載された人選過程

毛沢東から誘いを受けた遠藤三郎は、元軍人訪中団の準備のため、人民外交学会側との電報・手紙のやり取りを始め、遠藤らは一九五六年三月十六日、張奚若会長から正式な招聘電報を受け取った[14]。中国側が作成した「日本前軍人訪華問題的始末」[15]という文書（以下「訪中問題始末」）には、同年八月十二日に第一次元軍人訪中団が実現するまでの事の顚末が詳細に記されている。

「訪中問題始末」によると、一九五五年十二月、遠藤による訪中後の談話として毛沢東と周恩来から日本元軍人訪中の招待を提案されたことが報道されたことを受け[16]、東京で訪中を希望する元軍人たちは、直接遠藤の報告が聞きたいと求め、五六年二月二十一日に講演が実現した。遠藤は「元軍人の観たる新中国」というテーマで講演し、「中華人民共和国の基礎は確立している。日本は速やかに中華人民共和国と国交を恢復しなければ東亜の孤児となるであろう」と日本政府と日本国民に訴えた[17]。進歩的な総合雑誌『世界』五六年三月号にも「新中国の人々は、日本の繁栄を希望し日本との友好親善を願っている」と記し、国交回復の道を求めると同時に新中国の現状を正しく認識すべきだと訴えた[18]。こうした中で、遠藤は、元軍人訪中計画に賛同した多田伊勢男（元陸軍少佐）、下田昇（同）、徳地末夫（同）の三人と「訪中元軍人団世話人会」を組織し[19]、訪中準備を進めた。遠藤は大阪や仙台などでも講演会を行ったほか、旧陸軍将校らの親睦団体・偕行社本部とも連絡を取り、会員向け月刊誌『偕行』二月号に訪中の趣旨を掲載し、軍人有志の支援を求めた。

その結果、訪中希望者は非常に多くなった。中国側から正式に招待の電報を受け取ったのは前述の通り三月十六日である。[20]

遠藤は人選を公正にして、軍人有志全体の意見を尊重するため、旧陸軍の偕行社、旧海軍の親睦団体・水交会、全国戦友会連合会の三団体に推薦してもらうよう協力を依頼したが、「会の性質及びこんにちの政治情勢に鑑み」という理由で拒否された。やむを得ず、人選は世話人会で陸軍各期の幹事と海軍出身の希望者に依頼し、その結果、三月二十五日に陸軍各期の幹事を主体とする四十二人が集まって会合を持ち、「最終的に人選は遠藤が決定する」と一任した。遠藤は、政治的傾向が弱く色眼鏡でものを見ず、公正に物事を観察でき、中国視察の結果を利用しない元軍人を対象に、軍での階級や現在の職業、地域などを配慮し、訪中を申し込んだ二百人以上の元軍人の中から約八十人を選出した。ちなみに世話会は、今村均、下村定（共に陸軍大将）、安田武雄（陸軍中将）に「長老」として訪中するよう求めたが、三人は辞退した。[21]

費用はすべて中国政府の負担となっていた。最終的に三十四人の名簿を作成し、中国の労働節に当たる五月一日以前に中国に到着することを希望した。遠藤は四月六日の張奚若会長宛ての手紙で「訪中参加希望者が飛び上がるほど異常に多い」と報告している。[22]

その一方で、遠藤の陸士二十六期の同期生会報に、遠藤の中国視察報告「元軍人の観たる新中国」に対して「戦後インチキインテリの陥った一種のマゾヒズム的傾向」という投稿もあり、[23]元軍人の間に批判の声も強かった。

日本政府と警察の警戒

遠藤三郎が直面した困難はそればかりではなかった。元軍人訪中団について日本政府から許可が下りないという事態にぶつかったのだ。遠藤は、一九五六年四月十九日付の人民外交学会・張奚若会長宛ての手紙に次のように記し、労働節に合わせた訪中は事実上不可能と説明している。

「最近、日本政府は貴国訪問の人数が激増したことに驚き恐れている。旅券発行に制限を加えたがっている。昨日も外務省に行き、重光外務大臣や関係局長らを訪れ、迅速な旅券発給をお願いしたが、政府は、外交交渉妨害者、公務員、政治に利用する者に対しては発給しない方針を検討し、対策を取っている」。遠藤は続く五月九日付の張奚若宛ての手紙で「日本政府と自由民主党は米国〔の反応〕が心配で我々の貴国訪問を好ましくないと思っている。日本政府には、我々の貴国訪問を禁止する法的根拠はないし、日増しに高まる日中国交回復の民意を抑えることもできない」と不満を表明した。この時期、遠藤らは「元軍人出国意見書」を重光外相宛てに提出している。[24]

「日中両国の正常化はいまだ回復しないが、中国の隣国である日本人として、新中国に対して無関心でいられない。さらに重要なのは、正確に中国を理解することであり、正確な理解のため様々な角度から観察する必要がある。我々元軍人は過去に過ちを犯した。その苦しい経験の中から特別な観点を得ている」。中国と戦った「支那通」元軍人としての対中視点と「贖罪意識」の重要性を提示したのだ。

これに対して日本政府、特に重光外相は日本の対中接近を懸念する米国に対する配慮を優先させていた。

遠藤は回顧録で「日本政府に渡航の申請をしましたが政府ならびにその与党、および読売新聞の悪辣な妨害に会い《ママ》なかなか許可されませんでした」と回想しているが、[25] 遠藤の指摘する「読売新聞」というのは、一九五六年五月十五日付の同紙に掲載された「旧軍人三四人の中共視察 治安当局、疑惑と警戒 三分の一が〃要注意人物〃」というスクープ記事を指しているとみられる。読売新聞には、渡航を申請した三十四人の名簿も掲載している。記事の一部を引用しよう。

「警察庁、公安調査庁などの治安当局では①招へい者は外交学会の張奚若氏となっているが実際は遠藤氏の北京滞在中に対日工作の責任者である謝南光氏がおぜん立てをしたという情報があること②メンバーのうちにソ連、中共に抑留中ソ連側に忠誠を誓ってちょう報工作員として送還されたとみられている人物や思想的に共産主義陣営に属するとみられる人物がそれぞれ数名いる③対日工作機関とみられる中共系商社と密接な取引をしているもの数名④中共系の麻薬密輸に関係あるとみられる商社のもの数名、など当局のリストにのっている注意人物がメンバーの三分の一を占めている事実を調べあげた。それらの資料からこの元軍人招へいの目的には、国交調整を促進するため旧軍人の対中共観を改めさせることによって右翼勢力を切崩し、旧軍人の民族主義的意識をあおって反米にかり立てる、旧軍人層の反中国的批判を鈍らせるなどの政治的ねらいのほかに、日本国内の諸情勢の情報収集、潜入工作員の連絡、新しい対日工作のための任務や配置の指令などを行うことに大きな目的があるのではないかとみている」[26]。

中国外交部檔案館に所蔵される「日本前軍人訪華問題的始末」にも、「警察庁と公安調査庁によると、訪中する元軍人のうち「要注意人物」が三分の一を占めている。①数人はソ連、中共に勾留中にソ連に忠誠を誓ったり、諜報工作員として送り返されたりした人物、別の数人は思想的に共産主義陣営に属する人物とみられる、②数人は対日工作機関とみられる中共系会社と緊密な交流を持っている、③数人は中共系の麻酔薬品の密輸に関係する仕事に就いているとみられる」[27]などという情報が記載されているが、読売新聞記事を引用したものだ。

辻政信の妨害

日本政府の対応に苦慮した遠藤三郎は政界工作を本格化させた。一九五五年に保守合同して成立した自由民主党の国会議員のうち日中国交回復に前向きだった北村徳太郎と三木武夫に連絡を取り、元軍人訪中団に好意的な言質をもらった。しかし元軍人の主流派から反感を受けた。[28]

遠藤は六月十六日付の謝南光（人民外交学会理事）宛ての手紙で「私にとってはっきりしている最大の障害は、辻政信君が自由民主党内で反対意見を提出したことです。だから私は、辻政信と面会し、直接交渉を行うよう求めたが、遠回しに断られた」[29]と吐露している。戦後衆院議員に転じた辻は、五六年六月に故郷の金沢で演説し、「〔遠藤が五五年の〕中国訪問の帰途香港で片山哲と共に七百万円渡された」と話し、それが新聞に掲載され、遠藤のもとに郷里の山形にいる弟からその新聞が送られてきた。遠藤は「まさか旧友辻君がそんな出鱈目を言われたものとは信じ得ず、新聞のデマ」と思い、あまり気にも掛けなかったが、辻に真偽を確かめようと手紙で面会を求めたところ、断られた。五七年にも雑誌で「片山哲、遠藤三郎が北京訪問の帰途香港で護憲連合運動資金として受領した金額は四千万円で貿易決済の形式であった」と書かれ、辻が関係しているのかどうか確認しようと三回議員会館を訪ねて面会を求めたが、返答を得られなかった。[30]

元陸軍大佐の辻政信については本書で戦中の中国認識について、また日本敗戦直後にバンコクから国民党支配下の中国に潜伏した「潜行三千里」に関しても既に触れた。上海に潜伏した「作戦の神様」辻は、四八年五月十六日、百数十人の日本人と五十〜六十人の戦犯容疑者の最後の引き揚げ船に乗り、帰国の途に就いた。辻は「消えゆく上海よ。近く戦火に見舞われる上海よ。東洋の魔都上海よ。やがては赤旗のひるがえるべき上海。見送るものも見送られるものも、無限の感慨があった」と書き残している。同月二十六日朝、六年ぶりの祖国の土を踏んだが、佐世保軍港では米軍による検査が待っていた。辻は「北京大学の教授」と偽った。「アメリカの対華政策をどう思うか」と尋ねられ、「完全な失敗だ。それは中国を知らないからだ」などと答え、切り抜けた。[31] 戦犯指定を受けていたため二年以上も国内に潜伏し続けた。追跡の刑事と同じ列車の座席で旅行したり、無住の山寺に泊まり、時には僧に身をやつして全国を行動したりして逃亡を続けた。一九四九年十二月に「戦犯容疑解除」決定の情報を聞き、古い友人のもとに姿を現し、「潜行三千里」の原稿を託してまた姿を消した。『潜行三千里』が毎日新聞社から発行されるのは五〇年六月である。その後五二年十月の衆院選に地元・石川一区から無所属で立候補、元戦犯でありながらベストセラーが話題になる中、「辻旋風」を巻き起こし、トップ当選を果たし、代議士に転身した。[32]

実は、辻は遠藤三郎と同様、元軍人訪中団実現のため中国共産党と折衝した「窓口」となり、遠藤とは別のルートで中国との交渉を続けた。辻ルートについては後述する。

元軍人訪中団が実現せず、壁にぶつかった遠藤は六月六日、自由民主党幹事長の岸信介と面会した。岸は「国会が既に閉会した。私は問題解決の方法を考えるから、しばらく待ってほしい」と前向きに回答した。[33]遠藤と岸は戦中から懇意で、遠藤が航空兵器総局長官時に岸は軍需次官で、敗戦後は巣鴨拘置所で一緒だった。[34]さらに六月十一日付の朝日新聞社説「隣国との友好のために」が世論の好転に影響を与えた。[35]同社説は「人の行き来をもっと自由にして、お互いが相手の国の実情を十分に理解できるようにすることが大切である」と主張し、政府による中国渡航制限を批判した。[36]

遠藤は、元陸軍中将としてのパイプも利用した。七月二十一日には、元軍人訪中の問題を担当した中曽根康弘自民党副幹事長（元海軍主計少佐）を議員会館に訪問した。中曽根から人数を半減し、人選も一任してほしいと求められ、遠藤は第二次訪中団も考慮し、予定名簿の範囲内で人選することを条件に受け入れた。[37]

二　同時進行の寛大戦犯処理

訪中団に入った土居・茂川

結局、遠藤三郎の率いる元軍人訪中団が北京に到着したのは一九五六年八月十二日だった。しかしもともと三十五人程度を予定していたが、日本政府が「多すぎる」と注文を付けたため、訪中を許されたのは、遠藤のほか、元海軍中将・金沢正夫、元陸軍中将・土居明夫らを含めた十五人だけだった。[38]

八月九日深夜に羽田空港を出発した遠藤ら一行について朝日新聞は小さくベタ記事で報じたが、[39]読売新聞は、「この出発までに最初二百二十名の希望者が八十名、四十名としぼられて四月はじめに三十四名が正式決定したが、あまりにも政治的色彩が強すぎるとして外務、治安両当局にチェックされた。その後さらに人選を行い遠藤氏も団長を金沢氏に代り無色、中立の十五名を決定し、さる六日外務省でも渡航許可を与えたいわくつき[40]」と報道し、警戒を強める当局の見解を反映させた内容になっている。

遠藤は、「ようやく渡航許可を得たのは申請以来実に六カ月の後であり、しかも人数は半減されかつ政府は勝手に名簿を変更して私に対するお目付役かの様に身分を秘匿した内閣情報局に勤務する元軍人や政府に都合の良い元軍人と入れ替えてありました」と回想している。[41]

一九五六年の元軍人訪中団に参加した者の回顧録として遠藤三郎のものがあるが、元陸軍中将・土居明夫はもっと多くの記録を残している。[42] 陸士二十九期の土居は、参謀本部でロシア班長、ロシア課長、駐ソ連大使館付武官、ソ連最前線のハルビン特務機関長を務めたロシア通軍人。また日本敗戦直前の一九四五年二月に上海第十三軍参謀長を務め、九月には国府軍との間で終戦処理を行い、四六年七月から南京で国民政府国防部顧問を務めた。ここでは主として対ソ戦、対共産軍作戦について蔣介石軍の作戦指導に当たった。[43] 当時南京には潜伏していた辻政信もいた。敗戦時第三師団長だった辰巳栄一は「終戦直後土居君はソ連より戦犯の指名を受け、同じく英国より戦犯として厳しく追及されていた辻政信君と共に、中国側の厚意によって帰国を延期し、南京の何応欽総司令部に勤むることになった。この間私は中国当局の委嘱によって両君の留守宅との連絡をとることになった」と明かしている。(44)

土居が秘かに帰国したのは一九四八年。五一年三月には新宿区若松町に、中ソ問題を研究する「大陸問題研究所」を設立した。同時に国民政府の湯恩伯将軍の知遇を得て早期に帰国できた土居は、陸軍ロシア関係者の先輩、後輩がソ連に抑留されている事実に心を痛め、シベリアからの復員が始まると舞鶴で出迎え、国内受け入れに尽力した。(45) こうした中、元軍人訪中団を計画した遠藤らの世話人会から再三の要請があった。「羽田にゆく電車賃さえあれば一カ月新中国が見物でき、御馳走も食べられる」という触れ込みだったが、土居は中ソの研究を行っている団体を主宰していることから、中国共産党首脳部の「ほんとうの肚を聞きだす」こと、もう一つは「日本を真に理解してもらうためには、率直に話し合うことが必要」という理由から参加することにした。(46)

土居は、共産党がなぜ元軍人を招待したかについて、まず「右翼人や旧軍人までが中共を礼賛するとなったら、この効果は大きい」と指摘するが、これは中国共産党側も実際に期待したと公言しているものである。次の土居の観点はかなり斬新である。「旧軍人には五・一五事件や二・二六事件を経過した人が多いので、これらの人々は、もともと国家社会主義的傾向を持っている。中共が現在やっていることは、国家主義であり、社会主義である。したがって、この点に何等かの共鳴を感ずるところがあるのではないか―と中共側では思惑してるのではなかろうか」。土居は、中国側に「自信」と「余裕」を感じ、中国の「とにかく日本を仲間に引き入れよう、日本と手を握ろうという熱意」が招待につながったと分析している。(47)

十五人のうち陸海軍の元中将は三人だが、元支那通軍人・茂川《しげかわ》秀和(48)元陸軍大佐も含まれた。広島陸軍幼年学校、陸軍中央幼年学校を経て一九一八年に陸士を卒業した（三十期）。青森の歩兵第五連隊に入隊したが、陸軍委託学生となり、一九二七〜二八年に東京外語大で中国語を勉強した。陸軍の中での中国スペシャリストだった。中国語の上達が目覚ましく二八年から二九年に北京に留学した。三一年から三三年に関東軍司令部付になり、一旦陸軍省に戻り、三五年から再び関東軍司令部付に。翌三六年からは支那駐屯軍司令部付となり、天津特務機関長を務め、「茂川機関」の責任者となった。

田中隆吉は日本敗戦直後に記した『裁かれる歴史』で、茂川が、日中両軍が衝突した盧溝橋事件の「元凶」だと疑った。一九三七年七月七日夜、北京郊外・盧溝橋で夜間演習中だった日本の支那駐屯軍部隊が受けた最初の発砲の「犯人」が誰であるかについては謎であり偶発的なものとの見方が主流だが、[49]翌八日昼、関東軍に勤務していた田中は、天津の支那駐屯軍司令部に到着し、同日夜、茂川と会った。そこで茂川は「あの発砲をしたのは共産系の学生ですよ。丁度あの晩、盧溝橋を隔て、日本軍の一ヶ大隊と中国側の一団が各々夜間演習をして居たので、之を知った共産系の学生が双方に向って発砲し日華両軍の衝突を惹き起させたのです」と話したので、茂川が平素北平の共産系の学生と親交のあることを知っている田中は「やらせた元兇は君だろう」と迫った。茂川は顔を赤めて肯定した、と田中は回顧している。[50]

秦郁彦の研究によると、茂川は日本語学校に偽装した情報拠点を河北省だけで八十五カ所もつくったり、北京に分室を設置し、学生や青年を対象にした思想文化工作に力を入れたりした。[51]茂川は一九五三年、秦の聞き取りに盧溝橋事件当時、「両軍の衝突を拡大するために、中国人を使って爆竹を鳴らしたのは私だが、我々以外にも同じような陰謀をやっている者がいた」と語った。[52]盧溝橋事件後に日本占領下の北京に新民会が設立されると、同会の幹部養成機関である新民学院の学生隊長にも就任した。[53]

茂川は日本敗戦まで北支那方面軍で勤務したが、敗戦により北京で戦犯として拘束された。弁護士は付いたが、まともな取り調べもされず、①中国侵略を企てた、②天津での中国人尋問で拷問を行った―と問われた。「拷問」を行ったという時期、天津にはいなかったにもかかわらず、一九四七年七月、死刑判決を受けた。茂川は銃殺刑執行を覚悟したが、第二審の結果が重慶から届き、四七年十一月、中国での工作は無罪、部下を使って茂川機関で拷問を行ったという問題は無期懲役判決となった。計四年間拘置されたが、国共内戦が激化する中、同じ戦犯容疑で終身刑判決を受けた磯谷廉介らと一緒に四九年に帰国し、巣鴨に拘置され、五二年八月に釈放された。(54)

茂川は釈放後、勉強会に誘われ聞きに行ったら遠藤三郎がいた。遠藤からは毛沢東と会った話を聞かされ、毛が「中国を嫌いな軍人を呼んでほしい。新中国への理解を深めてほしい」と話したことを知った。遠藤がつくった訪中団リストに茂川が入っていた。息子の茂川敏夫は、「父は共産党が嫌いだった。蔣介石軍より強かった中共軍が見たかった」と明かした。茂川が印象的だったのは、元軍人訪中団が会見した周恩来の目で、「握手した際、その目がすごくて、戦ってきた俺も射貫かれる目だった」と話した。周は「茂川さんの北京語はうまい」と絶賛したという。茂川はこの際、北京で自分が収容された監獄も見に行った。(55)

毛沢東の戦犯釈放決定

元軍人訪中団の一行十五人は、八月十日に空路、香港に到着し、同日中に深圳を経由して広州入りした。十二日には広州空港から武漢を経由して夕方には北京に着いた。十六日には陳毅副総理、十九日には周恩来総理、二十二日には彭徳懐国防部長とそれぞれ会見し、二十七日夜に北京を汽車でたち、東北に向かい、瀋陽、長春、鞍山、大連を訪れ、大連では海軍学校も視察した。八月三十日午後、遠藤、土居、宮子実（元陸軍大佐）、茂川の四人は、日本人戦犯が収容される撫順も訪問し、かつての戦友を慰問した。(56)

日本人戦犯は、撫順のほか、山西省の太原戦犯管理所に収容された。毛沢東政権が戦犯問題を最初に検討したのは、最高人民検察院が中央の指示に基づき、戦犯に対する罪行調査で証拠を集める方針を確定した一九五三年冬だったとされる。[57] 中国政府が五二年から着手した新対日政策に合わせて日本との国交正常化を模索した際、戦犯問題は「戦後処理」の一環として解決に向けて動き出した。五四年五月以降、撫順戦犯管理所に日本人戦犯が勾留されているという情報は断片的に日本で報じられるようになり、[58] 同年七月二十九日、北京を訪問した日本平和代表団の柳田謙十郎に対し、李徳全は「旧日本軍人に赦免をあたえるであろう」と述べたことは触れたが、李徳全は同年十月十三日にも訪中した国会議員団に戦犯帰国について言及した。[59] その直後に来日した李徳全は十月三十一日、戦犯名簿を日本側に手渡したことも前述した通りである。

最高人民検察院は五五年二月十七日、日本人戦犯五百九十六人をまず釈放する方針を示している。[60] そして周恩来が「戦犯問題で、一言、申し上げておきます」と切り出したのは五五年四月二十二日にバンドンで会談した高碕達之助に対してだった。①高齢・病気の戦犯を早期に帰国させる、②その他の戦犯も刑期を短縮し、赦免する、③日本人戦犯を死刑にしない――などと寛大な措置を言明した。周の戦犯問題に対する発言は、新聞などで報道されたが、[61] 同年十一月十五日、訪中した片山哲に対して周恩来は「戦犯者の釈放問題は中国の主権の問題である」と厳しい態度だったため翌十六日、陳毅副総理との会見で、遠藤は、戦犯問題が「日中友好関係を増進する上に大なる障碍となるものと思われる。〔中略〕中国は法的解釈や外交慣例を超越して、この際大英断を採られることが賢明であろう」と訴え、陳は「必ず毛主席及び周総理に伝言する」と約束した。[62] すると十一月二十八日に会談した毛沢東は、「近いうちに日本の戦犯抑留者六、七百名を釈放します」と述べたので、遠藤らは驚いた。[63]

その後、日本人戦犯らの量刑に関して、共産党中央の指定を経て「量刑研究小組」が組織され、討議されることになり、具体的な意見を出すことに決まった。さらに一九五六年一月下旬には、最高人民法院、最高人民検察院、司法部など関係部門による「戦犯審判弁公室」が設置された。最高検党組は、五六年一月十二日、量刑研究小組で討議・検討した結果として、「勾留した千六十四人の日本戦犯のうち、九百五十八人を寛大に釈放し、百六人を起訴して裁判にかける。このうち深く反省している者や老人、病状が悪い者は判決後時機を見て前倒しで釈放し、残りの七十三人を判決言い渡し後に懲役刑とするが、将来的には情状を考慮して寛大に釈放する」ことに同意した、と周恩来に書面報告した。ここでは百六人に対する具体的な刑期も決められ、無期懲役九人、懲役二十年六人、同十八年十人、同十六年十一人、同十五年三十三人、同十四年十五人、同十三年五人、同十一年三人、同九年八人、同七年六人と決めた。[64] その後の「戦犯審判条款に関する決定（初稿）」で死刑だけでなく無期懲役も採用しないと決めた。[65]

これには周恩来の判断があり、周は五六年三月十四～十五日の全国政治協商会議（政協）常務委員会で、日本戦犯問題について「総じて寛大政策を実行しなければならない。判決を下すのは極めて少数だ。反省していれば減刑も可能だし、赦免も行う。戦争〔抗日戦争・国共内戦〕が終結して既に六年がたち、国内の人民は現在、平和的に生活を送っている。彼らの罪は既に歴史になった。そして長年にわたる監獄生活で〔思想が〕改造された。このため「一人も殺さず」という政策を採っている。彼らを殺すのは容易だ。しかし彼らを殺せば、彼らはもはや積極的な役割を再び果たせなくなる」と述べ、寛大政策に理解を求めた。周恩来はさらに四月二十五日には全国人民代表大会常務委員会にも出席した。同常務委では「勾留されている中国侵略戦争中の日本戦犯分子処理に関する決定」が採択されたが、決定では寛大政策を取った理由として①近年、中日両国人民の友好関係が発展した、②戦犯の絶対大多数が悔悟の意を表している――ことを挙げた。[66] 周恩来は日本人戦犯を審理する瀋陽特別軍事法廷裁判長が「戦犯に賠償を要求するのが当然だ」と指摘すると、「賠償はいらない。賠償というのは日本人民が出す金ではない」とたしなめ、[67] 戦犯を改造し、「友人」に変える政治的判断の必要性を強調した。

対日関係正常化狙う宣伝

日本戦犯処理連合弁公室は、五六年四月二日、「日本戦犯処理工作計画」を策定し、裁判の手続きを事細かに決め、指示を出した。ここでは「中央批准の日本戦犯処理方案に基づき、勾留中の千六十三人のうち、起訴を免除して釈放するのは千十二人、起訴して裁判にかけるのは五十一人。この五十一人も寛大原則に基づき死刑にせず、無期懲役にもしない。罪の軽重に基づきそれぞれ懲役刑を下す」と明記した。[68]

同工作計画の中で興味深いのは、日本人戦犯処理に関して決めた「宣伝方針・工作」の計画である。ここでは、「日本」と「国外」への宣伝の要点として①日本帝国主義のわが国に対する長期侵略戦争を厳しく指摘し、戦犯処理はわが国の主権の問題であることから厳しく処理する、②しかし罪を反省する戦犯に対して寛大な処理方針を取り、人道主義の精神で一貫して戦犯に向き合う、③中華人民共和国成立以降、中日両国人民の友好関係に非常に大きな発展があり、中国人民は日本の現在の境遇に同情し、中日両国関係の正常化を促進している、④戦犯処理は世界の恒久的な平和維持にプラスになり、国際情勢のさらなる緩和に有益である――と列挙している。[69] 例えば中国の外交誌『世界知識』は、「わが国政府の寛大な日本戦犯処理」という論評で、「わが国政府の措置は、中日両国人民の友好関係発展に有益であり、極東や世界の平和を確固とするのに役立つ」などと論じ、[70] 宣伝方針に沿ったラインで評している。

また「宣伝方針・工作」計画によると、宣伝・報道のターゲットは「日本」であり、①中央ラジオ局は起訴を免除された戦犯名簿を日本に向けて放送する、②外交部新聞司（報道局）は日本の記者や外国記者に対し、釈放された戦犯への取材をアレンジする、③外文出版社（対外宣伝出版社）は日本戦犯の生活や釈放前後の状況を反映した書籍を出版し、日本向けに発行する――などと決めた。[71]

寛大政策は必ずしも周恩来だけの意向ではなかった。戦犯裁判は五六年六月九～二十日、瀋陽と太原に特別軍事法廷を設け、開かれた。[72]千六十二人に上った日本人戦犯に対する裁判では結局、起訴を免除された千十七人が釈放された。帰国した後の一九五六年十一月二十三日に外交部アジア司（局）二科が作成した報告[73]によると、「主席談話精神」として「中日国交回復に対する呼び声が日増しに高まる状況を考慮し、病気を患っていたり、反省していたり、罪の軽かったりする戦犯を主導的に釈放するのは我々にとっても有益だ」との指示が記載されている。当時、寛大な戦犯処理には共産党指導部が「対日復交の前触れ」を狙っているとの観測もあったが、[74]戦犯が過去に何をやったかより、「その後の反省」を重んじる現実的な政策が取られ、戦犯を軍国主義者から平和・友好人士に転換させるプロセスを重視した。こうした寛大な方針を日本側に示すことで、当時同時進行で目指した対日関係正常化につなげようという対日戦略を描いた。

遠藤、土居、茂川らが撫順戦犯管理所を訪問したのは、戦犯裁判から二カ月がたった一九五六年八月三十日だが、その時収容されていた戦犯は四十数人だった。[75]大多数が釈放されたからだ。土居は、収容中の藤田茂と面会した。元第五十九師団長（中将）の藤田は、一九三八～三九年と四四～四五年、山西省、河南省、山東省での村民・捕虜の大量殺害、細菌戦の実施、ガス弾の使用などを問われた。[76]藤田は一九七四年に行った講演で、「私はいちおう死刑の覚悟をしておりましたが、証言を聞き終えたとき、心の底から死刑は当然だと思うようになりました」と感じたが、「私に対する判決はまったく予想外でした。なんとただの十八年の禁固刑だというのです」と回顧した。[77]

藤田は当初、中国側に反発していた。元撫順戦犯管理所所長・金源の証言によると、藤田は「毛沢東に会わせろ」と要求し、「お前たちは国際法を踏みにじっている。戦争が終われば、即捕虜は送還しなければならない」と詰め寄った。[78]しかし藤田はその後、反省し、判決直後に同情の言葉を投げた土居に対して逆にこう諭すまでに改心した。「あなたたちは日本の高級将領で、日本の軍国主義戦争の期間、我々と似たような悲劇を演出した。過去の歴史を忘れては今後の日本に希望はない。我々は深い反省と、中国人民の理解という基礎があって初めて日中友好を語る資格があるのです」[79]。中国側からすれば、戦犯を通じて元軍人らを「日中友好」の先兵として期待する意図を込めたのだ。

三　天皇制の尊重

毛沢東との会見

元軍人訪中団の東北視察が終わると、廖承志は九月四日、毛沢東に同訪中団に関する報告書を書いたが、「彼らの日本に対する影響をさらに拡大させるため、主席が彼らと一度接見するのは非常に大きなメリットがあります」と提案した。やはりここでも元軍人を利用する政治的狙いが読み取れる。毛沢東は廖承志の提案に同意した。[80]土居明夫や遠藤三郎ら訪中団メンバーは、東北視察から北京に戻り、蘭州に行く準備をしていると、夜六時頃、今晩毛沢東が会うと連絡があった。毛沢東には会えないと予想していたので連絡を受けて色めき立った。[81]廖承志が元軍人を引き連れ、接見庁に入ったが、毛沢東は既に待機していた。[82]迅速な対応であり、元軍人訪中団を重視した表れであった。

場所は中南海勤政殿。五尺幅のテーブルを差し挟んで中国側の同席者は、廖承志、趙安博、張奚若、喬冠華、謝南光、蕭向前の六人で、土居明夫は毛沢東の正面対座の位置、偶然にも「さし向かい」の席だった。土居はこう回想している。「肥った毛主席は、写真では見慣れた風貌ではあるが、さすがに立派だ。遠藤氏がまず起って、いつものように御礼や御詫びやらの挨拶を述べたが、それを受けてやおら起った毛主席は、開口一番「私は嘘はいわない。心から日本と手を結びたい」〔後略〕」と話した。毛はこう続けた。「日本はアジアの大国である。文化、経済は進み、国民は勤勉である。中国としても、将来を考えれば日本と手を結び合わねばならない。我々はもう過去のことには関心を持たない。また、中国がいかに強大になつても、日本を侵略するようなことは決してしない」[83]。

毛沢東生誕百二十周年に合わせて二〇一三年に発行された『毛沢東年譜』に掲載された公式の記録によると、毛沢東はこう発言した。

「我々が日本の友人を歓迎するのは心からのものです。我々の関係の改善、過去の関係の改善を望んでおり、友好に変えたいのです。現在の国際情勢と日本の状況は、当時〔戦前・戦中〕の状況とは既に全く同じではなくなっています。当時語るのが少しふさわしかったことを現在発表するのは適当ではない。我々は、建設を始めたばかりです。我々には時間と、平和的な環境と友好が必要なんです。我々は永遠に戦争をしません。平和が必要で、もっと幅広い友人が欲しいのです。このため日本との良い関係をつくりたい。皆さんの国家から来られた人の一部は我々と戦争をしました。しかし我々は歓迎します。共産主義を批判することも歓迎します。帰国した後、批判し続けてもいいです。批判した後、もし再び中国に来たいならば同じように歓迎します。長きにわたり往来して初めてさらに理解できるものです。中日がもし友好でなければアジアの平和など不可能です。皆さんの国家には現在やはり天皇がいます。皆さんが天皇に会うことがあるならば私の挨拶を伝えてください。ラオス、カンボジアには国王がいます。日本には天皇がいます。我々は彼らの制度を尊重します」[84]。

また『廖承志与日本』（二〇〇七年）には、元軍人訪中団に対する毛沢東の発言としてそれ以外にも掲載されている。「日本の軍閥が我々を進撃したことに感謝します。そうでなければ我々はこんにち、北京にたどり着けなかったでしょう。皆さんは我々の先生です。感謝しなければならない。皆さんが戦争し、中国人民を教育してくれたため、撒かれた砂のような中国人民は団結できたのです」[85]。「日本軍閥に感謝」というのは、毛沢東が日本からの客人に対してたびたび言及したことには触れた。

「陛下」と敬称づけ

遠藤は、毛沢東にお詫びを述べ贖罪意識や日中友好を前面に出したが、土居は共産主義への警戒感を露わにしている。毛沢東との会見も終わりに差し掛かった頃、土居は「たとえあなた方がやらなくても、日本共産党その他の急進主義者は、お国を利用して政権をとろうとしている。〔中略〕どうか貴国は、日本をそっとして見ていて下さい。私は、アジア的社会主義を考えていると思われる毛先生が、早くアジア的社会主義を創造して、われわれに模範を示して下さることを希みます。あなたは日本にも共産政権を打ち立てようと思っているかもしれませんが、日本人の大部分は、私個人もまた、第三の道を行きたいと思っているのです」と述べた。これに対して毛沢東は「あなたたちがどんな学説を出しても私は干渉しません。それはあなた達自身のことです」と答え、革命は輸出せず日本の政治体制には干渉しない意向を示した[86]。毛沢東の天皇発言は、これに続いて出てくる。『毛沢東年譜』よりも土居の回顧録の方がより正確に再現している。それによると、毛沢東は「天皇陛下にお会いできるだろうか」と、「陛下」という敬称を付けて尋ね、こう続けた。「天皇陛下によろしく申し上げてくれ。日中関係をよくしようと思えば、日本国民の気持を尊重しなければならない。それで我々は天皇を尊重するのだ。ラオス、カンボジアは王国である。我我は彼等と仲良くするために、その王様を尊重している」。さらに「天皇陛下のお年はいくつだ」、「生物学者だそうですね」、「よ

く観劇なさる方らしいが」と関心を持って質問した。(87)

この天皇陛下をめぐる毛沢東の発言は、何を意味するのだろうか。土居は、「とにかく日本を味方陣営に抱きこむためには日本国民の尊敬する天皇を尊重するという態度に変つてきている」と分析し、天皇へのメッセージに加え、陳毅は東久邇宮が訪中できないかと、皇族招待の熱意を示したと明かした。(88) 日本国民の尊敬する天皇、皇室を抱き込めば、日本の対中感情も好転するという見方である。

毛沢東としては天皇や天皇制に中国共産党として干渉せず、尊重する意向を示したものとも言える。さらに「天皇陛下」と敬称を付けていることから、天皇を「元首」ととらえた意識的なものと見てもいいだろう。土居も「最後に「天皇陛下」という言葉が出たのは、異様に感じた。日本では、戦後「天皇」と呼び棄てにすることがあたりまえとなり、私たちも漸くそれに慣れて来ていたので、よけい異様に感じたのかもしれない」と回想している。後で中国の通訳に聞いたが、やはり「陛下」という敬称を付けていたという。土居は「それだけ、相手に対して気を遣っているのであろう」と振り返った。(89)

土居は、毛沢東が「心から日本と手を結びたい」と思った理由として「まずアメリカ勢力の駆逐を目標とするものである。〔中略〕駆逐した後はどうなるかというと、それはいわゆる歴史の必然にしたがって日本は共産主義化する。必ずそうなるという信念をもっている」と強い警戒感をもって分析した。(90) 日本の共産主義化を狙ったかどうかは別にして、日本との関係正常化を掲げた背景には、米国を牽制するために日本に接近し、日米関係を分断したいという目標があった。「日中関係をよくしようと思えば、日本国民の気持を尊重しなければならない。それで我々は天皇を尊重するのだ」という発言から、「元首」とみなす天皇や天皇制を尊重しないことには関係正常化は無理だという現実的な判断があったのは間違いない。

さらに毛沢東には延安時代の記憶があるのではないか。延安で捕虜となった日本人兵士は天皇や天皇制を批判すると、逆に反発したのはまだ十数年前のことだ。毛沢東が野坂参三に対して短期間のうちに天皇を不要にすることはできないという手紙を送ったことは触れたが、元軍人たちに向けて天皇を敬う態度に出れば、中国共産党を見直すのではないか、という確信を持っていたと考えられる。それが「陛下」という言葉につながった。そして天皇の年齢を尋ねたり、生物学者であることに触れたり、観劇の話題を持ち出したりした発言は、天皇に対する親しみを感じさせるものだ。土居をはじめ元軍人たちは、会見の最後に出た毛沢東の天皇発言に驚きを感じ、毛沢東の対日友好路線は本物だと思ったに違いない。

遠藤は、帰国後の五六年九月十七日、毛沢東の天皇宛てのメッセージを宇佐美毅宮内庁長官に伝えたという。[91]

四　元軍人影響力に着目

畑俊六と磯谷廉介の訪中模索

元軍人の幹事役を務めた遠藤三郎が最も頭を痛めたのは人選だった。遠藤三郎は、日本敗戦直後に首相を務めた東久邇宮にも訪中を持ち掛けていた。日本敗戦二日後に首相に就いた東久邇宮に対して遠藤が面会を申し込み、軍隊のなくなることは悲しむべきことではないと述べたが、その後も交流が続いた。一方、敗戦直前の小磯内閣時に進められた対中和平交渉「繆斌工作」に傾注しながら挫折した東久邇宮は組閣時、蔣介石の「暴に報いるに、暴をもってせず」という演説に対して「日本は、中国に戦争に敗けたが、その上、道義でもまた敗けた」と考え、中国に「心から詫びたい」と思った。首相の自分が「謝罪使」になって中国に行ってもよいと考え、もしできなければ、日中戦争時に首相として「国民政府を対手とせず」声明を出した近衛文麿に行ってもらうつもりだった。東久邇宮は近衛に対して、蔣介石のもとに行き謝罪するよう促したところ、「イヤー」といい頭を抱えて困惑の表情で苦笑いしたという。[92]

遠藤三郎は毛沢東に東久邇宮が中国に来られないことを告げ、中国に過去迷惑をかけたという東久邇宮のお詫びのほか、「日中両国の友好なくしてアジアと世界の平和はない、中日友好を願って努力したい」という伝言を紹介した。これに対して毛沢東は、お礼を伝えるよう述べ、お詫びに対しては「過去のことで語る必要はない」とし、第二点目は「完全に同意します。中日友好なくしてアジアの平和は不可能です」と返した。[93]

一九五六年の訪中では対米配慮を鮮明にした日本政府と自由民主党からの圧力を受け、思うような人選を組めなかったが、続く五七年の訪中では、中国側や遠藤が訪中してほしいと白羽の矢を立てた元軍人が訪中を固辞したことも、遠藤の失望を大きくした。

第二次元軍人訪中団を結成するに当たり、中国側は時期として一九五七年五月を希望し、[94] 遠藤三郎が同年一月二十五日に廖承志に送った手紙の中で、廖が五六年に、A級戦犯として終身刑の判決を受けた元元帥・畑俊六が参加することを望んだと言及している。[95] 畑は侍従武官長や陸相、支那派遣軍総司令官を務め、日本敗戦後にはA級戦犯として起訴され、東京裁判では終身刑を宣告された。中国侵略に関与したとして、国民政府も第一次主要戦犯リスト十二人の中に畑を入れた。では共産党はなぜ、畑の訪中を希望したのか。一九五六年の第一次元軍人訪中団を支援したからだとされるが、[96] それだけではないだろう。あまりA級戦犯だからという負の側面は気にせず、畑の元帥という軍人最高の肩書き、侍従武官長や陸相を歴任した経歴のほか、軍人の中に戦後も続いた畑の人望が、中国が畑への関心を高めることにつながったのではないか。

東京裁判で畑俊六は、検察側から軍司令官として中国へ二回も渡っていることや米内内閣の陸相として国策決定に参加したことのほか、米内内閣を倒すための主役を務めたことが問われた。しかし証人として出廷した米内はサットン検事の尋問に対して「いやきかない」、「思い起しませんね」などととぼけ通して畑を徹底してかばった。ウェブ裁判長は「かつて首相であった人で、この法廷に出た者の中でこの総理大臣は一番愚昧だ」と前例のない言葉で批判した。[97]この結果、畑は終身刑にとどまった。侍従武官長を務めた畑は天皇から厚く信頼され、陸相就任も天皇の希望だった。元帥・畑は敗戦直前の四五年八月十四日、第二総軍司令官として勤務した広島から上京し、杉山元、永野修身両元帥とともに拝謁し、天皇から「終戦の御決意」を聞いた。「国軍はなお余力を有し、志気旺盛につき、抗戦して上陸する米軍を断乎撃攘すべき」と奉答した杉山に対し、畑は「ポツダム宣言受諾に決した由につき已むを得ざるも、極力交渉により少なくとも十師団を親衛隊として残置できるよう努力すべき」と奉答し、[98]陸軍の抗戦論と一線を画した。畑に仕えた岡田芳政は畑の人柄を「誠実で、ウソが無く、非常に気さくな人で、部下に威張るということのまったく無かった」と語っている。[99]また『陸軍　畑俊六日誌』（伊藤隆・照沼康孝編）の解説は、畑について「ただ地味な、政治志向がほとんどなく、着実に一歩一歩軍機構内を昇進していった軍人ということはいえるのではないだろうか」と記し、政治家や文官官僚、政治浪人らとの接触も極めて少なかったと指摘している。[100]東京裁判を取材した朝日新聞法廷記者団も「被告席でこの人の笑った顔を見た記憶がない。〔中略〕この人は日本がここに至った根源が何にあったかについて率直に軍の責任をみとめ、その責任の一端が自分にもあることを語っていた」[101]と、法廷での畑の印象を記した。

終身刑を言い渡された畑俊六は一九五四年四月に慶應大医学部付属病院で約半年間入院した後、同年十月三十日に仮釈放された。出所後は残留戦犯の釈放運動に尽力し、自身の正式釈放は五八年四月。同年七月には偕行社会長となり、戦没将校の慰霊のため全国を回った。六二年五月、脳出血で急死したのも、福島県東白河郡棚倉町での慰霊碑除幕式に臨んだ際だった。[102]

中国が畑の訪中を打診した経緯について詳しく述べると、魯迅や郭沫若らと交流を深めた上海の内山書店店主で、戦後日中友好協会理事長に就任した内山完造が一九五六年末に訪中した際、会談した廖承志が第二次訪中団に畑俊六が参加することを希望した。この話を内山から聞いた遠藤は、ただちに畑と連絡を取り、意向を聞いたが、「保釈中の「戦犯」の身であるため、公の場に出るのは都合が良くない」と辞退した。[103]

遠藤はこのほか、前述したように東久邇宮の意向も聞いたが、東久邇宮は訪中を熱望したものの、健康状態を理由にあきらめた。このため遠藤は、内山完造や平野義太郎（「中国研究所」所長）と相談したところ、三人は磯谷廉介元中将が最適だと判断し、磯谷に打診したところ、「外務省が旅券を発給してくれれば、行きたい」と答えた。遠藤は五七年一月二十五日付の廖承志宛ての手紙で上記のような経緯を説明している。遠藤は当時の石橋湛山内閣は国交回復には積極的な態度とは言えないが、日中貿易を推進していると評価していた。さらに出入国を所管する岸信介外相、中村梅吉法相、三木武夫自民党幹事長は長年の友人であり、望みがないわけではないと見ていた。この手紙には磯谷の略歴が追記されている。「磯谷廉介は陸軍士官学校第十六期卒業生で、私より十期先輩。現在は千葉県一宮海岸で閑居している。関東軍参謀長の際のノモンハン事件の引責で軍職を離れ、太平洋戦争中には香港総督として召集され、戦後は「戦犯」として南京で勾留された。日本元軍人の中で屈指の「中国通」であり、私の幼なじみで人格者である」。[104]

国民政府の「戦犯処理委員会」が終戦後の一九四五年十一〜十二月にかけて五回に分けて計四百四十四人の日本人戦犯の名を挙げた名簿を作成するが、[105] ここで磯谷は「日本陸軍の中の著名な中国通で、侵略主義を主張した」と問われた。四七年七月二十二日に中国軍事法廷は終身刑を宣告した。四九年二月に上海から巣鴨拘置所に移送され、五二年八月五日に釈放された。国民政府は、磯谷についてかつて中国侵略を拡張させた典型的な軍国主義者と見ていたが、中国共産党は訪中を歓迎するのだ。

「大将訪中」への期待

元軍人訪中団の受け入れを進めた中国人民外交学会は一九五七年三月二十八日付で、中国共産党において日本などとの対外活動を統括した中央国際活動指導委員会（主任・王稼祥共産党中央対外連絡部長）宛ての内部報告[106]で、遠藤が進める第二次元軍人訪中団の人選に関して日本側から「今月中に組織し我々に通知してくるだろう」と見通した上で、「海軍から一人の大将、陸軍からも大将一人が渡航できるよう努力したい。遠藤の随行も可能だ」との意向が示されたことを明らかにした。中国側は明らかに、日本国内の保守勢力に影響力の大きい「大将訪中」を期待していた。

遠藤は五七年四月八日付の謝南光宛ての手紙[107]で、第二次訪中団実現に向け交渉した有力人物として下記の元帥・大将らの名を挙げ、交渉状況を記した。ただ「あなたたち〔中国側〕の希望と我々の昨年〔五六年訪中団〕の経験を基に昨年末から何度も交渉してきた」と吐露しており、人選難航を示唆した。

畑俊六元帥　仮釈放の身のため国内で正式の場に出るのは不都合。

東久邇宮大将　台湾政府との関係でしばらく行けない。

岡村寧次大将　東久邇宮と状況は同じで、台湾政府との関係でしばらく行けない。

今村均大将　日本政府の命令に基づき、日本政府の旅費負担でなければ絶対に行かない。（遠藤が）外務省と連絡したが、外務省は派遣する意思はない。

下村定大将　痔を患い、最近病床にあり、行くのは都合が悪い。

河辺正三大将　自分は敗戦の責任者であるとこだわり、行くのはふさわしくない。弟の虎四郎も重病のため離れたがらない。

磯谷廉介中将　今年一月には参加を希望したが、最近は突然、躊躇している。三月二十六日に私は千葉県一宮温泉の自宅を訪れて忠告したが、彼は「関心がない」と言い続ける。政治的な強い働き掛けがあったと考えられる。

遠藤が訪中を打診したのは、皆、支那通あるいは中国戦線で戦った経験豊富な大物ばかりだった。岡村は陸軍きっての支那通軍人で、敗戦時の支那派遣軍総司令官、今村均は関東軍参謀副長、下村定は関東軍高級参謀や北支那方面軍司令官、河辺正三は支那派遣軍総参謀長などをそれぞれ歴任した。しかしいずれも断念せざるを得なかった。

中国側は、元日本陸軍の長老格と海軍将校の加入を希望し、遠藤は、「長老格」として上記七人の将軍と交渉したが、結局全員から断られた。そのため畑俊六の推薦で元中将の四王天延孝と交渉し、参加する可能性もあったが、最後は辞退した。結局、陸軍長老格の訪中を断念した。一方、海軍方面では遠藤らの世話人会では「五人以内」と決め、第一次訪中団に参加した金沢正夫らが人選を進め、元中将原忠一が参加すると連絡したが、やはり辞退した。結局、六月二十二日から訪中したのは陸軍十四人、海軍五人の計十九人で、最高位は元陸軍中将の谷田勇と遠藤三郎で、第一回に参加した金沢正夫も土居明夫も茂川秀和も名を連ねなかった。(108)

東久邇宮は遠藤に対して訪中を希望する一方で、健康状態を理由に断ったにもかかわらず、遠藤は謝南光宛ての手紙では「台湾との関係」を理由に挙げている。また遠藤は岡村寧次とも連絡を取ったが、台湾との関係で中国には行けないとしている。

台湾派軍人「白団」に関心

岡村は日本敗戦時、支那派遣軍総司令官で、戦勝国となった国民政府との間で、大陸に残留した軍民二百万人超の日本人の引き揚げや、自身も含めた日本人戦犯問題について交渉した。既に第六章で触れたので繰り返さないが、引き揚げは極めてスムーズに進み、戦犯裁判に掛けられた岡村自身も無罪になり、一九四九年二月に帰国した。岡村は、残留邦人の帰還だけでなく、天皇制の維持に蔣介石が尽力したことなどもあり、蔣介石に対して強い「恩義」を感じるようになった。時同じくして蔣介石率いる国民党は、毛沢東の共産党との内戦で敗北が決定的となり、大陸反攻作戦や国民政府軍の立て直しのため、旧日本軍人の力を必要とした。そして四九年十月末から白鴻亮こと富田直亮ら元日本エリート軍人から成る軍事顧問団「白団」が蔣介石のもとに渡ることになるのだ。その数は五一年夏には七十六人に達した。

岡村は、この「白団」の保証人であり、遠藤三郎から中華人民共和国に行かないかと誘われても行ける筋合いではない。しかも共産党は、岡村が南京で開かれた国民政府の戦犯裁判で無罪判決を下された後も、岡村を「第一戦犯」として引き渡しを要求していた。遠藤三郎は当然、こうした事情を知っていたはずであり、なぜ岡村に連絡を取ったかは定かではないが、岡村も北京に行けるはずはなかった。

ここで問題となるのは、共産党が一九五五年頃から元日本軍人に注目し、訪中要請を本格化させるが、この背景に「白団」の存在があったかどうかである。敗戦したと言っても、戦争終結からまだ十年しか経っていない。戦前に権勢を誇った陸・海軍のエリート軍人は、いくら戦犯容疑を掛けられたとしても影響力を持ち続けた。蔣介石への「恩義」から国民政府（台湾）を向く元軍人が多い中、中国共産党は台湾派の元軍人を切り崩すため、日本の政界・官界に影響力を持つ元軍人たちに目を向け、遠藤三郎や辻政信を利用して招待攻勢を掛けたとしても不思議ではない。

興味深いのは、「白団」派遣は秘密裡に進められたにもかかわらず、共産党はその動向を早くから摑んでいたことだ。一九四九年九月九日、中華民国駐日代表団の王亮が台北から持ち帰った魏道明（後の駐日大使）の手紙には次の一文が添えられていた。「九月一日、北平の新華社電は、香港の光明日刊新聞が八月二十七日付けの紙上で、国民党の×幇がマッカーサーと結託、日本で募兵を行い秘密裡に台湾へ送り込もうとしているという記事が掲載されていたことを発表している。また最近、東京の駐日代表団第一組組長の曹士澂は組織内の陳昭凱を密使として、中国侵略の重要戦犯である岡村寧次と密接な連絡を取りあっている。その内容は、蔣介石の作戦を助けるために、日本人を集めて台湾に送ろうとしているものだと伝えている」[109]。その頃、日本の新聞にも、国民党による元日本軍人の募兵説や根本博の台湾密航の情報は出ていたので、中国共産党が一定の情報を把握していたのは間違いないが、魏道明の手紙の内容が事実ならば、白団メンバーが台湾に渡る前に比較的正確な情報を持っていたことになる。共産党にすれば、「白団」が蔣介石の対共産党作戦を支えるという役割を持っていれば、重大な関心を持つのは自然の成り行きだろう。

辻より遠藤訪中団優先

話を中国共産党と元軍人との関係に戻すが、共産党は人選の難航もあり、同時期、「遠藤ルート」とは別のルートを模索した。これが自由民主党の衆院議員・辻政信とのパイプである。人民外交学会が一九五七年四月十八日付で国際活動指導委員会に宛てた内部報告によると、廖承志が五六年、辻政信に電報を打ったところ、辻は元軍人訪中団の組織を希望した。さらに辻は最近、廖に連絡し、五七年五月に彼の紹介する元軍人を訪問させたいと伝えた、と報告した[110]。辻政信が周恩来と最初に会ったのは一九五五年だった[111]。これがきっかけだが、中国政府は辻について「日本元軍人の中で一定の勢力を有している」と評価しており[112]、周恩来は五七年二月二十七日、元大本営参謀で秘書の朝枝繁春を伴った辻政信と二時間以上にわたり再び北京で会談している。[113]会談には廖承志も同席したが、中国側は辻が元軍人の間で有する影響力に期待し、訪中団のまとめ役として白羽の矢を立てた。

辻政信は帰国直後の三月二十八日付で廖に宛てた手紙で、周恩来との会談にも触れ、「周総理の見解と私の信念は一致している」とし、自分が日中友好人士であることを訴えた。辻はこう綴った。「日本は一日も早く中国（北京）と国交を回復しなければならない。二つの中国を承認するのは誤りだ。私は日中国交回復促進のため私の力を全部出し切る決意である」[114]。

辻政信が自ら選んで推薦したのも、遠藤三郎が一月の廖承志宛ての手紙で推した磯谷廉介だった。辻は廖宛ての手紙で「磯谷氏と廖先生のお父様〔孫文の下で革命に従事した廖仲愷〕は肝胆相照らす親友です。私の報告に磯谷は満足の意を示し、新中国を見ることを熱望しています」と記している。さらに辻は「訪問時期は五月中旬が適当だと認識している」と記載している。

興味深いのは、前述したように遠藤は磯谷の自宅を訪れ、訪中を説得したが、いったん参加を希望した磯谷が「関心がない」と拒絶したことである。遠藤自身は四月八日付の謝南光宛ての手紙で「政治的な強い働き掛けがあったと考えられる」と漏らしたが、この「働き掛け」の背景に辻の存在があった可能性が極めて高い。

つまり中国が元軍人訪中団実現に向け接触した遠藤と辻は、お互いに連絡を取り合っていなかったことになる。遠藤は五六年の第一次訪中団の際、「私にとってはっきりしている最大の障害は、辻政信君が自由民主党内で反対意見を提出したことです」と中国側に手紙で訴えたほか、五六年六月に続き五七年五月にも、遠藤が五五年の北京訪問時の帰途に香港で金を受け取ったという「デマ」を辻が発信したと、遠藤は疑うなど、元軍人同士がいがみ合った。

一方の辻政信も五七年三月二十八日付の廖承志宛ての手紙で「遠藤三郎中将が推薦する軍人団は、磯谷団が貴国を訪問した後に実現するだろう」と記し、遠藤の第二次訪中団より自分が推薦した訪中団を先に実現させるよう中国側を牽制している。

しかし中国人民外交学会は四月十八日付の国際活動指導委員会宛ての内部報告で、五月に遠藤の第二次訪中団を先行させ、九月に辻政信の率いる団を招待すると決定した。これを受け、外交学会の呉茂孫秘書長は、辻宛てに手紙[115]を出し、「先生が積極的に発起してくれた磯谷元中将率いる日本元軍人代表団が五月に訪中を希望する件ですが、我々は当然のことながら歓迎します。ただ事務準備の原因のため訪中時期を九月に遅らせることは可能でしょうか」と提案した。共産党として辻政信より遠藤三郎の訪中団を優先することにしたのだ。

日本与党の政界人脈狙う

中国共産党側は結局、一九五七年六月二十六日からの遠藤訪中団を優先した。そして人民外交学会は同月十一日付で、「第二批日本前軍人訪華団接待計画（絶密）」（以下、「接待計画」[116]）を作成している。「接待計画」によると、訪問団の構成については、第一次訪中団参加を希望したものの日本政府から「多すぎる」との理由ではじかれた元軍人が多かった。

「接待計画」は、「第一次訪中団が、〔軍の〕情報・特務関係者や「中国通」が比較的多かったのに比べ、第二次の主要メンバーは参謀関係者で、中国事情を知っている人は比較的少ない」と紹介している。ここでも「中国通」を集めようとした遠藤の思惑は外れることになる。

さらに「接待計画」は「訪中目的」について「わが国の国防力とわが国の建設状況を理解してもら

い、わが国の今後の対日方針をさらに観察してもらうためだ」と指摘している。「接待方針」としては「我々は「求同存異」（相違を尊重して共通点を探る）の精神に基づき、情熱を持って彼らを接待し、彼らに対して「中国は真に日本との友好協力を主張している」「中国は決して日本を侵略しない」ということを一層理解してもらう」と掲げている。かつての軍国主義をひきずり、反中的な人物がいても、そこは我慢・妥協して、日中友好推進という政治目的を優先する徹底した意向があることがうかがえる。

その表れとして、十九人の全旅費と中国国内での生活費は第一次訪中団に続き中国側の負担で、宿泊は最高級の北京飯店が用意された。元将官及び六十歳以上には一人部屋が提供される厚遇で迎えられた。さらに「接待機構」として廖承志、喬冠華（中国人民外交学会副会長）、趙安博の三人組による「指導小組」が組織された。[117]

実は、岸信介首相が、五七年六月二日に台北入りし、三日に蔣介石総統と会談、「終戦後は蔣総統の寛大さにより早く国交が回復出来たことを感謝する」と述べた上で、ソ連との比較で中国共産党への警戒感を露わにした。つまり、日本人は、ソ連に対しては敵対心や冷たい感情、憤激に似た気持ちを持っているが、中国に対しては共産主義であるかどうかにかかわらず親愛の情を抱いており、「ある意味では共産主義が日本を浸透するには、ソ連からよりも中国からの方が恐ろしい」と指摘、「〔蔣介石が〕大陸を回復するとすれば、私としては非常に結構である」と大陸反攻を支持した。[118] 共産党側からすれば、岸政権への反発を強める発言だが、予定通りに遠藤らの訪中団を歓迎した。それについて遠藤が「今回は或は第一次に比し、軽視、冷遇されるのではなかろうか」という懸念があったが、「それは我等の取越苦労」だったと回顧した。[119]

元軍人訪中団を強く警戒した日本政府は元軍人訪中団を推進する中国共産党・政府の狙いをどう見ていたのか。中国側が作成した前掲「訪中問題始末」には、日本政府が、元軍人を招聘する中国側の狙いを次のように指摘し、警戒を強めていたと言及している。①元軍人の中国に対する考え方を変えて日本の右翼勢力を分断する、②元軍人の反米意識を駆り立てる、③日本国内の情報を収集する—などという点が挙げられているが、[120]つまり中国側は、日本政府が抱いていた警戒感をほとんど把握した上で、より一層、元軍人の招聘に力を入れていたことになる。

中国が元軍人訪中団を招聘する狙いとして、日本側が指摘した上記の三点については確かに当てはまるが、これだけでないことが、中国の外交檔案から読み取れる。

一つは、元軍人が持つ日本政界への影響力という観点である。戦後、衆院議員や参院議員を務めた辻政信は、一九五七年二月二十七日に周恩来と会談した。石橋湛山首相(同二十五日に病気を理由に首相を退任)の密使として二カ月間で十二カ国を回り、エジプトのナセル大統領やユーゴスラビアのチトー大統領らと会談したと説明し、「石橋は私に「日本は向米一辺倒ではなく、中国やアジア・アフリカ諸国と手を携えなければならない」と話した」と周恩来に訴えている。[121]秘書の朝枝繁春を伴った辻の訪中は、中国の方から招待したものではなかった。旅費も自分たち持ちで、ビザ手続きも一月二十二日付で、外交部が「特急」扱いで処理するなど、突然の慌ただしい訪中だったことがうかがえる。[122]卓越した話術を持つ辻政信が会談をリードしているが、周恩来は、戦中、策略家として名を馳せた辻に対して日本帝国主義と敵対する米国を重ね合わせるなどして「旧時代の陰謀詭計のやり方は通用しない。新たなやり方でこそ共存できる」、「侵略者は必ず失敗する」、「あなたは旧中国には非常にくわしいが、新中国の内部状況は知らない」などと辻への警戒感を表している部分もある。

しかし周恩来は、辻政信から日本政界の状況を聞き出そうとする。これに対して辻は「私は保守政党にいるが、米軍撤退要求と日中国交正常化においては社会党より断固としている。米国は私を「反米ボス」と言うが、「ボス」というのは違う。米国が圧迫するので日本国民の覚悟が強くなっているのだ」と答えた。さらに「反米」・「親中」を鮮明にした辻が、鳩山一郎、石橋湛山、三木武夫、河野一郎ら自民党の重鎮と関係が深いと誇示したことから、周恩来はこう持論を展開する。

「中日関係は最終的に回復しなければならないが、時間が必要だ。決して「二つの中国」を許さない。これは米国の考え方であり、蔣介石さえ賛成していない。社会党は「二つの中国」に反対しているが、自由民主党は米国を恐れて反対することに難色を示している。私は、あなたが自由民主党の友人たちに、「二つの中国」の幻想を抱いてはいけないと伝えてほしい。誰かが中国を刺激することを言っても、我々は過去数十年間に及ぶ不愉快を忘れ、友好を新たにしたい」。台湾と断交しなければ、国交正常化は不可能との原則を、自民党首脳に伝えてほしいと、辻に託したのだった。[123]

一方、遠藤三郎も中国側への手紙の中で、岸信介や三木武夫ら自民党の実力者と長年の友人であると記しており、中国側が日中関係推進に向けた政界工作のため、元軍人人脈を利用しようとした点は否めないだろう。

五　贖罪意識と優越意識の交差

「過去」より「反省」重視

さらに中国共産党が日本の元軍人に期待したのは、「もう二度と日本と戦争をしたくない」という単純かつ重い課題を抱えていた点がある。一九五〇年代、毛沢東や周恩来ら指導者はもう二度と日本と戦争をしたくないという気持ちから、国交がなかったにもかかわらず、日本に大きな関心を持ち、積極的に日本からの客人と面会していた。[124]

周恩来は一九五七年七月三日、遠藤率いる第二次元軍人訪中団と会見した。ここで周は「我々は遠藤先生が再び組織し、第三次、第四次も継続してもらいたい」と述べた上で、「なぜ我々が皆さんを歓迎するのか」という素朴な疑問に対する答えを自ら提示している。「皆さんはかつて戦争に参加したから、戦争の苦しみと残酷さをより理解しています。中国に来られて、戦争の災難を受けて立ち上がった中国人民がどんなに平和を渇望し、経済建設を進めているかを見ることができます」と述べた。周恩来はこの会談で、元軍人に対して、ここ二〜三年間で多くの外国友人を招待したが、統計では日本の友人が最も多いと明かし、釈放された日本人戦犯千人以上に対しても帰国前に中国各地を視察させ、新中国の実情を理解してもらったと語った。[125]これは中国がもはや日本との戦争など望んでおらず日中間の真の平和と友好を実現させる強い決意を持っていることを、悲惨な戦争に参加した元軍人や戦犯に知ってもらおうとしたのだ。

実際に訪中して中国人民の中で日本に対する感情が変化していることに戸惑いを感じたメンバーもいた。第二次訪中団に参加した光橋英武（元陸軍大尉）の中国観は興味深い。

「東洋の先進国としての日本国民に敬意を持つているが彼等も自信と誇を持つている。その淡々たる態度には快いものがある。嘗て国を挙げて抗日を叫んだ声はどうなつたろうか。第二次大戦の終末と共に両国間の根本問題は払拭されたが感情は残るものである。私は次の様に感ずる。一つはやはり終戦後十年の歳月を経たということ更にその間に二つの大きな戦を経験したこと（特に朝鮮戦争の印象が強く残っている）であろう。抗日戦と云うことは彼等の歴史の重要な一頁として現在も良く見聞するが感情的には既に過去のものである。又現在の中国は過去を大きく脱皮し新国家の建設に邁進している。彼等が全力を傾注しているのは現在の建設であり期待しているのは将来である。自信と希望を持つた前進に於て過去は反省の資料となるのみであろう。次に中国が全力を挙げて実施している近代国家の建設は目下の急務であり、自国の必要性から云っても欲するのは平和である。特に隣国との友好を結び一意建設に努力を注ぐことを望むのは当然であり、事実、為政者も常に世界の平和を説き各国との友好を指導している。之が国民感情に及ぼすところも大きいと思う」[126]。

わずか十数年前まで日本の軍人に侵略を受け、大量に虐殺された中国の民衆たちの抗日と反日の感情が消えたとは思えないが、少なくとも日中友好に基づき日本との関係正常化を目指す毛沢東・周恩来の指令は、中国民衆の対日感情までコントロールしているかのようである。そして元軍人たちはそれを錯覚してしまった。

同時に、起訴されず釈放されることになった千人以上の日本人戦犯に対しては、帰国前に特別列車を仕立てて北京、天津、南京など彼らの旧駐屯地を視察させ、相当なホテルに宿泊させた[127]。戦犯として懲役十八年の判決を受けて引き続き収監された元満州国総務次長・古海忠之は、帰国する日本人戦犯が「すっかり社会主義中国に魅せられてしまったと聞く。いわば〝洗脳〟の仕上げだったわけだ」と回顧するとともに、「中共の戦術は良く考えられ細かいところまで行き届いていることに私は感心させられる」と、寛大な戦犯政策の中に毛沢東・周恩来の戦略があることを見抜いた[128]。

懲役十八年の判決を受けた古海自身も一九六二年十二月中旬、中国各地の視察を持ち掛けられた。旧満州ではかつてのなじみだった湯崗子の温泉に入り、北京では人民飯店の客間付きの立派な部屋を提供され、洋服屋で幹部服と外套を仕立ててもらい、革靴まで用意してくれた。付き添いは王暁雲で、廖承志とも会い、日中問題について意見交換した。古海自身、「国賓のような待遇」に心から感謝し、太原、西安、洛陽、武漢、上海、南京など各地を回った。翌六三年二月末に撫順に戻ってすぐ釈放式が行われ、刑期より半年早く釈放された。帰国前に再び北京に行き、周恩来と会談する機会がつくられた。周は「まず人民に頼ること」、「中国人民、米国人民およびソ連人民と友好し、米国の日本侵略に反対すること」を基本点に「日中両国人民の友好関係の発展により米国の干渉を受けずに、日中関係の正常化に向かう」と述べた。当時、日本の政権は、政治と経済を分離して対中貿易関係を促進し、中国共産党が国交正常化の条件とする「北京承認」に踏み切らない池田勇人首相であり、周恩来は池田政権の対中政策に反対していた。(129)

周恩来は、古海と池田が同じ元大蔵官僚で親しかったことを知っていたとみられる。「君が帰国すれば池田総理と会うことも多かろう。君の見方、考え方をもって彼に当り、よい影響を与えることを私は期待している」と促した。六三年三月十二日に帰国した古海は、池田首相から「今度の参議院選挙に出ろ」と強く勧められた。同じく満州国で活躍した岸信介前首相も政界進出を勧めた。六五年の参院選に全国区で出馬し、日中問題の解決と日中貿易の拡大を選挙スローガンに掲げたが、落選した。(130)

懲役十八年の判決を受けた藤田茂の刑期は古海と同様に一九六三年までだったが、もっと早く五七年九月に大幅に刑期を短縮されて帰国が許された。(131) 古海はこれに関して「成績良好という理由とはべつに、閑宮院の侍従武官だったことから、「日中友好に役立つ男」という中国の読みがはたらいていたことは確かだ」と指摘している。(132)

元軍人や戦犯は戦前の高級将校・幹部であり、彼らの元同僚は日本敗戦を経て戦後も権力ある地位に就いていた。中国共産党はこうした人脈関係を利用して日中関係を有利に進めたいという戦略性を持った。

こうした戦略性は存在するものの、周恩来が「特に日本の元軍人のわが国訪問が非常に重要だ」と指摘したのは、(133) 対中侵略戦争を推し進めたかつての軍国主義者（元軍人・戦犯）に対して「反省」を求め、戦争を真に清算しようと目指したためと言える。周は一九五六年に「中日停戦は既に十年経過したが、戦争状態がいまだ終結せず、国交は回復していない。これは極めて正常ではない。両国人民の願いに背き、極東の平和にマイナスだ」と表明している。(134) 日本で軍国主義者が再び台頭することを抑え、侵略戦争に関与した元軍人ら「右派」を平和・友好人士に転向させて初めて、過去を清算して日本との国交正常化を進められると考えたのだ。

外交檔案に記載された毛沢東や周恩来の発言を見て注目したい点は、中国が元軍人らに対して過去の過ちを問うていないことだ。逆にA級戦犯として終身刑を宣告された畑俊六を積極的に招待しようとしたり、対中侵略戦争に深く関わった磯谷廉介の訪中に歓迎の意向を示したりしたことなどを見ると、「過去の事実」より「その後の反省」を重視しているのである。

堀田善衛の戦後中国認識

遠藤三郎は一九七二年の回顧において、五六年と五七年の二回にわたる元軍人訪中団について「人選のまずさから中国の好意を裏切り国辱を晒す様なこともあり、私も少々いや気がさし、周総理に今後軍人団の訪中はやめますと言った」と振り返っている。周恩来から毎年元軍人の訪中を続行するよう要望されたものの、二回の訪中を受けて「封建的狭義の忠君愛国にこり固まり中国に対し優越感の抜け切れない旧軍人は、ダイヤルの錆びついたテレビ同様他の波長の電波は受けつけず、何を見ても何を聞いても悪意に取るのみで礼を欠く者も少くありませんでした」と述懐している。(135)

遠藤は特に一回目訪中団を「真に招かれた賓客」という気持ちから、「団員の要望は頗る積極的であり、時に望蜀の嫌や、非礼と思はるゝ様な節もあり」と、必ずしも成功とは認め得ないとみなした。それに比べて二回目は、団員の要求が「常識的であり、強いて云へば聊か消極的の嫌さへあり」と回想した。(136)

例えば、第一回の団員だった土居明夫は毛沢東との会見で、「まだ共産主義について納得できないところがあります」などと述べソ連への不信感とともに、中国が日本を赤化させようとしていると主張した。[137]中国侵略に関与した元軍人らを歓迎し、「過去のことだ」と追及しない毛沢東・共産党政権らの度量に感激している遠藤にすれば、土居らの率直な意見は相手に対する礼を欠いたものだととらえたのだった。

一九五七年十二月に中国紅十字会代表団として来日した廖承志は、同月二十五日に訪中元軍人団から歓迎会の招待を受けた。中国側は廖のほか、趙安博、蕭向前が出席し、日本側は第一次、第二次元軍人訪中団の有志として遠藤、土居、金沢ら二十数人が顔をそろえた。遠藤は歓迎の辞を述べたが、その後土居が発言した。[138]

廖承志は、村田省蔵が毛沢東との会談で、日ソ共同宣言の国会での批准（一九五六年十二月五日）の際に「議員で欠（退）席したものが相当あったが日中条約批准のときは全院一致で可決するだろう」と話して「毛沢東は大変喜んだ」という話を披露したが、これに対して土居は「それはウソである。おそらく議員の中にも日中国交に反対の者が出るのは間違ない。国民も一方は賛成でも一方は反対であろう」と反論した。[139]

朝鮮戦争時の日本を描写した『広場の孤独』で一九五二年に芥川賞を受賞した堀田善衛《よしえ》が、「中国を見つめる二つの目――元軍人の報告から「現代中国論」まで」と題した文章を発表したのは五九年五月だった。[140]日中関係は、五八年五月の長崎国旗事件[141]で一転、断絶状態に陥った。日本敗戦を上海で迎え、四七年まで国民党宣伝部に留用された堀田は、戦後も中国問題に関心を寄せ、長崎国旗事件で日中関係が悪化する中、本業をほとんど放り出して日中の往来に関する両国の近代史のあり方について書かれた文献を読んで過ごした。そうした中、元軍人訪中団の報告を読んだという。

「おどろき、かつ感心したことは、特に第一次訪問団の報告なるものの大部分は、その文章が第一にまるでコドモの文章のように稚拙であり、その中身もまたほとんどコドモのように、そうしてコドモのような反《はん》撥《ばつ》だけであった、ということであった。反撥をしてみせなければ招かれた甲斐がない、というみたいである」と記し、土居明夫の報告の次の文句を痛烈に批判した。「中共今日の成功は第一に百年にわたる白人種（残念ながら日本人もこの中に含まれる）の中国圧迫侵略に対する反撥を巧みに利用した点にある」。堀田は土居の主張に対して「現在の自己と、かつての侵略戦の現実の担当者としての自己とのあいだに、なんにもつながりがない、過去の自己と現在の自己とがまったく断絶している（そんなことはありえない）のではないか、と読む者をつくづくと疑うどころか、感嘆させるに近いものが、ほとんどの報告に共通している」と指摘している。過去の戦争について何ら問わない中国共産党指導部の対応の中に、「過去は過ぎ去った」とばかりに中国侵略戦争に荷担した自らの戦争責任も忘れ、正当化してしまう元軍人に堀田が悲哀を感じたのは、遠藤と同じだった。

敗戦時上海にいた堀田は、戦争中に南京に行き、城壁の上に立ち「がらんどうの留守宅」という印象を受け、紫禁山も「地球の上から人間が死滅し果て、滅亡し果てた後」のような不気味さを感じた。日本敗戦の四五年八月十五日正午から十六日朝まで「中国人諸氏の歓びの声」を耳にし、慟哭したと回想している。[142] 上海で天皇の放送を聞いた堀田は、「侵略者たる日本側に協力した文学者たちの運命に思いをはせた」といい、「天皇はしかし、アジア全領域に於ける日本の協力者たちの運命について、何と挨拶したか。思い出して頂きたい」と記した。[143]「日本の行動と行を共にした東方諸国の諸人士に対する謝意謝罪、「済まなかった」という、政治を超えた素直な情意の充分な表現が未だに見られぬということについての、どうにもならぬ憤懣《ふんまん》がある」[144]と、「漢奸」とされた中国の対日協力者の運命に思いを馳せた。堀田にとって仮に国交正常化が実現したとしても、戦争に起因した感情をめぐる問題は根深く、「国交が恢復されたからといって、それでおしまいというわけのものでないことも言う必要もなく、私が、危機を予想するのは、むしろ国交回復後のことであるかもしれないのだ…」と予測し懸念した。[145] 国交正常化後の日中関係の難しさを予期し、元軍人の独りよがりな発言の中に「未来の日中関係」を見たのだった。

共産党戦略の挫折

最後になるが、元軍人代表団を招待する中国の戦略は一体、日本政府の対中政策や国交正常化の推進にどれだけの影響を及ぼしたのか考えたい。

辻政信は、周恩来との会談で過去の侵略戦争への謝罪を明確にしていないが、会談の最後で「私の疑問は全部解決した。戦争や日本に対する考えははっきりした」と周恩来の考えに賛同し、周との会談では「あなたの話を必ず日本政府に知らせる」と約束した。しかし辻政信は一九六一年四月四日、東南アジア視察の目的で参院議事部に四十日間の請暇願を出して羽田空港を出発し、同月二十一日にラオス・ビエンチャンを出発後行方不明になった。「ハノイやラオス経由で中国に入った」、「吉林省琿春でゲリラ隊の訓練を指揮している」、「米軍に射殺された」など様々な情報が入り乱れたが、結局そのまま見つからず、六九年七月十四日に死亡宣告が公示された。[146] それに比べて遠藤は中国からすれば、一貫して中国の主張や友好的な対日メッセージを代弁する「宣伝塔」として重視され続けた。

一九五五年十一月二十九日、片山訪中団団員として加わった際には、中国の人民広播電台で「新中国訪問の感想」と題してラジオ演説した。①共産国家の対外侵略問題は、こと新中国に関して言えば、(侵略はないという)私の判断は絶対に間違っていない、②新中国の変化は枚挙にいとまなく国内は清潔で人々は満面の笑みだ、③日本元軍人の地位をもって中国人民におわびする――と表明した。[147] その直後には「訪中元軍人団世話人会」を結成した。五六年、五七年に続き六〇年に徳地末夫と訪中した遠藤は、六一年八月に「日中友好元軍人の会」を設立、日中友好と平和憲法擁護の活動を続けた。

刑期を大幅に短縮されて一九五七年九月に帰国した藤田茂は、中国の戦犯管理所収容者らで組織した「中国帰還者連絡会」（中帰連）の初代会長に就き、遠藤らと同様に中国に対する贖罪意識を持って活動した。

しかし遠藤らの活動の特徴は、日本国内ではなく、中国共産党・政府を相手として直接連携しながら、中国側の意向に基づき動いたことだった。こうした結果、元軍人訪中計画は、米国配慮を強める日本政府の圧力や、元軍人主流派の反発を受けた。遠藤自らが「〔「日中友好元軍人の会」〕発会の当時は旧軍人の主流に大きな衝撃を与えましたが、反面その妨害も甚だしく予期の様に発展し得なかった」[148]と振り返ったように、現実の日中関係や国交正常化に直接的な影響を及ぼし得なかった。

中国による元軍人訪中計画が本格化した一九五五年は、ちょうど敗戦から十年が経過した時期だ。戦争の記憶がまだ強烈な印象として残る中、日本国内では敗戦国としての被害者意識と、中国に対する加害者意識が複雑にねじれ、右派の影響力が強い中で被害者意識が優先して語られる風潮が強いのも事実だった。遠藤は元軍人訪中団の人選の際に、畑俊六や磯谷廉介ら「支那通」や大陸侵略に関与した元軍人を集めようとしたが、自分がそうであったように、中国での戦争の悲惨さや残酷さを熟知しているため中国への深い贖罪や反省を引き出せると考えたからではないか。

しかし現実として「支那通」元軍人らの歴史認識は「贖罪意識」と「優越意識」の間で揺れ動いた。遠藤は二回にわたった元軍人訪中団失敗の原因を「中国に対し優越感の抜け切れない旧軍人」にあると回顧したが、五六年の元軍人訪中団の際に遠藤が過去の侵略戦争に謝罪したところ、同行の元軍人の中には「国辱」だと抗議した者もいた。[149]共産主義に対する嫌悪感もあり、中国共産党が期待したように親台湾派の元軍人を消滅させ、親中派一本にまとめることはできなかった。

元軍人訪中団を研究した楊大慶は、訪中団について日中両国が「「浅い和解」に向かう道」で実現したと指摘し、「「浅い和解」に向かう道において過去の戦争をどのように認識するかという差異は、ほとんど道路脇に寄せられるか舗装されて覆い隠されていたのである」と分析したが、(150)中国共産党は一方で、中国側の意向を伝達し、行動として体現していく「先兵」を増やし、日本国内での対中感情改善につながることを期待した。しかしながら「新中国」や共産主義、過去の戦争をどう認識するかという根本的な問題で元軍人の亀裂が深刻化する中で、中国側の思惑と戦略は挫折し、国交正常化は一九七二年まで実現しなかったのである。

終章　「外交主体」としての象徴天皇

歴史的に見れば、平成時代に入り、四年目に実現した一九九二年の天皇訪中は国際親善の外国訪問であるが、天皇自身が「象徴としての務め」を実践したものとして評価し直されるのではないだろうか。

明仁天皇（現上皇陛下）は、二〇一六年八月八日、いわゆる「象徴としてのお務めについてのおことば」と題した国民向けビデオメッセージで、「即位以来、私は国事行為を行うと共に、日本国憲法下で象徴と位置づけられた天皇の望ましい在り方を、日々模索しつつ過ごして来ました」と述べた。その上で「日本の各地、とりわけ遠隔の地や島々への旅も、私は天皇の象徴的行為として、大切なものと感じて来ました」と続けた。天皇は「次第に進む身体の衰え」を考慮し、「全身全霊をもって象徴の務めを果たしていくことが、難しくなるのではないかと案じています」と語った。[1] 明仁天皇は自分の発したメッセージを通じ、「平成流」の象徴天皇の在り方として、皇后とともに行った国内の被災地訪問やサイパンやパラオなど旧日本軍の戦場への慰霊の旅を重視し、退位に向け、「象徴天皇」に関する議論を発議した形になった。国民レベルで象徴天皇の議論は深まったとは言えないものの、大多数の国民は、戦没者慰霊などの戦後処理を行ったり、国民と同じ目線で被災者と寄り添ったりする天皇、皇后両陛下の姿を支持した。

昭和天皇として初の外国訪問は、一九七一年の訪欧だった。ベルギー・アントワープでは九月三十日、ベルギー人学生が天皇の乗った車に卵を投げ付け、窓ガラスに当たった。[2] 十月五日夜、英国バッキンガム宮殿での公式晩餐会でエリザベス女王は「わたくしどもは過去が存在しなかったと偽ることはできません。わたくしどもは、貴我両国民間の関係が常に平和であり友好的であったとは偽り申すことができません」と述べ、「一九四五年の暗黒の年」と表現し、戦争の歴史に言及した。(3) これに対して天皇は答辞で皇太子時代の訪欧の思い出を話題にしただけで戦争問題に触れなかった。(4) オランダでも天皇への一部市民の抗議活動が行われた。天皇や宮内庁、日本政府にとって訪欧での天皇に対する反応は、歴史問題の根深さを再認識させるものだった。(5) これを受け、七五年の訪米の際には、十月二日のホワイトハウスでのフォード大統領主催の公式晩餐会で「私が深く悲しみとする、あの不幸な戦争」(6) と初めて過去の問題に触れた。これが昭和天皇にとって最後の外国訪問となった。

平成時代に入り、明仁天皇の最初の外国訪問は九一年のタイ、マレーシア、インドネシア訪問だった。バンコクでのプミポン国王ご夫妻主催の歓迎晩餐会では「日本は、先の誠に不幸な戦争の惨禍を再び繰り返すことのないよう平和国家として生きることを決意」した、などとお言葉を述べた。(7)

東南アジア訪問に続いたのが翌年十月二十三日からの中国訪問であり、北京で「我が国が中国国民に対し多大の苦難を与えた不幸な一時期がありました。これは私の深く悲しみとするところであります」、「このような戦争を再び繰り返してはならないとの深い反省」というお言葉を述べ、政治的な行事を終えると、歴史・文化の古都・西安、改革・開放の最先端・上海を訪問した。手塚英臣侍従が事前準備のため上海を訪れたのは十月初め頃だった。上海総領事・蓮見義博に対し「内々に頼みがあるのですが、天皇、皇后両陛下は心から親善の実を挙げたいと思っておられる。警備上の問題はあろうが、［上海市中心部を視察する際に」両陛下が歓迎に心からお応えできるよう視察の車のスピードを下げてほしい」と要望した。このほか、沿道に市民を動員しないこと、両陛下が一緒の車に乗ることも求めた。両陛下側から蓮見への三つの打診である。(8)

中国では歴史問題に起因した反日感情は根強く、卵一つでも天皇に向かって投げられたり、沿道で「天皇訪中反対」というプラカードが掲げられたりしたら、天皇訪中は失敗だという危機認識が日本の外務省には存在し、それが天皇訪中慎重論の要因の一つであった。日本側は中国政府に厳重な警備を要請し、中国側も厳戒態勢を敷き、北京では天皇の行くところ大量の公安要員が配置された。また反日的グループは天皇訪中直前に拘束されて北京から離れさせられ、両陛下が訪れた明・清朝の皇宮「故宮博物院」(紫禁城)では、家族連れの中国人親子や観光客もいたが、これらは実はみな警官やその家族だったという。[9] こうした中で「車をゆっくり走らせる」という両陛下の要望はいわば、日中両政府が警備上行おうとしていたことと真逆であり、中国政府も外務省も知らず、両陛下、手塚、蓮見の秘密事項だった。

両陛下の車は、国賓訪問時の中国側慣例に基づき時速三十キロ以上で走行する予定で、実際に北京ではかなりのスピードで駆け抜けた。しかし蓮見は、「両陛下はお二人で中国の人々に親善の気持ちを伝えたい考えが強く、時速三十キロ以上ではそれが実現できないと理解した」と回想する。また「市民を組織しないでほしい」というのは、両陛下は市民と真の心の触れ合いを行いたいため、中国独特の市民動員型の歓迎方式を取らず、自然な形での交流を望んだ表れだった。これに対して上海市政府側は「そういうこと〔市民の組織〕はしない」と蓮見に伝えた。さらに三つ目の両陛下同乗に関しては、外交儀礼では天皇は招待側の黄菊上海市長(当時)と、皇后さまは市長夫人と一緒で、両陛下は別の車に乗るのだが、要望を受け、後部座席に両陛下、その真ん中に蓮見が陪乗する形が取られた。蓮見の交渉相手だった上海市副市長・趙啓正は、蓮見の要望を前向きに受け入れてくれた。[10]

両陛下にとって中国滞在最後の夜になった十月二十七日、上海随一の繁華街・南京路には「日本の天皇が来る」と伝え聞いた市民が押し寄せ、笑顔で「歓迎、歓迎」という大合唱が起こり、沿道は市民であふれ返った。後部座席で両陛下に挟まれた蓮見は、事前に誰にも相談せず現場で徐行運転することを決意していた。時速十五キロから十キロ以下の停車寸前まで減速したが、天皇はそこで「ゆっくりさせて下さい」と蓮見に伝えた。蓮見は助手席に座った中国側接待員に天皇の意向を伝え、その結果、両陛下と蓮見の車の前を走る警備車両との距離が離れ、前方からは「早く来い。何をやっているんだ」と指示が飛んだ。沿道の市民と車窓の距離は約五十センチまで接近したが、それでも両陛下は一人一人に手を振り、歓迎に応えた。皇后さまは車中、「ずいぶんたくさんの人ですね。これは私たちに対してですか」と少し驚いた感じで話した。蓮見が「両陛下に対する歓迎です」と答えると、「あら、そうですか」と語ったという。(11)

天皇は訪中後、ライトアップされた上海・南京路で歓迎を受けた際の気持ちを歌に詠んだ。「笑顔もて迎へられつつ上海の灯ともる街を車にて行く」。上海の市民の笑顔があまりにも印象的だったのだろう。蓮見も「市民の笑顔の中に心からの歓迎の気持ちが表れていて〔ゆっくり走行しても〕大丈夫だと自信を持った」と振り返った。両陛下は訪中から十五年がたった二〇〇七年十二月、蓮見を含めて訪中に尽力した関係者を茶話会に招いた。皇后さまはその席で「あの沿道で、親たちが抱え上げる小さい子供の笑顔が車窓近くに何人も見えたときには、日本と全く変わらない歓迎の様子に、日本人かと思ったほどです。日本と中国はやはり同じ文化だと知りました」と語った。(12)

筆者が、結論で言いたいのは、戦争から和解へ、中国政府が、かつて戦争責任があるとみなした天皇の中国訪問、そして過去の歴史に対する「お言葉」を通じ、戦争の清算や戦後処理を進めようとしたのと同様に、天皇、皇后両陛下も親善・友好交流を通じて中国の市民に直接寄り添い、同じ目線で触れ合い、中国市民との距離を縮めることで、戦争の記憶を乗り越えて新たな日中関係をつくろうとした、という点だ。「外交主体」としての天皇、皇后両陛下には、戦争の清算、戦後処理、対中和解を進めたいという気持ちがあったのではないか。

一九九一年七月十日、両陛下は一カ月前に雲仙普賢岳で大火砕流が発生し、四十三人が犠牲になった長崎県島原市などの被災地を訪問した。天皇が災害継続中の現地を訪れるのは戦後初めてだった。天皇はスーツの上着を脱ぎ、ワイシャツの腕をまくり上げ、体育館の板張りの床にひざをついて被災者を見舞った。同じ目線で国民に寄り添う姿はその後、新しい「象徴天皇」の在り方として認知され、「平成流」と呼ばれた。その翌年の上海で、車のスピードを落とさせ、両陛下が一緒に市民と触れ合った姿は、対象や目的に違いはあるが、同じスタイルであり、相手に気持ちを十分伝えることができるものだった。

『昭和天皇実録』に描かれた「大元帥」たる昭和天皇は、張作霖爆殺事件や満州事変、熱河作戦、張鼓峰事件などで軍部と意見衝突し、無力感と失望感を味わった。中国大陸の権益を守り、拡大させようとする陸軍は、反日感情という中国ナショナリズムの波と衝突し、それを力でねじ伏せようとした。その結果、陸軍は外交交渉を望む天皇の意向を無視して暴走し、不満と懸念を強める天皇は黙認せざるを得なかった。また正確な情報が天皇や宮中に届かないこともあった。軍の下克上風潮や中国での謀略を嫌った天皇は日中戦争が泥沼化した四〇年、解決の出口を見つけられない軍部へのいら立ちを漏らした。この発言は『昭和天皇実録』に「侍従武官の陪席がない折、支那が案外に強く、事変の見通しを皆が誤り、特に専門の陸軍すら観測を誤ったことが今日各方面に響いてきていると仰せになる」[13]と記録された。侍従武官のいない場で専門の陸軍が見通しや観測を誤ったと、陸軍の中国認識の甘さを吐露したのだ。中国侵略を進めた陸軍と天皇の関係は、「暴走」・「懸念」・「無視」・「黙認」の連続である。

一方で、『昭和天皇実録』や「昭和天皇独白録」の記載によると、昭和天皇は一概に戦争責任と全く無縁というわけではない。盧溝橋事件後の一九三七年八月、海軍軍令部総長・伏見宮博恭王の拝謁に対して天皇は「日本側の和平条件に支那が同意しない場合にはむしろ公表し、日本の公明正大な和平条件が支那により拒否されたことを明らかにすれば、各国の輿論が日本に同情するとのお考えを示される。また、できる限り交渉を行い、妥結しなければ已むを得ず戦うほかなく、ソ連邦の存在を考慮する必要上から用い得る兵力に限りがあっても可能な限り戦うほかはない旨」を述べ、[14]交渉が決裂すれば、戦争もやむを得ないと強気の姿勢を見せた。また敗戦直後の「独白録」で盧溝橋事件直前に「満洲は田舎であるから事件が起つても大した事はないが、天津北京で起ると必ず英米の干渉が非道くなり彼我衝突の虞があると思つた」と回想し、満州での武力行使を事実上正当化した。さらに、盧溝橋事件の後、戦火が上海に飛び火し、「私は上海に飛火した以上拡大防止は困難と思つた」と振り返り、ソ連の脅威から上海への出兵に難色を示した戦局不拡大論者の石原莞爾・参謀本部作戦部長との対立についてこう回想している。「石原は当初陸軍が上海に二ケ師団しか出さぬのは政府が止めたからだと云つた相だが、その実石原が止めて居たのだ相だ。二ケ師の兵力では上海は悲惨な目に遭ふと思つたので、私は盛に兵力の増加を督促したが、石原はやはりソ聯を怖れて満足な兵力を送らぬ[15]」。

昭和天皇は戦後、戦争責任に向き合い続け、自責の念を持ち続けたことは、本書第一章で触れた通りである。一九七四年四月から昭和天皇の侍従を務め、天皇の晩年をずっと身近で仕えた小林忍の日記が共同通信の配信によって二〇一八年八月二十三日付各紙朝刊に報じられた。一九八七年四月七日の日記には昨夕の天皇の発言として「仕事を楽にして細く長く生きても仕方がない。辛いことをみたりきいたりすることが多くなるばかり。兄弟など近親者の不幸にあい、戦争責任のことをいわれる」と記述している。これに対して小林は「戦争責任はごく一部の者がいうだけで国民の大多数はそうではない。戦後の復興から今日の発展をみれば、もう過去の一こまにすぎない、お気になさることはない」と天皇に話したと日記に記している。[16]死去二年前で八十五歳の天皇が晩年まで戦争責任をめぐって苦悩していた心境が明らかだ。
また八〇年五月二十七日、小林は日記に「華国鋒首相との御引見にあたり、陛下は日中戦争は遺憾であった旨先方におっしゃりたいが、長官、式部官長は今更ということで反対の意向とか。侍従長は結構という意見らしいが。長官などの反対は、右翼の動きが気になるためという」と記している。小林としては「国際的に重要な意味をもつことに右翼が反対しているから、止めた方がよいというのでは余りになさけない。かまわずお考えどおり御発言なさったらいい。大変よいことではないか」という考えだった。[17]
鄧小平が来日した際、昭和天皇は「一時不幸な出来事がありました」と予定された発言要領を外れて述べ、その翌年に来日した周恩来未亡人の鄧穎超全人代常務副委員長に対しても「中日間の過去の一時期に不幸な歴史がありました」と語った。その翌八〇年に国賓扱いの中国総理として初めて来日した華国鋒に対し、昭和天皇はやはり過去の戦争への「遺憾」の意を中国側に伝えたかった。富田朝彦宮内庁長官は反対したが、小林は右翼が騒ぐからという理由で天皇の気持ちに反するのは「情けない」との認識を示した。天皇は七三年、初代駐中国大使として北京に赴任する小川平四郎に中国側への信任状捧呈の際に「過去の不幸な戦争」への「遺憾」の意をメッセージとして託したが、これに関与した入江相政侍従長は天皇の気持ちを知っており、八〇年の華国鋒来日でも同様に賛成した。
しかし『昭和天皇実録』を読む限り、一九八〇年五月二十七日の華国鋒との会見や宮中晩餐会で天皇は過去の戦争の歴史に対して公式には言及していない。天皇は晩餐会に陪席した皇太子（現明仁上皇）らとともに食事後、華国鋒と歓談しているが、[18]ここでも天皇から戦争の歴史に絡む発言があったかは確認できない。ただ昭和天皇から過去の戦争に対する認識を示された鄧穎超は天皇訪中を打診しており、華国鋒と天皇の間でも訪中要請などのやり取りが中国側から行われた、と見るのが自然だろう。八四年四月、駐日中国大使館幹部だった丁民が田中角栄を通じて中曽根康弘首相に天皇訪中を打診し、昭和天皇も「中国へはもし行けたら」という思いを述べたと、入江の日記に記されているが、昭和天皇にとって晩年まで中国訪問は念願であった。その願望は平成に入って実現した。

天皇訪中から六年後の一九九八年十一月に江沢民国家主席が中国初の元首として国賓来日し、同月二十六日、江沢民は天皇、皇后両陛下主催の宮中晩餐会で、「日本軍国主義は対外侵略拡張の誤った道を歩んだ」などと歴史問題をぶちまけた。ここで歩み寄って江沢民に直接話しかけた皇族がいた。大正天皇の第四子で昭和天皇の実弟である三笠宮崇仁である。江沢民の外遊記録『為了世界更美好』（世界をさらに美しくするために）が二〇〇六年に刊行され、初めて公になった事実であり、それまでは日本政府でも一部の高官しか知らされていない極秘事項だった。三笠宮は江沢民にこう語った。

「日本の中国侵略戦争の期間中、旧陸軍軍官として南京に駐在しました。自分の目で日本軍の暴行を見ました。今に至るまで深く気がとがめています。中国の人々に謝罪したい。歴史の真相を始めから終わりまで若い世代の皇族に伝え、日中両国民の世代を超えた友好実現のため努力しなければなりません[19]」。

三笠宮は、一九四三年一月から一年間、「若杉参謀大尉」として南京の支那派遣軍総司令部に勤務した経験があった。皇軍の風紀の乱れを目の当たりにし、強い贖罪意識を持って戦争への反省を生涯持ち続けた。三笠宮は、天皇が晩餐会に出席した皇族を一人ひとり江沢民に紹介した際、自分の番になると、自ら江の前に歩み出て語り掛けた。言葉を直接聞いたのは、両国の通訳以外は江沢民と天皇だけだった。「おわび」ではなく「謝罪」という強い言葉が使われており、江沢民も返す言葉を持たなかった。[20] 三笠宮は江沢民に歴史の真相を若い世代の皇族に伝えなければいけないと話したが、その気持ちは皇室全体に共有されていると見ていいだろう。

それは、序章で紹介した明仁天皇の即位二十年の記者会見（二〇〇九年十一月）での歴史認識を見れば一目瞭然だ。繰り返しになるが、明仁天皇はここで張作霖爆殺事件・満州事変を起点にした昭和の不本意な歴史を忘れず、歴史の事実を知る大切さを訴えた。明仁天皇は、訪中直前の一九九二年十月十五日の記者会見で、「昭和天皇が中国訪問を強く希望されていたことについてはどう思われますでしょうか」と質問され、「そのことを気にかけていらっしゃったということを聞いております」と答えた。[21] 昭和天皇やその他の皇族には戦後、中国に対する贖罪の意識があり、明仁天皇もそれを引き継いだ、と一九九二年の天皇訪中に関わった日本の外交官は認識していた。[22] 明仁天皇が訪中の際に述べたお言葉は、外務省官僚が起草した原案があったとみられるが、核心部分である戦争の下りについては天皇本人が自ら手を入れた。駐中国公使として天皇訪中に深く関与した槙田邦彦はそう聞いたという。[23] 歴史問題について天皇本人が主体的に中国との和解を進めようとした表れである。

一方、中国側はどうだっただろうか。一九七三年の初代駐中国大使の信任状捧呈を通じた昭和天皇のメッセージに対して中国政府がなぜ反応しなかったか、という疑問は残るが、一九七八年に昭和天皇と初めて会見した鄧小平は、天皇の言葉に感動した。この時点で昭和天皇が過去の戦争に遺憾や反省の意を持ち、対中和解を進めたいのだという気持ちを持っていることを直接知った。中国による天皇訪中要請は翌七九年の鄧穎超来日時から始まるが、昭和から平成の代替わりを経て九二年の実現までの道のりの中で、中国側がなぜ天皇訪中にこだわったかについて本書では「和解」・「戦略」・「元首外交」の側面から分析を試みた。中国は、天皇からの「謝罪」・「おわび」の言葉を期待しており、訪中の際のお言葉に対し楊振亜駐日大使は「天皇の角度から〔戦争の〕加害者責任を明確にし、しかるべき反省を表現しており、基本的に受け入れられる」と評価した。[24] 歴史問題の和解を進めようとした側面は本書のテーマであり、天皇訪中は大きな成果と意義を持ち、戦後日中関係の転換点ととらえられた。

一九八九年の天安門事件を受けた西側諸国からの制裁打破という戦略の側面について中国政府は天皇訪中が果たした役割について評価している。ただ、中国側による天皇訪中要請は七九年からである。天安門事件後の国際的孤立からの脱却という緊急の外交課題のため、日本側の批判する「天皇の政治利用」が強まったのは事実であるが、同事件後の国際孤立脱却だけのため天皇訪中を計画したわけではない。さらに、槙田は、「日本の首相が政権浮揚のため天皇を利用するのは問題だが、外国が外交面で天皇を利用しようとするのは特に異とすべきことではない」との見方を示している。[25] 中国側が天皇訪中にこだわった理由としては日本から「元首」が来てもらえないことには、中国から元首である国家主席を訪日させられないというロジックが大きかった。廃止されていた国家主席ポストが復活し、八三年に李先念が就いて以降に天皇訪中要請が強まったことを考えれば、対等な立場で「元首」としての天皇を招くというのは説得力がある。さらにこのロジックには、過去の戦争に関わったとみなす「天皇」がまず、中国国民に向けて言葉を述べるという和解の側面も含まれたものだった。

さらにもう一つ、結論として付け加えてみよう。マオ（毛沢東）がミカド（天皇）をどう捉えたかという視点である。中国はもともと皇帝の国であり、それを支配する毛沢東なり鄧小平は、日本の「エンペラー」が持つ国民への影響力や求心力を熟知していた、という観点だ。[26] 天皇訪中に向けて駐中国大使として中国指導部との交渉に当たった橋本恕は、筆者のインタビューに「中国から見て、天皇家は万世一系で、中国の歴史は易姓革命だ。万世一系の君主というのは、中国にはないものだから畏敬の念を持っている」と明かした。[27] 天下を統治する天子（皇帝）は天命により天に代わって民を治める。天命とは民の声であり、天子が民心を失い暴政を行う不徳の者が現れれば、民がその暴君を倒し、民心を得た有徳者は誰であろうと、新たな王朝を開くことができるというのが易姓革命で、中国史は二十世紀初頭の辛亥革命まで王朝交代の歴史であった。中国共産党指導者と親交が厚かった元自民党幹事長・野中広務も筆者に「中国は、〔日本の〕象徴天皇に対する畏敬を、国が波乱に満ち、闘争に明け暮れた自国の歴史を振り返りながら思うのでしょう」と語った。[28]毛沢東が一九七二年九月二十七日に田中角栄、大平正芳らと中南海で会談した際、日本の天皇や、中国歴史上唯一「天皇」の称号を用いた唐朝第三代皇帝・高宗（武則天の夫）などの話題も出たが、[29]皇帝型指導者・毛沢東が天皇について関心を持っていた表れだ。

しかし天皇訪中後、江沢民の来日や小泉純一郎首相の靖国神社参拝問題で歴史問題が噴出したことは前述した通りであり、日中の和解の難しさが露呈した。橋本恕の後任として國廣道彦が駐中国大使に赴任したのは、天皇訪中二カ月後の九二年十二月二十八日だった。九三年元旦の日記にこう記した。

「日中関係を一日も早く通常の国と国との関係に正常化したい。天皇訪中はその第一歩であった。しかし、「過去の呪縛」を受けている日中関係は急には変わらない。先ず、日本側の対中コンプレックスを直していかなければならない。一部の人たちの贖罪意識、他の一部の人たちの中国蔑視、さらには反共的敵対意識を改めなければならない。この点大使として為しうることには限界があるが、いつも正論を吐く覚悟がなければならない。他方、中国側には日本は戦争の負い目があるのだからという意識をやめてもらいたい。要するに、双方が仲良くして助け合うのがお互いに国益と考えて、つきあうような関係に持っていきたい」[30]。

日本政府は天皇訪中と天皇のお言葉を受けて歴史問題に区切りを付けたい意向だった。これまで日本の中国通外交官らの戦争に対する贖罪意識が、対中友好関係を推し進めた側面が強かったが、國廣の日記を見ると、國廣はこうした感情論を超越して、日本側の大局的な国益を踏まえて戦略的に日中関係を動かしたいと考えたことが分かる。具体的には戦争の償いを超えて国際的な場などで日中間の協力を推進したり、日中関係の基礎や支柱を政府関係やＯＤＡ（政府開発援助）からさらに幅広いものにしたり、民間レベルの力を動員したりすることだった。[31] 大使着任当時は「天皇訪中の後、日中関係は新たな段階に入った」が決まり文句だったが、[32] 永野茂門法相の「南京大虐殺はでっち上げ」発言（九四年五月）、桜井新環境庁長官の「侵略戦争をしようと思って戦ったのではなかった」発言（同八月）、台湾行政院副院長の広島アジア大会出席（同九～十月）など歴史・台湾問題が深刻化し、中国も地下核実験を断行した。しばらくすると「愛国」・「反日」の足音が聞こえてきた。共産党中央が「愛国主義教育実施要綱」を発表したのは九四年八月。共産党は屈辱の近代史を前面に出して被害者ナショナリズムを高めるため、抗日戦争での日本の侵略行為を強調した愛国主義教育を本格化させた。ソ連・東欧の崩壊という現実の中で國廣は「これからの中国をまとめていくのは共産主義のイデオロギーではダメで、経済発展と愛国主義に頼るほかないと確信するようになった」と振り返っている。[33]

共産党体制に「愛国心」を抱かせるナショナリズムの高揚や、軍事力の膨張など大国意識を覚醒させた中国の変質とともに、上から目線の中国認識を改めずに正確な歴史認識を欠いたタカ派政治家の不規則発言がやまない日本の相変わらずの体質という問題は、天皇訪中を受けた日中関係の新たな萌芽を潰してしまった。本書第二章で触れた日本側の「中国脅威論」と中国側の「日本不信論」が交錯して日中関係は複雑化した。さらに筆者が指摘した日中関係の「トライアングル構造」も機能しなくなった。チャイナスクール外交官の影響力低下については触れたが、橋本恕のように中国政府指導部からあれだけ信頼された日本の中国通外交官はもはや現れないという現実も忘れてはならない。日本の外務省が関与しない中で親中的な大物政治家を直接のアプローチ対象とした国交正常化以前の対日工作が、今も中国の対日外交の原点である。東京の中国大使館では三十～四十代の若手外交官が国会を担当し、携帯電話一つで日本の与党の大物政治家と話ができる一方、北京の日本大使館は大使ですら外交部の部長や副部長と個別に面会したり、直接連絡を取ったりすることは難しい。日中双方の外交官の相手国政治家に対するアプローチの「不均衡」は、中国政府の対日工作を活性化させるものの、日本政府の対中外交は中国側のそれよりも順調に行かない現実があり、トライアングル構造はそもそも不安定な側面を抱えていた。確かに橋本が活躍した日中国交正常化と天皇訪中ではトライアングル構造はうまく機能したが、いまや機能し得ない構造的問題があることも指摘しておかなければならない。

皮肉なことだが、日本政府は天皇訪中を歴史問題の「終着点」にする狙いだったが、中国側は「元首」外交の「起点」ととらえ、歴史問題を対日外交だけでなく、国民のナショナリズム発揚という国内問題でも利用し、それが日本の政界や世論の反発を招くという悪循環に陥ることになったのだ。

しかしながら中国側は、日本の天皇あるいは皇室という存在を重視し続け、それは平成から令和という新時代になっても変わることはないだろう。

筆者は、二〇一九年十一月十日、同年五月一日に即位した新天皇陛下（徳仁天皇）の即位パレード「祝賀御列の儀」を国会近くで見た。一九九〇年の明仁天皇の即位パレードの際には天皇制反対の声もあり、車列に向けて爆竹が投げられる事件が起こったが、平成時代三十年間で先に述べたように天皇、皇后両陛下が先頭に立った被災地訪問や慰霊の旅、戦争からの和解など、時の政権が積極的に動かなかった問題で行動を起こし、国民の共感と支持を集めた。その結果、今回の即位パレードでは沿道を埋め尽くした十一万九千人の多くがスマートフォンを高く掲げてパレードを撮影する姿が目立ち、車列が通る前に警官が沿道の市民に向け練習と称して拍手を促した。天皇と市民との間にかつてのような政治的緊張感はなく、天皇、皇后両陛下を崇拝する存在というより、親しみの対象として見ている。青山通りで即位パレードを見た社会学者の大澤真幸は、朝日新聞に、両陛下は「利害や立場を超えてコミットできる唯一の存在」と指摘した上で、「「万世一系」という神話も含め、他国にはない独特の文化。国民が生まれたときから何となく存在している価値、として共感を集めている」との見方を示した。[34]

その一方で、日本国民の多くは、天皇がもはや「戦争責任」などという敏感な問題と直結していないと、とらえているようにも感じる。天皇への日本国民の共感と過去の忘却という現象である。中国政府あるいは国民は現在の天皇をめぐる日本の現実をどう見ているのだろうか。終戦から七十四年を迎えた二〇一九年八月十五日、令和に入って初の政府主催の全国戦没者追悼式が行われ、徳仁天皇は「深い反省の上に立って、再び戦争の惨禍が繰り返されぬことを切に願う」とお言葉を読み上げた。必ずしも中国国民の見方を代表しているわけではないが国営通信・新華社は、「日本の徳仁天皇は、敗戦の日に深い反省を表明した」と報道し、二〇一五年の全国戦没者追悼式で初めて「深い反省」に言及した明仁天皇の「過去の歴史への態度に沿ったものだ」と一応評価した。[35] 一五年に明仁天皇が言及し始めた「深い反省」の原点は、一九九二年の訪中の際のお言葉「このような戦争を再び繰り返してはならないとの深い反省にたち〔後略〕」にあったとされる。[36] 中国に対して述べた「深い反省」は明仁天皇から徳仁天皇に引き継がれることになった。

駐日大使として、若き皇太子時代の徳仁天皇と何度も交流した楊振亜は、回顧録で「〔皇太子は〕中日両国人民の友誼と文化交流の発展に相当関心を持っている」と感じたと記している。[37] 新華社はまた、初の戦後生まれの天皇となった徳仁天皇に焦点を当てた記事の中で、日本国内での戦後天皇の位置づけについて解説している。「天皇制は日本近代史上、特殊な役割を果たしてきた。徳仁の父親である明仁天皇は一九八九年に即位して以来、結局一生にわたり〝象徴天皇〟の意義を探索してきた。彼は、皇室が日本社会に溶け込むよう推し進め、〝親民〟と〝歴史と向き合う〟という新たな天皇のイメージをつくり上げた。これが明仁の

〝象徴天皇〟への解釈であった。皇太子として徳仁は一貫して父親の〝親民〟路線を見習ってきた。一九九五年に阪神大震災が起こった際、徳仁は雅子と一緒に被災地に向かい、両親と同様に膝をついて被災者を見舞った。〔中略〕日本世論の認識によると、徳仁は皇太子の時代が非常に長く、彼は明仁天皇の言行・振る舞いから非常に多くを学び取り、既に新天皇になる準備を整えた。即位後も時代の変化に合わせ、天皇の〝象徴〟に含まれる内容を探索・解釈し続けるだろう」[38]。

習近平国家主席の国賓訪日が実現すれば、[39]徳仁天皇と会見することになる。その時、どういうやり取りが行われるだろうか。中国外交の儀礼として習近平は徳仁天皇に都合のいい時に訪中してほしいと伝えるだろう。その意味について中国が一九九二年の天皇訪中の際にこだわり、重視した「和解」・「戦略」・「元首外交」・「畏敬の念」の四つの側面から考えてみよう。

徳仁天皇は戦後生まれで戦争責任からますます遠ざかった。しかし中国側は、徳仁天皇が父親と同様に引き続き中国への関心と過去の戦争への深い反省を持ち続けていることを熟知している。さらに徳仁天皇・皇后陛下への日本国民の支持と共感が拡大していることにも関心を寄せ、「畏敬の念」を持っているだろう。また、雅子皇后の父親である小和田恒は外務事務次官として、一九九二年の天皇訪中を積極的に推し進めた。一方、西側社会とイデオロギーや価値観を異にする中国が超大国として、安全保障や人権問題、ハイテク技術などをめぐり米国との構造的対立や覇権争いが本格化する中、日本を取り込みたいという中国の世界認識は、本書で見てきた一九五〇年代半ばや天安門事件後の天皇訪中時の状況などと似ている。こういう状況から判断して徳仁天皇・皇后両陛下を日本国内での最大の取り込み対象とするだろう。

それと同時に、天皇訪中の後、江沢民（一九九八年十一月）、胡錦濤（二〇〇八年五月）と中国国家主席が二代続けて国賓訪日し、さらに習近平の国賓訪日が行われれば、中国が重視する「元首外交」の対等性の問題が浮上してくるだろう。中国は、なかなか外国の同じ国に再訪問することは難しいという天皇が持つ特殊性に理解を示しているが、習近平が国賓来日し、徳仁天皇と会見した際に天皇訪中を持ち出すとみられる背景には、「三代続けて中国の元首が来日し、日本から天皇・皇室が訪中しないのは対等性に欠ける」という中国側のロジックも潜む。

習近平自身、国家副主席時代の二〇〇九年十二月に来日し、明仁天皇と会見している。しかし当時の民主党政権の首相官邸サイドは中国政府から要請を受け、日中関係を重視する観点から、天皇との会見の際には一カ月以上前に申請する宮内庁の「一カ月ルール」を無視し、特例的に宮内庁に会見を実現させたとして、「天皇の政治利用」が問題となった。逆に言えば、天皇との会見にこだわった習側は天皇が持つ権威を理解しており、天皇と会見できなければ、次期中国トップに就く自身の政治的権威が傷つくと考えたとみられる。このため天皇との会見で習近平は「お忙しい中、わざわざ会見の機会をつくっていただき、深く感謝します」[40]とへりくだった。この直前の〇九年十一月には、習夫人の彭麗媛が、人民解放軍歌舞団団長として来日し、学習院創立百周年記念会館で行われた中国オペラを皇太子時代の徳仁天皇と一緒に鑑賞している。

当然のことながら九二年の天皇訪中で明仁天皇のお言葉があっても、その後に歴史問題が深刻化したほか、国際的孤立から脱却するため天皇訪中を政治利用したという中国高官の暴露などもあり、日本国内で再び天皇訪中に好意的な意見が多数を占めることは考えにくい。香港や新疆ウイグル自治区の人権問題などを受けて高まる国際的な対中非難でその傾向は一層強まっている。しかし二〇二二年には日中国交正常化五十周年、天皇訪中三十周年の日中関係の大きな節目を迎える。もし習近平の訪日が実現すれば、中国側がさらに天皇再訪中を働き掛けてくる可能性もある。中国が対日外交の中で、あるいはさらなる対日和解のため、天皇をこれからどのように位置づけるか興味は尽きない。

あとがき

本書は、早稲田大学大学院社会科学研究科に提出し、二〇二〇年六月に審査を受けた博士学位申請論文「日中関係史の中の「天皇」――一九二八～九二年、戦争と和解の考察」について、「戦後期」を中心に改編し、修正・加筆したものである。

時事通信社で記者を務め、二回の北京特派員を務めた私が、学術への道を歩み始めたのは一回目の北京勤務が終わってしばらくたった〇九年四月。早稲田大学大学院アジア太平洋研究科の修士課程に進んだ。〇二年六月から五年四カ月にわたった北京駐在で、自分が中国近代史や戦後日中関係史について無知であると痛感し、勉強し直そうと考えたからだった。一一年四月からの博士後期課程でも指導教官として論文指導をいただいた劉傑教授の中国近現代史の授業やゼミは刺激的で、中国の日本認識や歴史観などについて目から鱗が落ちる内容だった。逆に言うと、中国の歴史を何も知らずに五年間も北京で特派員を務めた自身を恥じた。早稲田大学大学院社会科学研究科博士後期課程に進むとほぼ同時に始まった二回目の北京駐在（一一年八月～一六年五月）では、中国の外交文書に基づき日中戦後外交の埋もれた歴史を掘り起こす調査報道にチャレンジしようと決めた。

「不幸中の幸い」と言ってもいいのだろうか。一回目の北京駐在では小泉純一郎首相の靖国神社参拝問題、二回目の北京駐在では日本政府の尖閣諸島国有化と安倍晋三首相の靖国参拝がそれぞれ日中間の懸案となり、両国関係は非常に緊張した。〇五年と一二年には中国国内で大規模な反日デモが吹き荒れデモの中で取材できた。日中の近現代史と切っても切り離せない歴史認識問題が、現実かつ同時代の報道テーマとして私に課せられることになった。つまり博士論文執筆のために中国外交部などで発掘した外交文書が、そのまま報道の生きた材料として活用できる機会に恵まれたのだ。

しかも、反日デモを通じて、今も記憶に残る歴史に起因する反日感情を直接取材するという機会も得られた。同時に北京から一時帰国した際、日本の元中国通外交官にインタビューし、外交文書では明らかにされていない対中外交の「本音」や「裏側」を聞きだそうと試みた。

修士課程で深めようと考えた内容を基に、一九九二年の天皇訪中までの日中外交を中心に、『中国共産党「天皇工作」秘録』（文春新書、二〇〇九年）を執筆し、修士論文でも日本敗戦前後の中国の天皇政策をテーマにした。いずれも「天皇」に関心を持ったのは、毛沢東はなぜ、「戦犯」とみなした天皇について、終戦から約十年しかたっていない一九五六年に「天皇陛下によろしく」とのメッセージを投げ、鄧小平は天皇訪中に固執したのか、という問題意識を解き明かそうとしたからだった。いわば「中国側からの視点」に基づくアプローチを取ろうとした結果だった。

博士論文でも「天皇」をテーマとする考えは変わらなかった。当初は『中国共産党「天皇工作」秘録』や修士論文での研究対象・範囲を中心に、各国・地域の外交文書、特に台湾で収集した国民政府の戦犯リスト、新たに行った元外交官らへのインタビューを活用し、学術的により掘り下げようと考えた。しかし二〇一四年九月の『昭和天皇実録』の公刊もあり、昭和天皇の中国認識、特に天皇の戦前・戦中期と戦後期の中国認識の連続性と変化という点に着目し、「日本側からの視点」にも関心を持つようになった。それに加え、新たな研究テーマとして、戦前・戦中期、戦後期にかかわらず、昭和天皇・明仁天皇に加え、実際に中国政策で影響力を持った「支那通」・「中国通」と呼ばれた軍人や外交官の中国認識も取り上げ、それが天皇の中国認識とどう絡み合ったかを検証することにした。戦前・戦中期、昭和天皇は中国への侵略をめぐり軍部と対峙・衝突したが、戦後に「象徴」となった天皇は政治的行動・発言を制約される中、中国側に対して自身の思いを伝えようとした。この際、中国通外交官たちは大きな役割を果たした。

北京駐在中、中国で発行された文献を探すことはできても、博士論文を執筆するだけの資料を集めることは不可能だった。二〇一六年五月に北京から帰国した私は、時事通信外信部でのデスク業務の傍ら、早稲田大学図書館に通って資料を漁り、早朝や休日などの非番の時間を見つけて少しずつ執筆に取りかかった。博士後期課程に入ってから一一八三頁に上る博士論文完成までは九年間の時間を費やさざるを得なかった。このうち本書では、外交文書やインタビューの活用など独自研究部分が詰まった「戦後期」を中心に再構成することにした。

本書では、中国通外交官らの中国認識を通じて「中国」という国を描き出すことも目指した。私は二〇一六年四月に白水社から『中国消し去られた記録——北京特派員が見た大国の闇』を刊行した。簡単に言えば、中国の政治改革や社会の進歩、言論の自由を目指し、共産党と一線を画して「異論」を発した中国民間人の記録であるが、「まえがき」にこう記した。

「本書に登場する中国人は、言論の自由や法治の空間を少しでも広げ、庶民の権利を守ろうと様々な行動に出た。しかし結局は、警察権力に潰され、多くの士が獄中に入った。投獄されて自由を失い、家族と離れることを覚悟で、国家権力と闘った代償は果たして、将来的に報われる日は来るのだろうか。〔中略〕そういう日が来るのは果たして何年後か。数十年後なのか。中国の未来は全く予想できないし、そうなったとしても明るい未来が待っているかと言えば、必ずしもそうではないだろう。ただ今のような言論弾圧や弁護士の逮捕が続く状況が改まり、一人一人の権利が大切にされ、知識人や市民が自由にものを言え、その建設的な意見が政治に反映されるような社会への変容が必要だろう。そして日本は、共産党体制の下で「強国」となった中国、さらに今後変容するかもしれない中国とどう向き合うべきなのか」(一四～一五頁)。

これは、習近平が中国のトップに君臨し、四年ほどがたった時点で私が感じた中国認識の一端だった。習近平はそれ以降、毛沢東以上の強権指導者とみなされるようになった。「一国二制度」で高度な自治が保障された香港でも二〇二〇年六月末、「香港国家安全維持法」を施行させ、反共産党・政府の行動・言論への取り締まりを強行した。一九年十二月～二〇年一月、世界で最初に湖北省武漢で新型コロナウイルスの感染が拡大したが、情報開示の遅れによる「人災」の側面が強かった。初期に深刻な感染の事実をSNSで告発したが、逆に「デマ」と警察に処分された若き眼科医・李文亮がその後、院内感染で亡くなった悲劇は、国家や社会の安定を損なったり、最高指導者が聞きたくなかったりするような情報はもみ消すという共産党の悪しき体質が露わになったものだった。徹底した反腐敗闘争で無数の幹部が投獄されるという「恐怖政治」が浸透した結果、幹部たちは習近平が嫌がる情報を隠す傾向が強まった。習近平への権力集中がさらに進むにつれ、習近平が指示を出さなければ、幹部は自分から動かなくなった。隠蔽体質と官僚体質のまん延が、新型コロナウイルス感染を拡大させた。

習近平へのこびへつらいが横行し、個人崇拝の風潮が強まる中、習近平の政策に「失敗」という言葉はもはや存在しない。以前の中国共産党なら改革派と保守派の激しい政策論争があり、海外メディアや中国専門家はこれを「権力闘争」と位置づけた。しかし今や習近平一人の体制である。政策を誤っても反省はほとんど見込めず、施策の改善・進歩を望めなくなった。武漢から世界に拡大した形になった新型コロナウイルスでも、情報が隠蔽された武漢の記憶や記録を残そうとした勇気ある市民の言論や、政府の対応の遅れを取材した調査報道はインターネットから削除され、市民の拘束・逮捕も相次いだ。逆に共産党の宣伝部門は、トップダウンで国民を統制できる一党独裁体制だからこそいち早く感染から抜け出すことができたという社会主義の優位性を強調し、習近平の指導の下で「マスク・ワクチン外交」を展開することで世界の危機を救ったという印象を内外に植え付けようとした。

習近平指導部は、新型コロナで世界が苦しむ中、香港だけでなく、台湾、南シナ海、尖閣諸島などに対する攻勢も強めた。習近平の頭の中にあるのは、香港が英国に割譲されたアヘン戦争（一八四〇〜四二年）以降、一九四九年の中華人民共和国成立まで百年間以上続いた中国近代の「屈辱の歴史」へのコンプレックスである。自分の力でコンプレックスをはね返し、「中華民族の偉大な復興を遂げよう」と、国民のナショナリズムを盛り上げ、香港・台湾、新疆ウイグルなどの問題で米国などから批判されれば、徹底して反撃する。「強烈な不満と断固たる反対」を繰り返す「戦狼（戦う狼）外交官」たちは、「もう中国は馬鹿にされない。やられたらやり返すんだ」という習近平の歴史観の代弁者となり、大国意識に目覚めた国民の多くが「戦狼外交」に喝采している。

中国共産党は二〇二一年七月一日、結党百周年を迎える。「中華民族の偉大な復興」に向けた宣伝を強めており、否応なく中国国内で強国意識が高まる中、日本人はこれから「中国」にどう向き合うべきなのか。習近平体制に今、手を打たなければ、五年後、十年後、二十年後に世界は中国共産党に支配されかねないという危機感を日本政府も共有している。しかし日本として中国共産党に対して言うべきことは言うが、人権問題などを声高に非難すれば、逆に戦争中の日本の歴史を取り上げられ、ナショナリズムが「反日」に向かいやすい中国国民の感情的問題や、外部からの圧力で内に閉じこもってしまう中国共産党の特性から、中国への刺激を避けたいという伝統的な中国認識は今なお強い。外務省は二〇二〇年四月上旬に予定されながら新型コロナで延期された習近平の国賓訪日を実現させ、アジアや世界の平和・安定に寄与する責任を習近平と共有し、日中間の懸案も解決させるという対中戦略も描いたが、香港の民主派逮捕などで嫌中感情を高める国民は、習近平の国賓訪日に強く反対している。

習政権と徹底的に対立したトランプ前米政権のポンペオ前国務長官は、「〔一九七二年に訪中した米大統領の〕ニクソンは、中国共産党に門戸を開いたことでフランケンシュタインをつくってしまったと心配していると言ったが、まさにそうなった」と述べ、経済発展を促せば中国は民主化するはずだと信じ続けてきた「関与政策」は失敗だったとの認識を示した。欧米や日本など列強に踏みにじられた歴史に対する習近平の強烈な屈辱が存在し続ける限り、中国に対して外圧は逆効果であり、日本政府はこうした点も意識して制裁を多用する米国と一線を画した対中政策を取っている。

本書では、一九四五年の日本敗戦、四九年の共産党による新中国成立を挟み、毛沢東、鄧小平や蔣介石、天皇や日本の中国通外交官らがどう相手を認識し、行動を取ったかを描いた。日中関係史の中で、毛沢東ら中国側指導者が「日本」を戦略的にどう利用しようとしたのか、さらに戦争からの和解を目指して「外交主体」として中国と向き合った象徴天皇の姿、独自の対中政策を取ろうとした日本の中国通外交官らの認識と決断を知ってもらえればと思う。二〇二一年一月に発足したバイデン米政権は中国との関係を「民主主義と専制主義の闘い」と厳しい認識を示す中、民主主義陣営として米国と協調する日本は、米中の狭間で揺れ動いているが、近現代史を回顧しても日本は同じような運命をたどってきたことを、本書を通じて理解してもらえれば幸いである。

私ごとで恐縮だが、博士論文完成とともに、北海道大学大学院メディア・コミュニケーション研究院教員の公募を受け、二〇二〇年十月から北大で勤務することになった。記者として中国や日中関係の現場から距離を置くことは残念だが、教育・研究の現場で中国問題、日中関係史に関する発信を続けていきたい。

最後になるが、修士課程以降、十一年間にわたり指導していただいた早稲田大学大学院社会科学研究科の劉傑教授の長期的な指導と意義深い助言がなければ博士論文や本書は完成しなかった。また石井明東京大名誉教授と井上正也成蹊大教授には、論文作成の過程で日中関係史に関して鋭い指摘をもらい、資料面でも貴重なアドバイスをいただいた。論文審査の際には、中村元哉東京大准教授と内藤明早稲田大教授にも丁寧かつ適切なコメントをいただいた。インタビューを受けていただいた元外交官・現職外交官をはじめ日中関係の第一線で活躍された方々にも得がたい証言をいただいたことで本書に独自性をもたせることができた。前書に続き担当してくれた白水社の竹園公一朗氏にも感謝したい。

城山英巳

二〇二一年二月十七日　北大の研究室にて

中国　消し去られた記録

北京特派員が見た大国の闇　　城山英巳

繁栄の裏で何が起きているのか？　天安門事件から陳光誠脱出劇まで、ボーン・上田賞、アジア・太平洋賞受賞記者が実像に迫る戦慄のルポ。

大正大震災

忘却された断層　　尾原宏之

関東大震災はそもそも「大正大震災」だった。なぜ、当時の日本人はあの大地震をそう呼んだのか？　この問いかけから紡ぎ出された、もうひとつの明治・大正・昭和の物語。

原子力と政治

ポスト三一一の政策過程　　塙和也

アメリカ・青森県・電力会社、そして霞が関……原発事故と政権交代を経て、日本の原子力政策はいかなる変容を遂げたのか？

著者略歴

城山英巳（しろやま・ひでみ）
一九六九年生まれ。慶應義塾大学文学部卒業後、時事通信社に入社。中国総局（北京）特派員として中国での現地取材は十年に及ぶ。二〇二〇年に早稲田大学大学院社会科学研究科博士後期課程修了、博士（社会科学）。現在、北海道大学大学院メディア・コミュニケーション研究院教授。『中国共産党「天皇工作」秘録』（文春新書）でアジア・太平洋賞特別賞（二〇一〇年）、戦後日中外交史の調査報道などで、優れた国際報道に与えられるボーン・上田記念国際記者賞（二〇一三年度）を受賞。著書に『中国臓器市場』（新潮社）、『中国人一億人電脳調査』（文春新書）、『中国　消し去られた記録』（白水社）がある。

マオとミカド
日中関係史の中の「天皇」

二〇二一年五月一五日　印刷
二〇二一年六月一〇日　発行

著　者　© 城　山　英　巳
装　幀　コバヤシタケシ
発行者　及　川　直　志
印刷所　株式会社　三　陽　社
発行所　株式会社　白　水　社

東京都千代田区神田小川町三の二四
電話　営業部〇三（三二九一）七八一一
　　　編集部〇三（三二九一）七八二一
振替　〇〇一九〇・五・三三二二八
郵便番号　一〇一・〇〇五二
www.hakusuisha.co.jp
乱丁・落丁本は、送料小社負担にてお取り替えいたします。

誠製本株式会社

ISBN978-4-560-09798-4
Printed in Japan

人名索引

あ行

か行

さ行

た行

な行

は行

ま行

や行

ら行

わ行

註

序　章

（1）本書第5章参照。
（2）野坂参三（1892～1993年）戦前に日本共産党に参加、戦後は参院議員、衆院議員、日本共産党議長・名誉議長を歴任。百歳を迎えた1992年、ソ連崩壊で秘密公文書が公開されると、野坂がコミンテルン日本代表としてモスクワに滞在した30年代、仲間の山本懸蔵をソ連秘密情報機関に密告し、これがきっかけで山本はスターリンによる大粛清の中で処刑されたことが暴かれ、共産党から除名・追放された。
（3）本書第7、8章参照。
（4）本書第1章参照。
（5）本書第1章参照。
（6）本書第1章参照。
（7）御厨貴・中村隆英編『聞き書 宮澤喜一回顧録』（岩波書店、2005年）311頁。
（8）時事通信配信2009年11月11日。
（9）「誰応為日本侵略戦争罪行謝罪」（新華社2015年8月25日）。
（10）例えば《中国抗日戦争史簡明読本》編写組（支紹曽主編）『中国抗日戦争簡明読本』（北京：人民出版社、2015年）284～285頁。
（11）「中国の対日政策における「天皇」—1945～49年前後の国際情勢からの考察—」（早稲田大学大学院アジア太平洋研究科、2011年3月）。
（12）橋本恕、1926年生まれ。53年東大法卒、同年に外務省入省、68年中国課長、83年アジア局長、84年シンガポール大使、87年エジプト大使、89年中国大使、2014年死去。
（13）田中隆吉（26期）、1927年支那研究員（北京・張家口駐在）、29年支那課、30年上海駐在、35年関東軍参謀（2課）、39年兵務課長、40年兵務局長、41年兼中野校長、少将、72年死去。
（14）辻政信（36期）、1932年第一次上海事変に出征し戦傷。36年関東軍参謀部付、37年北支那方面軍参謀、関東軍参謀、40年支那派遣軍総司令部付、41年参謀本部兵站班長、42年参謀本部作戦班長、43年支那派遣軍参謀（3課長）、44年第33軍参謀、45年第39軍参謀、第18方面軍参謀、45年8月地下に潜行、48年5月帰国、50年戦犯解除、52年衆院議員、59年参院議員、61年ラオスで行方不明、68年死亡宣告。
（15）岡村寧次（16期）、1917年北京駐在員、23年上海駐在武官、25年孫伝芳軍顧問、32年関東軍参謀副長（33年満州国大使館付武官兼務）、35年参謀本部第二部長、41年北支那方面軍司令官、44年支那派遣軍総司令官。中国で48年起訴、49年無罪判決、66年死去。

(16) 本書第7章参照。
(17) 楊振亜『出使東瀛』(上海：上海辞書出版社・漢語大詞典出版社、2007年)、銭其琛『外交十記』(北京：世界知識出版社、2003年)。

第一章

(1) 蔣介石、毛沢東の天皇観や1992年の天皇訪中までの日中外交交渉については拙著『中国共産党「天皇工作」秘録』(文春新書、2009年)を参照。本書では拙著の内容を多く引用した。
(2) 田島高志(高原明生・井上正也編集協力)『外交証言録　日中平和友好条約交渉と鄧小平来日』(岩波書店、2018年)117頁。
(3) 田島高志へのインタビュー(2008年12月8日、東京)。田島は東大教養卒、1959年外務省入省、在外研修(台湾・香港)、73年中国大使館一等書記官、76年中国課長、89年ブルガリア大使、93年ミャンマー大使、95年カナダ大使。
(4) 外務省アジア局「鄧小平副総理の訪日とその評価」1978年10月30日、外務省外交史料館。
(5) 楊振亜前掲『出使東瀛』120〜121頁。
(6) 松井石根(9期)、1907年清国差遣(北京・上海)、15年上海駐在武官、22年ハルビン特務機関長、25年参謀本部第二部長、37年中支那方面軍司令官・上海派遣軍司令官。45年逮捕命令、48年A級戦犯として刑死。
(7)『昭和天皇実録』巻24、178〜179頁。
(8) NHK NEWSWEB「昭和天皇「拝謁記」—戦争への悔恨—」https://www3.nhk.or.jp/news/special/emperor—showa/
(9) 同上。
(10) 前掲「昭和天皇「拝謁記」—戦争への悔恨—」、朝日新聞・毎日新聞2019年8月20日。
(11) 前掲「昭和天皇「拝謁記」—戦争への悔恨—」。
(12) 河本大作(15期)、1915年中支那派遣隊司令部付、19年成都駐在、21年公使館付武官補佐官(北京)、23年支那班長、26年関東軍参謀、大佐、32年満鉄理事、36年満州炭鉱理事長、42年山西産業社長。
(13)『昭和天皇実録』巻40、201頁。
(14) 張群(古屋奎二訳)『日華・風雲の七十年：張群外交秘録』(サンケイ出版、1980年)146頁。
(15) 同上、146〜147頁。
(16)「蔣介石日記」1945年8月15日。「蔣介石日記」が公開されている米スタンフォード大学フーヴァー研究所で2015年6月22〜26日に閲覧。
(17)「抗戦勝利告全国軍民及全世界人士書」(1945年8月15日)黄自進主編『蔣中正先生対日言論選集』(台北：財団法人中正文教基金会、2004年、942〜943頁。王正華編『事略稿本』62(台北：国史館、2011年)186〜187頁。
(18) 山極晃、中村政則(岡田良之助訳)『資料日本占領1天皇制』(大月書店、1990年)205頁。

(19) 前掲『日華・風雲の七十年』147 ～ 149 頁。
(20)『昭和天皇実録』巻 41、124 頁。
(21) リチャード・ニクソン(徳岡孝夫訳)『指導者とは』(文春学藝ライブラリー、2013 年) 213 ～ 214 頁。
(22) 井上正也『日中国交正常化の政治史』(名古屋大学出版会、2010 年) 164 ～ 165 頁。
(23) 朝日新聞 1971 年 6 月 3 日。
(24) 外務省中国課「総理・マイヤー大使会談(中国問題)」(1971 年 6 月 3 日)。国連中国代表権問題について研究し、同記録を外務省に情報公開請求した井上正也・成蹊大法学部教授から提供を受けた。なお外務省外交史料館で公開されている同記録では、「実は先刻陛下に御報告の際、通常陛下は政治問題には直接関与されないことになつているが、特にこの問題については心配しておられた」という部分が黒塗りになっている。外務省は、昭和天皇の政治発言に神経を尖らせ、その後非公開にしたとみられる。
(25) 佐藤栄作(伊藤隆監修)『佐藤栄作日記』第 4 巻(朝日新聞社、1997 年)、347 頁。
(26)『昭和天皇実録』巻 50、70 頁。
(27) 時事通信 2015 年 7 月 30 日配信記事「「中国観」明確に示した天皇」のうち、後藤致人・愛知学院大文学部教授のコメント。筆者は時事通信記事作成に当たり後藤教授に取材した。
(28) 前掲『佐藤栄作日記』第 4 巻、253 頁。
(29)『昭和天皇実録』巻 50、10 頁。
(30) Meyer to Rogers, June 3, 1971, RG59, SNF, UN6 CHICOM, NA. 井上教授から提供を受けた。
(31) 前掲『日中国交正常化の政治史』455 頁。
(32) 前掲『佐藤栄作日記』第 4 巻、377 頁。
(33)『昭和天皇実録』巻 50、104 頁。
(34) 前掲『佐藤栄作日記』第 4 巻、414 頁。
(35)『昭和天皇実録』巻 50、113 頁、前掲『佐藤栄作日記』第 4 巻、426 頁。
(36) 橋本恕へのインタビュー(2009 年 4 月 11 日、埼玉県)
(37) 久能靖「角栄・周恩来会談 最後の証言」『文藝春秋』2007 年 12 月号、周斌(加藤千洋、鹿雪瑩訳)『私は中国の指導者の通訳だった:中日外交最後の証言』(岩波書店、2015 年)に収録、同書 108 ～ 109 頁。
(38) 橋本へのインタビュー。
(39) 早坂茂三『政治家田中角栄』(中央公論社、1987 年) 399 頁。周恩来が田中角栄に「天皇陛下によろしく」と話し掛けたことは、橋本恕への筆者のインタビューでも明らかになった。
(40) 橋本へのインタビュー。
(41) 田川誠一『日中交流と自民党領袖たち』(読売新聞社、1983 年) 71 ～ 72 頁。
(42) 孫平化『中日友好随想録』(瀋陽:遼寧人民出版社、2009 年) 197 頁。孫平化(武吉次朗訳)『中日友好随想録:孫平化が記録する中日関係』上巻(日本経済新聞社、2012 年) 453 頁。
(43)「外交問題に関する中国首脳の発言」(事項別 72.10 ～ 73.5)、「日中国交正常化」(重要資料)(2011−0720) 外務省外交史料館。朝日新聞 1973 年 1 月 18 日(夕刊)

にも同様の発言が掲載された。
(44) 小川平四郎、1916年生まれ、38年外務省入省、39～41年北京留学、42年東大法学部卒業、アジア局第2課（中国課）課長、アジア局長、外務省研修所長などを経て1973年3月～77年7月駐中国大使、同年10月退官。97年死去。
(45)「外務大臣宛小川大使信任状ほう呈次第」1973年4月5日、外務省情報公開（2017−00382)。同外交記録に利用した石井明の先行研究として「昭和天皇の対中謝罪」(国際善隣協会『善隣』、2016年2月、2～9頁）がある。
(46) 前掲「外務大臣宛小川大使信任状ほう呈次第」。
(47) 入江為年監修、朝日新聞社編『入江相政日記』第5巻（朝日新聞社、1991年）13頁。
(48) 前掲『入江相政日記』第5巻、13頁、『昭和天皇実録』巻52、19頁。
(49) 前掲『入江相政日記』第5巻、13頁。
(50)『昭和天皇実録』巻52、19頁。
(51)『昭和天皇実録』巻52、24～25頁。
(52) 前掲『入江相政日記』第5巻、15～16頁。
(53) 同上、380頁。
(54) 田島へのインタビュー。
(55) 前掲『外交証言録　日中平和友好条約交渉と鄧小平来日』121頁。
(56) 田島へのインタビュー。
(57) 前掲『外交証言録　日中平和友好条約交渉と鄧小平来日』116頁。
(58) 田島へのインタビュー。
(59) 朝日新聞1978年10月24日。
(60) 人民日報1978年10月24日。
(61) 朝日新聞1992年10月6日。
(62) 田島へのインタビュー。
(63) 前掲『外交証言録　日中平和友好条約交渉と鄧小平来日』122頁。
(64) 朝日新聞1986年3月20日。
(65) 田島へのインタビュー。
(66) 前掲『出使東瀛』120頁。
(67) 前掲「角栄・周恩来会談 最後の証言」。
(68) 外務省中国課「中国関係事項に関する田中総理談話（メモ)」1973年3月5日「日中国交正常化（重要資料)」(2011-0720）外務省外交史料館。同日、田中が橋本在中国大使館参事官（前中国課長）に語った内容。
(69) 小川平四郎『北京の四年：回想の中国』（サイマル出版会、1977年）18頁。
(70) 中共中央文献研究室編『周恩来年譜 1949−1976 下巻』（北京：中央文献出版社、1999年）526頁。
(71)「トウ穎超中国全国人民代表大会常務委員会副委員長訪日」1979年3～4月（2015−0857）外務省外交史料館。
(72) 前掲「トウ穎超中国全国人民代表大会常務委員会副委員長訪日」。
(73)『昭和天皇実録』巻55、146頁。
(74) 楊振亜、1928年大連生まれ。1953年共産主義青年団中央国際連絡部科長、73年から外交部アジア司（局）で勤務。司長などを経て1988～93年駐日大使。2018年死去。

(75) 前掲『出使東瀛』120 頁。
(76) 前掲『外交証言録　日中平和友好条約交渉と鄧小平来日』118、120 頁。
(77) 田中清玄、1906 年生まれ、「武装共産党」を指導したが、1930 年に逮捕。獄中で転向し、戦後は熱烈な天皇主義者になった。入江相政侍従長と親しく、吉田茂、佐藤栄作、田中角栄、中曽根康弘ら首相経験者と親交を広めた。インドネシアのスハルト大統領、ハプスブルク家の当主オットー・フォン・ハプスブルク大公、ノーベル経済学賞のフリードリヒ・ハイエクらとも交流を持った。
(78) 田中清玄・大須賀瑞夫『田中清玄自伝』（ちくま文庫、2008 年）273 頁。本書の原版は 1993 年、文藝春秋。
(79) 前掲『田中清玄自伝』277 頁。
(80) 同上、276 頁。
(81) 同上『田中清玄自伝』277 頁。
(82) 元外務省高官へのインタビュー（2009 年）。
(83) 前掲『出使東瀛』120 頁。
(84) 楊振亜へのインタビュー（2008 年 4 月 16 日、北京）
(85) 丁民には 2005 年 1 月 11 日と 08 年 12 月 24 日にインタビュー（ともに北京）。1927 年生まれ、清華大卒業後、中国新聞総署国際新聞局連絡処に入ったが、52 年に同連絡処と外交部情報司の合併により外交部に。55 年から外交部亜洲司日本科、63 年日本科副科長、78 年には日本処長に昇進し、日中平和友好条約締結交渉に関与した。82 ～ 85 年駐日公使参事官。
(86) 丁民へのインタビュー（05 年 1 月 11 日）。
(87) 丁民へのインタビュー。
(88) 韓国の全斗煥大統領。国賓として 1984 年 9 月 6 日から 3 日間訪日している。
(89) 入江為年監修、朝日新聞社編『入江相政日記』第 6 巻（朝日新聞社、1991 年）347 頁。
(90) 2007 年 6 月 20 日、北京・貴賓楼飯店でインタビュー。
(91) 中曽根康弘、聞き手・中島琢磨、服部龍二他『中曽根康弘が語る戦後日本外交』（新潮社、2012 年）。
(92) 同上、379 ～ 380 頁。
(93) 同上、379 ～ 380 頁。
(94) 同上、380 ～ 381 頁。
(95) 1984 年当時駐中国大使館で勤務していた元外務省高官へのインタビュー（2009 年）。
(96) 前掲『出使東瀛』121 頁。
(97) 前掲『中曽根康弘が語る戦後日本外交』449 頁。
(98) 読売新聞 1986 年 3 月 3 日。
(99) 朝日新聞 1986 年 3 月 12 日（夕刊）。
(100) 読売新聞 1986 年 3 月 3 日。
(101) 朝日新聞 1986 年 3 月 20 日。
(102) 前掲『出使東瀛』121 頁。
(103) 朝日新聞 1986 年 3 月 30 日。
(104) 読売新聞 1986 年 10 月 25 日。
(105) 外務省チャイナスクール外交官へのインタビュー（2013 年 10 月 10 日）。

(106) 読売新聞1968年4月15日。
(107) 栗山尚一、1931年パリ生まれ、東大法学部中退、54年入省、条約課長、条約局長、87年外務審議官（政務）、89年外務事務次官、92年駐米大使、2015年死去。
(108) 栗山へのインタビュー（2013年10月4日、東京）。
(109) 橋本へのインタビュー。
(110)「橋本恕氏に聞く：日中国交正常化交渉」（石井明他『記録と考証 日中国交正常化・日中平和友好条約締結交渉』岩波書店、2003年）212頁。同インタビューは大平正芳記念財団編『去華就実 聞き書き大平正芳』（2000年）より採録。
(111) 前掲『政治家田中角栄』363頁。
(112) 森田一著、服部龍二他編『心の一燈：回想の大平正芳 その人と外交』（第一法規、2010年）98～99頁。
(113) 前掲「橋本恕氏に聞く」212～213頁。
(114) 前掲『心の一燈』31～32頁。
(115) 大平正芳回想録刊行会『大平正芳回想録』（鹿島出版会、1983年）82頁。
(116) 谷野作太郎、東大法卒、1960年外務省入省、在外研修員（台湾・米国）、73年在中国大使館一等書記官、78年中国課長、89年アジア局長、92年内閣外政審議室長、95年インド大使、98年中国大使。
(117) 谷野作太郎へのインタビュー（2013年10月3日、東京）。大平が、張家口でアヘン政策に関与していたことを検証した論文として倪志敏「大平正芳と阿片問題」（『龍谷大学経済学論集』49（1）、2009年9月、83～107頁）がある。同論文では「蒙疆地区の阿片生産は興亜院が主導する阿片政策の中で最も重要な一環であり、大平はその担い手の一人として、その政策を重要な職務のひとつとして遂行した」と指摘し、「蒙疆の苦い思いが、大平に贖罪意識を植え付け、その中国観に深く陰翳を与えたのは違いない」と結論づけた。
(118)「第43回国会・参議院外務委員会会議録第4号（昭和38年2月12日）」国会会議録検索システム。
(119) 前掲『大平正芳回想録』87頁、前掲『心の一燈』32頁、前掲「大平正芳と阿片問題」103～104頁。
(120) 早野透『田中角栄：戦後日本の悲しき自画像』（中公新書、2012年）37～46頁。
(121)「第68回国会衆議院予算委員会第4分科会議録第4号」国会会議録検索システム。
(122) 前掲『心の一燈』98～99頁。
(123) 前掲「橋本恕氏に聞く」213頁。
(124) 前掲『心の一燈』97頁。
(125) 栗山へのインタビュー。
(126) 復交三原則は①中華人民共和国は中国を代表する唯一の合法政府、③台湾は中国領土の不可分の一部、③「日台条約」は不法で破棄する、という内容。
(127) 栗山へのインタビュー。
(128) 同上。
(129) 栗山尚一『戦後日本外交：奇跡と課題』（岩波現代全書、2016年）108頁。
(130) 服部龍二『日中国交正常化』（中公新書、2011年）209～212頁。
(131) 前掲「橋本恕氏に聞く」213頁。
(132) 前掲『日中国交正常化の政治史』408頁。

(133) 池田維、東大法卒、1962年外務省入省、在外研修員（台湾・米国）、65年香港副総領事、67年中国課などを経て80年中国課長、92年アジア局長、96年オランダ大使、2002年ブラジル大使、05年交流協会代表。
(134) 池田維へのインタビュー（2014年2月7日、東京）。
(135) 栗山へのインタビュー。
(136) 槇田邦彦へのインタビュー（2014年4月2日、東京）。
(137) 浅井基文、東大法中退、1963年入省、在外研修員（台湾、米国）、80年中国大使館参事官、83年中国課長、85地域政策課長、86年英公使、90年退職。
(138) 浅井基文へのインタビュー（2014年5月22日、東京）。
(139) 槇田邦彦、東大法卒、1968年外務省入省、在外研修員（香港・台湾・米国）、85年中国課長、93年総理秘書官、98年香港総領事、2000年アジア局長、01年シンガポール大使、04年エジプト大使。
(140) 槇田へのインタビュー。
(141) 蓮見義博、1933年生まれ、54年に専門職で外務省入省、55年に香港に留学、58年中国課、62年在ビルマ大使館、香港総領事館、75年中国課、78年トロント総領事館、80年中国大使館、83年交流協会総務部長、85年外務省査証室長、86年広州総領事、88年上海総領事、93年駐モンゴル大使。
(142) 蓮見義博へのインタビュー（2013年10月5日、東京）。
(143) 槇田邦彦「橋本恕大使を悼む記」『外交』2014年5月31日発行（Vol.25）。
(144) 槇田へのインタビュー。
(145) 橋本の後輩に当たるチャイナスクール元外交官へのインタビュー（2013年）。
(146)「報日駐瑞使館二秘同丁武官等談話情況」「関於日本駐外国外交官与我駐在国外交官接触事」1964年1月21日～11月6日（105−01656−03）北京：中国外交部檔案館。
(147)「日本二秘邀丁武官吃飯事」前掲「関於日本駐外国外交官与我駐在国外交官接触事」。
(148)「复日秘邀丁武官吃飯事」前掲「関於日本駐外国外交官与我駐在国外交官接触事」。
(149) 前掲「日本二秘邀丁武官吃飯事」。
(150) 橋本へのインタビュー。
(151) 谷野へのインタビュー。
(152) 栗山へのインタビュー。
(153) 槇田へのインタビュー。
(154) 岡田晃、1918年生、戦後、中国課長、香港総領事、駐スイス大使などを歴任、1983年に退官。
(155) 前掲『北京の四年』まえがき。
(156) 岡田晃『水鳥外交秘話：ある外交官の証言』（中央公論社、1983年）。
(157) 長崎市のデパートで開かれた中国切手・切り絵展示会で、右翼青年が会場の中国国旗（五星紅旗）を引き降ろした事件。日中両国に国交がなく、警察は五星紅旗が国旗に当たらないとの法的見解を示し、「外国国章損壊罪」を適用せず、器物損壊容疑で書類送検し、軽犯罪法に基づき科料500円の略式命令となった。これに対して陳毅外交部長は岸信介政権を強く非難する談話を発表し、日本との経済・文化交流などを全面的に停止した。

（158）「日駐波使館一秘欲約見我参讃事」1959 年 6 月 23 日（105−00668−01）北京：中国外交部檔案館。
（159）1955 年 8 月以降、ジュネーブ、ワルシャワで開催された米中大使級会談。駐ワルシャワ大使の王炳南が首席代表を務めた。
（160）「告有関日本新任駐波蘭使館一等秘書岡田晃情況」1959 年 6 月 24 日（105−006681−01）北京：中国外交部檔案館。
（161）平沢和重（かずしげ）のことを指している。1909 年生まれ、外務省に入り対米外交に従事。戦後、NHK 解説委員、ジャパンタイムズ主幹を歴任。三木武夫と交流を深め、三木の外交ブレーンとなった。
（162）「是否与三木接触事請示」「是否与三木接触事」1959 年 9 月 16、19 日（105−006681−01）北京：中国外交部檔案館。
（163）「岡田去波外交部所談問題」1959 年 10 月 12 日（105−006681−01）北京：中国外交部檔案館。
（164）前掲『水鳥外交秘話』67 頁。
（165）「日本大使主動同耿大使接触」1964 年 5 月 20 日、前掲『関於日本駐外国外交官与我駐在国外交官接触事』。中国の外交文書には「小田部」の名前は出ていない。
（166）蓮見へのインタビュー（2013 年 10 月 5 日、14 年 12 月 8 日）。
（167）蓮見へのインタビュー（2014 年 12 月 8 日）。
（168）同上。
（169）岡田晃（特別講演記録）「わが国の中国外交裏面史」（『東亜』1998 年 2 月号）91 頁。
（170）池田へのインタビュー。
（171）栗山へのインタビュー。
（172）池田へのインタビュー。
（173）前掲『水鳥外交秘話』136 頁。
（174）橋本へのインタビュー。
（175）前掲『日中国交正常化の政治史』422 〜 426 頁。
（176）浅井へのインタビュー。
（177）栗山らへのインタビュー。
（178）前掲「わが国の中国外交裏面史」97 頁。
（179）廖承志（1908 〜 1983）、両親は孫文側近だった廖仲愷と何香凝。東京・大久保（新宿区）で生まれ、少年時代を東京で過ごす。25 年に父親が暗殺されると、再来日して早稲田大学第一高等学院で学ぶ。戦後は中国共産党中央対外連絡部副部長、中日友好協会会長などとして対日工作を主導した。
（180）井上正也「日本から見た廖承志の対日工作：自民党親中国派を中心に」（王雪萍編著『戦後日中関係と廖承志：中国の知日派と対日政策』慶應義塾大学出版会、2013 年）197 〜 236 頁。
（181）同上 199 〜 203 頁。
（182）同上 207 〜 208 頁。
（183）船橋洋一『湛山読本』（東洋経済新報社、2015 年）「読者のみなさまへ」。
（184）若宮啓文『和解とナショナリズム：新版・戦後保守のアジア観』（朝日選書、2006 年）156 〜 157 頁。
（185）前掲「日本から見た廖承志の対日工作」213 〜 214 頁。

（186）丁民へのインタビュー（2005年1月11日）。
（187）孫平化、1917年遼寧省生まれ。39年東京工業大付属予備部に留学。63年中日友好協会副秘書長、64～67年に廖承志事務所駐東京連絡処首席代表などを歴任。86年から中日友好協会会長、97年死去。
（188）田川誠一『日中交渉秘録』（毎日新聞社、1973年）200～201頁。
（189）孫平化（安藤彦太郎訳）『日本との30年：中日友好随想録』（講談社、1987年）149頁。
（190）王泰平（福岡愛子監訳）『「日中国交回復」日記：外交部の「特派員」が見た日本』（勉誠出版、2012年）228～230頁。
（191）前掲『日中国交正常化の政治史』468～478頁。
（192）宮川徹志『佐藤栄作 最後の密使』（吉田書店、2020年）。
（193）前掲『最後の密使』2頁。
（194）前掲『水鳥外交秘話』145～148頁。
（195）同上149～151頁。
（196）前掲『最後の密使』3頁。
（197）前掲『日中関係の管見と見証』126～127頁。
（198）前掲『政治家田中角栄』365頁。
（199）前掲『周恩来年譜』下巻、525～526頁。
（200）前掲『政治家田中角栄』364頁。
（201）前掲『周恩来年譜』下巻、527頁。
（202）前掲『政治家田中角栄』364頁。
（203）時事通信社政治部編『ドキュメント日中復交』（時事通信社、1972年）60頁。
（204）前掲『政治家田中角栄』364頁。
（205）古井喜実「苦言ばかりで申訳なかった」（大平正芳回想録刊行会『大平正芳回想録：追想編』1981年）89頁。
（206）前掲『日本との30年』150～151頁。
（207）唐家璇「中国外交のドン独占インタビュー：田中角栄から小泉、小沢まで」（『文藝春秋』2010年4月号）164～172頁。インタビューには筆者も加わり、2010年2月23日、北京・釣魚台迎賓館で2時間半近くにわたり行われた。
（208）唐インタビュー、前掲『日本との30年』151～152頁。
（209）唐インタビュー。
（210）同上。
（211）前掲『日中交渉秘録』345頁。
（212）前掲『日本と中国30年』160頁。
（213）唐インタビュー。
（214）前掲『日本との30年』160頁。
（215）唐インタビュー。
（216）同上。
（217）前掲『日本との30年』164頁。
（218）唐インタビュー。
（219）朝日新聞1972年8月16日。
（220）同上、1972年8月16日（夕刊）。
（221）前掲『日本との30年』167～169頁。

(222) 前掲『日中国交正常化・日中平和友好条約締結交渉』53頁。中国側は周恩来、姫鵬飛外交部長、廖承志外交部顧問、韓念龍外交部副部長。
(223) 前掲「橋本恕氏に聞く」218頁。
(224) 橋本へのインタビュー。
(225) 槙田前掲「橋本恕大使を悼む記」。
(226) 橋本へのインタビュー。
(227) 外務省チャイナスクール外交官へのインタビュー（2013年10月10日）。
(228) 江藤名保子「第一次教科書問題一九七九−八二年」（高原明生、服部龍二編『日中関係史 1972−2012 Ⅰ政治』東京大学出版会、2012年）133〜165頁。
(229) 読売新聞1982年8月10、13、14日。
(230) 朝日新聞1982年8月14日。
(231) 読売新聞1982年8月24、27日
(232) 前掲「第一次教科書問題」154頁。
(233) 橋本へのインタビュー。

第二章

(1) 杉浦康之「天皇訪中一九九一−九二年」（前掲『日中関係史 1972−2012 Ⅰ政治』）259〜286頁。
(2) 谷野作太郎（服部龍二他編）『外交証言録 アジア外交：回顧と考察』（岩波書店、2015年）236頁。
(3) 岡部達味『日中関係の過去と将来』（岩波現代文庫、2006年）67〜68頁。
(4) 杉浦前掲「天皇訪中」286頁。
(5) 銭其琛前掲『外交十記』195頁。
(6) 谷野前掲『アジア外交』238頁。
(7) 人民日報1989年1月8日。
(8) 前掲『外交十記』114頁。
(9) 前掲『出使東瀛』121頁。
(10) 天皇の「遺憾」発言は、1989年4月14日に日本記者クラブで記者会見した李鵬総理自らが明らかにした。
(11) 朝日新聞1989年4月14日。李鵬の天皇訪中要請に対する反応は安倍勲式部官長が記者に説明した。
(12) 佐藤重和、東大法卒、1974年外務省入省、在外研修（中国・米国）、86年中国大使館一等書記官、95年中国課長、2000年アジア局参事官・審議官、04年経済協力局長、06年香港総領事、10年豪州大使、12年タイ大使。
(13) 佐藤重和へのインタビュー（2019年2月20日、東京）。
(14) 佐藤へのインタビュー。
(15) 同上。当時外務省アジア局審議官だった谷野は、佐藤が「目の前で中国の若者が撃たれた」と涙声で「対中ODAはじめ、僕たちがこれまでやってきたことは、一体、何だったんでしょう！」と電話してきたと回想している（前掲『アジア外交』177頁）。

(16) 笠原直樹のメモ。笠原には2019年5月15日に電話インタビュー、同16日に対面インタビューを行った（埼玉県さいたま市）。筆者執筆「防衛駐在官メモが語る「六四天安門事件」―「勇気ある市民」流血の記録」（上・中・下）、時事ドットコム、2019年6月。
(17) 中島敏次郎（井上正也他編）『外交証言録 日米安保・沖縄返還・天安門事件』（岩波書店、2012年）231頁。中島は東大法卒、1948年外務省入省、67年条約課長、76年条約局長、77年アメリカ局長、79年北米局長、80年シンガポール大使、82年外務審議官、84年豪州大使、87年中国大使、90年最高裁判事、2011年死去。
(18) 阿南惟茂、東大法卒、1967年外務省入省、在外研修員（台湾、米国）、87年中国課長、97年アジア局長、2001年中国大使。
(19) 阿南惟茂へのインタビュー（2009年3月13日、東京）。
(20)「我が国の今後の対中政策（今回の事態を踏まえて）」1989年6月22日、外務省情報公開（2019-00786）。
(21) 國廣道彦、東大法卒、1955年外務省入省、73年中国課長、84経済局長、88年外務審議官（経済）、90年インドネシア大使、1992年中国大使、2017年死去。
(22) 國廣道彦「天安門事件とアルシュ・サミット」2004年6月4日、1頁。10年7月7日、國廣をインタビューした際、同文書の提供を受けた。國廣の回顧録（服部龍二他解題執筆者）『回想「経済大国」時代の日本外交』（吉田書店、2016年、299頁）にも同様の記述がある。
(23) 前掲「天安門事件とアルシュ・サミット」1～2頁。
(24) 栗山へのインタビュー。
(25) 前掲「天安門事件とアルシュ・サミット」2～3頁。
(26) 同上、4頁。
(27) 栗山へのインタビュー。
(28) 前掲『外交十記』191頁。
(29) 同上、192頁。
(30) 前掲『出使東瀛』33頁。朝日新聞1989年6月29日。
(31) 前掲『出使東瀛』33頁。
(32) 朝日新聞1989年8月2日。
(33) 方励之、1936年生まれ。中国科学技術大副学長（安徽省）を務め、86年末の学生デモを煽動したとして解任された。89年1月には鄧小平宛てに魏京生ら政治犯の釈放を求める公開書簡を発表した。89年4月からの民主化運動に参加したわけではないが、学生は方を精神的支柱として尊敬した。6月5日に北京の米大使館に保護を求め、米政府が保護した直後、中国当局は反革命煽動容疑で方夫妻の逮捕状を取った。90年6月25日、英国に出国し、91年米アリゾナ大学教授。2012年4月にアリゾナ州で死去した。
(34) ヘンリー・キッシンジャー（塚越敏彦他訳）『キッシンジャー回想録 中国』下巻、（岩波書店、2012年）468頁。
(35)「外務大臣発在中国大使宛電報」1990年11月13日「日中関係（呉学謙副総理と海部総理の会見）」。
(36) 外務省中国課「今後の対中政策：中国情勢に関する特別検討会議用資料」1989年8月7日、外務省情報公開（2019−00786）。

(37) 前掲『外交証言録：日米安保・沖縄返還・天安門事件』231頁。
(38) 井川原賢へのインタビュー（2019年5月10日、東京）。
(39) 佐藤へのインタビュー。
(40) 朝日新聞1989年5月28日、8月1日。
(41) 栗山へのインタビュー。
(42) 橋本へのインタビュー。
(43) 同上。
(44) 清水美和『中国はなぜ「反日」になったか』（文春新書、2003年）138頁。
(45) 前掲『キッシンジャー回想録 中国』下巻、456頁。
(46) 前掲『外交十記』170～171頁。
(47) ジェームズ・リリー（西倉一喜訳）『チャイナハンズ：元駐中米国大使の回想1916▶1991』（草思社、2006年）334～335頁。
(48) 前掲『外交十記』172頁。
(49) 同上、173～176頁。
(50) 前掲『キッシンジャー回想録 中国』下巻、456～457頁。
(51) ジェームズ・マン（鈴木主税訳）『米中奔流』（共同通信社、1999年）315頁。
(52) 谷野前掲『アジア外交』185頁。
(53) 同上、186頁。
(54) 前掲「天安門事件とアルシュ・サミット」3頁。
(55) 前掲「天安門事件とアルシュ・サミット」4頁。
(56) 阿南へのインタビュー。
(57) 栗山へのインタビュー。
(58) 朝日新聞1990年7月12日（夕刊）。
(59) 前掲『出使東瀛』122頁、朝日新聞1991年6月26日（夕刊）。
(60) 前掲『アジア外交』230頁。
(61) 槇田邦彦へのインタビュー（2019年11月5日、千葉市）。
(62) 前掲『アジア外交』230～231頁。
(63) 橋本へのインタビュー。
(64) 槇田へのインタビュー。
(65) 前掲『聞き書 宮澤喜一回顧録』311頁。
(66) 谷野へのインタビュー。
(67) 橋本、阿南へのインタビュー。
(68) 阿南へのインタビュー。谷野も『アジア外交』（233頁）で「私ども積極派は、やっぱり長年の懸案だし、天安門事件から日が浅いといっても3年経っているわけで、中国がしっかりしているとき、鄧小平が生きている間に、という感じが強くあったと思います」と回想している。
(69) 橋本へのインタビュー。
(70) 前掲『アジア外交』232、234頁。
(71) 橋本へのインタビュー。
(72) 橋本へのインタビュー。
(73) 谷野へのインタビュー。
(74) 前掲『アジア外交』233頁。

(75) 橋本へのインタビュー。
(76) 前掲『アジア外交』232 頁。
(77) 橋本へのインタビュー。
(78) 同上。
(79) 橋本へのインタビュー。
(80) 橋本へのインタビュー。
(81) 前掲『出使東瀛』124 ～ 125 頁。
(82) 前掲『中日友好随想録』266 頁。邦訳は孫平化（武吉次朗訳）『中日友好随想録：孫平化が記録する中日関係』下巻、(日本経済新聞出版社、2012 年、122 頁)、前掲『出使東瀛』125 頁。
(83) 丁民へのインタビュー（2005 年 1 月 11 日）。
(84) 読売新聞、朝日新聞 1985 年 5 月 16 日。
(85) 槙田へのインタビュー（2019 年 11 月 5 日）。
(86) 丁民へのインタビュー。
(87) 朝日新聞 1985 年 10 月 16 日（夕刊）。
(88) 丁民へのインタビュー（2005 年 1 月 11 日）。
(89) 前掲『出使東瀛』79 頁。
(90) 前掲『中日友好随想録』180 頁、邦訳は（上）411 頁。
(91) 同上、174、191 頁、邦訳は（上）398、437 頁。
(92) 同上、180 頁、邦訳は（上）412 頁。
(93) 同上、174 頁、邦訳は（上）397 ～ 398 頁。金丸は訪中翌月の 1990 年 9 月末に訪朝し、第 18 富士山丸乗組員釈放の道筋をつけた。
(94) 日本経済新聞 1985 年 9 月 7 日（夕刊）。
(95) 前掲『中日友好随想録』187、193 ～ 194 頁、邦訳は（上）427、443 ～ 444 頁。
(96) 前掲『出使東瀛』7 ～ 8 頁。
(97) 同上、72 ～ 77 頁。
(98)「橋本大使発外務大臣宛電報第 15 号」1992 年 1 月 5 日、外務省情報公開（2015−00220）。
(99) 丁民へのインタビュー（2008 年 12 月 24 日、北京）。
(100) 前掲『中国はなぜ「反日」になったか』150 頁。
(101) 橋本へのインタビュー。
(102) 同上。
(103) 前掲『外交十記』113 頁。

第三章

(1) 金冲及主編（村田忠禧・黄幸監訳）『毛沢東伝』下巻（みすず書房、2000 年）451 頁。
(2) 同上、433 頁。
(3) 蔣介石（寺島正訳）『中国のなかのソ連』(時事通信社、1962 年）82 頁。
(4) 毛沢東（小野信爾、藤田敬一、吉田富夫訳）『抗日遊撃戦争論』(中公文庫、2001 年）84、89 頁。

(5) 岩井英一、1921年上海東亜同文書院卒業、外務省外務通訳生。重慶に在勤、22年汕頭に在勤、24年外務省情報部第1課、26年長沙在勤、29年外務省電信課、32年上海総領事館、上海公使館情報部、36年成都総領事館事務代理、38年上海副領事、上海総領事館特別調査班、岩井公館総顧問、44年広東大使館事務所、45年マカオ在勤、終戦後広東在勤。
(6) 1901年、上海に設立された日本人を対象にした高等教育機関。岩井のほかにも石射猪太郎(5期生、元外務省東亜局長)、堀内干城(8期生、元中国公使兼上海総領事)、清水董三(12期生、元駐中華民国公使)、前出・岡田晃ら多くの支那通外交官を輩出した。
(7)『回想の上海』(「回想の上海」出版委員会、1983年)5、29～30頁。
(8) 重光葵、1911年東大法卒、外交官試験合格、1929年上海総領事、31年中国公使、33年外務次官、36年ソ連大使、38年英国大使、41年中国大使、43年外相、45年外相、48年A級戦犯で禁固7年、54年外相。
(9) 須磨弥吉郎、1919年中大卒、外交官試験合格、27年中国二等書記官、30年広東総領事、32年中国一等書記官、33年南京総領事、39年満州国参事官、外務省情報部長、戦後A級戦犯容疑で逮捕されるが、48年不起訴・釈放。53年衆院議員(2期)。
(10) 前掲『回想の上海』29～30頁。
(11) 河相達夫、東大卒、1918年外務省入省、中国公使館一等書記官、広東・上海総領事、37年外務省情報部長、45年情報局総裁兼外務次官、終戦連絡中央事務局次長。
(12) 影佐禎昭(26期)、1929年支那研究員(鄭州・上海)、31年支那課、33年支那班長、34年上海駐在武官、37年支那課長、第八課長、39年汪兆銘工作、梅機関長、40年汪政府軍事顧問、中将。45年逮捕、46年入院、48年死去。
(13) 前掲『回想の上海』41、43頁。
(14) 同上、155頁。
(15) 同上、98～99頁。
(16) 近衛文麿、1933年貴族院議長、37首相(38年外相兼務)、39年枢密院議長、40年首相。45年12月A級戦犯として出頭要請、自殺。
(17) 汪兆銘政権内にいた金雄白の『汪政権実録』下集(香港:春秋雑誌社、1961年)は、影佐が岩井に「「政党」組織の責任を委託した」のは1939年だとしか触れていない(27頁)。
(18) 前掲『回想の上海』98頁。
(19) 同上、76頁。
(20) 同上、80～81頁。
(21) 同上、79頁。
(22) 前掲『汪政権実録』下集、27頁。
(23) 村田忠禧、劉傑等訳『周仏海日記』(みすず書房、1992年)205頁。
(24) 前掲『回想の上海』99、134頁。
(25) 劉傑「汪兆銘政権の樹立と日本の対中政策構想」(『早稲田人文自然科学研究』第50号、1996年10月)146頁。
(26) 前掲『回想の上海』116～124頁。
(27) 同上、125～126頁。
(28) 同上、136～139頁。

(29) 同上、143 ～ 148 頁。
(30) 同上、93 ～ 94 頁。
(31) 同上、143 頁。
(32) 前掲『周仏海日記』、205 頁。
(33) 前掲『回想の上海』、154 頁。
(34) 前掲『周仏海日記』219 頁。
(35) 石原莞爾（21 期）、1920 年中支那派遣軍司令部付、22 年ドイツ駐在、25 年陸大教官、28 年関東軍参謀、32 年ジュネーブ会議随員、35 年参謀本部作戦課長、36 年戦争指導課長、37 年参謀本部 1 部長、関東軍参謀副長、中将。
(36) 今岡豊『石原莞爾の悲劇』〈新装版〉（芙蓉書房出版、1999 年、原版 1981 年）37 ～ 39 頁。
(37) 前掲『回想の上海』12 頁。
(38) 同上、155 ～ 156 頁。
(39) 同上、156 頁。
(40) 同上、165 頁。
(41) 同上、156 ～ 157 頁。
(42) 郝在今『中国秘密戦：中共情報、保衛工作紀実』（北京：金城出版社、2010 年）171 ～ 172 頁。
(43) 前掲『回想の上海』157 ～ 158 頁。
(44) 前掲『中国情報戦』172 頁。
(45) ピョートル・ウラジミロフ（高橋正訳）『延安日記：ソ連記者が見ていた中国革命 1942−1945』下巻（サイマル出版会、1975 年）466 頁。
(46) 師哲（劉俊南・横澤泰夫訳）『毛沢東側近回想録』（新潮社、1995 年）116 頁。原典は『在歴史巨人身辺』（中央文献出版社、1991 年）。
(47) 前掲『毛沢東側近回想録』117 頁。
(48) 前掲『延安日記』下巻、467 頁。
(49) 全国憲友会連合会編纂委員会『日本憲兵外史』（研文書院、1983 年）863 ～ 868 頁。
(50) 饒漱石、1949 年 10 月の新中国成立と共に中央人民政府副主席、51 年人民革命軍事委員会副主席、52 年国家計画委員会主席、53 ～ 54 年、「反党」を企てたとする高崗・漱石事件で毛沢東や劉少奇らとの権力闘争に敗れて失脚、同年自殺した。
(51) 今井武夫（30 期）、1931 年支那研究員、33 年奉天特務機関員、35 年大使館付武官補佐官（北平）、37 年支那班長、39 年支那課長、支那派遣軍参謀、44 年支那派遣軍総参謀副長、少将、47 年 1 月復員。
(52) 邵式軍のこと。上海陥落後、日本軍特務部の支持の下で国民政府財政部上海税務署を接収し、「蘇浙皖税務総局」と改名し、「局長」を任じた（前掲『周仏海日記』174 頁）。
(53) 前掲『周仏海日記』536 頁。
(54) 同上、537 頁。
(55) 同上。
(56) 同上、538 頁。
(57) 劉傑「終戦前後の「親日派」」（『早稲田人文自然科学研究』第 57 号、2000 年）90 頁。
(58) 舩木繁『支那派遣軍総司令官 岡村寧次大将』（河出書房新社、2012 年、初版 1984

年）328頁。
(59) 前掲『延安日記』下巻、256〜257頁。
(60) ジョン・エマーソン『嵐のなかの外交官：ジョン・エマーソン回想録』（朝日新聞社、1979年）169頁。
(61) 山本武利編訳『延安リポート：アメリカ戦時情報局の対日軍事工作』（岩波書店、2006年）2頁。
(62) 前掲『延安リポート』2頁。
(63) 中共中央文献研究室編（逄先知主編）『毛沢東年譜（中）1893—1949』（北京：中央文献出版社、2005年）522頁。
(64) 前掲『毛沢東伝』下巻、641頁。
(65) ピョートル・ウラジミロフ（高橋正訳）『延安日記：ソ連記者が見ていた中国革命1942−1945』上巻（サイマル出版会、1975年）212〜213頁。
(66) 前掲『毛沢東側近回想録』108頁。
(67) 前掲『中国のなかのソ連』23頁。
(68) 前掲『延安日記』上巻、213頁。
(69) 同上、214頁。
(70) 同上、210〜211頁。
(71) 岡部達味『中国の対外戦略』（東京大学出版会、2002年）30頁。
(72) 前掲『延安日記』下巻、267頁。
(73) 前掲『ジョン・エマーソン回想録』167〜168頁。
(74) 前掲『毛沢東年譜（中）』555頁。
(75) 同上、556頁。
(76) 前掲『延安日記』下巻、266頁。
(77) 前掲『毛沢東年譜（中）』557頁。
(78) 前掲『毛沢東年譜（中）』557〜558頁。
(79) 前掲『毛沢東側近回想録』120〜121頁。
(80) 前掲『延安日記』下巻、270頁。
(81) 前掲『毛沢東側近回想録』121頁。
(82) 前掲『毛沢東年譜（中）』558頁。
(83) 同上、559〜560頁。
(84) 前掲『延安日記』下巻、268頁。
(85) 前掲『ジョン・エマーソン回想録』171頁。
(86) 同上。
(87) 加々美光行『裸の共和国：現代中国の民主化と民族問題』（世界書院、2010年）25頁。
(88) 毛沢東文献資料研究会、竹内実監修『毛沢東集』第2版第9巻（蒼蒼社、1983年）185〜186頁。
(89) 前掲『中国の対外戦略』31頁。
(90)「在中国共産党第七次全国代表大会上的口頭政治報告」（『毛沢東文集・第3巻』、北京：人民出版社、1996年）325頁。
(91) 同上。
(92) 前掲『延安日記』下巻、460、465頁。

(93) 同上、465、467頁。
(94) 前掲『中国の対外戦略』33～34頁。
(95) 同上、34頁。
(96)「抗日戦争勝利後的新形勢和新任務（1945年8月23日）」（『毛沢東文集・第4巻』人民出版社、1996年）4～10頁。
(97) 中共中央文献研究室編『周恩来年譜（1898−1949）』（北京：中央文献出版社、1998年）463頁。
(98) 野坂参三『亡命十六年』（時事通信社、1946年）14～18頁。
(99) 野坂参三『風雪のあゆみ』第8巻（新日本出版社、1989年）248～249頁。
(100) 前掲『亡命十六年』48～49頁。
(101) 前掲『風雪のあゆみ』第8巻、249～252頁。
(102) 同上、287～289頁。
(103) 徐則浩編『王稼祥年譜 1906−1974』（北京：中央文献出版社、2001年）252頁。
(104) 水谷尚子『「反日」以前：中国対日工作者たちの回想』（文藝春秋、2006年）75～76頁。水谷による趙安博インタビューは1997年9月・12月と翌年年頭、計8回、延べ18時間に及んだという。
(105) 前掲『亡命十六年』50～51頁。
(106)「劉国霖さんへのインタビュー：敵軍工作の思い出」（記録者・水谷尚子、1997年9月23日以降多数回）藤原彰、姫田光義編『日中戦争下 中国における日本人の反戦活動』（青木書店、1999年）237～290頁。
(107) 前掲「劉国霖さんへのインタビュー」246～247頁。
(108) 同上、247頁。
(109) 前掲『「反日」以前』80～81頁。
(110) 前掲『亡命十六年』52頁。
(111) 前掲「劉国霖さんへのインタビュー」249頁。
(112) 前掲『延安リポート』、40～41頁、185頁。
(113)「論持久戦」『毛沢東選集』第2巻（北京：人民出版社、1991年）512頁。
(114) 2014年12月13日、南京での習近平「国家哀悼日」（南京事件記念）式典演説。
(115) 前掲『風雪のあゆみ』第8巻、288頁。
(116) 姫田光義「日中戦争と抗日戦争の狭間で」前掲『日中戦争下 中国における日本人の反戦活動』10～11頁。
(117) 前掲『延安リポート』3～6頁。
(118) 同上、4～9頁。
(119) 同上、10～17頁。
(120) 山極晃『米戦時情報局の『延安報告』と日本人民解放連盟』（大月書店、2005年）序。
(121) 前掲『延安リポート』39頁。
(122) 前掲「劉国霖さんへのインタビュー」249頁。
(123) 前掲『延安リポート』40頁。
(124) 前田光繁講演「日本人民解放同盟（旧称―在華日本人反戦同盟）の思い出話」草稿（2008年10月9日、明治大学）。
(125) 前掲『延安リポート』41頁。
(126) 同上、42頁。

(127) 香川孝志・前田光繁『八路軍の日本兵たち：延安日本労農学校の記録』（サイマル出版会、1984 年）139 ～ 193 頁。
(128) 前掲『延安リポート』187 ～ 188 頁。
(129) 同上、526 ～ 541 頁。
(130) 鹿地亘『中国の十年』（時事通信社、1948 年）。
(131) 同上、12 ～ 14 頁。
(132) 井上桂子『中国で反戦平和活動をした日本人：鹿地亘の思想と生涯』（八千代出版、2012 年）16 ～ 17 頁。
(133) 前掲『中国の十年』15 頁。
(134) 鹿地亘『鹿地亘作品集』（朝日書房、1954 年）310 頁。
(135) 前掲『中国の十年』3 頁。
(136) 同上、22 ～ 34 頁。
(137) 同上、65 ～ 68 頁。
(138) 同上、81 ～ 87 頁。
(139) 同上、103 ～ 119 頁。
(140) 同上、120 ～ 121 頁。
(141) 前掲『八路軍の日本兵たち』59 頁。
(142) 同上、60 ～ 64 頁。
(143) 同上、65 ～ 68 頁。
(144) 前掲『延安リポート』43 頁。
(145) 前掲『亡命十六年』53 頁。
(146) 野坂参三『野坂参三選集・戦時編』（日本共産党中央委員会出版部、1962 年、389 ～ 418 頁）に「なぜ戦争に反対したか：「支那事変」六周年に際して日本国民に訴う」として全文掲載されている。
(147) 前掲『野坂参三選集・戦時編』407 頁。
(148) 同上、412 頁。
(149) 同上、365 ～ 371 頁。
(150) 前掲『延安リポート』45 頁。
(151) 同上、386 頁。
(152) 前掲『毛沢東選集』第二巻、513 頁。
(153) 大森実『戦後秘史 3：祖国革命工作』（講談社、1981 年）248 ～ 249 頁。
(154) 前掲『延安日記』上巻、187 頁。
(155) 兵本達吉『日本共産党の戦後秘史』（新潮文庫、2008 年）21 頁。
(156) 前掲『亡命十六年』52 頁。
(157) 前掲『米戦時情報局の『延安報告』と日本人民解放連盟』61 頁。
(158) 前掲『亡命十六年』52 頁。
(159)「総政治部関於対敵偽軍宣伝工作的指示」（中共中央書記処編『六大以来一党内秘密文件』下巻、、北京：人民出版社、1981 年）321 頁。
(160) 前掲『延安リポート』381 頁。
(161) 井上敏夫『野坂参三 予審訊問調書：ある政治的人間の闘争と妥協の記録』（五月書房、2001 年）151 頁。
(162)「日本共産党雑件 / 東京地方裁判所ニ於ケル共産党事件被告人聴取書第三巻 1・野

坂参弐」、JACAR（アジア歴史資料センター）Ref.B04013172700（外交史料館所蔵）。
(163) 前掲『野坂参三 予審訊問調書』120頁。
(164) 同上、34頁。
(165) 同上、194頁。
(166) 同上、292頁。
(167) 同上、156、161頁。
(168) 前掲『延安リポート』381頁。
(169) 前掲『日本共産党の戦後秘史』71～72頁。
(170) 前掲『野坂参三選集・戦時編』419～468頁。
(171) 前掲『延安日記』下巻、377頁。
(172) 前掲『野坂参三選集・戦時編』454～456頁。
(173) 前掲『戦後秘史3：祖国革命工作』248頁。
(174) 前掲『延安リポート』22頁。
(175) 同上、91～92頁。
(176) 前掲『資料日本占領1天皇制』273～274頁。
(177) 前掲『延安リポート』557～559頁。
(178) 同上、557頁。
(179) ガンサー・スタイン（野原四郎訳）『延安：一九四四年』（みすず書房、1962年）293頁。
(180) 解放日報1945年5月29日。
(181) 邦訳は加藤哲郎「戦後天皇制をめぐる毛沢東、野坂参三、蔣介石」（インターネット版）を参考。http://homepage3.nifty.com/katote/maonosaka.html
(182) 解放日報1945年5月29日。
(183) 寺出道雄、徐一睿「毛沢東の野坂参三宛て書簡」（『三田学会雑誌』104巻2号、2011年7月）330頁。
(184) 加藤哲郎「「野坂参三・毛沢東・蔣介石」往復書簡」（『文藝春秋』2004年6月号）342～349頁。
(185) 前掲「毛沢東の野坂参三宛て書簡」。
(186) 由井格「数奇なる女性：水野津太の生涯」（『マイクロフィルム版『戦後日本共産党関係資料』解題・解説』不二出版、2008年）5～17頁。由井格「野坂参三と毛沢東・蔣介石の手紙：延安時代（太平洋戦争末期）の」「アソシエ21ニューズレター」2004年2月号別冊。
(187) 前掲「数奇なる女性 水野津太の生涯」5～11頁。
(188) 同上、13～14頁。
(189) 東京朝日新聞1934年7月17日（夕刊）。
(190) 前掲「野坂参三と毛沢東・蔣介石の手紙」など。
(191) 前掲「毛沢東の野坂参三宛て書簡」322頁。
(192) 前掲『延安』292頁、前掲『延安リポート』372頁。
(193) 邦訳は「戦後天皇制をめぐる毛沢東、野坂参三、蔣介石」（インターネット版）。
(194) 前掲『延安』292頁。
(195) 前掲『「反日」以前』76頁。
(196) 前掲『「反日」以前』77～78頁。
(197) 王永祥（中）、高橋強（日）主編『留学日本時期的周恩来』（北京：中央文献出版社、

2001年）前言。
(198) 同上、20頁。
(199) 同上、25頁。
(200) 同上、32～34頁。
(201) 前掲『周恩来年譜 1898−1949』25頁。
(202) 中共中央文献研究室、中国革命博物館『周恩来旅日日記』（北京：中央文献出版社、1998年）1918年2月4日の項。
(203) 同上、1918年5月1日の項。
(204) エドガー・スノー（松岡洋子訳）『中国の赤い星』（筑摩叢書、1975年）90～91頁。
(205) Stuart R. Schram, Editor, *Volume I The Pre-Marxist Period.1912–1920 NAO'S ROAD TO POWER Revolutionary Writing 1912・1949* (New York: M. E. Sharp, 1992), pp. 66. フィリップ・ショート（山形浩生訳）『毛沢東 ある人生（上・下）』（白水社、2010年）を参照。
(206) Ibid. pp. 64.
(207) Ibid. pp. 103.
(208) 中共中央文献研究室、中共湖南省委《毛沢東早期文稿》編集組編（長沙：湖南出版社、1995年）51～52頁。
(209) 曹応旺「青年毛沢東的言志詩与抗日志向」光明日報2015年5月30日。
(210)『毛沢東選集』第1巻（北京：人民出版社、1991年）142～169頁。
(211) 前掲『毛沢東選集』第1巻、252～270頁。
(212) 中西功『中国革命と毛沢東思想』（青木書店、1969年）228～229頁。
(213) 石川忠雄『中国共産党史研究』（慶應通信、1959年）231～232、234～236頁。
(214) 中共中央文献研究室編（逢先知主編）『毛沢東年譜（上）1893−1949』（北京：中央文献出版社、2005年）540頁。
(215) 張学良と周恩来の秘密接触は、張のブレーン・苗剣秋が1954年9月1日号の『世界週報』に「周恩来の人と外交」を寄稿し、1936年8月10日頃、膚施で行われ、「連蔣（蔣介石と連合して）抗日」で合意したと回顧した。苗は38年9月に香港でエドガー・スノーと会見し、張と周の会見は「6月か7月」と述べた（スノー、小野田耕三郎他訳『中共雑記』未来社、1964年、31頁）。また共産党の公式文献『毛沢東年譜』や『周恩来年譜』では、周と張の会見は「4月9日夜」に行われたとしている。
(216) 前掲『毛沢東年譜（上）』573頁。
(217) 毛沢東文献資料研究会、竹内実監修『毛沢東集補巻』第9巻（蒼蒼社、1985年）361頁。
(218) 前掲『中国の赤い星』92頁。
(219) 毛沢東と孫文の関係については安井三吉「毛沢東の孫文・三民主義観」『孫文と毛沢東の遺産』（研文出版、1992年）を参考にした。
(220) 前掲『毛沢東集補巻』第7巻（蒼蒼社、1985年）279～280頁。
(221) 山口一郎『近代中国対日観の研究』（アジア経済研究所、1970年）103頁。
(222) 前掲『毛沢東選集』第2巻、503頁。
(223) 前掲『中国の十年』153～156頁。
(224) 前掲『資料日本占領1天皇制』250～252頁。

(225) 前掲『野坂参三選集・戦時編』365 ～ 371 頁。
(226) 前掲『資料日本占領 1 天皇制』251 頁。
(227) 鹿地亘資料調査刊行会『日本人民反戦同盟資料』第 9 巻（不二出版、1994 年）140 ～ 143 頁。
(228) 同上、140 ～ 143 頁。
(229) 前掲『野坂参三選集・戦時編』372 頁。
(230) 同上、372 ～ 379 頁。
(231) 前掲『中国の十年』190 ～ 194 頁。
(232) 前掲『延安リポート』341 頁。
(233) 家近亮子「中国における「戦争責任二分論」の系譜：蔣介石・毛沢東・周恩来、日中戦争の語り方」（添谷芳秀編『現代中国外交の六十年：変化と持続』慶應義塾大学出版会、2011 年）19 頁。
(234) 家近亮子『蔣介石の外交戦略と日中戦争』（岩波書店、2012 年）62 ～ 63 頁。
(235) 蔣介石（山田禮三訳）『暴を以て暴に報ゆる勿れ』（白揚社、1947 年）9 ～ 18 頁。
(236) 邦訳は前掲「戦後天皇制をめぐる毛沢東、野坂参三、蔣介石」（インターネット版）参照。
(237) 同上「戦後天皇制をめぐる毛沢東、野坂参三、蔣介石」。
(238) 前掲『毛沢東年譜（中）』473 頁。
(239) 前掲『毛沢東伝』下巻、635 頁。
(240) 前掲『毛沢東年譜（中）』496 頁。
(241) 前掲『毛沢東選集』第 1 巻、3 頁。
(242) 劉傑『中国人の歴史観』（文春新書、1999 年）33 頁。
(243) 石川禎浩『革命とナショナリズム 1925-1945』（岩波新書、2010 年）3 頁。
(244) 解放日報 1945 年 9 月 14 日。『対日和約問題史料』（北京：人民出版社、1951 年、217 ～ 220 頁）参照。
(245) 中共中央文献研究室編（逢先知主編）『毛沢東年譜（下）1893—1949』（中央文献出版社、2005 年）24 頁。
(246) 荒木貞夫（9 期）、1915 年ハルビン特務機関、31 年陸相、38 年文相、大将。45 年逮捕、48 年 A 級戦犯として終身刑宣告、55 年仮釈放。
(247) 本庄繁（9 期）、1908 年北京・上海駐在、17 年支那課長、21 年張作霖軍事顧問、25 年公使館付武官、31 年関東軍司令官、33 年侍従武官長。45 年 11 月逮捕令、同月自決。
(248) 土肥原賢二（16 期）、1913 年北京駐在、18 年中国政府応聘（チチハル）、22 年坂西機関補佐官、31 年奉天特務機関長、32 年ハルビン特務機関長、45 年教育総監。45 年逮捕、48 年 A 級戦犯として刑死。
(249) 東條英機（17 期）、1935 年関東憲兵隊司令官、37 年関東軍参謀長、38 年陸軍次官、40 年陸相、41 年首相（内相、陸相、軍需相、参謀総長兼務）、大将。45 年 9 月自殺未遂、48 年 A 級戦犯として刑死。
(250) 杉山元（12 期）、1930 年陸軍次官、34 年参謀次長、37 年陸相、38 年北支那方面軍司令官、40 年参謀総長、44 年陸相、45 年 9 月自決。
(251) 米内光政（海兵 29 期）、1937 年海相、40 年首相、44 年海相。
(252) 畑俊六（12 期）、1938 年中支那派遣軍司令官、39 年侍従武官長、陸相、41 年支

那派遣軍総司令官、元帥。45 年逮捕、48 年 A 級戦犯として終身刑宣告。54 年仮釈放、58 年刑免除。

(253) 梨本宮守正王（7 期）、皇族、1931 年第 16 師団長、33 年軍事参議官、元帥。37 ～ 45 年臨時伊勢神宮祭主、45 年 12 月～ 46 年 4 月戦犯容疑者として勾留。

(254) 東久邇宮稔彦王（20 期）、1929 年少将・参謀本部付、33 年中将・第 2 師団長、35 年軍事参議官、38 年第 2 軍司令官、39 年大将、41 年防衛総司令官兼軍事参議官、45 年 8 月首相。

(255) 朝香宮鳩彦王（20 期）、皇族、1926 年陸大教官、30 年参謀本部付、33 年近衛師団長、35 年軍事参議官、1937 年上海派遣軍司令官、大将。

(256) 有田八郎、1936 年中国大使、同年、38 年、40 年に各外相。

(257) 松岡洋右、1935 年満鉄総裁、40 年外相。A 級戦犯に指名、46 年病死。

(258) 橋本欣五郎（23 期）、1922 年ハルビン特務機関、23 年満州里特務機関長、27 年トルコ公使館付武官、30 年ロシア班長、桜会結成、36 年大日本青年党統領、37 年野戦重砲兵第 13 連隊長、大佐。40 年大政翼賛会常任総務、42 年衆院議員、45 年 A 級戦犯に指名、48 年終身禁固判決、55 年仮釈放。

(259) 原文では「橋木欣五郎、徳富峰」となっている。

(260) 前掲『野坂参三選集・戦時編』449 ～ 450 頁。

第四章

(1) 劉建平「野坂参三与中国共産党的日本認識」(『当代中国史論　実証的知識呈現与思想表達』北京：社会科学文献出版社、2011 年）97 頁。

(2) 前掲「野坂参三与中国共産党的日本認識」102 頁。

(3)「野坂議長にきく 延安から東京まで 16」(赤旗 1971 年 8 月 31 日)。

(4) 李初梨「野坂同志在中国延安的年月里」(人民日報 1962 年 3 月 30 日)。

(5) 前掲『八路軍の日本兵たち』119、124 ～ 125 頁。

(6) 同上、122 ～ 123 頁。

(7) 前掲『毛沢東伝』下巻、684 頁。

(8) 前掲『毛沢東側近回想録』180 頁。

(9) 同上。

(10) 前掲『毛沢東年譜（下)』16 頁。

(11) 楊天石『找尋真実的蔣介石：蔣介石日記解読』(太原：山西人民出版社、2008 年）445 頁。

(12) 前掲『毛沢東年譜（下)』32 頁。

(13) 前掲『毛沢東伝』下巻、690 ～ 691 頁。

(14) 前掲『毛沢東年譜（下)』33 頁。

(15) 前掲『毛沢東側近回想録』183 頁。

(16)「必須実現双十協定」(解放日報 1945 年 10 月 19 日)。

(17)「同国民党談判的補充意見」(1945 年 10 月 29 日）前掲『毛沢東文集』第 4 巻、51 頁。

(18)「目前宣伝与談判的方針」(1945 年 11 月 7、8 日）前掲『毛沢東文集』第 4 巻、69 頁。

(19) フィリップ・ショート前掲『毛沢東』下巻、67 頁。

(20) 前掲「野坂議長にきく 16」。
(21) 和田春樹『歴史としての野坂参三』(平凡社、1996年) 126頁。
(22) 前掲『八路軍の日本兵たち』124頁。
(23) 前掲「野坂議長にきく 16」。
(24) 前掲「野坂議長にきく 17」(赤旗 1971年9月1日)。
(25) 前掲「野坂議長にきく 18」(赤旗 1971年9月2日)。
(26) 北平市政府「国民党政府北平行営関於防止日本共産党在日僑中進行活動的代電」1945年12月20日〜46年4月5日、北京市檔案館。
(27) 前掲「野坂議長に聞く 18」。
(28) 前掲「野坂議長に聞く 19」(赤旗、1971年9月3日)。
(29) 前掲「野坂議長に聞く 20」(赤旗、1971年9月)。
(30) 前掲『八路軍の日本兵たち』128〜129頁。
(31) 前掲『歴史としての野坂参三』128頁。
(32) 大森実は1974年の野坂へのインタビューの中で「これまで、あなたが山本懸蔵のことや、アメリカ潜伏、延安へのルート、延安からの戦後の帰国ルートなどについて、あまりにも語られないので、そこに疑問や猜疑の余地が生まれ、「野坂批判」が出ていたわけです」と提起している(『祖国革命工作』24頁)。
(33) 前掲『歴史としての野坂参三』126頁。
(34) 同上、125頁。
(35) 不破哲三『日本共産党にたいする干渉と内通の記録:ソ連共産党秘密文書から』下巻(新日本出版社、1993年) 268〜269頁。
(36) 同上、274頁。
(37) 前掲『歴史としての野坂参三』124〜125頁。
(38) 同上、125頁。
(39) 2011年1月22日発行、内部資料。以下「戦後日本革命の綱領討議資料」と略。渡部富哉は、同資料の解説で、不破『日本共産党にたいする干渉と内通の記録』、和田『歴史としての野坂参三』(初出は雑誌『思想』94年)で「戦後日本革命の綱領討議資料」が引用されているとした上で、「今回公開した資料が本邦初とは言えない」としつつ不破、和田の論文は全部を紹介していないと説明している(解説2〜3頁)。渡部は1997年にモスクワを訪問した際、資料を入手した(解説3頁)。
(40) 前掲「戦後日本革命の綱領討議資料」解説6頁。
(41) 前掲『歴史としての野坂参三』129頁。
(42) 前掲「戦後日本革命の綱領討議資料」1頁。
(43) 前掲『歴史としての野坂参三』131頁。
(44) 徳田球一、志賀義雄『獄中十八年』(時事通信社、1947年) 103頁。
(45) 同上、102頁。
(46) 朝日新聞 1945年10月11日。
(47) 竹前栄治「日本共産党が解放された日」(『中央公論』、1978年7月号) 189頁。
(48) 豊下楢彦『昭和天皇の戦後日本:〈憲法・安保体制〉にいたる道』(岩波書店、2015年) 87頁。
(49) 前掲『獄中十八年』102頁。
(50) 前掲「日本共産党が解放された日」167〜168頁。

(51) 荻野富士夫『特高警察体制史：社会運動抑圧取締の構造と実態』（せきた書房、1988年）417頁。
(52) 毎日新聞1945年8月21日。
(53) 同上、1945年8月19日。
(54) 朝日新聞1945年10月5日。
(55) 同上。
(56) 前掲「日本共産党が解放された日」168頁。
(57) 朝日新聞1945年9月30日。
(58) 読売報知新聞1945年10月1日。
(59) 毎日新聞1945年9月30日。
(60)「救援運動の再建と政治犯の釈放（3・完）：梨木作次郎に聞く」（『大原社会問題研究所雑誌』523号、2002年6月）57頁。
http://oisr-org.ws.hosei.ac.jp/images/oz/contents/523-4.pdf
(61) 岸見一郎『三木清 人生論ノート（100分de名著）』（日本放送協会・NHK出版、2018年）96～97頁。
(62) 久野収編『三木清』（筑摩書房、1966年）11～12頁。
(63) 前掲「救援運動の再建と政治犯の釈放（3）」53頁。
(64) 前掲「日本共産党が解放された日」168頁。
(65) 毎日新聞1945年10月4日。
(66) 朝日新聞1945年10月5日。
(67) 前掲『特高警察体制史』13～14頁。
(68) 朝日新聞1945年10月7日。
(69) 木戸日記研究会（代表・岡義武）『木戸幸一日記』下巻（東京大学出版会、1966年）1240頁。
(70)『昭和天皇実録』巻34、110～111頁。
(71) 同上、111～112頁。
(72)『昭和天皇実録』巻34、111頁。
(73) 前掲『昭和天皇の戦後日本』88頁。
(74) 前掲「日本共産党が解放された日」169～170頁。
(75) 毎日新聞1945年10月4日。
(76) 前掲「日本共産党が解放された日」173頁。
(77) 毎日新聞1945年10月4日。
(78) 前掲「日本共産党が解放された日」173頁。
(79) 前掲『ジョン・エマーソン回想録』218～220頁。
(80) 前掲『ジョン・エマーソン回想録』220～221頁。
(81) 前掲「日本共産党が解放された日」184頁。
(82) 前掲『ジョン・エマーソン回想録』220～221頁。
(83) 前掲「日本共産党が解放された日」183頁。
(84) 前掲「戦後日本革命の綱領討議資料」1頁。
(85) 同上、4頁。
(86) 同上、3頁。
(87) 同上、4頁。

（88）同上、4頁。
（89）前掲『日本共産党にたいする干渉と内通の記録』下巻、285頁。
（90）前掲『歴史としての野坂参三』139頁。
（91）同上、139頁。
（92）前掲「戦後日本革命の綱領討議資料」7頁。
（93）同上、9頁。
（94）前掲『歴史としての野坂参三』9頁。
（95）前掲「戦後日本革命の綱領討議資料」9頁。
（96）同上、12～13頁。
（97）同上、11頁。
（98）同上、15頁。
（99）同上、17、21頁。
（100）同上、19～20頁。
（101）同上、22頁。
（102）同上、23～28頁、前掲『歴史としての野坂参三』148～150頁。
（103）前掲「戦後日本革命の綱領討議資料」24頁。
（104）同上、39～40頁。
（105）前掲『歴史としての野坂参三』184頁。
（106）前掲『八路軍の日本兵たち』129頁。
（107）前掲『祖国革命工作』273頁。
（108）前掲『歴史としての野坂参三』157頁。
（109）前掲「延安から東京まで20」。
（110）朝日新聞1945年12月31日。
（111）前掲「延安から東京まで20、21」。
（112）朝日新聞1946年1月13日。
（113）同上、1946年1月14日。
（114）同上、1946年1月15日。
（115）前掲『歴史としての野坂参三』166頁。
（116）同上、179頁。
（117）前掲『延安リポート』（91頁）によると、1944年9月8日、延安に滞在した戦時情報局（OWI）要員のフィッシャーが、野坂から「日本共産党の計画」の説明を受けている。
（118）原秀成『日本国憲法制定の系譜Ⅰ：戦争終結まで』（日本評論社、2004年）237～242頁。
（119）『昭和天皇実録』巻34、94頁。
（120）同上、113～114頁。
（121）同上、114頁。
（122）同上、116～117頁。
（123）矢部貞治編著『近衛文麿』下巻（近衛文麿伝記編纂刊行会、1952年）585～589頁。
（124）渡辺治『戦後政治史の中の天皇制』（青木書店、1990年）93～106頁。
（125）前掲『近衛文麿』下巻、627頁。
（126）『昭和天皇実録』巻34、114頁。

(127) 前掲『米戦時情報局の「延安報告」と日本人民解放連盟』、付録資料Ⅰ。
(128) 前掲『日本国憲法制定の系譜Ⅰ』237 ～ 238 頁。
(129) 前掲『ジョン・エマーソン回想録』163 頁。
(130) 同上、163 ～ 164 頁。
(131) 同上、167 頁。
(132) 前掲『野坂参三選集・戦時編』365 ～ 371 頁。
(133) 前掲『日本国憲法制定の系譜Ⅰ』237 頁。
(134) 同上、250 ～ 251 頁。
(135) 同上、251 頁。
(136) 同上、250 頁。
(137) 同上、252 ～ 253 頁、238 頁。
(138) 前掲『近衛文麿』下巻、590 ～ 591 頁。
(139) 古関彰一『日本国憲法の誕生・増補改訂版』(岩波現代文庫、2017 年) 15 頁。
(140) 同上、16 頁。
(141) 原秀成『日本国憲法制定の系譜Ⅲ―戦後日本で』(日本評論社、2006 年) 777 ～ 784 頁。
(142) 同上、293 頁。
(143) 前掲『日本国憲法制定の系譜Ⅰ』252、238 ～ 239 頁。
(144) 前掲『日本国憲法制定の系譜Ⅲ』777 頁。
(145) 前掲『資料日本占領 1 天皇制』5 ～ 8 頁。
(146) 前掲『日本国憲法制定の系譜Ⅲ』314 頁。
(147) 前掲『ジョン・エマーソン回想録』227 頁。
(148) 同上、227 ～ 228 頁。
(149) 同上、228 頁。
(150) 筒井清忠『近衛文麿：教養主義的ポピュリストの悲劇』(岩波現代文庫、2009 年) 284 ～ 285 頁。
(151) 朝日新聞 1945 年 10 月 23 日。
(152)『昭和天皇実録』巻 34、122 頁。
(153) 同上、123 頁。
(154)『昭和天皇実録』巻 35、124 頁。
(155) ジョン・ダワー (三浦陽一他訳)『敗北を抱きしめて』下巻 (岩波書店、2001 年) 114 頁。
(156) 朝日新聞、毎日新聞 1945 年 10 月 29 日。
(157) 朝日新聞 1945 年 11 月 3 日。
(158)『昭和天皇実録』巻 34、146 ～ 147 頁。
(159) 同上、149 ～ 152 頁。
(160) 前掲『敗北を抱きしめて』下巻、115 頁。
(161) 前掲『昭和天皇の戦後日本』11 頁。
(162) 朝日新聞 1945 年 12 月 30 日。
(163) 前掲『昭和戦争の戦後日本』12 頁。
(164) 藤田尚徳『侍従長の回想』(講談社、1961 年) 185 頁。
(165)『昭和天皇実録』巻 34、157 頁。

(166) 前掲『敗北を抱きしめて』下巻、115 ～ 116 頁。
(167) 前掲『昭和天皇の戦後日本』16 頁。
(168) 毎日新聞 1946 年 2 月 1 日。
(169) 前掲『昭和天皇の戦後日本』14 頁。
(170)『昭和天皇実録』巻 35、19 頁。
(171) 前掲『日本国憲法の誕生』144 ～ 145 頁。
(172) 前掲『資料日本占領 1 天皇制』463 ～ 464 頁。
(173) 前掲『敗北を抱きしめて』下巻、129 ～ 130 頁。
(174) 同上、142 頁。
(175) 同上、151 頁。
(176) 同上、152 頁。
(177)『昭和天皇実録』巻 35、38 ～ 40 頁。
(178) 進藤栄一編纂者代表『芦田均日記』第一巻（岩波書店、1986 年）78 頁。
(179) 前掲『日本国憲法の誕生』194 頁。
(180)『昭和天皇実録』巻 35、164 頁。
(181) 朝日新聞 1946 年 1 月 15 日。
(182) 同上、1946 年 2 月 25 日。
(183) 前掲『歴史としての野坂参三』170 頁。
(184) 同上、171 頁。
(185) 同上、181 頁。

第五章

(1)「戦争罪犯処理委員会対日戦犯処理政策会議記録」台北：国史館。秦孝儀主編『中華民国重要史料初編：対日抗戦時期第二編・作戦経過』（中国国民党中央委員会党史委員会、1981 年、419 ～ 428 頁）にも同様の記載がある。
(2) 前掲「戦争罪犯処理委員会対日戦犯処理政策会議記録」。
(3) 黄自進『蔣介石と日本：友と敵のはざまで』（武田ランダムハウスジャパン、2011 年）16 ～ 25 頁。
(4)「蔣介石日記」は 2009 年 7 月に 1917 ～ 72 年 7 月 21 日までの公開が完了した。蔣介石遺族の蔣方智怡が、フーヴァー研究所に管理を委託した。蔣介石が日々の出来事や自身の考えを毛筆で印し、毎日の天気・気温、注意事項、前週の反省や翌週の予定などが記載されている。同研究所での閲覧は筆写のみ認められ、用紙や鉛筆も同研究所のものを使用するなど、厳格に管理されている。
(5) 国民政府の日本人戦犯リストの分析と昭和天皇訴追回避の経緯については、城山英巳「国民政府「対日戦犯リスト」と蔣介石の意向：天皇の訴追回避と米国の影響に関する研究」（『ソシオサイエンス』Vol.20、2014 年 3 月）を参照。
(6) 前掲『蔣介石と日本』106 頁。
(7) 徐道隣「日本は敵か友か」（『中央公論』1935 年 4 月）。
(8) 前掲『蔣介石と日本』139 頁、家近前掲『蔣介石の外交戦略と日中戦争』71 ～ 72 頁。
(9) 西村成雄、国分良成『叢書中国的問題群 1 党と国家 政治体制の軌跡』（岩波書店、

2009年）44頁。

（10）林博史『BC級戦犯裁判』（岩波新書、2005年）23〜24頁、胡菊蓉『中外軍事法廷審判日本戦犯：関於南京大虐殺』（天津：南開大学出版社、1988年）93〜94頁、伊香俊哉「中国国民政府の日本戦犯処罰方針の展開（上）」（『季刊戦争責任研究』第32号、2001年夏季号）53頁。

（11）前掲「中国国民政府の日本戦犯処罰方針の展開（上）」53頁。

（12）前掲『中外軍事法廷審判日本戦犯』110頁。

（13）「我国成立敵人罪行調査委員会案」「外交部檔案」1943〜45年、台北：国史館。

（14）同上。

（15）前掲『中外軍事法廷審判日本戦犯』111頁。

（16）The United Nations War Crimes Commission の略。

（17）前掲『中外軍事法廷審判日本戦犯』95頁。

（18）前掲「中国国民政府の日本戦犯処罰方針の展開（上）」53頁。

（19）前掲『中外軍事法廷審判日本戦犯』95〜96頁。

（20）「戦争罪犯処理委員会」「外交部檔案」1945年10月26日〜46年11月1日、台北：国史館。

（21）前掲『中外軍事法廷審判日本戦犯』112〜113頁、宋志勇「終戦前後における中国の対日政策：戦争犯罪裁判を中心に」（立教大学『史苑』第54巻第1号、1994年）72頁。

（22）前掲「戦争罪犯処理委員会」。

（23）「国民党政府軍事委員会、行政院関於進行日本戦犯罪証調査的通令」1946年4月9〜23日、北京市檔案館。

（24）前掲「戦争罪犯処理委員会対日戦犯処理政策会議記録」。

（25）前掲「戦争罪犯処理委員会対日戦犯処理政策会議記録」。

（26）前掲『中外軍事法廷審判日本戦犯』115頁。

（27）「中国に於ける戦犯裁判概況」（参考情報乙第57号）JACAR :C14010426000、1946年7月31日資料課（防衛省防衛研究所）。

（28）「日本軍事犯案巻」「外交部檔案」1944年10月20日〜45年8月20日、台北：国史館。

（29）同上。

（30）多田駿（15期）、1917中国政府応聘（北京陸大教官）、26年同、31年同、32年満州国軍政部最高顧問、35年支那駐屯軍司令官、37年参謀次長、39年北支那方面軍司令官、45〜48年戦犯として勾留。

（31）前掲「日本軍事犯案巻」。

（32）北岡伸一「支那課官僚の役割：政軍関係の再検討のために」（日本政治学会編『年報政治学・近代化過程における政軍関係』岩波書店、1990年）1〜2頁。本論文は北岡『官僚制としての日本陸軍』（筑摩書房、2012年、103〜143頁）にも収録されている。

（33）戸部良一『日本陸軍と中国「支那通」にみる夢と蹉跌』（講談社選書メチエ、1999年）11〜17頁。戸部は、「支那」という呼称に侮蔑の意味が込められていることについて「もともと侮蔑の意味はなかった」とした上で、「こうした表現・呼称には、当時の日本人の中国観が色濃く映し出されており、これを中国と置き換えた

のでは、それこそその言葉の持つ独特のニュアンスが伝わらなくなってしまう」と説明している（10～11頁)。北岡は「支那課官僚の役割」の註で「彼等が本当の意味で中国問題の専門家であったかどうかについては疑問も多い。中国専門家という言葉を使わず、やや問題のある支那通という言葉を使うのはそのためである。実際、当時から、支那通という言葉は、しばしば皮肉な意味で使われた」としている。

(34)「日本主要戦犯名単」「外交部檔案」1945年7月19日～46年2月20日、台北：国史館。

(35) 板垣征四郎（16期)、1917年昆明駐在、19年中支那派遣隊参謀、22年支那課、24年公使館付武官補佐官（北京)、26年支那課、29年関東軍参謀、32年満州国執政顧問、33年在天津、34年満州国軍政部最高顧問、関東軍参謀副長兼駐満大使館付武官、36年関東軍参謀長、38年陸相、39年支那派遣軍総参謀長。46年逮捕、48年A級戦犯として刑死。

(36) 広田弘毅、1905年東大法学部卒、06年外交官試験合格、23年欧米局長、26年オランダ公使、30年ソ連大使、33年外相、36年首相兼外相、37年外相。48年A級戦犯として文官として唯一刑死。

(37) 谷寿夫（15期)、1935年第六師団長、中将。46年逮捕、中国引き渡し。47年判決、南京で刑死。

(38) 和知鷹二（26期)、1924年支那課、25年支那研究員、1928年済南駐在武官、31年関東軍参謀、32年広東駐在武官、35年太原特務機関長、36年支那駐屯軍参謀、38年蘭機関長、中将。46年戦犯として巣鴨拘置所に勾留、48年重労働六年判決、50年仮釈放。

(39) 酒井隆（20期)、1923年杭州駐在、24年漢口駐在、28年第六師団司令部付、29年天津駐屯歩兵隊長、32年支那課長、34年支那駐屯軍参謀長、38年張家口特務機関長、39年興亜院蒙疆連絡部長官、45年酒井機関（北京)、中将。同年逮捕、46年死刑判決、南京で刑死。

(40) 磯谷廉介（16期)、1920年広東駐在武官、25年同、33年参謀本部第二部長、35年公使館（大使館）付武官、38年関東軍参謀長、42年香港総督、中将。45年逮捕命令、46年巣鴨拘置所収容、南京移送・起訴、47年終身刑判決、52年釈放。

(41) 喜多誠一（19期)、1911年天津駐屯歩兵隊付、25年支那班長、28年支那班長、29年南京駐在武官、32年上海派遣軍情報参謀、関東軍参謀、34年支那課長、36年大使館付武官、37年天津特務機関長、北支那方面軍特務部長、39年興亜院華北連絡部長官、大将。47年シベリア収容所で病死。

(42)「蔣介石日記」1945年9月21日。

(43) 前掲「日本主要戦犯名単」。

(44)「蔣介石日記」1945年9月30日（上月反省録)。

(45) 筒井前掲『近衛文麿』291頁。

(46) 粟屋憲太郎『東京裁判への道』上巻（講談社選書メチエ、2006年）72頁。

(47) 小磯国昭（12期)、1932年陸軍次官、関東軍参謀長兼特務部長、44年首相、大将。45年逮捕、48年A級戦犯として終身刑。

(48) 前掲「終戦前後における中国の対日政策」74頁。

(49) 稲葉正夫編『岡村寧次大将資料・上 戦場回想篇』(原書房、1970年）88頁。

(50) 同上、103頁。
(51) 同上、104頁。
(52) 同上、105頁。
(53) 同上、108頁。
(54) 前掲「戦争罪犯処理委員会対日戦犯処理政策会議記録」。
(55) 前掲「中国国民政府の日本戦犯処罰方針の展開（上）」55頁。
(56) 前掲『中外軍事法廷審判日本戦犯』144～145頁。
(57) 同上、145～148頁。
(58) 秦郁彦『南京事件：「虐殺」の構造（増補版）』（中公新書、1986年、増補版2007年）48頁。
(59) 中島今朝吾（15期）、1918年フランス駐在、36年憲兵司令官、37年第16師団長、中将、45年10月死去。
(60) 佐々木到一（18期）、1921年支那班、22年広東武官、24年兵要地誌班長、26年支那公使館付武官補佐官（北京）、27南京駐在、32年上海派遣軍参謀、関東軍司令部付（満州国軍政部顧問）、34年満州国軍政治部最高顧問、37年歩兵30旅団長、38年支那派遣憲兵隊司令官、39年第10師団長、45年第149師団長、少将、55年5月撫順収容所で死去。
(61) 佐々木到一「南京攻略記」（昭和戦争文学全集編集委員会『昭和戦争文学全集別巻・知られざる記録』集英社、1965年）209～260頁。
(62) 佐々木到一『ある軍人の自伝』（1963年、普通社）111頁。同書は「予の支那生活を語る（上・下）」として書かれ、1939年7月稿の表記がある。
(63) 同上、113頁。
(64) 橋川文三、前掲『知られざる記録』解説、463頁。
(65) 同上。
(66) 前掲『岡村寧次大将資料・上』150頁。
(67) 前掲『中外軍事法廷審判日本戦犯』150～158頁。
(68) 前掲『岡村寧次大将資料・上』150頁。
(69) 前掲「戦争罪犯処理委員会」。
(70) 根本博（23期）、1926年支那研究員、同年南京駐在武官、27年南京事件で負傷、29年支那班長、32年上海駐在武官、33年支那駐屯軍司令部付、37年北支那方面軍司令部付、38年同軍特務部総務課長、同軍参謀副長、39年興亜院華北連絡部次長、40年南支那方面軍参謀長、44年駐蒙軍司令官、45年北支那方面軍司令官兼務、中将。49年5月～52年6月国民政府の対中国共産党作戦に協力。
(71)「平津地区日本官兵善後連絡部関於中将酒井隆擬最近返国請簽准的函」1945年12月8～13日、北京市檔案館。
(72) 重慶大公報1945年8月16日。酒井のほかには土肥原賢二、岡村寧次、松井石根の名前が挙げられた。
(73) 前掲『岡村寧次大将資料・上』135頁。
(74) 東京朝日新聞1946年9月15日。
(75) 李東朗「国民党対日本戦犯的審判：很不仔細、很不徹底」人民網2014年6月13日、出典は『百年潮』。
(76) 高橋坦（27期）、1930年支那研究員（北京、鄭州、上海駐在）、33年南京駐在武

官、34年公使館付武官補佐官（北平）、35年支那班長、38年中支那派遣軍参謀、44年北支那方面軍参謀長、中将。48年4月中国軍事法廷で無期禁固宣告。52年仮釈放。

(77) 前掲「中国に於ける戦犯裁判概況」。
(78) 和田英穂「国民政府の対日戦後処理方針の実際：戦犯問題と賠償問題」（『若手研究者研究成果報告論集 NO1』、2006年）127〜128頁。
(79) 小笠原清（42期）、1941年支那派遣軍参謀、43年軍務課、45年兼大本営参謀、支那派遣軍上海陸軍部員兼参謀、47年12月復員。
(80) 前掲『岡村寧次大将資料・上』145頁。
(81) 小林一博『「支那通」一軍人の光と影：磯谷廉介中将伝』（柏書房、2000年）233〜234頁。
(82) 同上、235頁。
(83) 同上、252、263頁。
(84) 同上、264頁。
(85) 同上、260頁。
(86) 同上、234頁。
(87) 同上、237頁。
(88) 前掲「日本主要戦犯名単」。
(89) 同上。
(90) 前掲『資料日本占領1天皇制』405頁。
(91) 山極晃「研究ノート・中華民国政府の「日本人主要戦犯名簿」について：天皇の戦犯指名問題を中心に」（『横浜市立大学論叢（人文科学系列）』、第41巻第1・2・3合併号）179頁。
(92) 前掲「日本主要戦犯名単」。
(93) 同上。
(94) 同上。
(95) 同上。
(96) 同上。
(97) 同上。
(98) 同上。
(99) 同上。
(100) 同上。
(101) 前掲『蔣中正総統檔案：事略稿本62』（台北：国史館、2006年）665〜669頁。
(102) 前掲『中華民国重要史料初編：対日抗戦時期第二編・作戦経過』418頁。
(103) 同上、417頁。
(104) 前掲「日本主要罪犯名単」。
(105)「蔣介石日記」1945年10月14日。
(106) 前掲「日本軍事犯案」。
(107)『蔣介石秘録：日中関係八十年の証言』下巻（サンケイ新聞社、1985年）245頁。
(108)「蔣介石日記」1945年10月8日。
(109) 前掲「日本主要戦犯名単」。
(110) 前掲「研究ノート・中華民国政府の「日本人主要戦犯名簿」について」181頁。

(111) 前掲『資料日本占領 1 天皇制』405 頁。
(112) 同上、404 頁。
(113) 同上。
(114) 同上、327 頁。
(115) 同上。
(116) 重慶大公報 1945 年 7 月 28 日。
(117) 前掲『資料日本占領 1 天皇制』405 ～ 406 頁。
(118) 中村政則『象徴天皇制への道：米国大使グルーとその周辺』（岩波新書、1989 年）122 頁。
(119) 古川『昭和天皇：「理性の君主」の孤独』（中公新書、2011 年）289 ～ 299 頁。
(120) 前掲『資料日本占領 1 天皇制』406 頁。
(121) 同上、407 頁。
(122)「敵人罪行調査」「外交部檔案」1945 年 10 月 9 日～ 46 年 10 月 11 日、台北：国史館。申報（45 年 7 月 23 日）によると、国民参政会第四期第 1 回大会は同年 7 月 7 日開幕し、20 日に閉幕した。
(123) 前掲「敵人罪行調査」。
(124) 国防最高委員会「請提出国際指定日本皇室為戦罪犯案」(1945 年 10 月 2 日)を入手。粟屋憲太郎・NHK 取材班『NHK スペシャル東京裁判への道』(日本放送出版協会、1994 年、70 頁）に同様の記述がある。
(125) 前掲「日本主要戦犯名単」。
(126) 読売報知 1945 年 12 月 1 日。
(127)「関於処理日本問題案」1945 年 12 月 28 日、台北：中国国民党文化伝播委員会党史館。国史館に所蔵の「戦後対日政策」(「外交部檔案」1944 年 3 月 17 日～ 47 年 9 月 11 日）によれば、46 年 1 月 15 日、国民党中央執行委員会秘書処は外交部への公電で「日本問題処理の意見書」修正案を伝達している。
(128) 前掲『資料日本占領 1 天皇制』（330 ～ 331 頁）には、国防最高委員会の審議決定のための参考資料として「日本問題処理に関する意見」（45 年 8 月 12 日）を掲載している。
(129) 前掲『資料日本占領 1 天皇制』194 ～ 198 頁。
(130) 武田清子『天皇観の相克：1945 年前後』（岩波現代文庫、2001 年）175 ～ 177 頁。
(131) 前掲『蔣介石秘録』下巻、377 頁。
(132) 前掲『日華・風雨の七十年』27 頁 .
(133) 前掲『蔣介石秘録』下巻、377 頁。
(134)「蔣介石日記」1943 年 11 月 23 日。
(135) 五百旗頭真『米国の日本占領政策：戦後日本の設計図（上・下)』(中央公論社、1985 年)。
(136) 前掲『米国の日本占領政策』上巻、155 ～ 159 頁。
(137) 同上、159 ～ 160 頁。
(138) 同上、165 頁。
(139) 秦孝儀主編『中華民国重要史料初編：対日抗戦時期第三編・戦時外交』（中国国民党中央委員会党史委員会、1981 年）498 ～ 500 頁。
(140) 前掲『資料日本占領 1 天皇制』232 ～ 233 頁。

(141) 前掲『米国の日本占領政策』上巻、165頁。
(142) 同上。
(143) 同上、165～166、314頁。
(144) 前掲「中国における「戦争責任二分論」の系譜」27頁。
(145) 1942年1月1日、米英中ソなど連合国26カ国が署名した宣言で、その後の国際連合の基礎となった。41年8月14日に公表された大西洋憲章（英米共同宣言）の八項目を基本原則にしている。
(146) 前掲『資料日本占領1天皇制』233頁。
(147)「蔣介石日記」1942年1月3日。
(148) 前掲『蔣介石秘録』下巻、340頁。
(149) 同上、341～342頁。
(150) 蔣介石（波多野乾一訳）『中国の命運』（日本評論社、1946年）96頁。
(151) 前掲『蔣介石と日本』194頁。
(152)『昭和天皇実録』(巻34、98頁)には9月25日午後4時にベイリー謁見の記述がある。
(153)「蔣介石と日本を語る：UP通信社長ヒュー・ベイリー氏手記」（毎日新聞1945年10月19日）。
(154) 毎日新聞、朝日新聞1946年2月7日。
(155) 前掲『日華・風雲の七十年』106～110頁。
(156) 同上、108頁。
(157) 吉田裕『昭和天皇の終戦史』（岩波新書、1992年）119～120頁。
(158) 前掲『芦田均日記』第1巻、82頁。
(159) 読売報知1946年2月27日。
(160)「昭和天皇の独白八時間：太平洋戦争の全貌を語る」(『文藝春秋』1990年12月号) 98～99頁。
(161) 古川前掲『昭和天皇』331、336頁。
(162) 前掲『蔣介石と日本』194～195頁。
(163) ヒュー・ボートン（五味俊樹訳）『戦後日本の設計者 ボートン回想録』(朝日新聞社、1998年）133頁。
(164)「蔣介石日記」1945年9月9日。
(165) 前掲『蔣介石と日本』180～181頁。
(166) 前掲「戦後対日政策」。
(167) 同上。
(168)「日本天皇世系問題」「外交部檔案」1946年10月25日～48年10月29日、台北：国史館。
(169) 中国第二歴史檔案館編『中華民国史檔案資料滙編・第5輯第3編外交』(南京：鳳凰出版伝媒集団、2000年、363～484頁。
(170) 前掲『資料日本占領1天皇制』580～581頁。
(171) 外務省中国課「国民政府における日本進駐問題と天皇戦犯論について」1964年1月17日「天皇制問題一件」1945年12月～1964年1月（A'3005）外務省外交史料館。
(172) 前掲『蔣介石秘録』下巻、502頁。
(173) 朝日新聞1998年6月14日。

（174）前掲『蔣介石秘録』下巻、502 ～ 503 頁。
（175）同上、503 ～ 504 頁。
（176）同上、504 頁。
（177）朝日新聞 1963 年 11 月 2 日。
（178）読売新聞 1947 年 7 月 24 日、8 月 25 日。
（179）前掲『蔣介石秘録』下巻、452 ～ 453 頁。
（180）朝日新聞 1948 年 9 月 12 日。
（181）前掲『近代日本対日観の研究』182 頁。
（182）「蔣介石日記」1946 年 5 月 3 日。
（183）同上、1948 年 12 月 24 日。

第六章

（1）朝日新聞法廷記者団『東京裁判』上巻（東京裁判刊行会、1962 年）293 頁。
（2）重光葵『昭和の動乱』上巻（中公文庫、2001 年、原版 1952 年、中央公論社）43 頁。
（3）『極東国際軍事裁判速記録・第 1 巻』第 25 号（雄松堂書店、1968 年）277 頁。
（4）田中隆吉「私は関東軍を告発する」（『人物往来』1965 年 5 月号、人物往来社）45 頁。
（5）河本大作「私が張作霖を殺した」（『文藝春秋』1954 年 12 月号）194 ～ 201 頁。
（6）粟屋憲太郎他編『東京裁判資料・田中隆吉尋問調書』（大月書店、1994 年）24 頁。
（7）建川美次（13 期）、1904 年日露戦争出征（建川挺身隊長）、28 年中国公使館付武官、29 年参謀本部第二部長、31 年同第一部長、ジュネーブ軍縮会議全権随員、32 年国際連盟常設委陸軍代表、中将、36 年予備役、40 年駐ソ大使、44 年翼賛壮年団長。
（8）前掲『東京裁判資料・田中隆吉尋問調書』、二頁。
（9）田中隆吉「上海事変はこうして起された」（『別冊知性・秘められた昭和史』12 月号、河出書房、1956 年）182 ～ 183 頁。
（10）『昭和天皇実録』巻 25、96 ～ 97 頁。
（11）田中隆吉「かくて天皇は無罪になった」（『文藝春秋』1965 年 8 月号）198 ～ 200 頁。
（12）田中稔「父のことども」（田中隆吉、田中稔『田中隆吉著作集』、1979 年）535 ～ 537 頁。
（13）江口手記によると、田中隆吉がキーナンから聞いたところでは、天皇有罪論ないし天皇を出廷させるべきと主張したのはイギリス、豪州、カナダ、ニュージーランド、ソ連だったという（前掲「父のことども」546 頁）。一方、前掲「かくて天皇は無罪になった」でキーナンの言葉として「ソ連は天皇死刑、フランス、オーストラリア、オランダは天皇有罪を主張している」（202 頁）と記している。しかし粟屋憲太郎の研究では「検察局の被告選定作業で、正式に天皇訴追を要求したのはオーストラリア一国だけだった」としている（前掲『東京裁判への道』上巻、153 頁）。
（14）前掲「父のことども」545 ～ 546 頁。
（15）前掲「かくて天皇は無罪になった」201 頁。
（16）読売報知 1945 年 12 月 8 日。
（17）前掲『東京裁判への道』上巻、152 頁。

(18) 前掲「かくて天皇は無罪になった」202 頁。
(19) 朝日新聞 1946 年 6 月 20 日。
(20) 前掲「かくて天皇は無罪になった」199 頁。
(21) 同上、202 頁。
(22) 朝日新聞法廷記者団『東京裁判』中巻（東京裁判刊行会、1962 年）913 頁。
(23) 前掲「父のことども」547 頁。
(24) 前掲「かくて天皇は無罪になった」203 頁。
(25) 前掲「父のことども」557 頁。
(26) 前掲「かくて天皇は無罪になった」203 頁。
(27) 前掲「父のことども」558 頁。
(28) 前掲「かくて天皇は無罪になった」203 ～ 204 頁。
(29) 前掲『東京裁判』中巻、953 頁。
(30) 前掲「かくて天皇は無罪になった」204 頁、「父のことども」559 頁。
(31) 前掲「かくて天皇は無罪になった」204 頁。
(32) 前掲「かくて天皇は無罪になった」205 頁、「父のことども」560 頁。
(33) 前掲「父のことども」514 ～ 515 頁。
(34) 同上、512 頁。
(35) 同上、514 ～ 516 頁。
(36) 同上、516 ～ 518 頁。
(37) 同上、520 ～ 523、530 頁。
(38) 同上、531 頁。
(39) 秦郁彦『昭和史の軍人たち』（文春学藝ライブラリー、2016 年、原版 1982 年）161 頁。
(40) 前掲「父のことども」531 頁。
(41) 同上、531 ～ 532 頁。
(42) 前掲『田中隆吉尋問調書』解説、380 頁。
(43) 前掲「父のことども」532 頁。
(44) 田中隆吉『敗因を衝く：軍閥専横の実相』（中公文庫、1988 年）9 ～ 12 頁。
(45) 前掲「父のことども」534 ～ 535 頁。
(46) 前掲『田中隆吉尋問調書』解説、382 頁。
(47) 前掲「かくて天皇は無罪になった」199 ～ 200 頁。
(48) 同上、202 頁。
(49) 前掲「父のことども」550 頁。
(50) 前掲『東京裁判』中巻、288 頁。
(51) 前掲「父のことども」563 頁。このコメントは朝日、読売、毎日新聞には掲載されておらず、秦郁彦『昭和史の軍人たち』によると、48 年 11 月 18 日付時事新報に掲載された。
(52) 前略「父のことども」564 頁。
(53) 読売新聞 1948 年 12 月 25 日。
(54) 前掲「父のことども」564 頁。
(55) 同上 565 ～ 568 頁。
(56) 同上、568 頁。

(57) 前掲『昭和史の軍人たち』146 ～ 147 頁。
(58) 前掲「父のことども」579 ～ 580 頁。
(59) 同上、570、573 ～ 576 頁。
(60) 前掲『田中隆吉尋問調書』解説、380 頁。
(61) 武藤章『比島から巣鴨へ』(実業之日本社、1952 年) 295、307 頁。
(62) 辻政信『潜行三千里』(毎日新聞社、1950 年) 25 ～ 26 頁。
(63) 杉森久英『参謀・辻政信』(河出文庫、1982 年) 162 頁。
(64) 前掲『潜行三千里』76 ～ 84 頁。
(65) 同上、171 ～ 172 頁。
(66) 柴山兼四郎 (24 期)、1925 年支那研究員、28 年張学良顧問補佐官、33 年公使館付武官補佐官 (北平)、37 年軍務課長、38 年天津特務機関長、39 年漢口特務機関長、43 年南京政府最高軍事顧問、44 年陸軍次官、中将。48 年戦犯として勾留、禁固 7 年判決、51 年仮釈放。
(67) 前掲「昭和天皇の独白八時間」98 ～ 99 頁。
(68) 寺崎英成、マリコ・テラサキ・ミラー『昭和天皇独白録』(文春文庫、1995 年) 125 頁。
(69)「対重慶政治工作実施ニ関スル件」(国家機密)、JACAR: C12120400000 (防衛省防衛研究所)。
(70) 小磯国昭自叙伝刊行会 (委員長・田中武雄)『葛山鴻爪』(中央公論事業出版、1963 年) 811 頁。
(71) 山県初男 (12 期)、1903 年清国派遣、07 年清国駐屯軍司令部付、08 年関東都督府陸軍部副官、15 年雲南出張、18 年雲南出張、22 年雲南駐在、大佐。
(72) 重光葵 (伊藤隆他編)『重光葵手記』(中央公論社、1986 年) 474 頁。
(73) 前掲『葛山鴻爪』814 ～ 815 頁。
(74) 読売報知 1945 年 11 月 15 日。
(75) 緒方竹虎伝記刊行会編『緒方竹虎』(朝日新聞社、1963 年) 139 頁。
(76) 東久邇宮稔彦『私の記録』(東方書房、1947 年) 75 ～ 79 頁。
(77) 例えば緒方竹虎『一軍人の生涯』(文藝春秋新社、1955 年、124 ～ 145 頁)、東久邇宮『一皇族の戦争日記』(日本週報社、1957 年、176 ～ 179 頁)。
(78) 前掲『緒方竹虎』138 頁。
(79)『昭和天皇実録』巻 33、90 頁。
(80) 同上、90 ～ 91 頁。
(81) 前掲『緒方竹虎』138 頁。
(82) 前掲『重光葵手記』467 ～ 468 頁。
(83) 同上、471 頁。
(84)『昭和天皇実録』巻 32、92 頁。
(85) 前掲『昭和天皇独白録』124 ～ 125 頁。
(86) 中村正吾『永田町一番地：外交敗戦秘録』(ニュース社、1946 年) 195 ～ 196 頁。
(87) 前掲『一軍人の生涯』125 頁。
(88) 田村真作『愚かなる戦争』(創元社、1950 年) 118 ～ 119 頁。
(89) 前掲『潜行三千里』173 ～ 191 頁。
(90) 前掲『愚かなる戦争』178 ～ 179 頁。
(91) 岩井英一「藍衣社ニ関スル調査」(外務省調査部第 5 課、1937 年 6 月)。早稲田大

学図書館に所蔵されている。
(92) 前掲『愚かなる戦争』179 ～ 180 頁。
(93) 草柳大蔵『実録満鉄調査部』下巻（朝日文庫、1983 年）160 ～ 161 頁。
(94) 前掲『潜行三千里』196 ～ 197 頁。
(95) 前掲『愚かなる戦争』181 頁。
(96)「真実的戴笠」（『南都週刊』2012 年第 14 期）38、41 頁。
(97) 横山銕三『「繆斌工作」成ラズ』（展転社、1992 年）145 頁。
(98) 前掲『「繆斌工作」成ラズ』146 頁、『潜行三千里』208 頁。
(99) 読売報知 1946 年 4 月 11 日。
(100) 前掲『潜行三千里』208 ～ 209 頁。
(101) 前掲『愚かなる戦争』182 頁、読売新聞 1946 年 5 月 24 日。
(102) 劉傑『漢奸裁判』（中公新書、2000 年）278 ～ 279、186 頁。
(103) 同上、250、182 頁。
(104) 田村真作『繆斌工作』（三栄出版社、1953 年）194 ～ 195 頁。
(105) 同上、195 頁。
(106) 前掲『一軍人の生涯』126 頁。
(107) 蔣君輝『扶桑七十年の夢』（扶桑七十年の夢刊行会、1974 年）。
(108) 同上、111 ～ 122 頁。
(109) 前掲『「繆斌工作」成ラズ』142 頁。
(110) 同上、27 頁。
(111) 読売報知 1945 年 11 月 3 日。
(112) 前掲『木戸幸一日記』下巻、1256 頁。
(113) 木戸孝彦「東京裁判と木戸幸一：木戸幸一被告を弁護した立場から」（木戸日記研究会・代表岡義武）『木戸幸一日記 東京裁判期』東京大学出版会、1980 年）496 頁。
(114) 前掲『木戸幸一日記 東京裁判期』4 頁。
(115) 前掲「東京裁判と木戸幸一」497 ～ 498 頁。
(116) 前掲『「繆斌工作」成ラズ』147 頁。
(117) 読売新聞 1947 年 11 月 4 日。
(118) 前掲『愚かなる戦争』183 頁。
(119) 前掲『汪政権実録』下集、152 ～ 153 頁。
(120) 前掲『岡村寧次大将資料』上巻、3 ～ 4 頁。
(121) 前掲『岡村寧次大将資料』上巻、7 頁。
(122) 同上、10、12 頁。
(123) 同上、21 頁。
(124) 前掲『支那事変の回想』225 頁。
(125) 前掲『岡村寧次大将資料』上巻、21 ～ 23 頁。
(126) 前掲『支那事変の回想』238 頁。
(127) 前掲『岡村寧次大将資料』上巻、23 頁。
(128) 同上、40 頁。
(129) 同上、25 ～ 26 頁。
(130) 同上、59 ～ 60 頁。
(131) 同上、62 頁。

(132) 前掲『支那事変の回想』262、272 頁。
(133) 前掲『岡村寧次大将資料』上巻、62 頁。
(134) 同上、93 頁。
(135) 同上、95 頁。
(136) 同上、96 頁。
(137) 同上、93 頁。
(138) 同上。
(139) 前掲『支那事変の回想』248、251 頁。
(140) 前掲『岡村寧次大将資料』上巻、95 頁。
(141) 同上、96 頁。
(142) 同上、97 頁。
(143) 同上、104 頁。
(144) 同上、98、100、130 頁。
(145) 堀内干城、東亜同文書院卒、京都帝大卒、外務省入省、天津・北平総領事などを経て 1939 年東亜局長、40 年駐華特命全権公使上海総領事、48 年帰国。
(146) 前掲『岡村寧次大将資料』上巻、99 頁。
(147) 勝野康助「在中華民国南京大使館堀内公使ヨリ総理及外務大臣ニ報告ノ件」1946 年 3 月 12 日（上海ニテ聴取）外務省外交史料館。
(148) 前掲「わが国の中国外交裏面史」82 頁。
(149) 前掲『岡村寧次大将資料』上巻、110 頁。
(150) 同上。1945 年 12 月 8 日付読売報知は、延安発 AP 共同電で報道している。それによると、中共戦争犯罪人委員会は、岡村が 1942 年 5 月、北支那方面軍司令官時代に河北省中部の農村で全村破壊を命じ、800 人以上の老若男女をトンネルに追い込み窒息死させたほか、同年に太原でも 200 人以上の八路軍兵士の虐殺を命令したと主張している。
(151)「蔣介石漢奸面貌徹底暴露 派岡村寧次到徐州 直接指揮蔣軍作戦」（人民日報 1947 年 6 月 16 日）。
(152) 前掲『岡村寧次大将資料』上巻、115 頁。
(153) 同上、111 頁。
(154) 同上、111 〜 112 頁。
(155) 同上、112 〜 113、115、161 頁。
(156) 同上、116、168 頁。
(157) 同上、175、116 〜 117 頁。
(158) 同上、117 〜 118 頁。
(159) 同上、181 〜 183 頁。
(160) 同上、183 頁。
(161) 同上、188 頁。
(162) 同上、192 頁。
(163) 読売新聞 1949 年 1 月 28 日。
(164) 前掲『毛沢東年譜（下）』434 〜 435 頁。
(165) 前掲『岡村寧次大将資料』上巻、194 頁。
(166) 同上、123 〜 124 頁。

(167) 同上、126 ～ 128 頁。
(168) 同上、196 頁。
(169) 読売新聞 1949 年 2 月 5 日。
(170)「中共発言人関於命令国民党反動政府重新逮捕前日本侵華軍総司令岡村寧次和逮捕国民党内戦罪犯的談話」（『毛沢東選集』第 4 巻、北京：人民出版社、1991 年）1393 ～ 1394 頁。
(171) 前掲『岡村寧次大将資料』上巻、196 ～ 197 頁。
(172) 前掲『岡村寧次大将資料』上巻、198 ～ 199 頁。
(173) 読売新聞 1949 年 2 月 5 日。
(174) 小笠原清「蔣介石をすくった日本将校団」(『文藝春秋』1971 年 8 月号)158 ～ 166 頁。
(175) 同上、164 頁。
(176) 岩坪博秀（42 期）、1942 年第 23 軍参謀（香港総督部参謀兼任）、52 年から 18 年間、軍事顧問として台湾勤務。
(177) 岩坪博秀「白団―中華民国軍事顧問団―について」（『昭和軍事秘話―同台クラブ講演集―中巻』1989 年、344 ～ 374 頁）。このほか「白団」を扱った著作として中村祐悦『白団（パイダン）：台湾軍をつくった日本軍将校たち』（芙蓉書房出版、1995 年）、野嶋剛『ラスト・バタリオン：蔣介石と日本軍人たち』（講談社、2014 年）がある。
(178) 前掲「蔣介石をすくった日本将校団」158 頁。
(179) 同上、158 ～ 159 頁。
(180) 前掲『蔣介石秘録』下巻、468 頁。
(181)「蔣介石日記」1949 年 7 月 13 日。
(182)「依拠使用日本軍官計画指示報告検討結果並擬具計画綱領」「蔣中正総統文物・対日本外交（1)」1948 年 12 月～ 49 年 3 月 25 日、台北：国史館。
(183) 同上。
(184) 根本博「蔣介石の軍事指南番」（『文藝春秋』1952 年夏季増刊号）56 ～ 65 頁。
(185) 同上、56 ～ 61 頁。
(186) 同上、60 ～ 62 頁。
(187) 前掲「白団について」362 頁。
(188) 前掲「蔣介石の軍事指南番」65 頁。
(189) 朝日新聞 1952 年 6 月 25 日（夕刊)。
(190) 澄田睞四郎（24 期）、1933 年フランス大使館付武官、36 年参謀本部課長、35 年大本営参謀（仏印派遣団長）、44 年第 1 軍司令官、中将、49 年 2 月復員。
(191) 平野零児『満州の陰謀者：河本大作の運命的な足あと』（自由国民社、1959 年）215、174 頁。
(192) 澄田睞四郎『私のあしあと』（非売品、1980 年）214 ～ 215 頁。
(193) 同上、216 ～ 217、222 頁。
(194) 前掲『満州の陰謀者』8、213 頁。中国共産党による河本の供述記録として中央檔案館、中国第 2 歴史檔案館、吉林省社会科学院合編『河本大作与日軍山西残留』（日本帝国主義侵華檔案資料選編 17、北京：中華書局、1995 年）があり、山西残留だけでなく張作霖爆殺事件や満州事変などについての供述記録も収録されている。
(195) 前掲『満州の陰謀者』25、8 頁。

(196) 前掲「蔣介石をすくった日本将校団」158～159頁。
(197) 富田直亮（32期)、1930年東京外語（英語）修学、31年米国留学、32年上海派遣軍参謀充用、33年朝鮮軍参謀、35年陸大教官、45年第23軍参謀長、少将。46年復員、50年2月台湾政府軍事顧問。
(198) 前掲「白团について」348頁。
(199) 前掲「蔣介石をすくった日本将校団」159頁。
(200) 前掲「白团について」344～347頁。
(201) 前掲『白団：台湾軍をつくった日本軍将校たち』16頁。
(202) 前掲「蔣介石をすくった日本将校団」159～160頁、「白团について」348頁。
(203) 読売新聞1949年9月11日。
(204) 前掲「白团について」351～352頁。
(205) 朝日新聞1949年9月11日。
(206) 前掲「白团について」349頁、「蔣介石をすくった日本将校団」158頁、前掲『白団』48頁。
(207) 前掲「蔣介石をすくった日本将校団」158頁。
(208) 前掲「白团について」349頁、『白団』48頁。
(209)「蔣介石日記」1949年11月18日、同24日。
(210) 前掲『白団』48～53頁。
(211) 前掲「白团について」349～350頁。
(212) 同上、350～351頁。
(213) 第六回国会参議院会議録第九号、官報号外1949年11月13日。
(214) 前掲「蔣介石をすくった日本将校団」162頁。
(215) 同上、164頁。
(216) 前掲「白团について」352頁、『白団』135頁。
(217) 前掲『白団』136頁。
(218)「蔣介石日記」1948年9月3日、同月28日。
(219) 同上、1949年3月31日「上月反省録」。
(220) 前掲「白团について」353頁。
(221) 前掲「蔣介石をすくった日本将校団」161頁。
(222) 前掲「白团について」353頁。
(223)「蔣介石日記」1950年3月18日、同8月16日。
(224) 読売新聞1951年4月20日。
(225)「蔣介石日記」1951年6月27日、同28日。
(226) 前掲『白団』125～126頁。
(227) 同上、131頁。
(228) 同上、144頁。
(229) 前掲「白团について」358頁。
(230)「蔣介石日記」1951年10月18日、同日の「上星期反省録」、52年1月3日。
(231) 例えば、蔣介石「革命哲学的重要」(1932年5月23日、前掲『蔣中正先生対日言論選集』181～189頁。
(232) 例えば、蔣介石「革命軍人的哲学提要」(1934年7月23日、前掲『蔣中正先生対日言論選集』277～278頁。

(233)「蔣介石日記」1950年9月26、27、28、30日。
(234) 同上、1950年10月5、7日。
(235) 前掲「白団について」358頁。
(236) 同上、362、364頁。
(237) 前掲『白団』194～195頁。

第七章

(1) 前掲『毛沢東伝』下巻、728頁。
(2)「中国共産党中央委員会為紀念「七七」九周年宣言」(解放日報1946年7月7日)。
(3)「全解放区人民動員起来、粉砕蔣介石的進攻」(解放日報1946年8月16日)。
(4) 前掲『毛沢東選集』第4巻、1194頁。
(5) 日本敗戦前後から1950年代の毛沢東の天皇観形成過程については城山英巳「毛沢東「天皇観」形成過程に関する研究：終戦～冷戦期、国際情勢変容の中で」(『ソシオサイエンス』Vol.21、2015年3月) を参照。
(6) 前掲『毛沢東伝』下巻、746～750頁。
(7) 同上、757頁。
(8) 前掲『毛沢東年譜 (下)』242頁。
(9) 岡部前掲『中国の対外戦略』41～42頁。
(10) 前掲『毛沢東年譜 (下)』260頁。
(11) 前掲『毛沢東伝』下巻、776頁。
(12) 前掲『毛沢東選集』第4巻、1259頁。
(13) 前掲『毛沢東年譜 (下)』297頁。
(14) 同上、302頁。
(15) 前掲『毛沢東伝』下巻、790頁、『毛沢東側近回想録』220～221頁。
(16) 前掲『毛沢東伝』下巻、791～792頁。
(17) 前掲『毛沢東側近回想録』221頁。
(18) 同上、225～227頁。
(19) 同上、228頁。
(20) 同上、229頁。
(21) 前掲『毛沢東伝』下巻、856頁。
(22) 前掲『毛沢東側近回想録』231頁。
(23) 前掲『毛沢東伝』下巻、861頁。
(24) 前掲『毛沢東選集』第4巻、1435頁。
(25) 同上、1472～1473頁、1481頁。
(26) 石井明『中ソ関係史の研究 1945−1950』(東京大学出版会、1990年) 240～241頁。
(27) 前掲『毛沢東側近回想録』241～242頁。
(28) 中共中央文献研究室編『劉少奇年譜 1898−1969』下巻 (北京：中央文献出版社、1996年) 217、222頁。
(29) 前掲『毛沢東側近回想録』258頁。
(30) 前掲『中国の対外戦略』33頁。

(31)「蔣介石日記」1948年11月2日。
(32) 前掲『毛沢東伝』下巻、832頁。
(33)「蔣介石日記」1948年11月3日、7日。
(34) 前掲『毛沢東年譜（下）』442頁。
(35) 前掲『毛沢東伝』下巻、862～863頁。
(36) 前掲『毛沢東年譜（下）』459頁。
(37) 前掲『毛沢東側近回想録』266頁。
(38) 中共中央文献研究室編『毛沢東年譜 1949−1976』第1巻（北京：中央文献出版社、2013年）57～99頁。
(39) 前掲『蔣介石秘録』下巻、471頁。
(40) 人民日報1946年5月15日。
(41) 同上、1948年6月15日。
(42) 人民網「人民日報社簡介」。
(43)「日本組閣風波暫告平伏 戦犯吉田茂新内閣」（人民日報1946年5月20日）。
(44)「米国保護日本侵略勢力復活」（人民日報1949年7月6日）。
(45) ジョン・ダワー（大窪愿二訳）『吉田茂とその時代』上巻（TBSブリタニカ、1981年）65頁。
(46)「麦克阿瑟是怎様管制日本的？」（人民日報1946年8月11日）。
(47)「米国反動派扶持日寇」（人民日報1946年9月21日）。
(48) 吉田前掲『昭和天皇の終戦史』42頁。
(49) 粟屋前掲『東京裁判への道』上巻、159～160頁。
(50) 日中戦争期に生物戦の研究に従事した関東軍の部隊で、正式名称は関東軍防疫給水部。石井四郎隊長の名前から石井部隊とも呼ばれた。ジュネーブ条約が禁じた細菌兵器の研究・実験を極秘に行い、多数の中国人やロシア人に生体実験を行ったとされる。米国との司法取引によって東京裁判で石井らの責任は追及されなかった。
(51) ソ連に抑留された関東軍司令官・山田乙三、関東軍軍医部長・梶塚隆二、関東軍獣医部長・高橋隆篤、第四部細菌製造部長・川島清ら12被告が細菌兵器準備・使用の罪に問われ、4人に強制労働25年の判決が下された。
(52)「蘇聯対日本戦犯山田乙三等十二人起訴書」（人民日報1949年12月28日）。
(53)「蘇聯遠東東浜海軍区軍事法廷 審訊日本細菌戦犯」（人民日報1949年12月28日）。
(54)「蘇聯政府致我国政府照会提議設国際特別軍事法廷審判裕仁等日本細菌戦犯」（人民日報1950年2月5日）。
(55)「李副外長照会蘇大使館代弁同意審訊日細菌戦犯」（人民日報1950年2月9日）。
(56) 石井四郎は、関東軍防疫給水部長などを務めた陸軍軍医中将で、731部隊の責任者。1945年8月のソ連進攻の際に帰国。東京裁判では資料を提出したためGHQにより免責された。
(57)「戦犯必須帰案法弁」（人民日報1950年2月6日）。
(58)「日寇裕仁等細菌戦犯必須受審京津各界擁護蘇提議」（人民日報1950年2月7日）。
(59)「中南区及華東各地人民一致要求速審細菌戦犯認為蘇聯建議完全符合中国人民願望」（人民日報1950年2月8日）。
(60)「新華社社論」（人民日報1950年2月9日）。

(61)「東京審判与日本的歴史認識」(何理主編『日本右翼的歴史発展演変及影響』、長沙：湖南人民出版社、2009年) 183頁。
(62) 同上、199、201頁。
(63) 同上、190頁。
(64) 胡錦濤前国家主席は2005年9月3日の抗日戦勝60周年の記念式典演説で「東京裁判の正義性は揺るぎない」と発言している。
(65) 劉庭華「東京審判的歴史功績与欠缺」(北京日報2014年8月18日)。
(66) 前掲『中国抗日戦争史簡明読本』。
(67) 同上、284～285頁。
(68) 同上、286～287頁。
(69) 沈志華(朱建栄訳)『最後の「天朝」：毛沢東・金日成時代の中国と北朝鮮(上・下)』(岩波書店、2016年)。
(70) 前掲『最後の「天朝」』上巻、142頁。
(71) 同上、143～146頁、148頁。
(72) 同上、157頁
(73) 同上、159頁。
(74) 前掲『毛沢東年譜』第1巻、201～203頁。
(75) 同上、205頁。
(76) 中共中央文献研究室編『周恩来年譜1949−1976』上巻(北京：中央文献出版社、1999年) 85頁。前掲『毛沢東側近回想録』310頁。
(77) 前掲『毛沢東年譜』第1巻、208頁。
(78) 前掲『毛沢東側近回想録』310頁。
(79) 前掲『周恩来年譜』上巻、85～86頁。
(80) 前掲『毛沢東年譜』第1巻、211～212頁。
(81) 前掲『最後の「天朝」』上巻、176～177頁。
(82) 前掲『毛沢東側近回想録』314頁。
(83) 同上、311～314頁。
(84) 前掲『最後の「天朝」』上巻、181頁。
(85) 岡部達味「中国外交の五十年」(岡部編『中国をめぐる国際環境』岩波書店、2001年) 8頁。
(86) 同上、9頁。
(87)「寄給在朝鮮的人民志願軍」(人民日報1951年1月14日)。
(88)「郭沫若在和平理事会会議上演説」(人民日報1951年2月25日)。
(89)「斥米国包庇日本戦犯的罪行」(人民日報1951年5月8日)。
(90)「我們応怎様紀念"九三"」(人民日報1951年9月3日)
(91) 天児慧『中華人民共和国史(新版)』(岩波新書、2013年) 23～24頁。
(92) ドン・オーバードーファー(菱木一美訳)『二つのコリア：国際政治の中の朝鮮半島』(共同通信社、2007年、23～24頁)によると、ソ連の公文書の記録として金日成が49年3月、8月、9月と50年1月にスターリンらに南侵承認を懇請し、スターリンは49年に少なくとも2度、金日成の要請を拒絶するが、50年の早い時期には戦争計画を承認した。
(93)「日本人民解放的道路」(人民日報1950年1月17日)。

(94) 兵本前掲『日本共産党の戦後秘史』116頁。
(95) 陳肇斌『戦後日本の中国政策』(東京大学出版会、2000年) 7～32頁。
(96)「周恩来外長関於対日和約問題的声明」(新華社1950年12月4日) 前掲『対日和約問題史料』67～71頁。
(97)「我外交部就対日和約問題進行的討論会記録」1950年5月12日 (105−00089−02) 北京：中国外交部檔案館。
(98) 同上。
(99)「我外交部就対日和約問題進行的討論会記録」1950年5月18日 (105−00089−05) 北京：中国外交部檔案館。
(100)「我外交部就対日和約問題進行的討論会記録」1950年5月19日 (105−00089−06) 北京：中国外交部檔案館。
(101) 1972年の日中国交正常化前の中国共産党政府による対日政策の多くは党・政府が主導し、日本側「民間」を対象とした。いわゆる「以民促官」(民間で政府を動かす) 政策が特徴である。共産党側は「外交」というよりも「外事」と位置づけ、中国に友好的な日本人士を取り込み、非友好的な人士を牽制する政策をとったため「工作」の意味合いが強いと言える。
(102) 太田勝洪「アジア近隣諸国との関係」前掲『中国をめぐる国際環境』200頁。
(103) 岡部達味『中国の対日政策』(東京大学出版会、1976年) 28頁。
(104) 武装闘争路線から平和攻勢への転換の経緯は、井上前掲『日中国交正常化の政治史』(96～97頁)、大澤武司「前史 (1945−71年)」(高原・服部前掲『日中関係史 1972−2012 Ⅰ政治』11～14頁) に詳しい。
(105) 岡部前掲『中国の対外戦略』76頁。
(106) 前掲『周恩来年譜』上巻、235～236頁。
(107)「中共の実態及びわが国のとるべき態度」(外務省アジア局、1956年1月18日)「日本・中共関係雑件・第2巻」(A'1218) 1956年1月～57年10月、外務省外交史料館。
(108) 中共中央文献研究室編『毛沢東年譜 1949−1976』第2巻 (北京：中央文献出版社、2013年) 626～627頁。
(109) 原田熊雄述『西園寺公と政局』第6巻 (岩波書店、1951年) 62頁。
(110) 西園寺公一『西園寺公一回顧録：「過ぎ去りし、昭和」』(アイペックプレス、1991年) 316～323頁。
(111) 西園寺一晃へのインタビュー (2009年2月24日、東京)。
(112) 王俊彦『廖承志伝』(北京：人民出版社、2006年) 286頁。
(113) 前掲『西園寺公一回顧録』308頁。
(114) 田桓主編、孫平化、蕭向前、王効賢監修『戦後中日関係史年表 1945−1993』(北京：中国社会科学出版会、1994年) 21頁。
(115) 前掲『戦後中日関係史年表』21頁、『西園寺公一回顧録』308～309頁。
(116) 蕭向前 (竹内実訳)『永遠の隣国として：中日国交回復の記録』(サイマル出版会、1994年) 30～31頁。
(117) 前掲『戦後中日関係史年表』21頁。
(118) 前掲『西園寺公一回顧録』309頁。
(119) 林連徳『当代中日貿易関係史』(北京：中国対外経済貿易出版社、1989年) 4頁。
(120) 朝日新聞 1952年4月7日 (夕刊)。

(121) 高良とみ『私は見て来たソ連・中共』(朝日新聞社、1952年) 191頁、9～15頁。
(122) 朝日新聞1952年4月7日(夕刊)。
(123) 前掲『私は見て来たソ連・中共』17～18頁、99～121頁。
(124) 前掲『西園寺公一回顧録』310頁。
(125) 前掲『戦後中日関係史年表』21頁。
(126) 高良とみ、帆足計、宮腰喜助等共編『国際経済会議』(三笠書房、1952年) 130～131頁。
(127) 前掲『戦後中日関係史年表』21頁。
(128) 朝日新聞1952年4月7日(夕刊)、5月16日(夕刊)。
(129) 同上、1952年6月1日(夕刊)。
(130) 王俊彦『廖承志伝』(北京:人民出版社、2006年) 287頁
(131) 渡部富哉『偽りの烙印:伊藤律・スパイ説の崩壊』(五月書房、1993年) 325～327頁。日本共産党中央委員会『日本共産党の七十年・党史年表』(新日本出版会、1994年、133頁) によると、中国亡命の時期について徳田と西沢が1950年8月末、野坂らが9月、としている。
(132) 北京機関の実情については伊藤律『伊藤律回想録:北京幽閉27年』(文藝春秋、1993年)、川越敏孝『回想—戦中・戦後の日中を生きて』(岩波ブックセンター、2015年)、藤井冠次『伊藤律と北京・徳田機関』(三一書房、1980年)、袴田里見『私の戦後史』(朝日新聞社、1978年)、川口信行、山本博『伊藤律の証言:その時代と謎の軌跡』(朝日新聞社、1981年) に詳しい。
(133)「毛沢東主席会見日本共産党総書記宮本顕治的談話記録」1959年3月3日 (105-00667-01)、北京:中国外交部檔案館。59年3月6日付の日本共産党機関紙・アカハタは、3日の日中共産党による共同声明調印を1面トップで報じている。
(134) 前掲『廖承志伝』287～288頁。
(135) 前掲『当代中日貿易関係史』4頁。
(136) 前掲『廖承志伝』288頁。
(137) 孫平化前掲『日本との30年』15～17頁。
(138) 前掲『永遠の隣国として』20～21頁。
(139) 前掲『日本との30年』19～20頁。
(140) 前掲『戦後中日関係史年表』22頁。
(141) 朝日新聞1952年9月29日、前掲『戦後中日関係史年表』24頁。
(142) 南博「北京平和会議に出席して」(『世界』1953年2月号) 209、212～213頁。南はこのほかにも、帰国後に「私は新しい人々を見て来た:中ソより帰りて」(『中央公論』1953年1月号)、「北京から帰つて:心に残ったこと」(『世界』1953年1月号) を発表した。この中で新中国について「非常に清潔」、「蠅は一匹もいない」、「朝四時ぐらいに起きて、町の人たちが交代で掃除をやるらしい」などと印象を記している(「北京から帰つて」131頁)。
(143) 前掲『日本との30年』22～23頁。
(144) 読売新聞1952年9月29日(夕刊)。
(145) 朝日新聞1952年9月30日。
(146) 同上、1955年11月5日、52年10月16日。
(147) 前掲『西園寺公一回顧録』310頁。

（148）中村翫右衛門「北京に祖国を想う：「世界平和勝利万歳！」」（『改造』1953年2月号。56年2月号『世界』に「私のきいた話：近ごろの中国演劇」も寄稿した。
（149）前掲『西園寺公一回顧録』299～306頁。
（150）前掲『戦後中日関係史年表』26頁、『西園寺公一回顧録』311頁。
（151）前掲『永遠の隣国として』43頁、『戦後中日関係史年表』28頁。
（152）読売新聞1953年1月6日（夕刊）。
（153）林祐一『日中外交交流回想録』（日本僑報社、2008年）43～45頁。
（154）楊明偉、陳揚勇『周恩来外交風雲』（北京：解放軍文芸出版社、1995年）237頁。
（155）前掲『周恩来年譜』上巻、328頁。
（156）前掲『戦後中日関係史年表』42頁。
（157）前掲『日本との30年』42頁。
（158）劉徳有『時は流れて：日中関係秘史五十年』上巻（藤原書店、2002年）90頁。
（159）前掲『戦後中日関係史年表』42～43頁。
（160）前掲『周恩来年譜』上巻、418頁。
（161）朝日新聞1954年10月31日。
（162）同上、1954年10月31日（夕刊）。河本の死亡年は1953年となっている。朝日新聞55年12月18日（夕刊）によると、第12次中共帰国船で戦犯遺骨40柱が送られ、その中に河本の遺骨が含まれた。ただ平野零児によると河本の病死は1955年8月25日としており、田桓前掲『戦後中日関係史年表』（60頁）にも同様の記述がある。
（163）朝日新聞1954年7月30日（夕刊）、54年8月2日（夕刊）。
（164）大澤武司『毛沢東の対日戦犯裁判』（中公新書、2016年）94頁。
（165）呉学文、王俊彦『廖承志与日本』（北京：中共党史出版社、2007年）159頁。
（166）同上、159～160頁。
（167）同上、160頁。
（168）朝日新聞1954年11月12日（夕刊）。
（169）「鳩山又一次論談他的政府的外交政策」（人民日報1954年12月22日）。
（170）「12月21日在政協全国委員会会議上周恩来副主席的政治報告」（人民日報1954年12月27日）。
（171）「論日本和中国恢復正常関係」（人民日報、1954年12月30日）。
（172）村田省蔵「自叙伝」（大阪商船株式会社・伊藤武雄編集・発行『村田省蔵追想録』、非売品、1958年）307～308頁、318～319頁。
（173）同上、321頁。
（174）「周恩来と会つて：村田省蔵帰国談」（『世界』1955年4月号）39頁。
（175）「関於日本村田省蔵要求来中国訪問的来往電」1954年8月11日～12月28日（105－00162－09）北京：中国外交部檔案館。
（176）前掲『時は流れて』上巻、100頁。
（177）前掲『周恩来年譜』上巻、443頁。
（178）前掲「周恩来と会つて」42頁。
（179）前掲「自叙伝」324頁。
（180）前掲「周恩来と会つて」44頁。
（181）張香山（鈴木英司訳構成）『日中関係の管見と見証：国交正常化30年の歩み』（三

和書籍、2002年）76～78頁。
（182）同上、77～78頁。
（183）丁民インタビュー（2005年1月11日）。
（184）岡部前掲「中国外交の五十年」10頁。
（185）前掲『水鳥外交秘話』45頁。
（186）加藤聖文「満洲体験の精神史：引揚の記憶と歴史認識」（劉傑、川島真編『1945年の歴史認識：〈終戦〉をめぐる日中対話の試み』東京大学出版会、2009年）56～57頁。
（187）前掲『水鳥外交秘話』136頁。
（188）前掲「わが国の中国外交裏面史」80～81頁。
（189）臼井勝美「外務省：人と機構」（細谷千博他編『日米関係史』東京大学出版会、1971年）116頁。
（190）前掲『日中国交正常化の政治史』116頁。
（191）同上。
（192）朝日新聞1965年2月4日。
（193）前掲「わが国の中国外交裏面史」83頁。
（194）前掲『水鳥外交秘話』、46頁。
（195）前掲「わが国の中国外交裏面史」83頁、『水鳥外交秘話』48頁。
（196）前掲「わが国の中国外交裏面史」83頁。
（197）岡田晃記「高碕・周会談録」（4月22日）「周・高碕会談記録」1955年4月30日「日中国交正常化（中共要人の発言）」（2011−0717）外務省外交史料館。
（198）同上。
（199）前掲『水鳥外交秘話』57頁。
（200）同上、45頁。
（201）前掲「わが国の中国外交裏面史」85頁。
（202）同上、85～86頁。
（203）朝日新聞1955年4月24日。
（204）同上、1955年4月4日（夕刊）。
（205）「中国問題の再検討」（アジア2課長）1956年8月21日、前掲「日本・中共関係雑件・第2巻」。
（206）前掲「中共の実態及びわが国のとるべき態度」。
（207）前掲「中国問題の再検討」。
（208）前掲『日中国交正常化の政治史』118～120頁。
（209）「当面の対中共政策（第2次案）」（アジア局第2課）1955年9月12日、前掲「日本・中共関係雑件・第2巻」。
（210）前掲「中国問題の再検討」。
（211）同上。
（212）「日ソ復交後の中国問題」（アジア2課）1956年10月20日、前掲「日本・中共関係雑件・第2巻」。
（213）前掲「日ソ復交後の中国問題」。
（214）前掲「中国問題の再検討」。
（215）前掲「中共の実態及びわが国のとるべき態度」。

(216) 前掲「当面の対中共政策（第2次案）」。
(217) 前掲「中共の実態及びわが国のとるべき態度」。
(218) 田桓前掲『戦後中日関係史年表』60、56頁。
(219) 前掲「当面の対中共政策（第2次案）」。
(220)「中共政策に対するわが方の基本的態度」、前掲「日本・中共関係雑件・第2巻」。
(221)「中国問題対処方針の件」（アジア局）1956年4月20日、前掲「日本・中共関係雑件・第2巻」。
(222) 前掲『日中国交正常化の政治史』120頁。
(223) 丁民インタビュー（2005年1月11日）。
(224) 前掲『廖承志与日本』232頁。
(225) 同上、234頁。
(226) 丁民インタビュー。
(227) 周斌、1934年江蘇省生まれ。1958年北京大卒業、外交部に配属。72年の日中国交正常化交渉などで日本語通訳を担当。
(228) 周斌インタビュー（2010年3月15日、東京）
(229) 前掲『廖承志与日本』234頁。
(230) 前掲『当代中日貿易関係史』34頁、「森井庄内氏と国旗事件」『人民中国』インターネット版。http://www.peoplechina.com.cn/zhuanti/2007－12/13/content_90478.htm
(231)「村田省蔵見主席後的反映」1956年12月13日～21日（105－00506－05）北京：中国外交部檔案館。
(232) 同上。
(233)「関於日本《共同社》記者山田礼三訪華事」（1956年6月26日～8月30日、116－00284－01、北京：中国外交部檔案館）によると、山田は当時共同通信外信部記者で40歳。1956年6月9日に深圳入り。北京のほか、天津、河南省、上海など各地を取材。平壌にも行っている。56年12月20日ごろまで中国に滞在した。
(234) 前掲「村田省蔵見主席後的反映」。
(235)「南郷三郎拜会主席的反映」1956年12月13日～21日（105－00506－05）北京：中国外交部檔案館。
(236)「毛沢東主席会見黒田寿男、田中稔男、松本七郎、岡田春夫四位日本国会議員談話記録」1961年1月24日～3月6日（105－01779－03）北京：中国外交部檔案館。
(237)「毛主席、周総理接見日本文学代表団談話記録」1960年6月21日（102－00036－06）北京：中国外交部檔館。
(238) 前掲『廖承志与日本』223頁。
(239) 太田勝洪編訳『毛沢東 外交路線を語る』（現代評論社、1975年）198～222頁。
(240) 周斌インタビュー。
(241)「周恩来総理接見日本和平代表団和宮崎竜介等人談話記録」1956年5月10日（105－00500－02）北京：中国外交部檔案館。
(242)「周総理接見日本第二批前軍人団座談記録」1957年7月3日（105－00541－02）北京：中国外交部檔案館。
(243) 前掲『水鳥外交秘話』63頁。
(244) 中共中央党史研究室張聞天選集伝記組編、張培森主編『張聞天年譜（1942－

1976)』下巻（北京：中共党史出版社、2010年再版）716～717頁。
（245）朝日新聞1954年9月27日、10月27日。
（246）朝日新聞1954年9月21日。
（247）同上。
（248）前掲『張聞天年譜』下巻、717頁。
（249）朝日新聞1954年9月29日。
（250）読売新聞、朝日新聞1954年10月27日。
（251）前掲『毛沢東の対日戦犯裁判』10～11頁。
（252）孫国『共和国警衛紀実』（北京：当代中国出版社、2006年）69～70、67頁。
（253）「関於日本国会議員訪華団接待計画」1954年9月28日（105−00158−01）北京：中国外交部檔案館。
（254）「周恩来会見記：中日友好の基礎についての周総理談話」（『世界』1954年12月号）111頁。
（255）読売新聞1954年9月17日（夕刊）。
（256）「外交部情報司関於接待日本記者的工作総結」1954年9月1日～30日（116−00118−02(1)）北京：中国外交部檔案館。
（257）「情報司関於来華日本記者活動情況総結」1954年9月29日～10月29（116−00118−03(1)）北京：中国外交部檔案館。
（258）「日本記者在華期間的報道分析報告」1954年10月12日～11月15日（116−00118−01(1)）北京：中国外交部檔案館。
（259）朝日新聞1954年10月19日。
（260）同上、1954年10月8日。
（261）同上、1954年10月15日（夕刊）。
（262）読売新聞1954年9月26日（夕刊）。
（263）同上、1954年10月13日（夕刊）、同18日（夕刊）。
（264）同上、1954年10月18日。
（265）前掲「周恩来会見記」100～102頁。
（266）「周恩来会見記をよんで」（『世界』1955年1月号）214～231頁。
（267）「新しい中国の姿：中国訪問報告講演会」（『世界』1955年1月号）151～179頁。
（268）鈴木茂三郎「新中国と日本社会党」（『中央公論』1954年12月号）117～121頁。
（269）鈴木茂三郎（きく人臼井吉見）「竹のカーテンは除かれた：中共から得たものは何か」（『文藝春秋』1954年12月号）108～115頁。『文藝春秋』は同月号で近藤日出造「新中国の横顔を撫でる：ベタ惚れはしかねるが…」（202～209頁）も掲載している。
（270）須磨弥吉郎『中共見聞記』（産業経済新聞社、1955年）154、160、90～91頁。ただ須磨は共産党体制について「大きな危険が包蔵している」とし、中国憲法には言論や出版などの自由を規定しているにもかかわらず、新聞や雑誌などで外の世界や外国のことを報じさせず、反対意見を阻止していると間接的に指摘し、その「ひとりよがり」に「北京レジームの大きな危険」があると警告した（同書160～161頁）。
（271）「1956年日本局勢的展望」『世界知識』（1956年第3期）15～17頁。
（272）「新聞人物」『世界知識』（1956年第20期）32頁。

(273) 前掲『日中国交正常化の政治史』110 頁。
(274) 朝日新聞 1954 年 12 月 15 日（夕刊）。
(275) 前掲『日中国交正常化の政治史』110 頁。
(276) 朝日新聞 1954 年 12 月 16 日（夕刊）。
(277)「関於鳩山政府対華外交政府的估計」1954 年 12 月 17 日（105−00156−01）北京：中国外交部檔案館。
(278) 前掲『張聞天年譜』下巻、716 ～ 717 頁。
(279)「周恩来総理接見日本工人、五金機械産業工会、日本機関報訪華代表団談話記録」1956 年 5 月 5 日（105−00500−01）北京：中国外交部檔案館。
(280) 遠藤三郎（26 期）、1926 年仏駐在、30 年作戦課、32 年関東軍参謀（作戦主任）、37 年参謀本部課長、39 年関東軍参謀副長、43 年航空兵器総局長官、中将。47 年巣鴨拘置所入所（～ 48 年）、61 年日中友好元軍人の会結成。
(281) 前掲「周恩来総理接見日本工人、五金機械産業工会、日本機関報訪華代表団談話記録」。
(282) 前掲「周恩来総理接見日本和平代表団和宮崎竜介等人談話記録」。
(283) 中華人民共和国外交部、中共中央文献研究室編『周恩来外交文選』（北京：中央文献出版社、1989 年）168 ～ 171 頁。
(284) 鳩山一郎『鳩山一郎回顧録』（文藝春秋新社、1957 年）159 頁。
(285) 前掲『戦後日本の中国政策』150 ～ 152 頁。
(286) 前掲「毛沢東主席会見黒田寿男、田中稔男、松本七郎、岡田春夫四位日本国会議員談話記録」。
(287)『毛沢東外交文選』(北京：中央文献出版社・世界知識出版社、1994 年)598 ～ 599 頁。
(288) 前掲『時は流れて』上巻、90 ～ 91 頁。
(289) 大澤武司整理・解題「周恩来ら中国指導者の通訳・周斌氏が語る廖承志」前掲『戦後日中関係と廖承志』341 頁。
(290) 王雪萍・井上正也整理・解題「中国外交部日本処元処長・丁民が語る廖承志」前掲『戦後日中関係と廖承志』311 頁。
(291) 前掲『廖承志伝』291 頁。
(292) 丁民インタビュー（2008 年 12 月 24 日）。
(293) 周斌インタビュー（2010 年 3 月 15 日）。
(294) 同上。

第八章

(1) 中国共産党・毛沢東が日本人元軍人を招待した対日戦略については城山英巳「「元軍人訪中団」と毛沢東外交の戦略性：中国外交档案から見る軍国主義の清算」(『ソシオサイエンス』Vol.19、2013 年 3 月）を参照。
(2) 前掲『廖承志与日本』222 頁。
(3) 朝日新聞 1944 年 12 月 6 日。
(4) 遠藤三郎『日中十五年戦争と私』（日中書林、1974 年）329 頁。
(5) 朝日新聞 1945 年 8 月 24 日。

(6) 宮武剛『将軍の遺言：遠藤三郎日記』（毎日新聞社、1986年）208頁。
(7) 前掲『日中十五年戦争と私』340～346頁。
(8) 同上、336、354頁。
(9) 前掲『将軍の遺言』211～214頁。
(10) 前掲『日中十五年戦争と私』375頁。
(11) 同上、354～355頁。
(12) 前掲『将軍の遺言』216頁。
(13) 前掲『日中十五年戦争と私』482頁。
(14)「関於日本前軍人代表団訪華問題双方来往的電函、日本前軍人訪華問題的始末」1956年4月3日～9月29日（105―00504―01）北京：中国外交部檔案館。
(15) 同上。
(16) 例えば朝日新聞は、1955年12月7日付朝刊の香港発記事で、遠藤が「毛主席は私に対して中国が果して侵略戦争のために軍備拡張を企図しているかどうかを見るために日本の元軍人が中国を視察したらどうかと提案した」と語ったと報じている。
(17) 前掲『日中十五年戦争と私』478頁。
(18) 遠藤三郎「軍人の見た新中国：毛政権の将来と侵略の可能性」（『世界』1956年3月号）131頁。
(19) 前掲『日中十五年戦争と私』478頁。
(20) 前掲「関於日本前軍人代表団訪華問題双方来往的電函、日本前軍人訪華問題的始末」。
(21) 同上。
(22)「関於日本前軍人訪華団名単的請示及往来電函」1956年4月19日～7月31日（105―00504―03）北京：中国外交部檔案館。
(23) 前掲『日中十五年戦争と私』415頁。
(24) 前掲「関於日本前軍人代表団訪華問題双方来往的電函、日本前軍人訪華問題的始末」。
(25) 前掲『日中十五年戦争と私』478頁。
(26) 読売新聞1956年5月15日。
(27) 前掲「関於日本前軍人代表団訪華問題双方来往的電函、日本前軍人訪華問題的始末」。
(28) 前掲『日中十五年戦争と私』478頁。
(29) 前掲「関於日本前軍人代表団訪華問題双方来往的電函、日本前軍人訪華問題的始末」。
(30) 前掲『日中十五年戦争と私』416頁。
(31) 前掲『潜行三千里』290、312～314頁、辻『潜行三千里（新書判）』補遺（毎日ワンズ、2016年）286～292頁。
(32) 朝日新聞1950年3月11日、52年9月23日、10月2日（夕刊）。
(33) 前掲「関於日本前軍人代表団訪華問題双方来往的電函、日本前軍人訪華問題的始末」。
(34) 前掲『日中十五年戦争と私』469頁。
(35) 前掲「関於日本前軍人代表団訪華問題双方来往的電函、日本前軍人訪華問題的始

末」。
(36) 朝日新聞1956年6月11日。
(37) 前掲『将軍の遺言』220～221頁。
(38)「第二批旧軍人訪華事」1956年11月28日～57年11月18日（105―00842―03）北京：中国外交部檔案館。
(39) 朝日新聞1956年8月10日。
(40) 読売新聞1956年8月10日。
(41) 前掲『日中十五年戦争と私』412頁。
(42)「差し向いの毛沢東：一度の視察ではまだまだ解らぬ」（『文藝春秋』1956年11月号、184～195頁）、『差し向かいの毛沢東：中共首脳部の肚を叩く』（鏡浦書房、1957年）、『旧軍人の見た中共の実相』（中外調査会、1957年）。
(43) 土居明夫伝刊行会『一軍人の憂国の生涯：陸軍中将土居明夫伝』（原書房、1980年）252頁。
(44) 同上、254～255頁。
(45) 同上、260～264頁。
(46) 前掲『差し向かいの毛沢東』17～19、22頁。
(47) 同上、24～25頁。
(48) 茂川秀和（30期）、1928年北京留学、31年関東軍司令部付、35年関東軍司令部付、36年支那駐屯軍司令部付、39年北支那方面軍参謀部付、40年北支那方面軍参謀、42年北支那方面軍司令部付、大佐。47年無期禁固判決、52年釈放。
(49) 波多野澄雄、庄司潤一郎「日中戦争：日本軍の侵略と中国の抗戦」（『日中歴史共同研究第一期報告書（日中原文）』、2010年）471頁。
(50) 田中隆吉「敗戦秘話裁かれる歴史」前掲『田中隆吉著作集』279～280頁。秦郁彦は、1953年10月19日に茂川にインタビューしており、茂川から「事件後に学生を使って拡大の策動はやったが、田中はそれを混同したのだろう」と聞いた（秦『盧溝橋事件の研究』東京大学出版会、1996年、177頁）。
(51) 前掲『盧溝橋事件の研究』57頁。
(52) 同上、359頁。
(53) 関岡英之『帝国陸軍：見果てぬ「防共回廊」』（祥伝社、2010年）138頁。
(54) 茂川の息子・茂川敏夫へのインタビュー（2010年2月16日、東京）
(55) 同上。
(56) 前掲『差し向かいの毛沢東』263～265頁。
(57) 前掲『廖承志与日本』203頁.
(58) 前掲『毛沢東の対日戦犯裁判』94～95頁。
(59) 朝日新聞1954年10月14日。
(60)「関於釈放日本戦犯問題的請件、報告、命令等」1955年2月28日～4月13日（105―00220―06）北京：中国外交部檔案館。
(61) 朝日新聞1955年4月24日（夕刊）。
(62) 前掲「軍人の見た新中国」130頁。
(63)「毛沢東主席接見日本擁護憲法国民連合会訪華団談話紀要」1955年10月28日（105―0210―02）北京：中国外交部檔案館、前掲『日中十五年戦争と私』483頁。
(64)「関於審判日本戦犯和偽漢奸問題的請示報告」1956年2月20日～3月27日（105

—00501—06）北京：中国外交部檔案館。
(65) 前掲「関於審判日本戦犯和偽漢奸問題的請示報告」。
(66) 前掲『周恩来年譜』上巻、557、568 頁。
(67) 前掲『廖承志与日本』202 ～ 203 頁。張香山は「60 年代のはじめ頃、中央は戦争賠償問題を議論し戦争賠償請求権の放棄を決定した」と証言し、「最も重要なことは、日本人民に対して友好の意を表し、日本人民に賠償による苦難を受けさせたくないとのことであった」と回顧している（前掲『日中関係の管見と見証』79 頁)。
(68)「処理日本戦犯工作計画」1956 年 4 月 2 日～ 11 日（105—00502—01）北京：中国外交部檔案館。
(69) 同上。
(70)「半月述評」(『世界知識』1956 年第 13 期）7 月 5 日。
(71) 前掲「処理日本戦犯工作計画」。
(72) 朝日新聞 1956 年 6 月 22 日。6 月 21 日夜の北京放送を基に報じている。
(73)「毛沢東主席与日本外賓談日本戦犯問題」1956 年 11 月 9 日～ 23 日（105—00502—05）北京：中国外交部檔案館。
(74) 朝日新聞 1956 年 6 月 23 日。
(75) 訪中元軍人団世話人会『第二次訪中元軍人団報告』1957 年、107 頁。
(76)「中央檔案館公布日本戦犯藤田茂侵華罪行自供提要」(新華社 2014 年 7 月 4 日)。
(77) 藤田茂「中国人民の寛大政策について」(季刊「中帰連」2006 年 4 月 1 日)。1974 年 7 月 7 日、盧溝橋事件 37 周年に中国帰還者連絡会が主催した「日本軍国主義を告発する」報告集会での講演で、中帰連編『私たちは中国で何をしたか』より転載。http://www.ne.jp/asahi/tyuukiren/web-site/backnumber/02/hujita_kandaiseisakunituite.htm
(78)「日本戦犯在撫順戦犯管理所」(『瞭望』2010 年 8 月 23 日)。
(79) 前掲『廖承志与日本』222 ～ 223 頁。
(80) 同上、223 頁。
(81) 前掲「差し向いの毛沢東」184 ～ 185 頁。
(82) 前掲『廖承志与日本』223 頁。
(83) 前掲『差し向かいの毛沢東』144、185 頁。
(84) 前掲『毛沢東年譜』第 2 巻、615 頁。
(85) 前掲『廖承志与日本』223 頁。
(86) 前掲『差し向かいの毛沢東』151 ～ 152 頁。
(87) 前掲「差し向いの毛沢東」187 頁。
(88) 同上。
(89) 前掲『差し向かいの毛沢東』、153 頁。
(90) 同上、154 頁。
(91) 前掲『将軍の遺言』218 ～ 219 頁。
(92) 前掲『私の記録』205 ～ 207 頁。毎日新聞は 1945 年 9 月 20 日付で「近衛文麿公派遣か 中華民国への謝罪使」と報じている。
(93) 前掲『差し向かいの毛沢東』149 ～ 150 頁。
(94) 前掲「周恩来総理接見日本第二批軍人団座談記録」。
(95) 前掲「第二批日本旧軍人訪華事」。

(96) 楊大慶（江藤名保子訳）「1950年代における戦争記憶と浅い和解：元日本軍人訪中団を中心に」（劉傑、川島真編『対立と共存の歴史認識：日中関係150年』東京大学出版会、2013年）202～203頁。
(97) 前掲『東京裁判』中巻、237～240頁。
(98)『昭和天皇実録』巻34、44頁。
(99) 伊藤隆・照沼康孝編・解説『続・現代史資料4　陸軍・畑俊六日誌』（みすず書房、1983年）解説。
(100) 同上。
(101) 前掲『東京裁判』中巻、237頁。
(102) 前掲『畑俊六日誌』解説。
(103) 前掲「第二批日本旧軍人訪華事」。
(104) 同上。
(105)「戦犯処理委員会公布第一至第五批日本戦犯名単」J181―010―00138、北京市檔案館。
(106) 前掲「第二批日本旧軍人訪華事」。
(107) 同上。
(108) 前掲『第二次訪中元軍人団報告』2～3頁、9～11頁。
(109) 中村前掲『白団（パイダン）』44頁。
(110) 前掲「第二批日本旧軍人訪華事」。
(111)「日本国会議員辻政信来華事」1958年8月26日～9月29日（105―00895―03）北京：中国外交部檔案館。辻政信『動乱の眼：アジア・アラブの指導者と語る』（毎日新聞社、1958年）220頁。
(112) 前掲「日本国会議員辻政信来華事」。
(113)「周恩来総理接見日本朋友辻政信談話記録」1957年2月27日（105―00504―03）北京：中国外交部檔案館。
(114) 前掲「第二批日本旧軍人訪華事」。
(115) 同上。
(116) 同上。
(117) 同上。
(118) 朝日新聞1957年6月3日、同4日。
(119) 前掲『第二次訪中元軍人団報告』101頁。
(120) 前掲「関於日本前軍人代表団訪華問題双方来往的電函、日本前軍人訪華問題的始末」。
(121) 前掲「周恩来総理接見日本朋友辻政信談話記録」。
(122)「日本自民党衆院議員辻政信等二人擬訪華」1957年1月17日～22日（105―00549―01）北京：中国外交部檔案館。
(123) 辻と周恩来の会談は前掲「周恩来総理接見日本朋友辻政信談話記録」。
(124) 丁民インタビュー（2005年1月11日）。
(125) 前掲「周恩来総理接見日本第二批前軍人団座談記録」。
(126) 前掲『第二次訪中元軍人団報告』81～82頁。
(127) 古海忠之『忘れ得ぬ満洲国』（経済往来社、1978年）239頁。
(128) 同上、239、250頁。

(129) 同上、255 ～ 259 頁。
(130) 同上、259 ～ 260 頁。
(131) 前掲『毛沢東の対日戦犯裁判』178 頁。
(132) 前掲『忘れ得ぬ満洲国』239 頁。
(133) 前掲「周恩来総理接見日本第二批前軍人団座談記録」。
(134) 前掲「周恩来総理接見日本和平代表団和宮崎竜介等人談話記録」。
(135) 前掲『日中十五年戦争と私』474、356 頁。
(136) 前掲『第二次訪中元軍人団報告』100 ～ 101 頁。
(137) 前掲『差し向かいの毛沢東』148 ～ 152 頁。
(138)「廖承志一行との会見記」「日中国交正常化（中共要人の発言）」（2011―0717）外務省外交史料館。
(139) 前掲「廖承志一行との会見記」。
(140) 堀田善衛「中国を見つめる二つの目：元軍人の報告から「現代中国論」まで」（1959年）（『堀田善衛全集 14』筑摩書房、1994 年）466 ～ 469、712 頁。
(141) 長崎市のデパートで開かれた中国切手・切り絵展示会で、右翼青年が会場の中国国旗（五星紅旗）を引き降ろした事件。日中両国に国交がなく、警察は五星紅旗が国旗に当たらないとの法的見解を示し、「外国国章損壊罪」を適用せず、器物損壊容疑で書類送検し、軽犯罪法に基づき科料 500 円の略式命令となった。これに対して陳毅外交部長は岸信介政権を強く非難する談話を発表し、日本との経済・文化交流などを全面的に停止した。
(142) 堀田善衛「反省と希望」（1966 年）前掲『堀田善衛全集 14』440 ～ 441 頁。
(143) 堀田善衛「個人的な記憶二つ」（1954 年）前掲『堀田善衛全集 14』452 頁。
(144) 堀田善衛「上海で考えたこと」（1947 年）前掲『堀田善衛全集 14』443 頁。
(145) 前掲「中国を見つめる二つの目」467 頁。
(146) 朝日新聞 1963 年 12 月 30 日、1969 年 7 月 21 日。
(147) 人民日報 1955 年 12 月 1 日。
(148) 前掲『日中十五年戦争と私』478 頁。
(149) 同上、491 頁。
(150) 前掲「1950 年代における戦争記憶と浅い和解」216 ～ 217 頁。

終章

(1)「象徴としてのお務めについての天皇陛下のおことば」宮内庁ホームページ。https://www.kunaicho.go.jp/page/okotoba/detail/12
(2) 朝日新聞 1971 年 10 月 1 日。
(3)『昭和天皇実録』巻 50、165 ～ 166 頁。
(4) 朝日新聞 1970 年 10 月 10 日。
(5) 前掲『昭和天皇の戦後日本』244 頁。
(6)『昭和天皇実録』巻 53、106 頁。
(7) 朝日新聞 1991 年 9 月 27 日。
(8) 蓮見へのインタビュー（2013 年 10 月 5 日）。

(9) 槇田へのインタビュー（2019年11月5日）。
(10) 蓮見へのインタビュー。
(11) 同上。
(12) 同上。
(13)『昭和天皇実録』巻27、174頁。
(14)『昭和天皇実録』巻24、106頁。
(15) 前掲『昭和天皇独白録』42、44頁。
(16) 小林忍、共同通信取材班『昭和天皇：最後の侍従日記』（文春新書、2019年）192頁。
(17) 同上、110頁。
(18)『昭和天皇実録』巻56、45～47頁。
(19) 鐘之成『為了世界更美好：江沢民出訪紀実』（北京：世界知識出版社、2006年）325頁。
(20) 前掲『中国共産党「天皇工作」秘録』199頁。
(21)「中華人民共和国ご訪問に際し」（平成四年）、宮内庁ホームページ https://www.kunaicho.go.jp/okotoba/01/gaikoku/gaikoku-h04-china.html
(22) 槇田へのインタビュー。
(23) 同上。
(24) 前掲『出使東瀛』131頁。
(25) 槇田へのインタビュー。
(26) 前掲『中国共産党「天皇工作」秘録』12～13頁。
(27) 橋本へのインタビュー。
(28) 野中広務へのインタビュー（2009年2月27日、東京）。
(29) 前掲『廖承志与日本』397頁。
(30) 國廣の回顧録「駐中華人民共和国大使時代」2頁（國廣から提供）。國廣前掲『回想「経済大国」時代の日本外交』にも同様の記述がある。
(31) 同上、39頁。
(32) 同上、38頁。
(33) 同上、32頁。
(34) 朝日新聞2019年11月12日。
(35)「日本徳仁天皇在"8・15"戦敗日表示深刻反省」（新華社2019年8月15日）。
(36) 井上亮『象徴天皇の旅：平成に築かれた国民との絆』（平凡社新書、2018年）190頁。
(37) 前掲『出使東瀛』115頁。
(38)「徳仁天皇：首位二戦後出生的日本天皇」（新華社2019年4月30日）。
(39) 習近平国家主席の国賓来日は2020年4月上旬の実施で最終調整が進んだが、同年3月5日、新型コロナウイルスの影響で延期が決まった。
(40) 時事通信配信2009年12月15日。